딱! 50일

50일

말씀 보는 눈이 확 달라지는 성경읽기 길잡이

성경통독

신현주 지음

넥서스CROSS

신학과 목회가 겸비된 교재_ 20여 년간 목회 현장에서 활용하며 얻은 결과물과, 본 대학원에서 학문적으로 연구하고 논문을 쓴 결과를 토대로 만든 교재이다. 전 교인 성경공부가 시급한 한국 교회의 실정에 맞는 교재라 생각한다. 어느 교회에서든 쉽게 활용할 수 있으며, 성경을 읽은 후에 문제에 흥미롭게 답할 수 있도록 구성되어 있다. ● 강사문 박사(장로회신학대학교 교수, 구약학)

역사적·고고학적 자료 구비_ 지금까지 나온 어떤 성경통독 교재보다도 교회의 여러 층이 함께 통독할 수 있도록 안내하는 책이다. 지도 지침이 구체적이고, 성경공부의 내용 개론이 잘 정리되어 있다. 한편, 성경구절에 대한 역사적 배경이 잘 드러나며 고고학적 연구도 잘 되어 있다. 성경 연구에 좋은 길잡이가 될 것이라 기대한다. ● 원용국 박사(안양대학교 명예교수, 성서고고학)

성서의 숲과 나무를 통찰하게 하는 책_ 성서전문가이면서 동시에 현장사역자인 저자의 특징이 유감없이 발휘되고 있다. 성서 전체의 숲을 보는 동시에 각각의 나무가 지닌 의미도 자세히 일러준다. 성경의 말씀을 깊이 연구하여 정리한 본문 해설은 현대적 의미를 정확하게 짚어주고 있다. ● 차준희 박사(한세대학교 교수, 구약학)

성경을 실제로 통독하게 하는 교재_ 성경을 부분적으로 인용하거나 주제별로 취급하는 다른 책에 반해, 이 책은 성경 66권을 각 책별로 다 읽고 공부할 수 있도록 돕고 있다. 신앙적 지식과 삶을 연결시키려는 노력이 엿보이며, 문제를 통해 읽은 말씀에 대한 피드백을 바로바로 할 수 있는 것이 큰 장점이다. ● 이달 박사(한남대학교 교수, 신약학)

하나님을 향한 고백이자 사랑의 편지_ 말씀이 중요하다는 것을 알면서도 이상하게 '말씀'이 푸대접받는 한국교회의 현실에서 우리는 다시금 성경읽기에 관심을 가져야 한다. 저자의 노력은 한 영혼을 사랑하는 목회자로서, 구약신학자로서 하나님을 향한 고백이요, 성도들을 향한 사랑의 편지이다. ● 전영섭 박사(대진감리교회 담임, 협성대학교 강사, 목회학)

교육목회적으로 훌륭한 자료_ 전문적인 커리큘럼으로 구성돼 있어 교육목회 자료로 손색이 없으며, 어느 연령층이나 함께 공부할 수 있다. 여러 해 동안 목회 현장에서 검증한 커리큘럼으로, 학문적으로 체계화되어 있으므로 한국교회에 활용을 적극 추천한다. ● 강상원 목사(새밝교회 담임)

다독(多讀)에서 오는 결점 해결_ 성경 다독이 좋기는 하나 심묘한 뜻을 파악하지 못하기 쉬운데, 이 책은 포인트가 되는 말씀을 적절히 정리하여 성경 다독에서 오는 결점을 해결하고자 했다. 성경을 읽고 답을 쓰는 중에 성경의 깊이를 자연스레 알게 해주는 이 책은 복잡한 것을 싫어하는 현대인에게도 적절한 교재가 될 것이다. ● 곽전태 목사(베다니교회 담임, 기독교대한감리회 감독회장 역임)

영혼의 등불이 되는 교재_ 이 책은 어느 교회에서든지 쉽게 활용할 수 있으며 성경지식과 신앙성장에 큰 유익을 주는 교재가 될 것이다. 지난날 페스탈로치가 교육의 등불이 되었고 라파엘이 미술의 등불이 되었으며, 베토벤과 헨델이 음악의 등불이 되었고 단테와 밀턴이 문학의 등불이 된 것처럼 이 교재가 '영혼의 등불'이 될 것을 확신한다. ● 김제만 목사(명륜제일교회 담임, 예장통합 전북·강원노회장 역임)

스스로 공부하게 하는 교재_ 성서신학원, 교역자회, 기독교연합회, 교사 강습회 등에서 성경통독에 대해 강의하며 노력한 일들이 이 책의 모체가 되었다. 이 책은 성경을 체계적이면서도 깊이 있게 읽게 해주며, 생활 속에서 성경말씀을 실천하도록 유도하고 있다. 한편 가정에서 스스로 성경을 읽도록 동기를 부여한다. ● 김형준 목사(대전성지교회 담임, 충청지구평신도훈련원장 역임)

'덮어놓고 믿는' 위험을 막는 교재_ '알아볼 것 없이 무조건 믿으라'는 위험한 제안 대신 '하나님의 말씀을 따라 바른 믿음생활을 하라'는 지침을 주는 책이다. 예수님을 바로 믿는 것은 하나님의 말씀을 따라 믿는 것이다. 이 책을 집필하신 신현주 목사님께 감사의 말씀을 전하며 한국교회의 모든 성도에게 추천하는 바이다. ● 박조준 목사(갈보리교회 담임목사 역임)

한국교회의 질적 향상에 기여할 책_ 건전한 신앙의 바탕 위에 보수온건적 신학을 배경으로 한 좋은 내용이기에 한국교회에 이 교재를 추천한다. 외적 문제보다는 내적 문제의 해결을 위하여 고민하는 한국교회에 선한 영향력을 미칠 것이라 생각한다. 전 교회적으로 실시할 수 있는 이 커리큘럼을 통해 다시금 성경읽기의 붐이 일어나기를 기대한다. ● 박태희 목사(성락성결교회, 기독교대한성결교회 총회장 역임)

훌륭한 오케스트라 연주를 듣는 기분_ 성경의 요점들을 다 알고, 말씀에 따라 사는 사람이 얼마나 될까? 살아가면서 시시때때로 성경 말씀을 정확히 적용할 수 있는 사람은 많지 않을 것이다. 나는 신현주 목사님이 집필한 이 책을 읽으며 교향악단의 오묘한 연주를 듣는 느낌을 받았다. 이 책이 바른 신앙생활을 위한 훌륭한 길잡이가 될 것을 기대하며, 독자들이 요점을 정리하며 성경을 읽는 동안 새로운 경험을 하게 되기를 바란다. ● 박해영 교수(한양대학교 의과대학 부학장 및 의학전문대학원 부원장, 덕수교회 장로)

남미에서도 알려진 교재_ 수년 전, 미국의 한 신학대학 콘퍼런스에서 신현주 목사님을 만났을 때 이미 남미의 파라과이나 칠레에서도 실로암성경학교의 교재를 사용하고 있는 것을 알게 되었으며, 그후 본인의 브라질 선교지에서 유용하게 사용되고 있다. 이 책은 성경의 내용을 체계적으로 다루었을 뿐 아니라 다양한 고고학적 자료를 제공하므로 깊이 있게 성경을 통독하고 지식을 넓히는 데 도움이 될 것이다. 책 출간을 축하하며 이번 책도 브라질어로 번역하여 신학생 및 현지인들에게 보급하고픈 욕심이 불끈 솟는다. ● 이한우 목사(브라질 선교사 18년, 브라질 Fatefe 신학대학교 총장)

실제 성경을 읽게 하는 교재_ 성경읽기에 관심이 있던 터라 그동안 여러 책을 참고했으나 늘 해설 위주여서 풍부한 참고 자료가 있었으면 하는 아쉬움이 있었다. 이 교재는 해설과 적용, 그리고 문제가 잘 배합되어 있고, 철저한 안내 자료가 있어 짧은 기간에 성경을 통독할 수 있도록 돕는다. 또한 성서연대표와 성서지도는 성경을 입체적으로 읽는 데 활용할 수 있다. 이 교재로 아직 성경을 통독하지 못한 교인들과 함께 성경통독에 재도전하려고 한다. ● 이봉숙(희망교회 정훈우 목사 사모)

우리는 생명의 양식인 성경을 읽고, 하나님을 사랑하며 이웃을 사랑하는 것을 배워 실천해야 한다. 그러나 주위에서 성경을 읽으라는 독려를 많이 받으면서도 실제 개인적으로 성경을 읽거나 성경공부반에 참여하여 꾸준히 공부하는 사람들은 많지 않다.

지난 25년간 성경읽기 사역에 힘써온 실로암성경학교는 성경을 깊이 있고 체계 있게 통독하는 《주간성경공부(5년 과정)》를 개발하여 국내외 650여 교회 5만 5천여 성도들에게 제공해왔다. 분량이 방대한 이 교재를 사용한 교회들이 단기간 사용할 수 있는 교재도 원하므로, 이번에는 전반적으로 요약 및 보완된 개정판을 펴내게 되었다. 새로운 자료들과 그동안의 경험을 첨가하여 가장 쉽고 효율적인 성경통독을 위한 교재를 집필하고자 애썼으나 부끄러움은 가시지 않는다.

집필하는 동안 많은 것을 배려해준 내가 시무하는 교회, 협력해주신 '영동성경연구회' 동료 목사님, 그리고 '한국구약학회' 동료 박사님들이 이 책의 진정한 저자이다. 늘 격려해주신 성명희·전영섭·윤석진·전영섭·정훈우 목사님, 그리고 힘이 되어주신 황옥수·조병훈 변호사님, 김송자 권사님, 믿음의 아버지 김형준 목사님, 은사이신 장신대(은퇴) 강사문 박사님, 안양대 원용국 박사님, 미국 코헨대학교 박사원장 강신권 교수님과 나의 멘토이신 로널드 밴더메이 교수님께 감사드린다.

성서지도와 사진을 제공해주신 이원희 목사님, 개역개정판으로의 변환과 교정을 전담해주신 조남용 목사와 유경준 목사, 신정임 목사님께 깊이 감사드린다. 무엇보다 이 교재의 가치를 인정하고 사용해주시는 독자들께 감사를 전한다.

오직 성경을 붙잡고 기도하며
신현주 목사

1. 성경읽기는 변치 않는 아날로그 방식

이 교재는 짧은 기간에 성경을 통독하는 데 목표를 두어 매일(또는 매주) 일정한 분량의 성경을 읽고, 해설을 참고하여 문제를 풀어보도록 구성되어 있다. 성경 해설이나 성경통독 방법을 배워도 실제로 성경을 읽지 않는다면 아무 소용이 없다. 성경통독에는 왕도(王道)가 없으므로 몸과 마음과 시간을 투자해서 아날로그 방식으로 읽어야 한다.

2. 세 가지 활용 방법

아래의 세 가지 방법으로 성경통독을 진행할 수 있다.

(1) 개인 성경통독(50일)

개인적으로 특별 기간을 정하여 하루의 십일조 수준인 2시간 정도를 투자하여 날짜별로 성경을 읽으면 50일에 성경을 통독할 수 있다.

(2) 전 교인 성경통독(50일, 또는 50주)

전 교인이 교재를 구입하고 50일에 읽는 계획으로 '성경통독 새벽기도회' 혹은 구역 모임에서 본문을 읽고 집에서 문제를 풀어 다음 날 교회의 검토를 맡는 형식이다. 제출용 '답지노트'는 사용 교회에서 만들어 활용하거나, 아니면 책에 답을 적어 교회에서 확인받을 수도 있다. 하루의 분량이 많음을 감안하여 매주 단위로 진행하면 50주(1년)가 걸린다.

(3) 성경통독반 조직(50일, 또는 50주)

교회에서 성경통독반을 구성하여 교인들이 집에서 예습해오고, 교회에서 매일(매주간) 함께 모여 목회자의 지도로 50일(50주간)에 통독할 수 있다.

2. 입체적 성경공부

매일 4~6쪽의 해설은 신학 전반의 검토와 연구를 거쳐서 완성된 내용이다. 또한 2쪽의 출제 문제는 공부하는 교인들이 지루하지 않도록 다양한 형식의 문제를 출제했다. 특히 본문의 고고학적 자료와 부록의 '성서연대표'와 '성서지도'는 이 분야 최고의 자료이므로 활용하면 입체적인 통독이 된다. 일방적인 해설이 아닌 여러 자료들을 함께 제공함으로써 성경 전체를 보는 시각이 열린다.

3. 실제 교회 사용의 예

이 교재는 이미 초교파적으로 사용해왔다. 해설은 양면성을 무시하지 않고 늘 보편적인 입장을 견지했으며 첨예한 신학적 문제나 논쟁이 될 만한 것은 다루지 않았다. 뿐만 아니라, 신·구약 성서학자들과 각 교단의 중진 목회자들로부터 감수와 추천을 받은 검증된 교재이므로 어느 교단, 어느 교회든지 그대로 사용할 수 있다.

(1) 성경통독 기간을 정하라

성경통독 기간을 50일로 정하면 짧은 기간에 통독할 수 있다. 일정으로는 사순절 전이나 후에 두 주간을 더하여 기간을 정하는 것도 한 방법이다. 그러나 50주간(1년) 성경통독을 하려면 연초에 시작하여 연말에 마치는 것이 좋으며 또는 새 학기인 3월, 가을학기인 9월, 또는 복잡한 신년을 피하여 12월에 시작해도 된다.

(2) 청장년 중심의 전 교인을 대상으로 하라

이 교재는 청장년을 위한 성경통독 과정이다. 초등학생들도 해설 이해에는 어려움이 있겠으나 문제는 쉽게 풀 수 있는 수준이다. 교회에서는 새신자를 포함한 전 교인을 대상으로 하되 본인이 교재 대금을 부담, 책임 있게 공부할 수 있도록 한다. 70~80%의 교인들이 참여하여 전 교인 성경통독의 붐이 일어나도록 유도한다.

(3) 교회에서 준비해야 할 것이 있다

전 교인이 참여하여 답지를 교회에 제출하는 형식일 경우에 따른 안내이다.

1) 홍보 및 설득 – 전 교회적 통독 분위기를 조성하기 위해 "도전! 50일 성경통독, 나도 할 수 있다!"와 같은 문구를 활용한다. 적극적으로 참여하겠다는 다짐을 받는다.

2) 성경공부 답지함 – 교회의 여건에 따라 큰 교회는 헌금함처럼 별도의 함을 만들어 입구에 두고, 중·소교회의 경우 봉투꽂이에 '성경통독 50일 답지함'이라고 적어놓아도 된다.

3) 필요량 구입 – 전 교인이 각자의 교재로 통독하도록 필요한 책을 구입한다. 복사하거나 주보에 문제를 베껴 내지 않도록 한다. 문제풀이에는 해설을 필요로 하는 경우도 있다.

4) 주보 광고 – 신청자에게 교재와 제출용 '답지노트'를 주고 매주 주보에 그 주간에 공부할 분량을 안내한다. 즉 50일의 경우 7일분, 50주간의 경우 1일분을 광고한다.

(4) '채점'하지 말고 '검토'하라

집에서 공부하여 '답지노트'를 교회에 제출하면 바로 검토하여 다음 날(주)에 돌려준다. '모범해답'에 얽매일 필요 없이, 요약해서 답을 적거나 응용한 경우도 있음을 감안해야 한다. 관리하는 담당자는 채점하기보다 검토한다는 개념을 가지는 것이 좋다. 공부하는 사람은 틀린 문제 또는 점수에 신경을 쓰게 되므로 점수를 매기면 역효과를 낸다. 그러므로 격려의 차원에서 검토할 것을 권한다.

(5) 성경통독반 모임을 가지라

문제 검토에서 끝내지 말고 별도의 성경통독반 모임을 가지는 것이 좋다. 성경 내용을 크게 율법서, 역사서, 시가서, 예언서, 신약 5부분으로 나누어 이 부분을 시작할 때에 전체 모임을 가지면 된다. 이 모임은 도중에 포기했거나 새로 시작하려는 교인들을 참석시켜서 동기를 유발한다. 성경통독 전문가 또는 성서신학자를 초빙해서 말씀을 듣는 것도 유익하다. 이를 확대하여 매일(매주) 모임을 갖고 합독을 하거나, 빠르게 읽기에 숙달된 사람이 읽거나, 성경통독 테이프를 이용하여 정해진 분량을 함께 읽을 수 있다.

(6) 설교를 교재의 진도에 맞출 수 있다

적어도 출석 교인의 반 이상이 공부한다면 이는 전 교회적인 프로그램이므로 목회자의 설교 마인드가 공부하는 교인들과 같아야 한다. 주일 예배나 찬양(저녁) 예배 시, 또는 수요 성경강해를 이 교재의 진도와 맞추면 1년에 성경 전체를 살펴볼 수 있다. 그러나 범위가 너무 넓기 때문에 그중 한 본문을 선정하여 설교해야 한다.

(7) 시상 및 수료식을 진행한다

이 책을 공부하는 교인이 몇 차례 해답지를 내지 않았다면, 무슨 문제가 있는지 살펴볼 필요가 있다. 한편 교회가 답지를 받아만 놓고 검토하지 않는 것도 공부를 계속하는 데 문제가 된다. 여러 난관을 지나 50일(50주) 전 과정을 마쳤다면, 교회는 담임목사 명의로 수료식을 진행한다. 주일 예배 시간을 활용하면 본인에게 격려가 되고 다른 성도들에게 동기유발도 된다.

성경일독 서약서

이름 :

주소 :

전화 :

상기 본인은 50일( )/50주간( ) 동안 하나님의 말씀인 성경의 통독을 위하여
커리큘럼을 따라 빠짐없이 성경을 읽고 공부하기로 약속합니다.

시작한 날 :   년   월   일

마 친 날 :   년   월   일

약 속 자 :   (인)

증인 1

이름 :

전화 :

관계 :

증인 2

이름 :

전화 :

관계 :

딱! 50일 성경읽기표

Day	구분	과	읽을 성경	장수	쪽수	확인	Day	구분	과	읽을 성경	장수	쪽수	확인
01			창 1~11장	11	15	10	26			시 101~150편	50	36	28
02		1	창 12~36장	25	41	33	27			잠언	31	36	28
03			창 37~50장	14	25	19	28			전도서, 아가	20	19	14
04			출 1~24장	24	38	29	29			사 1~39장	39	47	35
05	율법서		출 25~40장	16	27	20	30			사 40~66장	27	37	28
06			레위기	27	46	35	31	대예언서		렘 1~29장	29	48	37
07		2	민 1~21장	21	40	35	32			렘 30~52장, 애가	28	52	39
08			민 22~36장	15	26	19	33		8	겔 1~24장	24	39	28
09			신 1~17장	17	31	23	34			겔 25~48장	24	42	31
10			신 18~34장	17	29	22	35			다니엘	12	25	18
11		3	여호수아	24	40	28	36	소예언서		호, 욜, 암, 옵	27	30	21
12			사사기, 룻기	25	48	35	37			욘, 미, 나, 합	17	19	13
13			사무엘상	31	55	40	38			습, 학, 슥, 말	23	26	18
14		4	사무엘하	24	45	34	39			마태복음	28	52	41
15			역대상	29	46	35	40	복음서	9	마가복음	16	33	27
16	역사서		왕상 1~11장, 대하 1~9장	20	39	30	41			누가복음	24	56	44
17			왕상 12~22장	11	25	19	42			요한복음	21	46	34
18		5	열왕기하	25	49	36	43	역사		사도행전	28	52	39
19			대하 10~36장	27	42	29	44			로마서	16	24	19
20		6	에스라	10	16	12	45			고린도전서	16	23	18
21			느헤미야, 에스더	23	34	26	46	서신서	10	고린도후서, 갈라디아서	19	23	18
22			욥 1~24장	24	24	17	47			엡, 빌, 골, 몬	15	19	15
23	시가서	7	욥 25~42장	18	19	15	48			살전·후, 딤전·후, 딛, 히	34	39	30
24			시 1~50편	50	34	26	49			약, 벧전·후, 요일·이·삼, 유	21	28	19
25			시 51~100편	50	37	28	50	예언		요한계시록	22	25	19

구약성경 책들의 배열 비교

히브리 성경(24권)

토라(율법서)
- 창세기
- 출애굽기
- 레위기
- 민수기
- 신명기

네비임(예언서) — 전기예언서
- 여호수아
- 사사기
- 사무엘
- 열왕기

네비임(예언서) — 후기예언서
- 이사야
- 예레미야
- 에스겔
- 열두 예언자

케투빔(성문서)
- 시편
- 욥기
- 잠언
- 룻기
- 아가
- 전도서
- 애가
- 에스더
- 다니엘
- 에스라·느헤미야
- 역대기

헬라어(70인역, LXX, 44권)

오경
- 창세기
- 출애굽기
- 레위기
- 민수기
- 신명기

역사서
- 여호수아
- 사사기
- 룻기
- 사무엘상
- 사무엘하
- 열왕기상
- 열왕기하
- 역대상
- 역대하
- (제1에스드라)
- (제2에스드라)
- 에스라·느헤미야
- 에스더
- (유딧)
- (토비트)
- (제1마카비)
- (제2마카비)
- (제3마카비)
- (제4마카비)

시와 지혜
- 시편
- (송시)
- 잠언
- 전도서
- 아가
- 욥기
- (솔로몬의 지혜)
- (시락의 지혜)
- (솔로몬의 시)

예언서
- 열두 예언자
- 이사야
- (바룩)
- 애가
- (예레미야의 편지)
- 에스겔
- (수산나)
- 다니엘
- (벨과 용)

괄호 안은 개신교에서 외경 분류

개신교 성경(39권)

율법서
- 창세기
- 출애굽기
- 레위기
- 민수기
- 신명기

역사서
- 여호수아
- 사사기
- 룻기
- 사무엘상
- 사무엘하
- 열왕기상
- 열왕기하
- 역대상
- 역대하
- 에스라
- 느헤미야
- 에스더

시가서
- 욥기
- 시편
- 잠언
- 전도서
- 아가

예언서
- 이사야
- 예레미야
- 예레미야애가
- 에스겔
- 다니엘
- 호세아
- 요엘
- 아모스
- 오바댜
- 요나
- 미가
- 나훔
- 하박국
- 스바냐
- 학개
- 스가랴
- 말라기

오늘날 교회들의 분류법

참고

1. 〈사무엘〉, 〈열왕기〉, 〈역대기〉가 후대에 상하로 나뉘었다
2. 〈에스라·느헤미야〉가 후대에 두 권으로 나뉘었다.
3. 네비임(예언서) 일부가 후대에 역사서로 분류되기도 했다.
4. 케투빔(성문서)은 시가서(시, 아, 애) 외에 지혜서(욥, 잠, 전), 역사서(룻, 에, 스, 느, 대상·하)로 분류하기도 한다.
5. '열두 예언자'가 개신교에서는 열두 예언서 각 권으로 나뉘었다.
6. 〈애가〉에 '예레미야'를 붙인 것은 후대이고 실제는 무명이다.

01 ■ 원역사와 족장시대

02 ■ 광야방랑시대

딱! 50일 성경통독

말씀 보는 눈이 확 달라지는 성경읽기 길잡이

|성|경|분|류|및|상|식|

'길잡이'는 성경읽기를 위한 특별한 안내이다. 각 책으로 들어가기 전에 성경 구분에 따른 정보를 제공하여 해설 및 문제를 효과적으로 학습하도록 돕는다.

먼저 전체를 보는 성경 분류 및 상식 자료가 나오고, 현대의 성경들이 구분하는 대로 율법서, 역사서, 시가서, 예언서를 안내한다(히브리 성경은 구약을 율법, 예언, 성문 셋으로 구분한다). 신·구약을 연결하는 중간시대 자료에 이어 신약에서는 복음서(공관복음, 제4복음), 서신서, 계시록을 소개한다. 마지막으로 교회사에 대한 자료를 제공한다.

1. 성경의 분류(성경책을 참고하여 나머지를 기록하시오)

(1) 구약성경

  1) **율법서**: 5권 ─ (창   ) (출   ) (레   ) (민   ) (신   )

  2) **역사서**: 12권 ─ (여   ) (사   ) (룻   ) (사   ) (사   ) (열   )

                    (열   ) (역   ) (역   ) (에   ) (느   ) (에   )

  3) **시가서**: 5권 ─ (욥   ) (시   ) (잠   ) (전   ) (아   )

  4) **예언서**: 17권

    4 대예언서: 5권 ─ (이   ) (예   ) (예   ) (에   ) (다   )

    12 소예언서: 12권 ─ (호   ) (요   ) (아   ) (오   ) (요   ) (미   ) (나   )

                  (하   ) (스   ) (학   ) (스   ) (말   )

(2) 신약성경

  1) **복음서**: 4권

    공관복음(共觀福音) ─ (마   ) (마   ) (누   )

    제4복음(第四福音) ─ (요   )

  2) **역사서**: 1권 ─ (사   )

  3) **서신서**: 21권

바울서신: 13권(히브리서 포함 14권, 작자 미상설), 4가지로 분류, 수신자(교회나 개인)의 이름이 책 제목

    ① 교리서신 (로   ) (고   ) (고   ) (갈   )

    ② 옥중서신 (에   ) (빌   ) (골   ) (빌   )

    ③ 일반서신 (데   ) (데   ) (히   )

    ④ 목회서신 (디   ) (디   ) (디   )

공동서신: 7권, 공동 수신하는 회람용, 발신자(저자)의 이름이 책 제목

    (야   ) (베   ) (베   ) (요   ) (요   ) (요   ) (유   )

4) **묵시서**: 1권

    (요   )

2. 신약성경이 말하는 성경

(1) 너희가 (   )에서 영생을 얻는 줄 생각하고 (   )하거니와 이 성경이 곧 내게 대하여 (   )하는 것이니라(요 5:39).

(2) 또 어려서부터 (   )을 알았나니 성경은 능히 너로 하여금 (   ) 안에 있는 믿음으로 말미암아 (   )에 이르는 지혜가 있게 하느니라. 모든 성경은 (   )으로 된 것으로 (   )하기에 유익하니(딤후 3:15~16).

(3) 예언은 언제든지 (   )의 뜻으로 낸 것이 아니요 오직 (   )하심을 받은 사람들이 (   ) 말한 것임이라(벧후 1:21).

(4) (   )은 살아 있고 활력이 있어 좌우에 날선 어떤 검보다도 예리하여 (   )과 (   )과 및 관절과 골수를 찔러 쪼개기까지 하며 또 (   )과 (   )을 판단하나니(히 4:12).

(5) 내가 너희와 함께 있을 때에 너희에게 말한바 곧 (   )과 (   )과 (   )에 나를 가리켜 기록된 모든 것이 이루어져야 하리라 한 말이 이것이라(눅 24:44).

(6) 이 예언의 말씀을 (   )와 (   )와 그 가운데에 기록한 것을 (   )는 복이 있나니 때가 가까움이라(계 1:3).

3. 성경에 대한 상식

(1) 구약성경(히브리어, 일부는 아람어)은 (   )권이고 신약성경(헬라어)은 (   )권으로 모두 (   )권이다(참고: 3×9 = 27로 암기).

(2) 신·구약 성경은 모두 (   )장이고 (   )절이다(참고: 1,189장, 31,373절).

(3) 한글 공인본 성경은 2015년 1월 현재 7종으로 실제 4종에서 개정판이 추가된 것이다.

1) **개역한글판** — 〈구역(舊譯)성경〉에서 맞춤법에 따라 수정하여 1956년에 출간, 현재까지 사용하고 있다. 1911년에 출간된 최초의 신·구약 합본인 〈성경전서〉를 1938년 〈성경개역〉으로, 1956년에 〈개역한글성경〉으로 출간했다.

2) **개역개정판** — 〈개역한글판〉을 개정하여 1998년에 출간했고 2005년에 4판이 나왔다. 여러 교단에서 공식 예배 때에 사용하고 있으며 대중적인 성경이 되었다.

3) **표준새번역** — '원문에 충실한다'는 기준으로 1993년에 출간했으나 일부 교단에서 번역에 이의를 제기했고 많은 논쟁이 있었다.

4) **표준새번역개정판** — 〈표준새번역〉에 대한 논쟁 후에 2001년에 낸 개정판으로 성경 원문에 가장 가깝게 번역되었다는 평을 받는다. 강단용으로 사용하는 교회들도 늘고 있다.

5) **공동번역** — 구교(천주교)와 신교(개신교) 학자들이 공동으로 번역하여 1977년 부활절에 출간했다. 의역을 많이 했다는 평을 받는다. 천주교와 성공회는 이를 공식예배에서 사용해 왔다.

6) **공동번역개정판** — 〈공동번역〉을 근 20년 동안 사용하며 문제가 되었던 여러 부분들을 개정하여 1999년에 개정판으로 발간되었다.

7) **가톨릭새번역** — 천주교에서 1988년부터 17년에 걸쳐 완역하여 2005년부터 공용성서로 승인했다. 직역했다는 평을 받는다. 우리말 새번역 성서의 이름을 '성경'으로만 쓰기로 내부적인 결정을 했으나 다른 공인본 성경들과 구분해야 하므로 통상 '가톨릭새번역' 성경이라 한다.

율법서란 무엇인가?

율법서는 〈창세기〉, 〈출애굽기〉, 〈레위기〉, 〈민수기〉, 〈신명기〉를 말하며, 전통적으로 '율법서', '모세오경', '토라(히브리어, 율법)', '펜타튜코스(헬라어, 다섯 두루마리)'라는 이름들로 불린다(아래 '4. 오경의 여러 이름'을 보라).

1. 율법서의 내용 요약

우리는 원역사(原歷史, Primeval History, 창 1~11장)를 통하여 하나님께서 세상과 인간을 창조하셨으나 곧 타락하여 하나님에게서 멀어짐을 본다.

족장사(族長史, Patriarchal History, 창 12~50장)에서 하나님께서는 아브라함을 부르셔서 그로 큰 민족을 이루게 하겠다고 약속하신다(창 12:1~3). 아브라함은 아내 사라와 함께 고향인 메소보다미아 갈대아 우르를 떠난다. 이로써 족장의 시대가 시작된다. 아브라함은 약속의 아들 이삭을 낳고(창 21장) 여러 곳을 두루 다닌다. 아브라함의 손자 야곱 가족은 가뭄 때에 야곱의 아들(야곱의 열두 아들은 이스라엘 열두 지파의 조상이 된다) 가운데 애굽에서 권세를 갖게 된 요셉으로 말미암아 애굽으로 피난한다(창 37~50장).

후에 이스라엘은 애굽에서 바로에게 핍박을 받지만 하나님께서는 모세를 구원자로 세우셔서 이스라엘 백성을 출애굽 시킨다(출 1~15장). 시내산에서 '율법'으로 자신의 뜻을 나타내신 하나님께서는 백성들과 '시내산 언약'을 맺는다(출 19~24장). 백성들은 성막을 건축하고(출 25~40장), 성막에서의 제사법을 배운다(레위기). 이후 광야에서 여러 가지 시험을 거쳐 약속의 땅 경계인 모압평지에까지 이른다(민 22:1). 그리고 모세는 광야에서 난 새로운 세대에게 '시내산 언약을 재확인'하고 느보산에서 약속의 땅을 내려다보며 죽는다(신 34:1~7).

2. 모세오경과 그 형성

〈창세기〉, 〈출애굽기〉, 〈레위기〉, 〈민수기〉, 〈신명기〉 이 5권을 모세에 의해 기록됐다 하여

'모세오경'이라 일컫는다. 오경 전체를 헬라어로 '펜타튜코스'라고 하는데, 곧 '다섯 두루마리'(다섯 권짜리 저작)라는 뜻이다. 히브리어로 '토라'이며 이는 '하나님의 율법' 또는 '하나님의 가르침'을 뜻한다. 유대교의 신앙과 유대인의 생활 방식에 있어서 이 다섯 권은 매우 근본적인 것이며, 거룩한 책들(기독교의 구약성경)의 핵심을 이룬다.

오경의 저자에 대하여 주후 1세기 이후 유대교와 기독교의 전승에서는 오경을 모세의 저작으로 여겼다. 신명기 34장에서는 모세의 죽음에 대하여 말하지만 이는 나중에 덧붙인 것일 수도 있기에 크게 문제되지 않는다. 그보다 '오경'에는 문자상의 여러 차이와 내용상의 여러 불균형이 강하게 드러난다는 사실을 관찰한 것이다. 단 한 사람이 오경을 일관되게 집필한 것이라기보다는 여러 글의 모음이라는 인상을 준다.

(1) 1887년 벨하우젠의 '문서발달설' 이후 오경은 한 사람의 저작이 아니라 개별 전승들인 야훼문서(J), 엘로힘문서(E), 신명기법전(D), 제사법전(P) 등을 모으고 정리함으로써 생겨났다고 한다. 같은 역사과정을 다른 시대의 다른 저자들이 일관성 있게 서술하고, 이 자료 문서들을 나중에 어떤 한 사람(편집자)이 손질하거나 아니면 단계적으로 여러 사람을 거쳐 오늘 우리가 우리 앞에 놓인 오경에서 볼 수 있는 방식으로 한데 묶은 것으로 보인다('모세오경 안내',《독일성서공회판 해설 관주 성경전서》, 1997).

(2) 그러나 전통적으로 모세의 저작으로 알려져오고 있으며 주로 보수적인 교단에서 이 입장을 취한다. 출애굽기 17:14에 "여호와께서 모세에게 이르시되 이것을 책에 기록하여 기념하게 하고 여호수아의 귀에 외워 들리라"를 비롯하여 출애굽기 24:4~8, 34:27, 민수기 33:1~2, 신명기 31:9, 24 등 여러 구약의 내적 증거 및 신약의 마태복음 19:8, 마가복음 10:3~5 등 여러 구절을 문자적으로 수용하여 모세 저작설의 근거로 제시한다(에드워드 J. 영,《An Introduction to Old Testament》, 1990).

3. 성경 속 역사와 인물

창세기 5장의 족보(톨레도트)에 나온 이름은 우리에게 잘 알려져 있다. 아담으로부터 노아에 이르기까지 그처럼 긴 역사(연대로 다 계산할 수 없지만)에 어떻게 단 16명의 이름만이 기록되어 있을까? 상식적으로 생각해도 이들 외에 수많은 사람들이 살고 있었을 것이다.

히브리 사람들은 구속사적인 방법을 대전제로 하여 성경을 기록했다. 하나님의 존재 선언과 인간 구속에 목적을 두고 있기 때문에 성경에는 구속사에 필요한 중요 인물만 등장한다. 또 '이야기로서의 역사'와 '사건으로서의 역사'를 조화시키는 기술(記述) 방법을 택하고 있다.

예를 들어 마태복음 1장을 보면 중간에 많은 사람들이 생략되어 있는데도 부자(父子)관계인 것처럼 "~가 ~를 낳고"로 기록하고 있다. 즉, 마태복음 1:8에 "… 여호사밧은 요람(여호람)을 낳고 요람은 웃시야를 낳고…"로 기록되어 있으나 실제 웃시야는 요람의 4대손으로 요람 다음에 아하시야, 요아스, 아마샤가 생략되어 있다. 또한 마태복음 1:11에도 요시야와 여고냐 사이에 여호야김(엘리야김)이 생략되었다(Day17의 왕들 도표 참고. 요람 = 여호람(5대), 여고냐 = 여호야긴(19대)).

따라서 성경을 읽을 때에 때로는 문자 너머의 의미를 볼 수 있는 역사적이고 문화적인 이해가 필요하다.

4. 오경의 여러 이름

(1) 구약성경

  1) **율법** ─ 수 8:34, 대하 14:4, 31:21, 33:8, 느 8:7, 14, 10:34, 36, 12:44, 13:3, 에 10:3

  2) **율법책** ─ 수 1:8, 8:34, 왕하 22:8, 느 8:3

  3) **모세의 율법책** ─ 수 8:31, 23:6, 왕하 14:6, 대하 25:4, 느 8:1

  4) **모세의 책** ─ 대하 35:12, 스 6:18, 느 13:1

  5) **여호와의 율법** ─ 스 7:10, 대상 16:40, 대하 31:3, 35:26

  6) **하나님의 율법** ─ 느 10:28~29

  7) **하나님의 율법책** ─ 수 24:26, 느 8:18

  8) **여호와의 율법책** ─ 대하 17:9, 34:14

  9) **그들의 하나님 여호와의 율법책** ─ 느 9:3

  10) **하나님의 종 모세의 율법** ─ 단 9:11

  11) **주의 율법** ─ 느 9:29, 단 9:11

(2) 신약성경

  1) **율법 책** ─ 갈 3:10

  2) **모세의 책** ─ 막 12:26

  3) **율법** ─ 마 12:5, 눅 16:16, 요 7:19

  4) **모세의 법** ─ 눅 2:22

  5) **모세의 율법** ─ 요 7:23

  6) **주의 율법** ─ 눅 2:23~24

원역사와 족장시대

창세기

드디어 당신의 인생에 가장 행복한 시간인 성경통독 여행이 시작되었다. 앞으로 50일간(또는 50주간)의 성경통독은 하나님의 은혜 아래 오지탐험보다 스릴 있고 신혼여행보다 감미로울 것이다. 그 대신 말씀에 대한 사모함과 인내심을 가지고 성경통독 여행을 포기하지 않아야 한다.

〈창세기〉를 세 번에 나누어 원역사인 1~11장(Day01), 족장사 중에 12~36장(Day02), 37~50장(Day03)을 읽는다. 〈창세기〉 1~11장에서 창조, 타락, 홍수, 바벨탑 사건이, 12~50장에서는 선민(選民) 이스라엘(히브리 백성)의 위대한 족장 4명(아브라함, 이삭, 야곱, 요셉)이 등장한다. 이들의 삶의 무대는 아브라함 시대에 갈대아인의 우르에서 시작되어 가나안을 거쳐 요셉시대에는 애굽으로 이어진다.

DAY 01 창세기 1∼11장

🗐 창세기_원역사와 족장사

위치 모세오경의 첫 번째 책. **저자 및 저작 연대** 전통적으로 모세, 1406년. 현대 학자들은 전승은 모세로부터 왔으나 왕정 초기부터 여러 시대를 거쳐 편집되었다고 본다. **내용** 하나님의 천지창조부터 애굽에서 요셉이 죽는 장면까지. **중요 인물** 아담, 노아, 아브라함, 이삭, 야곱, 요셉. **요절** 태초에 하나님이 천지를 창조하시니라(창 1:1).

---

1. 유대인들은 〈창세기〉를 히브리 원전의 첫 단어인 '뻬레쉬트(태초에, in the beginning)'라고 부르고, 70인역(LXX, 주전 3∼2세기 헬라어 번역)에서는 '그 기원의 책(He biblos geneseos)'이라 명명했다. 게네세오스(geneseos, 발생, 기원, 근원, 원천, 출생, 혈통 등의 뜻)는 히브리어 '톨레도트(תוֹלְדוֹת 내력, 족보, 계보 – 2:4, 5:1, 6:9, 10:1, 11:10, 11:27, 25:12, 25:19, 36:1, 37:2)'와 같은 뜻으로 쓰인다. 마태복음 1:1의 '계보'도 같은 뜻이다.

2. 〈창세기〉는 상기처럼 10개의 '족보 책'으로 보거나, 또는 '시작의 책'이라 해서 다음과 같이 분류한다. ① 우주의 시작(1:1∼25), ② 인류의 시작(1:26∼2장), ③ 죄의 시작(3:1∼7), ④ 구원 계시의 시작(3:8∼24), ⑤ 가정생활의 시작(4:1∼15), ⑥ 무신론 문화의 시작(4:16∼9장), ⑦ 세계 국가의 시작(10장), ⑧ 언어 혼돈의 시작(11장), ⑨ 히브리 민족의 시작(12∼50장).

3. 원역사에 연대를 부여하려는 사람들은 창세기 5장의 숫자에 급급하여 아담의 창조 연대를 주전 4004년으로 말하기도 한다. 그러나 아브라함 이전의 연대를 계산하기는 불가능하며, 현대와 전통 견해 사이에 약 200년간의 차이가 있다. 대체로 다윗(주전 1000년경) 이전의 연대는 불확실한 대략의(about) 연대이므로 연대에 집중하지 말고 하나님의 구원 역사를 보아야 한다.

4. 〈창세기〉가 '시작의 책'이라면 〈요한계시록〉은 '완성의 책'이다. 두 책을 비교해보면 상호 보완적인 것을 발견할 수 있다.

창세기	요한계시록
천지창조(1:1∼2:4상)	새 하늘과 새 땅(21:1,5)
실낙원(失樂園)(3:22∼24)	복낙원(復樂園)(22:2)
사탄의 유혹(3:1∼7)	사탄의 영벌(20:10)
타락으로 인한 분리(3:8)	하나님과의 교제(21:3∼4)
생명나무 금지(3:24)	생명나무 허락(22:14)

5. 내용 분해
   1∼11장 – 원역사(창조, 타락, 홍수, 바벨탑)
   12∼50장 – 족장사(아브라함, 이삭, 야곱, 요셉)

◐ 한눈에 살펴보기

네 가지 중요한 사건

창세기 1∼11장에서 하나님의 창조(1:1), 인간의 타락(3:6), 노아 홍수 사건(6:13), 바벨탑을 쌓는 인간의 모습(11:9)을 보게 된다. 타락한 인간을 구원하시는 하나님의 사랑과 그 사랑을 떠나가는 인간의 상반된 모습이다. 이 네 가지 개념을 기억함이 중요하다.

성경의 첫 절인 창세기 1:1은 "태초에 하나님이 천지를 창조하시니라"(히브리어 발음: 뻬레쉬트 빠라

하 엘로힘 에트 하쇼마임 웨에트 하아레츠, בְּרֵאשִׁית בָּרָא אֱלֹהִים אֵת הַשָּׁמַיִם וְאֵת הָאָרֶץ)라는 위대한 선언으로 시작되고, 성경의 끝절인 요한계시록 22:20은 "아멘, 주 예수여 오시옵소서"(헬라어 발음: 아멘 엘코우 큐리에 예수, Ἀμήν, ἔρχου κύριε Ἰησου)로 끝맺는다(21절은 서신 끝에 나오는 축원이다).

하나님께서는 천지를 창조하셨고 그중에 하나님의 형상대로 사람을 지으셨다(1~2장). 그러나 인간은 계속 타락의 길을 걸어 에덴에서 아담이(3장), 들판에서 가인이 범죄하므로 죄가 확산된다(4장). 고대 세계의 계보는 중시조가 될 노아에게 초점을 맞추고 있다(5장). 타락한 인간의 죄가 세상에 가득했을 때 하나님께서는 홍수로 이들을 심판하기로 작정하시고 노아를 통해 방주를 짓도록 하신다(6장). 40일 밤낮 내린 비로 노아의 여덟 식구와 방주에 함께 들어간 짐승 외에는 모두 멸망했다(7장). 무려 377일 만에 방주에서 나온 노아의 가족은 하나님께 제단을 쌓고(8장), 하나님께서는 노아에게 복을 주시며 다시는 물로 심판하지 않겠다는 표로 언약의 무지개를 주신다(9장). 인류는 중시조 노아에서 새롭게 시작된다(10장). 그러나 바벨탑을 쌓는 데까지 타락한 인간의 죄는 점점 퍼져간다(11장).

✅ 하나씩 짚어보기

1. 창세기와 요한복음의 태초(창1장)

"태초에 하나님이 천지를 창조 하시니라"(1:1). 창세기의 '태초(뻬레쉬트)'는 만물의 시작, 시간의 시작으로 어느 시점이지만, "태초에 말씀이 계시니라"(요 1:1)의 요한복음의 '태초(알케)'는 창조 전부터의 태초이다(Day42 참고).

2. '날'과 '시간'에 대한 문제(창1장)

(1) 창조의 과정을 보면 날을 말할 때에 "저녁이 되고 아침이 되니"(1:5, 8, 13, 19, 23, 31 등)라고 하였다. 아침에 앞서 저녁이 먼저 언급되고 있는 까닭은 빛이 비추어 낮이 시작되기 전까지는 계속 어두움만 있었던 저녁 상태였기 때문이다. 유대인들이 저녁을 하루의 시작으로 셈하고 있는 근거가 바로 여기에 있다.

(2) '날'에 대한 히브리어 '욤'을 어떻게 이해하는가에 따라 우주 창조의 연대 및 시간적 길이가 정해지는데, 보통 세 가지 학설이 있다.

　1) '날'이 한 시대를 가리킨다는 학설(요세푸스, 이레니우스, 오리겐)

> 🔍 이야기와 족보로 소개되는 창세기
>
> **이야기로 소개**
> 2:4 창조 이야기의 결론(하늘과 땅의 내력)
> 6:9 노아 홍수 이야기(노아의 족보)
> 11:27 데라 가족의 이야기(데라의 족보)
> 25:19 야곱 이야기의 시작(이삭의 족보)
> 37:2 요셉 이야기의 시작(야곱의 족보)
>
> **족보로 소개**
> 5:1 아담의 자손들(아담의 '계보'를 적은 책)
> 10:1 셈과 함과 야벳의 자손들(셈과 함과 야벳의 족보)
> 11:10 셈의 자손들(셈의 족보)
> 25:12 이스마엘의 자손들(이스마엘의 족보)
> 36:1 에돔(에서)의 자손들(에돔 – 에서의 족보)
>
> 모두 10번의 '이야기(서사, narrative)'와 '족보(계보, genealogy)' 소개를 통해 전체를 보게 해준다. 개역개정판은 2:4를 '내력', 5:1을 '계보를 적은 책', 그리고 나머지 8개는 모두 '족보'로 번역했다. 개역한글판의 '계보', '후예', '대략', '약전' 등도 모두 같은 톨레도트의 번역이다.

2) '날'을 문자 그대로 24시간으로 보는 학설(루터, 칼빈, 베르코프)

3) '날'의 기간이 서로 다르다고 보는 절충적인 학설(어거스틴, 바빙크)

위의 세 학설은 나름대로의 타당성과 문제점을 동시에 가지고 있으므로 어느 것을 완전히 수용하거나 배제할 수는 없다. 일반적으로 두 번째 학설이 많은 지지를 받아왔다.

3. 대상에 따라 자료가 다른 하나님의 창조(창 1~2장)

하나님께서는 먼저 영역을 창조하시고 나중에 그것을 다스릴 통치자를 창조하셨다. 식물은 '말씀'으로(1:11), 짐승은 '말씀과 흙'으로(2:19), 사람은 '말씀과 흙과 생기'로(2:7) 창조하셨다. 사람에게 생기(니슈마트 하이욤, 생명의 기운)를 불어넣으신 것은 인간에 대한 차별성을 보여준다.

일자	창조물	성경 본문		일자	창조물	성경 본문
1일	빛	창 1:1~5	→	4일	해, 달, 별	창 1:14~19
2일	궁창	창 1:6~8	→	5일	새, 물고기	창 1:20~23
3일	땅, 바다, 풀, 채소, 나무	창 1:9~13	→	6일	가축, 짐승, 사람	창 1:24~31
7일	안식하심	창 2:1~3				

4. 범죄의 결과에 대한 징벌과 대책(창 3장)

(1) 간교한 뱀(사탄)의 계교에 의해 불순종하게 되어 진노를 받은 결과는 다음과 같다.

1) 남자(아담) — 평생에 수고해야 그 소산을 먹음, 흙으로 돌아감(3:17~19).

2) 여자(하와) — 임신하는 고통을 더함, 뱀과 원수 됨, 남편이 다스림, 흙으로 돌아감(3:16).

3) 짐승(뱀) — 배로 다니고 살아 있는 동안 흙을 먹음, 여자와 원수가 됨(3:14~15).

4) 자연(땅) — 가시덤불과 엉겅퀴를 냄(3:18).

(2) 에덴동산에서 쫓겨났다(3:23~24 — 영적 결과).

(3) 메시아를 약속해주셨다(3:15, '원시복음'이라 한다).

(4) 가죽옷을 지어 입히셨다(3:21, 짐승의 피 흘림이 있었다. 레 17:11, 히 9:22 참고).

5. 성경의 노아 홍수와 바벨론의 길가메시 서사시(창 6~8장)

성경의 노아 홍수와 가장 비슷한 이야기는 바벨론의 '길가메시 서사시(Epic of Gilgamesh)'의 홍수 이야기이다. "바벨론의 우트나피슈팀은 그의 의로운 성품 때문에 그의 가족과 종들과 가산을 구원한다. 홍수는 7일 동안으로 그쳤으나 방주에 들어간 자 외의 생물은 모두 죽었다. 우트나피슈팀은 비둘기, 제비, 까마귀 등을 날려 감수 상태를 알아보았다. 그 방주는 앗시리아의 동북 시내산에 닿았고 우트나피슈팀과 그의 아내는 신들이 사는 곳으로 갔다"는 것이 대략의 줄거리이다.

성경의 이야기와 비슷한 부분이 많으면서도 근본적인 차이가 있다.

길가메시 서사시
창세기의 홍수와 비슷한 바벨론 홍수 이야기가 기록된 토판이다. 니네베의 아슈르바니팔 도서관에서 발굴된 길가메시 서사시의 열한 번째 토판으로 주전 7세기의 것으로 추정된다.

첫째, 성경과 같은 고상한 도덕과 정열과 신앙적인 동기가 없다는 것이다. 성경에는 여호와께서는 인류의 죄악 때문에 홍수를 일으켰으나, 바벨론 신화에는 신들의 장난으로 나와 있다.

둘째, 성경이 유일신론적인 데 비해 우트나피슈팀은 다신론적이다.

6. 홍수 사건의 기간(창 6~9장)

타락한 인간을 향한 하나님의 심판으로 40주야 하늘의 창문들이 열려 비가 땅에 쏟아졌고, 샘들이 터져 넘쳤던 물위에 떠다니던 방주가 150일째 날에 아라랏 산에 머물렀다. 홍수 후에 하나님께서는 다시 물로 멸하지 않겠다는 언약을 하신다. 홍수 사건은 시작부터 끝까지 377일간의 노정이다.

노아의 8식구 구원을 한자로 푸는 사람도 있다. 船 = 舟 + 八 + 口. 배(舟)에는 여덟(八)명의 사람(입 口, 食口)이 있다. 절대적인 것이 아니므로 참고만 해야 한다.

7. 방주의 잔해에 대한 고고학적 입장(창 6~9장)

그동안 방주가 발굴되었다고 여러 번 보도된 바 있다. 중세기의 수도원에서 조작한 것으로 밝혀진 경우도 있지만, 탐험대들이 방주의 잔해를 제시하거나 인공위성으로 촬영한 획기적인 자료라며 제시하는 경우도 있다. 기독교 사학자인 몽고메리 박사는 "미국의 지구자원기술위성(ERTS)이 촬영한 아라랏 산(터키, 이란, 러시아의 접경지대) 정상의 얼음 속에 파묻혀 있는 한 구조물은 방주로 추정된다. 성경에 나타난 길이 300규빗(135m), 너비 50규빗(22.5m), 높이 30규빗(13.5m)보다 약간 크게 보이는데, 이는 그림자를 포함한 것으로 추측된다"고 밝혔다. 그러나 아직 고고학계에서 방주의 잔해라고 공식적으로 인정할 만한 것으로 밝혀진다.

8. 노아의 후손과 바벨탑(창 11장)

(1) 노아의 자손들이 번성하였다(10장). 언어가 하나였고 말이 하나였다. 동방의 시날 평지에서 이들은 "성읍과 탑을 건설하여 그 탑 꼭대기를 하늘에 닿게 하여 우리 이름을 내고 온 지면에 흩어짐을 면하자"(11:4) 하였다. 그런데 바벨탑을 건설하는 과정에서 오히려 그 반대의 결과를 가져와 언어의 혼잡과 흩어짐으로 각 민족을 이루어갔다.

(2) 바벨탑은 오늘날 이란, 이라크 지역에 흩어져 있는 '지구라트(ziggurat)'라 일컬어지는 신전탑의 유적에서 유추해 볼 수 있다.

신전탑
'달의 신'의 신전은 우르 유적지의 중심지이다. 이 사진은 부분적으로 복원된 지구라트(Ziggurat, 신전탑)로 바벨탑도 이런 종류의 신전이었을 것으로 추정한다(창 11장).

다음 물음에 답하거나 괄호 안에 알맞은 말을 넣으시오.

1. 1장에 '창조'라는 단어가 나온 구절을 기록하되 1:1은 히브리어 발음으로 쓰시오. (해설 참고)

   (1) 1:1 — 뻬레쉬트 ~

   (2) 1:21 —

   (3) 1:27 —

2. 다섯째 날까지의 창조와 여섯째 날 창조하신 것에 대한 하나님의 소감은 무엇이며, 그것의 차이점은 무엇인가? (1:4, 10, 12, 18, 21, 30~31)

3. 다음 각 날과 그날에 창조한 것을 연결하시오. (1:3~31)

   (1) 첫째 날(3~5) •   • ① 궁창(하늘)   (4) 넷째 날(14~19) •   • ④ 해, 달, 별

   (2) 둘째 날(6~8) •   • ② 땅, 바다, 풀, 채소   (5) 다섯째 날(20~23) •   • ⑤ 가축, 짐승, 사람

   (3) 셋째 날(9~13) •   • ③ 빛   (6) 여섯째 날(24~31) •   • ⑥ 새, 물고기

4. 하나님은 어느 날에 안식하셨으며 그 날을 어떻게 하셨는가? (2:1~3)

5. "여호와 하나님이 (   )으로 사람을 지으시고 (   )를 그 코에 불어넣으시니 사람이 (   )이 되니라." (2: 절)

6. "여호와 하나님이 아담에게서 취하신 그 (   )로 여자를 만드시고." (2:   절)

7. 아담이 하와를 처음 본 순간의 고백은 무엇이었는가? (2:23)

8. 결혼에 대한 하나님의 세 가지 섭리는 무엇인가? (2:24)

   (1) 남자가 ~   (2) 아내와 ~   (3) 둘이 ~

9. 선악을 알게 하는 나무의 열매에 대한 하나님의 말씀을 읽고 다음 물음에 답하시오. (2:17)

   (1) 하와의 말은 하나님의 말씀과 어떻게 다른가? (3:3)

   (2) 뱀이 한 말은 하나님의 말씀과 어떻게 다른가? (3:4~5)

10. 범죄한 인간은 (   )나무 잎을 엮어 치마로 삼았으나, 구원하시는 하나님이 아담과 그의 아내를 위하여 (   ) 옷을 지어 입히셨다. (3:7, 21) (참고: 레 17:12, 히 9:22)

11. 다음은 누구에게 한 저주인지 보기에서 골라 쓰시오. (3:14~19) 〈보기〉 남자 / 여자/ 뱀

(1) 모든 짐승보다 더욱 저주를 받아 배로 다니고 살아 있는 동안 흙을 먹을지니라. (   )

(2) 임신하는 고통을 더하리니, 수고하고 자식을 낳을 것이며 남편을 원한다. (   )

(3) 네 평생에 수고하여야 그 소산을 먹으리라 … 흙이니 흙으로 돌아갈 것이니라. (   )

12. "여호와 하나님이 이르시되 보라 이 사람이 (   )에 우리 중 하나같이 되었으니 그가 그의 손을 들어 (   )도 따먹고 영생할까 하노라 하시고." (3:22)

13. "여호와께서 (   )과 그의 제물은 받으셨으나 (   )과 그의 제물은 받지 아니하신지라." (4:4~5)

14. 아벨을 죽인 자는 (   )이며, 하나님이 아벨 대신 준 씨는 (   )이다. (4:8, 25)

15. 셋도 아들을 낳고 그의 이름을 에노스라 하였으며 그때에 사람들이 비로소 한 일은 무엇인가? (4:26)

16. "에녹이 (   )하더니 하나님이 그를 (   ) 세상에 있지 아니하였더라." (5:24)

17. 가장 오래 산 사람은 누구이며 그는 몇 살까지 살았는가? (5:25~27)

18. 육신이 된 사람의 날은 몇 년이 되리라 하셨는가? (6:3)

19. 노아는 어떤 사람이었는가? (6:9~10)

(1) (   )이요

(2) 당대에 (   ) 자

(3) 하나님과 (   )

(4) 세 아들의 이름 (,   ,   )

20. 방주에 대한 질문에 답하시오. (6:13~22) (참고: 1규빗=약 0.45m)

(1) 무슨 나무로 만들었는가?

(2) 누구를 위하여 만든 것인가?

(3) 길이 (규빗,   m), 너비 (규빗,   m), 높이 (규빗,   m)

21. 홍수가 시작되던 때로부터 땅이 말라 방주에서 나온 때까지의 기간은 약 몇 년인가? (7:11, 8:13~19)

22. 비가 그치고 40일이 지난 후 노아가 방주 밖으로 내 보낸 새의 순서는 어떤 새인가? (8:6~12)

(1)   (2)   (3)   (4)

23. 노아가 방주에서 나와 제일 먼저 한 일은 무엇인가? (8:18~20)

24. "모든 (   )은 너희의 먹을 것이 될지라. (   )같이 내가 이것을 다 너희에게 주노라. 그러나 (   )를 그 생명 되는 (   )먹지 말 것이니라." (9:3~4)

25. "땅을 멸할 홍수가 다시 있지 아니하리라"며 주신 언약의 증거는 무엇인가? (9:8~17)

26. 탑(바벨) 꼭대기를 하늘에 닿게 쌓는 두 가지 목적과, 흩어진 이유는 무엇인가? (11:1~9)

(1) 4절 —

(2) 7절 —

27. 다음 족보에 들어갈 이름을 쓰시오. (11:27~32) (참고: 고대사회는 근 친결혼이 많았다)

(1) 데라의 아들로 사래의 남편 (   ) (2) 하란의 아들로 갈대아에서 같이 떠났던 아브람의 조카 (   )

DAY 02 창세기 12~36장

GENESIS

한눈에 살펴보기

1. 아브라함(창 12~24장)

세상에 죄가 번성하자 하나님은 갈대아인의 우르, 우상숭배의 가정에서 아브람을 부르셔서 가나안으로 인도하신다(12장, 수 24:2~3). 아브람은 조카 롯과 헤어지지만(13장), 롯이 포로가 되자 구해주고 전리품의 십분의 일을 멜기세덱 제사장에게 드린다(14장). 하나님은 의심하는 아브람에게 "네 몸에서 날 자가 네 상속자가 되리라" 하시며 언약을 맺는다(15장). 임신하지 못하는 사래는 당시의 풍습을 따라 자기의 몸종 하갈을 아브람에게 주어 이스마엘을 낳게 한다(16장). 하나님께서는 그로부터 13년 후 아브라함의 나이 99세 때에 언약의 표징으로 할례를 시행하도록 하여 언약의 아들 이삭에 대해 약속하신다(17장). 의인 10명이 없어(18장) 소돔은 망하지만 롯과 두 딸은 구원을 받는다(19장). 아브라함은 애굽에서와 같이 그랄에서도 아내를 누이라 하는 잘못을 저지른다(20장). 드디어 약속의 아들 이삭이 늙은 아브라함과 웃는 사라 사이에서 태어난다(21장). 그러나 여러 해 후 최대의 도전인 '이삭을 번제로 드리라'는 명령에 순종하여 '여호와 이레'의 하나님을 체험한다(22장). 사라는 죽어 '약속의 땅' 일부인 막벨라 굴에 장사되고(23장), 아브라함은 아들 이삭의 아내를 얻기 위해 고향 땅에 종 엘리에셀을 보내 리브가를 맞이한다(24장).

2. 이삭(창 25~26장)

아브라함이 후처로 그두라(그의 후손이 '미디안')를 맞이하였고 여러 자녀를 둔다. 175세에 죽어 이삭과 이스마엘이 막벨라 굴에 그를 장사한다. 이삭은 쌍둥이 에서와 야곱을 낳는다(25장). 이삭 역시 아비멜렉 왕 앞에서 아내를 누이라 하니 이것마저 부전자전인 듯하다(26장).

3. 야곱(창 27~36장)

야곱은 아버지와 형을 속여 축복 기도를 받고(27장), 하란으로 도망가는 중에 루스(벧엘)에서 하나님을 만나 서원한다(28장). 약 20여 년 동안 하란에서 살며 두 아내와 두 첩을 얻으나 그로 말미암아 가정불화가 생긴다(29~30장). 하지만 이런 가운데에도 야곱은 물질적으로나 신앙적으로 성장하게 된다. 야곱은 20년 만에 귀향을 하다가 뒤따라 온 라반과 화해한다(31장, 여갈사하두다: 길르엣 ― '증거의 무더기'라는 뜻으로, 라반과 야곱이 언약의 증거로 쌓은 돌무더기). 세일 땅에 있는 형 에서를 위해 예물을 보내고 얍복 나루에서 기도하여 '이스라엘'이 되고 하나님과 화해한다(32장, 브니엘 — '하나님의 얼굴'이라는 뜻). 야곱은 형 에서와도 화해하고 세겜 땅에 정착한다(33장). 그러나 딸 '디나'의 일로 아들들이 세겜 성을 약탈하고(34장) 이 일로 말미암아 두려워진 야곱은 벧엘로 올라가 신앙을 회복하게 된다(35장). 다음으로 이삭의 아들 '에서(에돔)'의 족보가 소개된다(36장).

✔️ 하나씩 짚어보기

1. 아브라함을 부르신 이유(창 12장)

12:1~3에 보면 하나님께서 아브람(아브라함)을 부르실 때에 몇 가지 약속을 하신다. 먼저 큰 민족을 이루게(자손 축복) 하심과 이름을 창대하게 하심, 그리고 복이 되게 하심으로 요약된다.

그러나 실제 아브라함 당대에는 큰 민족도 이루지 못했고, 훗날 야곱 가족이 애굽으로 이주해 갈 때도 인구는 고작 70명 정도였다. 땅이라고는 브엘세바와(21:22~34) 아내 사라의 무덤이 고작이었다(23장). 아브라함은 75세에 하란을 거쳐 가나안에 와서 무려 25년 후인 100세에 아들 이삭을 얻는다(21:3). 결국 아브라함과 맺은 하나님의 약속은 후대에 이루어졌다. 그 사이에 아브라함은 종 '엘리에셀'을 상속자로 생각했으며(15장), 아내의 몸종 하갈을 첩으로 맞아 아들(이스마엘)을 낳기도 했다(16장).

2. 누지문서에 나온 풍습(창 16장)

아브라함의 아내 사라는 아들을 낳지 못하자 몸종인 하갈을 통해 이스마엘을 낳는다. 이 풍습은 아카드어(설형문자)로 기록된 누지(Nu-zi)문서로도 알려지고 있다. 누지문서는 족장시대의 사회적 관습을 조명해주며 창세기의 문화 이해에 도움을 준다. 첩의 자식을 자기 자식으로 여긴다거나(30장, 레아와 라헬은 여종들을 통해 자식을 얻기 위해 경쟁한다), 딸을 시집보낼 때에 친정에 있는 여종을 새 신부에게 딸려 보낸다거나(29장, 레아와 라헬의 경우도 그렇게 했다), 장자 상속권은 나이 순서가 아니라 아버지의 선언과 유언 형식(내가 이제 늙어…)의 공식화된 서문에 의해 효력이 있었다(27장, 이삭은 에서가 아닌 야곱에게 장자권을 주었다)는 것 등 많은 부분이 누지문서의 내용과 같은 풍습을 보여준다.

이 누지문서는 바그다드 북쪽 240km 지점에서 1925~1932년에 걸쳐 발굴되었다.

3. 이스마엘에게 주어진 하나님의 약속(창 16, 17, 21장)

아브라함은 아내 사라의 제안으로 사라의 몸종인 하갈을 통하여 이스마엘을 낳는다. 그러나 그는 약속의 아들이 아니었다. 그럼에도 이스마엘에 대한 다음의 성경구절은 그들의 번성을 보여주며, 오늘날 주로 아랍권이 그들의 후손으로서 하나님께서 이들의 강대함을 이미 말씀하셨다.

(1) 네 씨(하갈의 아들 이스마엘)가 크게 번성하리라. 모든 형제와 대항해서 살리라(창 16:4~16).

(2) 복을 주어 매우 크게 생육하고 번성하게 할지라. 열두 두령을 낳으리라(창 17:20).

(3) 네 씨(아브라함의 아들 이스마엘)니 그로 한 민족을 이루게 하리라(창 21:9~21).

4. 할례에 대한 성경적 사건(창 17장)

(1) 할례(17:1~14)는 포피를 베는 것(11절, 생식기의 끝 부분을 잘라내는 것)으로 현대의 포경수술과 같은 것이다. 할례 자체는 근동지방에서 널리 행해진 것으로, 성인으로 인정받기 위한 의식이었다. 그러나 아브라함과 그의 후손에게는 그 의식이 '언약의 표징'(11절)이라는 새 의미를 갖는다. 이 의식은 아브라함과 그의 후손이 하나님의 백성(언약의 공동체 — 종들까지도 포함)이며(14절), 하나님께 속했음(렘 4:4)을 상징한다.

(2) 모세의 아들은 할례를 행하지 않아 죽임을 당할 뻔했고(출 4:20~26), 출애굽한 이스라엘 백성은 길갈에서 할례를 행하였다(수 5:2~9). 세례 요한도, 예수님도 할례를 받았다(눅 1:59, 2:21).

(3) 초대교회에서 이방인 선교에 할례 문제가 대두되었으며, 예루살렘 공의회 결과 할례를 받지 않아도 된다는 결론을 내린다(행 15:1, 19~20). 할례에 대한 바울의 입장을 골 2:11~12, 롬 2:25~29, 4:9~11 등의 구절에서 볼 수 있다. (Day 43 하나씩 짚어보기 6 참고)

5. 야곱과 하란(창 27~36장)

(1) 태어날 때에 형의 발꿈치를 잡았다 하여 야곱('속이다'는 뜻)이라는 이름을 갖게 되었다(25:26). 형이 받을 축복을 가로채고 외삼촌이 사는 북쪽의 하란으로 도망친 야곱은 20년 동안 뼈아픈 시련을 겪게 된다(창 27~33장).

(2) 하란은 지금의 터키 지역으로 고대 메소보다미아의 북쪽에 있는 중요한 무역 중심지(겔 27:33)이다. 아브라함은 그곳을 떠나왔고(12:4), 라반의 집 또한 그곳에 있었다(28:10). 하란은 후에 앗수르에 정복되었으며(사 37:12), 니느웨가 함락되었을 때 앗수르의 수도가 이곳으로 옮겨졌으나 2년 후에 멸망했다.

소금산의 소금 기둥
롯의 아내는 뒤를 돌아보아 소금 기둥이 되었다(창 19:26). 자연이 만든 사해 바닷가의 소금기둥은 마치 여인 롯의 아내를 연상하게 한다. 훗날 롯이 두 딸을 통해 낳은 아들이 에돔과 모압의 조상이 되었다(19:37~38).

(3) 얍복 강에서 목숨을 건 기도의 투쟁으로(32:24~32, 호 12:3~4) 야곱의 이름은 '이스라엘(יִשְׂרָאֵל, 하나님의 왕자)'이 되었고 그의 12아들은 이스라엘 열두 지파의 조상이 되었다.

"야곱은 모태에서 그의 형의 발뒤꿈치를 잡았고 또 힘으로는 하나님과 겨루되 천사와 겨루어 이기고 울며 그에게 간구하였으며 하나님은 벧엘에서 그를 만나셨고 거기에서 우리에게 말씀하셨나니"(호 12:3~4)라고 하였다.

(4) 야곱은 본처인 레아, 라헬, 그리고 첩인 실바,

빌하를 통하여 12아들을 낳게 된다. 야곱의 12아들 이름이 나오는 성구에 표시하고 여백에 그 출생 순서를 숫자로 쓰면 성경읽기에 도움이 된다(문제에 나온 도표 참고).

(5) 야곱의 형 에서는 장자권(축복권)을 잃고, 헷(히타이트) 여인과 결혼했으며 에돔 족속의 조상이 된다(창 26:34~35, 36장). 그리고 야곱의 상속권은 야곱이 가장 사랑했던 요셉도, 장남 르우벤도 아닌 유다를 통하여 상속되며 이를 통해 메시아의 족보가 연결된다(마 1:2). (Day03의 해설 참고)

6. 라헬이 훔쳐온 드라빔은 무엇인가?(창 31:19)

야곱이 라반의 집에서 떠날 때 라헬은 친정아버지의 '드라빔'을 훔쳤는데, 이 드라빔은 가신(家神)이었다. 누지문서에는 아들만이 드라빔을 상속받을 수 있고 종교적인 기능뿐만 아니라 권위의 정통성과 재산권까지 상징하는 드라빔을 서로 가지려 했다고 나와 있다.

드라빔의 여러 형태들(창 31:34)
라헬은 남편 야곱을 따라 하란에서 가나안으로 올 때에 아버지의 가신(家神)인 드라빔을 훔쳤다. 사진은 이스라엘에서 출토된 다양한 드라빔들이다.

드라빔은 '편안하게 사는 것'이란 뜻으로, 휴대할 수 있게 작은 사람 형상(창 31:34)에서부터 사람 키만한 것도 있다(삼상 19:13). 나무나 청동, 은으로 만들었으며(삼상 19:13~16), 사람들은 이를 신으로 섬겨 신탁의 조언을 구했으나(삿 17:5, 18:14) 후에는 우상숭배로 정죄 되었다(삼상 15:23, 왕하 23:24). 호세아는 드라빔이 다른 제의적 장신구들과 함께 사라질 때가 올 것을 예언함으로서, 당시 이스라엘에 드라빔이 숭배되고 있었음을 시사했다(호 3:4~5). 에스겔은 드라빔을 바벨론의 점치는 도구 중 하나로 언급했고(겔 21:21), 스가랴는 거짓 예언을 말하는 거짓신들 가운데 포함시켰다(슥 10:2).

7. '허벅지 관절'의 의미(창 32:25)

'허벅지 관절'(32:25, 개역한글판은 '환도뼈')은 허리 아래 넓적다리 상단에 위치하는 뼈이다. 히브리어 '예레크'는 허리의 아랫부분인 '엉덩이', '대퇴부'를 가리킨다. 이는 '생식기'를 나타내는 말로도 쓰여 자녀들을 "허리에서 나온 자들"(창 46:26, 출 1:5, 삿 8:30)이라고 불렀다(민 5:16~21). 이렇게 허벅지 관절은 생식기관(생명의 근거지)을 상징하고 있기에 서약을 하는 데 중요한 역할을 했다(24:2, 47:29 — 허벅지 밑). 병사들은 이 신체 부위에 칼을 찼다(삿 3:16 — 허벅지, 시 45:3, 아 3:8 — 허리).

다음 물음에 답하거나 괄호 안에 알맞은 말을 넣으시오.

1. 아브람의 여행 경로대로 나열하여 보기의 지명을 적으시오. (11:31~13:4)

   〈보기〉 하란/가나안 땅/벧엘(전에 장막 쳤던 곳)/세겜 땅 모레/벧엘 동쪽 산/갈대아인의 우르/헤브론 마므레/애굽

   (1) 11:31상 —   (2) 11:31하 —   (3) 12:5 —   (4) 12:6 —

   (5) 12:8 —   (6) 12:14 —   (7) 13:3 —   (8) 13:18 —

2. 다음은 누구에 대한 설명인지 보기에서 골라 적으시오.

   〈보기〉 이삭/ 아브람(아브라함)/ 롯/ 엘리에셀/ 이스마엘

   (1) 갈대아인의 우르 출신으로 75세에 가나안으로 왔으며 믿음의 조상이 된 사람은 누구인가? (11:31~12:8)

   (2) 아브라함의 조카로서 소돔을 택했고(13장), 멸망 때에 딸과 구원을 얻은 사람은 누구인가? (19장)

   (3) 자식을 낳지 못했던 아브라함이 상속자로 생각했던 사람은 누구인가? (15:1~2)

   (4) 아브라함이 아내의 여종 하갈과의 사이에서 86세에 낳은 아들은 누구인가? (16:15~16)

   (5) 아브라함이 아내 사라와의 사이에서 100세에 낳은 약속의 아들은 누구인가? (21:1~7)

3. "너는 너의 (   )과 친척과 아버지의 집을 떠나 내가 네게 (   )으로 가라. 내가 너로 (   )을 이루고 네게 (   )을 주어 네 (   )을 창대하게 하리니." (12:1~2)

4. "아브람에게 이르시되 너는 눈을 들어 너 있는 곳에서 (   )을 바라보라. 보이는 땅을 내가 너와 (   )에게 주리니 (   ) 이르리라." (13:14~15)

5. "아브람이 그돌라오멜과 그와 함께한 왕들을 쳐부수고 돌아올 때에 … 살렘 왕 멜기세덱이 (   )를 가지고 나왔으니 … 아브람이 그 얻은 것에서 (   )을 멜기세덱에게 주었더라." (14:17~20)

6. "네 자손이 (   )에서 객이 되어 그들을 섬기겠고 그들은 (   ) 동안 네 자손을 괴롭히리니 … 네 자손은 (   ) 만에 이 땅으로 돌아오리니." (15:13~16)

7. "여호와의 사자가 … 사래의 여종 (   )아 네가 (   ) 왔으며 (   ) 가느냐." (16:7~8)

8. 하나님께서 "나와 너희 사이의 언약의 표징이니라"고 하신 것은 무엇인가? (17:9~14)

9. 롯이 두 딸과 동침하여 태어난 아들은 어떤 족속(자손)의 조상이 되었는가? (19:30~38)

10. "사람 중에 들나귀같이 되리니"(16:12), "여종의 아들도 네 씨니 … 그가 큰 민족을 이루게 하리라"(21:13, 18), '하갈이 아브람에게 낳은 아들'(16:15~16)은 모두 누구에 대한 말씀인가?

11. "아브라함이 그에게 태어난 아들 곧 사라가 자기에서 낳은 아들을 이름하여 (   )이라 하였고 … 사라가 이르되 하나님이 나를 (   ) 하시니 듣는 자가 다 나와 함께 (   )." (21:1~7)

12. 하나님께서 아브라함에게 이삭을 번제로 드리라고 한 곳과 새 이름을 적으시오. (22:2~14)

13. 훗날 이곳에 무엇이 세워졌는가? (22:14, 대하 3:1) (12번 답 참고)

14. 사라가 (   )세에 죽어 아브라함이 헷 족속에게 매장지를 요구했을 때 그들의 대답은 어떠했는가? (23:6)

15. 아브라함은 아들 이삭의 아내를 어디로 가서 택하도록 했는가? (24:1~4)

16. 이삭의 아내는 (   )이며 그녀의 모습과 가족의 이름은 무엇인가? (24:15~16, 29, 47, 67)

   (1) 아내 모습(16절) —   (2) 오라버니—   (3) 아버지 —

17. 이삭과 그의 아내 사이에서 난 쌍둥이는 누구인가? (25:20~26)

18. (26:4) 네 자손을 ~

19. 이삭이 판 우물 네 개의 이름은 무엇인가? (26:17~33)

20. 리브가가 야곱에게 '에서를 피하여 하란(라반)으로 피신하라'고 한 이유는 무엇인가? (27장)

21. 이삭은 야곱에게 어떤 아내를 선택하라고 했는가? (28:1~2)

22. 야곱이 루스(벧엘)에서 서원한 것 세 가지가 무엇인지 다음 말을 완성하시오. (28:21~22)

   (1) 평안히 아버지 집으로 돌아가게 하시오면 ~

   (2) 기둥으로 세운 이 돌이 ~

   (3) 하나님께서 내게 주신 모든 것에서 ~

23. 야곱의 열두 아들의 이름과 그 의미를 빈칸에 적으시오. (이름의 의미는 성경 각주 참고)

출생순	이름	이름의 의미	어머니	출생 언급	축복 상징	축복 언급
1		보라 아들이라	레아	29:32	분별없다	49:3~4
2	시므온			29:33	폭력	49:5~7
3	레위			29:34	폭력	49:5~7
4	유다			29:35	사자	49:8~12
5	단		빌하 (라헬의 몸종)	30:6	뱀	49:16~18
6		경쟁함		30:8	암사슴	49:21
7	갓		실바 (레아의 몸종)	30:11	침략자	49:19
8	아셀			30:13	풍부한 식물	49:20
9	잇사갈		레아	30:18	나귀	49:14~15
10		거함(거처)		30:20	배	49:13
11	요셉		라헬	30:24	열매가 많다	49:22~26
12	베냐민			35:18	이리	49:27

24. 야곱이 하란에 거주한 기간은 (   )년이며, 귀환 중에 라반과 (   )을 맺었다. (31:36~49)

25. 야곱의 이름이 무엇으로 바뀌었으며, 기도한 곳은 어디인가? (32:21~32)

26. (35:7) 제단을 쌓고 그곳을 ~

27. 에서는 어느 족속의 조상이 되었으며, 어디에 거주하였는가? (36:1~14)

DAY 03 창세기 37~50장

GENESIS

🔲 한눈에 살펴보기

족장 중 네 번째 인물인 꿈의 사람 요셉이 등장한다(37장). 형들의 미움을 받아 애굽으로 팔려가 보디발의 집 가정 총무로 있다가 누명을 쓰고 옥에 갇힌다(39장). 옥중에서도 하나님이 함께하셔서 꿈을 해석하는 지혜를 발휘한다(40장). 요셉의 사건 중간(37과 39장)에 유다와 다말 사건(38장)이 소개된 것은 다윗 왕의 조상을 이어가는 인물들을 소개하기 위함이다(마 1:3).

애굽에 종으로 팔려온 요셉은 하나님의 은혜로 그동안의 고난을 극복하고 새로운 국면을 맞이한다. 요셉의 모습을 통하여 승리하는 자의 처신과 하나님의 섭리를 배울 수 있다. 요셉은 바로의 꿈을 해석하고 일약 애굽의 총리가 됨으로 신분이 완전히 달라진다(41장). 가나안에 흉년이 들어 애굽에 비축된 양식을 구하러 온 형들을 만난 요셉은, 자신의 신분을 숨기고 그들을 시험한다(42장). 요셉의 요구대로 베냐민을 데리고 애굽에 간 일행에게 요셉은, 한 어머니를 통하여 난 베냐민을 잡아두기 위한 계략을 세운다(43~44장). 결국 요셉은 형들에게 자신의 정체를 드러내고 모든 것이 하나님의 섭리였음을 고백한 후, 가나안에 있는 아버지를 모셔 온다(45장).

야곱의 가족은 애굽으로 이주하게 되는데, 그 수는 모두 70명이었다(46장). 그들은 바로를 만나고, 고센 땅에 거주하게 된다. 요셉은 양곡을 철저히 관리하여 모든 것이 바로의 것이 되도록 신하로서 충성을 다하였다(47장). 야곱은 죽기 전에 요셉의 아들 므낫세와 에브라임을 축복하고(48장), 열두 아들(지파)을 축복하였다(49장). 야곱은 애굽에 온 지 17년 만에 죽게 되었고 그의 유언대로 조상들이 묻힌 가나안에 장사되었다. 세월이 지나 요셉도 죽지만 언젠가 약속의 땅으로 돌아갈 소망을 확실히 한다(50장).

이렇게 〈창세기〉는 '창조'(1:1)로 시작하여 '입관'(50:26)으로 끝난다. 이 대조적인 장면에서 우리는 하나님의 영원성과 인간의 유한성을 볼 수 있다. 이스라엘 백성은 애굽에서 400년의 세월을 보낸 후 약속의 땅으로 돌아가는 출애굽 사건을 맞는다. 그때는 장정만 해도 60만 명이나 되는 큰 민족이 된다(출 12:37).

✅ 하나씩 짚어보기

1. 유다와 자부 문제, 수혼제(창 38장)

요셉의 사건 중에서 38장은 다른 각도에서 유다와 그의 며느리 사이에 태어난 베레스와 세라에 대해 기록한다. 여기에는 성경 기자의 특별한 의도가 숨어 있다고 본다. 유다에게 특별히 관심을 기울이는 것은 그가 '메시아의 족보'를 이어가기 때문이다. 이는 유다의 모습은 족장들의 사건 속에서 두드러진 모습으로 나타난다. 이와 관련하여 수혼제를 살펴본다.

(1) 오난이 그의 형수 다말과 결혼한 것은 당시의 풍습으로 아들 없이 죽은 형제의 상속자를 위하여 다른 형제가 죽은 형제의 부인과 결혼하여 아들을 낳아주는 수혼제(嫂婚制, Levirate marriage, 또는 계대혼인 繼代婚姻)라는 제도이다(이하에 계대혼인보다는 수혼제라는 용어를 쓴다).

(2) 오난은 그의 형 엘이 아들 없이 죽었기 때문에 그의 형수인 다말을 취해 결혼하였다. 이러한 제도는 자식 없이 죽은 사람의 대를 잇게 해준다는 의미에서 긍휼과 희생을 보여준다. 오난은 처음 낳은 자식으로 형인 엘의 대를 잇도록 해야 했지만 이를 싫어하여 다말과의 관계 중에 땅에 설정(泄精)하여 여호와의 진노를 받아 죽게 된다(창 38장).

(3) 후에 수혼제는 모세의 법에 의하여 확정되었다(신 25:5~10). 룻기 1:11~13, 4:1~12에서 이 제도의 실제를 볼 수 있다. 이것은 당시에 공인된 관습으로, 지금도 인디언, 페르시아인, 그리고 아시아, 아프리카 등지의 특정한 국가에서 찾아볼 수 있으며 무슬림들 중에도 이 관습을 지키는 사람들이 있다.

2. 유다의 의로움과 메시아 족보(창 37, 44장, 마 1:2~3)

(1) 야곱의 열두 아들 중에 족보를 이어가는 것은 장자인 르우벤도, 특별히 구별된 레위도, 야곱이 가장 사랑하는 요셉도 아닌, 며느리를 통하여 아들을 낳은 '유다'이다. 마태복음 1:2에 "이삭은 야곱을 낳고 야곱은 유다와 그의 형제들을 낳고"라 기록되어 유다가 메시아 족보를 연결하는 인물로 나온다.

(2) 44장에 보면 요셉은 의도적으로 막내 베냐민의 곡식 자루에서 은잔이 나오게 하고 "잔이 그 손에서 발견된 자만 내 종이 되고 너희는 평안히 너희 아버지께로 도로 올라갈 것이니라"(17절)는 말에 유다는 "이제 주의 종으로 그 아이를 대신하여 머물러 있어 내 주의 종이 되게 하시고 그 아이는 그의 형제들과 함께 올려 보내소서"(33절)라며 동생을 위해 짐을 지려는 자세를 보인다.

(3) 유다는 전에도 그랬다. 아버지의 총애를 받는 요셉을 형들이 시기하여 죽이려고 할 때에 "자 그를 이스마엘 사람들에게 팔고 그에게 우리 손을 대지 말자"(37:27)라고 제안하여 구덩이에서 죽을

메르넵타 석주
바로 메르넵타의 승리를 기념하는 이 석주(石柱)에는 '이스라엘'이라는 이름이 처음으로 나온다. 주전 13세기에 히브리인(이스라엘)이 가나안에 이주한 것을 입증한다.

뻔한 요셉을 살려낸다.

(4) 이런 면이 하나님께 인정을 받아 그가 훗날 장자가 아님에도(대상 5:1~2)메시아의 족보(마 1:2~3)를 이어가는 것은 아닌지 추론할 수 있다(신현주,《톨레도트 용례로 창세기 다시 읽기》참고).

3. 속이고 속는 야곱의 인생(창 37장)

야곱은 과거에 에서처럼 꾸미고는 아버지 이삭을 속여 형이 받아야 할 축복을 가로챈다(27장). 그러더니 그 후에 외삼촌 라반에게 결혼과 품삯 문제로 여러 번 속고(29~30장), 이번에는 아들들에게 속아 요셉이 애굽에 팔려간 것도 모른 채 아들이 짐승에게 찢겨 죽은 줄 알고 애통한다(37장). 우리는 하나님과 사람 앞에 진실한가? 주님을 위해 헌신하는가? 주님은 우리가 행한 대로 갚아주시고 심은 대로 거두게 하신다(고후 9:6~7, 갈 6:7).

4. 옥에서도 낙망하지 않은 요셉(창 39장)

요셉은 억울하게 옥에 갇혔으나 낙망하지 않았다. "여호와께서 요셉과 함께"하셨기에 그는 형통하였다(39:2~3, 20~23). 하나님의 함께하심은 예수 그리스도(마 1:23, 임마누엘 — 하나님이 우리와 함께 계시다)를 통하여 모든 시대 모든 믿음의 사람들에게 나타나므로 낙망하지 말고 형통하게 하시는 하나님을 의지해야 한다.

존 밀턴은 40세에 한쪽 눈을 실명했으며, 2년 후 남은 눈마저 잃었고, 사랑하는 아내까지 잃게 되었다. 그러나 밀턴은 좌절하지 않고 자신의 딸에게 받아쓰게 하여《실낙원(失樂園)》을 저술했다.

5. 하나님의 섭리를 본 요셉(창 45장)

요셉의 믿음을 나타내는 절정은 무엇보다 요셉이 자신을 드러내며 하는 말이다(45장). "하나님이 큰 구원으로 당신들의 생명을 보존하고 당신들의 후손을 세상에 두시려고 나를 당신들보다 먼저 보내셨나니 그런즉 나를 이리로 보낸 이는 당신들이 아니요 하나님이시라"(45:7~8). 요셉은 몇 번의 시험을 통하여 형들이 지난날의 잘못을 뉘우치고 있는 것을 알았다. 그리고 20년이 지난 지금까지도 형들의 마음속에는 동생을 팔았던 죄책감이 깊이 남아 있었다(42:21~22). 하나님의 섭리를 믿는 믿음이 있었기에 자신을 팔아 버린 원수와 같은 형들을 사랑으로 감싸 안을 수 있었다. 각박한 이 시대에 우리는 요셉의 용서와 하나님의 섭리를 보는 지혜를 가져야 한다.

애굽의 황금 수레(창 41:43)
요셉은 바로 왕의 지시로 버금 수레(Second Chariot)를 탔다. 이 사진은 투탕카멘의 무덤에서 발굴된 것으로 요셉도 이러한 마차 수레를 탔을 것이다. 고고학자들은 근동 지방에서 기원된 마차수레를 애굽이 받아들인 것으로 보고 있다. _이집트 카이로 박물관 소장.

6. 목축을 가증히 여긴 애굽인(창 46:34)

야곱의 가족은 총리 요셉의 부친과 형제라는 배경을 가졌지만 애굽인들은 목축하며 유랑하는 이들을 가증히 여겼다. 그러나 이러한 감정이 이스라엘에게는 오히려 긍정적으로 작용하였다. 애굽인들과 섞여 살면 그들의 문화에 흡수되어버릴 수도 있었기 때문이다. 야곱의 가족은 목축을 위해 고센 땅에 거주하며 신앙을 유지할 수 있었고, 가족의 주체성도 보존할 수 있었다. 훗날 출애굽 할 때도 고센 땅에서 함께 나오게 된다.

이사야는 그리스도가 사람들에게 버림받을 것을 예언했다(사 53:3 ― 그는 멸시를 받아 사람들에게 버림받았으며). 그분은 이 땅에 오셨을 때 많은 배척을 받으셨으나(요 1:9~11 ― 자기 땅에 오매 자기 백성이 영접하지 아니하였으나), 구속의 역사를 이루셨다. 하나님께서는 그분의 백성이 경건하게 살도록 세심하게 배려하신다.

7. 형들에게 복수하지 않는 요셉(창 50장)

요셉의 형들은 아버지 야곱이 죽은 후에 동생 요셉이 자신을 죽이려 했던 일, 애굽에 종으로 팔아넘긴 일로 말미암아 보복할까 봐 두려워하였다. 그러나 요셉은 보복의 뜻이 없음을 분명히 한다(50:19~21). 우리는 슬픔의 골짜기를 두려워하고, 원한의 골짜기를 꺼린다. 그러나 눈물 골짜기를 샘이 있는 곳으로, 소망의 문으로 변화시키시는 주님이 함께 계시기에 우리는 두려워할 필요가 없다(시 84:6).

8. 요셉의 유언과 그 실행(창 50장)

요셉은 "하나님이 반드시 당신들을 돌보시리니 당신들은 여기서 '내 해골'을 메고 올라가겠다 하라"(50:25)는 유언을 남긴다. 수백 년 후 모세 때에 이스라엘 자손이 애굽에서 가나안으로 요셉의 유골을 메고 와서 장사를 지냄으로 이 유언은 결국 지켜진다(출 13:19, 수 24:32).

"모세가 '요셉의 유골'을 가졌으니 이는 요셉이 이스라엘 자손으로 … 하나님이 반드시 너희를 찾아오시리니 너희는 내 유골을 여기서 가지고 나가라 하였음이더라"(출 13:19).

"또 이스라엘 자손이 애굽에서 가져 온 '요셉의 뼈'를 세겜에 장사하였으니 이곳은 야곱이 백 크시타를 주고 세겜의 아버지 하몰의 자손들에게서 산 밭이라 그것이 요셉 자손의 기업이 되었더라"(수 24:32).

9. 야곱의 장례식과 대곡자(창 50장)

야곱이 죽었을 때에 그의 몸을 향으로 처리해 미라로 만드는 데 40일이 걸렸고, 애곡 기간은 70일이었다. 애굽에는 대곡(代 哭者)들이 있었는데, 이들은 장례식에서 전문적으로 울어주는 직업을 가진 여인들이다. 벽화에서 그 모습을 확인할 수 있다.

야곱의 장례식이 70일이나 걸린 것은 그가 왕족으로 대접을 받았다는 뜻이며, 이는 야곱의 아들 요셉의 권세가 어느 정도였는가를 짐작하게 해준다.

대곡자(代哭者)들의 모습(창 50:3)
요셉이나 야곱이 죽었을 때 애곡 기간이 무려 70일이나 되었던 것은 그가 왕족으로 대접 받았던 것을 말해준다. 이 벽화는 애굽의 테베 동쪽 라모스의 무덤에서 발굴된 것이다.

다음 물음에 답하거나 괄호 안에 알맞은 말을 넣으시오.

1. 요셉이 꾼 두 가지 꿈은 무엇인가? (37:5~11)

   (1) 7절 —

   (2) 9절 —

2. "형들은 (   )하되, 그의 아버지는 그 말을 (   )해 두었더라." (37:11)

3. 요셉을 죽이고자 할 때에 오히려 살리려고 애쓴 형제는 (   )과 (   )이다. (37:21, 26~27)

4. 요셉은 미디안 상인들, 즉 은 (   )에 (   ) 사람들에게 팔매 애굽으로 갔고, 그 미디안 사람들은 그를 애굽에서 바로의 신하 (   )에게 팔았더라. (37:28, 36)

5. 유다가 며느리를 창녀로 알고 동침할 때 담보물로 준 세 가지는 무엇인가? (38:12~30)

6. 다말의 행위에 대하여 유다는 결과적으로 무엇이라고 했는가? (38:26)

7. 다말이 옳다는 것은 결국 유다의 어떤 잘못을 염두에 둔 것인가? (38:6~26을 읽고 답은 14, 26절에서)
   (해설의 유다와 자부 문제, 수혼제 참고)

8. 유다는 며느리 다말과의 사이에 (   )와 (   )를 낳았는데 그중에 메시아 족보는 (   )가 이어간다. (38:27~30, 마 1:3)

9. 하나님이 요셉과 (   )하시므로 그를 범사에 (   )하게 하셨다. (39:2, 21~23)

10. 바로의 신하 친위대장 보디발이 요셉을 (   )로 삼고, 그 후에 주인의 아내가 요셉에게 눈짓하다가 (   ) 하기를 청하니 요셉이 거절하며, 나중에는 여인이 요셉의 (   )을 잡고 동침하자 하였으나 버려두고 도망했지만, 누명으로 (   )에 갇혔다. (39:1~23)

11. 요셉은 (   ) 관원장에게 전직을 회복하리라는 꿈 해석을 해주었고, 잘 되시거든 나를 생각하고 은혜를 베풀어달라고 청했으나, 그는 요셉을 (   ) 그를 잊었다. (40:9~23)

12. 바로의 꿈을 해석하니 일곱 해 (   )과 일곱 해 (   )에 대한 것으로 요셉은 꿈 해석으로 인정을 받아 바로는 (   ) 반지를 요셉의 손에 끼우고 (   ) 수레에 태웠다. (41:25~45)

13. 요셉은 (   )세에 애굽에 왔고, 총리가 된 것은 (   )세 때이다. (37:2, 41:41, 46)

14. 요셉의 꿈(37:5~11)은 형들이 애굽에 (   )을 사러 왔을 때 이루어졌고, 요셉은 형들을 시험하느라 막내 아우를 데리고 오라며 (   )을 결박하여 볼모로 잡았다. (42:1~25)

15. 야곱의 아들들이 애굽으로 곧 가지 않고 지체하였음을 알 수 있는 말씀을 아래에 적으시오. (43:1~13)

(1) 2절 — (2) 10절 —

16. 야곱의 아들들이 애굽으로 다시 갈 때에 가져간(동행한) 것 세 가지는 무엇인가? (43:11~15, 답은 15로)

    (1) (　　　　)을 마련　　　　(2) 갑절의 (　　　)　　　　(3) 아우 (　　　　　)을 데리고

17. 창세기 42:6, 43:26, 44:14은 요셉의 어느 꿈의 성취인지 37:5~11을 읽고 답하시오.

18. 요셉이 음식을 다른 형제들보다 베냐민에게 (　　　) 배나 주었고(43:34), 다른 형제들에게는 옷 한 벌을 주었으나 베냐민에게는 은 삼백과 옷 (　　　) 벌을 주었다. (45:22)

19. 요셉이 베냐민에게 특별한 관심을 갖는 이유는 무엇인가? (42:15, 20, 43:16, 29, 34, 45:22) 〔참고: 요셉의 출생 등에 관한 성경을 읽어보라(29장, 30:22~24, 35:16~21)〕

20. 요셉이 '은잔이 발견된 자만 종이 된다'고 할 때, (유다가/르우벤이) 아버지의 생명과 아이의 생명이 하나로 묶여 있으므로 자신이 종이 되고 아이는 형제들과 함께 돌려보내 달라고 했다. (44:14~34)

21. 요셉은 자신을 판 형들에 대한 일을 신앙적으로 어떻게 해석했는가? (45:7~8 읽고 요약)

22. 야곱은 죽은 줄 알았던 요셉(37:29~35)이 살아 있다는 소식에 어리둥절하다가 무엇을 보고 기운이 소생하고 그를 보리라 했는가? (45:25~28)

23. "내가 너와 함께 (　　　)으로 내려가겠고 반드시 너를 (　　　) 다시 올라올 것이며 (　　　)이 그의 손으로 네 (　　)을 감기리라 하셨더라." (46:4)

24. "야곱의 집 사람으로 애굽에 이른 자가 모두 (　　　)명이었더라." (46:26~27)

25. 바로가 야곱에게 "네 나이가 얼마냐?" 하고 물었을 때 야곱의 대답은 어떠했는가? (47:8~9)

    "내 나그네 길의 세월이 (　　　)년이니이다. … (　　　) 세월을 보내었나이다."

26. "요셉이 바로의 명령대로 그의 아버지와 그의 형들에게 (　　　　)을 주되 애굽의 좋은 땅 (　　　　)을 그들에게 주어 (　　　)로 삼게 하고." (47:11)

27. "이스라엘 족속이 애굽 (　　　　)에 거주하며 거기서 생업을 얻어 생육하고 번성하였더라. 야곱이 애굽 땅에 (　　　)년을 거주하였으니 그의 나이가 (　　　)세라." (47:27~28)

28. 야곱은 요셉의 두 아들 (　　　)과 (　　　)에게 축복하였고(48:1~20), 자신의 열두 아들들에게 축복하였는데 이들은 이스라엘의 (　　　)가 되었다. (49:1~28)

29. 야곱은 유언하기를 "에브론의 밭에 있는 굴에 우리 선조와 함께 장사하라" 했는데, 이미 가나안 땅 마므레 앞 막벨라 밭에 있는 이 굴에 장사한 사람들 다섯 명 이름은 무엇인가? (49:29~33)

30. 야곱은 애굽에 거주한 지 (　　　)년 만인 (　　　　)세에 죽었고 그의 장지는 유언대로 가나안 땅 마므레 앞 (　　　) 굴이었다. (47:28~31, 50:1~14)

31. 〈창세기〉 첫 절과 마지막 절의 중요한 한 단어씩을 지적한다면 무엇인가? (해설 참고)

02

광야방랑시대

출애굽기~신명기

요셉의 시대는 끝나고 거의 400년의 세월이 지난 후 모세가 태어난다. 그는 애굽 공주의 아들로 40년, 미디안 광야에서 40년을 지내며 연단을 받는다. 80세에 애굽에서 이스라엘을 이끌고 광야로 나온 모세는 시내산에서 언약을 맺고 성막을 봉헌한다 ―〈출애굽기〉1~24장(Day04), 25~40장(Day05). 그리고 하나님의 백성이 성막에서 지킬 규례를 받는다 ―〈레위기〉1~24장(Day06). 모세는 가나안을 향하여 광야 40년의 방랑과 두 차례에 걸친 인구조사 ―〈민수기〉1~21장(Day07), 22~36장(Day08) ― 를 하고 약속의 땅 가나안이 요단강 건너로 보이는 모압평지에서 시내산 언약을 재확인한다. 그는 마지막 설교 후에 느보산에서 120년의 생을 마친다 ―〈신명기〉1~17장 (Day09), 18~34장(Day10).

출애굽기 1~24장

📖 출애굽기_ 애굽 탈출과 시내산 언약

위치 모세오경의 두 번째 책. 저자 및 저작 연대 전통적으로 모세, 1406년. 현대 학자들은 전승은 모세로부터 왔으나 왕정 초기부터 여러 시대를 거쳐 편집되었다고 본다. 주요 인물 모세, 아론, 바로, 브살렐, 오홀리압. 요절 너희는 이르기를 이는 여호와의 유월절 제사라 여호와께서 애굽 사람에게 재앙을 내리실 때에 애굽에 있는 이스라엘 자손의 집을 넘으사 우리의 집을 구원하셨느니라(출 12:27).

1. 본서의 책명은 〈웨엘레 쉐오트〉로서 히브리 성경의 첫 마디 '그 이름들은 이러하니'에서 왔다. 우리말 〈출애굽기〉는 칠십인역(LXX, 히브리어 구약성경의 헬라어 번역)의 〈엑소더스〉 ─ '출발', '나옴', '벗어남'의 뜻을 그대로 사용한 중국 성경의 제목을 채택했다.
2. 〈창세기〉가 '시작의 책'이라면 〈출애굽기〉는 '구원의 책'이라 할 수 있다. 상징적인 의미로는 이스라엘이 애굽에서 해방되듯, 인간이 죄악된 세상에서 구원 받는 것을 나타낸다.
3. 내용 분해
   1~12장 ─ 애굽에서의 이스라엘(종살이)
   13~18장 ─ 시내산을 향한 이스라엘(출애굽)
   19~40장 ─ 시내산에서의 이스라엘(19~24장 ─ 시내산 언약, 25~40장 ─ 성막 봉헌)

🔵 한눈에 살펴보기

1. 애굽에서의 이스라엘(출 1~12장)

야곱의 집 사람 70명이 애굽에 이른 후(창 46장), 오랜 세월이 지나 큰 민족을 이루었으나 새 왕(바로)의 탄압 때문에 노예로 전락한 이스라엘은 큰 고난을 겪는다. 그러나 언약대로(창 15:13~16) 출애굽 할 때가 다가오고 있었다(1장). 하나님께서는 애굽의 왕자로, 미디안의 목자로 모세를 연단시키신다 (2장). 호렙산 불꽃 안에서 나타나신 하나님을 만난 모세는(3장), 사명을 받고 이적을 통하여 확신을 갖는다(4장). 40년 만에 애굽에 돌아온 모세는 바로 앞에 서지만 만만하지가 않다(5장).

이스라엘 자손의 신음소리를 들으신 하나님께서는 언약을 기억하시고 이스라엘을 애굽 땅에서 인도하여 내겠다고 모세에게 말씀하신다(6장). 80세가 된 모세는 바로 앞에 서고 지팡이가 뱀이 되는 이적을 행한다. 10대 재앙은 물이 피가 되는 것부터 시작된다(7장). 각종 재앙 속에서도 하나님은 이스라엘이 거주하는 고센 땅을 보호하신다(8장). 재앙을 통하여 천하에 하나님과 같은 분이 없음을 알게 하시고 애굽은 개국 이래 가장 큰 고민에 빠진다(9장). 완악해진 바로는 거짓 약속만 할 뿐 이스라엘을 내보내지 않는다(10장). 애굽 땅에 재앙이 선포되고(11장) 이스라엘은 하나님의 말씀대로 어린 양을 잡아 그 피를 문 인방과 좌우 설주에 뿌리고 유월절 식사를 한다. 그 밤에 애굽의 장자들은 죽고 이스라엘의 집에는 여호와의 구원이 임한다(Passover, 유월절). 드디어 이스라엘의 출애굽이 시작된다(12장).

벽돌을 만드는 노예들(출 5:5~18)
모세는 바로에게 출애굽을 요청하지만 바로는 오히려 짚을 주지도 않고 전과 같은 수효의 벽돌을 만들도록 요구한다. 이 벽화는 애굽에서 노예생활을 하던 히브리 백성을 연상시킨다. 애굽 18왕조(주전 1400년경) 테베스 무덤에서 출토된 벽화의 한 장면이다.

2. 시내산을 향한 이스라엘(출 13~18장)

라암셋에서 출발한 이스라엘은 구름기둥과 불기둥의 인도를 받는다(13장). 뒤에는 애굽 군대가 따라오고 앞에는 홍해가 막혀 있지만 이스라엘은 하나님의 권능으로 홍해를 육지처럼 건넌다(14장). 어찌 찬양하지 않을 수 있겠는가? 모세도, 백성들도, 미리암도 모두 찬양한다. 그러나 3일 후에 수르 광야에서 마실 물이 없자, 감격은 사라지고 원망만 가득하다. 하나님께서는 마라의 쓴물을 단물로 바꿔주시고 오아시스 엘림으로 인도하신다(15장). 신 광야에서는 만나가 내리고(16장) 반석에서 샘이 나며 아말렉과의 르비딤 전투는 '여호와 닛시'의 하나님을 보게 한다(17장). 광야에서 장인 이드로가 모세에게 조언을 함으로 조직을 강화한다(18장).

3. 시내산 언약(출 19~24장)

출애굽 한 이스라엘은 애굽을 떠난 지 3개월이 되던 날에 시내광야에 이르고(19:1), 시내산 앞에 장막을 친다(앞으로 이곳에서 1년 동안 머물며 율법을 받고 성막을 봉헌한다. 시내광야를 떠난 것은 민수기 10:12에 나온다). 하나님은 이스라엘과 언약을 맺는다. 모세는 시내산에 올라(19장), 십계명의 말씀을 받으며(20장) 율법의 세세한 부분에 관한 법령들을 알게 된다(21~24장).

✔ 하나씩 짚어보기

1. 하나님의 이름(출 3장)

하나님께서는 "나는 스스로 있는 자이니라"(에흐예 아쉘 에흐예, 나는 나다)며 자신을 계시하신다(출 3:14, 계 1:4, 8, 2:8). 히브리적 의미는 '그는 늘 (너희를 위해) 거기 계시니라'라고 할 수 있다. 하나님의 이름은 여호와(יהוה, 원래는 '야훼'였을 듯, 아도나이(주님)는 대치된 칭호)로서, 영원한 이름이며 대대로 기억할 칭호이다(3:14~16).

2. 바로의 마음을 완악하게 하신 하나님(출 7:3, 9:12, 10:20 등)

하나님께서 바로의 마음을 완악하게 하셨다(7:3, 9:12, 10:20, 27, 11:10, 14:4, 8 등)는 말을 들을 때 바로에게 그 책임이 없는 것처럼 느껴지기도 한다. 그런데 이것은 강요된 것이 아니라 바로의 태도를 미리 알려주신 것이다. '하나님은 완악해지기 바라는 사람만을 완악하게 하신다'는 의미로 하신 말씀이다. 바로가 자신의 태도에 책임을 져야 한다는 사실이 7:13~14, 8:15, 19 등에 나타난다. 우리도 바로처럼 완악하거나 임시방편을 갖고 있지 않은지 돌아보아야 한다.

3. 10가지 재앙과 유월절(출 7~12장)

(1) 재앙의 목적은 여호와를 나타내는 데 있었다. "나를 여호와인 줄 알리라"(7:17)를 비롯하여 비슷한 구절이 여러 차례 나온다(8:10, 22, 9:29, 10:2).

(2) 완악한 바로는 "내 백성을 가게 하리라"고 여섯 번이나 말하고도 보내지 않았으며, 이에 대하여 하나님은 재앙을 내리신다. 바로는 열 번째 재앙인 '장자의 죽음' 후에야 비로소 이스라엘을 애굽에서 내어보낸다. 장자가 죽던 그 밤은 유월절 절기의 기원이 된다(12:21~28). 유월절 어린 양은 그리스도의 모형이다(고전 5:7, 요 1:29, 36, 19:36).

10대 재앙이 나온 성경구절을 성경책에 표시하고 외우기를 권한다(피개이파돌악우메흑장).

	재앙	성경	관계된 애굽 신	예고	시행자	상해 대상	결과
1	피	7:20	나일강의 수호신 크놈(Khnum), 하피(Hapi)	O	아론	사람, 짐승	
2	개구리	8:6	개구리 형상의 부활신 헤크투(Heqt)	O	아론	사람	
3	이	8:17	땅의 신 갭(Geb)	X	아론	사람, 짐승	사람에게 불편
4	파리	8:24	멍청이 모양의 코프리 신(Khopri)	O	하나님	사람	
5	돌림병	9:3	황소 신 아피스(Apis), 암소 신 하돌(Hathol)	O	하나님	사람, 짐승	가축의 죽음
6	악성 종기	9:10	의술의 신 임호팁(Imhotep)	X	모세	사람, 짐승	육체적 고통
7	우박	9:23	하늘의 여신 누트(Nut)	O	모세	사람	경제적 고통
8	메뚜기	10:13	곡물의 수호신 세트(Seth)	O	모세	사람	
9	흑암	10:22	태양 신 아몬 – 라(Rah), 태양 여신 세케트(Sekhet)	X	모세	사람	정신적 고통
10	장자의 죽음	12:29	죽음과 부활의 신 오시리스(Osiris), 생명의 신 프타(Ptah)	O	하나님	사람, 짐승	극악한 상태

※ 주의: 재앙 이름이 개역한글판과 개역개정판의 두 곳에 차이. 악질→돌림병, 독종→악성 종기

4. 출애굽 한 이스라엘 백성의 수(출 12장)

학자마다 최소한 200만 명에서 600만 명 정도로 추산한다. 유아 외에 보행하는 장정이 약 60만 명(12:37)으로, 민수기 1:44~46에도 보면 '싸움에 나갈 만한' 20세 이상의 장정을 계수한 것이 60만 3,550명이다. 여기에 동일한 여자의 수(실제는 더 많았을 것임, 1:16, 22)와 한 가족 당 4명의 자녀(4명의 자녀는 결코 많은 수가 아니다. 히브리인의 인구 증가 속도는 애굽인이 두려워할 정도였다(1:7~8). 대략 출애굽 인구를 계산하면 남자 60만 + 여자 60만 + 자녀 240만(60만×4) = 약 360만 명이다.

이 정도의 수가 한 번에 이동을 위해 50명씩 나란히 걷는다 해도 그 행렬은 60km(150리) 이상 되었

을 것이며, 한 시간에 보통 10리를 걷는다 할 때에 한 지점을 통과하는 데도 16시간 이상이 걸렸을 것이다. 그뿐인가? 매일 최소한 트럭 30대 이상의 음식과 300드럼 이상의 물이 필요(짐승을 제외하고도)했을 것이다. 이것을 누가 공급해주셨겠는가? (부록의 '성서지도' 3번 참고)

5. 출애굽 연대의 두 가지 학설(출 12장)

출애굽 할 때의 연대가 언제인지는 정확하지 않다. 여기에 대해서는 신학적인 배경에 따라 크게 두 가지 학설이 있다. (권말의 '성서연대표' 참고)

(1) 13세기설 – 출애굽을 주전 1280~1250년경으로 본다. 출애굽기 1:11의 비돔과 라암셋을 람세스 2세의 건축물로 본다. 당시의 바로는 '람세스 2세'이다.

(2) 15세기설 – 출애굽을 주전 1446년으로 본다. 사사기 11:26, 열왕기상 6:1 등에 근거하고 있다. 당시의 바로는 '투트메스 3세'이다.

6. 시내산 언약과 십계명(출 19~24장)

시내산에 도착한 이스라엘 백성은 산 아래에 있고, 모세가 산에 올라가 율법을 받았다. 즉, 십계명(20장)과 성막(25~31장)과 제사법(레위기)이었다. 모세가 시내산에서 받은 십계명(출 20장)은 광야 생활의 끝인 요단 강가 모압평지에서 모세가 이스라엘 후세대에 반복하여 가르친다(신 5장).

(1) 십계명은 하나님 사랑(1~4계명)과 이웃 사랑(5~10계명)이다. 인간이 하나님을 어떻게 섬길 것인가(신앙)와 이웃과 더불어 어떻게 살 것인가(생활)이다. 신앙과 삶이 일치하는 사람은 복 있는 사람이다. 예수님도 계명을 요약하여 하나님 사랑과 이웃 사랑을 말씀하셨다(마 22:35~40, 막 12:28~33, 눅 10:25~27).

십계명 돌판을 든 모세 조각
하나님과 얼굴을 마주본 모세는 율법의 전수자이며 그 대표적인 것이 십계명이대(출 20장).

(2) 십계명(20:1~17)은 "하라"와 "하지 말라"로 되어 있는 '자유'와 '제약'이다. 자유(하라)는 언제나 책임이 뒤따른다. 그 책임을 망각할 때 자유는 구속되고 만다. 반면에 제약(하지 말라)을 잘 활용하면 경건이라는 좋은 결과를 가져온다.

(3) 이스라엘은 시내산에서 율법을 받고, 제사장을 임명하며, 하나님이 보이신 모양대로 성막(장막)을 짓는다. 시내산에서 모세가 받은 율법으로 이스라엘은 하나님과 언약을 맺는다. "나는 너희 하나님이 되고 너희는 내 백성이 되리라"는 이것은 이스라엘 역사에 핵심이 되는 말씀이다. 특히 "세계가 다 내게 속하였나니 너희가 내 말을 잘 듣고 내 언약을 지키면 너희는 민족 중에서 내 소유가 되겠고 너희가 내게 대하여 '제사장 나라'가 되며 '거룩한 백성'이 되리라 너는 이 말을 이스라엘 자손에게 전할지니라"(19:5~6)에 잘 나타나 있다.

다음 물음에 답하거나 괄호 안에 알맞은 말을 넣으시오.

1. 출애굽기는 누구의 율법으로 알려져 있는가? (눅 24:44) (해설 참고)

2. 다음에 해당하는 장 수 또는 제목을 쓰시오.
   〈보기〉 3장/ 6장/ 9장/ 12장/ 감람산/ 시내산

   (1) 모세의 소명 ―   (2) 출애굽(유월절 기원) ―   (3) (   ) 언약 ― 19~24장

3. "야곱과 함께 애굽에 들어간 자는 야곱의 며느리들 외에 (   )명이니 이는 다 야곱의 몸에서 태어난 자이며 … 야곱의 집 사람으로 애굽에 이른 자가 모두 (   )명이었더라." (창 46:26~27, 출 1:1~7)

4. "이스라엘 자손이 라암셋을 떠나서 숙곳에 이르니 유아 외에 보행하는 장정이 (   ) 가량이요." (12:37)

5. "요셉을 알지 못하는 새 왕"(1:8)은 누구인가? 해설을 참고하여 두 가지 견해를 모두 쓰시오.

   (1) 13세기 출애굽설 ―   (2) 15세기 출애굽설 ―

6. 당시 노예였던 이스라엘이 지은 국고성은 무엇인가? (1:11)

7. 히브리 백성들이 많고 강해지자 애굽이 인구 감소 정책으로 택한 두 가지 방법은 무엇인가?

   (1) 1:8~14 ―

   (2) 1:15~22 ―

8. 모세는 어느 지파(가족)이며, 누구의 아들이 되었는가? (2:1~10)

9. 모세가 바로의 낯을 피하여 간 곳은 어디인가? (2:11~25)

10. "하나님이 그들의 (   )를 들으시고 하나님이 아브라함과 이삭과 야곱에게 세운 그의 (   )을 기억하사 하나님이 이스라엘 자손을 (   ) 하나님이 그들을 (   )하셨더라." (2:24~25)

11. 하나님께서는 왜 모세를 애굽으로(바로에게) 보내려 하셨는가? (3:10)

12. 하나님께서는 자신을 무엇이라고 계시하셨는가? (3:14)

13. 확신 없는 모세에게 보인 세 가지 이적(약속 포함)과 관계없는 것은 무엇인가? (4:1~9)

   ① 지팡이 → 뱀   ② 손 → 나병   ③ 나일 강물 → 피   ④ 품 → 눈

14. 모세의 아들에게 할례를 행한 사람은 누구인가? (4:18~31)

15. 이스라엘 자손의 기록원들은 출애굽을 위한 모세의 일을 어떻게 생각했는가? (5:15~21)

   ① 협력했다.   ② 못마땅하게 생각했다.   ③ 여호와의 뜻이라고 했다.

16. 모세와 아론이 바로에게 말할 때에 모세는 (   )세, 아론은 (   )세였다. (7:6~7)

17. 아론과 애굽 요술사들이 던진 지팡이가 모두 뱀이 되었는데, 그 후 어떻게 되었는가? (7:8~13)

18. 10대 재앙을 외워서 쓰시오.

    (1)   (2)   (3)   (4)   (5)

    (6)   (7)   (8)   (9)   (10)

19. 애굽 요술사들이 따라하지 못한 재앙은 무엇이었는가?

    ① 피(7:20~22)   ② 개구리(8:6~7)   ③ 이(8:16~18)

20. 12:1~14은 어떤 절기의 기원에 대한 말씀인가? (답은 11절에서)

21. 이스라엘의 여행 경로를 보기의 지명에서 골라 차례대로 쓰시오.
    〈보기〉 르비딤/ 엘림/ 수르 광야/ 시내광야/ 에담/ 숙곳/ 마라/ 라암셋/ 비하히롯 앞/ 신광야

    (1) 12:37상 (   ) → (2) 12:37상 (   ) → (3) 13:20 (   ) → (4) 14:2 (   ) → (5) 15:22 (   )

    → (6) 15:23 (   ) → (7) 15:27 (   ) → (8) 16:1 (   ) → (9) 17:1 (   ) → (10) 19:1 (   )

22. 이스라엘이 애굽에 얼마나 거주했는지, 다음 성구를 찾아 기간을 쓰시오.

    (1) 창 15:13 —   (2) 출 12:40 —   (3) 행 7:6 —   (4) 갈 3:17 —

23. 하나님께서 이스라엘 백성을 인도하시지 않은 길과 인도하신 길은 각각 어디인가? (13:17~18)

24. 하나님께서는 낮과 밤에 각각 무엇으로 인도하셨는가? (13:21~22)

25. 홍해를 육지처럼 건넌 일과 관계된 말씀은 어디에 기록되어 있는가?

    ① 13~14장   ② 14~15장   ③ 15~16장

26. 만나의 모양과 맛은 어떠한가? (16:13~15, 31)

27. 사무엘상 15장에서 하나님께서는 사무엘을 통해, 사울 왕에게 (   )을 진멸하도록 하신다. 이 계획은 이미 출애굽기 17장 (   )절에서 나온 것인데 그때 사울은 불순종했다. (출 17:8~16)

28. 출애굽은 니산월 15일(12:1~20), 시내광야 도착은 애굽 땅을 떠난 지 (   )(19:1), 성막을 세운 때는 (   )(40:17), 시내광야에서 출발한 때는 (   )이다. (민 10:11~12)

29. 19:5~6의 하나님의 언약의 말씀(거룩한 백성이 되리라)은 신명기 28장 (   )절(자기의 성민이 되게 하시리니), 베드로전서 2장 (~   절)에도 유사한 기록이 있다.

30. 다음 계명을 쓰고 십계명을 외워보시오. (20장)

    (1) 첫째 —   (2) 셋째 —

    (3) 여덟째 —   (4) 열째 —

31. 유대인의 3대 절기는 무엇인가? (23:14~19, 34:18~26)

출애굽기 25~40장

🔵 한눈에 살펴보기

1. 성막 건축 모양과 계약 갱신(출 25~34장)

시내산에 오른 모세는 하나님께서 지시하시는 성막과 그 기구들의 모양을 계시받는다(25~27장). 또한 성막 안의 봉사자들인 제사장들에 대한 지시도 받는다. 그들의 의복을 짓도록 하고(28장) 제사장 직분의 위임의 규례에 대해(29장) 말씀하신다. 그리고 성막 안의 기구인 분향단과 물두멍, 관유와 향을 만들도록 명령하신다(30장). 아울러 성막을 지을 일꾼을 부르시고 세우신다(31장).

모세가 시내산에서 하나님과 깊은 관계를 갖고 있을 때 이스라엘 백성은 하나님을 잊어버리고 금송아지 신상을 만들어 "이것이 자기들을 애굽 땅에서 인도하여 낸 신"이라 한다. 산에서 내려온 모세는 의분에 차서 두 돌판을 내어 던진다(32장). 멸망 받아야 될 백성이 모세의 기도로 살아나 하나님의 백성은 회복되며 새 증거판이 새겨진다(33~34장).

2. 성막 건축 시행 및 봉헌(출 35~40장)

성막을 짓기 위해 사람들이 필요한 것들을 가져오고 또 가져오니 풍성하게 된다(35장). 드디어 성막 건축이 시작되었다. 필요한 재료들이 '자원하는 예물'로 드리니 너무 많이 가져와 넉넉하여 남게 되었다. "여호와께서 명령하신 대로"(25~31장에서 지시) 성막을 짓되(36장), 궤(언약궤)와 상(진설병상), 등잔대, 분향할 단을(37장), 번제단과 물두멍과 뜰(성막 울타리)을 만들고 쓴 재료의 목록을 계산하였다(38장). 제사장 복장이 지어졌으며 성막과 모든 기구가 완성되었다(39장). 성막을 세워 봉헌하니 출애굽 둘

성막의 전체적인 모습(출 28장, 민 17장)
성막에는 울타리가 있고, 그 안에는 번제단과 물두멍을 지나 성막이 성소와 지성소로 구분되어 있었다. 이것은 축소하여 만든 모형이다.

째 해 첫째 달 초하루(제2년 1월 1일)였다. 여호와의 영광이 성막에 충만하였다(40장).

✅ 하나씩 짚어보기

1. 조각목으로 제작한 성막 기구(출 25:5)

(1) 성막 기구의 재료(증거궤―25:10, 진설병상―25:23, 제단―27:1 등)에 많이 쓰인 조각목은 사막에서 자라는, 볼품없는 아카시아 아라비카(싯딤나무)이다. 이러한 조각목을 다듬어 성막 기구를 만들게 했고 언약궤나 진설병상 등에는 순금을 입혔다.

(2) 보잘것없는 아카시아가 성막의 기구에 쓰이듯, 죄인이 예수 그리스도 안에서 하나님의 자녀 되고 다듬어져 일꾼으로 세워지니 하나님의 은혜이다(고전 15:10, 1:26~31, 딤전 1:12~17).

(3) 제단은 조각목으로 만들어 놋으로 쌌다(27:1~8). 번제단에는 늘 불을 피워 제물을 불살랐지만, 놋으로 싼 조각목은 숯처럼 타버리지 않았다. 런던 소방국에서 여러 차례 실험한 결과 '놋으로 싼 나무 문'은 불을 완전히 견딘다는 확증을 얻었다. '하나님의 명령하신 대로' 하였으니 당연한 일이 아닌가?

2. 그룹은 무엇인가?(출 25:17~22, 26:31, 36:8)

(1) 증거궤에 붙은 속죄소의 '그룹'(케루빔, Cherubim, 25:17~22)은 하나님의 보좌를 둘러싸고 하나님을 섬기는 영적인 천사이다(겔 1, 10장, 사 37:16, 계 4:6~8). 성막을 건축할 때에는 성막 휘장에 그룹을 수놓았다(26:31에 명령, 36:8에 시행). 그룹의 모습이 정확히 알려져 있지 않아 각각 다른 형태의 그룹을 그리기도 하지만, 25:20을 보면 '날개'가 있으며 에스겔 10장에서는 보좌를 실은 마차를 끄는 '날개 달린 생물'로 묘사하고 있다.

(2) 이스라엘은 그룹의 모양에 익숙했을 것이다. 에스겔의 새 성전 환상에서는 "널판지에는 그룹들과 종려나무를 새겼는데 두 그룹 사이에 종려나무 한 그루가 있으니"(겔 41:18)라 하여 그룹의 문양이 종려나무 문양과 함께 번갈아가면서 성전 벽 널판지에 새겨졌는데, 이는 성전에 임재해 계시는 하나님의 영광과 거룩함을 수호한다는 의미를 지닌다. 그룹(케루빔, Cherubim)은 이방 종교에서 초자연적인 존재로 여겼고 고고학에서 그 모습을 드러내기도 했다(사진 참고).

상아로 만든 그룹상(像)(출 25:20)

상아로 정교하게 조각된 이 케루빔은 주전 860년경의 것으로 사마리아 아합 궁에서 출토되었다. 케루빔(Cherubim)은 한글 성경에 '그룹'으로 음역돼 있다.

3. 성막의 용도에 따른 명칭(출 26:9, 39:33)

(1) 성막(거룩한 곳이기에 ― 출 26:9, 39:33, 대하 24:6), (2) 회막(그의 백성을 만나셨기에 ― 29:44, 33:7, 39:32), (3) 증거막(법궤, 증거궤를 보관하였기에 ― 38:21), (4) 장막(하나님께서 거하셨기에 ― 25:9, 대상 6:48) 등으로 용도에 따라 다르게 불리었다.

4. 제단 위에 피우는 향(출 30장)

"이 향은 성도의 기도들이라"(계 5:8)라는 말씀에 비춰보면 훈향(薰香)은 큰 의미가 있다.

(1) "아침마다 그 위에 향기로운 향을 사르되 … 또 저녁 때 등불을 켤 때에 사를지니"라고 했듯이 (7~8절) 우리도 아침저녁으로 기도해야 한다(시 4~5편).

(2) "등불을 손질할 때에 사를지며"(7절)라고 했듯이 기도는 무엇보다도 하나님 앞에서 자신을 정리하며 아버지의 뜻에 자신을 맞추는 것이다(마 26:42).

(3) "대대로 여호와 앞에 끊지 못할지며"(8절)라고 했듯이 우리는 기도하는 것을 쉬지 않아야 한다(살전 5:17).

(4) "다른 향을 사르지 말며"(9절)라는 말씀은 23절에서 지정한 상등향의 값진 것이 아닌 임시변통의 훈향을 금한다는 것으로, 자신의 입장을 먼저 내세우는 기도는 하나님께 이르지 못함을 말해준다.

5. 우림과 둠밈(출 28:30)

에봇의 흉패 안에 넣었던 "우림과 둠밈"(28:30)의 문자적 의미는 '빛과 완성'이다. 하지만 확실히 무엇인지는 알려진 바 없다. 우림과 둠밈은 비상시에 하나님의 뜻(神意)을 알기 위해 쓰였던 도구인 듯하다(민 27:21, 삼상 14:3, 23:9, 28:6). 매우 값진 보석이었다고 보는 견해도 있으며 제비나 주사위 같은 것으로 부정과 긍정을 알 때 사용했다는 설도 있다. 예언자의 활동이 커지고 말씀에 중심을 두게 되면서 후대에는 쇠퇴한 것으로 보고 있다(레 8:8, 신 33:8, 스 2:63, 느 7:65 참고).

6. 여호와께서 뜻을 돌이키신다는 의미(출 32장)

(1) 광야의 이스라엘이 금송아지를 만들어 숭배하므로 여호와께서 "그들에게 진노하여 그들은 진멸하고 너(모세)를 큰 나라가 되게 하리라"(10절) 하시므로 모세가 "주의 맹렬한 노를 그치시고 뜻을 돌이키사 주의 백성에게 이 화를 내리지 마옵소서"(12절)라고 간절히 기도했더니 "여호와께서 뜻을 돌이키사 말씀하신 화를 그 백성에게 내리지 아니하시니라"(14절) 하였다. 그러면 하나님은 뜻을 잘 돌이키시는 분인가라는 의문을 갖는다.

(2) 여기에 대한 답은 예레미야 18:7~10에서 볼 수 있다. 8절만 보아도 "만일 내가 말한 그 민족이 그의 악에서 돌이키면 내가 그에게 내리기로 생각하였던 재앙에 대하여 뜻을 돌이키겠고"라 하셨다. 하나님의 심판

제의 내용		명령(만들되)	시행(만들었으니)
성막	휘장	26:1~4	36:8~19
	널판	26:15~30	36:20~34
	휘장(휘장문)	26:31~37	36:35~38
지성소	◇법궤(증거궤)	25:10~22	37:1~9
성소	◇진설병상	25:23~30	37:10~16
	◇등잔대	25:31~40	37:17~24
	◇분향할 제단	30:1~10	37:25~28
	향과 기름	30:22~38	37:29
성막 안뜰	◇번제단	27:1~8	38:1~7
	◇물두멍	30:17~21	38:8
	성막 뜰(울타리)	27:9~19	38:9~20
성막 물품의 통계			38:21~31
제사장의 복장	서론	28:1~5	39:1
	예복	28:6~12	39:2~7
	흉패	28:13~30	38:8~21
	에봇 받침 겉옷	28:31~35	38:22~26
	두건,관,옷,제복	28:36~43	39:27~31

제의에 대한 명령과 시행의 비교(출 25~40장)
성경을 찾아 위의 성경 언급 첫 절에 나오는 성막 기구(특히 ◇표 한 곳)에 표하시오.

이나 파괴의 위협들, 용서와 회복에 대한 제안들에 대한 인간의 응답 토대 위에서 그의 고유한 절대적 주권을 제한하는 권리를 유지하신다. 예레미야에서 "만일 … 만일"을 반복하는 것은 하나님의 약속들과 위협은 인간의 행위에 따라 좌우된다는 뜻이다. 즉 스스로 변하지 않는 하나님(민 23:19, 말 3:6, 약 1:17)은 그럼에도 불구하고 백성들이 무엇을 하는가에 따라서 예고하신 뜻을 돌이키신다. 이는 결국 하나님의 사랑이 이기신다는 것을 뜻한다.

(3) 그 예로 홍수 사건(창 6:5~8, 8:21)에서도 결국 노아가 여호와께 제물을 드리면서부터 상황이 달라지기 시작한다(창 8:21~22). 요나의 니느웨 전도에서도 하나님의 명령과는 반대로 도망을 가던 요나가 니느웨로 방향을 전환했고(욘 3:3), 악독한 니느웨 사람들이 하나님께로 방향을 돌이키자(욘 3:5~8) 니느웨를 멸하려던 "하나님이 그들이 행한 것 곧 그 악한 길에서 돌이켜 떠난 것을 보시고 하나님이 뜻을 돌이키사 그들에게 내리리라고 말씀하신 재앙을 내리지 아니하시니라"(욘 3:10)고 하였다. 이처럼 비록 이스라엘 백성이 금송아지 숭배를 했으나 대표자인 모세의 간절한 기도를 들으신 하나님께서 뜻을 돌이키시고 재앙을 내리지 아니하신 것이다(출 32:17).

7. 성막의 기구들과 그리스도(출 25, 30, 37, 38장)
아래와 같이 연결하는 것은 자연스러우나 영해(靈解)라 하여 곁길로 가면 위험하다.

(1) 번제단: 죄로부터의 희생 제물이신 그리스도(히 9:22, 갈 2:20, 막 10:45).

(2) 물두멍: 죄로부터 깨끗하게 하시는 분 그리스도(요일 1:7, 엡 5:26, 요 15:3, 요 13:8).

(3) 등잔대: 세상의 빛 그리스도(요 9:5, 슥 4:1~6, 계 21:21~23).

(4) 진설병상: 생명의 떡 그리스도(요 6:32~58).

(5) 분향단: 예수 이름으로 기도(시 141:2, 계 8:3, 히 13:15, 요 16:24).

(6) 증거궤: 하나님이 거하시는 집(롬 6:14, 고후 3:18, 히 4:14~16, 9:11~12).

8. 다시 받은 십계명과 모세의 뿔(출 34장)

(1) 모세는 시내산에 40일 더 체류하면서 하나님께 — 첫 번 돌판은 깨졌으므로(32:19) — 다시 십계명 두 돌판을 받아 산에서 내려온다. "이스라엘 자손이 모세의 얼굴의 광채(카란)를 보므로 모세가 여호와께 말하러 들어가기까지 다시 수건으로 자기 얼굴을 가렸더라."(34:35) 여기서 '광채'를 과거에는 '뿔'로 번역했다.

(2) 십계명은 여러 번 반복된다.

　1) 하나님께서 시내산에서 말씀으로(20:1~17),

　2) 첫째 돌판으로(24:12~18),

　3) 모세가 깨뜨린 후 대신하여 주신 두 번째 돌판으로(34:1, 28~29),

뿔 달린 모세(출 34:35)

하나님을 만나고 돌아온 모세의 얼굴에서 광채를 보았다(출 34:35). 과거에는 히브리어 '카란'을 '광채'가 아닌 '뿔'로 번역했기에 미켈란젤로는 모세의 머리에 뿔을 조각했다. _바티칸 박물관 소장.

등잔대의 모습(출 25:31~40, 37:17~24)
하나님은 성막 건축을 구체적으로 말씀하셨다. 사진의 모형은 성막의 여러 기구 중에 하나인 등잔대로서 일곱 개의 등을 켤 수 있도록 일곱 가지로 되어있다. 유대인들은 오랜 세월 이 모습을 생활에서 장식에도 사용하였고 '메노라'(Menora)라 불렀다.

4) 모세가 죽기 전 요단 앞 모압평지에서 설교하면서 반복하였다(신 5장).

(3) 십계명(עֲשֶׂרֶת הַדְּבָרִים 아세레트 하데바림, '열 가지 말씀')이라는 용어는 출애굽기 34:28, 신명기 4:13, 10:4에 나오고, 다른 계명들의 기초가 된다. 언약의 원문서인 새 돌판은(출 34:28, 신 9:9) 백성들의 금송아지 숭배(출 32장)로 파기된 '언약의 갱신'을 뜻한다.

9. 질투라 이름하는 질투의 하나님(출 34:14)

(1) 첫 번째 돌판(20장)을 시내산에서 받아 내려온 모세는 이스라엘이 금송아지를 숭배하는 것을 보고 크게 노하여 돌판을 던져 깨뜨렸다(32장). 타락한 자들을 벌한 후에 하나님께서는 모세에게 명령하여 돌판 둘을 처음 것과 같이 깎아 만들어 시내산에 오르게 하신다.

(2) 하나님께서는 언약을 세우시면서 "너는 다른 신에게 절하지 말라 여호와는 질투라 이름하는 질투의 하나님임이니라"(34:14)하셨다. 그러면 하나님의 성품에 '질투'가 어울리는가 하는 의문을 갖게 된다. 처음 십계명을 주실 때에도 "네 하나님 여호와는 질투하는 하나님인즉"(20:5)이라 하셨고 가나안에 들어가기 전 모압평지에서 모세의 증언에도 '질투하는 하나님'이라 했다(신 5:9, 6:15 참고).

(3) 이 말씀 앞에서는 우상을 섬기지 말라는 것이 전제되어 온전한 섬김을 요구하신다. 하나님의 질투(嫉妬)는 시기(猜忌)와는 아무런 관계가 없고 하나님의 비길 데 없는 탁월하신 것과 관련된다. 질투라는 단어는 인간들의 시기와는 다르며, '강렬한 사랑'의 의미가 있는 거룩한 분노를 의인법으로 표현한 것으로 이해할 수 있다.

10. 새해의 신기원(출 12, 40장)

(1) 하나님께서는 출애굽의 시작이 된 '유월절(아빕~니산월~14일 저녁)'에 대해 "이 달을 너희에게 달의 시작, 곧 해의 첫 달이 되게 하고"(12:2)라 하여 유월절이 새해의 신기원이 되게 하셨다.

(2) 성막을 건축하고 '성막 봉헌'은 "둘째 해 첫째 달 곧 그 달 초하루에"(40:17) 이루어졌다. 이스라엘이 애굽을 떠난 지 거의 1년이 되는 날이며, 시내산에 도착한 지(출 19:1~2) 9개월 만의 일이다.

즉 '유월절(1월 14일 저녁)'은 출애굽의 때를 새해의 시작으로 정한 것이고, 그렇게 해서 생긴 새해의 이듬해 첫날에 '성막 봉헌'이 이루어졌다.

다음 물음에 답하거나 괄호 안에 알맞은 말을 넣으시오.

1. 여호와께서 모세에게 성막 기구를 위하여 어떻게 바치는 예물을 받으라고 했는가? (25:1~2)

2. 성막 평면도를 보고 기구의 이름을 쓰시오.

    (1) 26:31~37, 36:35~38 —

    (2) 25:23~30, 37:10~16 —

    (3) 25:10~22, 37:1~9 —

    (4) 30:1~10, 37:25~29 —

    (5) 25:31~40, 37:17~24 —

    (6) 30:17~21, 38:8 —

    (7) 27:1~8, 38:1~7 —

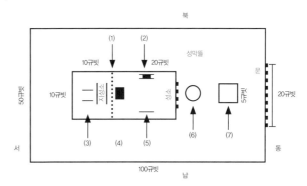

3. 궤(증거궤, 언약궤) 위에 얹을 것과 궤 속에 넣을 것은 무엇인가? (25:10~22)

4. 조각목으로 만든 상(진설병상)을 싼 것과, 그 위에는 두도록 한 것은 무엇인가? (25:23~30)

5. 등잔대를 만들 때 한 덩이로 연결되게 한 것은 무엇인가? (25:31~40)

6. 막의 덮개와 윗덮개는 각각 무엇으로 만들었는가? (26:14)

7. 휘장(揮帳)은 무엇과 무엇을 구분하게 했는가? (26:33)

8. 제단의 네 모퉁이 위에 무엇을 만들도록 했는가? (27:2)

9. 성막의 뜰(성막의 전체 울타리)의 너비는 몇 규빗인가? (27:9~13, 참고: 1규빗은 통상 45cm, 성전은 50cm 정도)

    (1) 남북 — (   ) 규빗   (2) 동서 — (   ) 규빗

10. "이스라엘 자손에게 명령하여 (   )으로 짠 (   )을 등불을 위하여 네게로 가져오게 하고 끊이지 않게 (   )을 켜되." (27:20)

11. 제사장의 직분을 행하게 될 아론의 아들 네 명의 이름은 무엇인가? (28:1)

12. 판결 흉패 안에 넣을 것은 무엇인가? (28:30)

13. 하나님께서는 어디에서 이스라엘("너희와")을 만난다고 하셨는가? (29:42)

14. 각 사람의 생명의 속전(贖錢)은 얼마이며, 어디에 사용되었는가? (30:11~16)

15. "너는 물두멍을 (　　)으로 만들고 … 아론과 그의 아들들이 그 두멍에서 (　　　)을 씻되 그들이 (　　)에 들어갈 때에 (　　)로 씻어 죽기를 (　　) 것이요." (30:18~20)

16. 여호와께서 시내산에서 모세에게 무엇을 주셨는가? (31:18)

17. 금으로 신상을 만들지 말라(20:23)는 언약을 어기고 이스라엘이 만들어 '애굽 땅에서 인도하여 낸 신이라'고 숭배한 것은 무엇인가? (32:1~6)

18. 출 32:4, 8절과 왕상 12:28을 보면 금송아지를 어떤 신으로 믿었는가?

19. 이스라엘이 호렙산에서부터 그 몸에서 떼어 낸 것은 무엇인가? (33:5~6)

20. 여호와께서는 모세와 어떻게 말씀을 하셨는가? (33:11)

21. 33:19은 로마서 9장 몇 절에서 인용되었는가? (33:19)

22. 이스라엘은 누구와 언약을 세우고, 누구와는 언약을 세우지 말아야 하는가? (34:10, 12)

23. "칠칠절 곧 (　　　　　)을 지키고 세말에는 (　　　)을 지키라." (34:22)

24. 다음의 일은 어느 지파의 누가 하는 것인지 그 이름을 쓰시오. (35:30~35)

　　(1) 금과 은과 놋으로 제작하는 기술, 보석을 깎아 물리며 나무를 새기는 정교한 일 —

　　(2) 조각하는 일과 청색, 자색, 홍색실과 가는 베실로 수놓는 일과 짜는 일 —

25. 그룹들이 얼굴을 대하고 서로 날개로 덮고 있는 것은 무엇인가? (37:9, 25:20)

26. 놋 물두멍은 무엇으로 만들었는가? (38:8)

27. 성막(증거막)을 위하여 쓴 재료의 물목을 계산한 사람의 신분과 이름은 무엇인가? (38:21)

28. 성전 건축 비용으로 드린 금은 얼마만큼인가? (38:24) 참고: 1달란트는 30kg, 1세겔은 11g

29. 제사장의 흉패에 붙은 열두 보석이 뜻하는 것은 무엇인가? (39:8~14)

30. 성막은 기능에 따라 다른 이름으로도 불려지는데, '성막' 외의 이름을 적으시오.

　　(1) 출 29:44, 33:7, 39:32 —　　　　　　　　　　(2) 출 38:21 —

　　(3) 출 25:9, 대상 6:48 —

31. 성막을 세운 때는 출애굽 (　　　)해 (　　)달 (　　　)이다. (40:2, 17)

32. "아론에게 (　　　　)을 입히고 그에게 (　　)을 부어 … 내게 (　　　　　　　　)을 행하게 하라." (40:13)

33. "낮에는 여호와의 (　　)이 성막 위에 있고 밤에는 (　　)이 그 구름 가운데에 있음을 이스라엘의 (　　　) 이 그 모든 행진하는 길에서 그들의 (　　　)으로 보았더라." (40:38)

34. "여호와께서 모세(자기)에게 명령하신 대로 되니라"는 표현이 39장과 40장에 몇 번 나오는가?

DAY 06 레위기

📖 **레위기_** 제사 및 정결 예법(하나님 섬기는 법)

위치 모세오경의 세 번째 책. 저자 및 저작 연대 전통적으로 모세, 1406년. 현대 학자들은 전승은 모세로부터 왔으나 왕정 초기부터 여러 시대를 거쳐 편집되었다고 본다. 요절 너는 이스라엘 자손의 온 회중에게 말하여 이르라 너희는 거룩하라 이는 나 여호와 너희 하나님이 거룩함이니라(레 19:2).

---

1. 원전의 제목은 '봐이크라'로서 '그리하여 그가 부르신다'는 본서의 첫 단어에서 왔다. 그러나 주전 3세기경 칠십인역의 '레비티컨'은 '레위인의 책'이라는 뜻으로, 한글판은 이를 따랐다.

2. 〈레위기〉는 성막을 봉헌(출 40장)하고 나서 이제 이곳에서 행할 제사 예법과 제사장의 성결 문제, 그리고 절기의 규례에 대한 가르침이 필요했다. 하나님께서 시내산 회막에서 모세를 불러 이스라엘에게 어떻게 하나님을 섬길 것인가에 대해 주신 말씀이다. 히브리서 4:11~10:25을 함께 읽으라.

3. 내용 분해

1~17장 ─ 하나님께 나아가는 길
      ① 1~7장: 제사를 통하여　　②8~10장: 제사장을 통하여　　③ 11~17장: 정결하게 함으로

18~27장 ─ 하나님과 동행하는 삶
      ① 18~22장: 실제적 생활 규례　　②23~26장: 절기에 대한 규례　　③ 27장: 서원에 대한 규례

🔍 한눈에 살펴보기

1. 하나님께 나아가는 길(1~17장)

(1) 제사를 통하여

5대 제사에 관한 말씀이다. 번제는 헌신의 표로 제물 전체를 불태웠다(1장). 소제는 곡물을 제물로 드리는 피 없는 제사인데, 실제로는 번제와 화목제에 덧붙여 드렸다(2장). 화목제는 감사와 서원과 낙헌의 제사이며(3장), 하나님께 지은 죄를 속하는 속죄제(4장), 사람과 성물에 대하여 지은 죄를 속하는 속건제(5장)로 이것이 5대 제사이다. 각종 제사에 대한 세부 규정을 통하여 제사장의 직무를 가르치고(6장), 속건제와 화목제에 대한 규례, 제사장의 몫과 제물을 먹는 규례에 대해 가르친다(7장).

(2) 제사장을 통하여

아론과 그의 아들들이 제사장으로 이레(7일) 동안 위임받고(8장), 여덟째 날에는 제사장으로서의 직무를 시작한다(9장). 아론의 아들 제사장 나답과 아비후는 여호와께서 명령하시지 않은 불로 분향하다가 죽임을 당한다. 제사에 따른 소득에 관한 규례를 말한다(10장).

(3) 정결하게 함으로

앞에서 나온 제사 제도와 제사장에 관한 규례에 이어 정(淨)과 부정(不淨)에 대해 가르친다.

음식에 대한 정결(11장), 산모의 정결(12장), 나병의 진단에 대한 세부 사항(13장)과 나병이 나았을 때의 정결 규례(14장), 유출에 관한 정결법을 가르쳐준다(15장). 대제사장이 일 년에 한 번 지성소에 들어가 죄를 속하는 대속죄일에 대해(16장), 피에 관한 규례를 통하여 제사장 외에는 제사를 드릴 수 없고 회막문 외에서는 짐승을 잡을 수 없음을 가르친다(17장).

2. 하나님과 동행하는 삶(18~27장)

(1) 실제적 생활 규례

18~20장까지는 선택된 백성의 생활 규례가 기록되어 있다. 애굽, 가나안과는 다른 성 윤리를 제시하고(18장) 선택된 백성이 법도와 사회규범을 통해 정의와 사랑을 실천하고 성결한 삶을 살도록 가르친다(19장). 거룩해야 하는 백성의 사형에 해당하는 죄에 대하여(20장), 제사장의 성결한 생활과 제물들에 대해서도 가르친다(21~22장).

(2) 절기 및 서원에 대한 규례

거룩한 백성으로서 지켜야 하는 여호와의 절기에 대하여(23장), 등잔불을 항상 켜도록 하는 것과 진설병에 대한 규례, 여호와의 이름을 모독하고 저주한 자에 대한 처형에 대해(24장), 땅이 쉬는 안식년과 모든 관계를 회복하는 희년에 대해(25장), 언약의 하나님의 복과 저주에 대해(26장, 신명기 28장 참고), 그리고 서원과 십일조의 규례에 대해(27장) 말씀한다.

✔ 하나씩 짚어보기

1. 〈레위기〉로 본 혈루증 앓던 여인(레 15장)

마태복음 9:20~22에 나온 혈루증(하혈이었을 듯) 앓던 여인이 육체적 질병의 고통과 함께 율법적으로 부정하다고 정죄받는 고통도 겪었을 것이다. 레위기 15장을 통해 보면 알 수 있다. 남자의 장기적인 유출(1~15절), 남자의 일시적인 설정(정액 방출 16~18절), 여자의 월경(19~24절), 여자의 장기적 유출(25~30절)이 나오는데, 혈루증 여인은 이중 네 번째에 해당하는 장기적인 유출병이었다. 〈레위기〉를 통하여 인간의 은밀한 부분까지 의식적인 규정을 통하여 위생과 건강을 돌보시는 하나님의 자비하심을 본다.

2. 제물의 피흘림이 있는 제사(레 17장)

그리스도의 보혈을 예표하며 장차 이 피를 통하여 새 생명을 얻게 될 것을 나타낸다(계 1:5, 5:9, 7:14, 12:11). "피가 죄를 속하느니라"(레 17:11)고 했고, "율법을 따라 거의 모든 물건이 피로써 정결하게 되나니 피 흘림이 없은즉 사함이 없느니라"(히 9:22)는 말씀으로 피를 통한 속죄를 가르친다. "피를 먹지 말라"(17:10~14)는 것은 생명의 주에 대한 경외(창 9:4, 신 12:23~25)에서 비롯된 생명 경외를 증언하며 피의 속죄 의미도 가지고 있다. 아담과 하와를 위한 가죽옷에도 짐승의 피가 필요했고(창 3:21), 모리아의 한 산에서도 이삭을 위해 한 양이 피를 흘렸다(창 22:13). 유월절 어린 양의 피(출 12:21~28)와 성전에서 매일 드려진 짐승의 피의 제사(레 1~7장), 마지막으로 예수 그리스도의 피는 전 인류의 구속을 위한 것이다(마 26:28).

제사장 복장을 갖춘 모습
제사장은 이스라엘 백성의 영적 지도자였다. 레위 지파 아론의 후손들로 입는 옷도 달랐다(레 8~10장).

3. 성결법전(레 17~26장)

1877년 독일학자 클로스터만이 레위기 17~26장에 대해 '성결법전(聖潔法典, Holiness Code)'이라 지칭하였다. 권유적이고 윤리적인 행동과 결례(성결 또는 정결)에 대한 규정들을 포함하며 하나님을 1인칭으로 소개한다. "너희는 거룩하라 이는 나 여호와 너희 하나님이 거룩함이니라"(레 19:2, 20:7, 26 참고).

4. 정한 짐승과 부정한 짐승(레 11장, 신 14장)

정한 짐승과 부정한 짐승의 목록은 금세기에 발견된 것들도 있고 정확히 어떤 짐승인지 모르는 것도 있으며 위험한 질병을 옮기는 것도 있다. 대략 다음과 같이 다섯 그룹으로 나눌 수 있다.

(1) 육지동물 - 반추동물, 혹은 굽이 갈라지고 되새김질하는 동물들로 알려져 있다. 되새김질을 하지 않는 동물은 금기시했는데, 질병을 옮길 위험이 크다는 것과 이방 종교의 제물이라는 영향도 있었을 것이다.

(2) 새 종류 - 금기된 것 외에는 먹을 수 있었으나 정확한 것을 몰라 여러 이름으로 번역되었다. 맹금류와 까마귀 종류, 썩은 고기나 육식을 하는 새들은 금기시했다.

(3) 파충류 - 레위기 11:29~30의 목록은 금지된 파충류이며, 42절의 "배로 밀어 다니는 것"은 뱀을 지칭하는 것으로 이것 또한 금기시했다.

(4) 물고기 - 실제 이름은 나오지 않으나 "물에 있는 모든 것"(9절) 중에 포함된다. 지느러미와 비늘이 있는 것이 정결한 것이므로 일반 물고기만 해당되었고, 갑각류와 조개류는 배제되었다.

(5) 곤충 - 종류가 많지만, 동물성 단백질이 부족한 나라에서도 불과 몇 가지만 먹는다. 메뚜기, 베짱이, 귀뚜라미, 팥중이 등으로 한 쌍의 뛰는 다리를 가진 것들이다. 특히 메뚜기는 고단백질, 고칼로리 식품으로 알려져 있다.

- 조지 캔스데일,《The Lion Bible Handbook》, p. 176. 요약 인용.

5. 제사에 대한 종합 도표(레 1~7장)

	명칭	제물	성경	의미
5대 제사	번제	송아지, 숫양, 염소, 비둘기	레 1장, 6:8~13, 8:18~21, 16:24 출 29:38	헌신의 표로서 제물 전체를 불 태워 드리는 제사이다.
	소제	곡물, 밀가루, 무교병	레 2장, 6:14~23	번제, 화목제 등 다른 제사와 더불어 드리는 제사이다.
	화목제	소, 양, 염소	레 3장, 7:11~36	백성과 하나님의 교제를 회복시키는 제사이며 감사제이기도 하다.
	속죄제	송아지, 염소(암수)	레 4:1~5:13, 6:24~30	사죄의 목적과 하나님과의 관계 회복을 위해 드려지는 제사이다.
	속건제	숫양	레 5:14~6:7, 7:1~10	주로 성막과 성물, 그리고 이웃에게 손해를 입혔을 때 드리는 제사이다.
제사방법 및 기타	요제	여러 제사에 적용하므로 다양	레 7:30, 출 29:26~27	하나님께서 제사장에게 주시는 뜻이다(흔들어서 제사하는 방법).
	거제	여러 제사에 적용하므로 다양	레 7:14, 7:32	하나님께서 제사장에게 주시는 뜻이다(들어올려서 제사하는 방법).
	위임제	곡식 가루	레 8:1~9	제사장직 위임식

6. 3대 절기에 대한 도표(절기에 대해서는 출 23장, 레 23장, 민 28~29장에 많이 나온다)

	명칭	성구	시기	기념 내용	의미
I	유월절 〈페사흐〉	출 12:1~28 43~49 레 23:5 민 28:16 신 16:1~8	종교력의 첫 달인 니산(아빕)월의 14일 저녁 *절기라기보다 '유월절 제사'라고 한다(출 12:17).	• 종 되었던 땅으로부터의 출애굽 기념 • 자녀들에게 여호와께서 그들의 집을 넘어가 구원하였음을 깨우침(pass-over)	• 그리스도는 우리를 위한 유월절 어린 양(요 1:29, 고전 5:7, 벧전 1:18~19) • 유월절 만찬은 성만찬의 기초(마 27:17~30, 막 14:12~25, 눅 22:1~20) • 어린 양의 혼인잔치를 예시(눅 22:16~18, 계 19:9)
	무교절 〈마초트〉 눅 22:1에서는 유월절과 무교절을 하나로 봤다.	출 2:15~20 13:3~10 레 23:6~8 민 28:17~25 신 16:3~8	니산(아빕)월의 15일에 시작하여 7일 동안(유월절에 이어서 일주간)	• 급히 출애굽하여 고생한 것 기념(출 12:39) • 무교병은 전적으로 헌신하고 봉헌하는 것을 상징	• 무교병은 그리스도를 상징(요 6:30~59, 고전 11:24) • 무교병은 참교회의 상징(고전 7:7~8)
II	맥추절 (칠칠절, 오순절) 〈샤브오트〉	레 23:15~22 민 28:26~31 신 16:9~12	니산월 16일(유월절의 14일 저녁)로부터 50일(오순)째 되는 날	• 밀 추수의 첫 소산을 바치고 봉헌하기 위한 것 • 첫 이삭 바치는 날은 보리를 바침	• 유대인은 모세가 시내산에서 율법을 수여받은 날로 기념(출 19장) • 신약 교회는 오순절에 성령 부어주심을 기념(행 2장)
III	수장절 (장막절) 〈수코트〉	레 23:33~43 민 29:12~38 신 16:13~17	제7월(민간력은 1월, 티리쉬) 15일부터 7일 동안. 여덟째 날은 절기의 절정	• 토지소산의 추수를 마칠 때 기념 • 광야에서 방황할 때 하나님께서 구출하시고 보호하심을 기념	• 오늘날 교회의 추수감사절과 같음(구원 열매) • 장막절은 그리스도의 천년왕국 통치에 대한 번영과 평화를 예시

7. 기타 절기 일람표(레 23장)

	명칭	성구	시기	기념 내용이나 절기의 의미
1	신년절 (나팔절) 〈욤트루아〉	레 3:23~25 민 10:10 29:1~6	제7월(티리쉬) 1일 티리쉬가 출애굽 전에는 첫 달, 출애굽부터 니산월이 첫 달	• 신년 축제(종교력 7월은 민간력 1월이므로 신년)- 천지창조의 첫날로도 기념 • 나팔 불어 회개 촉구, 하나님과의 언약 생각 • 신약에서 나팔은 그리스도의 재림과 연관(마 24:31, 고전 15:52, 살전 3:16)
2	속죄일 〈욤키푸림〉	레 16장 23:26~32 민 29:7~11	제7월(티리쉬) 10일 *금식하며 지킴.	• 제사장과 지성소, 회막, 단, 백성의 회중을 위하여 속죄하되 1년에 1번 대제사장이 지성소에 들어가 죄를 속하는 날(레 16:29~34) • 속죄일의 궁극적 완성은 그리스도의 십자가에서 발견된다(히 9장).
3	첫 이삭 바치는 날 〈비쿠림〉	레 23:9~14	유월절 기간의 안식일이 지난 다음 날	• 보리 추수의 첫 소산을 봉헌(맥추절에는 밀을 바침) • 첫 열매는 그리스도의 부활을 상징(고전 15:20~23) • 첫 열매는 성도의 육체적 부활에 대한 보증(고전 15:20)
4	부림절 〈푸림〉	에 9장	제12월 14~15일	• 바사(페르시아)에서 유다인들이 하만의 악한 계략에서 구원받은 날을 기념 *당시에는 금식했으나 구원받은 후에는 즐거운 날이 되었다.
5	수전절 〈하누카〉	요 10:20 마카베오하 10장(외경)	제9월 25일~10월 2일	• 주전 165년 마카비가 헬라의 안티오커스 4세(에피파네스)의 박해를 물리치고 성전을 정결하게 한 날(하누카는 빛의 절기) *중간시대의 사건으로 성경에는 기록이 없고 외경 〈마키베오〉에 나온다.

DAY 06
레위기

년 월 일

다음 물음에 답하거나 괄호 안에 알맞은 말을 넣으시오.

1. 레위기는 (　　　)에서 (　　　)를 부르시고 (　　　　　)에게 말하여 이르라고 주신 말씀이다. (1:1~2)

2. 레위기는 어느 산에서 주신 말씀인가? (7:38, 25:1, 26:46)

3. 레위기는 5대 제의(祭儀)에 관한 기록이 있다. 1~5장에 나오는 제사 이름을 쓰시오.
   〈보기〉 속건제/ 소제/ 번제/ 속죄제/ 화목제

   (1) 1장 — (　　　　) 제물의 각을 떠 제단에서 그 모두를 불사른다. 헌신을 강조하는 제사이다.

   (2) 2장 — (　　　　) 곡식의 고운 가루를 기름과 유향과 소금을 쳐서 화제로 드린다.

   (3) 3, 7장 — (　　　　) 소, 양, 염소의 기름을 태우고 나머지는 제사장과 드리는 자가 먹었다.

   (4) 4:1~5:13 — (　　　　) 그릇 범하였을 때의 제사로 제사장, 온 회중, 족장, 평민의 제물이 달랐다.

   (5) 5:14~6:7 — (　　　　) 성물에 대한 죄나 인간 대 인간의 죄를 속한다. 흠 없는 숫양이 제물이다.

4. "제사장이 손가락에 그 피를 찍어 성소의 휘장 앞에 (　　　　　) 것이며, 제사장은 또 그 피를 … 회막 안 (　　　　)들에 바르고 그 송아지의 피 전부를 회막 문 앞 (　　　　) 밑에 쏟을 것이며." (4:6~7)

5. "그 거짓 맹세한 모든 물건을 돌려보내되 곧 그 본래 물건에 (　　　　　)을 더하여 돌려보낼 것이니 그 (　　　)가 드러나는 날에 그 (　　　　)에게 줄 것이요." (6:5)

6. "모세가 (　　　)과 그의 아들들을 데려다가 물로 그들을 (　　　　　), 아론에게 (　　　)을 입히며 (　　　)를 띠우고 (　　　)을 입히며 (　　　)을 걸쳐 입히고 … (　　　)를 붙이고 흉패에 (　　　)과 (　　　)을 넣고 그의 머리에 (　　　)을 씌우고 그 관 위 전면에 (　　　)를 붙이니." (8:6~9, 13)

7. 아론의 제사 후에 불이 나온 현상과 그 반응에 대해 쓰시오. (9:23~24)

   (1) 불이~

   (2) 온 백성이~

8. 아론의 아들 나답과 아비후가 분향하다가 죽은 이유는 무엇인가? (10:1~2)

9. 먹을 만한 것에는 O표, 먹지 못할 부정한 것에 대해서는 X표 하시오. (11장)

   (1) 굽이 갈라져 쪽발이 되고 새김질하는 것 (　　　)　　　(2) 낙타, 사반, 토끼, 돼지 (　　　)

   (3) 지느러미와 비늘 있는 물고기 (　　　)　　　(4) 독수리, 까마귀, 갈매기 (　　　)

10. 레위기 규례의 중심은 한 마디로 무엇인가? (11:44~45, 19:2)

11. 여인이 임신하여 아기를 낳고 부정(不淨)한 기간과 산혈이 깨끗하게 되는 기간은 각 며칠인가? (12:1~5)

(1) 남자(아들) — (　　　)일, (　　　)일　　　　(2) 여자(딸) — (　　　)일, (　　　)일

12. 나병과 그를 정결하게 하는 데 따른 진찰은 누가 했는가? (13:9~17, 14:1~9)

13. 다음의 장은 무엇에 대한 말씀인지 보기에서 골라 답하시오.
〈보기〉 나병 진찰/ 음식의 정결/ 나병 환자의 정결/ 산모의 정결/ 유출병의 정결

(1) 11장 —　　　　　　(2) 12장 —　　　　　　(3) 13장 —

(4) 14장 —　　　　　　(5) 15장 —

14. 레위기는 이스라엘의 대제사장 '아론의 사역'에 대하여 가르치고, 히브리서 8장은 우리의 대제사장이신 '(　　　)의 사역'에 대해서 가르치고 있다.

15. 남녀가 동침하여 설정하였거든 어떻게 해야 하는가? (15:18)

16. 여호와를 위하여, 아사셀을 위하여 제비 뽑은 염소는 무엇과 관계되는지 한 단어로 쓰시오. (16:7~10)

17. 레위기 17:11과 히브리서 9:22에서는 피 흘림이 무슨 역할을 한다고 했는가?

18. 하나님께서 어느 땅의 풍속과 규례를 따르지 말라고 하셨는가? (18:3)

19. 곡물이나 포도의 이삭과 열매는 누구를 위하여 남겨두라고 했는가? (19:9~10)

20. 레 19:18, 마 22:39, 막 12:31의 공통적인 가르침은 무엇인가?

21. 제사장의 아내가 될 수 있는 조건은 무엇인가? (21:14)

22. 다음 절기의 날짜를 관계있는 것끼리 연결하시오. (23:1~36)

(1) 안식일(1~3) •　　　• ① 첫 이삭 드림　　　(5) 오순절(15~21) •　　　• ⑤ 초실절부터 50일

(2) 유월절(4~5) •　　　• ② 일곱째 날　　　　　(6) 나팔절(22~25) •　　　• ⑥ 7월 15일

(3) 무교절(6~8) •　　　• ③ 1월 14일 저녁　　　(7) 속죄일(26~32) •　　　• ⑦ 7월 1일

(4) 초실절(9~14) •　　• ④ 1월 15일부터　　　 (8) 초막절(33~36) •　　　• ⑧ 7월 10일

23. 레위기 24:20에 대한 예수님의 가르침은 무엇인가? (마 5:38~42 읽고 답은 39절로)

24. "(　　　) 해에는 그 땅이 쉬어 (　　　)하게 할지니 여호와께 대한 안식(년)이라." (25:4)

25. "너희는 내 (　　　)을 지키며 내 (　　　)를 경외하라 나는 여호와이니라." (26:2)

26. "오직 가축 중의 (　　　　)은 여호와께 드릴 첫 것이라." (27:26)

27. "이것은 여호와께서 (　　　)에서 (　　　　　)을 위하여 모세에게 명령하신 (　　　)이니라." (27:34)

NUMBERS

민수기 1~21장

📖 민수기_ 광야 방랑(백성을 계수)

위치 모세오경의 네 번째 책. **저자 및 저작 연대** 전통적으로 모세, 1406년. 현대 학자들은 전승은 모세로부터 왔으나 왕정 초기부터 여러 시대를 거쳐 편집되었다고 본다. **주요 장** 1장, 26장 ─ 두 차례에 걸친 인구 및 병적(兵籍) 조사. 10장 ─ 시내광야 출발. **요절** 너희는 이스라엘 자손의 모든 회중 각 남자의 수를 그들의 종족과 조상의 가문에 따라 그 명수대로 계수할지니(민 1:2).

1. 본서의 히브리어 제목은 '베미드바르', 즉 '광야에서' 라는 뜻으로 첫 행에서 따온 말이다. 대부분의 번역 성경이 취하는 〈민수기 (Numbers)〉는 1장과 26장에 인구조사(백성들을 계수: 민수, 民數)를 한 것에 기인하고 있는 70인역(LXX)을 따른 것이다.

2. 약 38년간의 광야생활을 소개하고 있다(시내광야에서 모압평지까지). 출애굽 한 이스라엘의 불순종과 반항에도 불구하고 언약을 지키시는 하나님께서 그들을 약속의 땅으로 인도하심을 보여준다.

3. 이스라엘의 광야생활은 시내산에서 율법을 받고 잠시 주춤했으나(출 19장), 이제 대열을 정비하여 시내광야 도착 1년 만에 다시 출발한다 (민 10:11~12).

4. 내용 분해
   1~9장 ─ 시내광야에서 출발 준비
   10~21장 ─ 시내광야에서 모압평지까지
   22~36장 ─ 모압평지에서 생긴 일

🔍 한눈에 살펴보기

출애굽 한 이스라엘은 3개월이 되던 날 시내광야에 도착하고(출 19:1), 모세가 백성을 대표하여 하나님과 '시내산 언약'을 맺는다. 하나님의 말씀대로 성막을 봉헌하고(출애굽 제2년 1월 1일), 이어서 회막(성막)에서의 섬김에 관한 말씀을 받는다(레위기). 〈민수기〉는 이스라엘의 광야 방랑 중에 약속의 땅으로 인도하는 여정을 기록한다. 이것은 상징적으로 천국을 향해 가는 성도의 모습이다.

1. 시내광야에서 출발 준비(민 1~9장)

출애굽 후 둘째 해 둘째 달 첫째 날(제2년 2월 1일)에는 하나님의 명령대로 인구(병적)조사를 한다(1장). 진영의 편성과 행군을 위해 위치를 지정하고(2장), 레위인의 임무와 지위를 부여하며(3장), 레위 가족별 성전 봉사의 직무를 지정한다(4장). 부정한 사람을 진영 밖으로 추방하는 일과 보상법, 의처증 등에 관한 가르침이 있다(5장). 자기 몸을 구별하는 나실인의 규례에 대해 가르치는 것은 그들이 여호와 앞에 거룩한 자이기 때문이다(6장). 지휘관들이 여호와께 수레와 소를 예물로 드리고, 이는 레위인이 회막 봉사하는 데 쓰인다. 제단 봉헌을 위하여 지파가 12일 동안 각각 예물을 드렸다(7장). 레위인은 이스라엘의 처음 태어난 자를 대신하고 성전 봉사를 위하여 그들을 정결하게 하는 의식을 거행하였다 (8장). 이스라엘은 광야에서 처음 유월절을 지키게 되었고 여행 중이거나 시체로 말미암아 부정하게 된 자를 위해 한 달 후의 유월절에 대한 규례를 가르치고 있다(9장).

2. 시내광야에서 모압평지까지(민 10~21장)

신호를 위해 은 나팔 둘을 만들었고, 시내광야에 온 지 1년 만에 그곳을 떠난다(10장). 섞여 사는 다른 인종들의 탐욕에 영향을 받은 이스라엘은 고기를 요구하여 여호와께 넘치게 받지만 징벌을 받기도 한다(11장). 미리암과 아론은 모세가 구스 여인 취함을 비방했다가 벌을 받는다(12장). 가나안을 정탐한 족장들은 여호수아와 갈렙, 20세 미만의 사람 외에는 모두 부정적인 말로 말미암아 죽임을 당하고 백성들은 광야에서 40년 동안을 방황하게 된다(13~14장). 이스라엘은 계속해서 반역을 일삼는다. 규례를 가르치고 안식일을 어긴 자를 죽여 율법을 세운다(15장). 고라의 반역은 제사장직에 대한 탐욕으로 여호와의 준엄한 심판을

오늘날 시내산 아래의 모습
시내산 남쪽 부분이다. 산 아래에는 베두인이 한가로이 양떼를 치고 있다. 이스라엘은 이 시내광야에서 1년 동안 머무르며 언약을 맺고 율법을 받았으며 성막 건축과 인구조사를 하였다(출 19장~민 10장).

받는다(16장). 여호와께서는 아론의 지팡이에 싹이 나고 살구 열매를 맺게 하시므로 원망하는 말을 그치게 하신다(17장). 레위지파의 직무와 제사장의 직분에 대해(18장), 그리고 정결하게 하는 잿물 의식을 통해 백성의 정결을 가르친다(19장). 광야생활의 막바지에 이르러 모세가 여호와의 거룩함을 나타내지 못하는 므리바 물 사건이 발생한다. 미리암과 아론이 죽어 장사되었다(20장). 호르산을 출발한 이스라엘 백성은 길로 말미암아 모세에게 원망하였고, 여호와께서는 불뱀들을 보내 심판하신다. 모세의 기도를 들으신 하나님께서는 놋뱀을 통해 그들을 구원하신다(21장).

✔️ 하나씩 짚어보기

1. 출애굽에서 가나안 진입까지의 과정
제1년 1월 10일 — 어린 양(제물) 준비(출 12:3~5)
제1년 1월 14일 — 유월절 제사(출 12:6~11, 27)
제1년 1월 15일 — 애굽 탈출(출 12:2, 37, 51, 민 33:3)
제1년 3월 1일 — 시내광야 도착(삼 개월 되던 날, 출 19:1, 개역한글: 제삼월에)
제1년 3월 3일 — 하나님의 시내산 강림(출 19:16~19)
제2년 1월 1일 — 성막 봉헌(출 40:2, 17), 율법 받음(레 1:1), 제물 바침(민 7:1), 제사장 위임(레 8:1)

제2년 1월 8일 — 위임식 마침(레 9:1), 나답과 아비후의 죽음(레 10:1~3), 기타 죽음(레 24:10~23)

제2년 1월 12일 — 제단에 제물 드리기를 마침(민 7:78), 레위인의 성결(민 8:5)

제2년 1월 14일 — 두 번째 유월절(민 9:2)

제2년 2월 1일 — 인구조사/구세대(시내광야에서, 민 1:1)

제2년 2월 14일 — 부정하게 된 자들의 유월절(민 9:11)

제2년 2월 20일 — 구름이 성막 위에 떠오름, 도착 1년 후 시내광야 출발(민 10:11~12)

제40년 1월 ?일 — 가데스 도착과 미리암의 죽음(민 20:1)

제40년 5월 1일 — 아론의 죽음(민 20:28, 33:38)

제40년(추정) — 인구조사/신세대(모압평지에서, 민 26:4)

제40년 11월 1일 — 모세의 모압평지 설교(신 1:3)

제40년 ?월 ?일 — 모세의 죽음(신 34:7)

제41년 1월 10일 — 가나안 진입(수 4:19)

2. 이스라엘 백성의 인구조사(민 1, 26장)

지파	1차 조사(시내광야)	2차 조사(모압평지)	△증가 ▼감소	
르우벤	46,500	43,730	▼	2,770
시므온	59,300	22,200	▼	37,100
갓	45,650	40,500	▼	5,150
유다	74,600	76,500	△	1,900
잇사갈	54,400	64,300	△	9,900
스불론	57,400	60,500	△	3,100
므낫세	32,200	52,700	△	20,500
에브라임	40,500	32,500	▼	8,000
베냐민	35,400	45,600	△	10,200
단	62,700	64,400	△	1,700
아셀	41,500	53,400	△	11,900
납달리	53,400	45,400	▼	8,000
총계	603,550	601,730	▼	1,820

3. 진영과 행군의 배치도(민 2장)

출애굽하여 광야를 행진하는 이스라엘은 장정만 60만 명이었고(출 12:37, 민 1:46) 남녀노소를 합하면 수백만이나 되었기에 질서를 유지하는 것이 중요했다. 여호와께서 모세와 아론에게 "이스라엘 자손은 각각 자기의 진영의 군기와 조상의 가문의 기호 곁에 진을 치되 회막을 향하여 사방으로 치라"

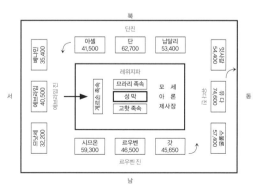

(2:2) 하셨다. 즉 성막은 중앙에 있었으며 동쪽에는 유다, 남쪽에는 르우벤, 북쪽에는 단지파가 선두로서 다른 두 지파를 합하여 사방에 세 지파씩을 배치하였다.

4. 시내광야를 떠남(민 10장)

이스라엘은 아빕월 1월 15일에 애굽 땅을 떠난 지 3개월이 되던 날 시내광야에 도착했다(출 19:1, "이스라엘 자손이 애굽 땅을 떠난 지 삼 개월이 되던 날 그들이 시내광야에 이르니라"). 시내광야에서 시내산 언약(출 20~24장), 성막 건축과 봉헌(출 25~40장), 제사법과 제사장, 성결 규례의 말씀 받음(레위기), 인구조사(민 1장) 등이 이루어졌다.

그리고 시내산을 떠날 때는 제2년 2월 20일이다(민 10:11~12, "둘째 해 둘째 달 스무날에 구름이 증거의 성막에서 떠오르매 이스라엘 자손이 시내광야에서 출발하여 자기 길을 가더니 바란 광야에 구름이 머무니라"). 즉 시내광야에서 약 1년 동안 머물렀다가 떠난 것이다.

5. 레위인의 성전 봉사(민 4, 8장)

레위인의 성전 봉사는 30세 이상이 참여하는 것으로 규정하였는데(4:3~49), 8장 24절에서는 25세 이상이 회막 일을 수행하게 하고 있어 두 말씀이 모순인 것처럼 보인다. 이것은 아마도 25세부터 5년이라는 기간은 견습생으로 일하고, 30세에 공식적으로 봉사의 자격이 주어진 것으로 보인다. 50세가 넘어서는 30~50세에 일하는 레위인의 고문격으로 일하게 되었다(8:25~26).

예수님의 사역도 '30세쯤' 시작되었다(눅 3:23). 이런 전통은 한국교회의 많은 교단이 목사의 임직 나이를 30세로 하는 데 영향을 주었을 것이다.

6. 이스라엘의 광야생활과 죽음(민 10, 20, 33장)

출애굽기 19:1에 시내광야에 도착한 기사가 나오고 그 후 시내광야에서 약 1년 동안을 머물다 출발한다(민 10:11 — 제2년 2월 20일). 광야 사십 년의 여정이 〈민수기〉에 구체적으로 기록되어 있지는 않다. 출애굽 제40년 1월에 미리암이 죽고(민 20:1), 아론은 5월에 죽는다(민 20:28, 33:38). 이 사건 뒤에도 〈신명기〉에는 많은 분량이 기록되어 있으며, 모세도 거의 같은 시기에 모압평지 느보산에서 죽게 된다(신 34장). 〈민수기〉가 광야 방랑 39년을 기록했다면 〈신명기〉의 분량이 〈민수기〉 못지않았지만 실제로 아주 짧은 기간만 기록되어 있다.

7. 메추라기에 대하여(민 11장)

메추라기는 이동하는 습관을 갖고 있으며, 몸길이가 약 15~20cm이다. 얼룩얼룩한 갈색 깃털로 위장하여 소리가 들리는데도 모습이 보이지 않는 경우가 많다. 1년에 두 차례 이동하는데, 바로 이스라엘이 출애굽 때에 지났던 지역이다. 하나님께서 바람으로 이스라엘에 메추라기를 공급하셨다.

(1) 출애굽기 16:13을 보면 이스라엘이 애굽을 떠나 '신 광야'에 이르렀을 때의 장면이 나온다(출애

굽 후 몇 주 지난 때).

(2) 민수기 11:31~35에는 앞의 사건 이후 약 1년이 지난 뒤 '기브롯 핫다아와'에서의 일이 기록되어 있다. 두 차례 모두 메추라기가 북으로 이동하는 4월 하순경이었다. 새들은 바람을 타고 이동했을 것이며, 지쳐서 백성들의 진영에 내렸을 것이다 (11:31). 하나님께서는 직접 만드신 자연의 법칙을 사용하셔서 이스라엘의 필요를 채워주셨다.

시내산 아래의 캐서린 수도원

시내산 아래에 있는 희랍정교회 소속의 수도원으로 비잔틴 시대의 유적이 남아 있고, 떨기나무가 있다. 세계에서 제일 오래된 도서관이 있고 누가복음 시리아 사본도 소장하고 있다. 모세도 시내산에 올랐을 것으로 추정되는 이 길은 순례자들의 발길이 끊이지 않고 있다.

8. 광야의 뱀과 예수 그리스도의 십자가(민 21장, 요 3:14)

범죄로 말미암아 불뱀에 물려 죽게 된 사람들이 광야에서 모세가 장대에 단 놋뱀을 쳐다보고 살아난다(민 21:9). 예수님은 자신이 십자가에 달릴 것을 말씀하셨으며, 이것은 죄 지은 인생도 십자가를 쳐다보면 살 수 있다는 의미이다(요 3:14). 광야의 놋뱀은 훗날 이스라엘 자손이 광야의 놋뱀을 우상으로 삼아 분향하기도 했으나, 히스기야 왕의 개혁 때에는 그것을 부수고 '느후스단'('놋 조각' 또는 '보잘것없는 것'이라는 뜻)이라 일컬었다(왕하 18:4). (Day18 사진 참고)

9. 계절과 관계없는 절기(레 23:2~3, 25장, 민 28장)

명칭	관련 성구	시기	의미
안식일 (安息日)	레 23:3 출 20:8~11 신 5:12~15	매 일곱째 날	• 하나님께서 6일 동안 천지와 만물을 창조하시고 일곱째 날에 안식하셨다. 이 날을 복되게 하사 주사 거룩하게 하셨다(창 2:1~3). • 시내산에서 모세가 십계명의 넷째 계명으로 받았다. • 예수님은 안식일이 사람을 위하여 있는 것으로 자신이 안식일의 주인임을 선언하셨다(막 2:27~28).
초하루 (月朔)	민 10:10 28:11~15 삼상 20:5, 24	매월 초하루 (안식일과 나란히 언급된다. 사 1:13)	• 특별한 제사를 드리는 것과 나팔을 부는 것이 특징이다. • 초기에는 특별한 식사와 가족 제사를 드렸다(삼상 20:5, 24). • 7월의 첫 날은 자연히 나팔절이 되었다(레 23:24).
안식년 (安息年)	레 25:1~7 출 23:10~11	매 칠 년마다	• 절기들에 반영되어 온 일곱 숫자(레 23의 절기)가 땅에도 적용되어 휴경했다. • 자유를 얻은 백성이 율법을 배우고 훈련을 받아야 했다(신 31:10 이하). • 장차 올 영원한 안식에 대한 소망을 갖게 된다(고후 5:1, 딛 1:2, 히 5:9, 벧후 1:11).
희년 (禧年)	레 25:8~55	매 오십 년마다 (일곱 안식년 이듬해, 7×7+1=50년)	• 희년에는 나팔소리와 함께 자유가 선포되었다. • 본래대로 회복시킨다(종에게는 자유를 주고, 기업은 원주인에게 돌려주었다). • 땅이 하나님께 속했다는 사실을 기억하고, 부자의 땅 독점을 방지한다. • 예수님을 통하여 사망에서 해방되어 구원 받음을 상징한다.

다음 물음에 답하거나 괄호 안에 알맞은 말을 넣으시오.

1. 인구조사는 언제, 어디서, 어떤 목적으로 이루어졌으며, 총 인구 수는 몇이었는가? (1:1~3, 44~46, 26:1~4, 51)

    (1) 1차 – 1장: 1)   (2)   (3)   (4)

    (2) 2차 – 26장: 1)   (2)   (3)   (4)

2. 이스라엘의 열두 지파 중 요셉 대신 계수된 두 지파는 어느 지파인가? (창 46:20, 민 1:32~35, 수 14:4)

    (1)   (2)

3. 계수에 들지 않은 레위인은 무엇을 관리하도록 성별되었는가? (1:47~53)

4. "이스라엘 자손은 각각 자기의 (   )와 자기의 조상의 (   ) 곁에 진을 치되 (   )을 향하여 사방으로 치라." (2:2)

5. 레위인의 진영과 함께 모든 진영의 중앙에는 무엇이 있었는가? (2:17)

6. 아론의 아들들에 대해 간략히 설명해보시오. (3:1~4 읽고 답은 4절로)

    (1) 나답, 아비후 —

    (2) 엘르아살, 이다말 —

7. 레위의 세 아들은 누구인가? (3:14~20)

8. 이스라엘 자손의 처음 태어난 자가 레위인보다 많아, 그 더한 자의 속전은 누구에게 주라고 했는가? (3:44~51)

9. 회막 일에 복무하여 일할 만한 레위인의 나이는 몇 살인가? (4:3, 23, 30, 35, 39, 43, 47)

10. 회막 일에 참여하여 일할 만한 레위인의 수는 몇 명인가? (4:47~48)

11. 진영을 더럽히지 않도록 진영 밖으로 내보낸 자들은 누구인가? (5:1~4)

    (1)   (2)   (3)

12. 나실인이 금하는 것 세 가지는 무엇인가? (6:1~12)

13. 제사장이 이스라엘을 위하여 축복하라는 내용과 다른 것은 무엇인가? (6:22~27)

    ① 지키시기를   ② 부유하게 하시기를   ③ 은혜 베푸시기를   ④ 평강 주시기를

14. 모세가 장막 세우기를 끝내고 구별한 날에 감독관들은 무엇을 드렸는가? (7:1~3)

15. 정기 유월절은 언제이며, 부정한 자와 여행자의 유월절은 언제인가? (9:1~14)

16. 성막 위에는 밤낮으로 각각 무엇이 함께 있었는가? (9:15~16)

17. 회중을 소집할 때, 진영이 출발할 때, 대적을 치러 나갈 때를 위해 무엇을 만들었는가? (10:1~10)

18. 궤(언약궤)가 떠날 때에 모세는 어떻게 기도했는가? (10:35)

19. 이스라엘이 시내광야에 머물렀던 기간은 어느 정도인가? (출 19:1~민 10:11의 기간)

20. 탐욕을 품은 이스라엘에게 하나님께서 무엇을 내려주셨으며, 그 후 무엇으로 치셨는가? (11:4, 31, 33)

21. 여호와께서 모세에게 하신 말씀과 다른 것은 무엇인가? (12:1~16)

    ① 온유함이 지면의 모든 사람보다 더하더라.   ② 환상과 꿈으로 말하였다.

    ③ 내(하나님의) 온 집에 충성함이라.   ④ 여호와의 형상을 보았다.

22. 하나님의 종 모세를 비방한 미리암은 어떤 벌을 받았는가? (12:9~10)

23. 가나안을 정탐한 사람들의 평가는 어떻게 달랐는가? (13:30, 14:6~9, 13:31~33)

    (1) 갈렙, 여호수아 —

    (2) 다른 열 정탐꾼 —

24. 회중들의 말(14:1~3)은 어떤 결과로 나타났는지 괄호 안을 채우시오. (14:26~38)

    (1) 실제 가나안에 들어갈 사람은 (　　　), (　　　), (　　　)세 미만 유아였다.

    (2) "너희의 시체가 광야에서 소멸되기까지 (　　)년을 광야에서 방황하는 자가 되리라." (14:33~34)

25. 이스라엘 자손의 옷단 귀에 단 술(수술)은 어떤 의미가 있는가? (15:38~39)

26. 고라의 일당이 반역을 했을 때에 고라가 구했던 직분은 무엇인가? (16:1~3, 8~11)

27. 고라 일당은 어떻게 죽었는가? (16:31~33)

28. 아론의 지팡이에서 싹이 나게 하신 하나님의 섭리는 무엇인가? (17:5, 10)

29. 레위인은 무엇을 받아서 기업으로 삼았는가? (18:21~24)

30. "사람이 부정하고도 자신을 (　　　　　　) 하지 아니하면 여호와의 (　　　)를 더럽힘이니." (19:20)

31. 미리암의 직분은 무엇이었으며, 죽어 어디에 장사되었는가? (20:1, 출 15:20)

32. 모세와 아론이 여호와의 거룩함을 나타내지 아니한 결과는 무엇인가? (20:10~13)

33. 아론의 옷을 입고 제사장이 된 아들은 누구인가? (20:22~29)

34. 모세를 원망하다가 불뱀에 물린 사람들은 무엇을 쳐다보고 살아났는가? (21:4~9)

35. 불뱀 사건(21:4~9)은 결국 예수님의 어떤 일을 예표하였는가? (요 3:14)

DAY 08 민수기 22~36장

한눈에 살펴보기

　모압 왕 발락은 이스라엘의 진행을 두려워하여 이방 술사 발람 선지자를 초청하여 이스라엘을 저주하도록 했으나 오히려 발람은 하나님의 뜻에 따라 이스라엘을 축복한다(22~24장). 그러나 이스라엘은 바알브올에서 모압 여인들의 우상숭배에 참여하여 음행을 저지른다. 이 술책은 발람의 계략(31:16)이었다(25장). 이스라엘은 광야 40년의 거의 끝인 모압평지에 이르러 두 번째로 인구조사를 한다. 처음 시내광야에서 인구조사를 할 때의 사람들은 다 죽고 여호수아와 갈렙만이 새로운 세대 속에 우뚝 서 있다(26장). 아들이 없는 슬로브핫의 딸들에게 기업을 얻게 하며, 모세의 후계자로 여호수아가 안수를 받는다(27장).

　절기마다 드려야 할 제물에 대한 규례를 가르친다(28~29장). 여자가 한 서원이 효력을 갖는 조건과 기간에 대해서도 가르친다(30장). 하나님께서는 모세에게 이스라엘 백성으로 하여금 우상을 숭배하도록 유혹한 미디안 족속에게 원수를 갚게 하신다. 이스라엘은 전리품을 지혜롭게 처리한다(31장). 요단 동쪽을 요구한 두 지판 반에게(갓, 르우벤, 므낫세 반) 자손은 가나안 정복에 앞장서기로 하고 조건부 허락을 얻는다(32장). 애굽에서 모압평지까지의 이스라엘 백성의 노정기를 정리하고 있다. 하나님께서는 이스라엘 백성에게 그 땅에 들어가서 해야 할 일들을 가르치신다(33장). 이스라엘 기업의 땅 경계와 그 분배를 맡은 자들에 대해(34장, 수 13~16장 참고), 부지중 살인자를 위한 도피성에 대해(35장, 수 20~21장 참고), 그리고 여자의 재산 상속에 대한 규례의 세칙을 정한다(36장).

하나씩 짚어보기

1. 두 번에 걸친 인구조사(민 1, 26장)

　(1) 민수기 1장(60만 3,550명)과 26장(60만 1,730명)에 인구조사를 한다. 그 사이 1,820명이 줄어들어 전체 인구에는 큰 변동이 없으나 지파 구성에는 큰 변동이 있다(Day07의 통계 도표 참고). 이스라엘의 인구조사는 "싸움에 나갈 만한 모든 자"인 20세 이상인 남자를 기준으로 하였다. 한편 성막을 위하여 일하는 레위인은 30~50세(민 4장)로 인생의 황금기에 하나님을 위해 일했다.

(2) 첫 번째 시내광야에서의 인구조사(1장)는 애굽에서 나온 사람들을 대상으로 했으며, 광야의 전쟁과 행진을 대비한 것이었다. 한편 두 번째 모압평지에서의 인구조사(26장)는 광야 40년을 거치는 동안 태어난 새로운 세대를 대상으로 하며, 가나안 정복 전쟁과 가나안 땅 분배를 준비하는 의미가 크다(26:63~65).

(3) 가나안 정탐 후에 불평과 불신을 보인 이스라엘에게 내려진 선고(14:29)에 따라 2차 인구조사에 계수함을 받은 20세 이상의 성인은 여호수아와 갈렙뿐이었다(26:63~65). 구세대가 모두 죽었

눈이 어두운 술사 발람 선지자 (민 22~24장)
하나님이 보낸 사자(천사)가 세 번이나 나타나 발람 선지의 길을 막을 때 나귀는 알고 피했으나 발람은 영적인 눈이 어두워 이를 알지 못하고 자신의 나귀를 때렸다.

음에도 인구가 별로 줄지 않았다는 사실은 하나님의 은혜이다. 이를 통해 우리는 하나님께서 정하신 법대로 신실하게 행하신다는 것과 백성들의 죄악에도 불구하고 그들에게 선을 베푸시는 분임을 알 수 있다.

2. 하나님의 사자를 만난 나귀 (민 22, 25장)

나귀를 탄 발람 앞에 하나님의 사자(使者)가 나타났을 때(22:21~27), 처음에 나귀는 길에서 벗어나 밭으로 들어갔고, 두 번째는 몸을 담에 대고 발람의 발을 담에 비벼 상하게 하였다. 그리고 세 번째는 발람의 발 앞에 엎드렸다. 그런데도 사람은 눈이 어두워 하나님의 사자를 보지 못하였고 오히려 나귀를 때렸다. 영안이 어두워지면 인간이 짐승보다 더 어리석을 수 있다.

발람은 이방의 술사로서 하나님의 뜻을 받드는 선지자가 아니다. 발람의 죄는 크게 두 가지이다. 하나는 불의의 삯을 사랑한 것이다. 이것은 복채였다(22:7, 유 1:11). 또 다른 죄는 이스라엘을 우상숭배하고 음행에 빠지도록 가르친 죄이다(25장, 31:16, 계 2:14). 당시 혼합주의 종교에 빠져 있었으며, 하나님의 이름을 빙자했다. 오늘날도 예수님이나 하나님의 이름만 걸고 활동하는 사람들에게 속지 말아야 한다.

3. 발람의 예언 (노래를 지어, 민 24장)

(1) 이스라엘을 향한 저주를 기대했던 발락 왕은 발람이 오히려 세 번 축복하자 화가 났다. 발람은 다시 예언한다. 이 예언은 "예언하여 이르기를"(24:15, 20, 21, 23)라는 말을 기준으로 에돔, 모압에 대하여(17~19절), 아말렉에 대하여(20절), 겐 족속에 대하여(21~22절), 앗수르와 에벨에 대하여(23~24절) 네 개의 다른 예언으로 구분된다.

(2) "한 '별'이 야곱에게서 나오며 한 '규'가 이스라엘에게서 일어나서"(24:17)라고 하였다. 별은 왕의 위엄과 영광을 나타내는 자연적인 표상이다(마 2:2, 계 22:16). 규는 지도자나 왕의 통치적 주권을

상징하는 것으로 왕이 들고 다니는 막대기(창 49:10)를 뜻한다.

그러므로 '별'과 '규'는 후에 오실 예수 그리스도의 영광과 그 권위를 상징한다고 볼 수 있다. 이와 같이 메시아, 즉 예수 그리스도는 온 세계를 통치하시며 인류 역사를 주관하신다(삼하 7:12~16, 렘 30:9, 겔 34:24, 37:24, 호 3:5).

사후 세계에 공급되는 음식(애굽의 무덤 벽화)
애굽 사람들은 죽은 부모와 자신들의 초상을 그려 넣고 물과 양식을 공급하므로 영원으로 이어지기를 기대한다. 이스라엘은 가나안에 들어가 살기를 원하였으나 당대의 세대는 광야에서 죽고 이제 후세대들의 인구조사를 통하여 가나안에 들어갈 준비를 한다(민 26장).

4. 비느하스의 의분(민 25장)

이스라엘 백성들이 싯딤에서 모압 여자들과 음행하고 우상에게 절하므로 하나님 앞에 범죄하였다. 온 회중이 범죄로 인해 회막문에서 울 때에 한 이스라엘 사람이 모세와 회중의 목전에서 미디안 여인을 데리고 장막으로 들어가 부정을 행했다. 이를 본 제사장 엘르아살의 아들 비느하스는 창을 들고 들어가서 그 남녀의 배를 꿰뚫어 하나님의 질투로서 의를 행하였다(25:6~13). '하나님의 질투'는 시기와는 관계없는 하나님이 비길 데 없는 탁월하신 것과 관련된다. 이 시대에도 비느하스 같은 의로운 청년들이 많아야 한다.

5. 모세가 오른 산의 이름(민 27장, 신 34장)

(1) 하나님께서 모세에게 오르라고 한 곳은 '아바림산'(민 27:12)으로 기록되어 있는데 모세가 실제 가나안 땅을 내려다본 산은 여리고가 내려다보이는 '느보산'이다(신 34:1). 모세가 죽은 산이 어느 산인지 여러 산의 이름이 나와서 혼란스럽게 느껴진다.

(2) 신명기 32:49에는 "아바림 산에 올라가 느보산에 이르러", 신명기 34:1에는 "느보산에 올라가 여리고 맞은편 비스가산꼭대기에 이르매"라고 되어 있다. 여기서 아바림산은 정확히 말하면 아바림 산맥이며 이 산맥의 제일 높은 봉우리는 느보산이다. 또한 모세가 느보산에 올라가 비스가산 꼭대기에 이르렀다는 말은 '아바림 산맥에 있는 비스가산의 제일 높은 봉우리인 느보산에 올라갔다'는 뜻이다.

(3) '산'은 특별한 의미를 갖는다. 아브라함은 이삭을 바치라는 명령을 받고 '모리아의 한 산'으로 갔고(창 22장), 모세는 십계명을 '시내산'에서 받았으며(출 20장), 예수님은 산에서 '산상수훈'(마 5~7장)의 말씀을 주셨다. 소돔에서 벗어난 롯에게 하나님은 "들에 머물지 말고"(창 19:17)라고 경고한다. '들'이란 말은 '춤을 춘다거나 빙글빙글 돌아간다'라는 히브리어 동사에서 온 말이다. 따라서 '들'이란 타성에 젖어 살아가는 것을 가리킨다. 모세는 산에서 하나님의 약속의 땅을 바라보았다.

6. 슬로브핫 딸들의 기업(민 27장)

딸들에 대한 기업을 인정한 것(상속권 인정 — 27:1~11)은 여권 신장의 한 단면을 보여주는 것이다. 고대 근동의 다른 나라에서는 여자들은 보통 상속권이 없었으나 이스라엘에서는 아들이 없는 집의 딸들도 상속권을 갖는다는 규례가 제정된다. 다만 자기 지파의 남자에게 시집을 가야 한다(36:5~9)는 단서가 붙는다. 상속 순서가 아들(없으면) - 딸 - 형제 - 아버지의 형제 - 가까운 친족이다. 본문을 읽을 때에 '죽은 이를 기준으로 한 상속 순서'를 이해하면 혼동이 없을 것이다.

7. 유대인의 맥추절 풍습(민 28장)

"칠칠절 처음 익은 열매를 드리는 날에 너희가 여호와께 새 소제를 드릴 때에도 성회로 모일 것이요 아무 일도 하지 말 것이며"(28:26)라 하였다. 여기서 칠칠절(맥추절)을 살펴본다.

사마리아역(譯) 오경 두루마리
주전 72년 베스파시아누스에 의하여 건설된 도시인 사마리아 그리심산 기슭의 나블루스의 한 회당에 보관되어 있다.

(1) 유대인들은 밀 추수가 끝난 직후인, 수확을 기념하는 맥추절에 새로 추수한 첫 곡물을 곱게 빻아 그 가루에 누룩을 넣어 만든 떡으로 요제(搖祭), 즉 흔들어 드리는 제사로 드렸다(레 23:15~17, 민 28:26). 오늘날 이스라엘 백성들은 그들의 전통 절기에 드려졌던 이 두 덩이의 떡을 유제(乳劑) 음식과 고기를 함께 먹는다. 한편 이때 제단에는 떡 두 덩이와 함께 어린 숫양 두 마리가 화목 제물로 드려졌다. 제사 후에는 제사장 봉헌자, 그리고 성전 봉사자인 레위인, 초대된 나그네와 가난한 자들이 함께 식사를 했다. 이는 미국의 첫 번째 추수감사절에 청교도와 인디언들이 음식을 나누어 먹는 모습을 생각하게 한다. 예식이 끝난 후에는 예식에 참가했던 이스라엘 남자들이 할렐(시 113~118편)을 부르고 춤을 추는 풍습이 있었다.

(2) 이스라엘에는 추수와 관련한 독특한 풍습이 있는데, 가난한 자와 나그네를 위해서 밭모퉁이 곡식을 거두지 않으며 나무의 열매도 다 거두지 않는 것이다. 이는 모두가 택함 받은 하나님의 백성이며 한 형제라는 공동체 의식에 기초한 것으로서, 가난한 자들을 구제하는 방법이 되었다(레 23:22).

(3) 이때 이스라엘에서는 고대 추수 광경을 배경으로 한 〈룻기〉가 읽혀졌다. 그러나 성전 파괴 후에는 시내산 율법 수여를 기념하는 의미가 부여되면서 토라(율법)와 관계된 구약성경 등이 읽히거나 낭독되었다. 이러한 풍습은 오늘날 이스라엘 사회에서 많이 간소화되었지만 계속해서 전해지고 있다.

8. 출애굽의 경로(민 34장)

출애굽 지도의 정확한 경로는 알 수 없다. 이스라엘은 직선으로 블레셋 땅으로 향하지 않았다(출 13:17~18). 그들은 블레셋과 마주치지 않는 경로를 택하여 남쪽 숙곳으로 내려온 뒤에 북쪽으로 올라가 바다를 건넌 다음, 시내반도 서쪽으로 남하했을 것으로 보인다(부록의 '성서지도' 3번 참고).

다음 물음에 답하거나 괄호 안에 알맞은 말을 넣으시오.

1. 이스라엘이 진을 친 모압평지는 어디인가? (22:1)

2. 이스라엘을 저주해달라는 청탁을 한 사람은 어느 나라의 누구인가? (22:2~6)

3. 이스라엘을 저주해달라는 청탁을 받은 발람에게 하나님께서 무엇이라고 말씀하셨는가? (22:10~12)

4. 하나님의 진노하심으로 발람의 가는 길을 막은 자는 누구인가? (22:21~22)

5. 여호와께서 나귀 입을 열어 하게 하신 첫 번째 말은 무엇인가? (22:28)

6. 발람이 발락 왕의 인도로 이스라엘을 저주하러 간 곳과 발락 왕의 반응을 요약해서 적으시오.

    (1) 22:41 (   ), 23:11 —

    (2) 23:14 (   ), 23:25 —

    (3) 23:28 (   ), 24:10 —

7. 발람은 노래를 지어 누구에 대해 예언했는가? (24:15~24, 여섯 족속)

8. "한 (   )이 야곱에게서 나오며 한 (   )가 이스라엘에게서 일어나서 모압을 이쪽에서 저쪽까지 쳐서 무찌르고 또 셋의 자식들을 다 멸하리로다." (24:17)

9. 이스라엘이 음행하는 죄를 짓게 한 실제적 인물은 누구인가? (25:1~5, 31:16)

10. 음행하다가 염병으로 죽은 사람의 수는 몇 명인가? (25:6~9)

11. 이스라엘의 한 사람과 미디안의 한 여인의 음행에 대해 아래의 항목에 답하시오. (25:6~15)

    (1) 창으로 음행자의 배를 뚫은 사람 —   (2) 이스라엘 남자의 신분과 이름 —

    (3) 미디안 여인의 신분과 이름 —   (4) 비느하스에 대한 하나님의 평가 —

12. 발람의 행위를 신약성경 베드로후서 2:15에 "그는 (   )을 사랑"한 것으로, 유다서 1:11에는 "삯을 위하여 발람의 (   )로 몰려갔으며"라고 평한다. (22~25장)

13. 1차 인구조사 때에 비해 감소한 시므온 지파의 수는 몇이며 그 이유는 무엇인가? (1:22~23, 26:12~14)

14. 인구조사에서 "전쟁에 나갈 만한"의 나이는 몇인가? (26:1~4)

15. 시내광야와 모압평지에서(40년간)의 인구 수는 얼마나 차이가 나는가? (1:44~46, 26:51)

16. 아들이 없을 때에 기업(상속)을 주는 순서는 어떠한가? (27:8~11)

17. 하나님께서는 모세가 왜 가나안 땅에 들어가지 못한다고 하셨는가? (27:12~14)

18. 모세를 이을 자로서 안수하여 위탁받은 사람은 누구인가? (27:22~23)

19. 칠칠절(맥추절)은 무엇을 드리는 날인가? (28:26)

20. "사람이 여호와께 (   )하였거나 결심하고 (   )하였으면 깨뜨리지 말고 그가 입으로 말한 대로 다 (   )할 것이니라." (30:2)

21. 하나님께서 "이스라엘 자손의 원수를 미디안에게 갚으라"고 하신 이유는 무엇인가? (31:2, 25:16~18)

22. 미디안과의 전쟁에서 죽은 브올 사건의 주동자는 누구인가? (31:8, 16)

23. 요단 동쪽의 땅인 길르앗에 정착을 요구하고, 약속을 얻은 세 지파(자손)를 적으시오. (32:1~5, 33~42)

    (1)   (2)   (3)

24. 기업(땅)을 요단 동쪽에 얻고 "우리에게 요단강을 건너지 않게 하소서"라고 했던 두 지파 반에게 모세가 책망했을 때, 그들이 모세에게 한 말에는 O표, 아닌 것에는 X표 하시오. (32:5)

    (1) 가축우리를 짓고 성읍을 건축해야 하므로 요단을 건너지 않겠다(16~19절). (   )

    (2) 종들은 주의 말씀대로 무장하고 여호와 앞에서 다 건너가서 싸우리이다(27절). (   )

    (3) 가나안 땅에 건너가서 요단 이쪽과 저쪽을 우리의 기업이 되게 하리이다(32절). (   )

25. 이스라엘은 언제 어디에서 출애굽 하였는가? (33:3) (출 12:37 참고)

26. 여호와의 능력이 애굽의 신들보다 크다는 것을 나타내는 한 구절을 찾아 쓰시오. (33:1~4)

27. 아론은 애굽 땅에서 나온 지 얼마 만에 죽었으며 그때의 나이는 몇이었는가? (33:38~39)

28. 하나님께서는 가나안에 들어가 다음의 것들을 어떻게 하라고 하셨는가? (33:50~53)

    (1) 그 땅의 원주민을 ―   (2) 석상, 우상을 ―

    (3) 산당을 ―   (4) 그 땅을 ―

29. "너희가 (   ) 땅에 들어가는 때에 그 땅은 너희의 (   )이 되리니 곧 가나안 사방 지경이라." (34:2)

30. 땅을 기업으로 나눌 자들은 누구인가? (34:17)

31. 레위인에게 준 성읍은 도피성 (   ) 성읍, 그 외에 (   ) 성읍이다. (35:6)

32. 도피성을 정한 까닭은 무엇인가? (35:11~12)

33. "사람을 죽인 모든 자 곧 살인한 자는 (   )의 말을 따라서 죽일 것이나 (   )의 증거만 따라서 죽이지 말 것이요." (35:30)

34. 25~36장의 규례들은 하나님께서 어디에서 주신 것인가? (36:13)

DAY 09 신명기 1~17장

DEUTERONOMY

📖 신명기_ 시내산 언약의 재진술

위치 모세오경의 다섯 번째 책. **저자 및 저작 연대** 전통적으로 모세, 1406년. 현대 학자들은 전승은 모세로부터 왔으나 왕정 초기부터 여러 시대를 거쳐 편집되었다고 본다. **요절** 그가 왕위에 오르거든 이 율법서의 등사본을 레위 사람 제사장 앞에서 책에 기록하여 평생에 자기 옆에 두고 읽어 그의 하나님 여호와 경외하기를 배우며(신 17:18~19).

1. 모세가 죽기 전 모압평지에서 출애굽기 18장에서 〈민수기〉까지의 지난 역사를 회고하며 율법을 재음미한다. 시내산 언약의 재진술과 재 확증이라 할 수 있다.
2. 히브리어 원전의 이름은 '데바림'으로 그 뜻은 '말씀들'이다.
3. 우리말 성경은 한자 성경에서 〈신명기〉란 말을 그대로 옮겨 왔다. 한자 성경에서 그대로 옮겨 온 70인역 헬라어 성경에서 책이름으로 쓴 '듀테로노미온'은 신명기 17:18 "이 율법서의 등사본을"이라는 구절에서 유래하여 붙여졌으며, '두 번째 율법', '율법의 반복'이라는 뜻이 다. 즉, 모세가 율법을 다시 설명했다는 의미이다.
4. 내용 분해
   1~4장 — 첫 번째 설교: 광야 40년 역사의 요약
   5~26장 — 두 번째 설교: 이스라엘이 받은 율법의 대략
   27~30장 — 세 번째 설교: 언약에 참석한 백성들
   31~34장 — 모세의 최후 행적
5. 모세의 세 번의 설교를 나누는 기준 1:5~6 "일렀으되", 5:1 "이르되", 27:1 "이르되"라는 표현에 유념하여 자신의 성경에 표시하라.

🔵 한눈에 살펴보기

〈신명기〉는 모세가 죽기 전에 광야에서 난 새로운 세대를 향한 말씀이다. 가데스 바네아에서 20세 이 상은 모두 광야에서 죽으리라(민 14:26~38) 하였다. 그러므로 실제 모세의 설교를 듣고 있는 사람은 60 세 이하와 지난 40년 동안 광야에서 태어난 40세 미만의 젊은 세대로서 가나안에 들어가서 이스라엘 을 건설할 실제적 인물들이다. 철저한 하나님 중심의 삶이 무엇인가를 가르치며 특히 시내산 언약(출 19~24장)을 재확증한다. 그렇기 때문에 이미 출애굽기 20장에서 구세대에게 말씀하신 십계명을 신세 대에게 다시 전하고 있다(신 5장).

1. 첫 번째 설교: 광야 40년 역사의 요약(신 1~4장)

광야 40년을 마치고 이제 생이 얼마 남지 않은 모세는 과거를 회고하며 하나님의 말씀을 전한다. 광

야생활 초기에 있었던 장인 이드로의 조언과 가데스 바네아에서의 반역으로 말미암아 열하루 길이 40년의 고난이 됐던 일을 회고한다(1장). 광야생활 말기에 에돔, 모압, 암몬을 통과할 때 혈족 관계에 입각하여 다투지 않도록 한 일과 아모리 왕 헤스본(2장)과 바산 왕 옥을 무찌르고 그 땅을 나눈 일에 대해(3장), 경고와 순종에 대한 촉구, 그리고 요단 동쪽의 세 도피성 제정에 대해 말하고 있다(4장).

2. 두 번째 설교: 이스라엘이 받은 율법의 대략(신 5~26장 중 17장까지)

모세의 두 번째 설교(5~26장)가 시작되어 먼저 기본 계명들(5~11장)이 말씀되고 있다. 출애굽기 19장 이하의 '시내산 언약'과 출애굽기 20장의 '십계명'을 구체적으로 적용하고(5장) 후손들에게 가르칠 것(6장), 가나안을 정복하고 우상을 섬기지 말 것(7장), 그리고 축복과 저주를 선포한다(8장). 이스라엘이 가나안에 들어간 것은 그들의 의로움 때문이 아니라 가나안 족속들의 악함으로 말미암아 여호와께서 그들을 쫓아내셨기 때문임을 말하고, 과거 시내산 아래에서 금송아지를 숭배했던 사건을 회상한다(9장). 깨뜨린 첫 번째 돌판 대신 하나님께서는 다시 돌판에 십계명을 써주시고 궤에 넣도록 하며 여호와의 명령과 규례를 지킬 것을 말씀한다(10장).

약속의 땅에서 받을 복과 저주에 대하여(11장), 하나님께서 정하신 예배의 장소, 제물을 먹는 것에 대한 규례들(12장), 그리고 우상숭배자를 죽이기까지 멸해야 할 우상에 대하여 말하고 있다(13장). 정한 짐승과 부정한 짐승(레 11장 참고), 십일조(레 27장, 민 18장 참고), 안식년의 규례(레 25, 27장), 삼대 절기(레 23장 참고), 사형에 해당하는 죄, 법적인 사례, 미래의 왕에 대한 가르침이 있다(14~17장).

✅ 하나씩 짚어보기

1. 〈신명기〉에 대한 두 가지 오해

(1) 〈신명기(申命記)〉는 '하나님 명령의 기록'이다.

물론 하나님 말씀의 기록이지만 여기서 '신'은 하나님(神)이 아니라 '다시', '반복'의 의미인 '신(申)'이다. 오히려 '명(命)'이 하나님의 말씀을 가리킨다.

(2) 〈신명기〉는 '제2의 율법'이다.

아니다. 〈신명기〉는 '율법의 반복'으로 이미 받은 율법을 후세대에게 전해주는 말씀이지 새로운 율법이 아니다.

2. 시내산 언약의 재확증인 신명기, 그 역사적 위치

출애굽	시내산 도착	시내산 출발	광야 방황	모압평지(율법의 반복:신명기)	가나안
1월 15일 출 12:6, 37	3개월이 되던 날 출 19:1	2년 2월 20일 민 10:11	약 38년 동안 신 2:14	40년 11월 1일 신 1:3	41년 1월 10일 수 4:19

3. '열 가지 말씀' 십계명(신 5장, 출 20장)

하나님께서는 시내산에서 모세를 통해 이스라엘에게 십계명을 주셨다(출 20장). 그로부터 약 38년 동안 광야를 지나 가나안에 들어가기 직전, 모압평지에서 후세대에게 반복하여 말씀하셨다(신 5장). '십계명(아세레트 하데바림, 열 가지 말씀)'이라는 말은 출애굽기 34:28, 신명기 4:13, 10:4에 나오고, 계명 자체는 출애굽기 20장과 신명기 5장에 나온다. 언약의 원문서인 새 돌판(신 9:9의 언약의 돌판들)은 금송아지를 우상숭배(출 32장)한 이스라엘 백성과 파기된 언약을 갱신하는 의미가 있다. 신명기 10:4 의 십계명은 신명기 5:6~21을 가리킨다(출 34:1~4, 27~28). (Day 05의 해설 참고)

4. 가장 큰 율법인 하나님 사랑(신 6:5)

마태복음 22:34~40에서 예수님은 "율법 중에서 어느 계명이 크니이까"라는 율법사의 질문에 신명기 6:5("너는 마음을 다하고 뜻을 다하고 힘을 다하여 네 하나님 여호와를 사랑하라")의 '하나님 사랑'과 레위기 19:18("원수를 갚지 말며 동포를 원망하지 말며 네 이웃 사랑하기를 네 자신과 같이 사랑하라 나는 여호와이니라")의 '이웃 사랑'의 말씀으로 요약하여 대답하셨다. 실제 십계명도 그 강조점을 요약하면 하나님 사랑(1~4계명)과 이웃 사랑(5~10계명)이다.

이론적으로는 단순하지만 실천적인 면에서는 이것이 성경 전체의 말씀과도 같으니 이보다 어려운 말씀이 또 어디 있겠는가? 그러기에 하나님께서는 마음과 뜻과 힘을 다하여 사랑하라고 말씀하셨다.

쉐마 구심절을 담는 함
미간에 매는 함으로 내부는 4칸으로 되어 있고 칸마다 쉐마의 구심절이 들어 있다.

5. 이스라엘아 들으라, 쉐마 이스라엘(신 6:4~9)

'쉐마 이스라엘'로 일컬어지는 신명기 6:4~9은 히브리 신앙의 본질로서 그들은 매일 아침저녁으로 이 구절을 읽거나 암송했다. '쉐마'는 '들으라'는 뜻의 히브리어이다. 이 말씀을 문자적으로 이해한 유대인은 사진자료들에서 보듯이 미간('눈썹 사이'라는 말이나 실제로는 '이마')과 팔에 차는(매는 끈이 달려 있다) 테필린[Tephilin, 경찰(經札), 또는 경문(經文) ― 필랙터리(phylactery)], 기록된 말씀을 문간에 붙여 놓은 메주자(Mezuzah) 등으로 실천했다.

테필린의 경우 상용하는 경우는 드물고 기도할 때에 찼다. 예수님은 경문을 넓게 하여 차고, 경건한 척하는 외식에 대하여 책망하셨다(마 23:5). 테필린이나 메주자에 대한 성경적 근거(쉐마의 구심절)는 제1 의 말씀: 구원의 말씀 ― 출 13:1~10/ 제2의 말씀: 봉헌과 교육의 말씀 ― 출 13:9, 11~16/ 제3의 말씀: 섬김과 봉사의 말씀 ― 신 6:4~9/ 제4 의 말씀: 축복의 말씀 ― 신 11:13~21이다. 경문에는 이 네 가지를 모두 적어 넣었는데 이는 기억을 돕기 위함인 것 같다.

필랙터리를 매고 있는 모습
신명기 6:8의 '손목에 매어 기호를 삼으며' 에 근거하여 팔에 찼다. 신약에서는 '경문 띠'(마 23:5)라 하였다.

6. 성경의 언약과 근동의 조약들

〈신명기〉는 하나의 조약문서의 형식을 갖는다. 히브리인들은 국제적인 조약과 하나님과 그의 백성 간의 언약에 대해 같은 낱말을 사용한다. 금세기에 발견된 대부분의 조약은 그 연대가 주전 1500년경에서 주전 600년에 이르는 어간으로, 이 시기에 구약성경의 상당 부분이 저작되었다. 그러므로 성경 저작자들은 그 조약들의 초안 방법에 익숙했을 것이고 이 형식이 성경 기록에 영향을 미쳤을 것이다.

성경의 언약으로는 하나님께서 노아(창 9장), 아브라함(15장, 17장)과 맺은 언약이 있고, 구약성경에서 가장 중요한 시내산 언약(출 19장 이하)이 있다.

언약은 언어, 형식, 개념, 이 세 가지 관점에서 조약과 유사하다고 볼 수 있다. 그중 형식에 대해서 살펴본다.

헷 족속이 사용했던 전통적 근동의 조약은 다음의 여섯 가지 조항들을 갖고 있다.

(1) 조약 발안자의 이름을 밝힌 전문(前文)

(2) 조인에 앞서 당사자 간의 관계를 밝힌 역사적 서언

(3) 조약 당사자 쌍방의 의무를 열거한 약정

(4) 그 조약 문서를 설명하고 속국의 왕이 정기적으로 그것을 읽도록 하기 위한 조항

(5) 그 조약을 증거 하는 신(神)의 목록들

(6) 저주와 축복들 ─ 속국의 왕이 조약을 깨뜨릴 경우 그에게 질병, 죽음, 추방 등의 화가 미치리라는 위협적 저주와 그가 조약을 신실하게 지킬 경우 형통과 복이 임하리라는 소망적 축복을 열거한 조항

구약의 언약들은 정확하게 일치하지는 않으나 유사한 형식을 갖추고 있다. 다만 이스라엘 백성은 유일신 여호와를 섬겼으므로 증인으로서의 신들의 목록은 생략하였다.

〈신명기〉는 조약 형식의 요소들을 대부분 포함한다.

1~3장 ─ 역사적 서언/ 4~26장 ─ 약정들/ 27장 ─ 기록 조항/ 28장 ─ 축복과 저주들

출애굽기 19~24장, 여호수아 24장, 사무엘상 12장에서 조약 형식의 또 다른 예들을 보게 된다. 언약에 대한 참고 자료로 출 19장~23장을 보라.

- 고든 웬함, 《Lion Handbook to the Bible》, pp. 198~9 요약 인용.

신명기 1~17장

다음 물음에 답하거나 괄호 안에 알맞은 말을 넣으시오.

1. 신명기는 (   )가 요단 저쪽 숲 맞은편의 (   ) 광야에서 선포한 말씀으로, 출애굽 한 지 (   )해 (   ) 달 (   ) 날이었다. (1:1~3)

2. "모세가 요단 저쪽 (   ) 땅에서 이 율법을 설명하기 시작하였더라." (1:5)

3. 호렙산(시내산)에서 각 지파들은 무엇을 세웠는가? (1:6~18 읽고 답은 15절로)

4. 출애굽한 세대 중에서 가나안에 들어갈 것이라는 두 사람과 그들의 특징을 적으시오. (1:34~39)

    (1) (   ) — 온전히 여호와께 (   )하였은즉,

    (2) (   ) — 그리로 들어갈 것이니 너는 그를 (   )하라.

5. 세일산을 지날 때 그곳 사람들과 다투지 말라고 하신 이유는 무엇인가? (2:1~7)

6. 모압이나 암몬 족속의 땅을 기업으로 주시지 않은 이유는 무엇인가? (2:9, 19, 창 19:30~38)

7. 이스라엘의 통과를 허락하지 않아 이스라엘의 기업이 된 땅과 그 왕의 이름을 적으시오. (2:26~3:22)

    (1)   (2)

8. 아모리 족속 두 왕의 땅이었던 요단강 이쪽(동쪽)은 어느 지파들에게 주기로 했는가? (3:12~17)

    (1)   (2)   (3)

9. "구하옵나니 나를 건너가게 하사 요단 저쪽에 있는 아름다운 땅, 아름다운 산과 레바논을 보게 하옵소서"라는 모세의 기도는 그대로 이루어졌는가? (3:23~29)

10. (4:8) 오늘 내가 너희에게 ~

11. "네 하나님 여호와는 (   )하는 불이시요 (   )하시는 하나님이시니라." (4:24)

12. "우리 하나님 여호와께서 (   )에서 우리와 (   )을 세우셨나니." (5:2~3, 출 19:3, 11, 20)

13. 위의 언약은 여호와께서 조상들과 세운 것이 아니라 누구와 세우신 것인가? (5:2~3)

14. 십계명을 암송하여 적어보시오. (신 5:7~21, 출 20장)

    (1) 3계명 —   (2) 5계명 —

    (3) 8계명 —   (4) 10계명 —

15. '쉐마 이스라엘(이스라엘아 들으라)'로 알려진 6:4~5을 쓰고 암송하시오.

16. 예수님은 마태복음 22장 (　　　)절, 누가복음 10장 (　　　)절에 신명기 6:5을 인용하셨다.

17. 하나님께서 이스라엘을 "자기 기업의 백성으로" 택하신 두 가지 이유는 무엇인가? (7:6~11)

　　　(1) "너희를 (　　　　　　　)으로 말미암아"

　　　(2) "조상들에게 하신 (　　　　　　　　　　　　　　　)으로 말미암아"

18. 예수님이 시험을 받으실 때에 어느 말씀으로 마귀를 물리치셨는가?
　　〈보기〉신 6:13/ 신 6:16/ 신 8:3

　　　(1) 마 4:4 —　　　　　　　　　(2) 마 4:7 —　　　　　　　　　(3) 마 4:10 —

19. 이스라엘의 광야 40년 동안 의복과 발에 주신 이적은 무엇인가? (8:4)

20. 여호와께서 주셨으나 이스라엘의 범죄로 깨졌다가 다시 주신 말씀은 무엇인가? (9:10~11, 10:1~5)

21. "이스라엘 자손이 브에롯 브네야간에서 길을 떠나 (　　　)에 이르러 (　　　)이 거기서 죽어 장사되었고 그의 아들 (　　　)이 그를 이어 (　　　)의 직임을 행하였으며." (10:6)

22. 다음의 성구에서 모세가 백성들에게 무엇을 '기억하라'고 했는지 간단히 쓰시오.

　　　(1) 7:19 —　　　　　　　　　　　　　　(2) 8:2 —

　　　(3) 9:7 —　　　　　　　　　　　　　　(4) 11:2~7 —

23. 약속의 땅은 어떤 곳인가? (11:12)

24. "너는 (　　　) 산에서 축복을 선포하고 (　　　) 산에서 저주를 선포하라." (11:29)

25. 희생 제사를 드리며, 제물을 먹어야 하는 곳은 어디인가? (12:5, 18)

26. "너희 중에 (　　　)나 (　　　　　)가 일어나서 이적과 기사를 네게 보이고 … 너희가 알지 못하던 (　　　　　) 들을 섬기자고 말할지라도 너는 그 (　　　　　)나 (　　　　　)의 말을 청종하지 말라." (13:1~3)

27. 물에 있는 것(어족) 중에 먹을 것의 기준은 무엇이었는가? (14:9)

28. 히브리 남녀가 팔려서 주인을 육 년 섬기면 칠 년에는 그를 놓아 (　　　)롭게 한다. (15:12)

29. 하나님께서 이스라엘을 애굽에서 인도하여 내심을 기념하는 제사는 무엇인가? (16:1~8)

30. 모든 남자가 일 년에 세 번 지킬 절기는 무엇인가? (16:16)

31. 왕 된 자가 많이 두지(쌓지) 말아야 할 것 세 가지는 무엇인가? (17:16~17)

　　　(1)　　　　　　　　　　　(2)　　　　　　　　　　　(3)

32. 왕위에 오른 자가 책에 기록하여 평생에 옆에 두고 읽어 행할 등사본은 무엇인가? (17:18~19)

한눈에 살펴보기

1. 두 번째 설교(계속): 이스라엘이 받은 율법의 대략(신 5~26장 중 18장부터)

모세의 두 번째 설교(5~26장) 중에 후반부이다. 이스라엘이 가나안에 들어갔을 때 필요한 몇 가지 제도에 대해 하나님의 말씀을 전하고 있다. 제사장과 미래의 선지자(18장), 부지중의 살인자를 위한 도피성(19장), 전쟁에 대한 규례(20장). 그리고 여러 상황에 대처하기 위한 규례들을 가르친다(21장). 모압평지에서 모세의 설교는 계속되어 사회생활과 이웃사랑에 대한 규례(22장), 총회에 들어오지 못할 자를 구분함으로 선민을 성별함, 진영 중의 금기 사항과 동족에 대한 보호(23장), 그리고 약자들을 보호하는 규례(24장), 하나님의 사랑을 보여주는 규례(25장), 그리고 토지소산의 첫 열매와 십일조의 규례를 통해 '거룩한 백성'으로의 삶을 가르치고 있다(26장).

2. 세 번째 설교: 언약에 참석한 백성들(신 27~30장)

모세의 세 번째 설교가 새롭게 시작된다. 더구나 모압평지에서는 시내산 언약에 덧붙여진 말씀이 강조된다. 신명기의 사관(史觀)이 그러하듯 순종(청종)하면 복이요, 불순종하면 저주이다.

가나안의 중심부인 그리심산과 에발산에서 여섯 지파씩 두 산에 나누어 서고 레위 사람이 열두 가지 저주의 율법을 선포하면 백성들은 아멘으로 응답한다(27장). 율법을 순종(청종)하면 복, 순종하지 아니하면 저주받을 것을 말씀하신다(28장). 모세는 이스라엘을 새 언약 가운데로 불러들인다. 전심을 다하여 여호와를 섬길 것을 말하고(29장), 그들 앞에 놓인 생명과 복, 사망과 저주 가운데 하나를 선택할 것을 명령한다(30장).

3. 모세의 최후 행적(신 31~34장)

결론 부분이면서 〈신명기〉의 부록과 같은 성격을 지니고 있다. 120세가 된 모세는 요단을 건너 가나안에 들어가지 못하도록 되어 있으므로 각 지파를 축복하고 후계자를 세워야 했다. 모세는 백성과 여호수아를 격려하고, 율법책을 기록하여 언약궤 곁에 두어 증거를 삼게 한다(31장). 모세의 노래는 장차 하나님을 떠나 범죄하게 될 백성들을 깨우치기 위한 애가이다(32장). 모세가 각 지파를 향해 간절히 축복한다(33장). 그리고 느보산에 올라 120년의 생애를 마감하고 여호수아가 그의 후계자가 된다(34장).

✅ 하나씩 짚어보기

1. 신명기 법전(신 12~26장)

'신명기 법전(The Deuteronomic Code)'이란 〈신명기〉에 나오는 핵심적인 법령(12~26장)에 붙여진 이름이다. 일부 학자들은 요시야 왕의 통치기간 중인 주전 621년 성전 수리 때에 발견된 책과 동일시한다(왕하 22~23장). 여기에서는 여러 실천적인 규례가 언급된다.

2. 이방 미신에 대한 경계(신 18장)

신명기 18:9~14에서는 이스라엘 민족이 가나안 땅에 들어가서 그 땅의 종교적 미신에 물들지 않도록 주의시킨다(신 12:29~31, 레 18:26~30). 자녀를 불 가운데로 지나게 하는 자(사람을 우상의 제물로 드리는 인신제사), 점쟁이나 길흉(吉凶)을 말하는 자, 요술(妖術)하는 자, 무당(巫堂), 진언자(進言者), 신접자(神接者), 박수(남자 무당), 초혼자(招魂者, 죽은 자와 통한다는 자) 등이 이러한 추방해야 할 미신자들이라 할 수 있다.

3. 실수로 살인한 자를 보호하기 위한 도피성(신 19장)

도피성은 부지중에 살인하게 된 자를 그 보복자로부터 보호하기 위한 것이다. 요단 동쪽의 세 도피성 (4:41~43)이 있었으며, 가나안 본토의 세 도피성이 추가된다(19:10의 약속).

여호수아 20장은 그 이름들이 모두 열거되어 있다. 게데스, 세겜, 기럇 아르바, 베셀, 라못, 골란 등이다(Day11 해설과 부록의 '성서지도'에서 위치 확인).

4. 경계표(지계석)(신 19장)

이스라엘이 가나안에서 살게 될 때 "조상이 정한 네 이웃의 경계표를 옮기지 말지니라"(19:14)고 했다. 이것은 8, 10계명에 관계되는 규례이다. 가나안을 정복하고 땅을 분배받은 후 사람들은 경계표를 세웠다(신 27:17, 삿 1:36, 욥 24:2, 호 5:10). 지계석(地界石, 잠 22:28, 23:10)이라고도 불리는 이 경계표는 쉽게 뽑아 옮길 수 있었기 때문에 이것을 법으로 금했다. 그것은 이웃을 사랑하지 않고 계명을 어기는 행위이기 때문이다.

경계표(지계석, 신 19:14)
땅의 구분을 표시하는 것으로 율법은 경계표를 옮기지 말 것을 가르친다(신 19:14, 잠 22:28, 23:10). 사진은 바벨론에서 출토된 것으로 느부갓네살 1세 때 것이다.

5. 이스라엘의 재판제도(신 19장)

이스라엘의 재판 제도는 반드시 2명 이상의 증인을 필요로 했다 (19:15~21). 혼자서 어떤 사건을 고발하고 혼자서 증인이 되었을 때 재판의 결과를 그릇되게 이끌고 갈 수 있기 때문이다. 그래서 성경은 분명히 2~3명의 증인을 요구하여 서로의 증언이 일치할 때 판결을 내리도록 하여, 위증이나 무고로 인한 억울한 피해자를 막았다. 이것은 "네 이웃에 대하여 거짓 증거 하지 말라"는 9계명에 입각한 형법 규례이다(민 35:30).

6. 박애주의적인 율법(신 23장)

율법은 약자들에 대해 배려하고 있다. 배고픈 사람은 남의 포도원에서 배불리 먹을 수 있었고, 곡식 밭에서 이삭을 따 먹을 수 있었다(23:24~25). 24:19~22에서는 나그네, 고아, 과부에 대한 관심을 볼 수 있다. 이것은 박애주의적인 율법이다. 이스라엘 백성은 24:22의 말씀처럼 자신들이 애굽에서 종 되었던 시절을 기억하며 약자에 대한 관심을 가졌다. 우리가 지난날 가난했던 시절을 잊지 않을 때, 다른 사람의 배고픈 사정을 알고 돕게 될 것이다.

7. 유다인의 이혼 사유(신 24장)

이혼 사유의 근거는 보통 두 가지로 '간음'과 '불임'이다(24:1에서는 간음을 "수치되는 일"로 표현). 반면에 '실종'이나 '정신이상'은 이혼의 조건이 될 수 없었다. 그 속에는 자비의 마음이 담겨 있다. 유다인들의 이혼 조건에 대한 확대 해석은 너무 지나쳐서, 머리를 묶지 않고 다닌다든지, 길거리에서 남자와 이야기한다든지, 남편이 보는 앞에서 시부모에게 불경스럽게 말을 한다든지, 목소리가 옆집까지 들릴 만큼 크게 소리지른 경우 등의 일들을 간음에 포함시켜 이혼 조건으로 삼았다. 그러나 예수님은 확대 해석을 금했고 간음이 이혼 조건이 되지만 꼭 이혼하라는 것이 아님을 말씀하신다(마 5:31~32, 19:3~12).

8. 수혼제에 대하여(신 25장)

상속자(그 가정의 기업을 이을 자녀)가 없이 죽은 형제의 아내(형수나 제수)를 다른 형제가 취하여 결혼하는 수혼제(계대혼인제, 25:5~10)는 모세 이전 시대에 이미 이스라엘 사회(창 38장)와 주변 국가에 널리 퍼져 있었는데 모세 시대에 성문화시켰다. 현대의 윤리적 관점에서는 용납하기 어려운 이 제도를 엄격하게 지켜온 것은(룻 3:9, 4:10, 마 22:24) 가문 보존과 미망인을 보살피는 사회보장제도의 하나로 볼 수 있다(Day 03 창 38장, Day 12 룻기 해설 참고).

9. 신명기의 인과율, 시내산 언약의 재확증(신 28~30장)

(1) 28장에서 '복'과 '저주'의 차이는 "듣고, 행하면, 순종(청종)하면, 지켜 행하면"(28:1~14) 복이고, "순종하지 아니하면, 지켜 행하지 아니하면"(28:15~68) 저주이다. '복'보다 '저주'에 대한 내용이 많음도 유념해야 한다. '생명과 사망과 복과 저주를 우리 앞에 두었으

함무라비 법전 석비
고대 바벨론의 함무라비가 신으로부터 법전을 받고 있다는 모습의 돌기둥(column)으로 모세의 율법과 유사한 것들이 많다. 창세기 14:1의 '아므라벨'을 주전 18세기의 '함무라비'라는 학자들도 있으나 확실치 않다.

므로'(30:15~20) 선택은 자신에게 달렸다. 예수님도 좁은 문과 넓은 문을 두어 선택하도록 했다(마 7:13~14). '신명기적 역사관'은 인과율(因果律)로서 순종과 불순종에 따라 그 길이 결정된다(4:25~40, 8:11~20, 11:8~32, 28~30장).

(2) "여호와께서 모세에게 명령하여 모압 땅에서 그들과 세우신 언약의 말씀"(29:1)이라고 했다. 이미 시내산에서 맺었던 언약(출 19장 이하, 특히 20~24장) 당시의 백성들은 가데스 바네아에서의 정탐꾼의 사건(민 13~14장)으로 광야에서 죽게 되었고, 가나안을 눈앞에 둔 새로운 세대들은 '시내산 언약'을 잘 모르거나 중요성을 인식하지 못할 것이므로 이들을 향해 하나님과 백성 사이에 언약을 새롭게 선포해야 했다. 그러므로 모압 땅에서의 언약은 '시내산 언약의 재확증'이다. 다시 말해 언약 자체가 바뀐 것이 아니라 언약의 대상이 바뀐 것이다.

10. 모세 생애의 세 시기

모세는 120년을 살았으며 40년씩 준비, 훈련, 활동의 시기로 나눈다.

(1) 처음 40년 동안은 애굽 바로 왕의 궁전에서 공주의 아들로 애굽의 문화와 학문을 배우며, 또한 히브리인 어머니 요게벳(유모 신분)에게는 하나님의 언약을 배우며 살았다(출 2:1~15, 행 7:23).

(2) 다음 40년 동안은 미디안 광야의 목자로서 하나님의 뜻과 계획에 순종할 수 있는 믿음의 사람으로 훈련받으며 지리적인 많은 것을 배웠고 출애굽에 앞서 광야생활에 합당한 사람이 되었다(출 2:16~25, 행 7:30, 출 7:7 참고).

(3) 마지막 40년은 광야에서 이스라엘을 이끄는 지도자로 보내고, 요단을 건너기 전 느보산에서 가나안을 바라보며 120년의 생애 종지부를 찍는다(출 3:1~신 34:7).

11. 모세는 선지자인가?(신 34:10)

"그 후에는 이스라엘에 모세와 같은 선지자가 일어나지 못하였나니"(34:10)라고 한 것은 구약성경의 역사와 편집상 특성과 관련 있는 것으로 보인다. 즉 유대인들의 구약성경, 율법서 - 선지서 - 성문서(토라, 네비임, 케투빔)에서 율법서 끝에 모세를 선지자라 하여 선지서와 연결을 짓는다. 뿐만 아니라 모세와 같은 선지자가 없다고 하여 '선지자'들을 모세의 후계자로 보게 한다. 이는 선지서의 첫 번째 책 〈여호수아〉에서 '율법(토라)을 기억하고 지키라'(수 1:7~8)고 한 것과 맞아떨어진다. 뿐만 아니라 성문서와의 연결에 있어서도 시편 1편에 "율법을 주야로 묵상하는 자"를 복 있는 자라 하여 성문서도 모세의 율법(토라)을 기준으로 한다는 인상을 준다. 결국 〈신명기〉를 마치며 모세를 '선지자'라 함은 구약 전체에서 모세가 전해준 토라(율법)가 히브리 정경의 세 부분을 이어주는 중심 개념이 된다는 것을 강하게 나타낸다.

시내산 꼭대기의 모세기념교회

모세는 가나안을 목전에 두고 하나님의 명령에 따라 느보산에 올라 최후를 맞는다. 사진은 시내산 꼭대기에 있는 모세기념교회이다.

다음 물음에 답하거나 괄호 안에 알맞은 말을 넣으시오.

1. 여호와의 화제물과 그 기업을 먹을 사람은 누구인가? (18:1)

2. 여호와의 이름으로 말한 일에 증험도 없고 성취함도 없으면 참 선지자인가 거짓 선지자인가? (18:22)

3. 도피성은 누구를 위해 설치하는 것인가? (19:4)

4. 모든 악과 죄에 관하여 증인 몇 명의 입으로 사건을 확정해야 하는가? (19:15)

5. 적군에게 더 많음을 볼지라도 두려워하지 말라고 한 것 세 가지는 무엇인가? (20:1)

6. 싸우러 나갈 때에 "집으로 돌아갈지니"(병역면제)에 해당하는 경우를 모두 고르시오. (20:4~9)

　　① 새 집을 건축하고 낙성식을 행하지 못한 자　　　　② 포도원을 만들고 그 과실을 먹지 못한 자

　　③ 여자와 이혼하고 재혼하지 못한 자　　　　　　　④ 두려워서 마음이 허약한(겁내는) 자

7. 바울은 신명기 21:23 말씀을 갈라디아서 3장 (　　　)절에 인용하였다.

8. 포로 중에 아내를 삼았던 여자를 종으로 팔 수 있는가? (21:10~14)

9. 장자는 다른 아들들보다 몇 배의 몫을 받았는가? (21:15~17)

10. 결혼 후 아내를 미워하여 처녀성을 의심하면 친정 부모가 (　　　)으로 처녀의 표징을 입증하였고, 남편은 누명 씌움으로 말미암아 장인에게 (　　　　)을 벌금으로 주었다. (22:13~21)

11. "네 하나님 여호와께 (　　　)하거든 갚기를 (　　　　) 말라." (23:21)

12. "이웃의 포도원이나 곡식밭에 들어갈 때에는 마음대로 그 포도를 배불리 먹어도 되느니라 그러나 (　　　)에 담지는 말 것이요 … 네 이웃의 곡식밭에 (　　　)을 대지는 말지니라." (23:24~25)

13. 애굽의 종 되었던 때를 기억하여 특별히 위해야 하는 세 부류의 사람은 누구인가? (24:17~22)

　　(1)　　　　　　　　　　　(2)　　　　　　　　　　　(3)

14. 신 25:5~10은 이미 창세기 38장에서 유다의 며느리 (　　　)에게서 그 실제를 보며, 룻기 4장에서 룻과 (　　　)의 결혼에서도 볼 수 있다. (Day03의 '수혼제' 해설 참고)

15. "천하에서 (　　　　)에 대한 기억을 지워버리라"는 하나님의 계획은 출 17:8~14의 전쟁에 기인하는데, 훗날 사무엘이 전해준 이 말을 불순종한 자는 (　　　)왕이다. (25:17~19, 삼상 15:1~23)

16. 여호와께서는 무엇으로 이스라엘을 애굽에서 인도하여 내셨는가? (26:8)

17. 이스라엘이 세우는 석회를 바른 큰 돌(기념비, 27:2~4)에 해당하는 것에는 '비'라 쓰고, 제단(돌단,

27:5~8)에 해당하는 것에는 '단'이라 쓰시오. (둘 다 해당하는 것도 있음)

(1) 석회를 바르라 (　　) 　　　(2) 다듬지 않은 돌 (　　) 　　　(3) 쇠 연장을 대지 말라 (　　)

(4) 큰 돌을 세운다 (　　) 　　　(5) 그 위에 번제를 드린다 (　　) 　(6) 에발산에 세운다 (　　)

18. 하나님 여호와의 말씀에 응답할 때는 무엇이라고 해야 하는가? (27:14~26)

19. "네가 네 하나님 여호와의 말씀을 (　　　)하면 이 모든 (　　　)이 네게 임하며 … 네 하나님 여호와의 말씀을 (　　　　　) 아니하여 … 이 모든 (　　　　)가 네게 임하며." (28:2, 15)

20. 신명기 29~30장은 어디에서 세운 언약의 말씀인가?

21. 이스라엘은 언약으로 인해 하나님과 어떤 관계가 되는가? (29:10~21, 답은 13절로)

22. 모세가 염려하는 두 가지는 어떤 경우인지 간단히 적으시오. (29:18~19)

(1) 하나님 여호와를 떠나서 ~

(2) 저주의 말을 듣고도 ~

23. "내가 (　　　　　　　　　)를 네 앞에 두었은즉 너와 네 자손이 살기 위하여 (　　　　)을 택하고 네 하나님 여호와를 (　　　)하고 그의 말씀을 (　　　)하며 또 그를 의지하라." (30:19~20)

24. 율법은 누가 썼으며, 누구에게 주었는가? (31:9, 24)

25. 율법책은 어디에 두었으며 언제 낭독하는가? (31:26, 31:10~11)

26. 하나님의 말과 교훈은 (　　　, 　　　, 　　　, 　　　　)와 같다. (32:1~4) (단어만 넣기)

27. 여호와께서는 광야의 이스라엘을 어떻게 돌보셨는가? (32:10~12)

(1) 호위하시며 (　　　)하시며 자기의 (　　　)같이 지키셨도다.

(2) 마치 (　　　)가 자기의 보금자리를 어지럽게 하며 자기의 새끼 위에 … 업는 것같이.

28. "그런데 (　　　)이 기름지매 발로 찼도다 네가 살찌고 비대하고 윤택하매 자기를 지으신 하나님을 버리고 자기를 구원하신 반석을 업신여겼도다." (32:15) ('올곧은 자'란 뜻, 이스라엘을 시적으로 표현)

29. 다음은 어느 지파에 대한 모세의 노래(축복)인가? (33장)

(1) 주의 둠밈과 우림이 주의 경건한 자에게 있도다 —

(2) 여호와의 사랑을 입은 자는 그 곁에 안전히 살리로다 —

(3) 너는 장막에 있음을 즐거워하라 … 감추어진 보배를 흡수하리로다 —

30. "모세가 (　　　)평지에서 (　　　)산에 올라가 … 죽을 때 나이 (　　　)세였으나." (34:1~8)

31. "모세가 눈의 아들 (　　　　)에게 안수하였으므로 그에게 (　　　　)이 충만하니 이스라엘 자손이 … 여호수아의 말을 (　　　)하였더라." (34:9)

역사서란 무엇인가?

1. 기독교와 유대교의 역사서

기독교에서 통칭 사용하는 구약성경의 '역사서'를 기독교와 유대교는 다르게 구분한다.

(1) 기독교

구약성경을 율법서, 역사서, 시가서, 예언서 넷으로 구분할 때에, '역사서'는 〈여호수아〉부터 〈에스더〉까지 12권을 일컫는 말이다. 신약성경의 역사서는 〈사도행전〉 한 권뿐이다.

(2) 유대교

타나크(유대인이 성경을 일컫는 말)는 토라(율법서), 네비임(예언서), 케투빔(성문서) 셋으로 구분한다. 기독교가 역사서로 보는 책들을 유대교에서는 다르게 구분한다.

　　1) **예언서**: 〈여호수아〉, 〈사사기〉, 〈사무엘〉, 〈열왕기〉는 역사서가 아닌 '예언서'로 구분한다.

　　2) **성문서**: (오축 중에) ―〈룻기〉, 〈에스더〉/ (역사) ―〈에스라〉, 〈느헤미야〉, 〈역대기〉

유대인들은 역사서라는 개념이 없고 우리가 '역사서'라고 부르는 것 중에서 〈여호수아〉, 〈사사기〉, 〈사무엘〉, 〈열왕기〉를 '전기예언서', 〈룻기〉, 〈역대기〉, 〈에스더〉는 '성문서'라고 한다. 그것은 단순한 역사가 아니라 하나님께서 직접 관여하신 예언적인 역사이기 때문이다.

참고로 '후기 예언서'는 〈이사야〉, 〈예레미야〉, 〈에스겔〉, 〈열두 예언자〉(12 소예언서를 한 권으로)이다. (13쪽의 '구약성경 책들의 배열 비교' 참고)

2. 신명기적 역사서와 역대기적 역사서

역사서를 더 큰 관점에서 보면 1) 율법서(모세오경), 2) 신명기적 역사서, 3) 역대기적 역사서로 나눌 수 있다. ('길잡이 02 율법서란 무엇인가' 참고)

(1) 신명기적 역사서

신명기적 역사서는 앞에서 말한 '전기 예언서'에 해당되는 신명기적 사관으로, 〈여호수아〉, 〈사사기〉, 〈사무엘서〉, 〈열왕기〉를 기록했을 것이라는 데서 기인한 말이다(룻기는 성문서).

다음과 같은 내용이 기록되어 있다.

1) 예배 처소의 단일화(예루살렘)

2) 유일신 하나님 경배

3) 이방 풍속 거부 및 이방인과 혼인·교류 금지

4) 하나님과 이스라엘의 관계를 조건부 언약관계로 이해(순종—복, 불순종—저주)

(2) 역대기적 역사서

역대기적 역사서는 〈역대기〉, 〈에스라〉, 〈느헤미야〉를 일컫는 말이다(에스더는 성문서에 속한다). 신명기적 역사서는 모세오경에서 이어지지만, 역대기적 역사서는 다시 아담까지 거슬러 올라간다. 또한 뒷부분도 신명기적 역사의 마지막 부분보다 더 후대의 일을 기록하고 있다. 여기에는 다음의 내용이 기록되어 있다.

1) 아담부터 이스라엘의 몰락, 국가 재건까지의 기록

2) 남유다 중심으로 기록

3) 다윗과 솔로몬의 성전 중심의 치적 강조

4) 다윗(삼하 11장)과 솔로몬의 문제점(왕상 11장)은 기록하지 않음

5) 레위인들의 위상 정립 중심

3. 역사서의 상권과 하권

현대 대부분의 성경에는 〈사무엘서〉, 〈열왕기〉, 〈역대기〉가 상하 두 권으로 나누어져 있으나 히브리 원전에는 한 권으로 되어 있다. 특히 〈역대기〉는 성문서의 맨 마지막에 배치되어 〈에스라〉, 〈느헤미야〉와 함께 한 권의 책으로 묶여 있었다.

주전 3세기경부터 주전 2세기에, 흩어진 유다인을 위해 당시의 통용어인 헬라어로 구약성경을 번역했는데, 이때에 분량이 너무 많아 상하로 나누었다. 이 헬라어 번역 구약성경을 '칠십인역(LXX)'이라고 하며, 열두 지파에서 6명씩 모두 72명(혹은 70명)이 번역 작업에 참여했다 하여 그렇게 이름을 붙였다. 신약성경의 구약 인용은 칠십인역에 따른 것으로 일부 번역에 문제가 있다.

〈사무엘서〉는 '왕국기(Book of the kingdom)' 1, 2, 〈열왕기〉는 '왕국기' 3, 4였다가 제

롬의 불가타역(Latin Vulgate)에서 왕국기 1, 2는 〈사무엘상, 사무엘하〉로, 왕국기 3, 4는 〈열왕기상〉, 〈열왕기하〉로 불렸다. 히브리어 성경도 주후 1517년부터 다니엘 봄베르크(Daniel Bomberg)가 히브리어 성경을 개정하여 〈사무엘서〉, 〈열왕기〉, 〈역대기〉를 각각 상하 두 권으로 나눈 후, 지금에 이르고 있다. 〈역대기〉는 히브리어로 '디브레 하야밈'이며, 그 뜻은 '그때의 그 사건들'로서 우리 식으로는 '역대기'라 불린다.

그러므로 상·하권에 특별한 의미를 부여하거나 구분할 필요가 없으며, 한 권으로 보면서 성경의 흐름을 읽으면 된다.

4. 역사서와 시대적 배경

역사서에는 이스라엘의 가나안 정복, 사사시대, 왕정시대, 바벨론 포로와 귀환시대가 나온다.

모세가 죽은 후에 이스라엘 백성들은 여호수아의 인도로 약속의 땅 가나안을 정복하고(이 시기는 주전 15세기 중반, 주전 13세기 초, 두 가지 설이 있다), 땅을 분배한다(여호수아). 사사들이 통치하는 지파동맹체(Amphictiony)로 운영되다가(사사기, 룻기), 위대한 사사요 제사장인 사무엘의 등장과 백성들의 요구로 사울이 초대 왕으로 세움받고 통일 왕국을 세운다(사무엘상).

그리고 제2대왕인 다윗의 통치는 신정정치의 대리인 역을 감당한다(사무엘하, 역대상). 지혜의 왕 솔로몬이 통일 왕국의 3대 왕이 되었으나 강제 노역으로 백성들의 불만이 쌓여 가고 이방신을 섬기므로 남북 왕국으로 나뉘게 된다(왕상 12장). 여러 왕이 통치하다가 북이스라엘은 19대 왕 호세아 때에 앗수르 제국에 의해 멸망하고(주전 721년, 왕하 17장), 남유다는 계속 유다 족속이 통치했으며, 20대 왕 시드기야 때에 바벨론 제국에 의해 멸망되어 바벨론의 포로가 된다(주전 587년, 왕하 25장, 대하 36장).

예레미야의 예언처럼(렘 25장) 이스라엘은 바벨론 제국을 무찌른 바사의 고레스 왕의 해방령으로 귀환하여 성전을 재건한다(주전 538년 에스라, 에스더의 사건은 에스라 6장과 7장 사이의 시기이다). 그리고 느헤미야가 귀환하여 성벽을 재건한다(주전 445년, 느헤미야).

예언자들은 주로 왕정 시대에 활동했으며, 일부는 바벨론 포로 시기(에스겔, 다니엘)나 바벨론 포로 시기 후(학개, 스가랴, 말라기 등)에 예언하였다.

가나안 정복과 사사시대

여호수아, 사사기, 룻기

〈여호수아〉~〈열왕기〉(룻기 제외)는 '신명기적 역사서'이다(길잡이 03 참고).

40년 동안 광야를 지나온 이스라엘(출애굽기~신명기)은 모세가 죽은 후에 여호수아의 인도로 약속의 땅 가나안을 정복하고 땅을 분배한다(여호수아). 여호수아 이후에 이스라엘은 대표적인 지도자나 왕이 없이 사사들이 지파동맹체(임펙티오니)를 이루었으며 하나님이 왕이셨으나 이스라엘은 제 소견에 옳은 대로 행하므로 때로는 혼란함이 있었다(사사기). 사사시대 초기에 이방 여인 룻이 어떻게 다윗의 선조가 되었는지를 보여준다(룻기).

통독 일정은 〈여호수아〉(Day11), 〈사사기〉, 〈룻기〉(Day12)로 두 번에 나누어 읽는다.

여호수아 1~24장

📖 여호수아_ 가나안 정복과 땅 분배

저자 및 저작 연대 전통적으로 '여호수아'의 1425년 저작으로 보며 후대에 가필되었을 것으로 본다. 현대 학자들은 여호수아 때부터 전승되었으며 주전 950년경부터 포로 후기까지 여러 사람이 기록한 것으로 본다. 내용 가나안 정복과 땅의 분배. 요절 여호와께서 그들의 주위에 안식을 주셨으되 그 조상들에게 맹세하신 대로 하셨으므로(수 21:44).

1. 이 책의 히브리어 표제는 '여호슈아'이며, 70인역은 '예수스 나우스' 즉 '눈의 아들 여호수아'라 하여 주님의 이름(예수스)과의 혼동을 피하였다.

2. 이스라엘 백성이 출애굽하여(출애굽기), 광야생활을 거쳐(민수기) 모압평지에서 모세의 설교를 듣고(신명기), 모세가 죽은 후에 여호수아가 이스라엘의 지도자가 되어 가나안을 정복하고 땅을 분배한다(여호수아).

3. 여호수아는 ① 모세의 수종자(부하)였으며(출 24:13, 수 1:1), ② 아말렉과의 전쟁 때에 군대장관이었고(출 17:9~10), ③ 모세가 바란광야 가데스에서 보낸 열두 정탐꾼 중 갈렙과 함께 담대히 말한 자이며(민 14:6), ④ 모세의 후계자가 되어 이스라엘의 지도자로서 가나안 정복을 승리로 이끌었다(민 27:18~23, 수 1:1).

4. 내용 분해

1~12장(전반부) ― 가나안 정복 전쟁

13~19장(후반부) ― 가나안 땅의 분배

20~24장(첨부) ― 여호수아의 고별 설교

◯ 한눈에 살펴보기

1. 가나안 정복 전쟁(수 1~12장)

여호수아는 백성의 지도자로서 하나님의 함께하심을 힘입어 가나안 정복 준비를 마치고(1장), 여리고에 두 정탐꾼을 보낸다(2장). 요단을 건너 가나안 땅 길갈에 첫 발을 딛고(3장), 이를 기념하여 열두 돌을 기념비로 세운다(4장). 할례를 행하고 유월절을 지킨다. 그 땅의 소산물을 먹은 후에 만나가 그치고(5장), 본격적인 정복전쟁이 시작된다. 여리고를 무너뜨리고(6장), 아간의 범죄로 아이성 공격은 실패하나 문제를 해결하고(7장), 재도전하여 아이성을 정복한다(8장). 자만해진 이스라엘은 여호와께 묻지 아니하고 기브온에게 속아서 화친조약을 맺는다(9장). 하나님의 도움으로 아모리 연합군(남부왕)을 무찌른다(10장). 이어 북부의 왕들을 정복한다. 하솔의 연합군도 무찌르고, 여리고를 정복한 후 그 땅에 전쟁이 그친다(11장). 여호수아와 이스라엘은 서른한 왕을 정복한 것이다(12장).

2. 가나안 땅 분배 및 여호수아의 고별 설교(수 13~24장)

드디어 정복한 땅을 분배한다. 요단 동쪽에 이어(13장) 갈렙은 모세와 약속했던 헤브론을 요구하여 얻는다(14장). 각 지파에게 요단 서쪽 가나안 땅이 분배된다. 유다 지파에게(15장), 에브라임 지파에게(16장), 므낫세 반 지파에게(17장), 그리고 실로에는 회막이 세워지므로 이스라엘 제의(예배)의 중심지가 된다. 베냐민 지파에게(18장), 그리고 여섯 지파에게 땅을 분할함으로 땅 분배는 끝난다(19장).

땅 분배 후 부지 중에 살인한 자를 위한 도피성을 정하고(20장), 레위 사람에게도 성읍과 목초지를 분배한다(21장). 요단의 동쪽에 정착하기로 했던 두 지파 반이 그들의 소유지인 강 건너편으로 가서 큰 제단을 쌓는다. 이 증거의 제단이 강 서편에 있던 지파들에게 우상숭배의 표로 오해되었으나 여호수아가 신속히 대처한다(22장). 생애를 마치며 여호수아는 고별 설교를 통하여 우상숭배하지 말고(23장), 오직 여호와만 섬길 것을 강조하고 그 날에 언약을 통해 율례와 법도를 제정한다(24장).

하나씩 짚어보기

1. 여호수아의 이름

여호수아의 원래의 이름은 '호세아'이다(민 13:8, 신 32:44). 이 말은 '구원'을 의미하며 신약성경 '예수'의 히브리식 발음이 '여호수아'이다. 예수님이 '인류의 구원자'이시듯이 여호수아는 '이스라엘의 구원자'로 살았다. 훗날 바벨론에서 귀환 후의 인물로 제2성전(스룹바벨 성전) 재건에 힘쓴 '예수아'도 같은 이름이다(스 5:2).

2. 할례의 의미(수 5장)

애굽에서 나온 구세대는 죽었고 광야에서 새로 태어난 신세대는 할례를 받지 아니하였으므로 하나님은 길갈에서 할례를 행하도록 하였다(5:2~9). 그렇게 함으로써 이스라엘 백성들은 자신들이 하나님의 자녀라는 사실을 깨닫고 조상 아브라함과 맺은 언약의 할례를 시행하였다(창 17:9~14). (Day 01 해설 참고)

3. 여리고와 그 발굴(수 6장)

(1) 여리고성은 이스라엘에 의해 무너졌다(6장). '종려나무의 성읍'으로 불리는 여리고(신 34:3, 삿 3:13)는 주전 7천년에 이미 성읍이 형성되었을 것으로 보일 만큼 오래된 도시이기도 하다. 몇 번이

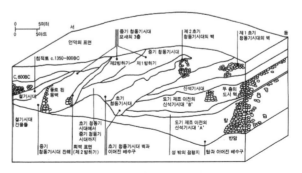

여리고 발굴을 보여주는 단면도(수 6장)
존 가스탕에 이어 1562년에 여리고를 발굴한 케들린 케니언에 의해 작성된 여리고 발굴 단면도이다.

나 흥망을 되풀이 한 여리고는 '구약시대의 여리고', '신약시대의 여리고' 및 '비잔틴 시대의 여리고' 등 세 곳에 유적을 남겼다.

(2) 앞의 단면도에서 보이는 여러 층은 각 시대를 따라 형성된 것으로 이는 거주층(생활층, 단층, 삶의 자리)으로 불리는 텔(Tell)이다. 가스탕(John Garstang, 리버플대학교, 1930~1936에 발굴)은 흙벽 더미와 성벽의 그루터기를 '여호수아 앞에서 무너져 내린 성벽'이라 했고, 케니언(Kathleen Kenyon, 런던대학교)은 '부식 때문에 폐허가 되어 여리고의 많은 흔적은 사라졌다'며 안타까워했다.

4. 아간의 범죄와 가족의 죽음(수 7장)

아간은 그의 가족, 소유물과 함께 아골 골짜기에서 죽임을 당한다(7:24~26). 아간의 범죄로 가족까지 함께 죽임을 당하는 것은 율법에 어긋나는 것이었다(신 24:16). 아마도 이스라엘 백성들의 충동적 판단에 의해 그런 일이 벌어진 것으로 보인다. 아간은 돌에 맞은 뒤 불태워졌는데 이러한 사형법은 보통 살인자나 배교자(신 3:5~10), 여호와의 이름을 모독하고 저주한 자(레 24:10~16, 왕상 21:8~13), 안식일을 범한 자에게 가해졌다(민 15:32~35).

5. 기브온 정복 전쟁(수 9장)

(1) 모세가 정복했던(민 21:21~35) 아모리 왕 시혼과 바산 왕 옥에 대한 사건은 기생 라합에게까지 알려져 있을 정도였다(수 2:10). 그 땅은 르우벤, 갓, 므낫세 반 지파에게 약속되어진 땅이었다(민 32:33, 수 12:1~6).

(2) 기브온은 이스라엘이 여리고와 아이성을 정복했다는 소식에 놀라서 그들은 먼 지역에서 온 사신처럼 꾸며 이스라엘을 속이고 언약을 맺으므로 그들의 생명을 보존한다(9장).

기브온의 위치는 1956~57년의 고고학적 발굴 결과로 현재의 예루살렘 북서쪽 약 9.6km 떨어진 엘 집(El-Jip)이라는 곳으로 밝혀졌다. 무너진 여리고와 기념비를 세운 길갈, 또한 도피성으로 지정된 곳도 지도에서 보라.

(3) 여호수아와 이스라엘의 가나안 정복 순서는 중앙부(6~9장), 남부(10장), 북부(11장) 순서로 진행되어 모두 서른한 명의 왕을 정복한다(12:24). 전체적인 지도를 보며 성경을 잘 살펴보라.

뿔나팔 쇼파르(shofar)
이스라엘은 여리고를 돌며 일곱째 날 제사장이 나팔(쇼파르)을 불며 백성이 소리를 지를 때 여리고성은 무너졌다(수 6장).

6. 태양이 멈춘 사건은 역사적 사실(수 10:12~14)

아모리 연합군과의 전쟁 때에, 여호수아의 외침을 들은 여호와께서는 이스라엘에게 승리를 주시기 위해 태양을 멈추셨다(10:12~14). 그리고 열왕기하 20:8~10에서 여호와께서는 태양의 그림자가 10도 뒤로 물러간 사건으로 히스기야에게 징표를 보여주셨다. 이 두 사건에 대해 '미국의 NASA가 계산을 했다'는 말이 있는데, 1997년 NASA에서는 "특정한 때에 시간이 비었다는 것을 계산하기란 원리적으로 불가능하다"고 공식적 입장을 밝혔다. 그런데 아직도 이 본문을 다룰 때에 마치 과학적으로 검증된 양 NASA를 들먹이는 무지를 드러내기도 한다. 성경의 사건들에 무리하게 과학적 증거를 제시하려다가는 오류를 범하기 쉽다. 그렇게 하지 않아도 성경의 사건은 역사적 사실이므로 믿음으로 고백하고 받아들이면 된다.

7. 블레셋은 누구인가?(수 13장)

정복하지 못한 땅의 첫 번째로 블레셋 사람의 모든 땅을 소개하고 있다(13:2~3).

'블레셋 사람'은 주전 12세기 초 지중해의 그레데 섬(암 9:7) 방면에서 애굽으로 침입하려고 했으나 람세스 3세에 의해 격파되고 이스라엘과 거의 동시대에 연안 지방에 정주하여 토착한 민족이다. 그 출신은 분명하지 않으나 바다의 사람(해적)이었던 것으로 추측되고 있다. 그들은 후에 5개의 도시국가 (13:3에 보면 가사, 아스돗, 아스글론, 가드, 에그론)를 형성하였고 그 영향력이 커서 이스라엘에게는 늘 위협이 되었다(삼상 6:17, 부록의 '성서지도'에서 위치 확인).

8. 열두 지파와 그 기업(수 13~19장)

(1) 열두 지파 중에 르우벤(13:15), 갓(13:24), 므낫세 반(13:29)은 요단 동쪽(강 건너편)을 기업으로 받았고, 유다(15:1), 요셉 자손의 에브라임(16:5), 므낫세 반(17:1), 베냐민(18:11), 시므온(19:1), 스불론 (19:10), 잇사갈(19:17), 아셀(19:24), 납달리(19:32), 단(19:40)은 요단 서쪽(가나안 땅)을 받았다. (부록의 성경지도 6, 7 참고)

(2) 기업은 기업(企業)이 아닌 기업(基業)으로서 상속, 유업, 분깃, 몫, 후사의 뜻이 있다. 가나안 땅을 기업으로 받은 것은 정복이 아니라 하나님의 은혜로 받은 것이다. 즉 하나님께서는 그분의 복을 온 세상에 미치게 하기 위하여 그 터(基)로서 먼저 자기 백성을 택하시고 이들에게 살 토지와 필요한 모든 복을 주셨다(신 4:21, 38, 9:26, 시 105:11).

9. 요셉의 뼈를 세겜에 장사함(수 24장)

이것은 요셉의 유언이 400여 년 만에 실현된 것이다. 요셉이 애굽에서 죽으며 자기의 해골을 가나안으로 가져가도록 유언했고(창 50:25), 그 후 이스라엘 백성이 종살이를 거쳐 까마득한 후손인 모세가 출애굽할 때 요셉의 유골을 가지고 나왔으며(출 13:19), 이것을 여호수아 시대에 이스라엘 자손이 가나안 땅 세겜에 장사한 것이다(24:32). 값진 전통과 역사라 할 수 있다. (Day 03의 해설 참고)

여호수아

다음 물음에 답하거나 괄호 안에 알맞은 말을 넣으시오.

1. 여호수아는 (　　)의 수종자였으며 원래의 이름은 (　　　)였다. (1:1, 신 32:44)

2. 이스라엘의 영토가 될 땅은 어디인가? (1:1~4 읽고 답은 4절에서)

3. 하나님께서 모세를 이은 지도자 여호수아에게 계속 강조하신 말씀은 무엇인가? (1:6~9)

4. 여리고에 보내진 두 정탐꾼은 자신들에게 도움을 준 기생 (　　)에게 창문에 (　　) 줄을 매라고 하며 사는 길을 알려주었다. (2:1~3, 18, 21)

5. 이스라엘이 가나안에서 쫓아낼 일곱 족속을 적으시오. (3:10)

6. "백성이 요단을 건너려고 자기들의 장막을 떠날 때에 (　　　)들은 (　　　)를 메고 백성 앞에서 나아가니라." (3:14)

7. 요단을 건넌 후에 돌 열둘을 길갈에 세운 이유는 무엇인가? (4:19~24 읽고 답은 24절로)

　　땅의 모든 백성에게 ~

8. 가나안에서 이스라엘이 행한 두 가지 중요한 일은 무엇인가? (5:3, 10)

　　(1) (　　)를 행했다.　　　　　　　　　　　　(2) (　　　)을 지켰다.

9. 여리고성을 엿새 동안은 매일 (　) 번씩, 일곱째 날에는 (　　) 번 돌았고 성이 무너졌다. (6:1~21)

10. 여리고 재건에 대한 여호수아의 예언 성취로 죽은 히엘의 두 아들은 누구인가? (6:26, 왕상 16:34)

11. 이스라엘이 아이 전투에서 진 이유를 요약해서 적으시오. (7:11)

12. 두 번의 아이 전투에 각각 몇 명의 군사를 보냈는가? (7:4, 8:3)

13. 여호수아는 무엇을 낭독하였는가? (8:34)

14. 이스라엘이 기브온에게 속은 근본적인 이유는 무엇인가? (9:14)

15. 이스라엘을 대적한 다섯 왕의 나라(도시국가)는 어디인가? (10:1~5)

16. 아모리 사람과의 전쟁에서 하나님께서 자연을 통해 도우신 두 가지 일은 무엇인가? (10:11, 13)

　　(1)　　　　　　　　　　　　　　　　　　　　(2)

17. '전쟁의 승리는 하나님 여호와의 도움'이라는 다음 구절들을 읽고, 42절을 적으시오. (10:10~12, 14, 19, 25, 30, 32, 40, 42)

18. 북부연합군을 형성했으나 여호수아가 불사른 성읍과, 그 왕의 이름은 무엇인가? (11:1~5, 10~12)

19. 이스라엘이 요단 서쪽 가나안 땅에서 쳐서 멸한 왕은 모두 몇 명인가? (12:7~24)

20. 요단 동쪽 땅을 분배받은 세 지파의 이름을 적으시오. (13:8, 15, 24, 29)

21. 가나안 땅(기업)을 분배한 사람들은 누구인가? (14:1)

22. 헤브론이 갈렙의 기업이 된 이유는 무엇인가? (14:6~15 읽고 답은 14절로)

23. 갈렙의 딸 악사가 출가할 때에 "아버지에게 (   )" 하고, 아버지에게 "나를 네겝 땅으로 보내시오니 (   )도 내게 주소서" 하매 갈렙이 윗샘과 아랫샘을 주었다. (15:18~19)

24. 에브라임 자손이 쫓아내지 아니하고 함께 거주한 족속의 이름은 무엇인가? (16:5~10)

25. 요셉 자손이 개척하는 것을 두려워한 것은 가나안 족속이 무엇을 가졌기 때문인가? (17:14~18)

26. 다음의 장들은 어느 지파에게 분배된 땅에 대한 기록인가?
   〈보기〉 에브라임/ 유다/ 므낫세

   (1) 15장 —   (2) 16장 —   (3) 17장 —

27. 온 회중은 회막(성막)을 어디에 세웠는가? (18:1)

28. "기업의 분배를 받지 못한 자가 아직도 (   )라 … 그 땅을 (   ) 부분으로 그려서 이곳 내게로 가져오라 … 우리 하나님 여호와 앞에서 (   )를 뽑으리라." (18:2, 6)

29. 다음 단락의 첫 절에서 땅을 분배받은 지파의 이름과(1~7번), 도피성의 지명을 적으시오. (8번)

   (1) 18:11~28 —   (2) 19:1~9 —   (3) 19:10~16 —

   (4) 19:17~23 —   (5) 19:24~31 —   (6) 19:32~39 —

   (7) 19:40~50 —   (8) 20장(6곳) — 게데스,

30. 레위 족장들이 요구하여 얻은 성읍과 목초지는 얼마만큼이었는가? (21:1~2, 41~42)

31. 요단 가에 세운 보기에 큰 제단은 우상 제단인가, 분깃의 증거를 위한 제단인가? (22:10~34)

32. "너희가 (   )를 오늘 택하라. 오직 나와 내 집은 (   )를 섬기겠노라." (24:15)

33. "그 날에 여호수아가 (   )에서 백성과 더불어 (   )을 맺고." (24:25)

34. "여호수아가 (   )에 죽으매 … 경내 (   )에 장사하였으니." (24:29, 30)

35. 요셉의 뼈(해골, 유골)에 대하여 괄호 안에 알맞은 말을 적으시오. (24:32)

   (1) 요셉이 110세에 (   )에서 유언 — 창 50:22~26

   (2) (   )가 출애굽 때 가지고 나옴 — 출 13:19

   (3) 여호수아 시대에 약속의 땅 (   )에 장사 — 수 24:32

사사기, 룻기

📖 사사기_ 지파 동맹체와 혼돈시대

저자 및 저작 연대 전통적으로 탈무드를 따라 '사무엘'이 사울 통치기간(17:6, 18:31)에 기록한 것으로 본다. 현대 견해는 신명기 역사관에 의하여 주전 550년경 최종 집필(편집)된 것으로 본다. 내용 가나안에 정착한 후에 우상숭배와 그로 인한 고난, 사사들의 구원 활동. 요절 이스라엘에 왕이 없었으므로 사람마다 자기 소견에 옳은 대로 행하였더라(삿 17:6).

1. 〈사사기〉는 여호수아와 사무엘 사이에 이스라엘을 다스리던 '통치자', 혹은 '지도자'란 뜻을 가진 '쇼페팀'으로부터 그 명칭이 유래된다. 영어에서는 'Judge(심판관)'라고 하나 실제로는 '군사적 지도자'로, 전쟁에 앞장서고 때로는 재판을 하기도 했다(4:4~5).
2. 〈사사기〉에 나오는 연대를 모두 합하면 390년이 되지만 통치 기간이 중복되었을 것이므로 실제로는 그보다 짧다. 10:7에서 동쪽의 암몬 족속의 압제와 서쪽의 블레셋 족속의 압제가 동시 사건이다. 가나안 정복 연대를 주전 1240년경(전통 견해 1406년)으로 보면 사사시대의 기간을 약 200년 또는 약 400년으로 계산한다. 이는 출애굽의 연대가 15세기냐 13세기냐에서 차이나는 200년의 기간을 메워준다.
3. 사사시대는 "왕이 없었으므로 사람마다 자기 소견에 옳은 대로 행한" 영적·도덕적으로 타락한 시대였다(17:6, 18:1, 19:1, 21:25). 그들은 자신들의 왕이신 하나님을 잊고 그분을 배신했다. 하나님께서는 '지파동맹체(임펙티오니, Amphictiony)'를 원하셨다.
4. 내용 분해
   1~2장 — 사사시대의 일반 특성
   3~16장 — 구원자인 사사들의 활약
   17~21장 — 제멋대로 행하던 사사시대

🔘 한눈에 살펴보기

약속의 땅에서 여호수아가 죽은 후, 이방 족속을 완전히 몰아내려는 유다, 시므온 그리고 다른 지파들의 노력은 완전한 성공을 거두지 못한다(1장). 불신앙의 세력들이 이스라엘의 영적 거침돌이 되었다. 이스라엘의 범죄로 악순환은 반복된다(2장).

옷니엘, 에훗, 삼갈이 사사로 세워져 구원자가 된다(3장). 가나안 왕 야빈의 지배를 받을 때에 드보라와 바락이 구원자로 등장하고(4장), 여선지 드보라는 승리의 노래를 부른다(5장). 여호와의 목전에 또 악을 행한 이스라엘은 미디안으로 말미암아 고난받게 되고 회개한 그들을 위해 사사로 기드온을 부르신다(6장). 오직 300명으로 구성된 기드온의 군대는 미디안 진영에서 승리하고(7장), 단 동쪽에서 계속된 전쟁을 통해 미디안을 섬멸한다. 기드온의 죽음 후에 이스라엘은 다시 여호와도 기드온도 잊고 우상숭배에 빠진다(8장). 기드온의 아들 아비멜렉은 내란을 통해 스스로 왕이 되었으나 3년 만에 죽임을 당한다. 이로써 70명의 형제 중 오직 살아남은 요담의 저주가 이루어진다(9장).

두 사사 돌라와 야일 이후에 이스라엘은 또다시 여호와의 목전에 악을 행하여 블레셋과 암몬의 압제로 고난이 심했다(10장). 기생의 아들로 길르앗에서 쫓겨났던 입다가 오히려 길르앗의 우두머리로서 암몬 족속을 격파하지만 그의 서원은 딸의 운명을 바꿔놓는다(11장). 시비를 잘하는 에브라임으로 인해 동족간의 전쟁이 일어난다. 활동에 대한 구체적인 기록이 없는 몇 명의 사사들은 웬 자식이 그렇게도 많은지 놀랍다(12장).

삼손은 블레셋 사람의 손에서 이스라엘을 구원하도록 사명을 받았지만 나실인의 서원을 무색하게 하는 삶을 살았고 나중에는 머리털까지 깎이고 비천한 자리에 놓인다. 그러나 마지막에는 하나님의 능력을 힘입어, 죽음으로써 블레셋 사람을 무찌른다(13~16장).

가나안의 작은 향수병
가나안에서 이스라엘이나 원주민보다 블레셋 사람들이 정교한 생활용품들을 잘 만들었다. 이 향수병도 그 아름다움을 보여준다.

17~21장은 〈사사기〉의 부록이라고 할 수 있다. 지도할 왕도 없었고, 사람들은 각각 제 소견대로 행하였으므로 혼란스러웠다. 미가는 신상을 만들고 레위인을 고용하여 제사장을 삼았고(17장), 단 지파는 거주지를 찾는 중 미가의 집에서 신상과 제사장을 도둑질하고 미가와 대립한다(18장). 강간과 남색을 자연스러운 일처럼 행하는 도덕적인 타락을 보게 된다. 레위인은 자신의 첩을 토막 내어 열두 지파에게 보낸다(19장). 이로 인해 이스라엘과 베냐민의 전쟁이 일어났고(20장), 베냐민 지파가 멸절되다시피 하므로 대책을 세운다(21장).

✔ 하나씩 짚어보기

1. 〈사사기〉의 일정한 틀 배반 – 심판 – 회개 – 구원

〈사사기〉를 읽을 때에 흐름을 이해하면 도움이 된다. 사사시대를 '싸이클 시대'라고 하는 것은 배반 – 심판 – 회개 – 구원의 일정한 틀이 일곱 번이나 반복되어 기록되었기 때문이다.

(1) 이스라엘 자손이 여호와의 목전에 악을 행하여(배신) — 2:11, 3:7, 3:12, 4:1, 6:1, 10:6, 13:1

(2) 여호와께서 그들을 진노하사 ~에게 파셨으니(심판) — 2:14, 3:8, 3:14, 4:2, 6:2, 10:7, 13:1

(3) 이스라엘 자손이 여호와께 부르짖으매(회개) — 2:16, 3:9, 3:15, 4:3, 6:6, 10:10, 14:4

(4) 한 구원자를 세워 구원하게 하시니 ~동안 태평(구원) — 2:16, 3:9, 3:15, 4:4, 6:8, 11:29, 14:20

2. 기드온의 활동(삿 6~8장)

진을 치고 있던 미디안의 군대는 기드온의 게릴라식 전략에 크게 패배한다. 기드온은 도망치는 자들을 추격하면서 다른 지파들을 불러 협조를 요청한다(7:23~25). 에브라임 사람들은 자기들이 주 전투에 참가하지 못하고 도망병들을 소탕하는 일이나 하게 된 데 불만을 표시한다. 기드온은 그들을 이해시키고 나서 미디안의 군대를 계속 추격한다. 도중에 요단 계곡에 있는 숙곳과 브누엘이라는 지역을 통과하며 음식을 요구하지만 조롱과 함께 거절당한다. 기드온은 이 사실을 잊지 않고 미디안을 격파하고 돌아오면서, 숙곳 사람들을 징벌하고 브누엘의 망대를 헐며 그 성읍 사람들을 죽임으로 그 죄 값을 받게 한다.

3. 〈사사기〉에 나오는 열두 사사

	이름	지파	신분, 특징	압제자	압제 기간	평안 기간	관계 성구	성경 표시	섬긴 신
1	옷니엘	유다	갈렙의 조카	메소보다미아 왕 구산 리사다임	8년	40년	3:7~11	3:9	바알, 아세라
2	에훗	베냐민	왼손잡이, 암살자	모압 왕 에글론	18년	80년	3:12~30	3:15	악한 신
3	삼갈	납달리	소 모는 막대기 사용	블레셋			3:31	3:31	악을 행함
4	드보라	에브라임	여성 사사, 바락과 동역	가나안 왕 야빈	20년	40년	4:4~5:31	4:4, 6	악을 행함
5	기드온	므낫세	아들이 70명이나 됨	미디안	7년	40년	6:11~8:35	6:11	악을 행함
6	돌라	잇사갈	에브라임 산지에서 거함			23년	10:1~2	10:1	
7	야일	므낫세	아들 30, 성읍 30 가진 거부			22년	10:3~5	10:3	
8	입다	므낫세	기생의 아들, 경솔한 서원	암몬	18년	6년	10:6~12:7	11:1	각종 이방신
9	입산	유다	아들 30, 딸 30, 이방결혼			7년	12:8~10	12:8	
10	엘론	스불론	아얄론에 장사			10년	12:11~12	12:11	
11	압돈	에브라임	아들 40, 손자 30			8년	12:13~15	12:13	
12	삼손	단	나실인으로 성공과 실패	블레셋	40년	20년	13:1~16:31	13:24	악을 행함

* 위의 표에서 빠진 아비멜렉(삿 9장)은 스스로 왕이 된 사람으로 사사는 아니다.
* 엘리(삼상 1~4장)와 사무엘(삼상 3~12장)은 사사보다 제사장의 성격이 강하다.

4. 이스라엘이 섬긴 이방신 일곱(삿 10장)

"이스라엘 자손이 다시 여호와의 목전에 악을 행하여 바알들과 아스다롯과 아람의 신들과 시돈의 신들과 모압의 신들과 암몬 자손의 신들과 블레셋 사람들의 신들을 섬기고 여호와를 버리고 그를 섬기지 아니하므로"(10:6)에서 말한 신들은 다음과 같다.

(1) 바알은 '주인'이란 뜻으로 가나안 신들 중에서 최고의 신이며 풍요를 주관한다.

(2) 아스다롯은 가나안 지방의 '풍요의 여신'인 아스도렛의 복수형이다.

(3) 아람의 신들은 메소보다미아와 시리아 전역에 걸쳐 살고 있던 아람 족속이 섬기는 신들이다.

(4) 시돈의 신들은 베니게에서 섬기는 여신 아스다롯과 풍요의 신 에쉬문(Eshmun)이다.

(5) 모압의 신들은 그들의 민족신인 그모스(Ghemosh)를 말한다.

(6) 암몬 자손의 신들은 밀곰(Milcom), 몰렉으로서 인신제사도 있었다.

(7) 블레셋 사람들의 신들은 다곤(물고기 신)과 바알세붑 등이다.

5. 입다가 인신제사(人身祭祀)를 드렸는가(삿 11장)

입다는 신중하지 못한 서원(11:30~31)으로 스스로 옷을 찢으며 안타까워한다(11:34~45). "처녀로 죽음을 인하여"(37절)는 원문에 '죽음을'이라는 말이 없고 '처녀로 인하여(알 베툴리, 나의 처녀임을)'로 되어 있다. 따라서 입다가 그의 딸을 번제로 드렸는지에 대한 다른 해석도 많다.

인신희생(人身犧牲)은 하나님이 금하셨기에(신 12:31, 18:10, 왕하 17:17, 21:6, 창 22:12) 이 말씀은 그녀로 하여금 평생토록 성전에서 봉사하도록 '처녀로 바친 것'이거나, 아니면 평생 결혼하지 못하고 '처녀로 살게 된 것'이라는(39절) 해석도 있다. 히브리 여인들은 아내와 어머니가 되어 자녀를 갖지 못하는 것을 큰 수치로 여기며 죽음같이 생각하였기에 이를 애곡하기도 했다. 〔창 16:1~5(하갈), 창 30:22~23(라헬), 삼상 1:1~11(한나) 참고〕

6. 여호와의 다른 이름(삿 6장)

기드온은 여호와를 체험하며 제단을 쌓고 그 이름을 "여호와 살롬"(6:24)이라 하였다. 성경에는 하나님의 별명이 다양하게 나오는데, 대표적인 몇 가지만 살펴본다('여호와' = '야훼'로도 음역).

성구	번역(개역한글)	히브리어 발음
창 17:1	전능한 하나님	엘 샤다이
창 21:33	영생하시는(영원하신) 하나님	엘 올람
창 22:14	여호와께서 준비하신다	여호와 이레
출 15:26	치료하는 여호와	여호와 라파
출 17:15	여호와는 나의 깃발(승리)	여호와 닛시
겔 48:35	여호와께서 거기 계신다	여호와 삼마
삿 6:24	여호와는 나의 평화	여호와 살롬
시 7:17	여호와를 찬양	오데 여호와
시 23:1	여호와는 나의 목자	여호와 로이
렘 23:6	여호와는 우리의 의로움	여호와 치드케누

📕 룻기_ 메시아 족보의 이방 여인

저자 및 저작 연대 탈무드에 의하면 '사무엘'이라 하나 불확실하다. 현대 견해는 신명기 법전(주전 550년경)과 친숙하게 연결하여 포로 후기로 본다. **내용** 이방의 모압 여인 룻이 하나님의 백성이 되는 과정을 보여준다. **특징** 4:18~22을 통해 다윗의 족보를 보여준다. **요절** 어머니의 백성이 나의 백성이 되고 어머니의 하나님이 나의 하나님이 되시리니(룻 1:16).

1. 〈룻기〉는 여자의 이름을 따라 제목을 붙인 성경의 두 책(에스더, 룻기) 중 하나이다.
2. 사사시대(룻 1:1) 초기를 배경으로 한다. 룻과 결혼한 보아스(4:13)는 여호수아의 여리고 정복 때 구원받은 기생 라합의 아들(마 1:5)이다.
3. 역사적으로 배신과 심판, 전쟁이 반복되는 암흑 가운데 한 떨기 백합화 같은 베들레헴의 경건한 가족에 대한 기록이다(부록의 성서지도에서 '모압'을 찾아보라).
4. 상징적으로 슬픔을 안고 사는 룻이 보아스로 인해 기쁨과 안식을 얻듯, 신부인 교회(성도)가 신랑이신 그리스도에게서 죄짐을 벗고 안식 얻는 것을 보여준다.
5. 신학적으로는 이방인(모압 여인 룻)이 어떻게 왕이신 메시아 그리스도의 혈통을 연결하는 매개체가 되었는지를 보여준다(4:18~22, 마 1:1~17 비교). 룻은 결국 다윗의 증조모가 된다.

🔴 한눈에 살펴보기

〈룻기〉에서는 〈사사기〉의 어두운 터널을 지나 독자들은 광명과 같은 희망의 모습을 보게 된다. 흉년의 때에 이스라엘 베들레헴의 한 가정이 이방 땅 모압으로 이주한다. 그곳 여인 둘을 며느리로 맞은 나오미는 남편과 두 아들을 그 땅에서 잃고 며느리 룻과 함께 베들레헴으로 돌아온다(1장). 룻은 보아스의 밭에서 이삭을 줍고(2장), 나오미가 가르친 대로 친족의 권리를 주장하여 보아스와 결혼한다. 이 둘 사이의 아이가 다윗의 선조가 된다(3~4장).

✅ 하나씩 짚어보기

1. 〈룻기〉의 중심 사상, '기업을 무를 자'(룻 3~4장)

"무른다"(룻 3:9, 12~13, 4:6)는 말은 '되돌려주다', '값을 지불하고 물건을 되찾다'라는 뜻으로 그 대상은 다양하다. (수혼제는 Day 10의 해설 참고)

(1) 3장 9절의 요구는 '수혼제(계대혼인제)'라고 한다. 고대 이스라엘에서는 형제가 죽으면 다른 형제가 과부가 된 형수나 제수와 결혼해야 하며 그들 사이에서 태어난 첫 아들로 죽은 형제의 이름(대)을 잇게 했다(신 25:5~6, 수 1:11, 창 38장).

(2) 가난한 친족에게 기업으로 받은 토지를 샀을 때 희년에는 원주인에게 돌려주었다(레 25:25~28).

(3) 빚으로 말미암아 종으로 팔린 친족의 빚을 갚아 주고 해방시켜 주었다(레 25:47~49).

(4) 친족이 억울하게 피살되었을 때 살인자를 잡아나가 죽였다(민 35:19~21).

"기업 무를 자"는 한자로 '속량(贖良)', '구속(救贖)'이라고 표현한다(레 19:20). 히브리어는 '고엘'이며, 신약에서의 고엘은 우리의 구원자 예수님이시다.

2. 나오미라 부르지 말고 마라라 부르라(룻 1:20)

나오미는 이방 땅 모압에 갔다가 10년쯤의 세월이 지난 후 슬픔을 안고 베들레헴으로 돌아온다. 사람들이 '이이가 나오미가 아니냐'며 반가워하지만 나오미는 "나를 나오미라 부르지 말고 마라라 부르라" 한다(1:20). 나오미는 '희락(기쁨)', 마라는 '괴로움(고통)'이라는 뜻을 가진다(출15:22~23). 이 두 이름은 상황을 설명하는 적절한 표현으로, 고대 근동에서는 종종 이런 문학적 언어유희를 사용했다. 나오미는 심지어 여호와의 손이 자신을 치셨다고 생각했다(1:13). 그럼에도 약속의 땅에서 며느리가 '기업 무를 자' 보아스를 만나 아이를 낳았는데, 룻이 아닌 나오미의 아들이라 한다(4:13~17). 앞에서 설명한 수혼제의 관습으로 죽은 남편 엘리멜렉의 대를 이어주었고 더 나아가 그는 다윗 가문의 조상이 되었다. 마라의 인생에서 다시 나오미의 인생으로 회복하였다.

다음 물음에 답하거나 괄호 안에 알맞은 말을 넣으시오.

1. 다음의 성구를 찾아 사사기에 나온 12사사 이름을 쓰시오. (첫 글자, 옷에삼드기돌야입엘압삼)

   (1) 3:9 —   (2) 3:15 —   (3) 3:31 —   (4) 4:4 —

   (5) 6:11 —   (6) 10:1 —   (7) 10:3 —   (8) 11:1 —

   (9) 12:8 —   (10) 12:11 —   (11) 12:13 —   (12) 13:24 —

2. 여호수아가 죽은 후, 이후 세대의 여호와 신앙은 어떠했는가? (삿 2:8~10)

3. 하나님께서 사사들을 세운 목적은 무엇인가? (2:16)

4. 이스라엘이 8년 동안 구산 리사다임을 섬길 때 그를 무찌른 그니스의 아들 사사는 누구인가? (3:7~11)

5. 모압 왕 에글론이 종려나무 성읍(여리고)을 18년 동안 점령했을 때 구원한 왼손잡이 사사는 누구인가? (3:12~30)

6. 소 모는 막대기로 블레셋 사람 600명을 죽여 이스라엘을 구원한 사사는 누구인가? (3:31)

7. 가나안 왕 야빈을 정복한 여선지자로 바락과 함께 활동한 사사는 누구인가? (4장)

8. 드보라와 바락은 왜 겐 사람 야엘이 복을 받을 것이라고 노래했는가? (5:24~26, 4:17~22)

9. 기드온은 여호와를 위하여 단을 쌓고 왜 '여호와 살롬'이라고 했는가? (6:19~24)

10. 기드온과 함께한 백성은 몇 명이었으며, 손에 가진 세 가지는 무엇이었는가? (7:4~8, 15~18)

11. 기드온(여룹바알)의 세겜에 있는 첩의 아들 (   )은 형제 (   )명을 죽였으되 여룹바알의 막내
    아들 (   )은 스스로 숨었으므로 살아남았다. (8:29~9:6)

12. 요담이 그리심산에서 자칭 왕 아비멜렉의 부당성을 비유한 나무는 (   )이며, 요담의 저주는 한 여
    인이 (   )을 아비멜렉의 머리 위에서 던져 죽음으로 응했다. (9:7~15, 50~57)

13. 길르앗 땅에 성읍들이 있고, 30명의 아들을 가진 사사는 누구인가? (10:3~5)

14. 길르앗 기생이 낳은 아들로, 마을에서 쫓겨났다가 후에 장로들의 도움을 요청받은 사람은 누구인가?
    (11:1~11)

15. 입다는 어떻게 서원을 이루었는가? (11:29~40 읽고 답은 39로)

16. 삼손의 어머니는 천사로부터 약속을 받고 삼손을 낳았다(13:2~3). 이러한 수태고지(受胎告知)를 받은 여
    인들은 누구인가?

(1) 창 18:10~14 —　　　　　　　(2) 눅 1:13 —　　　　　　　(3) 눅 1:30~31 —

17. 삼손은 어떤 상황일 때 크게 활동했는가? (13:25, 14:6, 19, 15:14)

18. 삼손이 블레셋 여인 들릴라에게 알려준 자기 힘의 비밀은 무엇인가? (16:7, 11, 13, 17)

　　(1)　　　　　　　　(2)　　　　　　　　(3)　　　　　　　　(4)

19. 삼손의 마지막 말은 무엇이었는가? (16:28~31)

20. 한 청년을 제사장으로 고용한 미가와 그 청년의 행위는 어떠한가? (17~18장)

　　(정당하다/정당하지 못하다, 그 이유 —　　　　　　　　　　　　　　　　　　　　)

21. 사사시대에는 왕이 (있었다/없었다). (17:6, 18:1, 19:1, 21:25)

22. 이스라엘 여러 지파가 왜 베냐민 지파와 싸움을 했는지 간단히 적으시오. (19~20장)

23. 없어지게 된 베냐민 지파를 위하여 어떤 여자를 얻게 되었는가? (21장)

　　(1) 8~12절 —　　　　　　　　　　　　(2) 19~24절 —

24. 나오미의 주변 상황에 대한 아래 항목에 답하시오. (룻 1:1~5)

　　(1) 살던 때 —　　　　　(2) 살던 곳 —　　　　　(3) 가족이 이주한 곳 —

　　(4) 남편 이름 —　　　　(5) 두 아들 —　　　　　(6) 두 며느리 —

25. 나오미와 룻이 모압 지방에서 유다로 돌아오려는 이유는 무엇인가? (1:6)

26. 동서를 따라 돌아가라는 나오미의 말에 대한 룻의 대답은 몇 절에 나오는가? (1장)

27. 나오미('희락'이라는 뜻)는 자신을 (　　　)라 부르라고 했는데, 그 뜻은 (　　　)이다. (1:20, 출 15:23)

28. "(　　　　　)의 하나님 여호와께서 그의 (　　　) 아래에 보호를 받으러 온 네게 온전한 (　　) 주시기를 원하노라." (보아스→　　　　　에게) (2:12)

29. "여호와로부터 (　　　)를 원하노라 … 그 사람은 우리와 가까우니 우리 (　　　　　　　) 중의 하나이니라." (나오미 →　　　　에게) (2:20)

30. 룻이 보아스 곁에 누울 수 있는 근거(3장)는 무엇인가? (2:20, 3:2, 9)

31. 수혼제(계대혼인법)는 어떤 제도인지 간단히 적어보시오. (4:1~12과 신 25:5~10을 읽고 해설 참고)

32. 룻과 보아스가 아들을 낳았을 때 여인들이 나오미에게 이 아이의 의미를 무엇이라 했는가? (4:15)

　　(1)　　　　　　　　(2)　　　　　　　　(3)

33. 다음 족보의 빈칸을 채워보시오. (4:18~22, 마 1:3~5). {　}은 여자

　　베레스 – (　　　) – 람 – (　　　) – 나손 – 살몬 – (　　　) – 오벳 – (　　　) – 다윗

　　　　　　　　　　　　　　　　　　　　　　　{　　} {　　　}

04

통일왕국시대

사무엘상, 사무엘하, 역대상, 열왕기상 1~11장
역대하 1~9장(사울, 다윗, 솔로몬)

　사무엘과 통일왕국 세 왕(사울, 다윗, 솔로몬)의 통치를 살펴본다. 사사시대를 지나면서 이스라엘은 하나님이 왕이신 신정정치를 버리고 인간 왕을 요구한다. 베냐민 지파의 '사울'은 초대 왕으로 세워졌으나 겸손했던 그가 범죄함으로 하나님께 버림받는다. 이어 유다 지파 '다윗'이 왕이 되어 40년 동안 신정정치를 펼쳤고 이어서 그 아들 '솔로몬'이 왕이 된다. 지혜로웠던 그도 말년에 우상숭배와 사치, 그리고 강압정치로 나라를 분열하게 만든다.

　통일왕국시대는 총 네 번에 걸쳐서 읽게 된다. 〈사무엘상〉(Day13)의 사무엘과 사울, 〈사무엘하〉(Day14)와 〈역대상〉(Day15)의 다윗, 〈열왕기상〉 1~11장, 〈역대하〉 1~9장(Day16)에서 솔로몬의 통치를 본다.

DAY 13 사무엘상

📖 사무엘상_ 사무엘과 사울의 통치(대상 1~9장과 동시대)

저자 탈무드나 유대인은 사무엘이라 하나 사무엘의 죽음, 그 후의 사건 등으로 보아 저자 미상. 기록 연대 왕국분열(주전 922년) 이후(삼상 27:6의 유다 왕들 등에 근거). 특징 "만군의 여호와"(1:3), "기름부음을 받은 자(메시아)"(2:10)란 용어가 처음 사용됨. 요절 여호와께서 땅 끝까지 심판을 내리시고 자기 왕에게 힘을 주시며 자기의 기름부음을 받은 자의 뿔을 높이시리로다 (삼상 2:10).

---

1. 사무엘의 등장은 사사시대의 긴 터널을 빠져 나와 밝은 빛에 선 것과도 같다. 사사들의 노력에도 불구하고 이스라엘은 가나안을 완전히 정복하지는 못했다. 당시 이스라엘의 적은 가나안의 남은 족속뿐 아니라 남쪽의 애굽, 북쪽의 아람(시리아)이나 앗수르 같은 큰 나라도 있었고 그보다 서남쪽 해안에 정착한 '바다의 사람들' 출신의 블레셋이 가장 큰 적이었다.
2. 〈사무엘상〉의 대표적인 인물은 사무엘(제사장, 선지자)과 사울(통일왕국 초대 왕)이다.
3. 본서의 8장에서 신정제도가 왕정제도로 바뀐다.
4. 내용 분해
   1~7장 ─ 사무엘의 어린 시절과 블레셋의 승리
   8~31장 ─ 사울왕국: 사무엘과 사울(8~15장), 사울과 다윗(16~31장)

🔘 한눈에 살펴보기

1. 사무엘의 어린 시절과 블레셋의 승리(삼상 1~7장)

아들이 없어 슬픔에 잠긴 한나는 기도의 결과로 사무엘을 얻고 서원한 대로 그를 하나님의 집 엘리에게 맡긴다(1장). 제사장 엘리는 사무엘은 잘 훈련시켰으나 자식들은 행실이 나빴다(2장). 사무엘은 엘리의 집에 대한 예언의 말씀을 듣는다(3장). 이스라엘은 블레셋과의 전쟁에서 법궤를 빼앗기고 엘리의 아들들은 전사한다. 이 소식을 들은 엘리도 죽는다(4장). 법궤를 가져간 블레셋에 재앙이 임하므로 법궤는 여러 도시로 돌아다닌다(5장). 블레셋의 도시(5대 도시 '아스글론, 가사, 아스돗, 가드, 에그론'을 기억해 두면 성경 지명에 더 익숙해진다)마다 독한 종기의 재앙으로 괴롭힘을 당하자 법궤가 다시 이스라엘로 돌아온다(6장). 사무엘은 여러 해 동안 신앙 부흥을 위해 힘썼고, 그 결과로 이스라엘은 민족적인 번성을 이룬다(7장).

2. 사울 왕국: 사무엘과 사울(삼상 8~15장)

사무엘이 늙자 백성들은 왕정제도를 요구하게 되고 사무엘이 왕정제도의 문제점을 지적함에도 계속해서 이방과 같은 왕을 요구한다(8장). 베냐민 지파의 준수한 청년인 사울이 이스라엘 통일왕국의 초대 왕으로 지목 받고(9장), 기름부음을 받으며 백성 앞에서 공식적인 왕으로 세움을 받으니 백성들은 왕의 만세를 부른다(10장). 사울은 왕이 된 후 암몬과의 첫 번째 전쟁에서 하나님의 영에 크게 감동되어 승리를 함으로 지도력을 인정받는다(11장). 사무엘은 말씀으로 백성을 가르친다(12장). 사울이 블레셋과의 싸움 전에 제사장만이 할 수 있는 번제를 주도하자, 사무엘은 사울이 하나님께로부터 버림받게 될 것을 선언한다(13장). 사울의 아들 요나단은 블레셋과의 전쟁에서 승리하나 실수를 범한다(14장). 사울은 아말렉과의 전쟁에서 하나님의 명령에 순종하지 않으므로 하나님께로부터 버림을 받는다(15장).

3. 사울 왕국: 사울과 다윗(삼상 16~31장)

사울이 버림받게 된 후 사무엘은 하나님의 뜻에 따라 이새의 아들 다윗에게 기름을 부어 왕으로 예선한다. 왕궁의 궁중 악사가 된 다윗은 사울에게서 악령을 쫓아내기도 한다(16장). 블레셋의 골리앗을 무찌르고(17장) 이스라엘 군대장관이 되어 국민적인 영웅으로 떠오르자 다윗은 사울의 미움의 대상이 되어 전략적 사위가 되지만(18장) 결국 도망 다니는 신세가 된다. 그러나 요나단과의 우정은 다윗에게 큰 힘이 된다(19~20장). 끈질긴 추적과 계속되는 피신의 시기에 다윗은 여러 편의 시를 쓴다(21~25 장, 시편 해설 참고). 사울을 피하여 도망 다니는 다윗은 거친 황무지와 산간을 유리했으며, 고원지대인 엔게디로, 또한 바란 광야로 갔고, 십황무지 하길라산으로도 갔다. 잠자는 사울을 죽일 기회도 있었으나 살려준다(26장). 다윗은 사울을 피하여 다시 블레셋의 가드 왕 아기스에게로 간다. 아기스는 다윗을 망명객으로 인정해 시글락 성읍을 주었고 환심을 사 자기 편으로 이용하고자 했으나 다윗은 오히려 그를 역이용한다(27장). 블레셋의 위협을 받은 사울은 엔돌의 신접한 여인(무당)을 찾아가 승리의 약속 대신 끔찍한 패배의 예언을 듣는다(28장). 다윗은 블레셋 방백들에게 불신을 받고(29장), 아말렉을 치고 전리품을 나눈다(30장). 그 다음날 사울과 그의 아들들이 전장에서 죽게 됨으로 사울 왕국은 비참한 막을 내린다(31장).

✅ 하나씩 짚어보기

1. 한나의 서원과 찬양(삼상 1~2장)

(1) 한나의 서원대로 사무엘은 젖을 뗀 후(1:24) 여호와의 집에 바쳐진다. 고대 동방에서 4~5세가 되도록 젖을 먹였던 것을 감안하면 사무엘이 여호와의 집에 드려진 것은 오늘날 유치원 아이 정도인 것으로 추정된다.

(2) 아기(사무엘)를 낳은 한나의 찬양(삼상 2:1~10)은 홍해를 건넌 후 미리암의 찬양(출 15:19~21), 천사의 수태고지를 들은 마리아의 찬양(눅 1:46~55)과 함께 '여인의 삼대 찬양'으로 불리며 귀중히 여겨진다. 이런 교회 최대의 찬양을 '마그니피카트(Magnificat)'라 한다.

2. 사무엘의 아버지 엘가나 지파(삼상 1장)

엘가나가 "에브라임 사람"(1:1)이라고 불리었기 때문에 사람들은 사무엘도 에브라임 지파 출신이라고 오해한다. 그러나 '에브라임 사람'이라는 말은 에브라임 지파 사람이라는 말과는 다르다. 사무엘은 레위 지파 사람으로 에브라임 지역에 살았고(수 21:20~21), 사무엘이 레위 지파 아론 계열의 제사장이 된 것만 보아도 알 수 있으며 족보에서도 찾을 수 있다(대상 6:22~30, 33~38).

3. 이스라엘의 왕정제도의 시작(삼상 8장)

이스라엘이 왕을 요구한 이유는 사무엘이 늙었고, 그 아들들은 행위가 악하여 기대할 것이 없으며, 열방과 같이 전쟁에서 앞서 나가는 왕이 필요했기 때문이다(8:4~6, 20). 사무엘은 왕정제도의 문제점을 지적했으나 그들은 고집스럽게 "우리도 우리 왕이 있어야 하리니 우리도 다른 나라들 같이" 되게 해 달라고 요구하므로 결국 하나님께서는 허락하신다(8:9~22). 이로써 이스라엘은 하나님을 왕으로 여기지 않고 왕정시대의 문은 열려 사울이 이스라엘의 초대 왕이 된다(10:24).

4. 아말렉은 누구인가?(삼상 15장)

아말렉(15장)은 에서의 손자 아말렉의 후손들로서(창 36:12, 16), 이스라엘이 출애굽 하여 광야에서 지낼 때 그들을 괴롭혔던 족속이다(출 17:8~16). 하나님은 이들을 멸절시키기로 작정하셨고(민 24:20, 신 25:17~19), 사울을 통해 그 뜻을 이루고자 하셨다. 그러나 사울의 인간적인 판단은 하나님께 불순종하는 결과를 낳았고 그로 인해 사무엘은 죽는 날까지 사울을 보지 않았다(15:35, 16:1). 당시 아말렉 왕은 '아각'인데(15:8), 훗날 바사에서 에스더가 왕후가 되었을 때 유다인을 멸하려던 하만이 '아각 사람'(에 3:1)이므로 하나님의 백성과 이방 백성의 대결이 재현된다는 해석도 있다.

5. 몇 번씩 기름부음을 받은 이유(삼상 10장, 16장)

사울이 사무엘에 의해 기름부음을 받은 것은(10:1) '개별적인 의식'이었고, 다음으로 '공식적인 기름부음'을 받는다(10:17~24). 이처럼 다윗도 왕으로 '예선'될 때 (16:13) 기름부음을 받았고, 그 다음에 유다 지파의 지지로 기름부음을 받고 '유다의 왕'이 되었으며(삼하 2:4), 이스라엘 장로들이 와서 기름을 부어 '온 이스라엘의 왕'으로 공식적인 지지를 받는다(삼하 5:3).

기름부음을 받는 사울
사무엘은 사울에게 기름을 부어 왕으로 세웠다. 사울은 처음에는 겸손한 왕이었으나 나중에는 타락하여 죄에 빠졌고 하나님으로부터 버림을 받았다.

6. 사울의 사위가 된 다윗의 예물(삼상 18장)

사울은 다윗에게 자기 딸 메랍을 주어 환심을 사고 그를 블레셋 전쟁터에 보내 죽이려 하다가, 메랍은 주지 않고(18:17~19) 딸 미갈을 주는 조건으로 아무것도 원하지 않고 블레셋인의 포피(包皮,

할례 시 이것을 잘라냈다) 100개를 가져오도록 함으로 블레셋 전투에서 다윗을 죽이려는 계략이 있었다(100명을 죽여야 가져올 수 있다). 그러나 다윗은 오히려 블레셋 남자 200명을 죽이고 포피를 가져와 사울의 사위가 된다(18:22~29).

사울이 다윗에게 신부 값으로 아무것도 원하지 않는다(18:25)고 했는데, 유대 관습은 신부가 혼수의 짐을 크게 지지 않고 오히려 신랑 쪽에서 신부를 데려오기 위해 처가에 지불금(납폐금)을 내는 것이었다(개역한글판은 폐백, 빙폐 등으로도 번역). 만일 딸이 과부가 됐을 경우 생활 유지를 보장하기 위해 처가에 주어진 기금이며, 딸의 출가로 인한 노동력 상실에 대한 보상이기도 하다(창 34:12, 출 22:16 — 납폐금; 신 22:28~29 참고).

🔍 **사울의 처음 모습과 나중 모습**

사울의 처음(장점)
준수한 용모(삼상 9:2)
효자였음(9:3~5)
하나님의 종 대접(9:7~8)
겸손함(9:21, 10:22~23)
하나님의 영이 충만(10:9~10)
자기를 멸시하는 자를 인내함(10:27)
정의감이 넘침(11:6~11)

사울의 나중(단점)
제사장권 침해(삼상 13:9)
분별없는 맹세(14:24)
아말렉 진멸을 불순종(15:6~9)
악령이 들림(16:14)
시기와 교만(18:8)
제사장 살해(22:16~19)
다윗 살해 위한 추격(19~26장)
신접한 여인을 찾아감(28:8~14)

7. 다윗의 실제적인 영향력(삼상 22장, 24장)

당시 사울과 모압 왕은 적대관계에 있었으나(14:47) 사울을 피해 온 다윗을 모압 왕은 환대했다(22:3~4). 이미 이방 민족들에게도 다윗 왕권이 실질적인 영향력을 발휘하고 있었음을 나타낸다. 또한 다윗은 엔게디 굴속에서 사울을 죽일 기회가 있었지만 죽이지 않고 오히려 화해를 모색한다. 사울은 다윗에게 "네가 반드시 왕이 될 것을 알고 이스라엘 나라가 네 손에 견고히 설 것을 아노니"(24:20)라고 한다. 이 말은 사울이 다윗의 왕권에 대해 인정하고 자신의 폐위에 대해 시인하는 계기가 된 셈이다.

8. 다윗의 여러 아내(삼상 25장)

일부다처제가 보편적인 시대였기에 다윗은 도피 중에도 여러 아내를 두게 된다. 첫 번째로 사울의 딸 미갈(18:27)이 있다. 후에 사울은 딸 미갈을 갈림에 사는 발디에게 주었다(25:44). 두 번째로 완고하고 악한 목축업자 나발의 아내였던 총명한 아비가일(25:39~42)이다. 세 번째로 이스르엘 사람 아히노암(25:43), 그 밖에 사무엘하 3:2~5에는 이 외에도 네 명의 아내가 더 나온다(마아가, 학깃, 아비달, 에글라). 그리고 왕이 된 후에 밧세바를 아내로 맞이한다(삼하 11:27). 처음 사람만 아내이고 나머지는 첩이라고 생각할 수 있지만, 근동지방은 동등한 권리를 갖는 여러 아내를 두고 첩과는 구별했다.

9. 에봇과 우림과 둠밈(삼상 22:18, 30:7, 28:6)

에봇은 제사장의 겉옷 위에 착용하는 것으로(출 28:6~12), 제사장들은 에봇을 매고 흉패를 붙이고 흉패에 우림과 둠밈을 넣었다(레 8:7~8). 우림과 둠밈은 하나님의 뜻(神意)을 알기 위해 쓴 도구인 듯하고(삼상 14:3, 23:6, 23:9, 30:8), 어원 및 재료는 알려져 있지 않으나 '빛의 완성'이라는 뜻도 있다. 제사장의 활동이 왕성해지면서 계시된 말씀에 중심을 두게 됨으로써 후대에는 우림과 둠밈이 쇠퇴했다.

다음 물음에 답하거나 괄호 안에 알맞은 말을 넣으시오.

1. 엘가나의 두 아내 중 자식이 없었으나 남편의 사랑을 더 받은 여인은 누구인가? (1:1~8)

2. 한나가 아들을 주시면 '삭도를 그의 머리에 대지 아니 하겠다'고 서원했는데 이런 사람을 무엇이라 부르는가? (1:11, 민 6장, 삿 13:2~14)

3. 한나가 기도함으로 얻은 아들은 누구이며 그를 누구에게 드린다고 했는가? (1:19~28)

4. '여인의 삼대 찬양'을 부른 세 사람은 누구인가? (2:1~10, 출 15:19~22, 눅 1:46~55) (해설 참고)

5. 엘리 제사장의 아들들이 여호와 앞에 지은 큰 죄는 무엇인가? (2:17)

6. 엘리의 기도로 한나가 하나님께 바친 아들을 대신하여 얻은 자녀는 몇인가? (2:20~21)

7. 엘리가 '하나님보다 더 중히 여겨 살지게 하느냐'고 책망받은 대상은 무엇인가? (2:29)

8. 하나님께서 일으킬 제사장은 어떻게 행할 것이라 하는가? (2:35)

9. 하나님께서 사무엘을 부르실 때에 사무엘은 어떻게 응답했는가? (3:10)

10. 블레셋과 이스라엘의 전쟁 결과는 어떠했는가? (4:1~11 읽고 답은 11절로)

11. 엘리의 며느리가 죽으면서 낳은 아들 '이가봇'의 이름은 무슨 뜻인가? (4:21)

12. 블레셋이 전쟁에서 빼앗은 법궤가 옮겨다닌 지역은 어디인가? (5:1, 6, 8, 10, 6:12, 21)

　　　이스라엘(에벤에셀) →

13. '에벤에셀'은 무슨 뜻인가? (7:12)

14. 사무엘이 순회하며 백성을 다스린 지역은 어느 곳인가? (7:15~17)

15. 이스라엘이 왕을 요구할 때에 내세운 이유는? (8:5)

16. 사무엘이 '누구'에게 '무엇'을 부어 지도자(왕)로 세웠는가? (9:16, 10:1)

17. 사울을 비웃은 불량배들을 죽이자는 백성들의 말에 사울은 어떻게 반응했는가? (10:27, 11:12~13)

18. 사무엘은 백성을 위하여 어떤 죄를 짓지 않겠다고 했는가? (12:23)

19. 사울은 왕이 된 지 2년 만에 어떤 죄를 지었는가? (13:8~12)

20. 요나단이 믿는 여호와의 구원은 실제 어떻게 성취되었는가? (14:6, 20)

21. 여호와께서 사울을 왕 삼으신 것을 후회한 것은 어떤 불순종 때문인가? (15:11, 15)

22. 중심을 보시는 여호와께서 사무엘에게 무엇을 보지 말라고 하셨는가? (16:7)

23. 왕으로 미리 선택되어 기름부음을 받는 다윗의 모습은 어떠했는가? (16:12)

24. 악령이 사울에게 이를 때에 다윗이 어떻게 하므로 악령이 떠났는가? (16:23)

25. 다윗이 골리앗을 대항하러 나갈 때의 고백은 무엇이었는가? (17:45)

26. 다윗을 환영하는 여인은 어떠한 노래를 불렀는가? (18:6~7)

27. 사울이 다윗을 두려워 한 이유는 무엇인가? (18장)

    (1) 12절 —   (2) 15절 —   (3) 28~29절 —

28. 다윗은 사울의 어떤 행동 때문에 도피하였는가? (19:10)

29. 사울을 피하여 다니던 다윗은 요나단에게 자신의 생명을 두고 어떻게 말했는가? (20:3)

30. 다윗에 대한 요나단의 태도는 어떠했는가? (20:17)

31. 예수님은 다윗에게 진설병을 주었던 일을 무슨 논쟁 때에 인용하셨는가? (21:1~6, 막 2:23~28)

32. 다윗과 함께한 400명가량은 어떤 사람들이었는가? (22:2)

33. 다윗이 사울을 죽이지 않은 이유는 무엇인가? (24:5~6, 26:11)

34. 사울은 다윗이 무엇이 될 줄을 알고 있었는가? (24:20)

35. 다윗의 보복 실행을 막은 나발의 아내 아비가일에게 다윗은 무엇이라고 말했는가? (25:33)

36. 다윗의 아내 여덟 명의 이름은 무엇인가? (18:27, 25:39~43, 삼하 3:2~5(4명), 11:26~27)

37. 다윗이 사울을 죽이지 않는다는 표로 사울의 머리 곁에서 가져온 것은 무엇인가? (26:11~12)

38. 다윗이 블레셋 가드 왕 아기스에게서 얻은 성읍은 어느 곳인가? (27:5~6)

39. 사무엘이 죽은 후에 사울이 행한 일은 무엇인가? (28:3)

40. 사울은 변장을 하고 어디에 있는 누구를 찾아갔는가? (28:7~8)

41. 블레셋의 아기스 왕은 평소 다윗을 어떻게 생각했는가? (29:9)

42. 아말렉과의 전쟁에서 탈취물을 찾았을 때, 전장에 내려갔던 자나 소유물 곁에 머물렀던 자의 분깃을 동일하게 분배한 근거는 무엇인가? (30:18~25 읽고 답은 23절로)

43. 블레셋과의 전쟁에서 죽은 사울의 세 아들은 누구인가? (31:1~6)

사무엘하_ 다윗의 통치

저자 탈무드는 사무엘이라 하나 사무엘의 죽음 등 그 후의 사건 등으로 보아 저자 미상. **배경 연대** 주전 1000년~961년(다윗의 통치, 10장 이후의 역대상과 동시대). **주요 인물** 다윗, 밧세바, 요압, 나단, 압살롬, 이스보셋, 아브넬. **주요 장** 7장– 다윗 왕조에 대한 언약. **요절** 다윗이 여호와께서 자기를 세우사 이스라엘 왕으로 삼으신 것과 그의 백성 이스라엘을 위하여 그 나라를 높이신 것을 알았더라(삼하 5:12).

1. 〈사무엘상〉이 사무엘 선지와 사울 왕에 대한 기록이라면 〈사무엘하〉는 다윗 왕의 치세에 관한 기록이라고 볼 수 있다. 다윗은 불완전하나 이상적인 신정정치의 대리자로 묘사된다.

2. 통일왕국을 건설한 다윗은 강성해지자(1~10장) 죄에 빠져 밧세바를 범하고(11장), 군대를 계수하여 힘을 과시해보고자 하는 범죄(24장)를 저지른다. 여기에 따르는 반란과 불안정이 그의 생애에 함께한다. 그럼에도 불구하고 다윗이 '하나님의 마음에 합한 사람'으로 남아 있는 것은 그의 온전함 때문이 아니라 침상을 적시는 회개와 하나님의 뜻을 헤아리는 영적 민감성 때문이다.

3. 내용 분해

　　1~10장 ― 유다 왕 다윗의 왕국 통합

　　11~20장 ― 다윗의 타락과 회개

　　21~24장 ― 부록(6가지 말씀)

한눈에 살펴보기

1. 유다 왕 다윗의 왕국 통합(삼하 1~10장)

왕으로 미리 선택된 다윗은(삼상 16:11~13) 왕으로 추대되고(삼하 2:4, 5:1~5), 북쪽에서 왕으로 추대된 사울 왕가의 이스보셋이 2년간 통치 후 살해됨으로 사울 왕조는 몰락한다(2~4장). 그 후 다윗은 온 이스라엘의 합법적인 왕으로 인정을 받고, 중요 요새인 예루살렘을 정복하고 수도를 헤브론으로부터 옮겨옴으로 점점 강성해진다(5장). 예루살렘은 정치적 · 종교적으로도 중심지가 되어 하나님의 법궤를 다윗 성으로 옮겨온다(6장). 다윗 왕조의 영원성에 대한 계시의 말씀은 후대의 유다 왕들에게도 하나님의 약속으로 이어진다(7장). 다윗의 왕국은 주변국들을 정복하며 확장되어간다(8~10장).

2. 다윗의 타락과 회개(삼하 11~20장)

이스라엘이 암몬과 전쟁하고 있는 사이에 다윗은 밧세바를 보고 정욕에 빠졌고 이를 감추기 위해 우리아를 전사시킨다(11장). 나단 선지자를 통해 죄를 지적받은 다윗은 침상을 적시는 회개를 한다(12

장). 다윗의 장남 암논이 이복동생인 다말을 범하자 압살롬은 기회를 틈타 누이에 대한 복수로 암논을 죽이고 그술로 도망하여 3년간 망명생활을 한다(13장). 요압의 중재로 압살롬을 데려오나, 다윗은 2년 간이나 얼굴 보기를 거절한다(14장). 그때부터 압살롬은 백성들의 신임을 받는 전략을 세워 4년 후 헤 브론으로 가서 반역을 꾀하고, 이에 다윗은 피난을 갈 수밖에 없었다(15장). 피신하는 다윗은 므비보셋 의 종 시바에게 속임을 당하고(19:24~30 참고), 시므이에게는 비웃음을 당했으며, 반역자 아히도벨은 압살롬에게 악한 계략을 가르친다(16장). 다윗의 친구 후새가 압살롬에게 불리하도록 계략을 씀으로 다윗은 안전하게 도망갈 수 있었고 아히도벨은 자기의 계략이 시행되지 않자 자살한다(17장). 다윗은 군대를 정비하고 압살롬은 요압에게 살해된다. 비록 압살롬의 반역은 끝이 나지만 다윗은 큰 슬픔을 가 슴에 담아야 했다(18장). 북쪽 열 지파가 다윗의 복위를 바랐으나 유다 지파는 망설이고 있을때, 다윗은 제사장 사독과 아비아달의 도움으로 예루살렘으로 환궁하여, 백성들로부터 환영을 받는다(19장). 나 라는 안정된 듯 했으나, 자기의 분깃이 없다고 생각한 베냐민 지파 세바가 반란을 일으킨다. 한 여인의 지혜로 세바의 머리를 베고 요압은 다윗에게 다시 인정받아 군대 지휘관으로 복귀한다(20장).

3. 부록 – 6가지 말씀(삼하 21~24장)

21~24장은 연대순으로 배열된 것은 아니다. 1) 기브온 사람에 대한 사울의 죄로 말미암은 기근 (21:1~14, 수 9장 참고), 2) 블레셋과의 전쟁 영웅들(21:15~22), 3) 다윗의 시편(22장), 4) 다윗의 마지 막 말들(23:1~7), 5) 다윗의 용사들(23:8~39), 6) 인구조사와 재앙(24장) 등이 정리되어 있다.

✅ 하나씩 짚어보기

1. 여부스인의 시온 산성(예루살렘)과 다윗의 위대함(삼하 5~6장)

이 성은 약한 자라도 방위할 수 있을 만큼 튼튼한 요새였으나 다윗이 정복하여 '다윗성'이라 하였다 (5:6~10). 헤브론에서 예루살렘으로 수도를 옮겨 통일왕국의 면모를 갖추게 되었으며, 언약궤를 모셔 오므로 종교적 중심지가 된다(6장). 다음의 지도에서 보듯이, 다윗은 주변국을 정복하여 영토를 넓히고 조공을 받는 등 강대한 나라가 되었으나 솔로몬 때에는 오히려 영토가 줄어든다. 이로써 다윗은 당대뿐 아니라 후대에도 가장 위대한 왕으로 백성들의 기억 속에 남는다.

2. 다윗과 성전 건축(삼하 7장)

다윗은 하나님의 법궤를 모신 소규모의 장막에 만족할 수 없었던지 성전 건축을 대대적으로 준비했 지만(7장), 하나님께서는 다윗이 아닌 그 아들 때에 가서야 성전을 건축할 수 있음을 계시하셨다(7:13). 하나님께서 다윗의 성전 건축을 허락하지 않은 것은 다윗이 피를 많이 흘렸고 크게 전쟁하였기 때문이 다(대상 22:8).

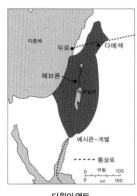

사울의 영토
주전 1020/40~1000년

다윗의 영토
주전 1000~961년

솔로몬의 영토
주전 961~922년

3. 다윗의 범죄와 진실한 회개(삼하 12장)

밧세바와의 불륜으로 낳은 아기는 심판으로 죽고 문제 해결 후에 한 아기를 주시는데 그가 곧 '평화'라는 뜻의 솔로몬이다. 나단은 그를 여디디야라 했으니 이는 '여호와께서 사랑하신다'는 뜻이다(12:24~25). 다윗의 위대한 점은 자신의 범죄에 대해 눈물을 흘리며 철저히 회개한 데 있다(12:13~23). 시편 51편을 묵상해보라. 이 일에 대한 다윗의 회개시이다.

4. 다윗의 후궁들과 동침한 압살롬(삼하 16장)

(1) 다윗을 배반하고 압살롬 쪽으로 간 아히도벨은 압살롬이 왕궁을 마지막까지 지킨 다윗의 후궁들과 동침하도록 계략을 꾸민다(16:20~21). 이 일은 근동지방의 관례에서 후궁들을 취하는 것을 왕권의 완전한 계승으로 여긴 데 기인한다. 다윗이 죽었을 때 아도니야가 밧세바를 통해 솔로몬에게, 다윗 왕의 품에 있던 아비삭을 달라고 하자, "왕위를 구하는 것이냐"며 "그를 죽이리라"(왕상 2:13~25) 했던 것으로도 알 수 있다.

(2) 압살롬은 지붕(평평한 옥상)에 장막을 치고 이스라엘 무리의 눈앞에서 아버지 다윗의 후궁들과 동침한다(16:22). 나단이 "네 아내들과 더불어 백주(대낮)에 동침한다"고 예언한 대로 이루어진 것이다(12:11~12).

5. 하나님이 맺은 언약 (삼하 7장의 하나님께서 다윗과 맺은 언약을 비교하여 보라)

여러 민족의 아버지 가나안 땅 "나는 그들의 하나님이 되리라"	율법 수여, 성막 건립 "너희는 내 소유가 되겠고 제사장 나라가 되며"	네 이름을 위대하게 만들어 주고...너를 위하여 집을 짓고...네 왕위가 영원히 견고하리라."	피로 세운 새 언약의 땅, 후손, 왕국에 대한 예언이 성취됨. (하나님 나라)
아브라함의 언약 (창 17장)	**시내산 언약** (출 19장)	**다윗의 언약** (삼하 7장)	**새 언약: 그리스도** (고전 11장)

6. 아마사와 요압의 권력 다툼(삼하 18~20장, 왕상 2장)

(1) 아마사는 압살롬의 군대 지휘관(사령관)이었고 요압은 다윗의 군대 지휘관(사령관)이었다. 압살롬이 반역하다 죽은 후 다윗은 요압 대신 아마사를 군대 지휘관으로 세웠다(19:13). 요압은 파면된 것으로 추측되는데 아마도 압살롬을 죽이고(18:14), 다윗에게 바른 말을 했기 때문인 듯하다(19:1~7).

(2) 세바의 반란이 일어났을 때 다윗은 아마사에게 진압을 명령했으나 능력 부족이 드러난다(20:4~5). 이에 요압은 기회를 틈타 칼로 아마사의 배를 찔러 죽이고(20:9~10), 나아가 세바의 반란을 해결한다(20:14~22). 요압은 당연히 군대 지휘관의 자리가 회복된다(20:23).

압살롬의 묘(삼하 18:16~18)
압살롬의 묘로 전해지는 이 탑에 유대인들은 돌을 던지며 반역자의 최후를 자식들에게 교훈하고 있다.

(3) 요압은 전에도 자신의 지위에 영향을 미칠 인물이라고 생각되는 아브넬이 이스보셋을 배반하고 다윗에게 왔을 때, 그와 은밀하게 이야기하려는 듯하다가 칼로 배를 찔러 죽이는 신속성을 보였다(3:27~29). 이러한 요압이 이번에는 다윗의 인정을 받는 아마사와 입맞추면서 칼로 배를 찌른다(이는 예수님께 대한 가룟 유다의 배신을 연상하게 한다). 또 요압은 다윗이 반란자 아들 '압살롬을 너그러이 대접하라' 하였음에도 그의 심장을 찔러 죽였었다(18:5~15).

(4) 다윗은 이러한 요압을 잊거나 용서할 수 없어서 유언으로 남기고(왕상 2:5~6), 솔로몬이 왕이 되면서 요압은 죽임(숙청)을 당한다(왕상 2:28~35).

7. 다윗의 인구조사에 대한 연구(삼하 24장)

24장 1절은 대단히 난해하다. 하나님께서 인구조사를 충동하신 것 같고(?) 그 일로 인해 다윗은 징벌을 받는다. "그들을 치시려고 다윗을 격동시키사"의 히브리 원문은 "그가 그들에 대하여 다윗을 선동하였다"이다. 즉 "그가(사탄이) 다윗을 선동하여 이스라엘 백성을 대적하게 하였다"는 뜻이다. 역대기 사가(歷代記史家)는 역대상 21:1에서 "사탄이 일어나 이스라엘을 대적하고 다윗을 충동하여 이스라엘을 계수하게 하니라"고 이해를 돕고 있다.

🔍 **다윗 생애의 사건과 연관된 시편의 표제**
1. 왕궁으로부터의 피신 — 삼상 19:11이하, 시 59편
2. 미친 척하는 다윗 — 삼상 21장, 시 34편
3. 동굴에 숨는 다윗 — 삼상 22:1이하, 24:3이하, 시 57편, 142편
4. 놉의 제사장들에 대한 도엑의 배신 — 삼상 22장, 시 52편
5. 십 사람의 밀고 — 삼상 23:19이하, 시 54편
6. 유다 광야의 다윗 — 삼상 24:1~22, 삼하 15장, 시 63편
7. 밧세바를 간음하고 회개 — 삼하 11~12장, 시 51편, 32편
8. 압살롬의 반역 — 삼하 15:13이하, 시 3편
9. 다윗의 구원의 노래 — 삼하 22장, 시 18편과 동일

다음 물음에 답하거나 괄호 안에 알맞은 말을 넣으시오.

1. 다윗은 세 번에 걸쳐 왕이 되는 의식을 거행한다. 보기에서 본문과 관계 있는 내용을 골라 쓰시오.
   〈보기〉 유다 족속의 지지/ 왕으로 예선/ 온 이스라엘과 유다의 지지

   (1) 삼상 16:1~13 —   (2) 삼하 2:1~4 —   (3) 삼하 5:1~10 —

2. '활 노래'는 (   )과 그의 아들 (   )을 조상한 노래로서 (   )에 기록되었다. (1:17~18)

3. 사울과 요나단의 죽음에 대해 어떤 노래가 불리었는가? (1:23)

4. 사울의 아들 (   )은 이스라엘(북쪽)의 왕으로 (   )년을 왕위에 있었다. (2:8~11)

5. 사울과 다윗의 집 사이의 전쟁의 결과는 어떠했는가? (3:1)

6. 사울의 집에서 권세를 얻은 군대장관 아브넬의 악행은 사울의 첩과 (   )한 일이다. (3:7)

7. 아브넬은 이스보셋을 배반하고 다윗에게 왔다가 누구에게 죽임을 당하는가? (3:12~30)

8. 다윗의 40년 통치에 대해 다음 빈 칸을 채우시오. (5:4~5)

   (1) 헤브론에서 (   )년 (   )개월 동안 (   )를 다스렸고,

   (2) 예루살렘에서 (   )년 동안 (   )를 다스렸더라.

9. 다윗이 여부스 사람에게서 빼앗은 '예루살렘'에게 붙여진 두 이름은 무엇인가? (5:6~10)

10. 다윗이 하나님의 궤를 옮겨오다가 (   )의 죽음으로 가드 사람 (   )의 집에 석 달을 있었는데
    여호와께서 오벧에돔과 그 온 집에 (   )을 주셨다. (6:1~11)

11. 하나님의 궤를 옮길 때 6:1~11에는 (   )에 실었고, 6:12~15에는 궤를 기쁨으로 (   ).

12. 여호와의 궤가 다윗 성으로 들어올 때 다윗은 기뻐 춤을 추었다. 이를 업신여기고 비방한 다윗의 아내,
    사울의 딸 (   )은 죽는 날까지 그에게 (   )이 없었다. (6:16~23)

13. 하나님께서 나단의 예언을 통해 예언에 다윗을 이을 왕에게 약속하는 두 가지는 무엇인가? (7장을 읽고
    답은 13절로)

    (1)   (2)

14. 다윗이 전쟁에서 정복한 여섯 나라 이름은 무엇인가? (8:12)

15. 다윗이 그 집안의 밭을 돌려주고 왕의 상에서 함께 먹는 혜택을 준 사울의 손자요 요나단의 아들은 누구
    인가, 그리고 그가 다리를 절게 된 이유는 무엇인가? (9:1~13, 4:4)

16. 다윗이 암몬에 보낸 조객에게 하눈이 행한 일은 무엇인가? (10:4)

17. 불륜을 감추기 위한 다윗의 두 가지 대책은 무엇이었는가? (11:1~25 읽고 답은 8, 15절로)

  (1)   (2)

18. 다윗의 범죄를 십계명에서 세 가지로 말하면 몇째 계명을 어긴 것인가? (11:1~25)

  (1)   (2)   (3)

19. 나단의 비유에서 '부한 자', '가난한 자', '암양 새끼'는 각각 누구인가? (12:1~12)

20. 첫 아이가 죽고, 다윗이 밧세바와의 사이에서 낳은 아이의 두 가지 이름은 무엇인가? (12:24~25)

21. 이복누이 다말을 겁탈하고 버린 다윗의 아들은 누구인가? (13:1~19)

22. 동생 다말을 겁탈한 이복형제를 죽인 다말의 오라버니는 누구인가? (13:20~33)

23. 압살롬은 그술로 도망가서 (   )년을 있었고 요압이 압살롬의 귀환을 추진해서 예루살렘에 왔으나 (   ) 동안 다윗의 얼굴을 보지 못하였다. (13:37~14:33, 답은 13:38, 14:28)

24. 압살롬은 왕께 재판을 청하러 오는 자들에게 왕을 비방하며 무엇을 훔쳤는가? (15:6)

25. 4년 후 압살롬의 반역으로 왕궁에서 도망가는 다윗은 어떠한 모습인가? (15:30)

26. 거짓으로 다윗을 맞은 사람과 왕을 저주한 사람은 누구인가? (16:1~14)

27. 아히도벨과 후새의 계략 중에 압살롬은 (속아서) 누구의 계략을 택했는가? (17:1~14)

28. 왕이 '압살롬을 너그러이 대접하라' 했음에도 그의 심장을 창으로 찌른 자는 누구인가? (18:9~15)

29. 다윗은 반역자 압살롬의 죽음에 마음 아파하며 어떻게 울었는가? (18:33)

30. 다윗은 압살롬을 죽인 요압 대신에 지휘관으로 (   )를 세우고, 함께 피난을 가지 않았던 므비보셋에게는 다윗을 대접한 사환 '(   )와 밭을 나누라' 했다. 그리고 피난 때에 왕을 공궤한 바르실래는 왕궁으로 가기를 거절하여 그가 추천한 (   )이 함께 갔다. (16:1~4, 19:13, 24~39)

31. 세바의 반란에 다윗은 (   )를 보냈으나, 요압이 칼로 아마사의 (   )를 찔러 죽이고 반란을 진압한 후에 다시 이스라엘의 (   )이 된다. (20:4, 10, 23)

32. 기브온 사람들을 죽인 사울의 가문이 처형을 당하였는데, 기브온 사람을 죽여서는 안 되는 이유는 무엇인가? (21:1~14) (수 9:15 참고)

33. 여호와는 '무엇'이라 고백하는지 그 단어를 쓰시오. (22:1~3) (시 18편 참고)

34. 블레셋 군대와 전쟁 중에 다윗의 고향 (   ) 성문 곁에서 우물 물을 길어 왔으나 다윗이 마시지 않은 것은 세 용사가 (   )을 걸고 갔던 사람들의 (   )와 같기 때문이다. (23:13~17)

35. 인구조사를 한 다윗에게 제시한 세 가지 재앙 중 다윗이 택한 것은 (칠 년 기근, 쫓겨 원수에게 석 달 동안 도망다니는 것, 사흘 동안의 전염병)이었다. (24:10~17)

역대상

〈사무엘하〉와 〈역대상〉은 모두 다윗의 통치를 기록한 것이기 때문에 〈열왕기〉보다 〈역대상〉을 먼저 읽는다. '길잡이 03 역사서란 무엇인가'를 읽고 '신명기적 역사서'와 '역대기적 역사서'에 대한 이해를 한 뒤 〈사무엘〉, 〈열왕기〉, 〈역대기〉를 읽으면 성경 이해에 큰 도움이 된다.

📖 역대상_ 다윗 선조의 족보 및 다윗의 통치

저자 미상. **배경 연대** 아담~다윗까지의 족보와 다윗의 통치(주전 1000~961년경)를 다룬다. **저작 연대** 바벨론 포로 직후에 기록된 것으로 추정된다. 혹은 주전 400년경으로 추정하기도 한다. **요절** 만군의 여호와께서 함께 계시니 다윗이 점점 강성하여 가니라(대상 11:9).

---

1. 이 책의 본래 제목은 〈다브레 하야임〉 즉 '각 시대의 말들'로서 역대상 27:24에서 왔다.
2. 〈역대기〉는 히브리 성경에는 성문서에 포함되어 있다. 저자는 〈사무엘〉이나 〈열왕기〉보다 늦게 이 책을 썼을 것이므로 〈사무엘〉이나 〈열왕기〉를 다른 자료와 함께 사용했을 것이다. 이 책은 처음에는 한 권이었으나 70인역에서부터 상하로 나누었다.
3. 〈역대기〉는 주로 북이스라엘보다 남유다에 관심을 갖고 기록하면서 '온 이스라엘(남북)'을 염두에 두었다.
4. 포로생활에서 돌아와 예루살렘을 재건한 백성들에게 관심을 갖고 두 주제를 선택하였는데 이스라엘의 참 예배, 다윗과 같은 참 왕권이다. 다윗의 위대성을 부각시키기 위해 밧세바와의 불륜, 아들 압살롬의 반역, 미갈과의 관계 등 체면에 관계된 것은 생략되었다.
5. 내용 분해
   1~9장 — 다윗의 선조들
   10~29장 — 다윗의 통치

 한눈에 살펴보기

1. 다윗의 선조들(대상 1~9장)

다윗의 등장 이전까지의 족보는 여섯 부분으로 세분할 수 있다.

(1) 1장 — 아담에서 이스라엘(야곱)과 에돔까지 족장들의 족보와 그 후손들과 왕들의 족보

(2) 2:1~4:23 — 이스라엘 자손들과 다윗까지의 유다 자손들 및 다윗 후손들의 족보

(3) 4:24~5장 — 시므온의 족보, 요단 저편(동쪽)의 르우벤, 갓, 므낫세 반 지파가 앗수르에 패망

(4) 6장 — 레위인의 족보와 아론 및 제사장들의 족보와 그들의 거주지

(5) 7~8장 — 잇사갈, 베냐민, 납달리, 므낫세 반, 에브라임, 아셀 지파(단과 스불론 제외)

(6) 9장 — 예루살렘 거주민의 명부, 다윗 역사로의 이전을 위한 사울 족보

2. 다윗의 통치(대상 10~29장)

〈역대기〉 기자는 1~9장까지 유다, 베냐민, 레위 지파에 관심을 쏟았다. 이제 첫 번째 왕 사울의 죽음을 소개하며 그를 평가한다(10장, 삼상 31장과 삼하 1장 참고). 예루살렘을 정복하여 다윗 성이라 부르고 법궤를 옮기다 실패한다(11~13장). 이번에는 하나님의 법대로 레위인들이 채에 하나님의 궤를 꿰고 어깨에 메어 옮기고 하나님께 영광을 돌린다(15~16장, 삼하 6장 참고). 블레셋과의 전쟁에서 이긴 것은 오직 하나님의 도우심 때문이며 이로 말미암아 다윗의 명성이 모든 나라에 퍼진다(14장, 삼하 5장 참고). 왕궁을 짓고 난 다윗은 성전을 지을 뜻이 있었으나 하나님께서는 다윗의 아들이 왕이 되어 성전을 지을 것이라고 하신다. 뿐만 아니라 다윗 집안의 왕권에 대해 언약을 맺으신다(17장, 삼하 7장 참고). 다윗은 어디로 가든지 여호와께서 이기게 하심으로 여러 나라를 정복하고 군사력의 강대함도 널리 알려진다(18~20장, 삼하 8, 10장 참고).

그러나 다윗은 사탄의 충동을 받아 인간적인 판단으로 군대의 힘을 의존하려는 유혹에 빠진다. 결국 인구조사를 시도하여 하나님의 징벌을 받는다. 그럼에도 불구하고 다윗이 위대한 이유는 그의 참된 회개에 있다(21장, 삼하 24장 참고). 다윗은 하나님께 성전 건축을 허락받지는 못했으나, 하나님의 의도대로 아들이 성전 건축할 때를 위해 많은 준비를 한다(22장). 다윗은 레위 자손들의 직무에 대해, 그리고 24계열로 나누어서 일하게 되는 제사장에 대해(23~24장), 찬양대의 순서(반차)를 정하고(25장), 문지기도 그 순서에 따라 직무를 맡긴다(26장). 그리하여 다윗은 성전 건축이 된 후의 새로운 시대에 대비해서 사람을 직능별로 배치시킨다(27장). 다윗은 유언을 통해 솔로몬이 성전 건축을 해야 하는 이유와 성전 건축의 설계와 모양에 대해 말한다(28장). 공식적인 왕이 되는 솔로몬에 대한 다윗의 기도와 건축을 위한 만반의 준비를 한다(29장).

✅ 하나씩 짚어보기

1. 아브라함, 이삭, 야곱과 그의 열두 아들

족장(아브라함 – 이삭 – 야곱)과 야곱의 열두 아들이 중요한 이유는 그들로 인해 열두 지파가 형성되었기 때문이다. 2장 1절에는 야곱(이스라엘)의 아들들이, 8장까지는 열두 지파의 이름이 나온다. 야곱은 네 여인을 통하여 자식을 낳았다(창 29:32~30:24, 35:18).

(1) 레아 — 르우벤, 시므온, 레위, 유다, 잇사갈, 스불론(6명)

(2) 라헬 — 요셉, 베냐민(2명): 요셉의 두 아들 '에브라임'과 '므낫세'가 지파가 된다.

(3) 실바 — 갓, 아셀(2명)

(4) 빌하 — 단, 납달리(2명)

위에서 보듯이 레위가 수에 들지 않으나 요셉이 둘로 나뉘므로 열두 지파의 수에는 변동이 없다.

2. 사울의 죽음 원인(대상 10장)

〈사무엘서〉에는 나오지 않았으나 〈역대기〉 기자의 독특한 역사적 안목으로 기록했다. 사울은 여호와 앞에서 저지른 범죄로 인해 죽었다(10:13~14). 즉 사울은 인간적인 판단과 접신녀를 가까이 하여 율법을 어겼다.

　(1) 여호와의 말씀을 지키지 않았다(삼상 13:8~9, 15:3, 9).

　(2) 신접한 자에게 가르치기를 청했다(삼상 28장, 사악한 인간의 꾀).

　(3) 여호와께 묻지 않았다(삼상 28:6의 '여호와께 물었다'는 말은 1회적인 물음을 의미하고 그는 실제로 여호와께 계속하여 묻지 않았다).

3. 웃사의 죽음(대상 13~14장)

'충돌'이라는 뜻을 가진 '브라심'이 연달아 나온다. 하나는 여호와께서 웃사를 찢으셨고(충돌하셨고, 13:11), 다른 하나는 여호와께서 블레셋을 흩으셨다(충돌하셨다, 14:11). '바알브라심'에서 바알은 주(主)를 뜻하며 브라심은 격파, 충돌의 뜻의 베레츠(13:11의 베레스 웃사의 '베레스'와 같은 낱말)의 복수로서 여호와께서 블레셋을 완전히 격파하신 것을 가리키는 이름이다.

4. 언약궤(법궤)와 다윗의 찬송(대상 13, 15~16장)

언약궤는 레위인 제사장이 어깨에 메고 옮기게 되어 있었는데 그 규정을 지키지 않아(13장). 큰 고통의 시간을 가져야 했다. 다윗은 다음번에 옮길 때에는 율법대로 하여 화를 면하게 된다(15~16장). 언약궤의 운반규정에 관한 성구로는 민수기 4:15, 신명기 31:9, 여호수아 3:3 등이다.

법궤의 모형(대상 13, 15, 16장)
법궤는 레위인이 채를 꿰어 메고 옮기게 되어 있다. 법궤의 모형은 학자들마다 차이가 있다.

다윗이 법궤를 예루살렘으로 옮긴 후, 공적인 예배가 그 기틀을 잡게 되었다. 16장에 나오는 다윗의 감사 찬송은 〈시편〉에 그대로 실려 있다(8~22절 → 시 105:1~15, 23~33절 → 시 96:1~3, 34~36절 → 시 106:1, 47~48에서 왔다).

5. 다윗이 구성한 행정조직(내각, 대상 17장)

다윗의 행정조직은 사무엘하 8:15~18과 20:23~26에 나오고 역대상 17:14~17에 나오는데 약간의 차이가 있다. 즉 역대상에는 '사독'과 '아비멜렉'이 제사장으로 나오는데 사무엘하 8:17은 '아히멜렉', 20:25은 '아비아달'로 되어 있다. 아비아달 제사장의 아버지가 아히멜렉 제사장이므로 이들은 제사장 집안이다(삼상 22:20). 결국 이 문제는 할아버지의 이름을 손자에게 물려주었던 유다인의 관습으로 이해하면 된다. 또한 제사장 집안의 대표적인 이름을 쓰기도 하므로 세 곳 이름이 각각 다르게 기록된 것으로 보인다. 한편 서기관 '사워사'가 사무엘하 8:17에는 '스라야', 20:25에는 '스와'로 되어 있다. 아마도 이것은 한 사람을 일컫는 다양한 이름인 듯하다.

6. 이스라엘의 가장 위대한 왕 다윗(대상 18장)

바벨론 포로 이후 이스라엘은 다윗과 같은 왕을 기대한다. 〈마태복음〉 첫 구절도 "아브라함과 다윗의 자손 예수 그리스도의 계보"(마 1:1, 게네세오스 — 족보)라 하여 다윗이 유대 족보상의 중요한 위치임을 인식시킨다. 다윗은 여러 전쟁에서 승리하고 이스라엘 역사상 최대로 확장된 강력한 국가를 이루어 조공도 받는다. 뿐만 아니라 이스라엘 일부 지파의 지지가 아닌 온 이스라엘(남북)의 지지를 받아 통일 왕국의 왕으로서 권위를 갖는다(Day14의 지도 '다윗의 영토' 참고).

다윗의 승리는 무엇보다 여호와께서 이기게 하심에 있다. "다윗이 어디로 가든지 여호와께서 이기게 하셨더라"(대상 18:6, 13)는 말씀은 〈역대기〉 기자가 사건의 처음부터 끝까지 강조하고 있는 말씀이다. 대적을 정복한 것은 곧 하나님께서 이스라엘을 구원하신 증거이다. 다윗은 이 전쟁이 하나님께 속한 전쟁임을 알고 하나님의 명령과 법도대로 수행하였다(삼상 17:26, 45, 30:7~8).

7. 성전 건축을 위해 드린 것(대상 29장)

이스라엘 백성들이 드린 것은 어마어마한 양이었다(29:7~8). 금 5천 달란트(약 170톤), 1만 다릭의 금(약 130톤), 은 1만 달란트(약 340톤), 놋 1만 8천 달란트(약 613톤), 철 10만 달란트(약 3,408톤) 및 기타 보석들이었다. 생소한 단위인 '다릭'은 130kg의 바사 금전을 가리킨다(스 2:69). 다릭은 다윗 시대 이후의 화폐로서 〈역대기〉가 바벨론 포로 후(바사의 해방령)에 기록되었음을 말해준다.

8. 다윗의 행적에 관한 책들(대상 29장)

이런 문서들은 성경의 역사성을 확실하게 한다. 다윗의 행적이 "선견자 사무엘의 글, 선지자 나단의 글, 선견자 갓의 글에"(29:29) 모두 기재되어 있음을 알 수 있다. 자료들은 바벨론 포로 후에 〈역대기〉를 편찬할 때 사용된 원자료(原資料)의 역할을 했을 것이다. 그러나 현재는 이것들을 찾아볼 수 없다. "온 세상 모든 나라의 지난 날의 역사"(29:30)는 다윗이 주변의 여러 국가들(베니게, 블레셋, 에돔, 모압, 암몬)을 정복하였고, 그 관계가 우호적이었던 사실을 가리킨다고 볼 수 있다(대하 12:8, 17:10, 20:29).

고대 악사(樂士)들의 모습
다윗은 성전의 찬양대를 준비하여 '신령한 노래'를 인도하게 준비시킨다 (대상 25장). _갈그미스에서 출토된 주전 8세기의 악사들.

다음 물음에 답하거나 괄호 안에 알맞은 말을 넣으시오.

1. 〈역대상〉의 족보는 ( )의 기록에서 시작한다. (1:1)

2. "아브라함이 ( )을 낳았으니 이삭의 아들은 ( )이더라." (1:34)

3. 이스라엘(야곱)의 열두 아들이 그 조상이 되는 열두 지파의 이름을 적으시오. (2:1~2)

4. "유다의 며느리 ( )이 유다에게 ( )를 낳아 주었으니." (2:4)

5. 보아스의 후손인 이새의 일곱 번째 아들은 누구인가? (2:12~15)

6. 다윗은 ( )에서 칠 년 육 개월을, ( )에서 삼십삼 년을 다스렸다. (3:4)

7. "나의 지역을 넓히시고 … 환난을 벗어나 내게 근심이 없게 하옵소서"는 누구의 기도인가? (4:10)

8. 다음의 지파들이 나온 장을 기록하시오. (4~8장)

    (1) 르우벤, 갓, 므낫세 반 —   (2) 레위 —   (3) 베냐민 —

    (4) 유다, 시므온 —   (5) 잇사갈, 베냐민, 납달리, 므낫세, 에브라임, 아셀 —

9. 사울은 어느 지파 출신이며, 그 아들들의 이름은 무엇인가? (8:1, 33)

10. 귀환하여 그들의 땅에 있는 성읍(예루살렘)에 처음으로 거주한 사람들은 누구인가? (9:2)

11. 사울은 여호와께 범죄하여 죽었는데 그 내용은 무엇인가? (10:13~14) (해설 참고)

    (1) 여호와의 말씀을 ~   (2) 신접한 ~

12. 예루살렘 곧 여부스를 정복하는 데 공을 세운 장관은 누구인가? (11:4~6)

13. "온 이스라엘과 더불어 다윗을 힘껏 도와 ( )를 얻게 하고 그를 세워 ( )으로 삼았으니." (11:10)

14. 다윗의 피난 시절, 싸움을 도운 용사 중에 든 자들은 무슨 일을 했는가? (12:1~2)

15. 다윗을 왕으로 삼으려는 사람들은 어떤 음식을 가지고 왔는가? (12:40)

16. 궤를 옮기다가 실패한 이유는 무엇인가? (13장, 15:2, 13~15)

17. 하나님의 궤가 석 달 있었던 오벧에돔의 집에 어떤 일이 일어났는가? (13:14)

18. (15:28) 이스라엘 무리는 크게 부르며 ~

19. 레위 사람은 여호와 앞에서 무엇을 하였는가? (16:4)

20. "여호와의 이름에 (   )을 그에게 돌릴지어다. (   )을 들고 그 앞에 들어갈지어다 (   )으로 여호와께 경배할지어다." (16:29)

21. 헤만과 여두둔의 직무는 무엇이었는가? (16:42)

22. 다윗이 그의 궁전에 거주할 때 선지자 나단에게 무엇이라고 말했는가? (17:1)

23. 하나님께서는 다윗 가문에게 무엇을 약속하셨는가? (17:11~12)

24. 다윗의 승리의 비결은 어디에 있었는가? (18:6, 13)

25. 당시 제사장의 두 계열과 그 이름을 적으시오. (18:16)

26. 이스라엘 조문객을 무례히 대한 데 대한 암몬과의 전쟁에서 승리한 장군은 누구인가? (19장)

27. 요압이 랍바를 함락시키고 얻은 왕관을 다윗이 어떻게 했는가? (20:1~2)

28. 죄 값으로 인한 전염병으로 몇 사람이 죽었는가? (21:9~17)

29. 다윗은 어디에 단을 쌓고, 무슨 제사를 드렸는가? (21:18~27)

30. 하나님께서는 다윗이 왜 성전을 건축하지 못한다고 하셨는가? (22:7~8, 28:3)

31. (22:16) 금과 은과 놋과 철이~

32. 여호와를 섬기는 일을 하는 레위의 세 자손은 누구인가? (23:1~23, 답은 6절로)

33. 레위 자손의 활동 나이가 30세, 20세, 두 가지인 이유는 모세와 다윗의 가르침이 다르기 때문인데, 율법은 몇 세로 말하고 있는가? (23:3, 24, 27, 민 4:3, 23)

34. 다윗이 아론의 두 아들 엘르아살과 이다말의 자손에게 각각 그 섬기는 직무를 주었는데, 그 두 자손의 이름은 무엇인가? (24:1~3)

35. 아삽, 헤만, 여두둔 자손 중에서 구별하여 섬기게 한 일은 무엇인가? (25:1)

36. 레위 사람 중에 아히야는 무엇을 맡았는가? (26:20)

37. 다윗의 명령에 따라 요압이 시작한 인구조사는 어떻게 진행되었는가? (27:24)

38. 여호와께서 누구를 택하사 여호와의 성전을 건축하리라고 하셨는가? (28:5~6)

39. 여호와의 성전의 설계도는 누가 다윗에게 알려준 것인가? (28:12, 19)

40. "이 성전은 사람을 위한 것이 아니요 (   )이라." (29:1)

41. "모든 것이 주께로 말미암았사오니 우리가 (   )으로 주께 드렸을 뿐이니이다." (29:14).

42. 다윗 왕의 행적은 처음부터 끝까지 어디에 기록되어 있는가? (29:29)

열왕기상 1~11장, 역대하 1~9장

앞서 이스라엘의 통일왕 사울과 다윗에 대한 기록을 보았다. 이번 Day16에서는 솔로몬의 통치를 보게 된다. 열왕기상 1~11장과 역대하 1~9장은 모두 왕국이 분열되기 전, 솔로몬의 통일 왕국의 역사이다. 다윗과 솔로몬의 시대에는 지혜문학(욥기~아가)이 발전하였다.

📖 열왕기상_ 솔로몬의 통치와 왕국의 왕들

배경 연대 주전 961~850년경(솔로몬 등극~여호사밧). **저자** 예레미야라고도 하나 그보다 후대인 것으로 보인다. **기록 연대** 전통 견해로는 주전 562~536년경이며, 현대 견해는 신명기적 역사가의 편집과 수정 가감이 있었다고 본다. **요절** 솔로몬이 사는 동안에 유다와 이스라엘이 단에서부터 브엘세바에 이르기까지 각기 포도나무 아래와 무화과나무 아래에서 평안히 살았더라(왕상 4:25).

1. 〈열왕기〉의 히브리 성경 이름은 '멜레캄'으로 '왕국들'이라는 뜻이다. 상하로 구분된 것은 칠십인역에서부터이다('길잡이 03 역사서란 무엇인가' 참고).
2. 통일왕국은 사울(삼상), 다윗(삼하, 대상), 솔로몬(왕상 1~11장, 대하 1~9장) 세 왕의 통치가 이루어진다.
3. 내용 분해
   1~11장 ─ 솔로몬의 통치(즉위, 주전 961년/성전 완공 950년)
   12~22장 ─ 분열왕국의 왕들(분열 시기, 주전 922년 또는 931년)
   　　　　　남유다 왕: ① 르호보암 ② 아비얌 ③ 아사 ④ 여호사밧
   　　　　　북이스라엘 왕: ① 여로보암 ② 나답 ③ 바아사 ④ 엘라 ⑤ 시므리 ⑥ 오므리 ⑦ 아합 ⑧ 아하시야

한눈에 살펴보기

솔로몬의 통치(왕상 1~11장)

아도니야의 음모가 있었으나 결국 솔로몬이 다윗의 왕위를 계승한다(1장). 다윗은 유언을 남기고 죽고, 솔로몬은 숙청 작업으로 지위를 굳힌다(2장). 솔로몬은 기브온 산당에서 일천번제를 드렸으며, 지혜를 얻는다(3장). 따라서 왕국의 번영을 누린다(4장). 솔로몬은 선왕(先王) 다윗이 이루지 못한 성전 건축을 위하여, 다윗이 준비해놓은 것들을 바탕으로 레바논의 목재와 석재, 또한 인력을 확보한다(5장). 성전 건축은 7년 만에 마무리되며, 많은 부분이 금으로 씌워졌다(6장). 두로의 놋쇠 대장장이 히람을 초청해서 성전 기물들을 만들게 했으며(7장), 언약궤를 성전으로 옮기고 성전의 봉헌식을 거행함으로 솔로몬 생애의 정점을 이룬다(8장). 솔로몬은 하나님과 언약을 맺고, 13년간 왕궁을 건축했다(7:1~12). 수많은 건축 사업이 솔로몬의 부귀영화를 말해주지만 한편으로 백성들에게는 부역의 고통

이 수반된다(9장). 솔로몬의 명성과 재산은 스바 여왕을 비롯한 많은 사람을 놀라게 했다(10장). 그러나 1,000여 명의 처첩을 둔 솔로몬은 그들과 함께 들어온 이방신상을 받아들임으로 하나님께로부터 돌아섰다. 한편 대적들이 나섰으니 곧 하닷과 르손과 여로보암이었다(11장).

✅ 하나씩 짚어보기

1. 〈열왕기〉 기록의 형식

〈열왕기〉는 일정한 형식을 따라 기록되어 있으므로 그 형식을 따라 읽으면 이해하기 쉽다. 특히 남유다는 왕의 재위 비교 연대, 즉위 당시 나이, 재위 기간, 어머니의 이름, 죽음과 매장의 장소, 왕에 대한 비판과 예배 태도를 논하고 있다.

예시로 〈열왕기하〉에 처음 나오는 유다 왕 아하시야를 살펴보자(왕하 8:25~27, 9:27~28).

(1) "이스라엘의 왕 아합의 아들 요람 제 십이 년에 유다 왕 여호람의 아들 아하시야가 왕이 되니"(북이스라엘과 비교 연대).

(2) "아하시야가 왕이 될 때에 나이가 이십이 세라"(즉위 당시 나이).

(3) "예루살렘에서 일 년을 통치하니라"(재위 기간).

(4) "그의 어머니의 이름은 아달랴라 이스라엘 왕 오므리의 손녀이더라"(왕의 어머니 이름).

(5) "아하시야가 아합의 집 길로 행하여 … 여호와 보시기에 악을 행하였으니"(왕에 대한 비판).

(6) "도망하여 거기서 죽은지라 … 다윗 성에서 그들의 조상들과 함께 그의 묘실에 장사하니라"(죽음과 매장 장소).

2. 제단 뿔에 대해(왕상 1~2장)

아도니야와 요압은 죽음의 위협을 받을 때에 도망하여 '제단 뿔'을 잡음으로 우선 죽음을 면했다(1:50~51, 2:28). 제단 뿔이란 번제단 네 귀퉁이에 있는 뿔로서 희생 제물이 될 짐승을 여기에 매기도 했고(시 118:27), 제물의 피를 바르기도 했다(출 29:12, 레 4:7, 18, 25). 제단 뿔을 잡으면 보수자가 그를 죽이지 못하게 되어 있었는데, 이는 출애굽 이후 성막 제도와 더불어 실수로 살인한 자의 도피처가 된다(출 21:12~14, 30:1~2).

성전의 제단 뿔을 잡듯이 오늘의 신앙에서도 예수 그리스도의 구원의 뿔을 붙잡는 믿음이 필요하다.

돌제단과 그 뿔
이스라엘 므깃도에서 출토된 것으로 근동 지방에는 이러한 제단이 널리 보급되어 있었던 것으로 보인다. 제단 뿔은 피난처가 되기도 하여, 아도니야와 요압은 장막으로 도망하여 제단 뿔을 잡고 목숨을 부지하고자 했다(왕상 1:50~52, 2:28).

3. 솔로몬의 국제결혼과 그 의미(왕상 3장)

솔로몬은 애굽의 바로 왕과 결혼 동맹을 맺고 바로의 딸을 맞이한다(3:1~2). 이것은 솔로몬의 왕권이 확립되었다는 증거이다. 바로의 딸은 다른 곳에서도 몇 차례 언급되는데(7:8, 9:16, 9:24), 그 이유는 그녀의 존재가 솔로몬의 권세와 위엄을 강조해주기 때문이다. 애굽은 당시 세계에서 가장 위대한 제국의 상징이었다(왕상 11:1~13).

4. 성전의 이름(왕상 6장, 대하 3장)

출애굽기의 성막 구조를 통해 이미 '성소', '지성소'라는 용어에 익숙해져 있을 것이다. 성전의 전반적인 구조는 회막과 흡사했다. 열왕기와 역대하에서는 다음의 이름으로 불리고 있다. 즉 열왕기상 6:17, 20에서는 성소를 '외소', 지성소를 '내소'라고 했고, 역대하 3:5, 8에서는 성소를 '대전', 지성소는 그대로 '지성소'라고 했다(단위 '규빗'은 일반 기준 45cm, 왕실이나 성전 기준 50cm로 계산).

5. 출애굽 연대를 계산하는 참고 구절(왕상 6:1)

(1) 왕국 분열은 통상 922년으로 보고 전통 견해에서는 931년으로 본다. 문자상 계산을 하면 솔로몬 4년은 솔로몬이 40년간 통치했으므로 주전 967년(931+40-4)이 된다. 이때가 '출애굽한 지 480년'이라 했으니 출애굽은 주전 1446년(967+480)이 된다(1년은 겹치는 연대).

(2) 현대 학자들은 출애굽을 주전 13세기(주전 약 1290~1250년경)로 본다. 왕국 분열은 주전 922년, 따라서 성전건축은 주전 957~950년이 된다. '출애굽한 지 480년'은 유대관습상 12대를 가리키므로 실제는 1대를 25년으로 보아 25년×12대=약 300년간으로 본다. (Day04의 해설 참고)

6. 솔로몬 성전(왕상 6장)

솔로몬 성전은 성막에 비해 사방의 길이가 2배였다. 그러므로 넓이는 4배가 된다. 성막에 없는 몇 가지가 추가된다. 학자에 따라 여러 모형을 제시하고 있으므로 참고서적을 보라.

당시 화폐는 정확한 무게와 그 가치가 시대적으로 다르지만, 대체적으로 금 1달란트는 약 45kg, 세겔은 15g, 마네는 730g으로 계산된다. 금 1돈을 약 10만 원으로 계산해도(변동이 심함을 감안) 솔로몬의 세입 총액은 약 8천억 원이 된다(10:14~17).

구분	성막(출 26장)			성전(왕상 6장)		
규격 (성전의 1규빗: 약 50cm)	장(길이)	광(너비)	고(높이)	장(길이)	광(너비)	고(높이)
	30규빗	10규빗	10규빗	60규빗	20규빗	30규빗
낭실(현관)		없음		20규빗	10규빗	
교창(창문)		없음			있음	
두 방의 칸막이		휘장			휘장과 여러 개의 문(대하 3:14)	
지성소 안		언약궤			언약궤와 두 그룹(대하 5:7~8)	

저자 '에스라'라는 주장이 있으나 정확히 알 수 없다. 저작 연대 바벨론 포로 직후, 또는 주전 400년경으로 추정한다. 배경 연대 솔로몬으로부터 유다의 멸망까지(주전 961~587년). 특징 남북 왕조를 모두 기록하지 않고 주로 남유다 중심으로 기록했으며, 메시아사상이 강하다. 요절 너희는 너희 하나님 여호와를 신뢰하라 그리하면 견고히 서리라 그의 선지자들을 신뢰하라 그리하면 형통하리라(대하 20:20)

1. 〈역대상〉의 개요와 〈길잡이 03 역사서란 무엇인가〉 참고.
2. 내용 분해
   1~9장 ─ 솔로몬의 통치(지혜와 부, 성전건축, 업적들)
   10~36장 ─ 유다의 열왕들(남북 분열, 분열왕국의 왕들, 왕국의 멸망)

🌐 한눈에 살펴보기

솔로몬의 통치(대하 1~9장)

다윗을 이어 통일왕국의 두 번째 왕이 된 솔로몬은 '천 마리' 희생으로 번제를 드리며 하나님께 지혜를 구한다(1장). 그는 먼저 성전을 건축하는 데 두로 왕 후람의 도움을 얻는다(2장). 그 성전은 역사적인 곳, 아브라함이 이삭을 번제로 드리고, 다윗이 제사를 드린 예루살렘 모리아산에 세운다(3장). 솔로몬과 후람이 만든 성전의 여러 기구들은 놋과 금으로 만들어졌다(4장). 성전에 언약궤를 모시니 여호와의 영광이 성전에 가득하였다(5장). 성전 건축을 마친 솔로몬은 낙성식에서 제사장처럼 기도한다(6장). 하나님은 불로써 응답하시고 언약을 맺는다(7장). 솔로몬은 많은 건축을 하였으며(8장), 스바 여왕의 방문은 솔로몬의 지혜와 부를 더욱 드러내준다(9장).

✅ 하나씩 짚어보기

1. 솔로몬의 천 마리 희생(대하 1장, 왕상 3장)

일천 번제(一千 燔祭)이지 일천 번(一千 番)의 번제가 아니다. 즉 일천 번(횟수)의 제사가 아니라 일천 마리의 희생 제물을 드렸다는 것이다. 상식적으로도 왕이 기브온에만 머물러 천 번의 희생을 드릴 여건이 되기는 어렵지만 천 마리의 희생은 오히려 당시의 통일왕국의 왕으로서 드릴 만한 것이었다. 역대하 1:6에 분명하게 "놋 제단에 솔로몬이 이르러 그 위에 천 마리 희생으로 번제(燔祭)를 드렸더라"고 했고, 열왕기상 3:4에는 "솔로몬이 그 제단에 일천 번제(燔祭)를 드렸더니"라고 나와 있다. 솔로몬처럼 한꺼번에 천 마리의 희생을 드릴 능력이 없어 천 번에 나누어서 드리는 것은 별개의 문제이지만, 이를 목회적으로 잘못 적용하는 오류를 범하지는 말아야 한다. 개역한글판의 오해 소지를 개역개정판 〈역대상)에서 일부 해소해주었으나 〈열왕기상〉의 번역은 전과 같아 미흡한 느낌이다.

2. 두 기둥, 야긴과 보아스(대하 3장, 왕상 7장)

두 기둥은 성전 전면에 따로 세워졌다. "그 두 기둥을 성전 앞에 세웠으니 왼쪽에 하나요 오른쪽에 하나라 오른쪽 것은 야긴이라 부르고 왼쪽 것은 보아스라 불렀더라"(3:17). 열왕기상 7:21에서도 같은 증언을 하는데, 보는 방향에 따라 좌우가 달라지므로 어느 쪽이 야긴이고 어느 쪽이 보아스인지 정확히 알 수는 없다. 다만 이 두 기둥의 이름은 그것들이 여호와 하나님의 증인 노릇을 한다는 사실을 증명한다. 곧 '야긴'은 '그가 세우리라'라는 뜻이고, '보아스'는 '그에게 능력이 있다'는 뜻이다.

3. 성전을 봉헌하는 과정(대하 5~7장)

솔로몬의 통치가 기록된 1~9장 사이에 성전 건축에 대한 기록이 7장까지 계속 나오는 것을 보면 〈역대기〉 기자의 관심이 어디에 있는가를 알 수 있다. 성전 건축이 끝난 후에 그 성전을 여호와께 봉헌하는 과정을 살펴보자.

(1) 언약궤를 성전으로 옮김(5:2~14)
(2) 솔로몬의 축복(6:1~11)
(3) 솔로몬의 기도(6:12~7:3)
(4) 성전봉헌 예식의 과정(7:4~11)

4. 솔로몬의 국제 관계(대하 8장, 왕상 10장)

솔로몬은 국제적으로 여러 관계를 가졌다. 두로의 히람에게 건축 사업을 하는 데 큰 도움을 받았으며 애굽과의 결혼 동맹을 통해 바로의 딸들을 데려와 우호적인 관계를 유지했다. 애굽으로부터 말, 마차, 아마포 등을 수입하기도 했다. 스바 여왕의 방문은 많은 일화를 남기기도 했다.

스바는 아라비아 남단에 위치했던 사베아 왕국(Sabeans)을 가리키는데, 현재의 예멘으로 추정된다. 스바 여왕은 솔로몬을 방문하면서 향료, 금, 보석을 가득 실은 낙타를 가져왔다. 솔로몬의 지혜에 대한 호기심과 함께 자국과의 무역에도 관심이 있었을 것이다. "솔로몬 왕이 스바 여왕이 가져온 대로 답례하고 그 외에 또 그의 소원대로 구하는 것을 모두 주니"(대하 9:12, 왕상 10:13)라 했는데, 고대 전승에 따르면 스바 여왕이 솔로몬의 씨를 받아갔고 그를 통하여 에티오피아 황제의 혈통이 이어졌다고 한다.

애굽 왕 시삭의 모습
애굽의 한 벽화에는 시삭의 모습이 그려져 있다. 르호보암 왕 때에 시삭의 공격을 받아 보물을 빼앗겼으나 하나님은 다 멸하지 않게 하셨다(대하 12장, 왕상 11, 14장).

다음 물음에 답하거나 괄호 안에 알맞은 말을 넣으시오.

1. (왕상 1:1) 다윗 왕이 나이가 많아 늙으니~

2. 아도니야가 스스로 왕이 되는 데 특별히 모의한 두 사람은 누구인가? (1:5~8)

3. 다윗은 자신을 이어 왕이 될 자를 누구의 아들 누구라고 했는가? (1:28~31)

4. 솔로몬을 왕으로 옹립하는 데 협력한 세 사람은 누구인가? (1:32~39)

   (1) 제사장 —   (2) 선지자 —   (3) 군부 —

5. 아도니야는 솔로몬을 두려워하여 어떻게 했는가? (1:49~53)

6. 다윗의 유언에 등장하는 세 사람 중에 '죽이라'는 두 사람은 누구인가? (2:4~9)

7. 학깃의 아들 아도니야가 솔로몬의 모친 밧세바를 통하여 솔로몬에게 요구한 것은 무엇인가? (2:13~21)

8. 아도니야와 그의 편에 붙었던 다음 사람들의 최후는 어떠했는가? (2:24~35)

   (1) 아도니야 —   (2) 제사장 아비아달 —   (3) 군사령관 요압 —

9. 솔로몬이 일천 번제를 드리고 얻은 것은 무엇인가? (3:1~15)

   (1) 12절 —   (2) 13절 —

10. "그가 잠언 (   ) 가지를 말하였고 그의 노래는 (   ) 편이며." (4:32)

11. 두로 왕 히람을 통하여 무슨 재목이 왔는가? (5:1~12)

12. 성전 건축은 언제 시작해서 언제 끝이 났는가? (6:1, 37~38)

13. 솔로몬이 건축한 성전의 크기는 어느 규모인가? (6:2)

14. 성전 두 기둥의 이름은 무엇인가? (7:21)

15. 제사장들이 여호와의 언약궤를 어디로 메어 들였는가? (8:6)

16. 여호와의 단 앞에서 드린 솔로몬의 기도는 몇 절부터 몇 절까지인가? (8장)

17. 솔로몬은 히람에게 무엇을 주었는가? (9:10~14)

18. 솔로몬은 스바 여왕을 어떻게 대접했는가? (10:13)

19. 다시스 배로 3년에 한 번씩 실어온 것은 무엇인가? (10:22)

20. 애굽에서 들어온 병거와 말은 누구에게 되팔기도 했는가? (10:29)

21. "왕은 후궁이 (   )명이요 첩이 (   )명이라 그의 여인들이 왕의 (   )을 돌아서게 하였더라." (11:3)

22. 솔로몬의 마음이 변하여 섬긴 이방 신들의 이름은 무엇인가? (11:5~8)

23. 하나님께서 솔로몬의 대적이 되게 한 사람들은 누구인가? (11:14~40)

　　 (1) 14절 ―　　　　　　　　　 (2) 23절 ―　　　　　　　　　 (3) 26절 ―

24. 하나님께서 솔로몬의 우상 숭배에도 나라를 빼앗지 않으신 이유는 무엇인가? (11:32~36)

25. 솔로몬이 온 회중과 함께 간 기브온 산당에는 무엇이 있었는가? (대하 1:1~6)

26. 솔로몬은 놋 제단에 무엇을 드렸는가? (1:6)

27. 하나님은 솔로몬에게 무엇을 주셨는가? (1:12)

28. 솔로몬은 어떠한 성전을 건축하려고 했는가? (2:9)

29. 후람이 목재를 레바논에서 예루살렘으로 보낸 방법은 무엇이었는가? (2:16)

30. 여호와의 전을 건축한 모리아산은 어떤 곳인가? (3:1)

31. 지성소 안에 무엇을 만들어 넣었는가? (3:10)

32. 물두멍과 바다는 각각 무엇을 씻기 위한 것인가? (4:1~10)

33. 궤 안에는 무엇이 들어 있는가? (5:10, 왕상 8:9)

34. 히브리서 9:4에 의하면 언약궤 안에 있는 것 세 가지는 무엇인가?

35. "제사장들이 그 (   )으로 말미암아 능히 서서 섬기지 못하였으니 이는 (   )이 하나님의 전에 가득함이었더라." (5:14)

36. 성전을 건축할 다윗의 마음을 아신 하나님께서 무엇이라 말씀하시는가? (6:8)

37. 솔로몬은 어떤 모습으로 기도하였는가? (6:13)

38. 솔로몬은 제사장과 백성을 위하여 무슨 기도를 했는가? (6:41)

39. 악한 길에서 떠난 백성의 기도에 하나님께서 어떻게 응답하겠다고 말씀하시는가? (7:14)

40. 솔로몬이 낭실 앞에 쌓은 여호와의 제단 위에 번제를 드리는 것은 언제인가? (8:12~13)

41. 스바 여왕이 솔로몬의 신하들이 복되다고 한 이유는 무엇인가? (9:7)

42. 솔로몬은 스바 여왕에게 답례품 외에 무엇을 주었는가? (9:12)

05

분열왕국시대

열왕기상 12~22장, 열왕기하 1~25장, 역대하 10~36장
(남: 르호보암~시드기야, 북: 여로보암~호세아)

평소 쉽게 접근하지 못하는 본문을 과감히 통과하는 복된 시간이 왔다. 성경을 읽기 전에 먼저 준비할 것은 Day17 남북 왕들의 도표에 나오는 왕의 이름을 자신의 성경에 표시하는 일이다(색깔을 달리하고 몇 대 왕인지 여백에 기록). 그런 후에 읽으면 왕들이 구분되어 보이기 시작한다.

솔로몬 이후에 북이스라엘과 남유다로 분열(주전 922년)되었다가 북국은 주전 721년 앗수르에게 멸망하고, 남국은 유다 지파의 전통을 이어갔으나 주전 587년 바벨론에게 멸망하여 포로가 된다. 많은 예언자가 분열왕국시대에 활동했다(길잡이 04 참고). 분열왕국시대의 본문을 세 번에 나누어 〈열왕기상〉 12~22장(Day17), 〈열왕기하〉 1~25장(Day18), 〈역대하〉 10~36장(Day19)의 순서로 읽는다.

DAY 17 열왕기상 12~22장

이 본문에 나오는 왕들은 다음과 같다. '남북 왕들에 대한 도표'를 참고하라.
북 이스라엘왕: ① 여로보암 ② 나답 ③ 바아사 ④ 엘라 ⑤ 시므리 ⑥ 오므리 ⑦ 아합 ⑧ 아하시야
남 유다왕: ① 르호보암 ② 아비얌 ③ 아사 ④ 여호사밧 ―〈열왕기하〉에 이어진다.

한눈에 살펴보기

솔로몬이 죽은 후 그의 아들 르호보암이 왕이 되었으나 강경 정책으로 나라는 분열되고 만다(12장, 주전 922년). 북이스라엘은 여로보암이 초대 왕이 되어 금송아지 우상부터 만들었다(13장). 남유다의 초대 왕 르호보암 역시 각종 악에 빠져 통치에 문제가 생긴다(14:21~31). 분열된 왕국은 각각 자기의 방식으로 하나님을 섬긴다. 남유다에는 아비얌과 아사가, 북이스라엘에는 나답과 바아사가 왕이 되어 통치한다(15장). 북이스라엘은 왕권 찬탈로 왕조가 자주 바뀐다(16장).

북이스라엘의 아합 왕 때 바알 숭배로 온 나라가 영적으로 타락하자 엘리야가 나타나 재앙을 선포한다(17장). 갈멜산에서 바알 선지자들과 대결하여 승리하고(18장), 승리 끝에 광야로 나갔다가 호렙산으로 가서 특별한 사명을 받는다(19장). 아람(다메섹, 신약에서는 '수리아(시리아)'로서 '앗수르'와는 다르다. 눅 2:2)과 동맹을 맺은 32명의 왕들이 사마리아를 공격하지만 오히려 이스라엘이 아람을 물리친다(20장, 이스라엘과 아람은 주전 853년 갈가 전투에서 서로 동맹을 맺고 앗수르의 살만에셀 3세를 대항하여 싸웠으나 후에는 갈라선다).

나봇의 포도원을 탐내는 아합 왕은 이세벨의 전략을 따라 나봇에게 신성모독죄를 씌워 죽이고 포도원을 빼앗지만 선지자 엘리야에게 심판을 예고받는다(21장). 오랜만에 남북이 연합하나 아람과의 전쟁에서 아합은 죽게 된다. 그의 아들 아하시야가 북이스라엘 왕이 되지만 그 역시 우상숭배를 계속한다. 한편 이스라엘의 아합 왕과 동맹을 맺었던 유다 왕 여호사밧은 선한 왕으로 소개된다(22장).

하나씩 짚어보기

1. 분열왕국에 대한 전체적 이해(왕상 12장)

(1) 통일왕국(사울, 다윗, 솔로몬)은 약 100년간 존속했다(주전 1020~922년경). 솔로몬은 말년에 왕실의 화려한 생활을 유지하느라 백성들에게 많은 세금과 건축 노역의 부담을 주었고, 이로 인해 백성들의 불만이 커졌다. 한편 영적으로는 하나님의 도성에 각종 우상이 들어왔고 예루살렘은 우상의 중심지처럼 되어버렸다. 솔로몬이 죽은 후 그의 아들 르호보암이 왕이 되었지만, 국민적인 지지를 받지 못하였다. 애굽으로 망명 갔던 여로보암이 돌아와 민심을 이끌고 국가적인 변화를 주도하였으나 결국 수포로 돌아갔고, 그는 열 지파를 이끌고 북이스라엘을 세우게 되었다.

(2) 분열왕국의 남쪽은 '유다', 북쪽은 '이스라엘'이라 불리었다. 남유다는 오직 유다 지파 한 왕조(20명의 왕)가 다스렸으나, 북이스라엘은 계속되는 내전으로 아홉 왕조(19명의 왕)가 바뀌는 혼란의 연속이었다.

왕국 분열(왕상 12장) ─ 르호보암(남, 17절): 두 지파(유다, 베냐민 지파 지지)

여로보암(북, 20절): 열 지파(열 지파 지지)

(3) 922년(혹은 931년)에 남북 왕국으로 분열된다. 북이스라엘은 약 200년간 존속하다가 721년에 앗수르에 망하고(왕하 17장), 남유다는 587년에 바벨론에 멸망한다(왕하 25장, 대하 36장). 바벨론은 바사(페르시아)에 망하고 바사는 고레스 왕 원년인 538년에 유다를 해방한다(스 1장).

2. 북이스라엘에 세운 금송아지(왕상 12장)

북이스라엘은 금송아지 둘을 만들어 하나는 북쪽의 '단'에, 다른 하나는 남쪽의 경계인 '벧엘'에 둔다. 이는 우상숭배를 정치적으로 제도화한 것으로 남쪽 예루살렘으로 예배하러 가는 길을 막았다(12:25~33). 송아지 형상은 애굽의 성우(聖牛) 아피스(Apis)의 형상을 모방한 것으로 풍요와 힘, 그리고 다산(多産)을 상징한다.

애굽의 아피스 황소상

출애굽 당시(출 32장)와 왕국 분열 후(왕상 12장)에 이스라엘이 숭배한 금송아지의 원형이 되었을 것으로 보이는 애굽의 아피스 황소상이다. _캐나다 온타리오 박물관.

출애굽 당시 이스라엘은 시내산 아래에서 금송아지를 숭배함으로 하나님의 진노를 받았고 모세가 십계명 돌판을 던져 깨뜨리기까지 했었다(출 32장). 왕국 분열 후에 북이스라엘이 세운 금송아지 우상도 애굽에서 배워온 것으로 본다.

3. 북이스라엘의 계속되는 혼란

북이스라엘은 처음 50년 동안 유다와 아람에게 시달림을 받는다. 이후 40년은 6대 왕 오므리(주전 876~869년) 아래에서 번영하고, 다음 40년은 10대 왕 예후(주전 842~815년)와 11대 왕 여호아하스(주전 815~801년) 아래에서 쇠퇴한다. 그리고 여로보암 2세(주전 786~749년) 때 50년 동안 가장 번성한다. 마지막 30년은 무정부 상태와도 같다. 계속되는 왕권 탈취와 국내 여론의 악화, 우상숭배의 만연으로 결국 주후 721년에 북이스라엘은 앗수르에게 멸망하고 포로가 된다(왕하 17장).

4. 다윗을 위하여(왕상 8, 11, 15장, 왕하 8, 19장)

하나님께서 다윗과 맺은 언약(삼하 7장)으로 그 후손들에게 하나님의 은혜가 임한다. 당연히 하나님의 징벌을 받아야 하는 상황에도 하나님은 "다윗을 위하여"(왕상 8:25, 11:12, 38, 15:4, 왕하 8:19, 19:34) 징벌을 유예한다고 하셨다. 솔로몬은 왕국 분열을 몰고 왔지만 다윗으로 인해 형벌이 제한된다. 형벌은 곧 솔로몬의 아들에게 내릴 것이며 또 유다 지파의 왕위는 — 당시 예루살렘 성전 때문에 — 다윗 왕조에게 머물러 있고, 다음 세대부터는 다윗 왕권이 오로지 성전 때문에 존속하리라는 것이다(왕상 11:36). 후대의 유다 여러 왕들을 통해서도 '다윗을 위하여' 그들을 멸하기를 유예하는 하나님과 다윗의 언약의 유효성이 드러난다. 이 언약의 유효성은 다윗의 자손 예수 그리스도를 통하여 성취된다(마 1:1).

5. 왕정시대와 예언자들

예언자(선지자)들은 주로 왕정시대인 주전 8~7세기에 황금기를 맞이한다. 대부분 예언서(이사야~말라기)의 첫 절에 왕들의 이름이 나오므로 연대를 알 수 있으며, 왕들의 이름이 없는 소예언서 6권(요엘, 오바댜, 요나, 나훔, 하박국, 말라기)의 경우는 그 내용과 표현법을 통하여 연대를 추정할 수 있다(권말의 성서연대표와 해설을 보고 왕들과 예언자들의 연계성을 살펴보라).

6. 가나안에 만연한 바알 숭배(왕상 21장)

(1) 바알은 이스라엘이 가나안에 들어간 후 사사시대뿐 아니라 왕정시대에도 계속 섬겼던 신이다. 아합은 시돈의 공주 이세벨을 아내로 맞아 바알 신 숭배에 빠진다. 바알은 전쟁, 날씨(폭풍, 우레, 번개), 다산(多産)의 신으로 바알 신 숭배에는 음란한 행위들이 뒤따랐다. 이스라엘 백성들은 풍요(맘몬)에 대한 기대와 음행(성적 매력)에 미혹되었다. 오늘날도 당시와 다르지 않아서 '돈'과 '성'의 두 가지 문제를 잘 다루지 않으면 심각한 문제를 일으킨다.

(2) 선지자들은 바알 숭배를 책망했으며, 바알 숭배자 아합은 엘리야와의 대결에서 대패했음에도(왕상 18장) 나봇의 포도원을 탐내고 그에게 누명을 씌워(일종의 관제 여론) 죽게 만든다(21:9~10). 오늘날에도 여론을 조작하여 선한 사람들을 쓰러뜨리는 경우가 있는데, 이들의 배경에는 잘못된 욕심이 있다. 아합과 이세벨의 피를 개가 핥았듯 그들에게는 하나님의 심판이 있게 된다(21:19, 22:38).

가나안의 신 바알
바알은 다산(多産)의 신으로 번개(비)와 농작물을 붙잡고 있는 모습을 통하여 풍요를 상징한다.

7. 북이스라엘의 왕들(주전 922~721년)

*번호에 선으로 구분한 것은 쿠데타로 왕조가 바뀐 것

왕조	번호	왕 이름	지파	재위연대(통치기간) 현대 견해	재위연대(통치기간) 전통 견해	선왕과 관계	성품	사망 형태(살해자)	남북 관계	관계 성구 열왕기상	관계 성구 역대하	성경 표시 열왕기상
1	1	여로보암	에브라임	922~901	931~910(22)		악함	하나님이 치심	전쟁	12:20~14:20	9:29~13:22	12:20
	2	나답	에브라임	901~900	910~909(2)	아들	악함	살해됨(바아사)	전쟁	15:25~32		15:25
2	3	바아사	잇사갈	900~877	909~886(24)	무관함	악함	자연사	전쟁	15:27~16:7	16:1~6	15:33
	4	엘라	잇사갈	877~876	886~885(2)	아들	악함	살해됨(시므리)	전쟁	16:6~14		16:8
3	5	시므리	베냐민	876(7일)	885(7일)	병거장관	악함	자살(오므리 포위)	전쟁	16:9~20		16:11
4	6	오므리		876~869	885~874(12)	군대장관	악함	자연사	전쟁	16:16~28		16:22
	7	아합		869~850	874~853(22)	아들	악함	전쟁에서 부상	동맹	16:28~22:40	18:1~34	16:29
	8	아하시야		850~849	853~852(2)	아들	악함	창밖으로 떨어짐	화평	22:51~왕하1:18	20:35~37	22:51
								열왕기하				열왕기하
	9	여호람(요람)		849~842	852~841(12)	형제	악함	살해됨(예후)	동맹	3:1~8:24	21:5~7	3:1
	10	예후		842~815	841~814(28)	무관함	악함	자연사	전쟁	9:1~10:36	22:7~9	9:13
5	11	여호아하스		815~801	814~798(17)	아들	악함	자연사	화평	13:1~9		13:1
	12	요아스(여호아스)		801~786	798~782(16)	아들	악함	자연사	전쟁	13:10~14:16	25:17~24	13:10
	13	여로보암 II		786~749	793~753(41)	아들	악함	자연사	화평	14:23~29		14:23
	14	스가랴		746(6월)	753~752(6월)	아들	악함	살해됨(살룸)	화평	15:8~12		15:8
6	15	살룸		745(1월)	752(1월)	무관함	악함	살해됨(므나헴)	화평	15:10~15		15:13
7	16	므나헴		745~738	752~742(10)	무관함	악함	자연사	화평	15:14~22		15:17
	17	브가히야		738~737	742~740(2)	아들	악함	살해됨(베가)	화평	15:22~26		15:23
8	18	베가		737~732	752~731(20)	군대장관	악함	살해됨(호세아)	전쟁	15:27~31	28:5~8	15:27
9	19	호세아		732~721	731~722(9)	무관함	악함	앗수르의 포로됨	화평	17:1~6		17:1

8. 남유다의 왕들(주전 922~587년)

*아래 제시한 '성경에 표시' 성구를 찾아 표시하고 여백에 기록

번호	왕 이름	지파	재위 연대(통치 기간) 현대 견해	재위 연대(통치 기간) 전통 견해	즉위 나이	선왕과 관계	성품	사망 형태(살해자)	남북 관계	관계 성구 열왕기상	관계 성구 역대하	성경에 표시 열왕기상	성경에 표시 역대하
1	르호보암	유다	922~915	931~913(17)	41	아들	악함	자연사	전쟁	11:42~14:31	10:1~12:16	12:17	9:31
2	아비얌(아비야)	유다	915~913	913~911(3)	?	아들	악함	자연사	전쟁	14:31~15:8	13:1~22	15:1	13:1
3	아사	유다	913~873	911~870(41)	?	아들	선함	자연사	전쟁	15:8~24	14:1~16:14	15:9	14:1
4	여호사밧	유다	873~849	873~848(25)	35	아들	선함	자연사	화평	22:41~50	17:1~20:37	22:41	17:1
									열왕기하			열왕기하	열왕기하
5	여호람	유다	849~842	848~841(8)	32	아들	악함	하나님이 치심	화평	8:16~24	21:1~20	8:16	21:1
6	아하시야	유다	842	841(1)	22	아들	악함	살해됨(예후)	동맹	8:24~9:29	22:1~9	8:25	22:1
7	아달랴	아합의딸	842~837	841~835(6)		모친	악함	살해됨(군대)	화평	11:1~20	22:10~23:21	11:1	22:10
8	요아스	유다	837~800	835~796(40)	7	손자	선함	살해됨(신복들)	화평	11:21~12:21	24:1~24:27	11:21	24:1
9	아마샤	유다	800~783	796~767(29)	25	아들	선함	살해됨(모반)	전쟁	14:1~22	25:1~28	14:1	25:1
10	아사랴(웃시야)	유다	783~742	792~740(52)	16	아들	선함	하나님이 치심	화평	15:1~7	26:1~23	14:21	26:1
11	요담	유다	742~735	740~732(16)	25	아들	선함	자연사	전쟁	15:32~38	27:1~9	15:32	27:1
12	아하스	유다	735~715	732~716(16)	20	아들	악함	자연사	전쟁	16:1~20	28:1~27	16:1	28:1
13	히스기야	유다	715~687	716~687(29)	25	아들	선함	자연사		18:1~20:21	29:1~32:33	18:1	29:1
14	므낫세	유다	686~642	687~643(55)	12	아들	악함	자연사		21:1~18	33:1~20	21:1	33:1
15	아몬	유다	642~640	643~641(2)	22	아들	악함	살해됨(신복들)		21:19~26	33:21~25	21:19	33:21
16	요시야	유다	640~609	641~609(31)	8	아들	선함	전쟁에서 부상		22:1~23:30	34:1~35:27	22:1	34:1
17	여호아하스	유다	609(3월)	609(3월)	23	아들	악함	애굽에 잡혀감		23:31~33	36:1~4	23:31	36:1
18	여호야김	유다	609~598	609~598(11)	25	형제	악함	포위 때 죽음(?)		23:34~24:5	36:5~8	23:34	36:5
19	여호야긴	유다	598(3월)	598~597(3월)	18	아들	악함	바벨론에 잡혀감		24:6~16	36:9~10	24:6	36:9
20	시드기야	유다	597~587	597~586(11)	21	숙부	악함	바벨론에 잡혀감		24:17~25:30	36:11~21	24:17	36:11

다음 물음에 답하거나 괄호 안에 알맞은 말을 넣으시오.

1. 솔로몬이 죽은 후 그의 아들 (   )이 왕이 되었다. (11:43~12:1)

2. 애굽에서 돌아온 (   )은 백성을 대표해서 르호보암에게 "왕의 아버지가 우리의 멍에를 무겁게 하였으나 … 고역과 메운 무거운 멍에를 (   ) 하소서"라고 요청했으나 받아들여지지 않았다. (12:2~15)

3. 여로보암은 북이스라엘의 왕이 되고 두 (   )를 만들고 하나는 (   )에 두고 하나는 (   )에 두었고 레위 자손 아닌 보통 백성으로 (   )을 삼았다. (12:25~33)

4. 13:1~5에서 하나님의 사람이 예언한 대로 이루어졌는가? (왕하 23:15이하)

5. 여로보암의 집이 멸망하게 된 것은 (누구든지 자원하면 제사장 삼음, 정치를 잘못함)이 그 원인이다. (13:33~34)

6. "여로보암이 자기 아내에게 이르되 청하건대 일어나 (   )하여 사람들이 그대가 여로보암의 (   )을 알지 못하게 하고 (   )로 가라." (14:2)

7. "여호와께서 여로보암의 죄로 말미암아 (   )을 버리시리니 이는 그도 범죄하고 이스라엘로 (   ) 하게 하였음이니라." (14:16)

8. "르호보암 왕 제오년에 애굽의 왕 (   )이 올라와서 (   )을 치고." (14:25)

9. 아비얌은 다윗의 마음과 달라서 여호와 앞에 온전하지 못하였다. (15:1~5) ― (O, X)

10. 르호보암(남)과 여로보암(북)의 전쟁 후, 아비얌 때는 평화했다. (15:6~8) ― (O, X)

11. 아사는 남색하는 자, 우상숭배자들을 금했고 여호와 앞에 온전했다. (15:9~24) ― (O, X)

12. 나답과 바아사는 남유다의 왕들이다. (15:25~34) ― (O, X)

13. 다음 말에 해당하는 북이스라엘 왕 이름을 쓰시오. (16장)
    〈보기〉 시므리/ 엘라/ 오므리/ 바아사/ 아합

    (1) 성읍에서 죽은즉 개가 먹고 들에서 죽은즉 공중의 새가 먹으리라. (1~7절) ―

    (2) 왕궁 맡은 자 아르사의 집에서 마시고 취할 때에 시므리가 모반함. (8~14절) ―

    (3) 성읍이 함락됨을 보고 왕궁 요새에 들어가서 왕궁에 불을 지르고 죽었으니. (15~20절) ―

    (4) 은 두 달란트로 세멜에게서 산을 사서 성을 건축하고 사마리아라 일컬었다. (21~28절) ―

    (5) 시돈의 공주 이세벨을 아내로 삼고 바알을 섬겨 여호와를 노하시게 했다. (29~34절) ―

14. 16장 34절은 여호수아 6장 (   )절의 말씀대로 된 것이다.

15. 다음 서로 관계되는 것끼리 연결하시오. (17장)

　　(1) 디셉 사람 엘리야의 예언　　　　1) 한 과부에게　　　　① 수년 비도 이슬도 있지 아니하리라

　　(2) 사르밧으로 가서 머물라　　　　2) 아합에게　　　　② 아이 위에 엎드리고 여호와께 기도

　　(3) 주인의 아들이 병들음　　　　　3) 숨이 끊어짐　　　③ 네 손의 떡 한 조각을 가져오라

16. 제(　　　)에 엘리야가 아합에게 보이려고 가니 그때에 (　　　　　)에 기근이 심하였다. (18:1~2)

17. "이세벨이 여호와의 (　　　)들을 죽일 때에 내(오바댜)가 여호와의 선지자 중에 (　　)명을 오십 명씩 굴에 숨기고 (　　　)로 먹인 일이 내 주게 들리지 아니하였나이까." (18:13)

18. 엘리야는 혼자서 기도하고 이세벨의 상에서 먹는 바알의 선지자 (　　　)명과 아세라의 선지자 (　　　)명이 (　　) 산에서 대결하였다. (18:16~40)

19. "(　　　)가 만일 하나님이면 그를 따르고 (　　　)이 만일 하나님이면 그를 따를지니라." (18:21)

20. 엘리야가 도망하여 광야 로뎀나무 아래에서 죽기를 원하여 한 말은 무엇인가? (19:4)

21. 하나님께서는 엘리야에게 세 사람을 만나 기름을 부어, 각각 무엇이 되게 하라고 하셨는가? (19:15~18)

　　(1)　　　　　　　　　　(2)　　　　　　　　　　(3)

22. 엘리사가 어떻게 하고 난 뒤, 엘리야를 따랐는가? (19:21)

23. 누가 다음의 말을 하였는지 그 직책이나 이름을 쓰시오.

　　(1) 왕은 듣지도 말고 허락하지도 마옵소서. (20:8)

　　(2) 갑옷 입는 자가 갑옷 벗는 자 같이 자랑하지 못할 것이라. (20:11)

　　(3) 내 아버지께서 당신의 아버지에게서 빼앗은 모든 성읍을 내가 돌려보내리이다. (20:34)

24. 아합 왕이 나봇에게 포도원을 요구하며 제시한 두 가지 조건은 무엇인가? (21:1~2)

　　(1)　　　　　　　　　　　　　　(2)

25. 나봇이 왕에게 포도원을 줄 수 없다고 한 이유는 무엇인가? (21:3)

26. 아합이 큰 죄를 지었는데도 그 시대에 재앙을 받지 않은 이유는 무엇인가? (21:27~29)

27. 다음 말이 맞으면 O표, 틀리면 X표를 하고, 틀린 부분을 맞게 고치시오. (22장)

　　(1) 미가야는 왕이 죽는다는 흉한 예언을 함으로 인해 뺨을 맞고 옥에 갇혔다. (5~28절) — (　　　)

　　(2) 여호사밧은 여호와 보시기에 정직히 행하였으며 남색하는 자들을 그 땅에서 쫓아내었으나 산당은 폐하지 아니하였다. (41~50절) — (　　　)

　　(3) 아합의 아들 아하시야가 이스라엘 왕으로 사마리아에서 20년을 다스렸는데 그는 아버지의 길, 어머니의 길(바알 숭배), 여로보암의 길(금송아지 숭배)로 행했다. (51~53절) — (　　　)

DAY 18 열왕기하 2 KINGS

📖 **열왕기하_ 열왕(列王)들의 통치와 왕국 멸망**

저자 예레미야라는 추측이 있으나 정확하지 않다. 내용으로 보아 바벨론 지방에 살던 유대인 포로로도 추정된다. 배경 연대 주전 약 850~587년 예루살렘 파멸. 요절 왕이 율법책의 말을 듣자 곧 그의 옷을 찢으니라(왕하 22:11).

---

1. 〈열왕기〉는 일정한 형식을 따라 기록되어 있으므로 그 형식을 따라 읽으면 이해가 쉽다(Day17 해설 참고).
2. 내용 분해
   17장 — 북이스라엘의 멸망
   22~23장 — 요시야의 종교개혁
   25장 — 남유다의 멸망
   북이스라엘: ⑨ 여호람(요람), ⑩ 예후, ⑪ 여호아하스, ⑫ 요아스(여호아스), ⑬ 여로보암 II, ⑭ 스가랴, ⑮ 살룸,
   ⑯ 므나헴, ⑰ 브가히야, ⑱ 베가, ⑲ 호세아(17장, 주전 721년 앗수르에 멸망)
   남유다: ⑤ 여호람, ⑥ 아하시야, ⑦ 아달랴, ⑧ 요아스, ⑨ 아마샤, ⑩ 아사랴(웃시야), ⑪ 요담, ⑫ 아하스, ⑬ 히스기야,
   ⑭ 므낫세, ⑮ 아몬, ⑯ 요시야, ⑰ 여호아하스, ⑱ 여호야김, ⑲ 여호야긴, ⑳ 시드기야(주전 587년 바벨론에 멸망)

🔵 한눈에 살펴보기

엘리야는 회오리바람을 타고 승천했고, 그 뒤를 이은 엘리사는 엘리야의 성령이 하시는 역사가 갑절이나 있기를 구하고 기적적인 사역(과부의 기름, 죽은 아들을 살림, 국의 독 제거, 나아만의 나병 치료)들을 한다. 선지자들의 이러한 사역은 어둡고 혼란한 북이스라엘에 신선한 충격을 주었다(1~5장). 엘리사는 쇠도끼가 물 위로 떠오른 일, 아람 왕의 생각 간파, 사환의 눈을 열어준 일, 적군의 눈을 닫은 일 등 다양한 이적을 행하였다(6~7장). 왕으로 세움을 받은 예후는 오므리 왕조에 속한 요람 왕과 이세벨(9장), 아합의 전 가족을 살해(10:1~11), 유다 왕실 사람들을 살해(10:12~14), 바알의 선지자들과 숭배자들을 살해(10:18~27)하는 대학살을 감행했다. 유다의 아달랴(유대교에서는 왕의 목록에서 뺀다)는 유다 지파의 왕위 계승에 의하지 않고 왕권을 찬탈한 여왕이다(11장). 이 와중에 살아난 요아스는 7세에 정통성을 가진 유다 왕이 되고(12장), 엘리사의 죽음은 이스라엘에 불길한 징조로 보여진다(13장). 영적으로 타락한 북이스라엘에는 왕권 찬탈을 위한 싸움과 여로보암의 죄로 일컬어지는 금송아지 숭배가 계속된다. 게다가 앗수르의 침략을 받게 되니 곧 멸망에 대한 징조처럼 보인다(14~15장). 왕권 찬

탈을 일삼은 북이스라엘은 호세아를 끝으로 앗수르에 멸망하고 포로가 된다(17장, 주전 721년).

반면에 유다에도 아하스같이 우상숭배를 하는 악한 왕이 있었지만(16장), 히스기야 같은 믿음의 왕이 정치를 개혁하고 하나님을 두려워하며 섬기니 앗수르의 침략에도 위기를 넘기게 된다(18~20장, 열왕기하 18~20장과 역대하 32장의 내용은 이사야 36~39장 대부분과 동일하다). 히스기야의 개혁에 이어 왕이 된 아들 므낫세는 다시 산당을 세우고 우상숭배를 했다. 55년 동안의 공포정치는 하나님을 분노하게 하여 유다의 멸망을 예고한다(21장). 요시야의 종교개혁은 유다 역사상 가장 고귀한 일이었으나(22~23장), 그 후의 왕들은 영적(우상숭배)·정치적(친애굽, 친바벨론 정책의 혼미)으로 혼란을 겪는다. 여호야긴 왕은 바벨론의 포로가 되었고, 시드기야 왕 때인 주전 587년에 예루살렘은 파멸되어 바벨론 포로가 된다(24~25장). 유다 역사의 가장 비극인 이 사건은 눈물 없이 읽을 수 없다(〈예레미야 애가〉와 〈시편〉 137편을 읽어보라).

하나씩 짚어보기

1. 성령이 하시는 갑절의 역사(왕하 2:9)

"엘리야가 엘리사에게 이르되 나를 네게서 데려감을 당하기 전에 내가 네게 어떻게 할지를 구하라 엘리사가 이르되 당신의 성령이 하시는 역사가 갑절이나 내게 있게 하소서 하는지라"(왕하 2:9). 여기에서 엘리사가 "성령이 하시는 역사가 갑절"(개역한글판: 갑절의 영감)이나 있기를 구한 것은 엘리야가 가졌던 영감의 두 배가 아니라 '장자의 몫'을 뜻한다. 상속받을 때에 장자는 3분의 2를, 나머지 아들들에게는 3분의 1이 주어지므로 장자의 몫(권리)은 실제적으로 갑절이 되는 것이다(신 21:17).

2. 모압 왕 '메사의 비문'(왕하 3장)

모압 왕은 전쟁 중에 자기들이 섬기는 신에게 자신을 이어 왕이 될 맏아들을 죽여 번제로 드린다(3:21~27). 모압의 신은 '그모스'이며 모압인들에게는 인신제사(人身祭祀)의 관습이 있었다(3:27). 오른쪽 사진은 모압 왕 '메사의 비문'으로 모압 방언으로 새겨져 있으며, 주전 850년경 이스라엘 오므리와 벌인 전쟁에 대한 기록이다.

1868년 요단강 동쪽 사해 동부 디본에서 발굴된 것으로 높이 160cm, 두께 30cm이다. 이것을 처음 발견한 베두인들은 그 안에 보물이 있을 것으로 여겨 깨뜨렸는데 실제 보물은 그 비문 자체이다. 오므

🔍 메사의 비문(왕하 3장)

메사 비문 내용의 일부

나는 디본 사람 모압 왕 케모슈의 아들 메사이다. 오므리가 이스라엘의 왕이었고 그가 오랫동안 모압을 압박했는데 이것은 케모슈께서 당신의 땅에 노하셨기 때문이다. 그의 아들이 계승했는데 그도 모압을 꺾어 누르겠노라고 하였다. 그렇지만 나는 그와 그의 집을 쳐부수고 승리했으며 이스라엘은 영원히 멸망하고 말았다. 나는 이스라엘 죄수들의 손을 빌어 케리호의 상수도를 팠다. 케모슈께서는 내 치세 동안에 내내 그곳에 거하셨다.

리에 대해서는 열왕기상 16:15~27에 나온다. 열왕기하 3장에 의하면 메사가 여호람과도 전쟁을 하였음을 알 수 있다.

3. 하나님이 주신 엘리야의 사명(왕상 19장, 왕하 8~9장)

광야의 로뎀나무 아래에서 죽기를 원했던 엘리야는 하나님의 산 호렙에 이르러서 사명을 받았다. 하나님은 엘리야에게 "너는 … 하사엘에게 … 예후에게 … 엘리사에게 기름을 부어"라고 명령하신다(왕상 19:15~16). 엘리사는 직접 불러 선지자로 기름을 부었고(왕상 19:19~21, 왕하 2:1~11), 아람 왕 하사엘(왕하 8:7~15)과 이스라엘 왕 예후(왕하 9:1~10)는 제자 엘리사가 맡아서 기름을 부음으로, 하나님의 말씀이 성취됨을 보게 된다.

4. 다윗의 언약의 효력(왕하 8장, 삼하 7장)

"여호와께서 … 유다 멸하기를 즐겨하지 아니하셨으니"(8:19)라고 했는데, 유다 여호람 왕의 불의와 악행에도 불구하고 하나님께서 긍휼을 베푸신 것은 다윗과의 언약 때문이다(삼하 7:11~17). 또한 열왕기상 11:36과 열왕기하 8:19에서도 '항상 등불을 주시겠다'고 묘사하고 있다. 사실상 다윗 왕통은 시드기야(왕하 25장)로 막을 내렸지만 궁극적으로 다윗의 자손 예수 그리스도를 통해 이 약속이 성취되었다(시 132:17). 예수님의 족보를 말할 때에도 먼저 "아브라함과 다윗의 자손 예수 그리스도의 계보라"(마 1:1)고 표현한다.

5. 흑색 방첨탑과 예후 왕(왕하 9~10장)

레야드(A. H. Layard)가 1845~1846년 이라크의 모술 남부의 옛 칼루(니므롯, 지금의 님루드)에서 원정하는 가운데 사각 기둥으로 된 180cm 높이의 검은 화강암을 발견했다. 완벽한 형태의 각 면마다 5층으로 된 부조(浮彫, 낮게 양각된 조각)가 있고 조각 위아래에는 설형문자의 비문이 기록되어 있다. 한 면의 4층 칸에는 예후가 앗수르 왕 살만에셀 3세에게 엎드려 조공을 바치는 모습이 있다(사진 참고). 통일왕국(3왕), 남유다(20왕), 북이스라엘(19왕) 총 42명의 왕 중에 고고학 자료에서 유일하게 볼 수 있는 왕의 모습이다. 예후

흑색 방첨탑(Black Obelisk)의 한 단면
방첨탑의 한 층을 확대한 사진이다. 이스라엘 왕 예후가 앗수르의 살만에셀 왕에게 조공을 바치며 절하는 모습이 당시 이스라엘의 형편을 짐작하게 한다.

왕에 대한 시각은, 성경의 기록과 앗수르 입장에서 기록한 비문과 차이가 있다.

6. '불' 왕과 '디글랏 빌레셀 3세'(왕하 15장)

앗수르 왕 '디글랏 빌레셀 3세'(주전 745~727)와 '불(Pul) 왕'은 같은 사람이다(왕하 15:19, 29). 그는 북이스라엘 므나헴 왕(북 16대)과 베가 왕(19대) 때에 침공한 바 있다. 니므롯에서 발굴된 왕궁 벽의 부

조에 나타난 디글랏 빌레셀 3세의 모습을 보면, 그가 아스다롯을 명도할 때에 의식용(혹은 대례용) 마차를 타고 있다. 그의 마부 곁에 서 있는 시종자는 그를 가려주는 양산을 들고 있고, 왕은 이 부조에서 나타나지 않은 두 사람에게 답례하고 있다.

디글랏 빌레셀 3세의 대례용(大禮用) 마차
앗수르 왕 디글랏 빌레셀(불 왕)이 대례용 마차를 탄 모습이다(왕하 15:19, 29).

7. 히스기야가 부순 놋뱀 느후스단(왕하 18:4)

(1) 히스기야 왕은 모세가 만든 놋뱀(민 21:9) 앞에서 분향하고 있는 이스라엘 자손을 책망했다(아마도 치유의 신으로 믿었을 것이다). 히스기야는 그것을 부수고 느후스단('놋조각' 또는 '보잘것없는 것'이라는 뜻)이라 하였다.

(2) 이처럼 놋뱀이 우상화되었던 예는 이방 종교 여러 곳에서 나타난다. 이란 남서부의 고대 엘람의 수도였던 수사의 여신 인슈쉬낙의 신전 폐허에서도 비슷한 놋뱀이 발굴되어 루브르박물관에 소장되어 있다. 고대 종교에서 뱀은 지하 세계를 다스리는 여신에게 서원 예물로 바쳐지기도 했다.

(3) 모세 시대처럼(민 21:9) 뱀을 치유로 이해하려는 것은 오랜 전통이 되어 영국 육군 의료반의 배지에 남아 있다거나 병원의 심벌 마크에도 장대를 감은 뱀의 모습을 넣은 것을 볼 수 있다.

8. 이스라엘(사마리아인)과 유다의 멸망(왕하 17장, 25장)

앗수르는 이스라엘을 포로로 잡아가고 이스라엘에는 앗수르인을 옮겨오게 했다. 혼혈족을 만들어 이스라엘을 말살하려 했으며(17:6, 24), 아울러 혼합 종교도 생겨났다(17:27~33). 이스라엘과 앗수르 사람의 혼혈인 '사마리아인'은 훗날 유대인의 미움의 대상이 된다(요 4:9).

북이스라엘은 주전 721년에 앗수르에 의해 멸망했고(왕하 17장), 남유다는 주전 587년에 바벨론에 의해 멸망한다(왕하 25장). 유다는 멸망 전후를 거치며 몇 차례 바벨론의 포로가 된다.

(1) 주전 605년(여호야김)   (2) 주전 597년(여호야긴)
(3) 주전 587년(시드기야)   (4) 주전 582년(예루살렘 멸망 후)

네 가지 연대 중, (1)~(3)의 연대를 주장(단 1:1, 겔 1:1~3, 왕하 24~25장)하는 보수적인 입장, (2)~(4)의 연대를 주장(왕하 24~25장, 렘 52:28~30)하는 진보적인 입장, (1)~(4)의 연대를 주장하는 절충적인 입장이 있다.

바벨론 왕 느부갓네살(주전 605~562년 통치, 렘 52:28) 7년은 주전 597년, 18년은 주전 587년, 23년은 주전 582년이 된다. 그러나 열왕기하 24:12에는 바벨론 왕 8년, 25:8에는 느부갓네살 19년 5월로 되어 있어서 〈예레미야〉와 1년씩의 차이가 있다.

고대의 놋뱀(왕하 18:4)
이 놋뱀은 아라비아의 한 무덤에서 출토되었다. _오스트리아 빈 미술사박물관 소장.

다음 물음에 답하거나 괄호 안에 알맞은 말을 넣으시오.

1. 아하시야 왕이 어떻게 했기에 "네가 반드시 죽으리라"는 말을 들었는가? (1:1~16)

2. "① 여호람이 그를 대신하여 왕이 되니 유다 왕 여호사밧의 아들 ② 여호람의 둘째 해였더라"에서 ①은 (북이스라엘, 남유다)의 왕이고 ②는 (북이스라엘, 남유다)으로 동명이인이다. (1:17) (해설 참고)

3. 엘리사가 스승 엘리야를 따라간 네 지역은 어디인가? (2:1~11)

4. "엘리사가 이르되 당신의 ( )이나 내게 있게 하소서 하는지라." (2:9)

5. "두 사람이 길을 가며 말하더니 ( )들이 두 사람을 갈라놓고 엘리야가 ( )으로 ( )로 올라가더라." (2:11)

6. 바알의 주상을 없앴으나 여로보암의 죄를 따라 행한 왕은 누구인가? (3:1~3)

7. 기분이 나쁜 엘리사가 예언을 하기 전에 요구한 것은 무엇인가? (3:15)

8. 엘리사의 이적 중 맞는 것을 골라 그 번호를 적으시오. (4장)

   〈보기〉 ① 아들 있을 것 예언 ② 국솥에 독 제거 ③ 과부의 기름 ④ 보리떡 20개로 100명 먹임 ⑤ 수넴 여인의 아들을 살림

   (1) 1~7 — (2) 8~17 — (3) 18~37 — (4) 38~41 — (5) 42~44 —

9. 나아만이 어떻게 할 때에 나병이 나았는가? (5:10, 14)

10. 엘리사의 기도로 눈이 열린 사환(청년)은 무엇을 보았는가? (6:8~19 읽고 답은 17절로)

11. 아람 왕이 될 하사엘은 선왕(先王) 벤하닷을 어떻게 죽였는가? (8:7~15)

12. 하나님께서 여러 번이나 유다 멸하기를 즐겨하지 않은 이유는 무엇인가? (8:19, 19:34, 왕상 11:12, 38, 15:4, 삼하 7:13)

13. 유다 여호람 왕 때에 배반(독립)한 두 나라는 어디인가? (8:20~24)

14. 유다 왕 아하시야는 누구의 사위가 되어 아합의 집 길(바알 숭배)로 갔는가? (8:25~29)

15. 이세벨의 처참한 죽음은 누가 예언했는가? (9:30~37)

16. 예후가 죽인 70명은 ( )의 아들이며, 42명은 유다 왕 ( )의 형제이며, 바알을 멸하였으나 벧엘과 단에 있는 ( )에서는 떠나지 않았다. (10장)

17. 아달랴가 왕의 자손을 멸절할 때에 숨긴 왕자는 ( )이며, 일곱째 해에 제사장 ( )의 명령으로 반란을 하여 왕자에게 ( )을 씌우고 ( )을 주어 왕을 삼았다. (11장)

18. 유다 왕 요아스는 아람 왕 하사엘에게 스스로 무엇을 보냈는가? (12:17~21)

19. 여호아하스의 여로보암의 죄(금송아지 숭배)로 인해 노하신 여호와께서 그를 누구의 손에 넘겨 학대받게 하셨는가? (13:1~9 읽고 답은 3절로)

20. 엘리사가 죽을병에 걸렸을 때 문병 가서 아람 진멸을 예언받은 왕은 누구인가? (13:14~19)

21. 부왕을 죽인 자의 자녀들을 죽이지 않은 왕은 누구이며, 무엇에 근거했는가? (14:1~7)

22. "선지자 (　　　)를 통하여 하신 말씀과 같이 (　　　　　)이 이스라엘 영토를 회복하되." (14:25)

23. "여호와께서 왕(아사랴 = 웃시야)을 치셨으므로 그가 죽는 날까지 (　　　　)가 되어 별궁에 거하고 왕자 (　　　)이 왕궁을 다스리며 그 땅의 백성을 치리하였더라." (15:5)

24. "앗수르 왕(　　 = 디글랏 빌레셀 3세)이 와서 그 땅을 치려 하매 (　　　　)이 은 천 달란트를 불에게 주어서 그로 자기를 (　　　　) 함으로." (15:19)

25. 유다 왕 아하스는 아람과 이스라엘 연합군이 왔을 때 어디에 도움을 요청했는가? (16:1~9)

26. 친앗수르 정책에서 친애굽 정책으로 바꿨다가 앗수르에 보복을 당한 왕은 누구인가? (17:1~4)

27. "호세아 (　　　)에 앗수르 왕이 (　　　　　)를 점령하고 이스라엘 사람을 사로잡아." (17:6)

28. 17:7~18은 어느 나라가 앗수르에 멸망한(주전 721년) 이유를 말하고 있는가?

29. 앗수르 왕 산헤립에게 여호와의 성전과 왕궁 곳간의 은을 다 준 유다 왕은 누구인가? (18:13~16)

30. 히스기야가 병들어 죽게 되었을 때에 기도함으로 몇 년을 더 살았는가? (20:1~7)

31. 부친이 헐어버린 산당들을 다시 세우며 각종 우상숭배를 많이 한 왕은 누구인가? (21:1~9)

32. 성전 수리 중에 발견된 것은 무엇이며, 그 말을 듣고 옷을 찢은 왕은 누구인가? (22:1~13)

33. 요시야의 종교개혁으로 여호와의 성전에서 내다버리거나 헐어버린 것은 무엇인가? (23장)

    (1) 4절 ―　　　　　　　　　　(2) 6절 ―　　　　　　　　　　(3) 7절 ―

34. 우상을 제거하고 언약책(율법책)에 기록된 대로 지킨 절기는 무엇인가? (23:21~23)

35. "여호야김 시대에 바벨론의 왕 (　　　　　　　)이 올라오매 여호야김이 삼 년간 섬기다가 돌아서 그를 배반하였더니." (24:1)

36. 바벨론 왕 느부갓네살은 여호야긴을 어떻게 하였는가? (24:8~17, 답은 15절로)

37. 유다 최후의 왕 시드기야와 그 아들들은 어떻게 되었는가? (25:7)

38. 바벨론에 의하여 불살라진 것은 무엇인가? (25:8~12)

39. 여호야긴 왕을 회복시킨 바벨론의 왕은 누구인가? (25:27~30)

〈역대기〉는 〈열왕기하〉와 동시대 사건을 '역대기적 역사서'의 사관으로 기록한 것이다. 역대하 10~36장은 주로 '남유다의 열왕'에 대한 기록으로 아주 간단하게 기록되었으며 북이스라엘 왕들에 대한 자료는 거의 없다('길잡이 03 역사서란 무엇인가', 권말의 성서연대표 참고).

한눈에 살펴보기

솔로몬이 죽은 후 왕국은 남유다와 북이스라엘로 분단된다(10장). 남유다의 초대 왕 르호보암은 왕국의 강성을 위하여 힘쓴다(11장). 르호보암은 애굽 왕 시삭의 침공을 받으나 겸비(謙卑)하므로 나라를 구한다(12장). 유다의 2대왕 아비야는 여호와를 의지하여 이스라엘과의 전쟁을 승리로 이끈다(13장). 3대왕 아사는 선과 정의를 행하여 나라를 평안하게 한다(14장). 아사랴의 예언을 따라 개혁을 시도하여 여호와의 함께하심을 드러낸다(15장). 이러한 아사 왕이 북이스라엘 바아사의 침공을 막기 위하여 여호와를 의지하지 아니하고 아람 왕 벤하닷을 의지함으로 책망을 받는다(16장). 유다의 4대왕 여호사밧은 여호와께 구하는 선한 왕으로 백성들의 교육에 힘썼고(17장), 북이스라엘과 연합하여 아합의 전쟁에 참여했다가 죽을 뻔하기도 했다(18장). 여호사밧은 예후 선지자의 책망을 받기도 하지만 선한 일도 했기에 칭찬을 듣는다(19장). 그리고 오직 기도로 모압 연합군을 무찌른다(20장). 반면 유다의 5대왕 여호람은 악한 왕으로, 그의 아내 아달랴는 북이스라엘 아합 왕과 이세벨의 딸이었다(21장).

'아합의 집'의 가르침을 따르는 6대왕 아하시야는 영적으로 어두운 일들이 많았다(22장). 7대왕 아달랴는 선왕(先王)의 왕비이며 태후로서, 아합의 딸이다. 그녀는 왕족을 죽이고 왕권을 탈취하여 유다 역사에 부끄러운 왕으로 지목받게 된다(23장, 유대교에서는 아달랴를 왕으로 인정하지 않는다). 제사장 여호야다의 노력으로 7살인 8대왕 요아스가 옹립된다. 그는 성전을 중수하였으나 나중에 하나님의 말씀을 듣지 않았다(24장). 9대왕 아마샤는 처음에 선지자들의 말에 순종하였으나 나중에는 우상을 숭배하여 하나님 앞에 온전하지 못했다(25장). 10대왕 웃시야는 여호와 보시기에 정직히 행하였으나 강성해지자 교만하여 나병이 들었다(26장). 11대왕 요담은 선한 왕으로 많은 건축을 했고 전쟁에서 승리했다(27장). 12대왕 아하스는 우상을 숭배한 악한 왕이었다. 유다를 파멸로 몰고 갔고, 암몬의 포로가 되기도 했다(28장, 왕하 16장 참고).

13대왕 히스기야에 대해서는 많은 기록이 나와 있으며, 훌륭한 왕으로 전해진다(29~32장, 왕하 18~20장 참고). 그는 왕이 되면서 개혁을 시도했고(29장), 유월절을 대대적으로 지켰으며(30장), 제사장들이 직무를 행하도록 조치를 취했고(31장), 앗수르 산헤립 왕의 공격을 잘 막아냈다(32장). 히스기야 시대의 개혁이 계속 이어지지 못하는 것은 14대왕 므낫세와 15대왕 아몬의 통치 때에 우상숭배를 저지른 것에서 그 이유를 찾을 수 있다(33장). 16대왕 요시야는 성전 수리를 하다가 율법책을 발견하고 율법대로 유월절을 지키고 개혁을 시도했으나 계속되지는 못했다(34~35장). 36장은 유다의 마지막 네 왕에 대한 기록이다. 17대왕 여호아하스는 석 달 만에 애굽에 의해 폐위되고 애굽은 18대왕으로 여호야김을 세웠으나 악한 왕이었으며 바벨론의 포로가 된다. 19대왕 여호야긴은 8살에 왕이 되어 석 달 열흘을 왕위에 있다가 바벨론 포로가 된다. 그 후 바벨론에 의해 세워진 20대왕 시드기야는 왕위 11년에 바벨론에 의해 예루살렘 성전이 파멸되는 비극을 겪었다. 그리고 예루살렘은 바사국이 통치할 때까지 70년 동안 황폐하게 된다(36장, 왕하 25장 참고, 주전 587년).

✔️ 하나씩 짚어보기

1. 소금 언약에 대하여(대하 13:5)

(1) 남유다의 아비야 왕은 북이스라엘의 여로보암 왕과 싸울 때 북이스라엘과 여로보암을 향하여 "이스라엘 하나님 여호와께서 소금 언약으로 이스라엘 나라를 영원히 다윗과 그의 자손에게 주신 것을 너희가 알 것 아니냐"(대하 13:5)고 말했다.

(2) '소금 언약'이란 소금과 같이 변하지 않는 진실한 언약이라는 뜻이다(레 2:13, 민 18:19). 아비야는 하나님께서 이스라엘(북이스라엘이 아닌 통일왕국 이스라엘)을 영원히 다윗과 그 후손에게 주기로 한 약속을 '소금 언약'이라고 표현한다.

(3) 신약에서는 예수님의 피의 언약을 상징한다(마 26:28). 예수님의 피로 속죄함 받은 성도를 향한 구원의 약속은 변치 않으며 영원한 것이다.

아세라 금패(대하 14:3)
이스라엘은 하나님을 섬긴다 하면서도 바알과 아세라를 섬겼다. 아사 왕은 아세라를 제거했으나 모친 마아가는 아세라 목상을 만들었다(대하 14:3, 15:16). _아세라 금패, 주전 12세기 유물로 추정.

2. 산당에 대하여(대하 14장)

(1) 산당(山堂, High Place)은 언덕처럼 두드러진 곳에 세워진 제단 같은 것을 가리킨다(삼상 9:11~14, 19, 25). 꼭 우상숭배의 장소로만 이용되지는 않았으며, 이스라엘 고대종교의 역사라고 할 수 있다.

(2) 아사는 산당을 없애고 주상을 깨뜨리며 아세라상을 찍었으나 나중에 어머니 마아가가 세운 산당은 제하지 않았다(대하 14:3~5, 15:17). 히스기야는 산당을 제거했고(왕하 18:4, 22), 므낫세는 재건했으며(왕하 21:2~3, 대하 33:3), 요시야가 종교개혁 때 다시 제거했다(왕하 23:5, 8, 13). 여호사밧의 아들 여호람은 여러 산에 산당을 세웠다(대하 21:11). 아하스는 우상

숭배를 위해 산당을 짓고 거기서 희생 제사를 드리면서 향을 태웠다(대하 28:4, 25).

(3) 산당은 가끔 예배의 장소로 사용되기도 했다. 솔로몬이 기브온 산당에서 천 마리 희생으로 번제를 드린 일은 유명하다(대하 1:3~6). 이 산당은 성전이 세워지기 전에 하나님의 예배 처소로 사용되었으며, 이곳에 여호와의 회막이 있었다. 그러나 후대에 성전 예배가 발전하고 율법을 따라 선지자들이 산당에서의 예배를 금하면서, 포로기 이후에는 산당의 예배가 엄격히 규제되었다.

3. 히스기야 왕과 산헤립의 각주(대하 32장)

유다 13대왕 히스기야 시대 주전 701년에 앗수르의 산헤립이 쳐들어왔으나 예루살렘은 방비된다(대하 32장, 왕상 18~19장). 기도의 사람인 히스기야는 어려울 때마다 하나님께 기도하였다.

앗수르의 산헤립이 침략했을 때의 중요한 고고학적인 자료가 후대에 발굴되었다. 이 각주에는 산헤립 왕(주전 705~681년)의 8차에 걸친 예루살렘 원정을 기록하고 있다. 성경의 기록과 차이가 나는 것은 앗수르 왕 산헤립의 입장에서 기록했기 때문일 것이다.

🔍 **산헤립의 각주(角柱)**

산헤립의 각주 내용의 일부

그러나 나의 멍에에 복종하지 아니한 유다인 히스기야에 대하여는 내가 견고한 성읍 마흔 여섯과 그 주변의 수많은 군소 고을을 치되 그것들을 에워싸고 토대를 쌓아 비탈길을 만든 다음 공성퇴를 끌어다 올려붙이고 보병들의 맹렬한 공격과 성벽들을 헐고 땅굴을 파고 병력을 분산시키는 작전을 펴서 정복하였느니라 … 히스기야 자신은 내가 새장의 새처럼 그의 왕도인 예루살렘에 가두어 넣었고, 그 성 주위에 파수꾼을 세워 엄히 감시하게 하였으며, 무릇 그 성문에서 나오는 자는 가차 없이 처단하였느니라.

4. 이스라엘의 멸망과 그 후의 유다(대하 36장, 왕하 17, 25장)

(1) 유다의 12대왕 아하스가 통치하던(주진 735~715년) 721년에 북이스라엘은 19대왕 호세아를 마지막으로 앗수르에 멸망하여 앗수르의 포로가 된다(왕상 17장을 보라). 이 역사적인 사건을 유다 중심의 〈역대기〉에서는 기록하지 않고 있다.

(2) 강성해진 앗수르의 산헤립 왕은 그 힘을 몰아 이제 남유다를 정복하려고 쳐들어왔다(주전 701년). 그러나 히스기야는 이를 물리친다(대하 32장). 그럼에도 앗수르의 '산헤립 각주(角住)'에는 오히려 산헤립의 선전이 기록되어 있다.

(3) 훗날 앗수르는 바벨론에게 점령당하고(주전 612년), 바벨론은 유다를 정복하고 그들을 포로로 잡아간다(주전 587년, 왕하 25장, 대하 36장).

(4) 포로가 되었던 유다는 바사(페르시아)가 주전 538년에 바벨론을 정복하면서 고레스에 의해 해방된다(537년, 대하 36:22~23, 에스라 1장).

유다 민족의 역사는 주변 열강에 의하여 운명지어지는 듯하지만 그 배후에는 하나님의 섭리가 있었다. 특히 그것이 죄의 결과임을 〈역대기〉 기자들보다 신명기적 역사서를 기록한 〈열왕기〉 기자들이 더 분명하게 지적한다.

5. 역사의 비극과 바벨론에서의 포로생활(대하 36장)

주전 721년에 북이스라엘을 무찌른(왕하 17장) 앗수르는 주전 612년 바벨론에 멸망당하고, 바벨론은 주전 587년에 유다를 무찔러서 유대인을 포로로 잡아간다(왕하 25, 대하 36장), 바벨론은 538년에 바사(페르시아)에게 멸망당하고 바사의 해방령을 통하여 유대 민족은 고향으로 귀환한다(스 1장).

(1) 바벨론에 포로된 자들은 끌려가는 도중에 죽기도 했고 바벨론까지 간 자들은 바벨론의 동남쪽 니푸르(Nippur, 니므롯) 근처에 있던 그발강가 델아빕에 정착했다(겔 3:15). 포로민으로의 삶은 조국 땅과는 같지 않았다. "멸망할 딸 바벨론아 … 네 어린 것들을 바위에 메어치는 자는 복이 있으리로다"(시 137:8~9)라고 노래할 만큼 바벨론 사람을 증오하게 되었다.

(2) 유대인 포로들은 온건정책을 쓴 바벨론 황실의 보호를 받았다. 정치활동 외에 결혼, 예배 등을 자유롭게 하며 고국으로의 귀환 소망을 가졌다(시 137편). 농업에 종사하고(렘 29:5), 상업에 종사하기도 했는데(겔 17:4) 오늘날 유대인의 '상술'은 이때부터 발전했다고 본다. 또한 '교육'하는 일도 자유로웠을 것이며 '회당제도'도 이때부터 발전한 것으로 추론한다.

6. 기혼 샘을 실로암 못으로(대하 32:30)

(1) 히스기야의 업적 중에 수로 사업이 있다. "히스기야가 또 기혼의 윗샘물을 막아 그 아래로부터 다윗 성 서쪽으로 곧게 끌어들였으니"(32:30)는 큰 업적으로, 열왕기하 20:20에는 "저수지와 수도를 만들어 물을 성 안으로 끌어들인 일"로 같은 내용을 기록하고 있다.

(2) 히스기야의 지하수로는 1880년 한 소년이 실로암 못(저수지)에서 수영을 하다가 비문을 발견함으로써 드러났다. 성 밖에 있는 '기혼 샘물'을 '실로암 못'으로 끌어들여 전쟁 중에도 성 안의 물 공급에 문제가 없도록 한 것이다. 암반의 형세를 따라 곡선을 그리며 533m가 뚫려 있으며, 학자들은 이를 '히스기야의 지하수로'라고 불렀다.

🔍 히스기야의 지하수로 비문(대하 32:30)

히스기야 지하수로의 비문 중 일부

… 또 이것이 그 수로를 뚫은 이야기니라. (석수들이 그들의) 연장으로 작업을 할 때에 각기 그의 동료를 향하여 마주 보고 파 들어가더니 관통하기 전 삼 규빗 남았을 때 한 사람이 그의 동료를 부르는 소리가(들렸으니) 이는 그 오른편에 갈라진 틈이 있음이라 … 또 관통하는 날에 석수들이 상대편 동료를 만나기 위하여 연장과 연장을 마주 대하여 파 들어갔더라.

그러고 나서 샘에서 못까지 물이 흐르니 그 길이가 일천이백 규빗이요 석수들의 머리 위에 있는 암반의 두께가 일백 규빗이었더라.

예루살렘 성내의 실로암 못
성 밖의 기혼 샘물(천연)을 성 안인 실로암 못(인공 저수지)으로 끌어들이는 수로를 건설했다.

DAY 19

역대하 10~36장

다음 물음에 답하거나 괄호 안에 알맞은 말을 넣으시오.

1. 애굽에서 귀국한 여로보암은 르호보암 왕에게 어떻게 하면 왕을 섬기겠다고 했는가? (10:4)

2. 르호보암은 무엇을 버리고 누구와 의논하여 나라가 분열되게 했는가? (10:8)

3. 열두 지파 중에 남유다 르호보암에게 속한 지파는 어디인가? (11:12)

4. '우리가 다윗과 무슨 관계가 있느냐'고 말한 이스라엘 왕은 누구인가? (10:16, 11:13~16, 왕상 12:20)

5. 르호보암이 여호와의 율법을 버리고 범죄하여 예루살렘을 애굽 왕 시삭의 손에 넘겼다가, 여호와께서 노를 돌이키사 다 멸하지 아니하신 이유는 무엇인가? (12:1~12)

6. 유다와 이스라엘은 각각 누구를 제사장으로 삼았는가? (13:9~10)

7. 르호보암이나 아비야는 어디에 장사되었는가? (12:16, 14:1)

8. 아사 왕이 산당과 태양상을 없애고 나서 나라가 어떻게 되었는가? (14:1~6)

9. 아사 왕이 선지자 오뎃의 예언을 듣고 순종하자 이스라엘의 반응은 어떠했는가? (15:8~9)

10. 선견자 하나니가 아사의 무엇을 책망했는가? (16:7~13 읽고 답은 7절로)

11. 여호사밧이 보낸 자들은 무엇을 가지고 유다 성읍들로 두루 다니며 가르쳤는가? (17:9)

12. (18:13) 맹세하노니 내 하나님께서~

13. 시드기야는 승리를, 미가야는 패배를 예언했는데 누가 바른 예언을 한 것인가? (18장)

14. "너희는 너희 하나님 (   )를 신뢰하라 그리하면 (   ) 서리라 그의 (   )들을 신뢰하라 그리하면 (   )하리라." (20:20)

15. 여호람 왕의 악행에도 여호와께서 다윗의 집을 멸하기를 원하지 않으신 이유는 무엇인가? (21:7)

16. "너는 창자에 중병이 들고 그 병이 날로 중하여 창자가 빠져나오리라"는 예언은 누가 누구에게 한 것이며 몇 년 후에 이루어졌는가? (21:11~20)

17. 아하시야 왕이 아합의 길(바알 숭배)로 간 것은 누구의 꾀임에 넘어간 것인가? (22:2~3)

18. 왕의 딸 여호사브앗은 어떠한 역할을 하였는가? (22:10~12)

19. 제사장 여호야다의 역할로 누가 정통 왕으로 세움받았는가? (23:11, 22장부터 읽어보라)

20. 요아스가 성전을 보수해야 했던 이유는 무엇인가? (24:4~14, 답은 7절로)

21. 하나님의 영이 감동시켜서 "여호와를 버렸으므로 여호와께서도 너희를 버리셨노라"며 책망하다가 돌에 맞아 죽은 제사장 여호야다의 아들은 누구인가? (24:20~22) (마 23:35 참고)

22. 아마샤가 우상숭배하고 선지자의 경고를 듣지 않은 결과는 무엇인가? (25:14~16)

23. 문과 망대를 세웠으며 농사를 좋아하고 군대를 강성하게 한 왕은 누구인가? (26:6~15)

24. 웃시야는 제사장만이 하는 분향을 위해 성소에 들어갔다가 어떤 벌을 받았는가? (26:16~23)

    (1) (   ) 환자가 됨　　　　　　　　　　　(2) (   )에서 끊어짐

    (3) (   )에 살았음　　　　　　　　　　　(4) (   )들의 곁에 장사

25. 요담의 남은 사적과 그의 모든 전쟁과 행위는 어디에 기록되었는가? (27:7)

26. 히스기야의 명령으로 여호와의 전을 깨끗하게 하는 데 앞장선 사람들은 누구인가? (29:5, 12)

27. 히스기야 시대의 특별한 상황으로 인해 유월절을 율법과 다르게 행한 두 가지는 무엇인가? (30장)

    (1) 2, 15절(신 16:1~8) ―　　　　　　　　　　(2) 18절 ―

28. 레위인들을 어떻게 표현하고 있는가?

    (1) 29:34 ―　　　　　　　(2) 30:16 ―　　　　　　　(3) 30:17 ―

    (4) 30:22 ―　　　　　　　(5) 30:27 ―

29. 히스기야의 개혁으로 백성들이 첫 열매와 (   )를 많이 가져왔는데, 이는 여호와께서 그의 백성에게 (   )을 주셨음이라. (31:1~10, 특히 5~6, 10절 참고)

30. 앗수르 왕 산헤립이 쳐들어왔을 때 히스기야 왕이 선지자 (   )와 더불어 한 일은 무엇인가? (32:20)

31. 열왕기하 20:20의 '수도'는 무엇을 만든 것인가? (역대하 32:30 참고)

32. 우상숭배에 힘쓴 므낫세는 바벨론에 갔다 와서 무엇이 변하였는가? (33:10~13)

33. 제사장 힐기야가 여호와의 전에서 발견한 것은 무엇인가? (34:14)

34. 사무엘 이후 요시야는 누구와 함께 최대의 유월절을 지켰는가? (35:18)

35. 유다의 마지막 네 왕은 누구인가? (36:1, 5, 9, 11)

36. 유다의 멸망 원인에 대해 아래의 빈 칸을 채우시오. (36:11~16)

    (1) 하나님 앞에서 (   )하지 아니하였다.

    (2) 제사장이나 백성도 크게 (: 우상숭배) 하였다.

    (3) 하나님의 사신들을 비웃고 (   )을 멸시했다.

37. "그가 (   )으로 사로잡아가매 무리가 거기서 갈대아 왕과 그의 자손의 (   )가 되어 (   )이 통치할 때까지 이르니라." (36:20)

06

포로 및 귀환시대

에스라, 느헤미야, 에스더

바벨론 포로(주전 587년, 왕하 25장, 대하 36장)로 갔던 유대 민족은 세 번에 걸쳐 귀환한다. 즉 1차 귀환은 538년에 스룹바벨의 인도로(에스라 1장), 2차 귀환은 에스라의 인도로(에스라 7장), 3차 귀환은 445년에 느헤미야의 인도로(느헤미야 1장) 이루어진다. 귀환한 이들은 세 가지의 재건을 이룬다(성전 재건, 율법 재건, 성벽 재건). 〈에스더〉는 〈에스라〉 6장과 7장 사이의 시기에 이루어진 이방 땅 바사에서의 유다인 구원을 기록한다. 포로 중의 예언자는 '에스겔'과 '다니엘'이고 포로 후의 대표적인 예언서는 〈학개〉, 〈스가랴〉, 〈말라기〉이다.

바벨론 포로로부터의 귀환과 그 후의 사건들을 두 번에 나누어서 〈에스라〉(Day20) 와 〈느헤미야〉, 〈에스더〉(Day21)를 읽는다. 구약의 역사는 여기까지이고 중간시대로 이어진다.

에스라_ 제1, 2차 귀환과 성전 재건

저자 에스라 **배경 연대** 주전 538~458년 이후(바벨론 포로 후). **주요 사건** 1장 ─ 1차 귀환(주전 538년), 6장 ─ 성전 재건(주전 516/5년), 7장 ─ 2차 귀환(주전 458년). **메시지** 종교·사회적 및 일반생활에서 명확하게 하나님의 말씀의 위치와 능력을 제시한다. **요절** 이스라엘 자손과 제사장들과 레위 사람들과 기타 사로잡혔던 자의 자손이 즐거이 하나님의 성전 봉헌식을 행하니(스 6:16).

1. 히브리 성경에서는 〈에스라〉와 〈느헤미야〉가 한 권이었으나 후에 라틴어역(Latin Vulgate, 주후 5세기 제롬역)에서부터 두 권의 책으로 나뉘었다.
2. 〈에스라〉에서 보면 유다는 해방령으로 귀환하지만 바사의 통치하에 있는 것이지 실제 독립한 것은 아니다. 그렇기 때문에 본서에 나오는 왕들(고레스, 다리오, 아닥사스다)은 모두 바사 왕이다.
3. 성전 건축이 중단되었을 때 〈학개〉와 〈스가랴〉가 성전 건축을 촉구한 것이므로 두 책을 함께 읽어야 한다. 학개와 스가랴의 예언은 다리오 왕 제2년(학 1:1, 슥 1:1)에 시작되었고 성전 봉헌은 다리오 6년인 주전 516/5년이다(스 6:15). 이 성전을 '제2성전(스룹바벨 성전)'이라고 통칭한다.
4. 내용 분해
   1~6장 ─ 1차 귀환 및 성전 재건
   7~10장 ─ 2차 귀환 및 율법 재건

한눈에 살펴보기

1. 1차 귀환(스룹바벨)과 성전 재건(스 1~6장)

열왕기하 25장(대하 36장)에서 유다가 바벨론 제국에 의해 멸망하여(주전 587년) 포로로 갔음을 보았다. 그들은 예레미야의 예언대로(렘 25:12) 70년간(주전 605~538년, 또는 587~516/5년)의 포로생활을 했고, 바벨론을 정복한 바사의 고레스 해방령에 의해 고국으로 돌아온다(스 1:1~3).

세 번의 귀환(주전 538, 458, 445년) 중 1차 귀환이 스룹바벨의 인도로 진행되었다(1장). 귀환한 사람들의 명단이 나온다(2장), 귀환한 이들은 먼저 성전 건축을 시작하나(3장) 반대자들로 인해 중단된다(4장). 학개와 스가랴 선지자의 예언에 힘입어(5장), 드디어 바사 왕 다리오 6년(주전 516/5년)에 제2성전(스룹바벨 성전)을 봉헌한다(6장).

2. 2차 귀환(에스라)과 율법 재건(스 7~10장)

6장과 7장 사이 아하수에로 시대에 '에스더'의 사건이 있다. 제2차 귀환이 에스라의 인도하에 아닥사스다 7년인 주전 458년에 있게 되므로 1차 귀환 후 무려 80년 만이다(주전 538→458년).

에스라는 금식하며 귀환을 준비했고, 아닥사스다 왕의 도움을 받아 바벨론을 떠난 지 4개월 만에 예루살렘에 도착해 많은 보물을 성전에 전달한다(7~8장). 하나님이 금하신 잡혼(신 7:1~5)을 한 이스라엘 백성들을 보며 에스라는 신명기적인 기도를 한다(9장). 그의 통회 자복으로 감동을 받은 백성들은 이방 여인을 끊고 멸망의 위기에서 구원받게 된다(9~10장).

☑ 하나씩 짚어보기

1. 바벨론 포로인 유대인의 희망과 현실(스 1장, 겔 37장)

당시 에스겔 선지자는 이스라엘 백성의 모습이 죽은 뼈들이 가득한 골짜기와 같다고 하였다(겔 37장). 그리고 새 생명에 대한 희망은 하나님 손에만 있으며, 그로 인해 고향으로 돌아간다는 메시지를 전했다(겔 37:15~23). 바벨론 왕 느부갓네살의 후계자인 '에윌므로닥'은 주전 561년에 즉위하면서 37년 전인 주전 597년에 포로로 잡혀온 여호야긴 왕을 옥에서(혹은 연금 상태) 풀어주고 왕으로 대접해주었다(왕하 25:27~30). 이 일은 포로민 유대인들에게 해방에 대한 희망을 주었을 것이다.

유다를 포로로 잡아갔던 바벨론이 주전 539년 바사(페르시아)에게 멸망당함으로 그 희망은 현실이 되었다. 주전 538년, 바사의 고레스 원년(고레스는 그 이전에도 바사의 왕이었지만, 제국을 형성하고 그 이듬해 황제로 등극한다. 피를 흘린 정복의 해를 지나 이듬해 등극하는 것이 관례였다)에 해방령이 내려지고 유대인들의 귀환이 이루어진다.

2. 역사(役事, 성전 건축과 성벽 수축)의 반대(스 4장)

4장에는 성전 재건 당시의 다리오 왕(주전 522~486년)보다도 후대의 왕들이 언급되므로 성경을 읽을 때 역사적 흐름에 유의해야 한다.

(1) 1~5절: 고레스(주전 559~530년) 통치 기간 중의 일로서 성전 건축의 방해를 받았다.

(2) 6절: 아하수에로(주전 486~465년)

(3) 7~23절: 아닥사스다 1세(주전 465~424년)

(4) 24절 이하: 과거의 다리오 Ⅰ세(주전 522~486년)를 언급함으로 다리오의 통치 기간 중에 성전이 완공되었음을 말해준다(스 5:1~2, 6:13~15, 학 1~2장, 슥 1:1~17, 4:9).

바사 왕	통치 연대	관계 성구	한 일
고레스	559~530년	스 1장	해방령
캄비세스	530~522년	언급 없음	
가우마타	522년(2월)	언급 없음	
다리오 1세	522~486년	스 4:5, 24 스 6:1, 13~15	성전 재건을 도움
크셀크세스 (아하수에로)	486~465년	스 4:6 에 1~10장	에스더를 왕비로 맞음
아닥사스다 1세	464~423년	스 4:7~23, 7:1 느 2:1	에스라, 느헤미야 귀환 도움

바사(페르시아) 왕들의 연표
바사는 주전 539년에 바벨론을 무찌르고 제국이 되어 주전 333년에 헬라에 멸망한다.

3. 세 번의 성전 건축(스 6장)

성전은 역사적으로 세 번 건축되고 파괴되었다.

(1) 제1성전(솔로몬 성전): 솔로몬 왕 제4년에 시작하여 11년에 마치니 7년 동안 성전을 건축하고 주전 950년에 성전을 봉헌한다(왕상 5~8장, 대하 3~7장). 이 성전은 주전 587년, 바벨론의 느부갓네살에 의해 파괴되고 불살라진다. 유다의 귀인들은 포로가 된다(왕하 25장, 대하 36장).

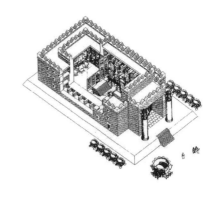

솔로몬 성전(왕상 6장, 대하 5장)
솔로몬은 두로의 백향목을 수입하여 성전을 건축하였다. 솔로몬 성전은 제1성전이라고도 한다. 성경에 기록된 성전의 규격을 참고로 그린 것이다.

(2) 제2성전(스룹바벨 성전): 바벨론 포로에서 귀환하여 이듬해 성전 건축을 위해 대를 놓았으나(주전 537년) 반대자들로 인해 중단되었다가 바사 왕 다리오 6년(주전 516/5년)에 봉헌한다(6장).

(3) 헤롯 성전(제2성전 증축): 로마가 통치하던 시대에 유다인의 왕이 된 헤롯은 이두매 출신으로 인정을 받지 못하자 유다인들의 환심을 사려고 예루살렘 성전을 증축한다. 주전 19년에 착공, 주후 64년경 총독 알비누스 때 완공되어 총 83년이 소요되었다. 예수님 사역 말기(주후 30년경)에 "제자들이 성전 건물들을 가리켜 보이려고 나아오니" 예수께서 "너희가 이 모든 것을 보지 못하느냐 내가 진실로 너희에게 이르노니 돌 하나도 돌 위에 남지 않고 다 무너뜨려지리라"고 하셨다. 성전은 완공 7년 후인 주후 70년 유대전쟁 때에 로마에 의해 파괴되어 예수님의 예언대로 되었다(마 24:1~2).

4. 학자 겸 제사장 에스라(스 7장)

에스라에 대하여 7:11에서 "여호와의 계명의 말씀과 이스라엘에게 주신 율례 학자요 학자 겸 제사장"이라 했고, 12절에서는 "하늘의 하나님의 율법에 완전한 학자 겸 제사장 에스라"라고 했다(개역한글판은 '학자'가 아닌 '학사'로 번역했다). 그는 바사 궁 내의 능숙한 '학사(서기관)'이며 유대인의 율법에 능숙한 '율례학자 겸 제사장'이었다(느 8:1, 4, 9, 13, 12:26에는 모두 '학사'로 번역했다). 그는 율법 연구를 통하여 하나님의 구원 역사의 흐름과 언약 성취의 발자취를 깨닫고 민족적 신앙 회복을 위해 노력한 사명자였다(7:10).

다리오 왕 시대의 페르세폴리스(고대의 바사 제국)
페르세폴리스의 다리오 왕의 궁전으로 조공 드리는 행렬의 실제 규모와 그 화려함이 부조에 잘 나타나 있다.

5. 주전 458년, 2차 귀환자의 수(스 8장)

개인이 아닌 각 자손별로 대표되는 남자의 총수 1,496명(8:2~14)과 부녀자와 어린이(21절), 약 40명의 레위인(18~19절), 220명의 성전 수종자(느디님 사람, 20절)를 모두 합하면 적어도 5천 명은 되었을 것이다. 물론 귀환한 사람보다 바사에서 정착하여 사는 사람이 더 많았다. 이들은 바벨론에 왔던 포로민의(주전 597, 587, 582년) 후손들이다. 그러나 바벨론은 539년에 바사에 멸망하고 바사는 538년에 포로민들에게 해방을 주었던 것이다.

6. 금식하고 기도하는 에스라(스 8장, 10장)

에스라는 예루살렘 귀환을 앞두고 금식을 선포하고 기도했다(8:21~23). 귀환 후에도 잡혼 문제로 백성들이 죄 가운데 있자 기도하고(9장), 금식도 한다(10:6). 어려운 문제에 부딪힐 때 이렇게 금식하며 기도하는 에스라의 신앙은 본받을 만하다. 하나님의 능력은 무한하시지만, 사람의 지식과 경험과 방법은 한계가 있음을 인정해야 한다.

7. 바벨론으로부터 3차 귀환

귀환	연대(주전)	바사 왕	인도자	인도자 신분	귀환자 수	성경 기록	귀환 후 한 일
1차	538년	고레스 원년	스룹바벨	총독(?)	약 5만 명	스 1~6장	성전 재건
2차	458년	아닥사스다 7년	에스라	학자 겸 제사장	약 5천 명	스 7~10장	율법 재건
3차	445년	아닥사스다 20년	느헤미야	총독	일부 백성	느 1~13장	성벽 재건

8. 고레스의 원통 인장

'원통 인장(印章), (The Cylinder)'은 바벨론 정복에 대한 바사의 통치자 고레스의 보고이다. 무혈 진격의 탈취 및 개혁을 기록하고, 교만하게 자신을 "나는 고레스, 세계의 왕, 위대한 왕, 힘 있는 왕, 바벨론의 왕"이라고 표현했다. 그는 유다인을 포함한 포로민의 귀환을 허락한 왕이다. 1879~1882년 바벨론에서의 발굴 때에 점토로 된 인장이 출토되어 역사적 사실을 더 분명히 하고 있다.

고레스의 원통 인장(스 1장)
설형문자로 되어 있어서 원통을 돌려가며 읽을 수 있다. 토판에 굴리면서 인장을 사용하였다. 주전 539년 바벨론을 정복한 후에 쓰인 것으로 본다. _대영박물관 소장.

🔍 **구약의 역사서에 대한 이해**

일반적으로 구약 역사서를 〈여호수아〉에서 〈에스더〉까지로 보지만, 실제 역사는 〈창세기〉부터 볼 수 있으며 그 끝은 〈느헤미야〉(에스더보다 후대이다. 〈에스더〉의 뒤에도 성경이 있으므로 역사적으로 후기의 사건으로 착각하기 쉬우나 모두 역사서 이내의 사건이다(예를 들면 〈이사야〉는 〈열왕기〉 시대인 주전 700년경). 다만 〈말라기〉(느헤미야와 동시대인 듯) 이후 약 400년간의 공백을 '중간시대'라 하는데, 바사 제국은 주전 333년 헬라에 멸망하고 유다는 헬라의 지배를 받다가 주전 165~63년까지 약 100년간 독립을 누렸으나 주전 63년부터 로마의 지배를 받는다. 그러기에 예수님이 오셨을 때 유다는 로마 지배하에 있었던 것이다('길잡이 06 중간시대 연구' 참고).

다음 물음에 답하거나 괄호 안에 알맞은 말을 넣으시오.

1. 고레스의 해방령(주전 538년)과 관계 있는 것을 모두 고르시오. (1:1~11)

   ① 예루살렘에 성전을 건축하라.　　　　　　② 바사인은 은, 금, 물건, 짐승으로 도우라.

   ③ 여호와의 성전 그릇을 돌려주라.　　　　　④ 여호와의 성전 건축은 자력으로 하라.

2. 하나님께 감동을 받고 예루살렘 성전 건축을 위해 나섰던 사람을 모두 고르시오. (1:5~11)

   ① 유다와 베냐민 족장　　　② 예레미야　　　③ 제사장들　　　④ 레위 사람들

3. "옛적에 바벨론 왕 느부갓네살에게 사로잡혀 바벨론으로 갔던"이란 주전 (　　)년 예루살렘 파멸을 말하고(왕하 25장), "예루살렘과 유다 도로 돌아와"란 주전 (　　)년 고레스의 해방령에 의해 스룹바벨의 인도로 귀환한 것을 말한다. (2:1~2) (해설 참고)

4. 계보(系譜) 중에서 이름이 없는 자는 어떻게 했는가? (2:62)

5. 다음에 해당되는 숫자를 쓰시오. (2:64~70) * 금 1다릭: 약 130그램(35돈가량), 은 1마네: 약 567그램(150돈가량)

   (1) 온 회중의 합계 — (　　　　)명　　　　　(2) 노래하는 남녀 — (　　　)명

   (3) 금고에 들인 금 — (　　　　)다릭　　　　(4) 은 — (　　　)마네

6. 성전 건축에 앞서 제단을 만들고, 성전 기초를 놓았던 두 사람은 누구인가? (3:1~13)

7. 예루살렘 성전 기초를 놓은 때는 언제이며, 공사를 감독한 사람은 누구인가? (3:8~10)

8. 여호와의 성전 기초를 놓을 때에 다음의 사람들은 무엇을 했는가? (3:10~13)

   (1) 제사장들 —　　　　　　　　　　　　(2) 아삽 자손 레위 사람들 —

   (3) 모든 백성 —　　　　　　　　　　　(4) 나이 많은 족장들 —

9. "그 땅 백성이 유다 백성의 손을 (　　　) 하여 그 건축을 (　　　)하되 바사 왕 (　　　)의 시대부터 바사 왕 (　　　)가 즉위할 때까지 관리들에게 (　　)을 주어." (4:4~5)

10. 성전 건축을 재개할 때 다음의 사람들과 관계 있는 내용을 연결하시오. (5장)

    (1) 학개, 스가랴　　　　　① 성전 기초를 놓고, 계속 건축하는 자

    (2) 닷드내, 스달보스내　　② 우리는 천지의 하나님의 종이라

    (3) 유다 장로들　　　　　③ 성전 건축 재개 독려(학 1:1~2, 슥 1:1)

    (4) 세스바살　　　　　　④ "누가 이 성전을 건축하고 이 성곽을 마치게 하였느냐"라고 말한 자

11. 다리오 왕의 조서에 따라 보물전각에서 '예루살렘 하나님의 성전을 건축하라'는 어느 왕의 원년에 내린 조서를 근거로 성전 건축을 방해하지 못하게 했는가? (6:1~7)

12. 장로들이 그 권면을 따름으로 성전 건축하는 일을 형통하게 한 선지자 둘은 누구인가? (6:13~15)

13. 하나님의 성전을 건축하며 일을 끝낸 때는 언제인가? (6:13~15) (해설 참고)

14. 고레스와 아닥사스다의 조서를 따라 스룹바벨을 주축으로 건축된 이 성전의 이름은 무엇인가? (6장)

15. 사로잡혔던 자의 자손이 첫째 달(정월) 십사 일에 지킨 절기는 무엇인가? (6:19)

16. 에스라는 대제사장 (   )의 16대손으로 율법에 완전한 (   )이었다. (7:5, 12)

17. 아닥사스다 7년(주전 458년)에 귀환했는데 예루살렘까지는 만 (   )개월가량 걸렸다. (7:7~9)

18. 아닥사스다 왕은 성전에 쓰일 것이 더 있으면 (   )에서 내다가 드릴 수 있게 하였다. (7:20)

19. 하나님께서 왕의 마음에 예루살렘 (   )을 두시고 은혜를 얻게 하셨다. (7:27~28)

20. "나와 함께 바벨론에서 올라온"(8:1)에서 '나'는 누구이며 '바벨론에서 올라온'은 몇 차 귀환을 뜻하는지 맞게 짝지어진 것을 고르시오. (8:1~14) (해설 참고)

   ① 스룹바벨 — 1차(538년)   ② 에스라 — 2차(458년)   ③ 느헤미야 — 3차(445년)

21. 에스라가 예루살렘으로 가기 전 무리를 모아 한 일에는 O표 아닌 것에는 X표 하시오. (8:15~30)

   (1) 레위 자손이 없기에 하나님의 성전을 위하여 섬길 자를 데리고 오라 하였다. — (   )

   (2) 아하와로 흐르는 강가에서 금식을 선포하고 평탄한 길을 간구했다. — (   )

   (3) 세레뱌, 하사뱌와 그 형제 열 명에게 금·은 그릇을 맡기었으나 그것을 감추었다. — (   )

22. "내가 이 일을 듣고 속옷과 겉옷을 찢고 (   )과 (   )을 뜯으며 기가 막혀 앉으니." (9:3)

23. 에스라가 무릎을 꿇고 손을 들고 한 '신명기적 기도'는 몇 절부터 몇 절에 나오는가? (9장)

24. "너희 (   )들을 그들의 아들들에게 주지 말고 그들의 (   )들을 너희 (   )들을 위하여 데려오지 말며 그들을 위하여 평화와 행복을 영원히 구하지 말라." (9:12)

24. 여호와의 전 앞에서 울며 기도하며 죄를 자복한 사람은 누구인가? (10:1~5)

25. 에스라의 공포대로 삼 일 내에 예루살렘 성전 앞 광장에 모인 사람들은 누구인가? (10:5~9)

26. 이방 여인에게 장가든 자를 조사하는 데 반대한 대표적인 두 사람은 누구인가? (10:10~17)

27. 이방 여인을 취했던 자들은 그 죄로 인해 무슨 제사를 드렸는가? (10:19)

DAY 21 느헤미야, 에스더

📖 느헤미야_ 제3차 귀환과 성벽재건 및 개혁

저자 본문의 주어가 1인칭이므로 느헤미야로 본다. 혹은 〈에스라〉와 〈느헤미야〉가 한 권이었으므로 에스라로 보기도 한다. 배경 연대 주전 445~420년경, 느헤미야의 귀환과 개혁 당시. 주요 사건 2장-예루살렘으로 귀환, 6장-성벽재건과 개혁. 요절 예루살렘 성벽을 봉헌하게 되니 각처에서 레위 사람들을 찾아 예루살렘으로 데려다가 감사하며 노래하며 제금을 치며(느 12:27).

1. 느헤미야와 에스라는 동시대에 활동했다(느 8:1~9, 12:26). 3차로 귀환한 느헤미야는 무너진 예루살렘 성벽을 재건했으며 유다 민족의 정통성 회복과 순수성 유지에 정성을 다한다.
2. 말라기를 느헤미야와 동시대에 활동한 선지자로 보기도 하는데, 이는 결혼 개혁에 대해 또 다른 입장을 보여주기 때문이다(말 2:16).
3. 내용 분해
   1~6장 ― 느헤미야의 귀환과 성벽 재건
   7~13장 ― 느헤미야의 개혁
4. 지금까지의 3차 귀환을 정리한 것은 Day20의 해설 중에서 통계 자료를 참고하라.

⬤ 한눈에 살펴보기

1. 느헤미야의 귀환과 성벽 재건(느 1~6장)

예루살렘의 형편을 들은 느헤미야는 고향을 생각하여 금식하고(1장), 아닥사스다 왕의 도움을 받아 총독 자격으로 귀환하여(주전 445년) 형편을 살피고(2장), 성벽 재건(중수)을 시작하나(3장), 대적들이 방해한다(4장). 그럼에도 불구하고 느헤미야는 개혁을 시도한다(5장). 각종 반대와 살해 음모 속에서도 느헤미야는 성벽 재건(중수)을 마친다(6장).

2. 느헤미야의 개혁(느 7~13장)

그 사이에 예루살렘에는 다스리는 자가 세워지고 느헤미야는 1차 귀환자의 명단을 입수한다(7장). 느헤미야와 함께 개혁에 앞장선 에스라는 율법의 말씀을 백성들에게 낭독했으며(8장), 백성들은 죄를 자복하는 등 개혁의 물결이 일어나는데, 이는 에스라의 기도에서도 잘 나타난다(9장).

언약에 인봉한 자들의 명단(10장), 유다와 예루살렘의 새 거주자 명단이 신분과 함께 소개된다(11장). 하나님의 제사장과 레위 사람이 시대별로 소개되고 성벽 봉헌식을 거행하니, 모든 직책도 정상적으로 회복된다(12장). 잠시 바사에 다녀온 느헤미야는 유사한 개혁을 계속한다(13장).

✅ 하나씩 짚어보기

1. 에스라와 느헤미야의 동역(스 7장, 느 2장)

(1) 에스라의 귀환(스 7장, 주전 458년)과 느헤미야의 귀환(느 2장, 주전 445년)은 13년의 차이가 있으나, 두 사람은 여러 개혁활동을 같이 했고(8:15), 성경의 두 책에서도 중복되는 부분이 있다.

(2) 느헤미야 7장은 에스라 2장의 반복으로, 느헤미야가 스룹바벨 인도하의 귀환자(1차 주전 538년) 명단을 정리한 것이다(7:5—"내가 처음으로 돌아온 자의 계보를 얻었는데").

(3) 성벽 재건 공사 중에는 한 번도 언급되지 않다가 8장 1절에 '학사 에스라'로, 2절에는 '제사장 에스라'로 등장하는 것으로 보아 에스라가 느헤미야와 함께 일했던, 같은 시대 이스라엘의 영적 지도자임을 알 수 있다.

2. 성벽 재건과 봉헌식(느 3, 12장)

느헤미야가 귀국하여 성벽을 재건하는 과정을 보면, 3장에서 성벽을 재건(중수)하고, 6장에서 완공하며, 12장에서는 성벽 봉헌식을 거행한다.

3장의 성벽 및 문을 재건하는 과정에서 양문, 함메아 망대, 하나넬 망대(1절), 어문(3절), 옛 문(6절), 화덕 망대(11절), 골짜기문(13절), 분문(14절), 샘문(15절), 내민 망대(25절), 수문(26절), 마문(28절) 등을 중수하는 모습이 나온다. 12:27~43에는 성벽 봉헌식이 거행되어 찬송하며 행진한다. 3장과 12장의 성벽 중수와 봉헌식 행진에서 나오는 문들과 망대들의 이름을 지도에서 찾아보라.

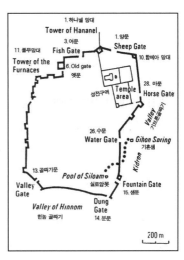

느헤미야 당시의 예루살렘
느헤미야 3장에 성문과 망대를 건축한 기록이 나온다
(문 이름 앞의 숫자는 성경 해당 절).

3. 느헤미야의 개혁과 행적(느 10, 13장)

(1) 10장에서는 잡혼 금지(10:30), 안식일 준수(10:31), 성전세, 희생 제물, 첫 열매, 십일조에 관한 합당한 방법과 절차 준수(10:35~38) 등이 나온다. 그런데 바사에 갔다 와서도 전에 했던 것과 유사한 성전 청결, 안식일 준수, 잡혼 금지, 제사장·레위인 신분 회복 등의 일을 진행한다(13장). 백성들이 같은 잘못을 계속 저지르고 있음을 보여주는 부분이다.

(2) 예루살렘에서 12년 동안 일한 느헤미야는 12년째인 주전 433년에 수사로 돌아간다. 그리고 얼마 후 말미를 청하고 다시 돌아와서(13:6~7) 개혁을 시도한다. 한편, 아닥사스다가 바사 왕인데도 13:6에서 '바벨론 왕'이라고 일컫는 것은 바벨론 제국이 612년에 멸망했음에도 불구하고 그 제국의 국력과 영향력이 매우 컸던 것을 말해준다.

4. 암몬과 모압 족속(느 13장)

암몬과 모압 족속이 하나님의 총회에 들어오지 못하는 이유는(13:1~3) 율법에 기록되어 있다(신 23:3). 이스라엘이 출애굽 후 광야에 있을 때 갖가지 방법을 동원하여 이스라엘 민족을 괴롭혔던 그들은(민 20:14~23:20) 저주를 받게 된 것이다. 모압과 암몬은 아브라함의 조카 롯이 딸들을 통해 낳은 아들들로(창 19:36~38) 이스라엘과의 다툼은 결국 집안의 싸움이 된다.

5. 성경에 나온 월력(느 1, 2, 8장)

7월은 아닥사스다 왕 20년 7월을 말하는 것이다(8:1). 아닥사스다 왕 20년 기슬르월(1:1)은 주전 445년 12월경이지만 같은 왕 20년 니산월(2:1)은 다음 해인 주전 444년 봄인 4월경이며 제7월(8:1)은 가을인 10월경이다.

아빕월(14일, 유월절), 아브월(9일, 예루살렘 파괴일), 아달월(14~15일, 부림절)을 혼동하는 경우가 있으므로 아빕월, 아브월, 아달월을 잘 구별하도록 한다.

	성력	현행력	성경 언급	시기의 특징	절기
1	니산(아빕)	3~4월	출 12:2 느 2:1 에 3:7	춘분 늦은 비가 옴 보리 추수 시작 아마(亞麻) 추수	1일 – 종교적 신년, 민 28:11 14일 – 유월절, 출 12:18 15~21일 – 무교절, 레 23:6 16일 – 첫 수확, 레 23:10 이하
2	이얄(시브)	4~5월	왕상 6:1, 37	건기가 시작됨, 일반 추수	14일 – 늦은 유월절, 민 9:10~11
3	시완	5~6월	에 8:9	이른 무화과 익음, 열매 맺음	6일 – 오순절, 레 23:25 이하
4	담무스	6~7월	겔 8:14	밀 추수, 포도 돌봄	
5	아브	7~8월		포도, 무화과, 올리브 수확	9일 – 유대인들은 성전이 파괴된 날로 기억
6	엘룰	8~9월	느 6:15		
7	티리쉬 (에다님)	9~10월	왕상 8:2	이른 비가 옴 밭갈이(경작)	1일 – 나팔절, 신년, 민 29:1 10일 – 속죄일, 레 16:29 이하 15~21일 – 장막절, 레 23:34 22일 – 성회, 레 23:36
8	에쉬반 (불)	10~11월	왕상 6:38	밀과 보리 파종 겨울 무화과	
9	기슬르	11~12월	느 1:1	겨울 시작	25일 – 수전절, 요 10:22
10	데벳	12~1월	에 2:16	겨울철 우기	(산지에는 눈)
11	스밧	1~2월	슥 1:7		
12	아달	2~3월	스 6:15 에 9:19	감귤류 추수	*13, 이다쉬니(윤달)가 있다. 14~15일, 부림절, 에 9:21~26

📖 에스더_ 유다인이 바사에서 구원(부림절)

저자 미상. 바사 거주인으로 메대와 바사의 궁중 기록을 입수할 수 있는 유다인으로 추정한다. **배경 연대** 주전 483년 이후, 아하수에로 통치 시기(주전 486~465년). **주요 인물** 아하수에로, 와스디, 모르드개, 에스더, 하만. **요절** 유다인 모르드개와 왕후 에스더가 명령한 바와 유다인이 금식하며 부르짖은 것으로 말미암아 자기와 자기 자손을 위하여 정한 바가 있음이더라(에 9:31).

1. 〈에스더〉의 역사적 배경은 에스라 6장(다리오 왕, 주전 522~486년)과 7장(아닥사스다 왕, 주전 486~465년)의 중간에 통치한 크셀크세스(Xerxes 1세)로 알려진 아하수에로 왕의 통치 때 일이다(Day20 및 '성서연대표' 참고).
2. 바사 왕 아하수에로 시대에 유다 민족 전체를 몰살하려는 음모와 그것이 수포로 돌아간 사건의 전모를 들려준다(부림절의 기원).
3. 〈에스더〉는 여인의 이름으로 된 두 책(룻기, 에스더) 중에 한 권이다.
4. 이 책은 성경의 다른 책과는 달리 '여호와', '하나님'이라는 말이 한 번도 사용되지 않았다. 그러나 그 바탕에 면면히 흐르는 정신은 '여호와의 자기 계시'라고 할 수 있다.
5. 혹자는 이 책을 헬라 통치 때의 '묵시문학'으로 분류하기도 한다. 묵시문학이란 박해받는 성도들을 격려하기 위해 가공의 인물을 내세워 핍박을 이겨나가는 모습을 보여주는 형식을 취한다. 대개 상징을 많이 사용하며, 〈다니엘〉, 〈요한계시록〉 등이 있다.
6. 내용 분해
   1~5장 — 죽음 앞에 놓인 유다인　　　　　 6~10장 — 구원받은 유다인

 한눈에 살펴보기

1. 죽음 앞에 놓인 유다인(에 1~5장)

아하수에로는 인도로부터 구스(현재 아프리카 북부 수단)까지의 제국을 통치하는 황제였다. 그는 통치 3년째 해에 큰 잔치를 베풀고 그 자리에서 왕후 와스디의 아름다움을 사람들에게 보이고자 한다. 그러나 와스디는 왕명을 따르기를 싫어하여 폐위된다(1장). 새 왕후를 선발하는 자리에서 유다인 에스더는 신분을 밝히지 않은 채 왕후가 되고, 에스더의 사촌 모르드개는 왕의 생명을 구하는 공적을 세운다(2장). 지위가 높아지면서 교만해진 하만은 유다인에게 감정을 갖고 왕 12년에 유다인 전멸 계획을 세운다(3장). 그러나 에스더는 "죽으면 죽으리라"는 각오로(4장) 민족을 구할 기회를 얻고자 왕을 위한 잔치를 베푼다. 이 잔치에 초대된 하만은 모르드개를 매달아 죽이기 위해 나무를 준비한다(5장).

2. 구원받은 유다인(에 6~10장)

유다인은 멸망 위기에 빠졌지만, 왕이 '역대 일기'를 읽으므로 상황은 역전된다. 결국 하만은 모욕을 당하고 모르드개는 영광을 얻는다(6장). 에스더는 민족을 구할 계기를 만들고, 하만은 자기가 세운 나무(기둥)에 달려 죽는다(7장). 조서가 내려져 유다인은 구원을 받고(8장) 유다인을 죽이려 했던 자들은 오히려 죽임을 당한다. 대적의 손에서 구원받음을 기뻐하며 이 날(아달월 14~15일)을 '부림'(부림절의 기원)으로 기억한다(9장). 모르드개는 존귀한 자가 되며, 이후 유다인의 이익을 도모한다(10장).

✅ 하나씩 짚어보기

1. 바사 제국에 대하여(스 1장, 에 1장)

고레스(스 1:1)는 주전 559년 바벨론의 동쪽 지방에서 발흥하여 550년에 메대 제국을 복속시켜, 그의 나라는 종종 '메대 바사 제국'(에 1:19, 단 6:8, 12)이라고 불린다. 이어 주전 539년에 바벨론을 멸망시켰는데, 당시 바벨론 제국의 통치자는 나보니더스(섭정왕은 벨사살)로서 바벨론의 멸망과 벨사살의 죽음을 성경에서 볼 수 있다(단 5:1~31, 대하 36:20). 이사야는, 바벨론의 멸망과 바사의 고레스가 이스라엘을 예루살렘으로 귀환시킬 것을 예언했다(사 44:28, 45:1).

설화석고(雪花石膏) 단지
아하수에로(크셀크세스)의 이름이 고대 바사 및 바빌로니아 설형문자, 이집트 상형문자로 새겨져 있어, 그가 어느 방백에게 준 하사품으로 여겨진다. 할리카르나수스의 묘에서 출토되었다.

2. 아각 사람 하만은 누구인가?(에 3~7장)

모르드개와의 감정적 문제로 인해 모든 유다인을 죽이려 했던 하만은 "그 후에 아하수에로 왕이 아각 사람 함므다다의 아들 하만의 지위를 높이 올려 모든 함께 있는 모든 대신 위에 두니"(3:1)에서처럼 '아각 사람'으로 소개된다. 하만의 고향이 '아각'인지 아니면 그 조상 중에 대표적인 인물이 '아각'인지에 대해 전통적인 해석에서는 통일왕국의 초대 왕 사울에게 사로잡혔던 아말렉 왕 아각(삼상 15:8)의 자손을 일컫는 것으로 본다. 그렇게 본다면 하만(이방 백성 바사)과 모르드개(하나님의 백성 이스라엘)의 대립은 그 옛날 아각(이방 백성 아말렉)과 사울(하나님의 백성 이스라엘)의 대결의 재현으로 볼 수 있다. 하만이 모르드개를 처형할 때 사용하려고 준비한 나무에 자신이 달려 죽고(7:8~9) 유다인들은 구원을 얻음으로 이방에 대한 유다인의 승리를 보여준다(9:16).

3. 유다인이 겪은 고난처럼(에 3장)

유다인 전체가 죽음 직전에 놓인 일은 바사에서(스 3:6~7)뿐 아니라, 애굽에서도 있었고(출 1:15~16), 유대에서 헤롯이 아기 예수님을 죽이기 위해 2살 이하의 아기를 죽이도록 한 때도 있었다(마 2:13~18). 이처럼 사탄은 구속의 역사를 끊으려 하지만 하나님의 섭리와 보호하심은 계속되었다.

4. 부림절의 기원(에 9장)

(1) '부림'은 제비뽑기(히브리어, 부르)의 복수형으로 하만이 유다인 살해를 꾀했을 때 "아하수에로 왕 십이 년 첫째 달 곧 니산월에 무리가 하만 앞에서 날과 달에 대하여 부르 곧 제비를 뽑아 열두째 달 곧 아달월을 얻은지라"(3:7)에서 비롯되었다. 사람의 제비뽑기가 계략을 초월하여 하나님의 일이 되었다.

(2) 모르드개는 "이달 이날에 유다인이 대적에게서 벗어나서 평안함을 얻어 슬픔이 변하여 기쁨이 되고 애통이 변하여 길한 날이 되었으니 이 두 날을 지켜 잔치를 베풀고 즐기며 서로 예물을 주며 가난한 자를 구제하라"(9:22)는 편지를 썼다. 하나님께서 자신들을 대신하여 복수하셨음을 기념하고 있다.

다음 물음에 답하거나 괄호 안에 알맞은 말을 넣으시오.

1. 느헤미야는 바사 어느 왕 때에 무슨 관원이었는가? (느 1:1, 11)

2. 유다와 예루살렘 사람들의 형편을 들은 느헤미야는 어떻게 했는가? (1:4)

3. "예루살렘에 이르러 머무른 지 사흘 만에 … 그 밤에 시내를 따라 올라가서 (   )을 살펴본 후에 돌아서 골짜기 문으로 들어와 돌아온" 사람은 누구인가? (2:11, 15)

4. 성벽재건 계획을 업신여기고 비웃었던 세 사람은 누구인가? (2:18~19)

5. 다음 절에 나오는 재건하는 부분의 이름을 적으시오. (3장) (해설 참고)

    (1) 1절 ―   (2) 3절 ―

    (3) 6절 ―   (4) 11절 ―   (5) 13절 ―   (6) 14절 ―

    (7) 15절 ―   (8) 25절 ―   (9) 26절 ―   (10) 28절 ―

6. "그들이 건축하는 돌 성벽은 여우가 올라가도 곧 무너지리라"고 비방한 자는 누구인가? (4:3)

7. 당시 느헤미야는 유다 땅 총독으로 몇 년 동안 있었는가? (5:14)

8. 산발랏과 게셈이 오노 평지에서 느헤미야를 만나려고 한 이유는 무엇인가? (6:1~2)

9. 성벽 건축 역사(役事)의 기간과 끝난 때는 언제인가? (6:15)

10. "처음으로 돌아온 자의 계보"에 기록된 대로 돌아온 온 회중의 합계는 얼마인가? (7:5, 66)

11. 일곱째 달 초하루에 제사장 에스라가 수문 앞 광장에서 새벽부터 읽은 책은 무엇인가? (8:1~3)

12. 율법을 들은 백성들은 어떻게 했으며 당시에 어떤 절기를 지켰는가? (8:9, 14, 18)

13. 모여 금식한 이스라엘 자손들은 베옷을 입고 어떻게 했는가? (9:2)

14. 예루살렘에 거주하게 된 사람들은 누구인가? (11:1~2)

15. 12장은 스룹바벨과 예수아와 함께 돌아온, 누구에 대한 명단인가? (12:1~26)

16. 성벽 봉헌식에 사용된 악기들은 무엇인가? (12:27)

17. 제사장들과 레위 사람들에게 돌릴 것으로, 곳간에 쌓은 것은 무엇인가? (12:44)

18. 느헤미야가 개혁과 관련하여 기도한 세 곳은 몇 절인가? (13:14~31)

    (1) 하나님 전 맡은 자 ― (   )절   (2) 안식일 준수 ― (   )절   (3) 잡혼 금지 ― (~   )절

19. 아하수에로 왕은 왕위에 있은 지 (　　) 년에 (　　) 일 동안의 잔치를 베풀었다. (에 1:1~8)

20. 잔치 제칠 일에 왕후 (　　　) 를 왕 앞으로 나아오게 하여 그 (　　　　) 을 뭇 백성과 지방관들에게 보이게 하려 했으나 왕명 따르기를 싫어하여 폐위되었다. (1:9~22)

21. 유다인 모르드개는 어떻게 하여 바사에 있게 되었는가? (2:5~6)

22. 에스더를 와스디 대신 왕후로 삼을 때에 왕은 무엇을 씌워주었는가? (2:17)

23. 모르드개의 어떤 일이 궁중일기에 기록되었는가? (2:19~23)

24. 아각 사람 하만은 왜 유다인을 다 멸하고자 했는가? (3:1~6)

25. 왕의 반지로 인친 조서의 내용은 무엇이었는가? (3:12~15 읽고 답은 13절로)

26. 삼 일을 금식한 후에 규례를 어기고 왕에게 나아가리라는 에스더의 각오는 무엇인가? (4:16)

27. 에스더가 베푼 잔치에 초청된 두 사람은 누구인가? (5:4~5)

28. 하만이 아내 세레스에게 늘어놓은 교만한 자랑은 몇 절에 나오는가? (5:9~14)

29. 하만이 모르드개로 인해 만족하지 않자 아내와 친구들이 제안한 방안은 무엇인가? (5:13~14)

30. 우리 속담 중 "떡 줄 사람은 생각도 않는데 김칫국부터 마신다"에 해당되는 절은 어디인가? (6:1~9)

31. 하만의 아내가 "능히 그를 (　　　　　　　) 분명히 그 앞에 엎드러지리이다" 하였다. (6:13)

32. 에스더가 하만의 계략을 왕에게 말하자 잔치 자리를 떠나 (　　　) 으로 들어갔고, 하만은 에스더에게 (　　) 을 구했으나 자리에 돌아온 왕은 하만이 왕후를 (　　) 하는 줄 착각했다. (7:3~8)

33. 하만이 자기가 세운 나무에 달리게 된 것은 (잠 12:24~25, 시 37:14~15)에 해당된다. (7장)

34. 하만의 집을 (　　　　) 에게 주었고, 반지는 (　　　　) 에게 주었다. (8:1~3)

35. 에스더는 왕에게 무엇을 철회해달라고 요청했는가? (8:5)

36. "아달월 곧 열두째 달 십삼 일은 … 유다인이 또 도성 수산에서 (　　　) 을 죽이고 … 유다인의 대적 하만의 (　　　) 을 죽였으나 그들의 (　　　) 에는 손을 대지 아니하였더라." (9:1~10)

37. 유다인이 대적의 손에서 벗어났음을 기념해서 아달월 십사 일에 잔치를 베풀어 즐기고 예물을 주며 가난한 자를 구제했는데, 이것이 무슨 절기가 되었는가? (9:17~28)

38. 하만을 가리켜 '유다인의 대적'이라고 쓴 구절은 어디인가?

　　(1) 3장 —　　　　　　　　　　(2) 8장 —

　　(3) 9장(3곳) —

39. "유다인 모르드개가 (　　　　　　　　) 이 되고 유다인 중에 크게 존경받고 그의 허다한 형제에게 사랑을 받고 그의 (　　　　　　　) 하며 그의 모든 종족을 안위하였더라." (10:3)

07

시가서 연구

욥기, 시편, 잠언, 전도서, 아가

　'길잡이 04 시가서란 무엇인가'를 읽고, 부록 뒤에 수록된 '성서연대표'를 보라. 이를 통해 시가서 책들의 역사적인 위치를 확인해보라. 지혜서와 시편으로 된 이 책들의 시대적 배경은 '4과 통일왕국시대'에서 특히 지혜문학이 발전된 시기인 솔로몬과 다윗과 연결된다. 지혜문학이란 〈욥기〉, 〈잠언〉, 〈전도서〉와 몇몇 시편들에서처럼 지혜를 가르치거나 그 본질을 성찰시키는 일에 전념한 사람들이 기록한 작품들이다. 시가서 성경통독에서는 지혜를 얻고 영적 감각을 살리는 것이 중요하다.

　통독 일정은 〈욥기〉 1~24장(Day22), 〈욥기〉 25~42장(Day23), 〈시편〉 1~50편(Day24), 〈시편〉 51~100편(Day25), 〈시편〉 101~150편(Day26), 〈잠언〉(Day27), 〈전도서〉·〈아가〉(Day28)를 읽는다.

시가서란 무엇인가?

1. '시가서'란?

기독교의 성경은 율법서(토라: 모세 5경, 창~신)와 역사서(수~에) 다음에 시가서(詩歌書)로서 〈욥기〉, 〈시편〉, 〈잠언〉, 〈전도서〉, 〈아가〉가 나오고 다음에 예언서(사~말)가 나온다.

여기서 기독교의 시가서들은 히브리 성경에서는 토라(율법서), 느비임(예언서), 다음에 나오는 셋째 부분인 케투빔(성문서: 聖文書, Holy Writings)에 속한다. 히브리 성문서에는 기독교의 시가서 외에도 여러 권이 더 들어 있다.

기독교에서는 〈욥기〉에서 〈아가〉를 '시가서'라 함은 시문체(詩文體)로 되어 있기 때문인데, 이를 다시 '지혜문서'와 '시문서'로 나눈다. '지혜문서'는 〈욥기〉, 〈잠언〉, 〈전도서〉이며 '시문서'는 〈시편〉, 〈아가〉이다.

2. 유대인의 성문서

유대인의 히브리 성경에서 '케투빔'은 크게 셋으로 나눈다.

(1) 시가서 ― 〈시편〉, 〈욥기〉, 〈잠언〉

히브리 책 이름인 이요브(욥기), 미쉴레(잠언), 트힐림(시편)의 첫 자를 따서 '에베드(진리)'라는 말로 불린다. 히브리 시는 세 종류의 독특한 평행법(平行法)의 운율을 갖는다. 즉 동의적(同意的) 평행법(예 – 시 19:1~2), 반의적(反意的) 평행법(예 – 시 1:6), 종합적(綜合的) 평행법(예 – 시 25:16) 등이 있다. 히브리 성경은 기독교의 〈욥기〉, 〈시편〉, 〈잠언〉과 순서 배열이 다르다.

(2) 다섯 두루마리 ― 〈아가〉, 〈룻기〉, 〈(예레미야) 애가〉, 〈전도서〉, 〈에스더〉

유대교에 의하면, 이 다섯 두루마리(Megilloth, 메길로트)를 유대인의 명절 때마다 한 권씩 읽었다고 한다. 즉 〈아가〉는 유월절에, 〈룻기〉는 오순절에, 〈애가〉는 아브월 제9일(예루살렘 파괴일)에, 〈전도서〉는 장막절(초막절)에, 〈에스더〉는 부림절에 각각 읽은 것이다. 〈애가〉를 '예레미야애가'라 하는 것은 후대의 산물로서 히브리어 원전에는 다만 〈애가〉(에카, '슬프다'는 뜻)로 되어 있다.

(3) 역사서 ― 〈다니엘〉, 〈에스라 – 느헤미야〉, 〈역대기〉

〈에스라 – 느헤미야〉, 〈역대기〉를 단일 작품으로 보기도 한다. 성전과 제사직을 중심으로 하는 같은 종교적 입장, 통계학적 기록과 족보에 대한 편중, 두 책의 비슷한 어휘와 문체, 〈역대기〉의 결론과 〈에스라〉의 시작의 유사점 등은 이 책들이 원래는 하나였음을 보여준다. 〈역대기〉의 상·하는 후대에 나뉘어진 것이다.

위에서 보듯 유대교의 성문서는 기독교가 역사서로 보는 〈룻기〉와 〈에스라〉, 〈느헤미야〉, 〈역대상〉, 〈역대하〉를 포함하고 있으며, 예언서인 〈다니엘〉, 〈(예레미야)애가〉도 포함하고 있다. 이것은 유대교가 역사를 보는 관점이 기독교와 차이가 있으며, 또한 기록 연대순(시대 배경과는 다름)으로 편집했음을 알 수 있다.

한편, 기독교의 '시가서'와 유대교의 '성문서'는 서로 다르므로 같은 용어로 혼동해서는 안된다.

3. 지혜문서

'지혜서'는 〈욥기〉, 〈잠언〉, 〈전도서〉이며, 외경으로는 〈집회서〉와 〈지혜서〉가 있다. 이 지혜에 담긴 지식과 전통은 이스라엘이 이웃 민족들과 관련되어 있음을 보여주며, 이 지혜는 애굽의 여러 지혜문서를 통해서도 알려져 있다. 옛 중동의 이러한 국제적인 '처세훈(處世訓)'을 '지혜'라는 개념으로 표시하고 이에 상응하는 문서들을 '지혜문서'라고 한다.

옛 중동의 공통된 지혜에서는 삶과 세상의 질서를 알고 자신의 삶을 거기에 맞추는 사람이 지혜로운 사람으로 통했으나, 이스라엘에서는 '인생의 성공이 사람의 영리함에 달린 것이 아니라 근본적으로 하나님의 뜻을 따르는 데에 달렸다'는 깨달음을 가르쳤다(잠 1:7). 지혜가 위로부터 오는 것임을 강조했고 신약에서도 그 영향을 받았다(약 3:15~18).

4. 〈시편〉의 수집 및 편집 시기

〈시편〉은 여러 시대를 거치면서 여러 사람에 의해 형성되어왔고, 그 최종 편집은 후대까지 이어졌다. 다윗 73편, 아삽 12편, 고라의 자손 9편, 솔로몬 2편, 헤만, 에단, 모세 각 1편, 저자 미상 51편으로 구성되어 있다. 기록 연대를 살펴보면, 모세는 주전 13세기(또는 15세기), 다윗과 솔로몬은 주전 1000년경의 인물이다. 이것이 체계적인 시로 편집된 것은 훨씬 후대인 포로 후기까지로 보며, 현재의 시편이 이렇게 그 형태를 갖추었는지를 자세히 설명하기는 어렵다. 현재의 5권으로의 구분은 70인역(LXX, 주전 3세기부터 2세기에 완성된 구약성경의 헬라어 역)보다도 더 일찍 이루어진 것으로 추측한다.

5. 〈시편〉 저자와 형식에 따른 분류

내용＼저자	제1권(1~41편)		제2권(42~72편)					제3권(73~89편)				제4권(90~106편)			제5권(107~150편)		
	다윗	미상	다윗	아삽	솔로몬	미상	고라자손	아삽	다윗	고라자손	에단	모세	다윗	미상	다윗	솔로몬	미상
감사경배시	8, 29	33	65, 68			67		81					103	91, 98 100, 104 105	124, 131, 133, 145		107, 111, 113, 114, 115, 117, 123, 134, 135, 136, 146, 147~150
개인찬미시	11, 18, 23, 30, 32, 34, 40, 41					66	46 48	75		84 85				92, 106	108, 138, 139		116, 118
개인탄원시	3~7, 13, 17, 22, 25~28, 31, 35		51, 54~57, 59, 61, 62~64, 69, 70			43 71	42	76 77	86	88				94, 102	140~143		120, 130
민족탄원시			60			44		74 79 80 83				90					
신정시						47								93 95~99			
시온시						43	42			87					122		121, 125, 126, 129
제왕시	18, 20, 21	2			72	45					89		101		110, 114		132
참회시	6, 32, 38, 39		51											102	143		130
저주시	35		58, 69					83							109		137
메시아시	16, 22, 24	2			72	45									110		
지혜시	9, 12, 14, 15, 19, 36, 37	1 10	52, 53	50		49		73 78 82								127	112, 119, 128

*존 월턴(John H. Walton)의 《구약의 역사 연대기》에서 인용.

DAY 22 욥기 1~24장

JOB

욥기_ 의인의 고난, 찬송받으실 하나님

저자 미상. 여러 사람에 의해 완성된 복합적 작품으로 추정한다. 또는 솔로몬, 예레미야, 욥 자신일 것이라는 주장도 있다. 저작 연대 족장 시대의 분위기지만, 구전되어온 것을 성경 지혜문학 시대인 솔로몬 때 기록으로 추측한다. **주요 인물** 욥, 엘리바스, 빌닷, 소발, 엘리후. **요절** 내가 주께 대하여 귀로 듣기만 하였사오나 이제는 눈으로 주를 뵈옵나이다(욥 42:5).

1. 본서의 명칭은 주인공 욥(히브리식 이름으로는 이요브)의 이름을 딴 것으로, 70인역 또는 라틴어역에 근거한 것이다.
2. '욥'이 '하나님께 돌아온다' '원한다'는 뜻이 있다고 하나 분명하지 않다. 욥을 역사적인 인물로 보기도 하지만(겔 14:14, 약 5:11), 문학작품으로 보아 역사성을 부정하는 견해도 강하다.
3. 〈욥기〉의 주제는 해결되지 않은 저자 문제, 저작 연대와는 달리 분명하여 주로 '의인의 고난'에 맞추었다. 더 나가 '모든 것을 다 잃어도 하나님은 여전히 찬송을 받으실 분이시다'고 할 수 있다.
4. 〈욥기〉는 문학적인 가치가 있는 시(詩, 3:1~42:6)와 산문(散文, 1:1~2:13, 42:7~17)으로 되어 있다.
5. 내용 분해

　1~2장― 까닭 없는 욥의 고난　　　　3장― 욥이 생일을 저주
　4~31장― 욥과 세 친구의 논쟁　　　　32~37장― 엘리후의 연설
　38~41장― 하나님의 말씀　　　　　　42장― 욥의 회복(갑절의 은혜를 받음)

한눈에 살펴보기

1. 까닭없는 욥의 고난과 생일 저주(욥 1~3장)

의인 욥은 사탄의 시험으로 모든 재산과 자식을 잃었지만 하나님을 찬양하고(1장), 건강에도 시험을 받으나 입술로 범죄하지 않는다(2장). 고난 중의 욥은 자신의 생일을 저주한다(3장).

2. 욥과 세 친구의 고난(욥 4~31장)

첫 번째 주기

(1) 엘리바스의 공박(4~5장) → 욥의 대답(6~7장)

욥에게 조문 온 세 친구 중에 먼저 엘리바스가 욥의 고난을 죄의 결과라며 정죄한다(4~5장). 욥은 자기의 슬픔을 이야기하고 결백을 주장한다(6장). 그리고 자신의 불행한 운명을 탄식하며 그 불행이 사라질 것이라는 기대도 하지 못한 채 하나님께 호소한다(7장).

(2) 빌닷의 공박(8장) → 욥의 대답(9~10장)

빌닷이 첫 번째 공박을 시작하며, 전통에 근거하여 욥이 죄인임을 입증하려 한다(8장). 욥은 하나님의 공의를 인정하면서도(9장) 자신의 형편을 생각하고 비탄에 잠긴다(10장).

(3) 소발의 공박(11장) → 욥의 대답(12~14장)

욥의 세 친구 중 이번에는 소발이 욥을 공박한다. 즉 욥에게 죄가 있고 하나님에 대해 무지하다는 것, 그래서 회개해야 희망이 있다는 것이다(11장). 이에 대하여 욥은 자신이 하나님께 대하여 무지하지 않고(12장), 순결하지만(13장), 희망이 거의 사라져 버렸다고 대답한다(14장).

두 번째 주기

(1) 엘리바스의 공박(15장) → 욥의 대답(16~17장)

두 번째 주기에 들어서서, 논쟁은 엘리바스로부터 계속되고 있다. 엘리바스는 욥이 불경건하고 인간답지 못하며 하나님께서 악인을 심판하실 것이라고 한다(15장). 욥은 빈정대는 투로 저항하고 탄식을 마구 쏟아내며 스스로를 변호한다(16장), 그리고 욥이 절망한 데는 친구들의 책임이 있다며 그들을 '밤으로 낮을 삼는 자'라고 하였다. 이어 자신의 희망도 흙 속에 놓이리라 한다(17장).

(2) 빌닷의 공박(18장) → 욥의 대답(19장)

빌닷도 욥에게 그가 악인이기 때문에 하나님께서 불의한 자에게 내리는 벌을 받을 것이라 한다(18장). 욥은 자신을 불쌍히 여겨줄 것을 호소한다(19:21). 그리고 그는 대속자를 기다린다(19:25~27).

(3) 소발의 공박(20장) → 욥의 대답(21장)

마지막 공박(욥의 친구들이 세 번씩 공박하는데, 세 번째 주기에서는 소발의 공박이 없다)에서 소발은 욥의 고난을 죄의 결과로 가혹하게 지적하며 악인의 두려운 운명을 언급한다(20장). 욥은 죄의 결과로 자신이 고난을 당하는 것이 아니라며 악인의 형통에 대해 말한다(21장).

세 번째 주기

(1) 엘리바스의 공박(22장) → 욥의 대답(23~24장)

엘리바스는 욥의 가상적 죄까지 추정하여 공박하며 회개를 촉구한다(22장). 그러나 욥은 하나님을 만나 법정에서 자신의 온전을 변론하고 싶어 하며, 고난이 하나님의 사람을 순금처럼 만드는 용광로라고 고백한다(23장). 욥은 악인들에게 임하는 저주에 대해 말한다(24장). *Day23에 계속

✔ 하나씩 짚어보기

1. 〈욥기〉 해석의 어려움

욥기 해석의 어려움은 욥의 친구들의 말이 원칙론에서 보면 맞지만 욥에게는 적합하지 않다는 데 있다. "생각하여 보라 죄 없이 망한 자가 누구인가"(4:7), 또는 "하나님은 순전한 사람을 버리지 아니하시

고 악한 자를 붙들어주지 아니하시므로"(8:20) 등의 말이 보편적인 진리이면서 실제 욥에게 적합하지 않은 것은 욥의 고난이 죄의 결과가 아니기 때문이다. 즉 욥의 친구들의 말이 '옳은(right)' 말이긴 하지만 '진실이 아닌(not true)' 말이 될 수 있음을 보여준다. 오늘날 우리는 이러한 말씀을 어떻게 받아들여야 할까? 예수님은 바리새인들을 들어 "그들이 말하는 바는 행하고 지키되 그들이 하는 행위는 본받지 말라"(마 23:3)며 전하는 자가 누구든 간에 말씀 자체의 권위를 인정했다. 즉 욥의 친구들의 원칙론적인 말은 배우되, 말씀의 칼을 다른 사람의 모든 상황에 휘둘러서는 안 된다는 사실도 기억해야 한다(요 9:1~11 참고).

2. 〈욥기〉에 나오는 네 인물의 분석

	데만 사람, 엘리바스	수아 사람, 빌닷	나아마 사람, 소발	부스 사람, 엘리후
공박 내용	4~5장, 15장, 22장	8장, 18장, 25장	11장, 20장	32~37장
욥의 대답	6~7장, 16~17장 23~24장	9~10장, 19장 26~31장	12~14장, 21장	
공박 근거	경험(4:8, 12~16)	전통(8:8~10)	교리(11:6, 20:4)	교훈과 젊음(32:6~10)
공박 결론	너는 죄 때문에 고통받고 있다 (4:7~8, 15:6).	너는 죄 때문에 고통받고 있다 (8:20).	너는 죄 때문에 고통받고 있다 (1:4~6, 20:4~5).	너의 고통의 이유는 하나님의 '연단'의 섭리이다.
주장 내용	하나님은 온전하고 의로우시다. 인간은 스스로 문제를 일으킨다.	하나님은 공의로우시다. 욥은 불경건하다.	하나님은 욥의 불법을 아신다. 말이 많고 불의하다.	하나님은 선하시다. 하나님은 고난을 통해서도 연단하신다.
나의 조언	회개하고 하나님께 돌아오라(22:21~28).	회개하고 하나님께 돌아오라(8:5~6).	회개하고 하나님께 돌아오라(11:13~15).	하나님의 영광과 위대함을 생각하라(37:14~24).

3. 욥을 시험한 사탄(욥 1~2장)

(1) 기원 ― 하나님의 피조물인 천사였다가(겔 28:14), 하나님과 동등하게 되려고 하는 교만함으로 말미암아 하나님의 정죄를 받았다(사 14:12~15). 이는 유대교의 전통적인 해석으로 기독교 일부에 전수되었으나 다른 입장을 가져 에스겔 28장은 두로에 대한, 예언 이사야 14장은 바벨론에 대한 예언으로 해석되어 사탄에 대한 확대 해석을 경계한다. 사탄은 하나님의 자녀들까지도 미혹하려고 하는 존재이다(마 24:24).

(2) 활동 ― 영적 존재이므로 능력이 있다(욥 1:13~19). 예수님을 시험하기도 했고(마 4:1~11), 불신자들을 복음의 진리에 눈이 멀게 하는 등 하나님의 사역을 방해한다(고후 4:4, 요 13:2). 심지어 광명의 천사로 가장하여 성도들을 미혹하기도 한다(고후 11:14~15). 하나님의 백성에게는 사탄을 제압하는 권능을 주셨다(마 10:1).

(3) 운명 ― 사탄의 활동은 하나님의 허용 한도 내에서이다(욥 1:12, 2:6, 계 2:10). 이들은 그리스도께서 재림하실 때에 천 년 동안 무저갱에 갇히게 되고(계 20:1~3), 그 후 잠시 놓였다가 최후에는 불과 유황 못에 던져져 영원토록 괴로움을 당하게 된다(계 20:10).

4. 개업 기념품 서각이 된 빌닷의 말(욥 8장)

빌닷이 의인 욥을 비난하면서 한 "네 시작은 미약하였으나 네 나중은 심히 창대하리라"(8:7)는 말은 액자나 서각을 통해 많이 접한 익숙한 구절이다. 예수님이나 하나님의 직접적인 말씀을 인용하여 만든 다면 더 좋겠다.

예수님을 믿는 삶에 점진적인 발전이 있는 것은 당연하다. 그렇다고 어려운 일을 겪고 있는 다른 사람에게 '당신은 예수를 잘못 믿어서 어려움을 당하고 창대하지 못한 것'이라고 함부로 해석하는 자가 되어서는 안 된다(참고: '하나씩 짚어보기' 1. 〈욥기〉 해석의 어려움).

5. 〈욥기〉에서 말하는 '대속자'(욥 19장)

(1) 욥은 가까운 친구들이 자신을 미워하고, 사랑하는 사람들이 원수가 되었다고 한다. 그래서 그들에게 이해를 구했으나 실망하고(19:19~22), 자신의 결백을 후대가 정당하게 평가해주기를 바란다. 즉 그의 눈을 "대속자"에게 향하여 명예를 회복시켜주실 것으로 굳게 믿었다(19:25~26).

(2) 인간을 가리키는 '대속자'(히브리어로 '고엘')는 피의 복수를 하거나(삼하 14:7) 죽은 자를 대신하여 자손을 얻게 하고, 또한 재산을 속량할 의무가 있는 근친자(신 25:5~10, 룻 2:20, 3:9, 4:4이하, 레 25:25, 민 5:8)를 뜻한다. (Day12 룻기 '하나씩 짚어보기' 1번 참고)

(3) 하나님을 가리키는 경우는 출애굽(출 6:6, 15:13, 시 74:2)이나 포로(사 41:14, 43:1)에서의 대속자(구속주)를 말한다. 또한 개인적인 압박(시 119:154, 잠 23:11, 렘 50:34)이나 재앙(창 48:16), 죽음(시 69:18, 72:14, 103:4, 애 3:58, 호 13:14)에서의 대속자(구원자)로서의 하나님을 말한다.

6. 합법적인 재판 형식인 욥의 논쟁(욥 9~10장)

욥은 자신의 온전함을 입증할 기회를 갖고자 했는데, 그것은 하나님을 법정에 모셔놓고 합법적인 재판을 하는 형식이었다. 이처럼 〈욥기〉에는 법적인 용어가 많이 나온다(참고: 〈호세아〉에도 법적인 용어가 많다). 성경에 이미 공부한 곳까지 찾아서 표시해두면 내용 이해에 도움이 될 것이다.

사탄과 아내에게 시련 당하는 욥

사탄은 욥을 쳐서 종기가 나게 했고, 아내는 '하나님을 욕하고 죽으라'며 욥을 비방하였다(욥 2:7~10). _프랑스(샹티이 소재) 소장, 《인간구원의 거울》 사본의 삽화.

변론(쟁변) = 소송 개시, 주장(9:3, 10:2, 13:3)

대답 = 법적 증언(9:3, 16)

심판하실 그 = 원고, 고소인(9:15)

소환 = 법적 호출(9:19)

판결자 = 중재자, 재정인(9:33)

욥의 사정을 진술 = 소송 준비(13:18)

다툼 = 법적 공방(23:6)

변명을 들음 = 법정에서 욥의 진술을 청취함(31:35)

고발하는 자 = 법정 고소인(31:35)

다음 물음에 답하거나 괄호 안에 알맞은 말을 넣으시오.

1. 1~2장은 욥이 (   )에게 시험받는 '까닭 없는 의인의 고난'이 나오고, 3장은 욥이 자신의 (   )을 저주한다. (해설 참고)

2. 4~31장은 욥의 세 친구 (   ), (   ), (   )과 욥의 3주기에 걸친 논쟁이다. (해설 참고)

3. 32~37장은 젊은 청년 (   )가 나와서 연설한다. (해설 참고)

4. 38~41장은 (   )이 욥에게 말씀하신다. (해설 참고)

5. 42장은 (   )의 회복이 나온다. (해설 참고)

6. 욥은 어떤 사람인지 다음의 항목에 답하시오. (1:1~5)

    (1) 사는 곳(1:1) —   (2) 신앙(1:1, 8, 2:3) —

    (3) 자녀(1:2) —   (4) 소유물(1:3) —

7. 욥을 시험한 자는 누구인가? (1:6~19)

8. 고난 중에 욥의 고백은 무엇인가? (1:21~22)

9. 욥에게 온 사탄의 2차 시험은 무엇인가? (2:7)

10. 욥의 아내가 욥에게 무엇이라 했는가? (2:9)

11. 욥을 위문하고 위로하려고 온 세 친구들의 출신지와 이름은 무엇인가? (2:11)

12. 욥은 자기의 무엇을 저주하는가? (3장)

13. "생각하여 보라 (   )가 누구인가 (   )의 끊어짐이 어디 있는가." (4:7)

14. "사람이 어찌 하나님보다 (   ) 사람이 어찌 그 창조하신 이보다 (   )." (4:17)

15. "사람은 (   ) 났으니 불꽃이 위로 날아가는 것 같으니라." (5:7)

16. "하나님께 (   )에게는 복이 있나니 그런즉 너는 전능자의 (   )를 업신여기지 말지니라." (5:17)

17. 욥은 엘리바스에게 무엇이라 했는가? (6:27)

18. 욥이 말한 자신의 육체적 고난은 어떤 것인가? (7:5)

19. 욥기 8:7에서 빌닷은 무엇이라고 말했는가?

20. 사람이 하나님과 변론하기를 좋아하지만, 그 결과는 어떠한가? (9:3)

21. "주께서 내 몸 지으시기를 (   )을 뭉치듯 하셨거늘 … 주께서 나를 (   )과 같이 쏟으셨으며 … 피부와 (   )을 내게 입히시며 뼈와 (   )로 … 생명과 (   )를 내게 주시고." (10:9~12)

22. 욥이 자신에 대해 어떻게 말했기에 소발이 비난했는가? (11:4)

23. 주를 향하여 손을 들 때에 네 손에 (   )이 있거든 멀리 버리라. (11:13~14).

24. "모든 생물의 (   )과 모든 사람의 (   )이 다 그의 (   )에 있느니라." (12:10)

25. "장정이라도 (   ) 어찌 다시 (   ) 나는 나의 모든 고난의 날 동안을 참으면서 (   )를 기다리겠나이다." (14:14)

26. 욥의 세 친구 중에 욥의 아버지보다 나이가 많은 자도 있다는 내용은 몇 절에 있는가? (15장)

27. 욥이 고난에 대해 "나를 찢고", "나를 치고"라 했는데, 이것을 누가 주는 것이라 했는가? (16:6~17)

28. "나의 친구는 나를 (   )하고 내 눈은 (   )을 향하여 눈물을 흘리니." (16:20)

29. "청하건대 나에게 (   )을 주소서 나의 (   )가 누구리이까." (17:3)

30. 악인의 (   )은 꺼지고 그의 (   )은 빛나지 않을 것이요." (18:5)

31. (19:25) 내가 알기에는 ~

32. 악한 자에게 모든 것이 헛수고가 되는 이유는 무엇인가? (20:19~20)

33. "하나님은 그의 (   )을 그의 자손들을 위하여 (   )두시며 그에게 (   ) 것을 알게 하시기를 원하노라." (21:19)

34. 죽도록 기운이 충실하여 안전하고 윤택한 자와, 마음에 고통을 품고 죽으므로 행복을 맛보지 못한 자, 이들의 죽음에는 어떠한 차이가 있는가? (21:23~26)

35. 엘리바스가 욥의 죄라며 지적한 것 6가지를 쓰시오. (22:6~9)

    (1) 까닭 없이 형제를 볼모로 잡으며   (2)

    (3)   (4)

    (5)   (6)

36. "너는 하나님과 (   ) 그리하면 복이 네게 임하리라." (22:21)

37. "내가 가는 길을 그가 아시나니 그가 나를 (   )하신 후에는 내가 (   )같이 되어 나오리라." (23:10)

38. "내가 그의 입술의 (   )을 어기지 아니하고 정한 음식보다 그의 입의 (   )을 귀히 여겼도다." (23:12)

39. 악인(그들)은 잠깐 높아졌다가 어떻게 되는가? (24:24)

한눈에 살펴보기

세 번째 주기(22~31장)
Day22에 이어 논쟁은 빌닷의 공박(25장)으로 시작한다.

(2) 빌닷의 공박(25장) → 욥의 대답(26~31장)
하나님 앞에서 완전한 삶은 하나도 없다는 명백한 진리를 되풀이하는 빌닷의 마지막 공박으로, 욥에게 별 도움을 주지 못한다(25장). 이어서 욥의 마지막 변론이 시작된다(26~31장). 창조된 우주에서 하나님의 무한한 권능을 볼 수 있다(26장). 친구들은 욥이 자신의 온전함을 부인하기 원하지만 욥은 자신의 공의와, 악인이 하나님께 받을 분깃에 대해 말한다(27장). 지혜는 어떤 보석보다도 귀하며, '주를 경외함이 지혜요, 악을 떠남이 명철이라' 했다(28장). 욥은 지난날의 행복을 추억하고(29장), 현재의 고난을 진술한다(30장). 또한 자신의 온전함을 실례를 들어 주장한다(31장).

세 번째 주기에서 소발의 공박이 없는 것은 욥의 친구들이 지혜의 한계를 드러낸 것으로 볼 수 있다.

3. 엘리후의 연설(32~37장)
엘리후는 긴 연설을 통하여 하나님의 특성을 설명하고 이 진리를 욥에게 적용했다. 엘리후는 참고 있다가 욥과 세 친구에게 화를 내며 말을 시작한다(32장). 그는 욥의 세 친구와는 다르게 욥이 죄인임을 입증하려 하지 않고 하나님에 대한 욥의 시각이 잘못되었음을 증명하려고 했다. 엘리후는 고통에 대해, 그것이 반드시 죄를 벌하기 위함이 아니라 죄를 짓지 못하게 하고(33:18, 24), 더 나은 사람으로 만들기 위한 하나님의 방법이라고 한다(36:1~5). 또한 자신을 통하여 말씀하시는 하나님은 자비하시고 공의로우시며 위대하시다고 전한다.

욥과 그의 세 친구
욥의 고통은 가족과 재산을 잃고 병이 든 데다가 친구들이 욥의 고난을 죄의 결과라며 정죄한 것이다(욥 4:7~9 외). 프랑스의 화가 구스타브 도레(1832~1883)의 판화로서 성경을 주제로 241개의 성화를 제작했다.

(1) 하나님은 나를 통해 말씀하신다(32장, 요절 32:8).
(2) 하나님은 자비하시다(33장, 요절 33:24).

(3) 하나님은 공의로우시다(34~35장, 요절 34:10~12).

(4) 하나님은 위대하시다(36~37장, 요절 36:5, 26).

4. 하나님의 말씀(38~41장)과 욥의 회복(42장)

욥을 향한 엘리후의 연설(32~37장) 후에 하나님께서는 욥에게 직접 말씀하신다(38~41장). 욥이 오랫동안 기다려온 하나님의 음성이 폭풍우(회오리) 가운데서 들려온다.

무생물의 세계(38장)부터 생물의 세계까지(39장) 하나님의 섭리와 광대함을 논한다. 하나님은 욥에게 네가 내 창조를 '설명'할 수 있느냐(38장), '감독'할 수 있느냐(39장), 네게 내 창조를 '굴복'시킬 수 있느냐고 물으신다. 인간은 하나님의 피조물인 '베헤못('하마'로도 번역)'보다(40장), '리워야단('악어'로도 번역)'보다 약하다(41장). 인간은 하나님 아래에 있어야 복이 있다. 하나님의 권능과 솜씨를 바로 알아야 하며, 그분이 어떤 분이신가를 더 주의 깊게 보아야 한다(40~41장).

욥은 크게 깨달았으며 하나님은 욥의 편을 들어주셨다. 모든 것이 회복되어 갑절의 복을 받는 한편 하나님을 눈으로 뵙는 신앙으로 성숙한다(42장).

✔ 하나씩 짚어보기

1. 욥의 의로움(욥 31장)

욥은 하나님 앞에서 의를 내세울 수 없었으나 사람들 앞에서는 의를 내세울 만했다.

(1) 개인의 삶에서 "진지하게"(1~12절) — 정욕, 거짓, 간음죄를 짓지 않았다.

(2) 이웃에 대해 "의롭게"(13~23절) — 종들, 가난한 자, 과부, 고아들을 돌보았다.

(3) 하나님에 대해 "경건하게"(24~34절) — 재물을 의지하지 않았고 우상숭배도 하지 않았다.

2. "욥의 말이 그치니라"의 의미(욥 31:40)

친구들은 욥을 정죄했으나 욥 자신은 하나님께서 자신을 변호해주시리라는 확신을 가지고 있었다. 16:19~21, 19:25~26의 내용을 묵상해보라. 결국 하나님께서 욥의 편이 되어주셔서 엘리바스를 비롯한 그의 친구들보다 욥의 말이 정당하다고 말씀하신다(42:7). 욥은 더 이상 자신을 변호할 필요가 없었다.

3. 접근 방법이 달랐던 엘리후(욥 32~37장)

엘리후가 참고 말하지 않았던 이유는 다른 사람들의 연륜과 경험을 존중했고(32:6~7), 변론이 끝날 때까지 다 들어 그 내용을 다 파악하고 싶었기 때문이다(32:11~12, 잠 18:13 참고). 또한 그는 여덟 번이나 욥과 그의 친구들에게 "내 말을 들으라"고 요청하므로(32:10, 33:1, 31, 33, 34:2, 10, 16, 37:14), 자의식이 강한 사람으로 보인다.

'엘리후'의 뜻은 '그는 나의 하나님'이며, 그의 부친 '바라겔'은 '하나님이 축복하신다'는 뜻이다. 그는 아브라함의 형제인 나홀의 둘째 아들 '부스'의 자손으로 보기도 하지만 그렇다고 〈욥기〉가 〈창세기〉와 동시대라고 보기는 어렵다(창 22:21). 욥의 세 친구는 모두 이방인(데만, 수아, 나아마 사람)인 데 반해 엘리후는 이스라엘의 직속은 아닐지라도 아브라함과 가까운 인물이다. 즉 엘리후의 논리는 고난에 대해 히브리적 신학을 나타내는 것이라 할 수 있다. 그는 "나는 결코 사람의 낯을 보지 아니하며 사람에게 영광을 돌리지 아니하리니"(32:21)라며 신앙적 관점을 밝힌다.

4. "범죄하지 않는 것이 내게 무슨 유익이 있겠느냐"는 말의 의미(욥 35:3)

"범죄하지 않는 것이 내게 무슨 유익이 있겠느냐"는 욥의 말에 엘리후는 비난했다. 고등학생 때 읽은 헤르만 헤세의 단편이 기억난다.

두 수도사가 도시에 물건을 구입하러 갔다가 한 수사는 여인의 미혹을 받고 죄를 짓지만 돌아와서 큰 회개와 함께 참 믿음의 경지에 이르게 되고, 다른 한 수사는 유혹을 뿌리치고 수도원으로 돌아왔으나 그냥 돌아온 것을 후회하며 여인 생각에 제대로 수도생활을 하지 못한다.

인생의 고민이 여기에 있다. 한 번쯤 눈감으면 이익과 즐거움이 있는데, 믿음 때문에 그것을 놓쳐야 하는 경우에 갈등한다. 욥도 "범죄하지 않는 것이 내게 무슨 유익이 있겠느냐"(35:3)며 괴로워한다. 이는 욥의 믿음이 흔들렸다기보다는 자기의(自己義)에 빠져 있으면서도 하나님을 붙잡고 있는 그의 의지를 보여주는 '고난 중의 믿음'의 표현이다.

5. 베헤못과 리워야단(욥 40:15~24, 41장)

(1) 베헤못은 통상 '하마'로 번역한다. 하마의 꼬리는 백향목처럼 흔들리지 않고(40:17), 산으로 기어 올라가지도 않으며(20절), 요단강에서 산다고 알려져 있지도 않다(23절). '베헤못(성경에 1회 기록)'의 문자적 의미는 '큰 짐승' 또는 '짐승들'이다.

〈욥기〉의 저자는 베헤못을 자신의 팔레스타인에 옮겨놓고는(산, 요단) 그 여러 특성을 자기 문화로 묘사했다고 볼 수 있다. 베헤못을 "하나님이 만드신 것 중에 으뜸이라"(40:19) 함은 창조의 시초에 하나님께서 용을 제어하셨다는 생각을 암시하는 표현(라합)으로 보는 해석도 있으나, 41장의 '리워야단'은 '용'이나 '악어'로 번역하는 경우가 더 많다.

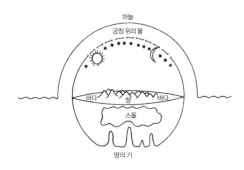

(2) 리워야단(41장)은 통상 '악어'로 번역하지만 '고래'라는 주장도 있다. 악어를 물고기처럼 낚을 수 없고 그냥 옮길 수 없기 때문이다. 〈이사야〉에서는 "그날에 여호와께서 그의 견고하고 크고 강한 칼로

히브리인의 우주관(욥 24:19)
성경에는 우주의 구조에 대한 상세한 기술은 없다. 그러나 구약성경 곳곳에 나타난 구절들에서 히브리인의 우주관(宇宙觀)을 도해 형태로 표시해 볼 수 있다. 본문(욥 24:19)에 나온 스올(음부, 陰府)은 사자(死者)의 세계이다. _The Cambridge Bible Commentary

날랜 뱀 리워야단 곧 꼬불꼬불한 뱀 리워야단을 벌하시며 바다에 있는 용을 죽이시리라"(사 27:1)고 표현하고 있다.

위의 두 짐승(베헤못, 리워야단)이 우리가 아는 어떤 짐승인지는 정확히 알 수 없다. 그러나 보편적 번역인 "하마"와 "악어"는 좋은 번역으로 평가된다(Day34 '하나씩 짚어보기' 3번 참고).

6. 갑절의 복을 받다(욥 42:10)

욥의 자녀는 이제 스무 명이 되었다. 열 명은 하나님과 함께 있었고 열 명은 욥과 함께 있었다. 욥을 욕하던 아내(2:9)와도 재결합했을 것이며 친구들과 친척들이 '회복 자금'을 가져왔다. 욥은 전보다 두 배나 많은 가축을 갖게 되었다(1장과 42장을 비교해보라).

만약 갑절의 공식이 그의 나이에도 적용되었다면, 그의 이야기가 시작될 때의 나이가 일흔(시 90:10), 두 배의 수(壽)를 누리도록 허락되어 140년을 살게 되었을 것이다(욥 42:16).

하나님께서 다 갑절의 복을 주셨는데 아내는 갑절로 주셨다는 말씀이 없다. 만약 악한 아내를 갑절로 주셨다면, 그 고통으로 말미암아 욥의 수명은 반으로 줄었을 것이다.

7. 욥의 아름다운 딸들(욥 42장)

부모가 아름다운 딸에 대하여 자부심을 갖는 것은 당연한 일이다. 욥은 그런 딸을 셋이나 두게 되었다(42:13~15). 여미마(작은 비둘기)는 정숙함을, 굿시아(계피, 육계화)는 향기를, 게렌합북(작은 화장품 상자)은 아름다움을 가지고 있었다. 새롭게 얻은 딸들로 인해 욥의 감사도 남달랐을 것이다.

욥의 시련 (욥 1~2장)
재산과 자녀를 잃은 욥은 자신도 종기에 걸려 재에 앉아 신음하였다. 더 큰 고통은 아내의 비방과 친구들의 정죄였다. _3세기경 카타콤의 벽화

8. 〈욥기〉를 통한 교훈

"보라 인내하는 자를 우리가 복되다 하나니 너희가 욥의 인내를 들었고 주께서 주신 결말을 보았거니와 주는 가장 자비하시고 긍휼히 여기시는 이시니라"(약 5:11).

〈욥기〉를 통해 우리는 '의인의 고난' 중에서도 그의 '인내'를 배운다. 또한 '여전히 찬송 받으실 하나님'에 대해서도 알 수 있다. 문제는 삶에서 겪는 고통을 어떻게 처리하는가 하는 현실적인 적용에 있다.

욥도 논쟁으로 인해 지쳤지만, 재미난 것은 〈욥기〉를 읽는 사람도 논쟁 부분(4~31장)을 읽으려면 인내심이 필요하다는 것이다. 〈욥기〉를 통독한 것만으로도 독자들은 인내를 배운 것이다.

다음 물음에 답하거나 괄호 안에 알맞은 말을 넣으시오.

1. "하나님 앞에서 사람이 어찌 (   ) 하며 여자에게서 난 자가 어찌 (   ) 하랴." (25:4)

2. (26:14) 우리가 그에게서 들은 것도 ~

3. "욥이 풍자하여 이르되"(27:1, 29:1)에서 '풍자'는 무엇인가?

   ① 풍자(諷刺) ― 남의 결점을 다른 것에 빗대어 비웃으면서 폭로하고 공격함.

   ② 풍자(風刺) ― 드러나 보이는 사람의 겉모양.

4. "결코 내 입술이 (   )를 말하지 아니하며 내 혀가 (   )을 말하지 아니하리라." (27:4)

5. "악인이 하나님께 얻을 분깃 … 그의 자손은 번성하여도 (   )이요." (27:13~14)

6. "그 길을 사람이 알지 못하나니 사람 사는 땅에서는 찾을 수 없는" 이것은 무엇인가? (28:12~13)

7. "주를 경외함이 (   )요 악을 떠남이 (   )이니라." (28:28)

8. 전에 욥을 대하던 사람들의 태도는 어떠했는가? (29:7~10)

   (1) 젊은이 ―   (2) 노인 ―

   (3) 유지 ―   (4) 지도자 ―

9. 만일 내가 내 소망을 금에다 두었다면 누구를 속이는 것인가? (31:24, 답은 28로)

10. 엘리후가 욥과 세 친구들에게 화를 낸 이유는 무엇인가? (32:2)

11. "내가 자세히 들은즉 당신들 가운데 욥을 (   ) 그의 말에 (   )가 없도다." (32:12)

12. "하나님의 영이 나를 (   ) 전능자의 기운이 나를 (   )." (33:4)

13. "그는 하나님께 (   )하므로 하나님이 (   )를 베푸사 그로 말미암아 (   ) 외치며 하나님의 얼굴을 보게 하시고 사람에게 그의 (   ) 시키시느니라." (33:26)

14. "고관을 (   )로 대하지 아니하시며 가난한 자들 앞에서 부자의 낯을 (   ) 아니하시나니 이는 그들이 다 그의 손으로 (   ) 바가 됨이라." (34:19)

15. "그는 사람의 길을 (   )하시며 사람의 모든 걸음을 (   )하시나니." (34:21)

16. "(   )은 하나님이 결코 듣지 아니하시며 (   )가 돌아보지 아니하심이라." (35:13)

17. "하나님께서 하신 일을 (   )하고 높이라 … 인생이 그의 일을 (   )하였느니라." (36:24)

18. "전능자를 우리가 찾을 수 없나니 그는 (   )이 지극히 크사 (   )나 무한한 (   )를 굽히지 아니하심이라." (37:23)

19. 다음 장에는 어떤 주제로 하나님께서 말씀하시는지 보기에서 옮겨 적으시오.

〈보기〉 베헤못(하마)보다 약한 인가/ 동물 세계의 신비/ 리워야단(악어)보다 약한 인간/ 하늘과 땅의 신비

(1) 38장 —   (2) 39장 —

(3) 40:15~25 —   (4) 41장 —

20. 다음 괄호 안을 채우고 누구의 말인지(여호와, 욥)를 쓰시오. (40:1~14)

(1) 트집 잡는 자가 (   )와 다투겠느냐 하나님을 (   )는 대답할지니라. — (   )

(2) 나는 (   )하오니 무엇이라 주께 대답하리이까 손으로 내 (   )을 가릴 뿐이로소이다. — (   )

(3) 모든 (   )를 발견하여 낮아지게 하며 (   )을 그들의 처소에서 짓밟을지니라. — (   )

21. '베헤못보다 약한 인간'을 묘사한 하나님의 가르침에 대한 아래 구절을 완성하시오. (40:15~25)

(1) (40:15) 이제 소 같이~

(2) (40:24) 그것이 눈을 뜨고 있을 때~

22. '리워야단보다 약한 인간'을 말하는 아래의 본문에서 괄호 안에 알맞은 것을 고르시오.

(1) 온 (하천, 천하)에 있는 것이 다 (내 것, 네 것)이니라. (41:11)

(2) 그것의 입에서는 (횃불, 등불)이 나오고 … 그것의 콧구멍에서는 (피, 연기)가 나오니. (41:19~20)

23. 하나님께 대한 욥의 변화와 그 결과에 대한 아래의 구절을 완성하시오. (42:5~6)

(1) 내가 주께 대하여~

(2) 티끌과 재 가운데에서~

24. 여호와께서 욥과 욥의 친구들 중에 누구의 말이 옳다고 하셨는가? (42:7~8)

25. 욥은 친구를 위하여 무엇을 했는가? (42:8, 10)

26. 여호와께서 욥의 곤경을 돌이키시고 이전 소유보다 갑절이나 주신 것은 무엇인가? (42:10)

(1) 자녀 — (   )명은 죽어서 하늘에, (   )명은 땅에 = 합 20명(갑절)

(2) 소유물 — 1:3의 내용과 42:12을 비교하면 (동등하다, 갑절이다).

27. 딸 셋 (   ), (   ), (   )을 두었으며 … 그 후에 욥이 (   )년을 살며 아들과 손자 (   )를 보았고 욥이 늙어 나이가 차서 죽었더라. (42:12~17)

28. 욥기를 통하여 배울 수 있는 교훈은 무엇인가? (약 5:11)

시편 1~50편

시편_ 경건 가운데 찬양

저자 다윗, 아삽, 솔로몬, 고라자손, 모세, 에단, 미상 등 다양하다. **기록 연대** 이스라엘 창건 때로부터 주전 4~3세기까지의 긴 세월 동안. **메시지** 경건의 아름다움 속에서 찬양. **구분** 왜 5권으로 분류했는지 알 수 없으나 유대인들은 하나님께서 모세에게는 오경을, 다윗에게는 5권의 시편을 주었다고 한다. 그러나 실제 편찬은 에스라 이후이다. **요절** 주의 말씀은 내 발에 등이요 내 길에 빛이니이다(시 119:105).

1. 〈시편〉은 히브리 원전의 책 이름인 '세펠 트힐림', 즉 '찬양들'이며, 70인역에서는 '프살모이(찬양, 성가)'로서 히브리 명칭이나 헬라어 명칭 모두 '현악기를 연주한다'는 뜻을 내포하고 있다.
2. 〈시편〉 제목인 트힐림(테힐림보다 정확한 음역)은 시편 145편(찬송시)에 있으며 그 밖에 다른 시들도 다양한 이름을 가지고 있다.
3. 신약에서도 이 책 이름을 〈시편〉이라고 불렀으며(눅 20:42, 행 1:20), 한글 성경의 시편(詩篇)은 중국역의 영향이며 일본역도 같다.
4. 〈시편〉은 하나님을 찬양하고 자연과 역사상에 일어난 일들을 찬양하고 노래하며, 기도한다.
5. 〈시편〉의 문체는 대체로 서정시적인 특징을 띠고 있다(사색의 형식, 대구법, 구체적이고도 사실적인 묘사). 히브리시의 운율은 세 종류의 평행법(平行法)의 운율을 갖는다. 즉 동의적 평행법(예, 19:1~2), 반의적 평행법(예, 1:6), 종합적 평행법(예, 25:16)이 있다.
6. 〈시편〉은 제1권(1~41편), 제2권(42~72편), 제3권(73~89편), 제4권(90~106편), 제5권(107~150편) 총 5권으로 편집되어 있다.

한눈에 살펴보기

시편의 전체 150편은 에스라 시대부터 5개의 부분으로 나뉜다. '해석'이라는 의미를 가지고 있는 '미드라쉼(Midrashim)'은 당시의 주석이었으며 성경을 설명해주는 '주해서'였다. 유대인의 주석인 '미드라쉬(Midrash)'의 첫 편에 "모세가 이스라엘에게 다섯 권의 율법책을 주었는데, 다윗은 그것에 대응하여 다섯 권으로 된 〈시편〉을 주었다"고 기록되어 있다. "모세오경이 여호와께서 이스라엘 회중에게 주신 다섯 권의 책이라면, 〈시편〉은 이스라엘 회중이 여호와께 드린 다섯 권의 책"이라고 할 수 있다.

	제1권 1~41편	제2권 42~72편	제3권 73~89편	제4권 90~106편	제5권 107~150편
송영가	41:13	72:18~19	89:52	106:48	150:6
예배의 주제	찬양으로 예배	놀라우심을 예배	영원한 예배	복종하는 예배	완성된 예배
모세오경과의 유사점	창세기 (이스라엘, 인간)	출애굽기 (이스라엘, 구원)	레위기 (성소)	민수기 (모세와 광야)	신명기 (율법과 약속의 땅)
저자	주로 다윗	다윗과 고라 자손	주로 아삽	주로 미상	주로 다윗

* 앨런 B. 스트링펠로,《Through the Bible in One Year》에서 인용.

✅ 하나씩 짚어보기

▣ 제1권

제1편 [의인의 길, 악인의 길: 지혜시] 시편의 총론이자 제목이다. 두 길을 대비시킴으로 의인의 형통과 악인의 멸망을 대비시켜 노래한다. 복 있는 사람은 여호와의 율법을 즐거워하여 그의 율법을 주야로 묵상한다.

제2편 [여호와의 기름부음 받은 자: 메시아시] 세계에 미치는 메시아의 통치를 말한다(행 4:25~27).

제3편 [위기 중의 기도: 탄원시] 삼하 15~17장의 다윗이 압살롬을 피했을 때를 배경으로 한다. 천만인이 자신을 에워싸도 두려워하지 않으리라며 원수를 멸해주시기를 기도한다.

제4편 [밤을 위한 기도: 탄원시] 험난한 세파 속에서도 믿음의 마음이 누리는 평온을 노래한다. "평안히 눕고 자기도 하리니"라며 여호와께 안전을 의뢰한다.

제5편 [아침 희생제 기도: 탄원시] 4편이 저녁 기도라면, 5편은 아침 기도로서 하나님께서 이끌어주시고 지켜주시기를 호소한다.

제6편 [병상에서의 참회 기도: 개인 탄원시] 하나님께 생명을 구하고 응답을 확신한다.

제7편 [무죄한 자의 기도: 개인 탄원시] 하나님의 공의를 구하는 시로서 다윗이 사울에게 쫓길 때인 삼상 19~26장을 배경으로 한다. 3절은 삼상 24:12~15과, 16절은 삼상 25:39과 연결된다.

제8편 [사람이 무엇이기에: 감사와 경배] 하나님의 창조를 나타내는 시로서 창세기 1장을 노래로 나타낸 듯하다. 19편과 함께 자연계에 나타난 하나님의 창조의 권능과 영광을 찬양한다.

제9편 [승리에 대한 감사: 지혜시] 각 절의 첫 글자가 히브리 알파벳 22자 순서대로 되어 있는 이합체시로서 여기에는 11글자가 사용되고 있다. 하나님께 감사와 찬송을 드린다.

제10편 [악인의 교만을 꺾으소서: 지혜시] 불완전하게 9편의 이합체시가 이어진다. 찬양과 탄식을 겸한 노래이다(이합체시에 대하여는 Day26의 119편 해설 참고).

제11편 [성도가 피할 곳: 찬미시] 악인들의 말을 듣고 여호와께서 피할 곳이 되셨음을 증거한다.

제12편 [하나님의 도우심을 구함: 지혜시] 신뢰할 수 없는 말을 하는 자들에게 싸였으나 시인은 하나님을 의지한다.

제13편 [절망에서 소망으로: 개인 탄원시] 시인은 "어느 때까지니이까"를 반복하며, 과거의 체험을 통해 하나님을 소망한다.

제14편 [하나님이 없다 하는 어리석은 자: 지혜시] 악한 세대는 무신론을 주장하나 하나님은 그들을 비웃으신다.

제15편 [주의 장막에 머무를 자: 지혜시] 하나님과 교제하는 자의 삶에 대한 요구를 노래한다.

제16편 [믿음의 길: 메시아시] '주 밖에는 나의 복이 없다'는 성도는 존귀한 자이며, 주께서 생명의 길을 보이신다.

제17편 [맑은 양심의 호소: 개인 탄원시] 특이한 주제로 자기의(自己義)와 복수를 언급하고 있다. 눈동

자같이 보호하시는 하나님의 손길과 날개 그늘 아래 숨기시는 하나님의 보호가 있다.

제18편 [나의 힘이 되신 여호와여: 개인 찬미시] 나는 하나님을 어떻게 고백하고 사는가? 그분을 사랑한다고 고백해보라.

제19편 [자연과 율법의 계시: 지혜시] 하나님은 자연을 통하여 말씀하시며, 율법을 통하여도 말씀하신다. 말씀은 금보다도 귀하고 꿀보다 더 달다(19:10). 7~9절을 다시 묵상해보라.

제20편 [왕의 승리를 위한 기도: 제왕시] 왕의 눈에 보이는 병거나 말보다 여호와 하나님을 의지해야 승리한다.

제21편 [왕의 승리에 대한 감사: 제왕시] 하나님의 선하신 은혜를 기뻐하라. 하나님의 도우심이 적을 제압한다.

제22편 [고난 중에서도 찬양: 메시아시] 메시아 예언시로서 그리스도의 고난이 잘 나타나 있다. 고난 중에도 하나님을 찬양한다. 찬송 중에 계시는 그 하나님은 거룩하시다.

제23편 [양과 목자: 찬미시] 애송되는 시로서 하나님을 목자로 모신 인생의 평안을 노래한다.

제24편 [영광의 왕: 메시아시] 다윗이 언약궤를 예루살렘으로 옮길 때에 찬양대에 의해 불리도록 저작되었을 것으로 보인다(삼하 6:12~15, 대상 15:16~24). 여호와는 왕 중의 왕이시다.

제25편 [고난당하는 자의 기도: 개인 탄원시] 이합체시(離合體詩)로서 '여호와여!'라며 부르짖는 중에도 하나님의 사랑과 용서와 은혜를 체험하는 기도를 한다.

제26편 [의인의 기도: 탄원시] 하나님을 신뢰하고 순종하는 신앙으로 하나님 앞에 자신을 변호한다.

제27편 [여호와를 기다리라: 개인 탄원시] 환난 중에도 오직 선한 것으로 채우시는 하나님께만 우리의 소망이 있음을 노래한다.

제28편 [부르짖음과 응답: 개인 탄원시] 이웃에게 화평을 말하면서 그 마음에 악독이 있는 무리들로 인해 여호와께 부르짖고, 하나님의 도움을 받아 찬송한다.

제29편 [폭풍 속의 하나님: 감사와 경배시] 우렛소리와 번갯불과 폭풍 속에서도 하나님의 음성을 듣고 평강을 주시는 하나님을 찬양한다.

제30편 [건강 회복에 감사: 찬미시] 당면한 위험에 대한 구체적 언급은 없지만 아마도 사무엘하 24장, 역대상 21장에 나타난 인구조사에 따른 이스라엘에게 내린 전염병을 가리키는 듯하다. '성전 낙성가'라는 표제는 후대(수전절 같은 절기)에 불렸던 것으로 보인다.

제31편 [시련 속에서의 신뢰: 개인 탄원시] 피난처 되신 하나님을 신뢰하며 비참한 가운데서도 굳건하게 기도한다.

제32편 [자복과 사죄의 은총: 참회시] 감춰진 죄를 자복함으로 얻은 사죄의 기쁨을 노래한다.

제33편 [여호와를 즐거워함: 감사와 경배시] 하나님을 찬양하며 즐거워함은 성도에게 주어진 복이며 마땅히 할 바이다. 사도 요한은 환상 가운데 하늘의 새 노래를 들었다(계 5:9~10, 14:3).

제34편 [하나님의 돌보심: 개인 찬미시] 이합체시 중 하나이다. 비록 고난 중에 있어도 하나님께서 건져주실 것을 믿었다. 표제는 사무엘상 21:10~22:1의 사건이다.

제35편 [의인의 탄식: 개인 탄원시] 원수들에게 행한 대로 갚아주시도록 기도하는 저주시이다.

제36편 [하나님의 확실한 사랑: 지혜시] 다윗의 시로서 악의 실상과 하나님의 인자하심과 생명 되심을 대조적으로 제시하며 인생이 즐기는 모든 선한 것을 대조적으로 제시한다.

제37편 [의인과 악인: 지혜시] 잠언으로 가득한 이합체시 중의 하나이다. 악인의 풍요가 의인의 가치관에 혼란을 주지만 악인의 끝은 멀지 않고 의인의 영광은 영원하다는 가르침을 준다.

제38편 [곤경에서 사죄를 구함: 참회시] 죄로 인한 고통에서 회개하고 사죄의 은혜를 입는다.

제39편 [침묵과 인생의 무상: 개인 탄원시] 짧고 헛된 인생에 소망을 두기보다 하나님께 자신을 맡기는 것이 현명하다.

제40편 [감사와 찬송시: 개인 찬미시] 감사함으로 과거를 회상하고 다른 사람들에게 하나님을 전하며, 끝나지 않은 고난에 대해 하나님의 새로운 도움을 구한다.

제41편 [병든 외로운 자의 기도: 개인 찬미시] 고난의 때에 하나님은 우리를 도우시려 곁에 계신다. 병들고 외로운 자였으나 하나님을 신뢰하며 "나를 고치소서" 하며 기도한다. 13절은 하나님께 찬양을 돌리는 공식적인 구절로서 시편 제1권(1~41편)의 끝을 표시한다.

■ 제2권

제42~43편 [하나님을 사모함: 개인 탄원시] 두 시편이 주제가 같고 후렴이 같다(42:5, 11, 43:5). 현재 성전에 가지 못하는 어려운 형편(병든 자, 또는 유배당한 자)이지만, 그곳에서 하나님을 사모한다.

제44편 [민족적인 애가: 민족 탄원시] 약할 때에 (하나님을 의지하여) 강해진다는 것으로, 패배했을 때에 일시적인 혼란이 있어도 결국은 하나님을 잊거나 언약을 어기지 않는(17절) 이스라엘의 신앙 고백적 애가이다.

제45편 [왕의 결혼을 축하: 제왕시] 이스라엘의 왕은 신정의 대리자로서 의미가 있다.

제46편 [피난처요 힘이신 하나님: 개인 찬미시] 우리와 함께하시는 하나님은 악을 무찌르신다. 이스라엘은 도움이 되시는 하나님이 계시기에 어떤 큰 물결이 일어도 두려워하지 않는다. 마르틴 루터의 찬송(585장 내 주는 강한 성이요)의 기초가 되었다.

제47편 [하나님을 찬양하라: 즉위시] 하나님 나라를 노래한 시이다. 온 땅에 왕 되신 하나님을 찬양하라. 앞부분은 찬양하라는 권면이며 뒷부분은 찬양하는 이유를 말한다.

제48편 [큰 왕의 성: 개인 찬미시] 하나님의 거룩한 성 시온에 대한 노래이다. 복음성가의 가사로 많이 불린다.

제49편 [삶과 죽음: 지혜시] 인간 세계에 있는 빈부 문제에 대해 생명의 존엄성과 그 미래성을 내다보며 해답을 준다.

제50편 [회개를 요구하는 하나님: 지혜시] 하나님은 감사 없는 제물을 원하지 않으신다(14, 23절).

(Day25에서 계속)

다음 물음에 답하거나 괄호 안에 알맞은 말을 넣으시오.

1. 제1권은 (~   )편이며, 대략 보아도 표제에 '(   )의 시'가 많다.

2. 제1권에서 '메시아시'에 해당되는 네 편은 제 (,   ,   ,   )편이다. (시가서 해설 참고)

3. 시편에 많이 나오는 '셀라'(37개의 시편에 71번 나옴)의 뜻은 무엇인가? (Day26 참고)

    (1)   (2)

4. "의인들의 길은 (   )하시나, 악인들의 길은 (   )." (1:6)

5. "여호와께서 내게 이르시되 (   ) 오늘 내가 너를 낳았도다." (2:7)

6. (3:6) 천만인이 나를 에워싸 진 친다 하여도~

7. 4편과 5편 중 어느 것이 '아침의 시'이고, 어느 것이 '저녁의 시'인가? (해설 참고)

8. "나의 방패는 마음이 (   )를 구원하시는 (   )께 있도다." (7:10)

9. "(   )이 무엇이기에 주께서 그를 생각하시며 (   )가 무엇이기에 주께서 그를 돌보시나이까." (8:4)

10. 악인이 마음으로 무엇이라 말하는가? (10:6)

11. (12:6) 여호와의 말씀은~

12. (13:5) 나는 오직~

13. (14:1) 어리석은 자는~

14. 주의 장막에 머무르며 주의 성산에 사는 자(이런 일을 행하는 자)의 결과는 어떠한가? (15:5)

15. "내가 여호와께 아뢰되 주는 (   ) 주 밖에는 (   ) 하였나이다." (16:2)

16. "나의 (   )이신 여호와여 내가 (   )하나이다." (18:1)

17. "주께서 곤고한 백성은 (   )하시고 교만한 눈은 (   )." (18:27)

18. 여호와의 말씀과 관계된 단어 6가지를 쓰시오. (19:7~10)

    율법,

19. 어떤 사람은 병거, 어떤 사람은 말을 의지하나 저자는 무엇을 자랑하는가? (20:7)

20. (21:13) 여호와여 주의 능력으로~

21. 22편은 '메시아시'로서 1절은 마 27:(   ), 18절은 막 15:(   )절에 인용됐다. (해설 참고)

22. 여호와의 산에 오를 자, 거룩한 곳에 설 자에 대한 4가지 조건은 무엇인가? (24:3~4)

     (1)   (2)   (3)   (4)

23 시인의 마음이 어떠했는지 두 단어로 적으시오. (25:16~17)

     (1) 나는 (   ) 괴로우니   (2) 내 마음의 (   )이 많사오니

24. (26:9) 내 영혼을 죄인과 ~

25. (27:1) 여호와는 나의 빛이요 ~

26. (29:2) 여호와께 그의 이름에 합당한 ~

27. "그의 노염은 (   )이요 그의 은총은 (   )이로다." (30:5)

28. "내가 주께 피하오니 나를 영원히 (   ) 주의 공의로 나를 건지소서." (31:1)

29. "허물의 (   )을 받고 자신의 죄가 (   ) 자는 (   )이 있도다." (32:1)

30. 어떤 나라, 어떤 백성이 복이 있는가? (33:12)

31. 여호와는 누구를 가까이 하시고 구원하시는가? (34:18)

32. "나의 혀가 (   )를 말하며 종일토록 (   )하리이다." (35:28)

33. (37:4) 여호와를 기뻐하라 ~

34. 누가 땅을 차지하는가? (37:11, 22, 29)

     (1)   (2)   (3)

35. "나의 (   )에 귀를 기울이소서 내가 (   )에 잠잠하지 마옵소서." (39:12)

36. "내가 (   )를 즐기오니 주의 법이 나의 (   )에 있나이다." (40:8)

37. 제1권(1~41편)의 끝절(송영)을 쓰시오. (41:13)

38. 42편과 43편에서 같은 내용이 나오는 세 구절은 어디인가?

39. 로마서 8장 36절은 시편 44편 몇 절의 인용인가?

40. 하나님이 그 성 중에 계시매 언제 도우신다고 했는가? (46:5)

41. 하나님은 언제까지 우리를 인도하시는가? (48:14)

42. 어떤 사람을 멸망하는 짐승 같다고 표현하는가? (49:20)

43. 제물(짐승)로 드리는 것보다 더 중요한 제사는 무엇인가? (50:13~14)

시편 51~100편

한눈에 살펴보기

표제 비교 분류 – 시적 형식을 나타내는 표현

명칭(히브리 원어)	한글 개역	의미	사용된 시편
쉬르(쉬르)	노래	노래(Song)	30, 46, 48, 65~68, 75, 76, 87, 88, 92, 108, 120~134
미즈모르 (미즈모르)	시	시, 찬송 (Psalm)	19~24, 29~31, 38~41, 47~51, 62~64, 66~68, 73, 75~77, 79, 80, 82, 84, 86~88, 92, 98, 100~102, 108~110, 139~141, 143
마스길(마킬)	마스길	교훈시, 명상시 (Contemplative Poem)	32, 42, 44, 45, 52~55, 74, 78, 88, 89, 142
믹담(미크탐)	믹담	황금시, 금언시 (Epigram)	16, 56~60
식가욘(쉬까욘)	식가욘	*애통시	7
테필래(테필라)	기도	기도(Prayer)	17, 86, 90, 102, 142
테힐래(테힐라)	찬송시	찬양(Praise)	145

*표는 정확한 뜻을 모르는 것

하나씩 짚어보기

▣ 제2권(계속)

제51편 [사죄를 구하는 기도: 개인 탄원시] 표제의 글 "다윗이 밧세바와 동침한 후 선지자 나단이 그에
게 왔을 때"라고 되어 있는데, 이는 삼하 11~12장을 배경으로 하고 있다.

제52편 [악인의 운명: 지혜시] 죄악과 하나님의 보응을 말하며, 표제는 사무엘상 22장을 배경으로 한다.

제53편 [어리석은 자: 지혜시] 시편 14편을 개편한 시로 '하나님이 없다'며 부인하는 사람에 대해 말한다.

제54편 [하나님은 나를 돕는 자: 개인 탄원시] 다윗이 사울에게 쫓길 때에 하나님께 도움을 구한 것이
이 시의 배경이다.

제55편 [고난 중의 기도: 개인 탄원시] 원수가 동료, 친구, 가까운 사람이기에 시인의 괴로움은 더 크
다(13절). "여호와께서 내 소리를 들으시리로다" 하며 안타까워한다.

제56편 [하나님을 의지함: 개인 탄원시] '다윗이 블레셋 인에게 잡힌 때'라는 표제가 있으며, 어떠한 형편에서도 주를 의지하겠다는 시인의 믿음을 볼 수 있다.

제57편 [원수 앞에서도 기도: 개인 탄원시] 주의 날개 그늘 아래로 피하며 '하나님이여'라고 외친다.

제58편 [판단하시는 하나님: 저주시] 권력을 쥔 악한 자들은 반응이 없는 귀머거리 독사 같은 존재이다. 그들을 향한 일곱 가지 저주를 보게 된다.

제59편 [환난 중의 승리: 개인 탄원시] 사울이 다윗을 죽이려고 보낸 자들은 개처럼 울며 두루 다니며 악을 토하지만 다윗은 '하나님은 요새이시니 주를 바라보리라'고 고백한다.

제60편 [민족적인 기도: 민족 탄원시] 에돔과의 전쟁을 배경으로(삼하 8장, 대상 11장) 결국 하나님의 통치권이 열방에 미치고 있음을 고백하며 하나님을 의지하여 대적을 치게 해달라고 한다.

제61편 [무거운 짐 진 왕의 기도: 개인 탄원시] 압살롬의 반란군을 격퇴시키고 왕위를 회복한 후에 드린 기도로 보인다. 무거운 짐 진 왕은 하나님만이 주실 수 있는 안전과 보호를 열망한다.

제62편 [하나님만 바라라: 개인 탄원시] 절망 가운데서 하나님만 바라는 신앙이 돋보인다.

제63편 [주를 갈망함: 개인 탄원시] '유다 광야에 있을 때'라는 표제가 사울에 의한 쫓김인지, 압살롬의 반역 때인지 알 수 없으나 고난 중에 시인의 영혼과 육체가 하나님을 갈망한다.

제64편 [여호와께로 피함: 개인 탄원시] 음모와 술수 속에서도 의인은 여호와로 즐거워한다.

제65편 [감사의 찬송: 감사와 경배시] 앞의 시들이 대부분 고난 중에 호소하는 데 비해 이 시는 창조의 하나님이요, 풍요를 주시는 하나님께 대한 감사와 찬송이 넘친다.

제66편 [경배와 찬양: 개인 찬미시] 전반부에는 민족적인 감사, 후반부에는 개인적인 감사를 한다. 이 시가 산헤립 치하 앗수르로부터의 구원이라고도 한다(이사야 36~38장 참고).

제67편 [만방에 알릴 주의 구원: 감사와 경배시] 온 세계 위에 하나님이 내리시는 복을 찬송한다. 이 시를 오순절(맥추절)이나 장막절(수장절)에 관련시키기도 한다.

제68편 [승리로 이끄시는 하나님: 감사와 경배시] 고난 가운데 하나님의 은혜를 경험한 후에 하나님의 영광을 노래한다. 다윗이 언약궤를 시온산으로 옮겨갈 때(삼하 6장)를 배경으로 한다.

제69편 [고난에 눌린 자의 기도: 저주시] 신약성경에 자주 인용된 시로서 고난 중의 기도이다.

제70편 [속히 나를 도우소서: 개인 탄원시] 이 시는 40편 13~17절과 같은 구절로서 긴박한 상황에서의 다급한 기도이다.

제71편 [연로한 때의 기도: 개인 탄원시] 어려서부터 하나님을 의지해온 시인이 늙어서도 버림받게 되지 않기를 기도한다. 인생 여정에 평안을 얻지 못하나, 미래에 소망을 갖는다.

제72편 [왕을 위한 기도: 제왕시] 제2권의 마지막 시로서 솔로몬의 통치 시대(평화, 번영, 권세)에 잘 맞는다. 그 시대를 넘어 이상 세계를 내다본다. 표제는 솔로몬의 시로, "다윗의 기도"로 끝맺는 것은 그가 2권의 주요 작가라는 점을 드러내준다.

■ 제3권

제73편 [불공평한 이 세상: 지혜시] 악인의 형통을 보며 실족할 뻔한 시인은 하나님의 성소에 들어갈 때에 악인의 결국을 깨닫는다. 악인의 멸망과 의인의 구원에 대한 확신을 갖게 된다.

제74편 [성전 파멸의 애가: 민족 탄원시] 주전 587년 예루살렘이 파멸되었을 때를 배경으로 한 민족적인 애가이다.

제75편 [재판장이신 하나님: 개인 찬미시] 하나님만이 심판할 권세를 가지신다. 하나님께서 우주의 자연 질서와 땅의 윤리적 질서를 유지하시며 때가 이르면 공평하게 심판하실 것이다.

제76편 [하나님의 승리 권세: 개인 탄원시] 크신 하나님께서는 원수들을 멸하시는 세상의 왕들에게 두려운 존재이시다.

제77편 [하나님의 전능한 행위: 개인 탄원시] 하나님께 부르짖는 시인의 믿음이 돋보인다. 그는 인간으로서 감내하기 어려운 환난을 어떻게 이겨냈는가를 밝힘으로 교훈을 준다.

제78편 [이스라엘의 역사적 교훈: 지혜시, 역사시] 다윗이 왕이 되면서 유다 지파가 기선을 잡고 강력한 에브라임 지파는 버림을 받았다. 시편 기자는 그 이유를 이스라엘의 역사에서 찾았다. 〈출애굽기〉와 〈민수기〉의 사건과 연관된 내용들이 많다. 105편, 106편과 함께 역사시이다.

제79편 [돌무더기가 된 예루살렘: 민족 탄원시] 예루살렘의 폐허에 대한 애가이다. 예루살렘 파멸은 주전 587년 바벨론에 의해서이다. 하나님께 용서와 도움을 구하는 시이다.

제80편 [목자를 향한 기도: 민족 탄원시] 이스라엘은 하나님이 애굽에서 옮겨다 심은 포도나무에 비유하며 레바논(백향목), 지중해(바다), 유브라데(강)까지 뻗어 있음을 묘사했다.

제81편 [축제일에 들은 말씀: 감사와 경배시] 초막절에 모인 백성에게 들린 말씀으로 이스라엘을 위하시는 하나님을 상기시킨다. 그러나 이스라엘은 하나님의 말씀 듣기를 원하지 아니하였다.

제82편 [재판장을 판단하시는 하나님: 지혜시] 불공평한 판단을 하는 재판장들에게 회개를 촉구한다.

제83편 [이스라엘의 원수들: 저주시] 이스라엘 주변국들의 동맹으로 위험에 처하나 도움을 구한다.

제84편 [순례자의 노래: 개인 찬미시] 성전에 사는 사람이 가장 복되다(4, 10절). 예루살렘의 순례를 묘사한다(5~9절). 시온의 대로가 있는 자는 복된 자이다.

제85편 [새로운 축복을 구함: 개인 찬미시] 과거의 사죄와 은혜(1~3절), 현재의 회복(4~7절), 미래를 낙관한다(8~13절). 여호와께서 좋은 것을 주시리니 우리 땅이 그 산물을 낸다(12절).

제86편 [환난 날의 기도: 개인 탄원시] 죽음의 위협과 적들의 박해가 있으나 하나님의 사랑과 선하심과 권능을 알고 있기에 하나님께 사정을 아뢰고 응답을 기대한다.

제87편 [민족의 어머니인 시온: 시온시] 모든 것이 시온으로부터 났고, 그 거룩한 성읍의 미래에 관한 예언이 나온다. 구약은 지리적 측면에서, 신약은 영적 측면에서 본다(계 21:1~22:5).

제88편 [절망 속의 부르짖음: 개인 탄원시] 어둠 중에도 하나님께 끈질기게 부르짖는다.

제89편 [다윗에게 하신 약속: 제왕시] 시편에서 하나뿐인 '에단'의 시이다. 다윗 집에 하신 언약을 주제로 한다. 언약이 깨어진 것처럼 보이지만 긴급한 상황에서 이에 호소한다.

■ 제4권

제90편 [덧없는 인생의 피난처: 민족 탄원시] 시편에서 하나뿐인 '모세의 기도'라는 표제를 본다. 모세는 광야를 방랑하며 인생의 깨달음을 얻었을 것이다. 〈전도서〉와 유사한 분위기이다.

제91편 [하나님의 날개 아래: 감사와 경배시] 믿는 자에게 주는 격려의 음성(1~13절)과 하나님의 음성(14~16절)을 듣게 된다.

제92편 [안식일의 찬송시: 개인 찬미시] 악기와 노래로 하나님의 행하심을 찬양한다. 악인(7절)은 멸망하고 의인(12절)은 하나님의 뜰 안에서 번성한다.

제93편 [여호와의 통치: 감사와 경배시] 통치는 권위와 능력이 있어 세계도 흔들리지 않는다.

제94편 [하나님의 공의: 지혜시] 악인에 대한 하나님의 공의로운 판단을 기다리는 시인은 여호와가 자신의 도움이 되었기에 믿음을 지켰노라고 간증(17~19절)한다.

제95~100편 [찬양과 경배: 감사와 경배시] 피조 세계를 통치하는 하나님께 기쁨으로 '찬양과 경배'를 돌리기 위해서 저작된 시들이다. "여호와께서 통치하시니"라는 사상을 골자로 했기에 대체로 '신정시(神政詩, 왕의 시편)'의 한 묶음으로 본다.

(Day 26에서 계속)

1. 〈시편〉의 표제(Day 26 '한눈에 살펴보기' 도표 참고)

시편에서 표제란 시 앞에 나온 설명적인 글로서 3편에 '다윗이 그의 아들 압살롬을 피할 때에 지은 시' 또는 120편에 '성전에 올라가는 노래' 같은 것으로 우리말 성경은 '[…]'로 묶었다. 표제는 후대에 붙여진 것이지만 일반적으로 그 시의 기원과 제의적 사용, 곧 의식적이고 음악적인 용례에 대한 정보를 제공하고 그 시의 유형과 용도 및 목적 등을 알려준다. 표제가 사람 이름인 것이 100개이고, 사람 이름이 아닌 것이 16개, 그리고 표제가 없는 것이 34개이다. 히브리 성경에서는 이 표제를 1절로 간주하거나 1절에 포함시키기도 하므로 다른 번역 성경을 읽을 때에는 표제가 있는 시편은 한 절씩 당겨서 보거나 1절에 포함되었음을 보아야 한다.

시편은 찬양의 책이다

다윗은 많은 시를 지었으며 제사장들의 시종인 레위인들로 찬양대와 악대를 조직했다(대상 25장). 정성을 다하여 찬양하는 모습은 아름답다. 시편은 찬양의 책으로 우리에게 주어졌다.

2. 왕의 시편(신정시, 시편 95~100편)

'왕의 시편'("여호와께서 통치하시니")으로 불리는 시편 95~100편은 여호와를 온 땅의 통치자로 보므로 "온 땅이여 여호와께 즐거운 찬송을 부를지어다"(100:1)라고 외친다. 하나님의 통치는 믿는 자에 국한된 것이 아니라 믿지 않는 자, 하나님을 배반한 사람에게까지 미치고 있다. "온 땅이여"라 외치는 것은 소망이 전혀 없는 듯한 곳에도 하나님의 지배가 미치고 있으며, 희망이 있다는 것을 기대하게 한다.

다음 물음에 답하거나 괄호 안에 알맞은 말을 넣으시오.

1. 51편은 다윗의 어떤 일을 배경으로 지은 시인가? (표제 및 해설 참고, 삼하 12장)

2. 악인은 하나님을 자기 힘으로 삼지 아니하고 무엇을 의지하는가? (52:7)

3. 어리석은 자의 특징은 무엇인가? (53:1)

4. "하나님은 (   )시며 주께서는 내 (   )시니이다." (54:4)

5. 주의 병에 무엇을 담아달라고 기도했는가? (56:8)

6. "내 영혼이 주께로 피하되 (   )에서 이 (   )들이 지나기까지 피하리이다." (57:1)

7. 통치자들아 너희가 (   )를 말해야 하거늘 (   ). (58:1)

8. "나는 (   )을 노래하며 아침에 (   )을 높이 부르오리니 주는 나의 (   )이시며 나의 환난 날에 (   )심이니이다." (59:16)

9. 다음에 나오는 지방이나 나라의 이름을 적으시오. (7곳, 60:7〜8)

10. 서원한 것은 어떻게 해야 하는가? (61:8)

11. (62:5) 나의 영혼아 〜

12. (64:10) 의인은 여호와로 말미암아 〜

13. 어떤 경우에 주께서 듣지 아니하시는가? (66:18)

14. 67편에 '복'이라는 단어가 몇 번 나오는가?

15. 하나님은 고아와 과부에게 어떤 분이신가? (68:5)

16. 제물(황소)을 드림보다 하나님을 더욱 기쁘게 하는 것은 무엇인가? (69:30〜31)

17. 주의 기이한 일을 지금까지 전할 수 있는 이유는 무엇인가? (71:17)

18. 72편은 누구의 시이며, 그 저자가 지은 다른 시는 무엇인가? (길잡이 04 '시가서란 무엇인가' 도표 참고)

19. 시인은 왜 미끄러질 뻔하였는가? (73:2〜3)

20. 시인은 무엇을 기억하며 생각해달라고 기도했는가? (74:2)

21. 하나님은 의인과 악인에게 어떤 분이신가? (75:10)

22. "나의 환난 날에 내가 (   ) 밤에는 내 (   ) 거두지 아니하였나니." (77:2)

23. 78, 105, 106편은 어떤 시로 분류되는가? (시편, 길잡이 04 '시가서란 무엇인가' 해설 참고)

24. "우리는 (   )이요 (   )이니." (79:13)

25. 이스라엘은 무슨 나무에 비유되었는가? (80:8, 14)

26. (81:10) 나는 너를 ~

27. (83:13) 나의 하나님이여 ~

28. 84편의 제목을 고른다면 무엇이 적절하겠는가?

    ① 병의 치료를 위한 기도   ② 성전을 사모하는 기도

29. 하나님의 성품을 어떻게 표현하고 있는가? (86:15)

30. 여호와께서는 무엇을 사랑하시는가? (87:2)

31. 기도가 언제 주의 앞에 이를 것이라고 했는가? (88:13)

32. 하나님은 '나'에게 어떤 분이신가? (89:26)

33. 제4권에는 다윗의 시와 작자 미상의 시 중 어느 것이 더 많은가? (길잡이 04 '시가서란 무엇인가' 참고)

34. 90편은 시편 중에 단 하나인 "하나님의 사람 (   )의 기도"이다.

35. (90:15) 우리를 괴롭게 하신~

36. "그가 나를 (   )한즉 내가 그를 건지리라 그가 내 (   )을 안즉 내가 그를 높이리라." (91:14)

37. "악인들은 (   ) 같이 자라고 악을 행하는 자들은 다 흥왕할지라도 (   ). 의인은
    (   ) 같이 번성하며 레바논의 (   ) 같이 성장하리로다." (92:7, 12)

38. "여호와여 주의 (   )이 매우 확실하고 (   )이 주의 집에 합당하니." (93:5)

39. "내 속에 (   )이 많을 때에 주의 (   )이 내 영혼을 (   ) 하시나이다." (94:19)

40. 95~100편과 관계없는 것을 고르시오. (해설 참고)

    ① 찬양과 경배   ② 이스라엘 역사   ③ 신정시(神政詩)

41. "그는 우리의 (   )이시요 우리는 그가 기르시는 (   )이며 그의 손이 돌보시는 양"이다. (95:7)

42. (96:9) 아름답고 ~

43. (98:4) 온 땅이여 ~

44. (100:4) 감사함으로 ~

한눈에 살펴보기

표제 비교 분류 — 음악적 형식의 표제

명칭 (히브리 원어)	개역 개정	의미	사용된 시편
셀라(쎌라)	셀라	음성을 높임 *잠시 묵상	37개의 시편에 71곳. 합 3:3, 9, 13에도 나옴
힉가욘(히까온)	힉가욘	*명상	9편의 시편에 17곳(한글개역성경 16곳)
라메나제아흐	인도자 (영장)	악장(樂長), 지휘자	4, 5, 6, 8, 9, 11~14, 18~22, 31, 36, 39~42, 44~47, 49, 51~62, 64~70, 75~77, 80, 81, 84, 85, 109, 139, 140
삔기노트	현악	현악기(*하프)	4, 6, 55, 61, 67, 76
엘 한네힐로트	관악	부는 악기(갈대통소)	5
여두둔(리디툼)	여두둔	악사, 또는 찬양대 이름	39, 62, 77
알-하깃딧	깃딧	*현악기를 연주하는	8, 81, 84
알-하시미닛	스미닛	기본음	6, 12
알-알라못	알라못	소프라노음	46
알 뭇랍벤	뭇랍벤	'벤'의 죽음을 위한 노래	9
알-아엘렛샤할	아앨렛샤할	새벽의 사슴의 노래	22
알-마할랏	마할랏	질병(영적인 병 포함)	53
알-쇼산님	소산님	백합화의 노래	45, 69
알-요나트 엘림 레홋킴	요낫 엘렘 르호킴	잠잠한 비둘기	56
알-다스헷 (알 타쉬헤드)	알다스헷	해치지 못함	57, 58, 59

*표는 정확한 뜻을 모르는 것.

하나씩 살펴보기

◉ 제4권(계속)

제101편 [모범적인 통치선언: 제왕시] 이스라엘의 왕은 하나님의 종으로서 직분을 갖는다. 이 시는 왕
이 대관식 때(2편, 110편 참고)하는 서약인 것으로 추측된다.

제102편 [시온의 재건을 비는 기도: 참회시] 표제가 구체적이다. 이 시는 개인의 수난과 이스라엘의 수난을 동일시하여 시온의 재건을 기도한다. 25~27절은 히브리서 1:10~12의 메시아에게 적용시키고 있다.

제103편 [여호와의 자비로우심을 찬양: 감사와 경배시] 개인과 민족을 향하여 베푸신 하나님의 은혜에 대한 찬양이다.

제104편 [창조주를 찬양: 감사와 경배시] 이 시는 창조의 사실을 전반적으로 조명하고 자세히 명상한 장시(長詩)이다.

제105편 [그는 여호와 우리 하나님: 감사와 경배시, 역사시] 시편에 나타난 역사시(78편, 105편, 106편) 중의 하나이다. 다른 두 시편은 인간의 불성실과 하나님의 성실함을 함께 서술했지만 본 시는 하나님께서 얼마나 성실하게 자기의 언약을 이행했는가를 진술하고 있다. 특히 26절 이하는 출애굽 사건을 배경으로 한다.

제106편 [이스라엘의 불순종: 감사와 경배시, 역사시] 이스라엘의 불순종, 타락의 역사를 다루었다. 제4권(90~106편)의 끝맺음인 48절은 다른 권과 같은 공식적인 '송영'이다.

■ 제5권

제107편 [구속에 대한 감사: 감사와 경배시] 고난에 빠진 자를 네 가지의 비유로 말한다. 여행자(4~9절), 포로(10~16절), 병자(17~22절), 항해자의 비유(23~32절)이다. 그 근심 중에 여호와께 부르짖으매 그 고통에서 건지셨다(6, 13, 19, 28절).

제108편 [하나님께 드리는 찬송: 개인 찬미시] 1~5절은 시편 57:7~11을, 6~13절은 시편 60:5~12에서 온 두 시의 결합으로 훨씬 더 힘 있는 내용이 된다. 결합을 통한 창작적 의미가 있다.

제109편 [악담자에 대한 저주: 저주시] 하나님의 정의를 추구하는 의인의 애절한 시이다.

제110편 [영원한 제사장: 제왕시] 세상의 왕이나 제사장이 아닌, 그리스도에게서만 성취를 본 이상(理想)을 언급한다. 마태복음 22:41~46, 누가복음 22:69, 히브리서 5:8~10, 10:12~13과 함께 읽으라.

제111편 [하나님을 찬송함: 지혜시] 111, 112편 모두 '이합체시'(119편 해설을 보라) 중의 하나이다. 하나님의 영광, 능력, 자비가 성도들에게 나타난 사실을 칭송한다.

제112편 [하나님 경외의 복: 지혜시] 여호와를 경외하며 빈

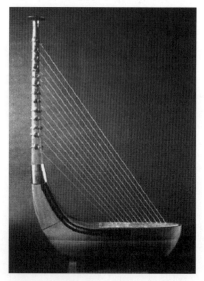

우르(Ur)에서 출토된 수금
시편은 찬양 모음집이기도 하다. 이 수금(lyre)은 주전 2500년경 우르의 왕의 무덤에서 출토된 것을 복원한 것이다.

궁한 자를 돌보는 자에게 하나님께서 복을 주심을 칭송한다.

제113~114편 [할렐루야 시편(1): 감사와 경배] 113~118편은 유월절에 전통적으로 연결된 시이다. '할렐루야 시편'의 특징은 '주를 찬양하라'가 주제이다. 113편은 하나님의 높으심을 찬양하고, 114편은 출애굽 때에 하나님이 행하신 놀라운 일을 찬양한다.

제115~118편 [할렐루야 시편(2): 감사와 경배] 113~114편은 유월절 만찬 전에, 115~118편은 유월절 만찬 후에 불렀다. 117편은 성경 중에 가장 짧은 장이다.

제119편 [말씀시: 지혜시]

(1) 119편은 시편뿐 아니라 성경 전체를 통하여 가장 긴 장으로, 176절에 이른다.

(2) 이 시를 '이합체시(離合體詩, Acrostic)'라 하는데 22연(聯), 또는 가장(歌章, strophe)이라고도 한다. 이 시는 히브리어의 알파벳 순으로 배열되어 있으며 각 연마다 8절씩으로 같은 문자(알파벳)로 시작하는 예술적인 면이 돋보인다. 즉, 첫 연에서는 히브리어 알파벳의 첫 문자인 '알렙'으로 시작되고, 둘째 연에서는 '베트'로 시작된다. 영어에서는 8절씩을 통상 16행으로 번역한다.

(3) 이 시를 한층 더 예술적(기교적)으로 만든 것은 '하나님의 율법'을 열 가지의 다른 말로 표현한 것으로, 이것은 동의어(同義語)이거나 각기 전체를 함축하는 표현이다.

    1) 토라 ― '율법'. 시내산에서 준 율법보다는 광의적인 범위에서 하나님의 법칙을 의미한다.

    2) 에두트 ― '증거'. 하나님의 명령, 하나님의 성품에 대한 증거와 의지를 보여주는 어휘이다.

    3) 미쉬파트 ― '심판'. 특정한 행위에 내려지는 심판적인 선언으로 행동이나 언어를 수반한다.

    4) 호킴 ― '규례' 또는 '율례'. 한 번 나온다(91절). 원래는 입법자로서 하나님의 법령이다.

    5) 다발 ― '하나님의 말씀' 또는 '말씀들'. 하나님께서 실제적으로 말씀하신 내용의 기록이다.

    6) 피쿠딤 ― '교훈'. 사람의 행동을 규제하기 위해 주어진 교훈을 말한다.

    7) 미츠바 ― '계명'. '피쿠딤'과 약간의 차이가 있으나 전체적으로 같이 본다.

    8) 이므라 ― '약속'. '다발' 대신 사용된 것으로 하나님의 모든 말씀에 적용된 말이다.

    9) 데레킴 ― '길(道)'(복수형). 이 말은 행동 영역을 표현한 말이다.

    10) 오라흐 ― '길'이라고 번역되기도 한다.

    이를 합해 십계명처럼 "십어(十語)"라고도 한다.

(4) 이 시에서는 위의 단어가 모든 절마다 하나 또는 둘씩 들어가 있다(132절 제외).

(5) 이 시에는 극히 경건한 마음, 여호와의 율법을 사랑하는 마음이 잘 나타나 있으며, 신명기 6:1~9, 예레미야 31:33 이하의 정신으로 일관되어 있다. 여기서 바리새적이 아닌, 율법의 참맛을 볼 수 있으며, 내용적으로 중복되는 것도 없는 기교를 초월한 시이다. 그러나 사상의 논리적인 연결은 약하므로 한 절 한 절 음미하며 읽어야 한다.

(6) 시편 중에 이합체시로 된 것은 9, 10, 25, 34, 37, 111, 112, 119, 145편으로 모두 아홉 편이고, 잠언 31장 10~31절과 예레미야애가 1~4장도 이합체시이다. 이런 표현법은 기억을 돕기 위한 목적이

었던 것으로 추측된다. 이합체시를 '답관체'라고 부르기도 한다.

제120편 [거짓된 입술: 개인 탄원시] 거짓된 입술과 악한 혀로 고난을 당하는 시인이 하나님께 부르짖는다. 120~134편은 '성전에 올라가는 노래'이다.

제121편 [너를 지키시는 자: 시온시] 하나님이 지켜주시는 자는 어떠한 해도 입을 수 없다.

제122편 [예루살렘아: 시온시] 예배의 중심지인 예루살렘의 평화를 위하여 기도하는 '시온시'이다.

제123편 [눈을 주께로 향함: 감사와 경배시] 시인은 눈을 들어 오직 여호와를 바라보며 긍휼을 구한다.

제124편 [도우시는 하나님: 감사와 경배시] 여호와께서 우리 편이 되어 도우셨음을 노래한다.

제125편 [자기 백성을 두르심: 시온시] 여호와를 의지하는 자에 대한 여호와의 두르심, 즉 안전을 노래한다.

제126편 [시온의 포로를 돌리심: 시온시] 포로 귀환은 오직 하나님의 섭리였고, 귀환 후에 힘들었지만 울며 씨를 뿌리듯 하나님 안에 사는 자는 소망이 있다.

제127편 [하나님 없는 자의 헛수고: 지혜시] 여호와께서 함께하지 않는 인생은 모두 헛되다.

제128편 [여호와를 경외하는 자의 복: 지혜시] 여호와를 경외하는 자에게 주어지는 복을 말한다.

제129편 [시온을 미워하는 자의 수치: 시온시] 하나님의 백성, 즉 시온을 미워하면 결국 그 자신이 몰락한다.

제130편 [깊은 데서 부르짖음: 참회시] 일곱 편의 참회시 중의 하나이다.

제131편 [순전한 신뢰: 감사와 경배시] 어머니 품의 아기처럼 고요한 평온함으로 여호와를 바라보라.

제132편 [다윗과 시온 성소: 제왕시] 1~10절은 사무엘하 6:12~15을, 11~12절은 사무엘하 7:11~16을 근거로 한다.

제133편 [형제의 연합: 감사와 경배시] 하나님 백성의 선하고 아름다운 연합을 노래한다.

제134편 [밤에 여호와를 찬송: 감사와 경배시] 밤에 성전을 지키는 자들에 대한 시로서 시온에서 복을 주시는 여호와를 송축한다.

제135편 [창조와 역사의 주를 찬송: 감사와 경배시] 이스라엘을 택하심과 여호와의 위대하심, 그리고 그분의 능하심을 찬양한다.

제136편 [여호와께 감사하라: 감사와 경배시] 창조(4~9절)와 출애굽 및 가나안 정착(10~24절)에 역사하신 하나님을 찬양한다.

제137편 [바벨론 강변의 애가: 저주시] 주전 587년 예루살렘 파멸로 인한 바벨론 포로생활의 아픔을 노래한 저주시이다(왕하 25장, 대하 36장). 예루살렘을 사랑하는 정신이 잘 나타나 있다.

제138편 [주의 이름에 감사: 개인 찬미시] 성전 앞뜰에서 큰 곤경에서 건져주신 하나님께 감사하는 시이다.

제139편 [감찰하시는 하나님: 개인 찬미시] 하늘과 스올(음부, 陰府)에도 계시고, 새벽(동쪽)과 바다 끝(서쪽)에도 손으로 인도하고 살피시는 하나님을 찬양한다.

제140편 [구원과 복수를 위한 기도: 개인 탄원시] 악한 자들의 다양한 악의 행위와 의인의 저주 기도가

나온다.

제141편 [내 눈이 주께 향하여: 개인 탄원시] 유혹과 충동 속
에서도 하나님 여호와께 향하는 시인의 모습이 나
온다.

제142편 [외로운 자의 기도: 개인 탄원시] 표제에는 '다윗이
굴에 있을 때에 지은 마스길'이라 하므로 사무엘하
23:19 이하를 근거로 한다. 외로움 가운데 하나님께
건짐을 구한다.

유대인의 미츠바 축제

시편 119편은 하나님의 율법의 즐거운 축제와도 같다. 예
루살렘의 미츠바(Mizvah) 축제 때에 기쁨과 헌신으로
율법 두루마리를 들고 행진하고 있다.

제143편 [의로운 인생이 없다: 개인 탄원시] 로마서 3:20은
본 시 2절의 인용이다. 일곱 편의 '참회시' 중에 마지
막 것이다.

제144편 [왕과 백성의 구원: 제왕시] 보호를 감사하며 간구
한다. 여호와를 하나님으로 삼는 백성에게는 복이 있다.

제145편 [왕이신 나의 하나님: 감사와 경배시] 1절은 '경배와 찬양'으로 알려진 익숙한 구절이다. 위대
하신 하나님은 개인에 대해서도 섭리하셔서 자기를 경외하는 자의 소원을 이루어주신다.

제146편 [사회적 관심의 찬양: 감사와 경배시] 146~150편은 시작과 끝이 '할렐루야(여호와를 찬양하
라)'로 되어 있다. 하나님께 소망을 두는 자는 복이 있다. 7~9절은 누가복음 4:16~21과 함께
보라.

제147편 [역사와 자연의 여호와: 감사와 경배시] 포로로 끌려간 자를 모으시고 시온을 세우신 하나님,
온 천하를 창조하시고 섭리하시는 하나님, 예루살렘에 복을 주시는 하나님을 찬양한다.

제148편 [우주적인 찬양: 감사와 경배시] 하나님의 피조 세계의 모든 것이 하나님을 찬양해야 함을 가
르친다.

제149편 [시온의 찬양: 감사와 경배시] 하나님의 백성이 하나님께서 주신 승리를 기뻐하고, 대적하던
민족들을 심판하신 일로 말미암아 즐거워한다. 메시아적 승리와 심판을 내다본 시로 유명
하다.

제150편 [대합창 교향곡: 감사와 경배시] 시편의 마지막 시로서 시편 전체의 웅장한 절정이며 종지부
이다. 생명이 있는 모든 자는 모든 것으로 하나님께 영광을 돌린다.

DAY 26
시편 101~150편

다음 물음에 답하거나 괄호 안에 알맞은 말을 넣으시오.

1. "내 눈이 이 땅의 (   )를 살펴 나와 함께 살게 하리니 (   )가 나를 따르리로다." (101:6)

2. "여호와께서 (   )를 돌아보시며 그들의 (   )를 멸시하지 아니하셨도다." (102:17)

3. "그가 네 (   )을 사하시며, 네 (   )을 고치시며, 네 생명을 (   )하시고 인자와 긍휼로 (   )을 씌우시며 (   )으로 네 소원을 만족하게 하사." (103:3~5)

4. 하나님께서 사람에게 주신 것 세 가지는 무엇인가? (104:15) (단어로만 표기)

5. 105편은 어떤 역사적인 사건을 배경으로 하는가? (특히 26절 이하, 해설 참고)

6. 78, 105, 106편을 어떤 시라고 부르는가? (시편의 해설 참고)

7. 하나님은 누구에게 만족과 좋은 것으로 채우시는가? (107:9)

8. 나는(의인) 사랑하나 그들은(악인) 도리어 대적할 때에 나의 자세는 어떠했는가? (109:4)

9. 주께 헌신하는 주의 청년들을 무엇에 비유했는가? (110:3)

10. "여호와를 경외함이 곧 지혜의 근본이라"는 어느 책의 주제인가? (111:10, 잠 1:7, 9:10)

11. 113~118편은 '(   ) 시편'이라고 하며 유대인들은 주로 (   ) 만찬 전후에 불렀다. (해설 참고)

12. 사무엘상 2:8은 시편 113편 몇 절과 같은가?

13. 여호와를 찬양하지 못하면 마치 어떤 자와 같은가? (115:17)

14. 주께서 나를 어떤 상태에서 구원하셨는가? (116:8)

15. (117:2) 우리에게 향하신 ~

16. 성경 중에 가장 짧은 장은 시편 (   )편이고, 가장 긴 장은 (   )편이다. (100~120편)

17. 주의 말씀이 '나'에게 어떤 의미가 있는가? (119:105)

18. 히브리어 알파벳 순으로 된 시의 이름은 무엇이며, 이런 시들은 어디에 있는가? (119편 해설 참고)

19. 120~134편 시의 표제는 '(   )'이다. (표제 및 해설 참고)

20. '나'의 도움은 어디에서 오는가? (121:1~2)

21. 예루살렘을 위하여 (   ) 예루살렘을 사랑하는 자는 (   )하리로다. (122:6)

22. 올무가 끊어짐으로 '우리'의 영혼이 어떻게 되었는가? (124:7)

23. 여호와를 의지하는 자는 무엇과 같은가? (125:1)

24. (126:1) 여호와께서 시온의 포로를 돌려보내실 때에 ~

25. 127편, 128편은 민족적인 노래인가, 가정적인 노래인가?

26. '수고의 떡을 먹음이 헛됨'과 '수고한 대로 먹을 것'의 차이는 어디서 오는가? (127~128편)

27. 자신의 괴로움을 어떻게 표현했는가? (129:3)

28. 시인은 마음의 평온함을 어떻게 표현했는가? (131:2)

29. 형제가 연합함을 어떻게 비유했는가? (133편)

30. 여호와께서 자기를 위하여 누구를 특별한 소유로 택하셨는가? (135:4)

31. 여호와께서 여호수아를 통하여 죽인 가나안 왕의 도합은 몇인가? (135:11, 수 12:24)

32. 136편에 '감사하라'는 말이 몇 번 나오는가?

33. 137편을 비롯해 35, 58, 69, 83, 109편 등 '적에게 심판 내리기를 비는' 시를 무엇이라 하는가?

34. '예루살렘이 멸망하던 날'은 언제인가? (137:7, 해설 참고)

   ① 바벨론에 의한 유다 멸망(587년, 왕하 25장),   ② 앗수르에 의한 이스라엘 멸망(721년, 왕하 17장)

35. 어디로 가든지 거기에 계신 하나님은 어떻게 하시는가? (139:7~10)

36. "여호와여 내 (   )을 세우시고 내 (   )을 지키소서." (141:3)

37. "나의 부르짖음을 들으소서 나는 (   )." (142:6)

38. 로마서 3:20은 시편 143편 몇 절의 인용인가?

39. 146~150편의 처음과 끝의 단어는 무엇이며, 그것은 무슨 뜻인가?

40. 여호와께서 맹인들의 (   ), 비굴한 자들을 (   ), 의인들을 (   ), 나그네들을 (   ), 고아와 과부를 (   ), 악인들의 길은 (   ) 하시는도다. (146:8~9)

41. 여호와께서 겸손한 자들은 (   ) 악인들은 땅에 (   ). (147:6)

42. 누구에게 '여호와를 찬양하라' 했는가? (148:2~4)

43. 시편 송영인 마지막 절을 쓰시오. (150:6)

잠언_ 지혜로운 격언 모음

저자 솔로몬(1:1, 10:1, 25:1)이 대표 저자(또는 편집자)이며, 그 외에 몇 명이 더 있다. 기록 연대 주전 약 10세기경(솔로몬의 통치 기간이 주전 961~922년에 근거한 연대)에 기록되어 후대에 걸쳐 편집되었다. 성격 격언적 가르침은 훈계의 오래된 방식이다. 매일 한 장씩 읽으면 매달 한 번씩 읽을 수 있다. 요절 여호와를 경외하는 것이 지혜의 근본이요 거룩하신 자를 아는 것이 명철이니라(잠 9:10).

1. 〈잠언〉은 히브리 원전 '미쉴레 쉘로모', 즉 '솔로몬의 잠언'에서 유래되었다. 70인역에서는 솔로몬을 빼고 '잠언(미쉴레)'이라 하였고 현대의 번역본들도 같다.
2. 〈잠언〉 '미쉴레(마샬의 복수형)'는 '속담들', '격언들'이라고 번역되나 '비유', '수수께끼'라는 뜻도 포함한다.
3. 〈잠언〉을 인간들의 격언쯤으로 여겨서는 안 된다. 성경은 인간이 처한 상황에서 모든 재능과 문학적 소양과 기법, 언어의 배경 등을 성령께서 사용하여 기록한 하나님의 말씀이기 때문이다.
4. 내용 분해

   1~9장 — 지혜와 우둔의 교훈   10장~22:16 — 솔로몬의 잠언(제1집)
   22:17~24장 — 지혜인의 어록   25~29장 — 솔로몬의 잠언(제2집): 히스기야 신하들 편집
   30장 — 아굴의 잠언   31:1~9 — 르무엘의 잠언
   31:10~31 — 현숙한 여인(아내)

 한눈에 살펴보기

1. 지혜와 우둔의 교훈(잠 1~9장)

〈잠언〉은 그 목적을 밝히며 시작된다(1:2~6). 지혜는 청년들과 교육을 받지 못한 자뿐 아니라, 모든 사람에게 필요하다. 지혜자의 말에 귀를 기울이라(1장). 은이나 보배를 구하고 찾듯 여호와를 아는 지식은 그 효력을 나타낸다(2장). 젊은이에게 여호와를 신뢰하며 지혜를 얻으라고 한다(3장). 최고의 지혜의 교훈자는 아버지이다(4장). 음녀에 대해 주의하며 아내로 만족하라(5장). '게으른 자는 개미에게 배우라'고 한다. 여호와께서 미워하시는 것이 있다(6장). 음녀의 미혹에 빠지는 것은 도수장으로 가는 소와 같다(7장). 솔로몬 자신도 말년에 이방 왕비들로 인해 우상숭배에 빠지게 되었다(왕상 11:1~13). 지혜는 일상생활에서 언제나 필요하다. 지혜는 창조의 시작 전부터 하나님의 소유였다(8장). 1장에서 8장까지 가르친 교훈들이 지혜와 어리석음에 대한 생생한 비유로 압축돼 있다. 지혜로운 자에게는 지혜가 유익하지만 거만하면 해를 당한다(9장).

2. 솔로몬의 잠언 제1집(잠 10:1~22:16)

거의 비슷한 형식의 대구법, 즉 반의적(反意的) 평행법으로 기록되어 있어서 한 절로도 완전한 교훈의 형식을 갖추고 있다. 가령 각 장의 제목을 정한다 해도 그 내용을 정확히 나타내지는 못한다. 잠언은 한 장에도 다양한 주제가 들어 있기 때문이다.

〈잠언〉은 읽으면 읽을수록 더욱 빛을 발한다. 앞에서는 주로 대구적인 표현들로 '그러나(but)'의 형식으로 기록되었다면, 16장부터는 주로 '그리고(and)'의 형식인 평행적인 표현들이 많다. 여기서는 반복과 부언(附言)에 의한 강조이다.

3. 지혜인의 어록(잠 22:17~24장)

두 가지가 함께 소개된다. 술에 미혹당하지 말고, 속이지 말고 바른 삶을 살아라(20장). 마음을 감찰하시는 여호와 앞에서 공의의 삶을 가르쳐준다(21장). 재물보다 명예를 택하고 가난한 자를 돌보라(22장). 음식과 술에 대한 경계, 부모 섬김에 대한 가르침을 준다(23장). 하나님께서는 사람에게 그 행위대로 보응하신다(24장).

4. 솔로몬의 잠언 제2집(잠 25~29장)

솔로몬의 잠언 제2집(25~29장)은 히스기야 시대에 그의 신하들이 편집했다.

(1) 솔로몬은 잠언 3천 가지를 말하였다(왕상 4:32). 그중에서 〈잠언〉의 성경으로 남아 있는 것은 전체 수에 비하여 적은 것이다. 하나님께서 성경의 일부를 삼고자 예정하신 것만이 포함되었을 것이다.

(2) 히스기야의 신하들이 편집한 잠언 25~29장의 표현법은 다음과 같다.

　　1) 25~26장―주로 비교법(~와 같이)
　　2) 27장―비교법과 대조법 혼합
　　3) 28~29장―주로 대조법(그러나)

5. 아굴, 르무엘의 잠언, 현숙한 여인(잠 30~31장)

〈잠언〉의 끝 부분에 이르렀다. 〈잠언〉은 내용이 어려워서 이해하기 힘든 것이 아니라, 너무나 쉬운 말씀이어서 소홀히 하기 쉽다. 그러나 삶에 적용하여 실천한다면 지혜자의 권면과 같이 달라질 것이다.

아굴의 잠언에서는 그가 삶과 자연에 대한 면밀한 관찰을 통해 배운 "서넛이 있나니"라는 형식의 '숫자 잠언'을 통해 가르쳐준다(30장). 르무엘은 어머니의 교훈을 요약하여 음욕, 술, 재판에 대해 교훈한다. 끝에는 부록으로 저자 미상의 이합체시(알파벳시, acrostic)가 실려 있으며, '현숙한 여인'에 대해 말하고 있다(31장).

✔ 하나씩 짚어보기

1. 히브리인들의 가정교육(잠언)

히브리인들의 종교 교육과 도덕 교육은 거의 가정을 통하여 이루어졌으며 가정은 곧 학교였다. 잠언에서도 이렇게 가정 내에서의 교훈을 반영한 부분이 많다(1:8, 2:1, 4:1~4, 7:1, 13:1).

(1) 가정교육의 특징

하나님 중심적이며 실제적인 교육이다. 조상들로부터 전해 내려오는 신앙에 실제 생활을 연결시킨 교육 형태를 가지고 있다. 그들의 교육은 '들으라(쉐마)'로 시작하는 문장에 잘 반영되었다(1:5, 8:33, 12:15). 〈신명기〉의 '쉐마'는 민족 전체를 상대로 한 교육이며(신 6:4~9), 〈잠언〉의 '쉐마'는 자녀 교육의 형태와 내용을 담고 있어서 교육 관념을 잘 나타내준다.

(2) 가정교육의 내용

히브리인들의 독특한 신앙으로 인해 가정은 실제적인 삶의 교육뿐 아니라 신앙을 가르치는 장(場)이었다. 그들의 인생 교육은 곧 '여호와를 알도록'(1:7, 9:10) 가르치는 일이었다. 신앙공동체인 이스라엘에서 신앙 교육은, 선민으로서의 바른 생활을 할 수 있게 하는 기본교육이었다. 자녀들에게 양을 치고, 천을 짜며, 음식을 만드는 일 등 실제적 방법을 가르쳤다. 아버지가 자녀들을 가르치는 것은 중요한 의무 중 하나였다(출 13:8, 신 6:7, 20~25).

(3) 가정교육의 몇 가지 방법

1) 훈계 — 부모의 가치관이나 경험보다 하나님의 말씀으로 훈계했다. 언약에 근거한 것으로(창 17:7, 시 74:20, 105:8~9) 권위를 지니고 있었으며, 자녀는 부모께 순종했다(레 20:9, 신 21:18).

2) 징계 — 체벌을 긍정적으로 보았으나(13:24, 22:15), 사랑이 아닌 격한 감정으로 하는 징계는 역효과를 초래한다(13:14, 23:13~14). 징계는 사랑의 의미이다(비교, 히 12:5~8).

3) 암기와 대화 — 어릴 때부터 하나님의 말씀을 듣고 기억하는 것은 평생의 제동 작용을 한다(신 6:6, 11:18, 시 119:11). 자녀와의 대화를 통한 말씀 교육은 하나님의 명령이다(신 6:20~25).

4) 의식의 참여 — 이스라엘 백성의 종교적 의식은 자라나는 세대에 신앙적 체험을 주었다. 제의와 절기를 통해 하나님 중심의 생활을 체득하였다.

2. 게으른 자는 개미에게 가서 지혜를 얻으라(잠 6:6~11)

부지런함의 상징을 개미로 생각한 것은 옛날이나 오늘날이나 같다. 그러나 '개미와 베짱이' 우화가 다음과 같이 현대판으로 각색되었다. "개미는 여름 동안 너무 열심히 일해서 겨우내 허리 디스크로 고생을 했고 번 돈을 병원비로 허비했다. 베짱이는 지난겨울 배가 고팠음에도 불구하고 자신이 좋아하는 노래를 열심히 불렀더니 목이 트여서 2집 앨범을 내고 돈을 많이 벌어서 겨울에도 난방을 잘하고 지냈으며, 개미를 도와주기도 했다." 사실 이 현대판 우화에도 베짱이가 좋아하는 노래를 열심히 한 덕분에 잘되었다는 교훈이 있다. 게을러서 되는 일은 눈곱을 만드는 일 외에는 없다.

3. 술에 대한 〈잠언〉의 교훈들

술에 매여 산다면 신앙생활이 얼마나 힘들겠는가? 〈잠언〉에 나온 술에 대한 교훈을 보자.

술은 거만하게 하고 떠들게 한다(20:1). 술을 즐겨하는 자와 고기를 탐하는 자들과 사귀지 말라(23:20). 술 취하고 음식을 탐하는 자는 가난하여질 것이요(23:21), 술에 잠긴 자는 재앙, 근심, 분쟁, 원망이 있으며 까닭 없는 상처, 붉은 눈(충혈된 눈)을 갖는다(23:29~30). 술은 마침내 뱀같이 물 것이요 독사같이 쏠 것이다(23:32). 술은 괴이한 것을 보게 하고(환각증세) 구부러진 말(정신착란증)을 하게 한다(23:33). 술은 바다 가운데서 누운 자나, 돛대 위에 누운 자같이 사람을 비틀거리게 한다(23:34). 술은 맞아도 아프지 않고 감각이 없게 한다(23:35). 술을 찾고 마시는 것은 지도자(왕, 주권자)에게 마땅하지 않다(31:4). 술을 마시다가 법을 잊어버리고 송사를 굽게 할까 두렵다(31:5). 술은 죽게 된 자와 마음에 근심하는 자에게 주어 빈궁한 것을 잊고 그 고통을 기억하지 않게 하라(31:6~7).

4. 솔로몬의 잠언 제2집(25~29장) 편집자, 히스기야

(1) 솔로몬 통치(주전 961~922년) 이후 왕국은 남북으로 분열되었다(왕상 12장).

히스기야는 분열된 남국 유다의 13대 왕(주전 715~687년)으로 솔로몬보다 약 250년 후의 왕이다. 이때는 이미 북국 이스라엘이 멸망(주전 721년)한 후이다.

(2) 히스기야로 인한 유다의 개혁과 부흥을 나타낸 구절들

　1) "이와 같이 여호와의 전에서 섬기는 일이 순서대로 갖추어지니라"(대하 29:35).

　2) "예루살렘에 큰 기쁨이 있었으니 이스라엘 왕 다윗의 아들 솔로몬 때로부터 이러한 기쁨이 예루살렘에 없었더라"(대하 30:26).

　3) "히스기야가 … 그의 하나님 여호와 보시기에 선과 정의와 진실함으로 행하였으니 그가 행하는 모든 일 곧 하나님의 전에 수종드는 일에나 율법에나 계명에나 그의 하나님을 찾고 한 마음으로 행하여 형통하였더라"(대하 31:20~21).

　4) 열왕기하 18~20장, 역대하 29~32장, 이사야 36~39장에 나오는 히스기야의 사역도 보라.

(3) 히스기야는 자신의 통치 기간 중에 신하들로 하여금 현재 잠언 25~29장으로 알려진 솔로몬의 잠언들을 편집하도록 명령하였다. "이것도 솔로몬의 잠언이요 유다 왕 히스기야의 신하들이 편집한 것이니라"(25:1)에서 '편집한'의 히브리어(אַנְשֵׁי חִזְקִיָּה 아쉘 헤티쿠)가 '수집했다', '편집했다', '필사했다' 중 어떤 뜻인가를 놓고 견해가 엇갈리고 있다.

포도를 돌 저울에 달아 파는 아랍인
예루살렘에서 한 아랍 여인이 포도를 팔기 위하여 돌추를 기준으로 하여 무게를 달고 있다. 근동 지방에서는 이러한 방법이 현재까지도 사용된다. "속이는 저울은 여호와께서 미워하시나 공평한 추는 그가 기뻐하시느니라"(잠 11:1).

잠언

다음 물음에 답하거나 괄호 안에 알맞은 말을 넣으시오.

1. 잠언의 대표 저자에 대해 나온 1:1을 옮겨 적으시오.

2. 잠언은 네 가지 행동에 대한 지침이다. 어떤 일에 대한 훈계인가? (1:3)

3. 지식의 근본은 무엇이라고 말하는가? (1:7)

4. 무엇이 사람을 음녀와 말로 호리는 이방 계집에게서 구원해주는가? (2:16)

5. 하나님으로부터 길을 지도받는 비결은 무엇인가? (3:5~6)

6. 마음을 지켜야 하는 이유는 무엇인가? (4:23)

7. 5:15~19의 주제는 다음 중 무엇인가?

　　① 이웃 사랑　　　　　　　② 아내 사랑　　　　　　　③ 우물 물

8. 여호와께서 미워(싫어)하시는 것 7가지는 무엇인가? (6:16~19)

　　(1) 교만한 눈　　　　　(2)　　　　　　　(3)　　　　　　　(4)

　　(5)　　　　　　　(6)　　　　　　　(7) 형제 사이를 이간하는 자

9. 7장의 주제는 '음녀에 대한 경계'와 '화목제를 드리는 법' 중 어느 것인가?

10. 은이나 정금보다 더 소중한 것은 무엇인가? (8:10)

11. 지혜 있는 자는 책망을 듣고 어떻게 하는가? (9:8)

12. 어리석은 자가 말하는 달고 맛있는 것은 무엇인가? (9:17)

13. "(　　　　　　)는 계명을 받거니와 (　　　　　　)는 멸망하리라." (10:8)

14. "아름다운 여인이 (　　　) 아니하는 것은 마치 (　　　)에 금 고리 같으니라." (11:22)

15. "악인은 (　　　　)을 탐하나 의인은 그 (　　)로 말미암아 (　　)하느니라." (12:12)

16. (　　)에서는 다툼만 일어날 뿐이라 (　　　　　　)는 지혜가 있느니라." (13:10)

17. "(　　　　　　)은 자기 집을 세우되, (　　　　　　)은 자기 손으로 그것을 허느니라." (14:1)

18. "(　　　　　)은 분노를 쉽게 하여도 (　　　　)은 노를 격동하느니라." (15:1)

19. "사람이 마음으로 (　　　　)을 계획할지라도 그의 (　　　　　　　)는 여호와시니라." (16:9)

20. "(   )는 사람이 뽑으나 (   )는 여호와께 있느니라." (16:33)

21. "허물을 덮어주는 자는 (   )요 그것을 거듭 말하는 자는 (   )니라."
    (17:9)

22. "죽고 사는 것이 (   )에 달렸나니 혀를 쓰기 좋아하는 자는 (   )를 먹으리라." (18:21)

23. "가난한 자를 (   )은 여호와께 꾸어드리는 것이니 그의 (   )을 그에게 갚아주시리라."
    (19:17)

24. "두루 다니며 (   )는 남의 비밀을 누설하나니 (   )를 사귀지 말지니라." (20:19)

25. "겸손과 여호와를 경외함의 보상은 (   )과 (   )과 (   )이니라." (22:4)

26. 하나님의 사람은 무엇을 부러워하지 말고 여호와를 경외해야 하는가? (23:17)

27. 23:29~35은 무엇에 대한 교훈인지 한 단어로 쓰시오.

28. 아들에게 꿀을 먹으라 함은 실제 무엇을 얻으라는 말인가? (24:13~14)

29. 25~29장의 잠언에 대한 서언을 쓰시오. (25:1)

30. "은 쟁반에 금 사과"는 무엇을 비유한 것인가? (25:11)

31. 말이 좋을지라도(그럴싸해도) 믿지 말아야 하는 이유는 무엇인가? (26:25)

32. 내일 일을 자랑하지 못하는 이유는 무엇인가? (27:1)

33. 죄를 숨기는 자와 죄를 자복하고 버리는 자의 차이는 무엇인가? (28:13)

34. 묵시가 없으면 어떻게 되는가? (29:18)

35. "내가 죽기 전에 내게 거절하지 마시옵소서"라며 주께 구한 두 가지는 무엇인가? (30:7~9)

36. 땅 위에 작고도 지혜로운 것 네 가지는 무엇인가? (30:24~28)

37. 르므엘 왕의 어머니가 훈계한 잠언 중에 누구에게 힘을 쓰지 말라 했는가? (31:3)

38. 술을 마시는 것이 왕에게 마땅하지 않음은 (   )을 잊어버리고 (   )를 굽게 할까 봐서이다. (31:4~5)

39. 현숙한 여인(31:10~31)은 (   )시로 기록되어 있다. (시편 119편도 같다. 해설 참고)

40. 현숙한 여인은, (   )에게 손을 펴며 (   )를 위하여 손을 내민다. (31:20)

41. 잠언을 분해한 아래 내용의 괄호 안을 채우시오. (해설 참고)

    (1) 1~9장은 (   )을 교훈했으며, (2) 10장~22:16은 (   )의 잠언 1집이며, (3) 22:17~24
    장까지는 (   ) 있는 자의 말씀〈속칭 지혜인의 어록〉이며, (4) 25~29장은 (   )의 잠언 2집이며,
    (5) 30장은 (   )의 잠언이며, (6) 31:1~9은 (   ) 곧 그 어머니가 그를 훈계한 잠언이며, (7)
    31:10~31은 (   ) 여인에 대한 노래이다.

전도서_ 인생의 허무와 인간의 본분

저자 미상 또는 솔로몬으로 추정(1:1, "다윗의 아들, 예루살렘 왕"에 근거) 하며 솔로몬이라는 이름이 나와 있지 않아 또 다른 주장도 있다. **기록 연대** 주전 약 10세기경(솔로몬을 저자로 볼 때) 또는 주전 3세기 중엽(헬라문화가 밀려올 때에 한 지혜자의 글로 볼 때). **요절** 일의 결국을 다 들었으니 하나님을 경외하고 그의 명령들을 지킬지어다 이것이 모든 사람의 본분이니라(전 12:13).

1. 〈전도서〉는 원전의 책 이름인 '코헬렛', 즉 '회중을 모은 사람', '회중 가운데서 말하는 사람'이라는 뜻이며, 70인역에서는 '에클레시아스티쿠스(Ecclesiasticus)'라 하여 같은 뜻이다. 루터는 '설교자'라 하였고, 한글역은 중국역인 〈전도서〉를 그대로 사용하였다.

2. 저자가 솔로몬이라는 주장은 〈열왕기상〉에 나타난 솔로몬에 대한 역사적 기록과 일치함을 들며 솔로몬 저작을 더 확고히 하려는 것이다. 저자에 필적할 만한 사람이 없는 지혜(1:1), 솔로몬의 부귀(2:8), 대규모의 건축 계획(2:4~6), 잠언집(12:9) 등을 근거로 들고 있다.

3. 〈전도서〉의 신학사상 ─ 인생을 즐기는 것은 사람이 수고함으로 얻은 결과를 하나님의 선물로 받아 누리라는 것이다(2:24~26, 3:12, 22, 5:18~20, 8:15, 9:7~9, 11:7~10). 하나님을 기쁘시게 하고(2:26), 경외하며(8:12), 하나님의 심판을 염두에 두라고 권면한다. 한편 인생이 '헛되다'는 것을 강조한다('하나씩 짚어보기' 참고).

5. 내용 분해
   1~6장 ─ 인생의 허무함(헛된 인생)
   7~12장 ─ 인생의 본분(지혜와 어리석음)

한눈에 살펴보기

1. 인생의 허무함(전 1~6장)

전도서는 '헛되다'는 말의 반복으로 시작하여 해 아래서(1:3, 9, 14), 즉 인간의 관점에서 바라본 세상이 헛되고 헛됨을 말한다(1장). 지혜 추구로 만족을 얻지 못한 전도자는 감각적이고 현세적인 쾌락을 추구하나 이것도 헛되다고 한다(2장). 우리는 하나님이 하시는 일을 다 이해할 수 없으므로 그를 경외하게 된다(3장). 학대받는 자의 고생과 홀로 사는 자의 고통, 그리고 함께하는 것의 힘을 말한다(4장). 사람이 일을 즐기고 재물을 얻어 누리는 것은 하나님의 선물이며, 누리지 못하면 헛되다(5~6장).

2. 인생의 본분(전 7~12장)

지혜는 가치 있는 것이 무엇인지를 가르쳐준다(7~8장). 운명(죽음)은 누구에게나 임한다(9장). 지혜와 어리석음, 지혜의 말과 실천적인 충고에 대한 잠언이다(10장). 사람이 장수하면 즐거워할 일이고 빛 가운데서 기뻐할 일이다. 청년의 때를 즐거워하되 하나님의 심판이 있음을 기억해야 한다(11~12장).

✔️ 하나씩 짚어보기

1. 〈전도서〉를 보는 두 가지 시각

(1) 자연인의 시각 ― 인생의 문제들을 하나님의 빛이 없이 해결하려고 한다. 하나님을 제쳐놓고 보면 그 결론은 '모든 것이 헛되다'(1:2). 사람의 인생은 유한하며 궁극적으로 만사가 허무하다.

(2) 하나님이 계시해준 사람의 시각 ― 만사를 새로운 빛으로 본다. 인생은 하나님을 경배하고 섬길 때 의미가 있다. 이 관점에서 전도자가 주는 말씀들은 안심과 희망을 준다. 〈전도서〉의 암울한 서두는 전도자의 첫 번째 관점을 대변하고, 밝은 결론은 두 번째 관점을 대변한다.

2. 전도자가 말하는 말들과 '헛되다'는 의미

① 인간의 지혜(2:15~16)　② 인간의 수고(2:19~21)　③ 인간의 목적(2:26)

④ 인간의 경쟁(4:4)　⑤ 인간의 탐욕(4:8)　⑥ 인간의 명성(4:16)

⑦ 인간의 불만족(5:10)　⑧ 인간의 갈망(6:1~9)　⑨ 인간의 우매(7:6)

⑩ 인간의 상급(8:10, 14)

3. 전도서 12:2~6의 해석

2절: "해와 달과 별들이 어둡기 전에" ― 노년기의 불편이 증가한다.

3절: "집을 지키는 자들이 떨 것이며" ― 노년에 팔, 다리가 떨린다.

"힘 있는 자들이 구부러질 것이며" ― 어깨, 허리, 다리의 굽는 현상이다.

"맷돌질하는 자들이 적으므로 그칠 것이며" ― 치아가 노쇠함로 무력해진다.

"창들로 내다보는 자가 어두워질 것이며" ― 시력의 노화로 동공이 이완된다.

4절: "길거리 문들이 닫혀질 것이며" ― 청각이 쇠퇴한 상태이다.

"맷돌 소리가 적어질 것이며" ― 이가 약해져서 음식을 잘 먹지 못하게 된다.

"새의 소리로 말미암아 일어날 것이며" ― 신경이 예민해져서 깊은 잠을 못 잔다.

"음악하는 여자들은 다 쇠하여질 것이며" ― 성대의 약화로 노래를 잘 못한다.

5절: "그런 자들은 높은 곳을 두려워할 것이며" ― 고공(高空) 공포증도 생기고, 두려움이 커진다.

"살구나무가 꽃이 필 것이며" ― 백발이 된 노인의 모습이다.

"메뚜기도 짐이 될 것이며" ― 힘이 없어 혼자 몸을 가누기도 힘들게 된다.

"정욕이 그치리니" ― 식욕, 성욕, 각종 욕망이 무기력해진다.

"자기의 영원한 집으로 돌아가고 조문객들이 거리로 왕래하게 됨이니라" ― 죽음이 온다.

6절: "은 줄이 풀리고 금 그릇이 깨지고" ― 신경과 두뇌가 그 기능을 상실한다.

"항아리가 샘 곁에서 깨지고 바퀴가 우물 위에서 깨지고" ― 폐, 심장이 멈추고 죽음에 이른다.

저자 솔로몬(본문에 이름이 7번 나온다. 1:1, 5, 3:7, 9, 11, 8:11, 12). **기록 연대** 주전 약 10세기경(솔로몬을 저자로 볼 때). **주제** 문자적(남녀의 사랑), 풍유적(신랑 그리스도와 신부 교회의 사랑). **성격** 유대인들은 〈잠언〉을 성전에, 〈전노서〉를 성소에, 〈아가〉를 지성소에 견주었다. **요절** 사랑은 죽음같이 강하고 질투는 스올같이 잔인하며 불길같이 일어나니 그 기세가 여호와의 불과 같으니라(아 8:6).

1. 〈아가〉는 히브리 원전의 책 이름인 '쉬르 하쉬림', 즉 '노래 중의 노래'이므로 70인역에서는 '아스마 아스마톤(Aisma Asmaton)', 영어에서는 'Song of songs(노래 중의 노래)' 또는 'Song of Solomon(솔로몬의 노래)'라 한다.
2. 한글 성경의 〈아가〉(우아할 雅, 노래 歌)는 의역한 것으로서 중국역의 영향을 받았으며 일본역도 같다.
3. 유대교의 박사들은 30세가 될 때까지 〈아가〉를 읽지 않도록 권고했다. 그러나 본서는 '남녀의 사랑'과 함께 '교회를 향한 그리스도의 사랑'을 보여줌으로 소년들도 읽고 애정 문제에 순결함으로 대처하는 것이 좋다. 아울러 교회를 향한 그리스도의 음성에 귀 기울여야 한다.

◑ 한눈에 살펴보기

솔로몬과 술람미 여인이 서로의 아름다움에 대해 칭송한다(1장). 사랑함으로 병이 들었으나 이제 겨울이 지났으니 사랑하는 자들은 꽃향기 나는 들판을 내달린다(2장). 여인의 사랑의 독백에 이어 신랑인 솔로몬이 가마(수레)를 타고 거친 들에서 오고 있다(3장). 솔로몬이 그녀를 찬미하고(4장), 그녀가 자기의 사랑하는 자를 찾지 못하는 꿈을 묘사하지만(5장), 신부에 대한 사랑의 노래는 아름다움 그 자체다(6장). 서로의 사랑 안에서 기뻐하며 서로에게 속하였음을 노래한다(7장). 사랑이 죽음같이 강하여 온 가산을 주고도 사랑의 진정을 바꾸지 못함을 노래한다(8장).

✔ 하나씩 짚어보기

1. 〈아가〉의 화자(話者) 찾기

성경에 밝히 나타나지 않으므로 화자를 찾아 표시하고 읽으면 이해에 도움이 된다.

(1) 술람미 여인 — 1:2~4상, 5~7, 12~14, 16~17, 2:3~7, 8~9, 2:16~3:5, 4:16, 5:2~8, 10~16, 6:2~3, 11~12, 7:9하~8:4, 8:5하~7, 10~12, 14(3:1~5은 여인의 꿈)

(2) 솔로몬 — 1:8~11, 15, 2:1~2, 10~15, 4:1~15, 5:1, 6:4~9, 7:1~9상, 8:13

(3) 예루살렘 여인들 — 1:4하, 11, 3:6~11, 5:9, 6:1, 11~12, 7:9하~8:4, 8:5상, 8:8~9

상기의 화자에 대한 구성은 두 사람(솔로몬과 술람미)을 중심으로 한 것이며, 화자를 세 사람(솔로몬, 술람미, 연인 목자)으로 보지 않는다. 예를 들어 4:1~6은 솔로몬, 4:7~15은 연인 목자의 말로 보아야 한다는 학자들도 있으나 여기서는 그렇게 보지 않고, 4:1~15 모두를 솔로몬의 말로 보는 것이다.

2. 〈아가〉에 대한 다양한 해석 방법

〈아가〉의 대표적 해석방법은 풍유적(諷喩的) 해석이다. 풍유적 해석(Allegorical Interpretation)은 두 개의 라틴어 'Allo(다른)+agoreuo(말한다)'에서 온 말로서 그 본문 배후에 다른 무엇을 말하고 있는 것을 찾아내는 해석이다. 은유적 해석(隱喩的, Metaphor)이라고도 하나 풍유는 은유보다 확대된 개념이다.

(1) 유대교에서 채택한 해석법으로 6세기에 탈무드에서 하고 있는 해석이 오늘까지 전해지고 있다. 신랑은 '여호와'이고 신부는 '이스라엘'이다. 이러한 해석을 채택하지 않는 경우도 많아졌다.

(2) 그리스도 교회는 유대교의 해석 방법을 그대로 수용하였다. 신랑은 '그리스도'이시며 신부는 '교회(성도)'이다. 그러므로 〈아가〉는 문자적으로는 '신랑 신부(남여)' 간의 사랑을, 풍유적으로는 '그리스도와 교회(성도)' 간에 있어야 할 순결과 사랑을 가르치는 책이라 할 수 있다.

그 외에 희곡적 해석(Dramatic Interpretation), 결혼식 노래로 해석(Wedding Cycle Interpretation). 순전한 사랑의 노래로 해석(Secular Love Song Interpretation), 종교 의식적인 해석(Liturgical Interpretation) 등 해석하는 방법이 다양하다.

- 박대선 외,《구약성경 개론》, 기독교문사, pp.422~3

3. 〈아가〉는 사랑의 노래

"너는 나를 도장같이 마음에 품고 도장같이 팔에 두라"(8:6)는 것은 나를 당신에게서 떨어질 수 없는 귀중한 것으로 여겨 달라는 신부의 소원이다. 당시에는 자신의 '도장'을 목이나 가슴 언저리에 걸고 다니는 관습이 있었다(창 38:18). 또한 팔찌로서 오른 손목에 낀 적도 있었다. 이것이 후에 반지로 변한 듯하다(렘 22:24). "사랑은 죽음같이 강하고"(8:6)라고 했다. 사랑은 무엇으로도 끌 수 없는 강한 불꽃이다. "사랑의 불이 꺼지면 50규빗(22.5m)의 침대가 좁고, 사랑의 불이 뜨거우면 칼 날 위에서도 잘 수 있다"(탈무드). 뿐만 아니라 '하나님의 사랑에서 우리를 끊을 자도 없다'(롬 8:39). 사랑은 이런 힘이 있는 것이다.

난쟁이 세넵(Seneb)과 그 가족
〈아가〉는 남녀의 아름다운 사랑을 노래한다. 완벽한 모양과 색채를 띠고 출토된 작은 이 조각은 아내의 미모와 아래에 있는 두 자녀의 모습이 이채롭다. _애굽의 6왕조(6th Dynasty).

(2) 신랑 되신 그리스도께서 신부인 교회와 성도를 향한 참사랑을 보여주심에 응답하여 우리의 눈을 그리스도에게로 향하고, 진실된 사랑으로 충실한 믿음생활을 하자.

DAY 28
전도서, 아가

다음 물음에 답하거나 괄호 안에 알맞은 말을 넣으시오.

1. "다윗의 아들 (   ) 왕 (   )의 말씀이라. (전 1:1)

2. 전도자가 1:2에서만 '헛되다'는 말을 몇 번 했는가?

3. (   )가 많으면 (   )도 많으니 지식을 더하는 자는 (   )을 더하느니라. (1:18)

4. '새것'과 '새 일'에 대한 전도서 1:9과 이사야 43:19의 내용을 비교해보시오.

5. 원하는 것을 수고로 다 얻은 후에 생각해본 결과는 어떻다고 했는가? (2:1~11, 답은 11절로)

6. 무엇도 하나님의 손에서 나오는 것이라고 하였는가? (2:24)

7. 맞게 이어진 것 두 가지를 고르시오.

   ① 3:17 — 렘 23:6   ② 3:18 — 시 49:12   ③ 3:20 — 창 3:19

8. 살아 있는 자, 죽은 자, 출생하지 아니한 자 중에 가장 복된 자는 누구라고 하는가? (4:1~3)

9. "하나님께 (   ) 갚기를 더디게 하지 말라." (5:4)

10. "(   )을 사랑하는 자는 (   )으로 만족하지 아니하나니." (5:10)

11. '재물과 부요와 존귀를 받았으나 다른 사람이 누리니 이것도 헛되다'는 말씀은 몇 절인가? (6장)

12. 지혜자의 마음과 우매한 자의 마음은 각각 어디에 있는가? (7:1~4)

13. 이치를 연구하여 깨달은 것은 무엇인가? (7:27~29)

14. "사람의 (   )는 그의 얼굴에 (   )가 나게 하나니." (8:1)

15. 어떤 사람이 잘될 것이라고 말하는가? (8:12)

16. 모든 산 자 중에는 누구나 소망이 있는 이유는 무엇인가? (9:4)

17. "네게 주신 모든 (   )에 네가 사랑하는 (   ) 살지어다." (9:9)

18. 철 연장의 날을 갈아야 한다는 비유로 지혜는 성공하기에 유익하다는 구절은 어디인가? (10장)

19. 우매한 자는 말을 많이 하고, 사람은 장래 일을 알지 못한다는 말씀은 어느 구절인가? (10장)

20. (11:9) 네 청년의 날들을 ~

21. 다음의 구절이 무엇을 의미하는지 해설을 참고하여 쓰시오. (12장)

(1) 3절: 힘 있는 자들이 구부러질 것이며 —

(2) 4절: 길거리 문들이 닫혀질 것이며 —

(3) 5절: 살구나무가 꽃이 필 것이며 —

22. 결국 '사람의 본분'이란 무엇인가? (12:9~14)

23. 아가서 해석법의 두 가지는 무엇인가? (해설 참고)

(1) 문자적 — (   )의 사랑   (2) 풍유적 — (   )와 (   )의 사랑

24. 〈아가〉는 표면적으로 (   ) 왕과 (   ) 여인의 사랑의 묘사이다. (아 1:1, 5, 3:7, 9, 11, 8:11, 12, 6:13, 14).

25. "솔로몬의 아가라"에서 '아가'의 뜻은 무엇인가? (1:1) (해설 참고)

26. 신부는 왜 병이 났는가? (2:5, 5:8)

27. 꽃 핀 포도원을 보호하기 위해서는 어떻게 해야 하는가? (2:15)

28. "시온의 딸들아 나와서 (   )을 보라. 혼인 날 마음이 기쁠 때에 그의 어머니가 씌운 (   )이 그 머리에 있구나." (3:11)

29. "내 (   ), 내 (   )야, 네가 내 (   )을 빼앗았구나." (4:9)

30. 신부의 꿈에 신랑이 문을 두드리며 신부를 부른 호칭 네 가지는 무엇인가? (5:2)

(1)   (2)   (3)   (4)

31. 다음의 묘사가 4장과 6장의 각각 몇 절에 나오는가?

(1) 머리털 — (4:   , 6:   )   (2) 이 — (4:   , 6:   )   (3) 뺨 — (4:   , 6:   )

32. "내 비둘기, 내 (   )는 하나뿐이로구나 그는 그의 어머니의 외딸이요 그 낳은 자가 귀중하게 여기는 자로구나 여자들이 그를 보고 (   )라 하고 왕비와 후궁들도 그를 칭찬하는구나." (6:9)

33. "돌아오고 돌아오라 (   ) 돌아오고 돌아오라." (6:13)

34. 신부의 모습 중 유방을 무엇과 같다고 표현했는가? (7:1~9)

(1)   (2)   (3)

35. '합환채'(7:13)는 창세기 30:14~18에도 나온다. 라헬이 레아의 아들이 가져온 합환채를 받는 대신에 레아는 야곱과 (   )하여 아들을 낳았는데 그가 (   )이다.

35. "사랑은 (   )같이 강하고 질투는 (   )같이 잔인하며 (   )같이 일어나니 그 기세가 (   ) 과 같으니라." (8:6)

36. "내 (   )야 너는 빨리 달리라 향기로운 산 위에 있는 (   )와도 같고 (   )과도 같아 라." (8:14)

예언서란 무엇인가?

1. 예언서의 위치는 어디인가?

히브리 성경 타나크는 율법서(토라), 예언서(네베임), 성문서(케투빔)로 나뉘며, 우리가 지금부터 읽을 예언서는 유대인들의 예언서와는 책의 숫자와 배열이 다르다(구약성경 책들의 비교, 길잡이01, 길잡이03 참고).

기독교에서 역사서(수~에)로 여기는 책들의 일부도 히브리 성경에서는 하나님의 예언의 역사로 해석하므로 예언서에 속한다. 그러나 기독교의 예언서는 17권으로, 〈이사야〉부터 〈다니엘〉까지 5권이 대예언서이고, 〈호세아〉부터 〈말라기〉까지 12권이 소예언서로서 합계 17권이다.

2. 예언자는 누구인가?

일반적으로 예언자를 '앞 일을 미리 알고(선지, 先知) 말해주는(예언, 豫言) 사람'으로 오해를 한다. 그러나 예언자에 해당하는 헬라어 "프로페테스"와 히브리어 "나비"는 '제 스스로에게서 비롯되지 않은 것, 즉 '하나님의 말씀(신언, 神言)을 널리 외쳐 알리는 자'이며 '하나님에게 부름 받은 하나님의 사람'이라는 개념과 연결되어 하나님의 놀라운 능력이 이 하나님의 사람 안에 나타나는 자이다. 선견자에게 붙여진 분사형 '로에'는 주로 사무엘에 대한 호칭이며, '나비'와 '로에' 사이에는 그 기능상 차이가 없고 둘 다 하나님의 대언자이다. 세 단어 즉, 나비, 로에, 호제는 같은 사람, 곧 예언자를 가리키는데 사용된다.

3. 대예언서 — 이사야~다니엘, 애가 포함 5권

예언자의 시대적 위치와 대상자를 찾는 것은 필수이다. 해당 예언이 어느 왕 때인지 알기 위해서는 예언서의 1장 1~2절을 살펴보면 된다(소예언서 6권은 왕에 대한 정보가 없다). 다음 도표는 예언자의 예언 시기를 찾아본 예이다.

	이사야	예레미야	에스겔	다니엘
활동 연대	주전 740~680년경	주전 627~587년경	주전 593~570년경	주전 605~536년경
부름받은 장	사 6장	렘 1:4~19	겔 1~3장	
성경적 배경	왕하 15~20장 대상 26~30장	왕하 24~25장	단 1~6장	단 1~6장
역사적 배경 (통치자 중심)	유다 왕: 웃시야, 요담, 아하스, 히스기야(사 1:1)	유다 왕: 요시야, 여호아하스, 여호야김, 여호야긴, 시드기야 (렘 1:2~3)	유다 왕: 시드기야 바벨론 왕: 느부갓네살	유다 왕: 여호야김, 여호야긴 이방 왕: 느부갓네살, 다리오, 벨 사살
정치적 배경	수리아와 북이스라엘의 유다 침공 위협 앗수르의 유다 침공 북이스라엘 멸망	앗수르 패망과 바벨론 흥왕기 애굽, 바벨론의 적대관계 1차 바벨론 포로	2차 바벨론 포로 예루살렘 훼파	1차 바벨론 포로(전통적 견해) 헬라의 유다 박해 때 성도들 위 로(비평적 견해)
종교적 배경	이방 우상의 흥왕 형식적 종교 종교 개혁(히스기야)	부흥기(요시야) 요시야 이후 영적 · 도덕적 타락	최악의 영적 · 도덕적 위기	선민으로서의 자질 상실 남은 자를 통한 섭리
사역 대상	유다 본토의 유다인	본토 및 포로지에 있는 유다인	바벨론 포로지의 유다인	열국 군왕 및 포로 된 유다인
경고 대상	유다(예루살렘) 및 열방 (사 1:5, 2:1)	유다 및 열방 (렘 1:5, 9~10, 2:1~2)	온 이스라엘 (겔 2:3~6, 3:4~10, 17)	이방 및 이스라엘 (단 2~9장)
예언 내용	하나님의 공의의 심판 및 남은 자의 보호 오실 메시아	상징 예언에 따른 회개 촉구 필연적인 바벨론 포로 및 회복	멸망 이유 고지 및 회복의 약속, 경건 생활의 고취	세계와 이스라엘의 역사를 주관 하시는 하나님의 주권 회복의 약속, 메시아 왕국 도래
별명	왕족 출신 선지자 메시아 복음의 선지자	눈물의 선지자 심판의 선지자	환상의 선지자 포로민들의 선지자	이방 세계의 선지자

(1) 이사야 ― 포로 전

이사야 1:1에 "유다 왕 웃시야와 요담과 아하스와 히스기야 시대에 아모스의 아들 이사야가 유다와 예루살렘에 관하여 본 계시라" 하였다.

    1) **예언 시기** ― 웃시야(783~742), 요담(742~735), 아하스(735~715), 히스기야(715~687)

    2) **예언 대상** ― 주로 남 유다(예루살렘), 그리고 북이스라엘(사마리아) 및 이방 민족

(2) 에스겔 ― 포로 중

에스겔 1:1~2에 "서른째 해 넷째 달 초닷새에 내가 그발강 가 사로잡힌 자 중에 있을 때에 … 하나님의 모습을 내게 보이니 여호야긴 왕이 사로잡힌 지 오 년 그 달 초닷새라" 하였다.

    1) **예언 시기** ― 여호야긴(598년 3개월 통치)이 사로잡힌 지 오년(593년)부터 예언했다.

    2) **예언 대상** ― 바벨론에서 포로민인 유다인에게 예언했다.

(3) 학개 ― 포로 후

학개 1:1에 "다리오 왕 제이년 여섯째 달 곧 그 달 초하루에 여호와의 말씀이 선지자 학개로 말미암아 … 스룹바벨과 여호사닥의 아들 대제사장 여호수아에게 임하니라"고 하였다.

    1) **예언 시기** ― 유다는 587년 바벨론에 멸망되어 포로가 되었다가(왕하 25장, 대하 36장), 538년 바벨론을 멸망시킨 바사에 의해 해방을 맞는다(스 1:1). 그러나 유다에는 왕이 없었으

므로 바사 왕을 기준으로 한다. 다리오(522~486년) 2년은 주전 약 520년이 된다.

2) **예언 대상** — 바벨론 포로에서 귀환한 유다 백성과, 그 대표자인 총독 스룹바벨과 제사장 여호수아(스 3:8에는 '예수아'로서 같은 인물이다)에게 한 예언이다.

예언의 시기를 바벨론 포로기를 중심으로 나누면 대체적으로 포로 전(다음의 5권 외 12권), 포로 중(에스겔, 다니엘), 포로 후(학개, 스가랴, 말라기) 셋으로 나눌 수 있다.

4. 소예언서 — 호세아~말라기 12권

소예언서(소선지서)는 〈호세아〉부터 〈말라기〉까지 12권의 예언서를 말하는데, 이는 예언의 분량이 적은 것이지 예언자의 사명이 작다거나 연대기적으로 분류한 것도 아니다. 예언자의 예언의 시기를 파악해야 한다(예언의 시기와 기록의 시기가 다를 수 있다).

	예언서	이름의 뜻	사역 시기	역사적 배경	경고 대상	예언 내용 및 특징
1	호세아	구원하다 구해내다	주전 745~715	북: 여로보암 2세 남: 웃시야, 요담, 아하스, 히스기야 왕하 15~18장	북이스라엘	영적 음행(우상숭배)을 하는 이스라엘. 음란한 아내 고멜과 그 자식 자체가 메시지이다.
2	요엘	여호와는 하나님이시다	*830년경 *586~583	*북: 여로보암 2세 왕하 11:1~15:17	유다	'여호와의 날'이 임하였음을 선포하며 메뚜기의 재앙을 통해 이방의 침입과 경책을 한다.
3	아모스	짐을 진 자	760~753	남: 웃시야 북: 여로보암 2세 왕하 14:23, 15:7	북이스라엘 이방 및 유다	우상숭배와 사치와 방종이 만연하여 이를 책망하며 경고했다. 다섯 가지의 이상을 보았다.
4	오바댜	여호와의 종	*848~841	*북 여로보암 2세 시대	에돔	에돔의 심판, 더 나아가 하나님의 공정한 심판과 이스라엘의 회복을 예언한다.
5	요나	비둘기	*793~753	*왕하 13~14장	앗수르 수도 니느웨	유다 독자들에게 만인구원을 보여줌. 요나를 니느웨에 보내 이방의 회개와 구원을 이룬다.
6	미가	하나님과 같은 자 누구인가	735~700	유다: 요담, 아하스, 히스기야(이사야와 동시대)	사마리아와 예루살렘	사마리아와 예루살렘의 멸망, 구원, 경고의 메시지. 메시아의 탄생 지점을 예고한다.
7	나훔	위로	*664~654	유다: 히스기야 시대 (715~687)	앗수르 수도 니느웨	니느웨의 심판을 예언하며 아울러 세계를 지배하고 계신 하나님의 진노를 알린다.
8	하박국	하나님께 안긴 자(포옹)	*609~605	바벨론 침략 이전	갈대아인을 두려워하는 유다인	불의한 세력(갈대아=바벨론)이 세계를 통치하는 것에 대한 의인의 고뇌와 해답이다(2:4).
9	스바냐	여호와께서 숨기시다	632~628	유다: 요시야(642~609)	예루살렘과 열방	거짓 예배에 대한 하나님의 진노인 여호와의 날과 남은 자의 회복에 대한 예언이다.
10	학개	나의 축제 나의 절기	520	바사: 다리오 2년 6월 (스가랴와 동시대)	성전 재건을 중단한 유다인	바벨론 포로에서 돌아와 성전 재건에 나섰다가 중단한 지 16년 될 때 성전 재건을 독려받는다.
11	스가랴	여호와께서 기억하신다	520~480	바사: 다리오 2년 8월 (학개와 동시대)	성전 재건을 중단한 유다인	성전 재건과 함께 도덕적 개혁을 촉구하였다. 여덟 가지 환상과 메시아 왕국에 대해 나온다.
12	말라기	나의 사자 (使者)	*432~424	유다의 마지막 선지자	의문과 회의에 빠진 유다인	성전 재건 이후 침체된 영적인 분위기 속에 영적 회복을 위함. 죄를 지적하고 회개를 촉구한다.

*표가 있는 6권의 성경은 어느 왕 때인지 정확하지 않아 학자에 따라 연대를 다르게 본다.

08

예언서 연구

이사야~말라기

　예언서를 읽을 때 이해가 어려운 부분들이 많으므로 특별히 더 기도하고 정독해야 한다. 영해(靈解)라 하여 함부로 확대 해석하는 일은 위험하므로 성경 교사의 지도를 필요로 한다. 성경통독과 그 이해에 어려움이 있지만 성령의 조명하심으로 이번 기회를 꼭 붙들기 바란다.

　'대예언서' 4대 예언자의 5권의 예언서는 6번에 걸쳐 읽는다. 〈이사야〉 1~39장 (Day29), 40~66장(Day30), 〈예레미야〉 1~29장(Day31), 30~52장, 〈예레미야애가〉 1~5장(Day32), 〈에스겔〉1~24(Day32), 25~48장(Day33), 다니엘 1~12장(Day34). 그리고 '소예언서' 12권은 하루에 4권씩 3번에 읽는다. 즉 〈호세아〉, 〈요엘〉, 〈아모스〉, 〈오바댜〉(Day35). 〈요나〉, 〈미가〉, 〈나훔〉, 〈하박국〉(Day36), 〈스바냐〉〈학개〉, 〈스가랴〉, 〈말라기〉(Day37)의 순이다.

이사야 1~39장

📖 이사야_ 하나님의 공의와 은총

저자 이사야(여호와의 구원이라는 뜻이다). **주제** 여호와 하나님의 공의와 은총. **배경 연대** 웃시야 – 요담 – 아하스 – 히스기야 왕의 통치 때까지 예언(주전 740~680년경), 왕하 15~20장과 대하 26~32장. **중심 내용** 〈이사야〉의 주요 관심사는 구원과 회복이다. 하나님의 백성도 범죄하면 심판을 받는다. **요절** 너희의 하나님이 이르시되 너희는 위로하라 내 백성을 위로하라(사 40:1).

1. 4대 예언자(이사야, 예레미야, 에스겔, 다니엘)의 5대 예언서(예레미야애가도 포함)의 하나이다. 대예언서나 소예언서로 구분하는 것은 예언서의 분량에 근거한다.
2. '이사야'의 부친 아모스(12 소예언서의 〈아모스〉와는 히브리 원전으로도 다름)는 유다 왕 요아스의 작은 아들로 추정되기에 아모스를 왕족(왕가의 혈통)의 귀족이라고도 한다. 예언 기간은 약 60여 년으로 오랜 동안 활동한 것으로 추정한다.
3. 〈이사야〉는 메시아를 예언하였기 때문에, 신약에서 〈시편〉 다음으로 그리스도에 대해 많이 인용된다.
4. 〈이사야〉를 제1이사야(1~39장), 제2이사야(40~55장), 제3이사야(56~66장)로 나누는 신학적인 경향도 있다.
5. 지금까지 보존되어 있지는 않지만 이사야는 다른 책도 썼다고 전해진다.
   ① 웃시야전(대하 26:22), ② 이사야의 묵시 〈이사야〉, ③ 유다와 이스라엘의 열왕기(대하 32:32)
6. 내용 분해
   1~39장 ― 징계에 대한 예언
   40~66장 ― 축복에 대한 예언

⭕ 한눈에 살펴보기

1. 유다와 예루살렘에 대한 말씀(사 1~12장)

〈이사야〉 전체의 서론적 의미를 내포하여 이스라엘의 죄를 지적하며 회개를 촉구한다(1장). 여호와의 날에는 여호와께서 홀로 높임을 받으실 것이다(2장). 유다에 대한 심판과(3장) 예루살렘의 영광된 미래를 말한다(4장). 포도원의 노래를 통해 들포도를 맺는 이스라엘을 책망하며 희망찬 주의 날을 내다본다(5장). 이사야는 소명을 통해 이스라엘 백성들에게 보냄을 받는다(6장). 이 책은 연대기적으로 기록되지는 않았다. 마태복음 1:23의 임마누엘에 대한 예언이 나온다(7장). 이사야의 아들 마헬살랄하스바스의 출생은 유다가 심판당할 것을 예고하고 있다(8장). 메시아의 탄생과 통치를 예언한다(9장). 앗수르의 교만과 그들이 받을 벌, 그리고 구원받을 유다의 남은 백성에 대해 예언한다(10장). 메시아 왕국은 짐승과 어린아이가 함께 놀 정도로 평화로우며 이러한 구원에 감사한다(11~12장).

2. 이방 나라에 대한 심판의 말씀(사 13~23장)

유다 주변의 이방 민족에 대해 경고하며 이와 대조적으로 여호와께서 시온에 세우실 확고한 기초이며 귀중한 모퉁이 돌이신 메시아를 신뢰하라고 호소한다.

(1) 13~14장 ─ 바벨론의 멸망을 경고

(2) 15~16장 ─ 모압에 대한 경고

(3) 17장 ─ 다메섹에 대한 경고

(4) 18장 ─ 구스(에디오피아)에 임할 재앙

(5) 19장 ─ 애굽(이집트)에 대한 경고

(6) 20장 ─ 앗수르인의 접근

(7) 21장 ─ 세 가지를 더 경고

    1) 1~10절 ─ 바벨론 정복

    2) 11-12절 ─ 두마(에돔 혹은 아라비아)

    3) 13~17절 ─ 아라비아에 대한 경고

(8) 22장 ─ 이상(환상)의 골짜기에 대한 경고

(9) 23장 ─ 두로에 관한 경고

3. 〈이사야〉의 묵시록 ─ 하나님의 세계 심판(사 24~27장)

'묵시록'은 주로 종말의 일을 이상이나 상징으로 묘사한 부류의 문학에 붙여지는 명칭이다. 이 본문은 13~23장의 '열방에 대한 예언'의 결론부에 해당한다. 죄악의 세력을 모두 징벌하심으로 최후의 승리를 거두시는 하나님의 모습이 그려져 있다.

24장이 심판에 관한 장이라면 25~27장은 영광스러운 구원에 관한 장이다. 무력하고 보잘것없는 백성을 관심의 대상으로 삼으시는 하나님과 백성을 기다리는 그분의 기쁨에 대해 묘사한다(25장). 다시 노래로 돌아가 신뢰에 바탕을 둔 노래를 한다(26장). 포도원의 노래는 5장과 대조를 이룬다(27장).

4. 이스라엘과 유다에 대한 말씀 추가(사 28~39장)

28~33장은 주로 유다와 앗수르와의 관계를 다룬다. 28~31장은 하나님을 거역하는 백성들에 대한 경고가 나오고, 32~33장은 영광스러운 미래가 나온다.

사마리아(함락 전)와 유다의 지도자들에게 미칠 화에 대해 말하나, 남은 자는 그대로 있게 될 것이다(28장). 입술로만 하나님을 경배하는 예루살렘에 미칠 화에 대하여 말한다(29장). 앗수르의 침략을 두려워하는 유다는 애굽을 의지하고자 하나 애굽을 통해 도움을 얻지 못한다. 구원자는 오직 하나님이시다(30~31장). 먼 미래를 내다보며 의의 왕과 성령의 역사하심으로 얻게 될 항구적인 화평과 정의와 공의의 시대를 내다본다(32장). 하나님의 함께하심으로 그의 백성은 버린 바 되지 아니한다(33장). 에돔을 심판하시듯이 또한 열방에 내릴 심판을 말씀하신다(34장). 반면에 구속함을 입은 하나님의 백성에 대한 축복의 미래를 보여준다(35장).

앗수르 왕 산헤립이 예루살렘을 공격하려 하나 히스기야는 기도함으로 이 일에서 구원받는다 (36~37장). 히스기야가 병들어 죽게 되었을 때에 하나님께 기도하여 병을 고침받고 15년의 생명이 연장된다(38장). 그러나 히스기야는 바벨론 왕 므로닥발라단이 보낸 사신에게 궁중의 소유와 전 국내의 소유를 다 보여주며 교만함을 드러낸다. 하나님은 이사야를 통해 '날이 이르면 모두 바벨론으로 옮긴바 되리라'고 말씀하신다(39장). (36~39장의 대부분은 〈열왕기하〉 18~20장(대하 32장)의 내용과 동일하다. 38:9~20의 히스기야가 병들었다가 나았을 때를 기록한 이사야의 글은 〈열왕기〉에는 없고 여기에만 나온다.)

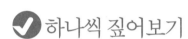

하나씩 짚어보기

쿰란 동굴에서 발견된 〈이사야〉 두루마리
한 소년이 양을 찾기 위해 동굴에 돌을 던졌다가 우연히 발견한 쿰란동굴에서 나온 〈이사야〉 사해 사본이다.

1.〈이사야〉의 사해사본

1947년 한 베두인(무하마드)이 잃은 양을 찾으려고 동굴에 돌을 던졌다가 우연히 발견하게 된 사해 근처 쿰란 동굴에서 많은 성경 사본이 발견되었다. 동굴에서 나온 '사해사본(Dead Sea Scroll)' 가운데 〈이사야〉도 있는데 이는 주전 2세기경에 필사(筆寫)되었으며, 높이 25cm 총 연장 7.3m의 규모에 17장으로 이루어져 있다. 이 사본은 주후 12세기의 '표준 맛소라 사본'과 놀랄 만큼 흡사하여 성경이 신뢰를 더 얻게 했다(사진 참고).

2.〈이사야〉에 나오는 세 아기(사 7~8장)

(1) 임마누엘 ─ "보라 처녀가 잉태하여 아들을 낳을 것이요. 그의 이름을 임마누엘이라 하리라" (7:14): 이는 메시아 예언으로 마태복음 1:23에서 이 예언이 성취되었다.

(2) 스알야숩 ─ "남는 자가 돌아오리라"는 뜻이다(7:3). 이사야는 아하스 왕에게, 이 아들이 선악을 구별하는 나이가 되기 전에 아하스의 두 원수 베가와 르신이 멸망될 것이라고 했다. 이 예언은 앗수르 왕 디글랏 빌레셀(주전 732년 다메섹 왕 르신을 살해, 왕하 16:9)과 호세아(베가를 살해, 왕하 15:30)에 의해서 문자 그대로 성취되었다.

(3) 마헬살랄하스바스 ─ '노략이 속함(빠르다), 전리품을 잽싸게'의 뜻이다(8:1~4). 이사야의 아들로서, 이 이름은 북이스라엘이 앗수르의 포로로 끌려감을 가리킨다.

3. '계명성'은 무엇을 말하는가?(사 14:12~14)

(1) "계명성"은 샛별에 관한 라틴어(루시퍼, Lucifer, '빛의 운반자')이다. 바벨론 왕의 교만에 대한 이

구절을 하나님께 반기를 든 막강한 권세를 지닌 타락한 천사, 혹은 사탄이나 마귀로 이해하려는 경향이 있다(눅 10:18과 연관). 그러나 인간을 가리키는 〈이사야〉 본문에 사탄의 교리를 세우려는 것은 무리라고 보여진다. 신약성경에서도 사탄의 몰락을 예수 그리스도께서 통치권을 넘겨받으시는 것과 관련시킨다(눅 10:18, 요 12:31, 계 12:7~12 참고).

(2) 14:12~14에서 다섯 번 "내가 … 하리라"(I will)고 말한다. 1) 내가 하늘에 올라가리라, 2) 내가 하나님의 뭇별 위에 내 자리를 높이리라, 3) 내가 북극 집회의 산 위에 앉으리라, 4) 내가 가장 높은 구름에 올라가리라, 5) 내가 지극히 높은 이와 같아지리라 등의 구절에서 그의 교만함이 드러난다.

4. 몸으로 예언한 이사야(사 20장)

앗수르의 속국인 블레셋의 도읍 아스돗은 유다, 기타 제국과 동맹하고 애굽, 구스의 원조에 의뢰하여 앗수르에 대한 반란을 일으켰다. 앗수르 왕 사르곤은 군대를 파견하여 아스돗을 공격하게 함으로 주전 711년에 이를 함락시켰다. 함락에 이른 3년간(713~711년), 이사야는 스스로 포로의 복장(벗은 몸, 벗은 발)을 하고 예루살렘 거리를 거닐며 애굽에 의존하는 정책은 무익하다는 것을 예언하였다(상징예언). (예레미야와 이사야의 예언도 참고하라)

5. 메시아에 대한 예언 살펴보기(사 35:5~6)

35:5~6절은 부분적으로는 그리스도의 초기 사역을 언급한다.

눈먼 자의 눈이 밝아질 것(마 9:29; 막 8:25; 요 9:7; 마 12:22, 20:34), 못 듣는 자의 귀가 열릴 것(마 11:5; 막 7:34), 저는 자의 굽은 발이 곧아질 것(마 9:2, 막 2:13, 요 5:8) 등이 그 내용이다.

6. 〈이사야〉를 인용한 신약성경(일부)

본문의 어느 곳을 인용했는지 신약성경을 찾아 관주를 보라.

(1) 세례 요한의 사역 — 마 3:3, 눅 3:4, 요 1:23

(2) 그리스도의 이방 사역 — 마 4:14~16, 12:17~21

(3) 장차 있을 그리스도의 이방 통치 — 롬 15:12

(4) 그리스도의 치유 사역 — 마 8:17

(5) 이스라엘의 눈 먼 상태 — 마 13:14~15, 행 28:25~27

(6) 이스라엘의 위선 — 마 15:7~9

(7) 이스라엘의 불순종 — 롬 10:16, 20

(8) 이스라엘의 구원받은 남은 자들 — 롬 9:27~29

(9) 그리스도의 고난 — 행 8:32~33

(10) 그리스도의 기름부음 — 눅 4:17~19

이사야의 모습

"무리가 그들의 칼을 쳐서 보습을 만들고 그들의 창을 쳐서 낫을 만들 것이며 이 나라와 저 나라가 다시는 칼을 들고 서로 치지 아니하며 다시는 전쟁을 연습하지 아니하리라"(사 2:4) _모사예 마란츠의 작품.

다음 물음에 답하거나 괄호 안에 알맞은 말을 넣으시오.

1. 이사야의 예언 시대 네 왕의 이름과 통치 연대를 함께 적으시오. (Day17 '하나씩 짚어보기' 도표 참고)

   (1) 웃시야, 783~742   (2)

   (3)   (4)

2. "오라 우리가 서로 변론하자 너희의 죄가 (   ) 같을지라도 눈과 같이 (   ) 것이요." (1:18)

3. "무리가 그들의 (   )을 만들고 그들의 (   )을 만들 것이며." (2:4)

4. "(   )이 멸망하였고 (   )가 엎드러졌음은 그들의 언어와 행위가 여호와를 거역하여 그의
   (   )이라." (3:8)

5. '거룩하다' 칭함을 얻을 자는 누구인가? (4:3)

6. 좋은 포도 맺기를 원했으나 들포도를 맺었다는 노래에서 다음은 누구인가? (5:1~7)

   (1) 포도원 주인 ―   (2) 포도원 ―   (3) 포도나무 ―

7. 스랍들(일종의 천사)은 서로 무엇이라 불렀는가? (6:3)

8. "내가 여기 있나이다 나를 보내소서"는 누구의 소명인가? (6:8)

9. "보라 처녀가 잉태하여 아들을 낳을 것이요"(마 1:23)는 어느 구절의 예언이 성취된 것인가? (7장)

10. 아래 세 사람의 이름은 어떤 의미를 가지고 있는가? (7:3, 7:14, 8:1) (해설 참고)

    (1) 스알야숩 ―   (2) 임마누엘 ―   (3) 마헬살랄하스바스 ―

11. 9:6~7은 누구에 대한 예언인가?

    ① 이사야의 아들에 대한 예언   ② 메시아 예수님에 대한 예언

12. 어떤 사람이 능하신 하나님께로 돌아올 것이라 하는가? (10:21)

13. "이새의 줄기에서 한 싹이 나며 그 뿌리에서 한 가지가 나서 결실할 것이요"에서 '이새'는 어느 왕의 아버
    지이며, 이 예언은 누구에 대한 것인가? (11:1, 마 1:1~16)

14. 11:6~9을 읽고 6절을 기록하시오.

15. (12:5) 여호와를 찬송할 것은 ~

16. 다음의 장들은 이방의 어느 나라에 대한 경고인지 보기에서 골라 쓰시오. (해설 참고)
    〈보기〉 다메섹/ 애굽/ 구스/ 앗수르/ 세 곳(바벨론 정복, 두마, 아라비아)/ 환상의 골짜기/두로/바벨론/모압

(1) 13~14장 —   (2) 15~16장 —   (3) 17장 —

(4) 18장 —   (5) 19장 —   (6) 20장 —

(7) 21장 —   (8) 22장 —   (9) 23장 —

17. "그 때에 달이 (   ) 해가 (   )하리니 이는 만군의 여호와께서 시온 산과 예루살렘
    에서 (   ) 그 장로들 앞에서 (   )임이니라." (24:23)

18. "만군의 여호와께서 이 산에서 만민을 위하여 (   )과 (   )로 연회를 베푸시
    리니." (25: 절).

19. 주께서 어떤 자를 '평강하고 평강하도록' 지키시는가? (26:3)

20. 그 날에 누가 돌아와서 여호와께 예배하리라 했는가? (27:13)

21. "만군의 여호와께서 자기 백성의 남은 자에게 (   )이 되시며 (   )이 되실 것
    이라." (28:5)

22. "토기장이를 어찌 진흙같이 여기겠느냐 (   )이 어찌 (   )에게 대하여 이르기
    를 그가 나를 짓지 아니하였다 하겠으며." (29:16)

23. "대저 여호와는 (   ) 하나님이심이라 그를 기다리는 자마다 (   )이 있도다." (30:18).

24. "새가 날개 치며 그 (   ) 같이 나 만군의 여호와가 (   )을 보호할 것이라 그것을 호위
    하며 건지며 뛰어넘어 (   ) 하셨느니라." (31:5)

25. "보라 장차 한 왕이 (   )할 것이요 방백들이 (   )이며." (32:1)

26. "여호와여 우리에게 은혜를 베푸소서 우리가 (   ) 주는 아침마다 우리의 팔이 되시며 환난
    때에 우리의 (   )이 되소서." (33:2)

27. (33:22) 대저 여호와는 우리 재판장이시요 ~

28. (35:5~6) 그 때에 맹인의 눈이 밝을 것이며 ~

29. 다음 장들에 나타난 '이사야 노래'의 제목을 보기에서 골라 적으시오.
    〈보기〉 구원받은 자의 노래/ 포도원의 노래/ 회복된 아내의 노래/ 꽃 피는 사막의 노래

    (1) 5장 —   (2) 12장 —

    (3) 35장 —   (4) 54장 —

30. 이사야 36~39장은 (사무엘하, 열왕기하, 역대하) 18:13~20:19의 내용과 거의 동일하다.

31. "앗수르 왕의 종들이 나를 능욕한 말로 말미암아 두려워하지 말라"는 것은 누구의 말인가? (37:5~6)

32. 히스기야는 기도 후에 어떤 처방으로 종처가 나았는가? (38:21)

33. 히스기야 왕이 이사야 선지자에게 책망을 받은 이유는 무엇인가? (39장)

DAY 30 이사야 40~66장

한눈에 살펴보기

1. 바벨론 포로민에 대한 위로의 말씀(사 40~55장)

지금까지(1~39장) 주로 앗수르의 위협을 다루어왔으나 이제는 그 위기가 사라지고 새로운 상황을 위한 말씀이 주어진다. 바벨론 포로가 되지만 하나님의 택한 종 고레스에 의해 고국으로 돌아오게 됨으로 위로를 받는다. 40~48장은 포로생활의 막바지에 이른 바벨론의 유다 백성에 대해 말씀하고 있다.

바벨론에서의 노역(포로생활)이 끝났으므로 해방에 대한 소망을 준다(40장). 민족들을 소환하는 소리는 준엄하나 이스라엘에게는 사랑으로 대하여 도와주리라 하신다(41장). 만민을 구원하시는 메시아의 예언이다(42장). 불순종한 이스라엘이지만 용서하시고 사랑하신다(43장). 하나님은 이방인 고레스를 '내 목자'라고 하시며 그를 통해 행하실 구원을 말씀하신다(44~45장). 벨과 느보를 섬기는 바벨론의 우상은 파괴되며 그 나라도 몰락할 것이다(46~47장, 13~14장, 예레미야 50~51장도 보라). 패역한 이스라엘이 하나님을 거역함에도, 하나님은 참으시며 당신의 이름과 영광을 다른 자에게 주지 아니하신다(48장). 여호와의 종은 이방의 빛이시며, 절망자를 위로하고 동정과 회복을 이루신다(49장. 42:1~7

병들어 죽게 된 히스기야(사 38장)
이사야의 예언을 들은 히스기야는 벽을 향해 통곡하므로 죽을병에서 구원받았다(왕하 20:1~11, 대하 32:24~26). _10세기 '파리의 시편'의 삽화. 파리국립도서관 소장.

도 보라. 49장부터 나온 '이스라엘의 사명'에 대한 말씀이 55장까지 계속된다). 여호와의 종이 고난과 배척을 경험하는 내용이 처음 언급된다(50장). 하나님의 분노의 잔을 마신 이스라엘은 흑암 중에 낙망하나 하나님께서는 그들을 위로하신다(51장). 하나님은 이방에 있는 이스라엘에게 구원을 나타내실 것이다(52장). 메시아의 고난에 대한 구체적인 묘사가 되어 있다(53장). 하나님은 그의 백성에게 사랑을 확약하신다(54장). 장막터를 넓혀서 모든 사람을 초청하시고, 돈 없이 값없이 와서 하나님을 만나라 하신다(55장).

2. 다가오는 구원의 때를 바라봄(사 56~66장)

56~66장까지는 이스라엘의 수치와 영광에 대해, 즉 죄와 실패에 대한 말씀과 미래에 대한 말씀이 함께 나온다.

이스라엘에 대한 하나님의 책망이 나오고(56~59장) 회복된 시온의 영광에 대해 말씀한다(60장). 〈이사야〉의 마지막 부분이다. 메시아의 초림과 재림에 대한 예언으로 이로 인해 백성들이 가질 기쁨과 영광에 대해 나온다(61장, 눅 4:16~21 참고). 계속적으로 이스라엘의 구원과 영광, 새로운 칭호들에 대해 예언한다(62장). 하나님의 백성을 위한 기도는 감동적이며 호소력이 있다(63~64장). 여기에 대한 하나님의 응답으로서 새 하늘과 새 땅에 대한 말씀과 하나님 나라의 완성에 대한 예언이 나온다(65~66장).

✔ 하나씩 짚어보기

1. 〈이사야〉에 언급된 대표적 인물 10명

(1) 이사야(6:1~3) — 〈이사야〉의 저자로(1:1) 하나님의 영광을 보았다. 하나님의 신실하심을 보여주는 징조를 악한 왕 아하스에게 전하도록 했다(7:3). 두 아들에게 미래를 예언하는 이름을 지었다(스알야숩, 마헬살랄하스바스 — 7:3, 8:3). 하나님께서 애굽과 구스에게 내리실 환난을 상징적 행위예언으로 전했다(20:1~6).

바벨론의 궁중 복원도
예언자들은 다가올 바벨론으로 인한 유다의 멸망을 예언하였다. 또한 바벨론의 멸망도 예고되었다(사 3~14장, 렘 50~51장).

(2) 아하스(7:1~25) — 유다의 12대 왕으로 아들 13대 왕 히스기야와 달리 악을 행하였다. 유다의 곤고한 시기에 하나님께서 신실함을 보이신 은혜로운 징조를 거부하였다.

(3) 셉나(22:15~25) — 히스기야 통치 초기의 인물로 보인다. 방탕하고 이기적인 궁전 관리인이었으며, 하나님으로부터 질책을 받아 관직에서 쫓겨나고 무시당할 것이 예언되었다.

(4) 히스기야(36:1) — 하나님께서 예루살렘을 구원하실 때에 왕위에 있었던 유다의 13대 왕(주전 715~687년 통치)으로, 후에 하나님으로부터 생명을 15년 연장받았다(왕하 18~20장).

(5) 랍사게(36:2) — 앗수르 왕 산헤립이 예루살렘을 포위할 때의 오만한 앗수르의 대변인이다.

(6) 엘리아김(36:3) — 이기적인 셉나를 대신하였으며, 앗수르 왕 산헤립의 침략으로 인한 위기 때에 히스기야의 대변인이다. 여호야김(엘리아김)과는 다른 인물이다.

(7) 산헤립(37:21) — 예루살렘을 파괴하려는 앗수르의 왕이자 총사령관인 산헤립의 계획은 하나님께서 보내신 죽음의 천사들에 의해 완전히 좌절되었다.

(8) 므로닥발라단(39:1) — 히스기야의 병세 회복을 축하한다는 명목으로 정탐꾼들을 친선사절로 가장하여 보낸 바벨론의 왕이다.

(9) 외치는 자(40:3~5) — '세례 요한'이라고 직접 언급되지는 않았으나 마 3:1~3, 막 1:2~3, 눅 3:2~6, 요 1:23을 보면 세례 요한에 대한 예언으로 해석한다.

(10) 고레스(44:28, 45:1) — 바사의 왕으로, 그의 이름과 유다의 남은 자들에게 베풀어줄 일(예루살렘으로 돌아가 성전을 재건하도록 허락함, 스 1장)을 예언한다.

-해롤드 윌밍턴, 《Bible Study, OT》, pp. 433~6 요약 수정.

2. 〈이사야〉에서 말하는 '종'과 메시아에 대한 노래(사 37, 41~53장)

(1) 다윗(37:35) — 내가 나를 위하여 내 '종' 다윗을 위하여 이 성을 보호하며 구원하리라.

(2) 이스라엘 민족(41:8~11, 43:1~10, 44:1~8, 21장, 45:4, 48:20)

41:8 — 나의 '종' 너 이스라엘아 내가 택한 야곱아.

(3) 메시아(42:1~12, 49:5~7, 50:4~6, 52:13~15, 53:1~12)

42:1 — 내가 붙드는 나의 '종' 내 마음에 기뻐하는 자 곧 내가 택한 사람을 보라.

'종'은 매우 천한 위치의 사람이지만 '하나님의 종'이라고 하면 오히려 자랑스러운 위치이다. 메시아는 "여호와 보시기에 영화롭게 된 자"(49:5)였는데, 여기에서는 그의 종이 된다고 하였다. 여호와의 종은 지극히 낮아진 자요, 지극히 높아져 존귀해지신 자로서 이중적인 요소를 함께 지닌다. 빌립보서 2:5~12은 두 상태, 즉 비하(卑下)와 승귀(昇貴)를 말한다.

다음은 〈이사야〉에서 말하는 메시아(여호와의 종)에 대한 노래이다.

　1) 첫 번째 노래(42:1~7) — 이스라엘을 사랑과 공의로 다스릴 메시아에 대한 예언으로, 그는 상한 갈대를 꺾지 않고 진리로 공의를 베푸는 분이다. 백성의 언약과 이방의 빛이 되신다.

　2) 두 번째 노래(49:1~7) — 메시아는 탄생 때부터 이름(예수)이 주어질 것(49:1, 마 1:21)과 이스라엘뿐 아니라 이방인들을 구원하실 분이라는 사실이 예언되었다.

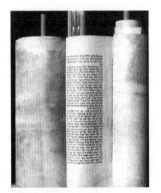

　3) 세 번째 노래(50:4~11) — 그리스도는 아버지께서 가르치신 대로 말씀할 것이며 수난과 모욕을 당하실 것을 예언하고 있다.

　4) 네 번째 노래(52:13~53:12) — 고난받으실 모습을 예언하고 있다. 자기 백성들의 죄를 짊어질 '고난의 종'이 오실 것이다.

두루마리 성경
성경이 책으로 만들어지기 전에는 단편으로 파피루스나 양피지 두루마리에 쓰여졌다. 이사야나 예레미야의 예언도 이런 두루마리에 기록되었을 것이다.

3. 여수룬은 누구인가?(사 44장)

이스라엘(야곱)의 별명으로 '여수룬'이라 하였다. 이 말은 이스라엘을 시적으로 높여 부르는 이름으로 '올곧은 자', '정직한 자'인데, 그렇다면 이는 야곱이란 이름의 통상적인 뜻(속이는 자)과 반대인 셈이다. 하나님은 "나의 종 야곱, 내가 택한 이스라엘"(44:1)이라 하여 영광스러운 호칭을 주었다. 그러면서 "나의 종 야곱, 내가 택한 여수룬아 두려워하지 말라"(44:2)며 격려한다.

4. 〈이사야〉에서의 그리스도 예언

〈이사야〉의 예언에는 메시아 그리스도에 대한 예언이 많다.

성육신(7:14~15, 9:6), 나사렛에서의 유년기(11:1~2, 53:2, 7:15), 아버지 하나님과의 관계(42:1, 50:4~5), 기적(35:5~6), 메시지(61:1~2), 이방인에 대한 특별한 사역(9:1~2), 만민에 대한 은혜로우신 사역(42:2~3), 고난과 죽음(50:6, 52:14, 53:1~10), 부활, 승천, 찬양받으심(52:13, 53:10~12), 천년 통치(9:7, 11:3~5, 32:1, 33:22, 42:4~7, 49:1~12, 59:16~21) 등이다.

5. 메시아의 고난 예언과 성취(사 53장)

복음서에서 〈이사야〉의 예언의 성취를 찾는 것은 어렵지 않다.

(1) 53:5~9 → 마 27:11~13, 26~31, 41~44, 57~60과 비교하라.

(2) 53:4~6, 10~12 → 롬 5:6~9, 18~19, 벧전 2:21~24, 빌 2:5~13과 비교하라.

(3) 오른쪽의 표는 〈베드로전서〉의 내용과 비교한 것이다.

이사야	베드로전서	비교(중심 내용)
53:4	2:21	죄인들을 위해 고난 받으심
53:5	2:24	대속자 예수 그리스도
53:6	2:25	죄인들을 하나님께로 인도하심
53:7	2:23	그리스도의 순종하는 인내심
53:9	2:22	거짓이 없는 의인의 입
53:12	2:24	죄를 대속하기 위해 십자가를 지심

6. 기름부음(사 61:1)

(1) "여호와께서 내게 기름을 부으사"(61:1)

기름부음이 의미하는 것은 성별(聖別, 레 8:11, 민 7:1), 하나님께서 선택하신 자에게 주시는 직위에 대한 임명(출 29:7, 삼상 10:1, 왕상 19:16, 대하 22:7), 특별한 명예(삼상 24:6, 10), 특권의 수여(시 105:15), 하나님의 은혜(시 23:5) 등이다.

(2) 누구에게 기름을 부었는가?

1) 성전 예배의 주관자인 '제사장'(출 29:7, 30:30)

2) 하나님 말씀의 전달자인 '선지자'(왕상 19:16)

3) 이스라엘 백성의 통치자인 '왕'(삼상 16:13, 왕하 9:3)

(3) 기름부음을 받으신 그리스도

직분과 함께 성령께서 같이하시며 또 성령이 주시는 능력도 받게 된다(삼상 10:1, 16:13~14, 단 9:24). 이러한 일을 완전히 행하신 분은 영적 선지자(눅 24:19)시며, 대제사장(슥 3:1~5, 히 4:14)이시고, 만왕의 왕(눅 1:32~33, 딤전 1:17)되신 '그리스도'이시다.

경주에서 발견된 돌십자가(1956년)

기독교와 한국의 접촉은 언제인가? 네스토리안들이 635년 당나라 초기에 알로펜을 파송하여 중국에서 경교(景敎)라는 독특한 종교로 발전하였다. 당나라와 교류가 잦았던 통일신라에 영향을 미쳤을 것이라는 주장들이 있다. 사진은 마리아상과 함께 경주에서 출토된 돌십자가이다. _숭실대학교 기독교박물관 소장.

DAY 30

이사야 40~66장

다음 물음에 답하거나 괄호 안에 알맞은 말을 넣으시오.

1. 예루살렘의 마음에 닿도록 외칠 말은 무엇인가? (40:2)

2. 이사야의 예언은 누가 누구의 오심을 외치고 있는가? (40:3~8, 마 3:3, 막 1:3, 눅 3:4)

3. 오직 여호와를 앙망하는 자는 어떻게 될 것이라 말하는가? (40:31)

4. 하나님께서는 두려워하지 말라고 하시며 어떻게 돕겠다고 하시는가? (41:10)

5. "내가 붙드는 나의 종, (   )을 보라 내가 나의 영을 그에게 주었은
   즉 그가 (   )를 베풀리라." (42:1)

6. 못 듣는 자들과 맹인은 누구를 비유한 것인가? (42:18~22)

7. "보라 내가 (   )을 행하리니 이제 나타낼 것이라 너희가 그것을 알지 못하겠느냐 반드시 내가 (   )
   에 (   )을 내리니." (43:19)

8. 하나님께서 '이 백성'을 지으신 이유는 무엇인지 말씀에서 찾아 쓰시오. (43:21)

9. '여수룬'은 무슨 뜻인가? (44:2, 신 32:15, 33:5, 26) (해설 참고)

10. 신약에서 "나는 처음(알파)이요 마지막(오메가)이라"가 나오는 구절은 어디인가? (44:6, 계 1장)

11. "(   )에 대하여는 이르기를 (   )라 그가 나의 모든 기쁨을 성취하리라 … 여호와께서 그의
    (   )을 받은 고레스에게 이같이 말씀하시되 내가 그의 오른손을 붙들고." (44:28~45:1)

12. "나는 (   )도 짓고 (   )도 창조하며 나는 (   )도 짓고 (   )도 창조하나니 나는 여호와라 이
    모든 일들을 행하는 자니라 하였노라." (45:7)

13. "배에서 태어남으로부터 (   ) 태에서 남으로부터 (   ) 너희가 (   )에 이르기
    까지 내가 그리하겠고 (   ) 내가 너희를 품을 것이라." (46:3~4)

14. '우리의 구원자'의 다른 이름은 무엇인가? (47:4)

15. 여호와께서 어떻게 인도하시는지 말씀에서 찾아 쓰시오. (48:17)

16. "은혜의 때에 내가 (   ) 구원의 날에 내가 (   )." (49:8)

17. '고난 당하는 메시아'의 모습으로 볼 수 있는 구절은 어디인가? (50:4~9에서 한 절, 막 15:19)

18. 영원히 있고 폐하여지지 않는 것은 각각 무엇이라고 하는가? (51:6, 8)

19. 여호와께 구속(救贖)된 자들이 돌아와 무엇을 할 것인가? (51:9~11)

20. (52:7) 좋은 소식을 전하며 평화를 공포하며 ~

21. "그가 찔림은 (   ) 때문이요 그가 상함은 (   ) 때문이라 그가 징계를 받으므로 (   )를 누리고 그가 채찍에 맞으므로 (   )을 받았도다." (53:5)

22. "그가 곤욕을 당하여 괴로울 때에도 그의 (   )이여." (53:7)

23. "너를 지으신 이가 (   )이시라 그의 이름은 (   )이시며 네 구속자는 이스라엘의 거룩한 이시라 그는 (   )이라 일컬음을 받으실 것이라." (54:5)

24. (55:1) 너희 모든 목마른 자들아 ~

25. (55:6) 너희는 여호와를 ~

26. 파수꾼들(어리석은 지도자들)을 무엇에 비유했는가? (56:10)

27. 여호와께서는 통회하고 겸손한 자에게 어떻게 하시는가? (57:15)

28. 여호와께서 기뻐하시는 금식은 무엇인가? (58:1~7 읽고 답은 6절로)

29. 하나님께서 듣지 않으시는 이유는 무엇인가? (59:2)

30. (60:1) 일어나라 빛을 발하라 ~

31. 해와 달이 비취지 않아도 되는 이유는 무엇인가? (60:19)

32. 여호와로 말미암아 기뻐하고 즐거워하는 이유는 무엇인가? (61:10)

33. 여호와의 입으로 정하실 새 이름 두 가지와 그 뜻은 무엇인가? (62:1~5)

34. 사람들이 너(구원받은 자, 유다)를 일컬어 무엇이라 할 것인가? (62:12)

　　　(1)　　　　　　　　(2)　　　　　　　　(3)　　　　　　　　(4)

35. 여호와 주님은 우리에게 어떤 분이신가? (63:16)

36. "우리는 (   )이요 주는 (   )시니 우리는 다 (   )이니이다." (64:8)

37. 새 하늘과 새 땅의 창조로 변화될 일들 중에 관심 가는 몇 가지를 적으시오. (65:17~25)

　　　(1) 백세에 죽는 자를 젊은이라 하겠다.　　　　　(2)

　　　(3)　　　　　　　　　　　　　　　(4)

　　　(5)　　　　　　　　　　　　　　　(6)

38. (66:2) 무릇 마음이 가난하고 ~

39. (66:22) 내가 지을 새 하늘과 새 땅이 ~

DAY 31 예레미야 1~29장

JEREMIAH

📖 예레미야_ 하나님의 공의와 사랑

저자 예레미야(제사장과 선지자적 성격을 겸비한 선지자로서 '눈물의 선지자', '고독의 선지자'라는 별명이 있다). **시대 배경** 남유다가 멸망해가는 쇠퇴기였다. **주제** 하나님의 공의와 사랑, 신학적으로 '새 언약(31장)'을 담고 있다. **메시지** 심판과 구원의 양면성. **요절** 너는 내게 부르짖으라 내가 네게 응답하겠고 네가 알지 못하는 크고 은밀한 일을 네게 보이리라(렘 33:3).

1. 예레미야는 요시야 13년(주전 626년)에 예언을 시작하여 바벨론에 의해 예루살렘이 함락되던 시드기야 11년(주전 587년) 이후 얼마 동안 지속되었다. 즉, 그는 조국의 멸망을 지켜보는 비극적인 상황에서 약 40년간 예언하였다.
2. 예레미야가 소명을 받던 이때에는 앗수르 왕이 죽던 해(주전 626년)로서 북방에서는 신흥 바벨론이 앗수르를 제압할 때이며 남방에서는 애굽이 재기할 때이다. 역사적 배경은 열왕기하 22~25장과 역대하 34~36장이므로 함께 읽어야 한다.
3. 〈예레미야〉에는 찬란한 문학형식들이 혼합되어 있다. 산문과 시, 냉소와 애가, 행동을 통한 비유, 자서전과 역사가 담겨 있다.
4. 내용 분해

    1장 ― 예레미야의 소명과 환상   2~25장 ― 유다와 예루살렘에 대한 하나님의 심판
    26~45장 ― 예레미야의 시대(전기)   46~51장 ― 열방에 대한 심판
    52장 ― 역사적인 부록(예루살렘의 멸망과 바벨론 유수)

 한눈에 살펴보기

아나돗 제사장의 아들 예레미야는 하나님의 선지자로 부름(요시야 13년부터 시드시야 11년)을 받는다(1장). 하나님은 자기 백성의 부정을 책망하신다(2장). 하나님은 '이스라엘아 돌아오라'며 애타게 부르시지만(3장) 그들은 불순종하고, 재앙이 다가온다(4장), 부패한 유다는 그 범죄로 인해 심판을 받을 것이며(5장), 그 멸망에 대한 전쟁이 선언된다(6장). 유다 백성이 성전에서 제사를 드리면서 우상숭배한 큰 죄를 지적하며, 회개하지 않으면 큰 형벌을 내리겠다고 선포한다(7장). 백성이 회개하고 돌아오지 않음에 대해 징계받을 것을 말한다(8장). 유다 백성은 하나님을 알지 못하므로 심판받을 것이라 말한다(9장). 여호와를 버리고 우상을 섬기는 자들이 멸망할 것을 말한다(10장). 유다와 이스라엘은 언약을 깨뜨리고 저주 아래 놓이게 된다. 책망을 듣는 그들은 오히려 예레미야를 해치려 한다(11장). 예레미야는 악한 자의 형통에 대해 하나님께 불평한다. 하나님은 직접 대답하지 아니하시나 유다가 머지 않아 멸망할 것을 말씀하신다(12장). 베 띠, 포도주 가죽부대의 비유를 통해 그들의 실상을 교훈하신다(13장). 심각한 가뭄이 계속된다. 예레미야는 하나님께 기도한다(14~15장). 하나님은 예레미야에게 결

혼, 초상집 출입, 잔칫집 출입을 금지시킨다(16장). 유다의 죄는 지울 수 없는 철필로 기록한 것과 같지만 하나님의 말씀을 청종한다면 심판을 면할 수 있다(17장). 하나님은 예레미야를 토기장이의 집으로 보내 인생이 하나님의 손 안에 있음을 말씀하신다(18장). 깨어진 옹기의 교훈을 통해 예루살렘 성과 백성을 파하리라는 말씀을 하신다(19장). 핍박받는 예레미야는 '다시는 여호와를 선포하지 않으리라' 하면 마음이 불붙는 것 같은 심정임을 토로한다(20장). 유다의 마지막 왕 시드기야는 위로의 말을 기대하지만, 예레미야는 예루살렘이 확실히 멸망할 것과 항복하는 자는 살 것을 말한다(21장). 백성들과 유다 쇠퇴기의 왕들에 대한 책망이 나온다. 시대적으로는 21장보다 앞의 예언이다. 정치적 · 종교적으로 타락하여 책망을 듣는다(22장). 한 의로운 가지(다윗 혈통에 속한 의로운 왕, 메시아)를 일으킬 것을 말씀한다(23장). 무화과 광주리 비유를 통해 포로된 자들과 그 땅에 남아 있는 자들의 형편을 말한다(24장). 유다의 포로생활이 70년이 될 것을 예언한다. 이 말은 훗날 에스라에 의해 인용된다(25:11~12, 스 1:1).

예레미야는 여호야김의 통치 시대에 성전과 예루살렘 성에 대해 불길한 예언을 하므로 죽음의 위협을 받는다(26장). 시드기야(유다의 마지막 왕) 시대에는 하나님의 명령대로 줄과 멍에를 목에 얹고 다녔으며 이는 바벨론 포로의 상징이었다(27장). 거짓 선지자 하나냐는 평화를 예언하지만 오히려 자신이 죽는다(28장). 예레미야는 포로들에게 편지를 보내 그곳에서의 삶과 소망에 대해 격려한다(29장).

✅ 하나씩 짚어보기

1. 예레미야 생애를 연대기적으로 본 사건(주전, BC 기준)

627년   예레미야가 선지자로 부름받다. 앗수르의 마지막 왕 아슈바니팔이 죽다.

621년   성전 수리를 하다가 율법책을 발견하고 요시야의 종교개혁이 시작되다.

612년   앗수르의 수도 니느웨가 바벨론에게 함락되다.

609년   애굽 군대가 앗수르를 지원하기 위하여 북진하는데, 요시야 왕이 이를 저지하려다가 므깃도에서 전사하다. 바로 느고가 여호아하스를 폐위하고 여호야김을 왕으로 세우다.

605년   애굽 군대가 갈그미스에서 바벨론 왕 느부갓네살에게 참패하다.

604년   느부갓네살이 아람(수리아)과 유다와 블레셋 성읍을 정복하다.

598년   애굽과 맺은 동맹이 다시금 바벨론 군대를 유다로 내려오게 하다.

597년   여호야김 왕이 죽다. 두 달 간의 포위 공격 끝에 예루살렘이 바벨론 군대에 함락되다. 새왕 여호야긴이 다른 백성과 함께 바벨론에 사로잡혀가다. 그의 아자비 시드기야가 왕위에 오르다.

588년   친애굽파의 압력으로 시드기야가 바벨론과의 신의를 저버리다. 예루살렘이 포위당하다.

587년   바벨론 군대가 예루살렘 성을 함락시키고 백성이 사로잡혀가다. 3개월 뒤에 그다랴가 살해당하다. 예레미야가 애굽으로 끌려가다.

-데이비드 알렉산더 · 패트 알렉산더, 《Lion Handbook to the Bible》, p. 397

2. 〈예레미야〉는 심판서인가?

〈예레미야〉를 '심판서'라 일컫는 것은 두드러진 주제가 '심판'이며 특히 유다 멸망의 심판이 절정을 이루고 있기 때문이다. 유다의 마지막 시기를 살았던 예레미야의 예언은 백성들의 입장에서는 심히 불쾌했을 것이다. 때와 장소를 가리지 않고 하나님에 대한 자신들의 불성실함이 노골적으로 드러나고 (3:1~2), 좋아하는 우상이 조롱당하고(10:2~5), 인성이 폭로당하고, 정치 정책이 공격당했기 때문이다. 이들에게 회개하고 구원을 받으라는 예레미야의 예언은 인기가 없었고 '심판의 선지자'로 보일 수밖에 없었다. 거짓 선지자들은 "평강하다 평강하다"(8:11) 하였으나 실제 평강은 없었다. 사람들이 거짓 선지자의 말을 듣고 예레미야를 상대하지 않는 것은 당연했다. 그러나 예레미야가 예언한 대로 멸망이 다가오고 있었다.

3. '순한 어린 양'의 의미(렘 11:19)

(1) 히브리어로 '케페쉬 알루프'로서 '길들여져 사랑받는 양'이란 뜻이다. 유대인이나 아라비아인의 풍속 중에 어리고 순한 양을 어린아이처럼 귀하게 키우는 경우가 있었다. 사무엘하 12:3에서 나단이 다윗을 책망할 때에 든 비유 속에 이 어린 양이 나온다.

(2) 예레미야가 자신을 '순한 어린 양'이라 함은 당시 집에서 기르는 양은 죽이지 않았는데, 마찬가지로 자신도 가족들에게 해를 당하지 않을 것이라고 생각했기 때문이다(삼하 12:3 참고).

(3) 예레미야가 진리를 위해 일할 때에 그의 생명을 위협하는 일들이 일어났지만 선지자는 자신을 돌보지 않고 하나님의 말씀을 전하는 일에만 전심전력을 기울였다.

(4) 세례 요한은 예수님을 가리켜 "보라 세상 죄를 지고 가는 하나님의 어린양"(요 1:29)이라 하였다. 순한 어린 양 같은 예레미야는 예수님의 그림자이기도 하다.

두루마리를 펼쳐 들고 있는 예레미야
예레미야 15:16에서는 '주의 말씀은 내게 기쁨과 내 마음의 즐거움'이라 하였다. 말로서 전하다가 감금되자 바룩에게 말씀을 기록하게 하여 전하기도 했다(렘 36:4~6). _라벤나, 산 비탈레 성당의 모자이크, 6세기.

4. '힌놈의 골짜기'는 어디인가?(렘 7, 19장)

힌놈의 골짜기(Valley of Hinnom)는 '힌놈의 아들의 골짜기'(렘 7:31, 32, 19:2, 6, 수 15:8, 왕하 23:10)라고도 불리운다. 이 이름은 이곳의 최초 거주자였던 여부스족 땅 임자의 이름에서 유래한 듯하다.

유다 백성들은 이곳에 음란한 사당(祠堂)을 세워놓고 거기서 자기의 자녀들을 우상의 제물로 불살라 바쳤다(왕하 23:10). 이와 같은 행위는 이방에서 많이 행해졌는데(왕하 3:26~27), 이스라엘에서는 므낫세 왕 때에 시작되어 나라 전체에 만연하였으며 요시야 왕 때에 잠시 금지되었다가 여호야김 왕 때에 다시 성행하였다(렘 19:5, 32:35, 겔 20:31)(Day18 '메사의 비문' 참고).

5. 예레미야의 상징예언

〈예레미야〉에는 상징적인 언어, 즉 상징예언이 많이 나온다.

(1) 썩은 베띠(13:1~11) — 아름다운 베띠를 띠는 사람에게 칭송과 영광을 가져다줄 수 있듯이, 귀한 존재였던 이스라엘이 교만과 악행으로 쓸모없는 베띠와 같이 되었음을 상징한다.

(2) 예레미야의 독신생활(16:1~9) — 예레미야에게 "이 땅에서 아내를 맞이하지 말며 자녀를 두지 말지니라". 즉 하나님께서는 남자와 군대뿐 아니라 가족들에게 다가올 심판도 예고한다.

(3) 토기장이와 진흙(18:1~8) — 이스라엘이 토기장이의 손에서 쓸데없이 된 진흙과 같을지라도, 토기장이이신 하나님께서 그분이 쓰시기에 합당한 그릇으로 만드실 수 있다는 것을 가르친다.

(4) 깨어진 옹기(19:1~13) — "사람이 토기장이의 그릇을 한 번 깨뜨리면 다시 완전하게 할 수 없나니 이와 같이 내가 이 백성과 이 성읍을 무너뜨리리니"라며 돌이킬 수 없는 심판을 가르친다.

(5) 멍에를 목에 메라(27:1~22) — 유다의 왕과 백성에게 "바벨론 왕의 멍에를 목에 메고 그와 그의 백성을 섬기소서"라며 바벨론에 항복할 것을 예언했다. 반역자나 거짓 선지자로 오해를 받았다.

(6) 아나돗의 밭(32:6~44) — 하나님께서는 예레미야에게 고향 "아나돗에 있는 내 밭을 사라"고 하심으로 포로 기간이 끝나면 돌아올 것에 대한 확실한 미래를 약속하신다.

(7) 큰 돌을 감춤(43:8~13) — "큰 돌 여러 개를 … 바로의 궁전 대문의 벽돌로 쌓은 축대에 진흙으로 감추라" 하심으로 바벨론이 애굽을 정복할 것이라는 것을 예언한다.

(8) 말씀을 책에 기록(51:59~64) — 바벨론에 닥칠 예언을 한 책에 기록하여 스라야를 보내 바벨론에서 읽게 하고 책에 돌을 메어 강에 던짐으로 바벨론이 이같이 몰락할 것을 예언했다.

6. 바벨론 포로에 대한 예언(렘 25, 29장)

(1) 유다의 바벨론 포로 기간이 '70년'이 되리라는 예레미야의 예언은 25:11~12, 29:10에 분명하게 나타난다.

(2) 예루살렘 멸망(주전 587년)을 기준으로 보면 바사의 고레스 왕의 해방령으로 귀환(제1차 귀환, 주전 538년, 스 1:1)했으므로 실제 포로 기간은 50여 년이다(587 – 538 = 약 50년). 그러면 70년을 어떻게 해석할 것인가?

두 가지 해석 방법이 있다. 첫째, 제1차 포로를 605년(갈그미스 전투에서 패한 후에 바벨론 속국)으로 보면 그로부터 약 70년간이 된다. 둘째, 예루살렘 성전의 파멸(587년)에서 성전 재건(516/5년, 스 6:15)까지를 보면 약 70년간이 된다(권말의 '성서연대표' 참고).

하나냐와 예레미야(렘 28장)

거짓 선지자 하나냐는 바벨론에 포로로 갈 것에 대한 상징인 예레미야의 목의 멍에를 취하여 꺾어버리므로 하나님의 예언을 우습게 여겼다(렘 28:10~11). _프랑스 아미앵 대성당 정면 현관의 부조(浮彫).

다음 물음에 답하거나 괄호 안에 알맞은 말을 넣으시오.

1. 예레미야가 살던 곳은 어디이며 그의 예언 기간은 언제인가? (1:1∼3)

2. 예레미야가 본 두 가지 환상은 무엇인가? (1:11, 13)

3. 하나님께서 가나안으로 인도하여 들였지만 타락한 지도자 네 부류는 누구인가? (2:8)

4. 유다 백성이 행한 두 가지 악은 무엇인가? (2:13)

5. 당시 유다가 의지했던 두 나라는 어디인가? (2:18, 36)

6. "내게 배역한 (   )을 행하였으므로 내가 그를 내쫓고 그에게 이혼서를 주었으되 그의 반역한 (   )가 두려워하지 아니하고 자기도 가서 (   )을 내가 보았노라." (3:8)

7. "내 백성은 나를 알지 못하는 (   )요 지각이 없는 (   )이라 악을 행하기에는 지각이 있으나 (   )하도다"(4:22).

8. "너희는 (   )로 빨리 다니며 그 넓은 거리에서 찾아보고 알라 너희가 만일 정의를 행하며 (   )를 한 사람이라도 찾으면 내가 이 성읍을 용서하리라." (5:1)

9. "한 민족이 (   )에서 오며 큰 나라가 (   )에서부터 떨쳐 일어나나니." (6:22)

10. 예레미야가 여호와의 성전 문에서 '길과 행위를 바르게 하라'고 한 네 가지 내용을 적으시오. (7:1∼7)

　　(1)   (2)

　　(3)   (4) 다른 신들을 따르지 말라

11. 이스라엘은 여호와의 규례를 바르게 알았는가? (8:7)

12. 예루살렘은 심판으로 인해 어떻게 될 것인가? (9:11)

13. "그는 (   )요 이스라엘은 그의 (   )라 그 이름은 만군의 여호와시니라" (10:16)

14. 잠언 20:24을 인용한 것은 예레미야 10장 (   )절이다. (10:19∼24절에서)

15. '깨어진 언약'을 말씀하는 11장에서 '언약'이라는 단어가 몇 번 나오는가? (1∼13절에서)

16. "그들의 (   )은 주께 가까우나 그들의 (   )은 머니이다." (12:2) (마 15:8절에서 인용)

17. 다음 구절에서 '예레미야의 상징예언'의 제목을 골라 보기의 번호로 쓰시오. (해설 참고)
　　〈보기〉 ① 토기장이와 진흙, ② 썩은 베띠, ③ 깨어진 옹기, ④ 아나돗의 밭, ⑤ 큰 돌을 감춤
　　　　　 ⑥ 멍에를 목에 메라, ⑦ 말씀을 책에 기록, ⑧ 예레미야의 독신생활

(1) 13:1~11 —   (2) 16:1~9 —   (3) 18:1~8 —   (4) 19:1~13 —

(5) 27:1~22 —   (6) 32:6~44 —   (7) 43:8~13 —   (8) 51:59~64 —

18. "구스 인이 그의 (   )를, 표범이 그의 (   )을 변하게 할 수 있느냐 할 수 있을진대 악에 익숙한 너희도 (   ) 있으리라." (13:23)

19. "여호와께서 내게 이르시되 선지자들이 (   )을 하도다 … 그들이 거짓 계시와 점술과 헛된 것과 (   )으로 너희에게 예언하는도다." (14:14)

20. 하나님께서 유다를 왜 세계 열방 중에 흩으시겠다고 하셨는가? (15:4)

21. 하나님께서 예레미야에게 하지 말라고 한 세 가지는 무엇인가? (16:2, 5, 8)

   (1)   (2)   (3)

22. 저주받을 사람에 대비하여 복을 받을 사람은 누구인가? (17:5~8)

23. "진흙이 (   )의 손에 있음같이 너희가 (   )에 있느니라." (18:6)

24. '힌놈의 아들의 골짜기'의 또 다른 이름과 앞으로 불려질 이름은 무엇인가? (19:1~6)

25. 깨어진 옹기가 주는 교훈은 무엇인가? (19:11)

26. (20:9) 내가 다시는 여호와를 선포하지 아니하며 ~

27. 유다의 시드기야 왕 때에 어느 나라의 누가 쳐들어왔는가? (21장. 왕하 25장)

28. 큰 성 예루살렘에 재앙이 임함은 무슨 이유 때문인가? (22:9)

29. 다음 괄호를 채우고 어느 왕에 대한 예언인지 보기에서 골라 쓰시오. (22장)
   〈보기〉 10~12절 — 살룸(여호아하스)/ 18~19절 — 여호야김/ 24~30절 — 고니야(여호야긴)

   (1) 그가 끌려 (   ) 문 밖에 던져지고 (   )같이 매장함을 당하리라. —

   (2) 너희는 이 사람이 (   ) 없겠고 그 평생 동안 (   )라 기록하라. —

   (3) 그가 이곳으로 다시 (   ) 잡혀간 곳에서 그가 거기서 (   ) 이 땅을 다시 보지 못하리라. —

30. "여호와의 말씀이니라 보라 때가 이르리니 내가 (   )를 일으킬 것이라 그가 왕이 되어 지혜롭게 다스리며 세상에서 (   )를 행할 것이며." (23:5)

31. 무화과 두 광주리 비유에서 먹을 수 없는 무화과는 누구를 상징하는가? (24:8)

32. 유다의 바벨론 왕 섬김(포로 기간)이 얼마나 될 것이라 했는가? (25:11~12)

33. 예레미야가 시드기야 왕에게 '사는 길'은 무엇이라고 했는가? (27:12)

34. 거짓으로 평화를 예언한 하나냐는 어떻게 되었는가? (28:12~17)

35. 하나님께서 벌하시는 방법을 세 단어로 말하면 무엇인가? (29:18, 27:8, 32:36)

예레미야 30~52장, 예레미야애가

한눈에 살펴보기

30~33장은 바벨론에서 포로생활을 하는 백성들에게 주어진 미래에 대한 위로와 소망의 말씀이다. 이는 포로의 귀환뿐 아니라 그리스도 안에서 이루어지는 새 언약을 보여준다(30~31장, 33:15~16). 포로에서 귀환할 것이라는 증거로 예레미야는 밭을 산다(32장). 역시 미래에 대한 회복을 약속받는다(33장). 시드기야는 율법을 따라 히브리 종들을 자유하게 했다가 다시 노비를 삼는다(34장). 레갑 족속의 순종과 유다 백성의 불순종을 대조적으로 말한다(35장). 감금된 예레미야는 바룩에게 두루마리에 말씀을 기록하여 여호와의 집에 가서 낭독하게 하므로 여러 가지 파문이 일어난다. 급기야는 여호야김 왕이 두루마리 책을 불에 태워버린다(주전 605/4년, 36장). 유다의 마지막 왕 시드기야는 바벨론 왕에게 항복하라는 예레미야의 예언을 듣고, 오히려 그를 옥에 가둔다. 그러나 에벳멜렉의 도움으로 석방된다. 시드기야는 하나님의 말씀을 알고자 하기는 했으나 실천하는 용기가 없었다(37~38장). 결국 예루살렘 성은 바벨론의 느부갓네살에 의해 포위되고 시드기야 11년(587년)에 함락되고 만다(39장, 왕하 25장, 대하 36장을 함께 보라).

유다 포로를 바벨론으로 옮기던 중에 예레미야는 해방을 얻는다. 바벨론은 유다에 그다랴를 총독으로 세웠으나 이스마엘과 그 무리는 그다랴를 암살한다(40~41장). 요하난과 백성들은 여호와의 뜻을 물었으면서도 자기들의 기대와 다르게 '애굽으로 가지 말라'는 예언을 듣자, 이를 불순종한다(42장). 예레미야와 바룩도 요하난의 일행에게 끌려 애굽으로 가게 되고(43장), 예레미야는 애굽에서도 예언하며 하나님을 버리지 말 것을 당부한다(44장). 바룩은 하나님으로부터 그의 생명을 구해주실 것을 약속받는다(45장).

두루마리를 불태우는 여호야김
바룩이 기록한 예레미야의 예언을 들은 여호야김 왕은 분노하며 칼로 그것을 잘라 불태웠다(렘 36장).

〈예레미야〉를 크게 두 부분으로 나누면 1~45장은 '유다에 대한 심판 예언'이고, 46~52장은 '아홉의 열방에 대한 심판 예언'으로 열방에 대한 예언도 결국은 하나님의 백성을 위한 것이며 하나님께서 온 세상을 다스리고 계심을 보여준 것이다(46~51장).

(1) 애굽(렘 46장, 사 19~20장, 겔 29~32장) — 1~12절: 주전 605년 갈그미스 전투

(2) 블레셋(렘 47장, 사 14:28~32, 겔 25:15 이하, 암 1:6~8, 습

2:4~7, 슥 9:5~7)

    (3) 모압(렘 48장, 사 15~16장, 겔 25:8~11, 암 2:1~3, 습 2:8~11)

    (4) 암몬(렘 49:1~6, 겔 25:1~7)

    (5) 에돔(렘 49:7~22, 사 21:11~12)

    (6) 다메섹(렘 49:23~27, 사 17장)

    (7) 게달과 하솔(렘 49:28~33)

    (8) 엘람(렘 49:34~39)

    (9) 바벨론(렘 50~51장, 사 13~14장, 46~47장)

  52장은 예루살렘의 함락에 대한 기사이다. 끝 부분(31~34절)에서는 바벨론 포로로 가서 옥중에 있던 유다의 여호야긴 왕이 옥에서 나오게 됨으로 유다 회복에 대한 희망을 보여준다.

✅ 하나씩 짚어보기

1. 새 언약(신약)의 의미(렘 31:31~33)

  유대인들은 자신들의 성경(타나크)을 '구약성경'이라 하지 않는다.

  (1) '구약'이라는 명칭은 '신약'과 구별하여 기독교적 이해가 내재되어 있으며, 이러한 명칭은 성경 자체에서 유래되었다. 예레미야 31:31~33에서 하나님께서는 이스라엘 집과 유다 집에 '새 언약'을 맺겠다고 말씀하신다. '새 언약(신약)'에 대한 상대적인 용어는 '옛 언약(구약)'이다. 그리하여 이 구절이 기독교 성경의 '구약'과 '신약'이라는 용어의 근거가 되었다.

  (2) 이스라엘은 출애굽 때에 하나님과 언약을 맺었지만(출 24:7~8, 왕상 8:9), 우상을 숭배하며 언약을 파기했다. 그 후 하나님께서는 율법적인 옛 언약을 파기하고 새 언약(New Covenant)을 통하여 생명의 원리를 세우신다(렘 31:31, 겔 37:26, 히 8:6, 10:16).

  (3) 〈예레미야〉에 나온 이 언약은 이스라엘이 파괴한 옛 언약과 같지 않다고 하셨다. 하나님은 옛 언약을 해체하시고 새 언약을 맺으셨다. 신약에서는 구약의 책들을 '하나님의 영에 의해 형성된 성경'(딤후 3:16, 눅 4:21, 24:27 이하 참고)으로 보아 그 권위를 인정하였다.

2. 갈대아인은 누구인가?(렘 37:8)

  갈대아 지역은 원래 메소포다미아의 남부 지역으로, 페르시아 만 부근 유브라데 강과 티그리스 강 사이에 있는 지역을 가리킨다. 과거에 '시날'이나 '칼두' 같은 작은 국가 형태를 지녔으나 주전 626년 신바벨론을 창건하여 주전 612년 앗수르를 물리침으로 역사의 전면에 등장한다. 따라서 이때부터 그 지역을 지칭하던 '갈대아'는 '바벨론'이라는 말과 동의어로 사용하게 되었다. 이스라엘의 남유다도 갈대아 왕조의 느부갓네살 왕에 의해 주전 587년에 멸망당하였다. 이들은 마르둑을 주요 신으로 섬기며 상업,

건축술, 천문학 등을 발달시켰으나 주전 538년 바사(페르시아)에 의해 멸망되었다. 바벨론의 포로로 갔던 유다인은 바사의 유화정책에 의하여 해방을 맞게 된다(스 1장).

3. 〈예레미야〉에 나타난 예언 모음

(1) 예루살렘의 몰락(1:14~16, 4:5~9, 5:15~17, 6:1~6, 32:2~3, 38:17~18)

(2) 성전의 파괴(7:11~15, 26:6~9)

(3) 시드기야의 억류(21:3~7, 34:1~5, 37:17)

(4) 폐위당한 여호아하스 왕이 애굽에서 죽음(22:10~12)

(5) 여호야긴 왕의 왕통 단절(22:24~30)

(6) 바벨론에 있는 경건한 포로들에 대한 친절한 대접(24:1~7)

(7) 유다의 70년에 걸친 바벨론 포로 생활(25:11, 29:10)

(8) 70년 후 바벨론의 패배(25:12, 27:7)

(9) 70년 후 예루살렘으로 귀환(27:19~22, 30:3, 10~11,18~21, 31:9, 12, 38~39, 33:3~9)

(10) 예루살렘 거짓 선지자의 죽음(28:13~17)

(11) 거짓 선지자들의 죽음과 다른 자들(바벨론에 거주하는 세 사람)의 응징(29:20~3 2)

(12) 이스라엘 백성의 종국적 회집(30:3, 10, 31:8~12)

(13) 이스라엘 땅의 종국적 재건(30:18~21, 31:38~39, 33:7~9)

(14) 여호야김의 애도받지 못하는 죽음(36:27~30)

(15) 바벨론에 대항한 애굽과 유다 간의 군사 동맹의 실패(37:5~10)

(16) 애굽의 바벨론 점령(43:9~13)

(17) 갈그미스 전투에서 바벨론의 애굽에 대한 승리(46:1~12)

(18) 친구 스라야의 체포와 추방(51:59)

-해롤드 월밍턴, 《Bible Study》를 참고하여 기록 순서대로 재구성하였으며 연대기 순서와
  는 다름.

바벨론 연대기
에스겔은 바벨론 포로 중에 예언하였다. 예레미야 52장에는 바벨론의 느부갓네살의 연대가 나온다. 주전 6세기에 편집된 것으로 보이는 이 바벨론 연대기는 1887년 발견되어 1956년 번역된 넷 중의 하나로서 중요한 정보가 들어 있다.

4. 예루살렘의 멸망에 대한 예언(렘 39, 52장)

(1) 예레미야 39장, 52장, 그리고 열왕기하 24~25장, 역대하 36장을 함께 보라. 예루살렘의 멸망은 이미 수차례에 걸쳐 경고되었다. 예루살렘의 멸망 때, 예레미야만이 그의 장래를 선택할 수 있는 유일한 사람이었다(39:12, 40:1~5).

(2) 52:28~30에는 중요한 연대가 나온다. 느부갓네살의 즉위 연대를 기준으로 유다가 바벨론에 포로로 간 연대를 계산할 수 있다. 즉 주전 597년, 587년, 582년 3차에 걸쳐 포로가 되었다. 혹은 605년(여호야김)의 사건도 포로로 간 연대로 보기도 한다(Day18 '하나씩 짚어보기' 참고).

(3) 느부갓네살의 아들 에윌므로닥(주전 562~560년)의 등극으로 여호야긴을 옥에서 나오게 하고 왕의 상에서 함께 먹게 함은 이스라엘 민족에게 해방에 대한 새 소망으로 부풀게 했다(52:31~34).

5. 성경 언약의 종합 도표

명칭	관련 성경	대별	형태	체결자	내용
선악과 언약	창 2:16, 17	행위 언약		범죄 이전의 최초 인류인 아담과 하와	금단의 열매와 생명나무를 통해 순종과 불순종 및 그에 따른 영생과 죽음을 판가름함.
여자의 후손 언약	창 3:15	은혜 언약	편무 (片務) 언약	범죄 이후 인류인 아담과 하와	인류 구원과 메시아의 궁극적 승리를 다룬 원시 언약
노아(무지개) 언약	창 9:8~17			노아와 그 후손 및 호흡하는 모든 생물	다시는 물심판의 비극이 없을 것임을 시사함.
아브라함 언약 (1, 횃불 언약)	창 15:18			이신득의(以信得義)한 아브라함	가나안에 대한 불변의 약속
아브라함 언약 (2, 할례 언약)	창 17장		쌍무 (雙務) 언약	히브리 민족, 모든 인류를 대표한 아브라함	하나님이 아브라함과 그 후손의 하나님이 되실 것에 대한 약속
시내산 언약	출 19~24장			믿음의 조상 아브라함의 후손인 출애굽한 이스라엘	하나님이 율법을 근거로 그들의 통치자요 보호자가 되실 것을 약속, 행위적 측면 강조
비느하스 (제사장) 언약	민 25:10~13			이스라엘에 내릴 재앙을 막은 제사장 비느하스	비느하스 가문의 영구적 제사장직, 이스라엘의 제사장 나라됨을 암시
다윗 언약	삼하 7:5~16			이스라엘의 실질적 건설자인 다윗	다윗 왕권의 영구성 및 메시아 도래에 대한 암시
새 언약	렘 31:31~34		편무 (片務) 언약	불순종과 우상숭배로 인해 쫓겨날 이스라엘	불순종한 이스라엘의 허물을 씻기시는 하나님의 사랑을 보여주고 율법을 마음에 새길 것을 약속
십자가(보혈) 언약	마 26:26~29			전체 교회를 대표하는 열두 사도	피 흘린 예수의 지고한 사랑과 그를 믿는 자에게 내릴 구원 약속, 모든 언약의 핵심
보혜사(성령) 언약	요 14:16			성령을 기다리는 모든 성도	예수 승천 후 그분을 대신하여 성도들과 동행하시며 그분의 말씀을 생각나게 하고 진리로 이끄실 성령 약속
재림 약속	요 14:2, 3 행 1:11			예수 재림을 고대하는 모든 성도	하나님의 나라 완성과 성도의 궁극적 구원을 이루기 위해 예수께서 곧 다시 오실 것을 약속

📖 예레미야애가_ 민족의 비운을 노래

저자 '예레미야'라는 것은 역사적 전승이며, 성경에 명시하고 있지는 않다. **배경 연대** 주전 587년 예루살렘 멸망 직후. **형식 특성** 알파벳 순으로 배열된 이합체시로 되어 있으며, 1~4장은 시적 운율을 지녔고 5장은 기도문에 가깝다. **요절** 여호와여 우리를 주께로 돌이키소서 그리하시면 우리가 주께로 돌아가겠사오니 우리의 날들을 다시 새롭게 하사 옛적 같게 하옵소서(애 5:21).

1. 본서의 명칭은 히브리어 '에카'이며, '아!', '얼마나!'란 뜻을 가진 감탄사이다. 한글 '애가(哀歌, 슬픈 노래)'와 발음이 유사하다. 랍비들은 이 말 대신에 '애가'라는 뜻을 가진 '키노드'라 했으며 70인역에서도 이를 제목으로 채택했다.

2. 키노드 앞에 예레미야를 붙인 〈예레미야애가〉는 시리아역이나 라틴어 성경에서부터 시작된 것으로, 현대의 성경들은 이를 따르나 히브리 원문은 익명의 〈애가〉이다.

3. 본서는 단순히 예루살렘 멸망을 되새기려는 목적보다는 과거의 교훈을 통해 어려운 재난에 직면하더라도 하나님을 믿는 신앙을 굳게 지키도록 하기 위해 쓰여졌다.

4. 본서는 다섯 두루마리(길잡이 04 '시가서란 무엇인가' 참고)에 속했던 것으로 아브월 제9일 예루살렘 성전이 파괴된 날에 낭독되었는데 항상 5:21을 22절 뒤에 낭독함으로 긍정적인 내용에 가까워지도록 했다. 로마 가톨릭교회에서는 고난주간의 마지막 3일 동안 읽는다.

🌑 한눈에 살펴보기

화려하고 거룩한 도성 예루살렘이 비참한 형편에 처했음을 슬퍼한다(1장). 이러한 멸망은 하나님의 심판이다(2장). 백성과 함께 고난당하는 자(예레미야?)는 하나님의 자비를 구한다(3장). 현재와 과거를 비교하며 이러한 고난의 이유가 죄로 인한 결과임을 고백한다(4장). 구원을 기원하는 간절한 기도가 나온다(5장).

✔️ 하나씩 짚어보기

1. 예언자의 고통

〈예레미야애가〉에서 예루살렘의 파멸과 고통 받는 백성들을 보며 예레미야가 눈물을 흘린다. 다음의 구절들을 살펴보며 그 눈물의 의미를 되새겨보라.

(1) 1:2—슬퍼 우니 '눈물'이 뺨에 흐름이여 (2) 1:16—내 눈에 '눈물'이 물같이 흘러내림이여

(3) 2:11—내 눈이 '눈물'에 상하며 (4) 3:48~49—내 눈에는 '눈물'이 시내처럼 흐르도다

2. 〈예레미야애가〉의 위치

〈예레미야〉 (경고) ⇨	예루살렘의 함락(주전 587년)	⇦ 〈예레미야애가〉 (애도)

다음 물음에 답하거나 괄호 안에 알맞은 말을 넣으시오.

1. "내가 너를 (   )으로부터 구원하고 네 자손을 (   )에서 구원하리니." (30:10)

2. "너희는 (   )이 되겠고 나는 (   )이 되리라." (30:22)

3. 아래의 말씀에 해당하는 출처를 보기에서 찾아 적으시오. (31장)
   〈보기〉 출 6:7/신 24:16/마 2:18

   (1) "라마에서 슬퍼하며 통곡하는 소리가 들리니 라헬이 그 자식을 위하여." ―

   (2) "신 포도를 먹는 자마다 그의 이가 신 것 같이 누구나 자기의 죄악으로 말미암아 죽으리라." ―

   (3) "나는 그들의 하나님이 되고 그들은 내 백성이 될 것이라." ―

4. 날이 이르면 여호와께서 하시는 일은 무엇인가? (31:31)

5. 유다 왕 시드기야는 무엇이라 말하며 예레미야를 가두었는가? (32:1~5)

6. 포로 후에 다시 거래가 있으리라는 증표로 예레미야는 무엇을 샀는가? (32:6~15)

7. (33:3) 너는 내게 부르짖으라 ~

8. (33:15) 그 날 그때에 내가 ~

9. 히브리인 노비를 자유하게 한 후에 뜻이 변하여 어떻게 했는가? (34:8~11)

10. 여호와께서 유다왕 시드기야와 그 고관들을 어디에 넘기리라 하셨는가? (34:21)

11. 레갑 족속의 선조 요나답이 자손들에게 명령한 말은 무엇인가? (35:1~11)

12. 예레미야의 구전(口傳)대로 모든 말씀을 두루마리에 기록한 사람은 누구인가? (36:4)

13. 여호야김 왕은 두루마리를 어떻게 했는가? (36:23)

14. 예레미야는 다른 두루마리를 바룩에게 주어 어떻게 하게 했는가? (36:32)

15. 시드기야 왕이 여후갈과 스바냐를 예레미야에게 보내어 청한 말은 무엇인가? (37:3)

16. 시드기야 왕이 예레미야를 이끌어 내어 비밀히 물은 말에 대한 대답은 무엇인가? (37:17)

17. 예레미야의 예언을 거절한 자들이 예레미야를 어떻게 했는가? (38:6)

18. 예레미야를 구덩이에서 건져내는 데 공헌한 사람은 누구인가? (38:7~13)

19. 예레미야가 '사는 길'이라고 여러 번 말한 내용은 무엇인가? (38:2,17~23)

20. 예루살렘이 함락 된 때는 언제인가? (39:2, 왕하 25장)

21. "예레미야가 (   )로 가서 아히감의 아들 (   )에게로 나아가서 그 땅에 남아 있는 백성 가운데 서 그와 함께 사니라." (40:6)

22. 이스마엘은 여덟 사람과 함께 요하난을 피하여 누구에게로 갔는가? (41:11~18)

23. (42:3) 당신의 하나님 여호와께서 ~

24. 예레미야는 어디로 가게 되었는가? (43:1~7)

25. 큰 악을 행하면 무엇을 해(害)하게 되는가? (44:1~10 읽고 답은 7절에서)

26. "여호와께서 이와 같이 말씀하시기를 보라 나는 내가 세운 것을 (   ) 하며 내가 심은 것을 (   ) 하나니 온 땅에 그리하겠거늘." (45: 4)

27. 다음의 구절은 어느 나라의 심판에 대한 예언인지 보기에서 답을 골라 적으시오. (해설 참고)
  〈보기〉 암몬/ 에돔/ 모압/ 블레셋/ 엘람/ 애굽/ 다메섹/ 바벨론/ 게달과 하솔

  (1) 46장 —   (2) 47장 —   (3) 48장 —

  (4) 49:1~6 —   (5) 49:7~22 —   (6) 49:23~27 —

  (7) 49:28~33 —   (8) 49:34~39 —   (9) 50, 51장 —

28. 유다의 마지막 왕 시드기야는 어떻게 되었는가? (52:11)

29. 느부갓네살이 유다인을 사로잡아 바벨론으로 옮긴 때와 그 수는 얼마인가? (52:28~30)

  (1) 제(   )년, (   )명   (2) 제(   )년, (   )명   (3) 제(   )년, (   )명

30. 〈예레미야애가〉의 각 장은 몇 절로 구성되어 있는가?(1~5장). (1~4장은 이합체. 해설 참고)

  (1) 1장 — (   )절   (2) 2장 — (   )절   (3) 3장 — (   )절   (4) 4장 — (   )절   (5) 5장 — (   )절

31. '전에'는 사람들이 많더니 '이제는' 어떻게 되었다고 말하는가? (애 1:1~3)

  (1) 사람들이 많더니 —   (2) 열국 중에 크던 자가 —

  (3) 열방 중에 공주였던 자가 —

32. 예루살렘이 조소거리가 된 이유는 무엇인가? (1:8)

33. 딸 시온의 성벽 곧 멸망당한 유다 백성이 밤낮으로 강처럼 흘려야 하는 것은 무엇인가? (2:11~18)

34. 여호와여 나의 (   )을 보셨사오니 나를 위하여 (   )을 풀어주옵소서. (3:59)

35. (4:6) 전에 소돔이 사람의 손을 ~

36. "여호와여, 우리를 주께로 돌이키소서 그리하시면 우리가 (   ) 우리의 날들을 다시 새롭게 하사 (   ) 하옵소서." (5:21)

에스겔_바벨론 포로민 격려와 이스라엘의 회복

저자 에스겔(겔 1:3과 24:24). 본문의 내용이 1인칭 단수로 전개되며, 문체와 주제의 일관성을 보아 에스겔 저작임을 확증한다. **배경 연대** 주전 593~570년경. **대상** 바벨론의 유다인 포로들. **주제** 유다와 이방에 대한 심판. 장래의 이스라엘의 회복. **특징** 묵시적인 표현을 많이 사용. **요절** 한 임금이 모두 다스리게 하리니 그들이 다시는 두 민족이 되지 아니하며 두 나라로 나누이지 아니할지라(겔 37:22).

1. 책 이름 '에스겔'은 히브리 원음 '예헤즈켈'에서 왔으며 '하나님이 강하게 하신다' 혹은 '하나님에 의해 강하게 되었다'는 뜻이다.

2. 에스겔은 제사장 사독의 자손으로 30세 때(1:1, 제30년 4월 5일)인 주전 593년에 선지 사역에 부름받았다. 그는 여호야긴 왕과 함께 주전 597년에 바벨론 포로로 잡혀갔다. 그의 아내는 주전 588년에 예루살렘이 포위되기 시작했을 때 죽었다(24:1, 15~18).

3. 본서를 통틀어 특별한 표현들이 나타난다. "내가 여호와인 줄 그들이 알리라", "인자", "여호와의 영광", "여호와의 말씀이 내게 임하니" 등이 반복되어 본서의 통일성을 보여준다.

4. 예루살렘은 느부갓네살에 의하여 3차(또는 4차)에 걸쳐 침공되었다. 그중 1차(또는 2차) 주전 597년 그는 여호야김과 여호야긴의 반역에 대한 징계로서 예루살렘을 침공하여 여호야긴 왕과 에스겔 등 1만여 명의 포로를 잡아갔다(Day18 참고).

5. 내용 분해

1~3장 ─ 에스겔의 소명	4~24장 ─ 예루살렘과 유다에 대한 심판
25~32장 ─ 열방에 대한 심판	33~48장 ─ 이스라엘의 회복

한눈에 살펴보기

1. 에스겔의 소명(겔 1~3장)

서른째 해(에스겔의 나이로 해석)에 에스겔은 하나님의 영광이 어마어마하게 나타난 환상(이상)을 통하여 선지자직에 부름받는다(1장). 여호와의 영광 앞에 엎드린 에스겔에게 여호와께서는 "인자야 내가 너를 이스라엘 자손 곧 패역한 백성, 나를 배반하는 자에게 보내노라"고 말씀하신다(2장). 에스겔은 하나님의 명령을 따라 두루마리 책을 먹는다. 그리고 선지자로서 파수꾼의 임무를 맡게 된다. 이스라엘 백성을 경성(警省)시키는 사명이 부여되는 것이다(3장).

2. 예루살렘과 유다에 대한 심판(겔 4~24장)

하나님이 에스겔을 부르셔서 4~24장에 걸쳐 이스라엘(북이스라엘이 아니라 하나님의 백성 전체를 일컫는 말)의 멸망에 대한 구체적인 예언을 하도록 명령하신다. 에스겔은 예언적 행위(4~5장)를 통하여, 그리고 하나님의 말씀의 대언(6~7장)을 통하여 이스라엘에게 경고하고, 심판의 확실성을 증거한다. 여호와께서는 이상(異像)을 통하여 성전에서 행하는 죄악을 선지자에게 보여주심으로 심판의 불가피성을 말씀하신다(8장). 장로들의 우상숭배와 성전에서의 태양숭배를 볼 때 유다의 죄악이 성전 중심부에까지 이르렀음을 절감할 수 있다(9장). 하나님의 영광은 급기야 성전을 떠나신다(10장). 교만한 지도자들의 안일성을 여실히 들추어내며(11장), 패역한 백성과 그들을 속이는 거짓 선지자, 그리고 우상숭배자들의 파멸에 대한 예언을 보여주며 의로우신 하나님의 경고를 담고 있다(12~14장).

하나님의 심판을 여러 비유를 통하여 지적하신다. 이스라엘은 마치 불에 던져질 땔감 같은 쓸모없는 포도나무처럼 되었고(15장), 남편에 대한 정절을 버린 간부(姦婦)처럼 되었다(16장). 국제 정세를 독수리, 백향목, 땅의 종자 등에 비유하여, 애굽과 반바벨론 동맹을 맺은 유다

〈에스겔〉에 나오는 장면
두루마리를 먹고 있는 에스겔(2장), 원수에게 포위된 예루살렘(3장), 이상한 모습으로 누워 있는 에스겔(4장), 머리털과 수염을 깎아 삼등분하여 태우고 칼로 자르고 날리는 모습(5장). _10세기. 하이몬의 에스겔 주석서의 삽화. 파리 국립도서관 소장.

에 대한 심판을 말씀하신다(17장). 각 사람의 행위대로 심판하심에 대하여(18장), 이스라엘 고관들을 위해 애가를 지어 부르라고 에스겔에게 명하신다(19장). 하나님은 비유들을 통해 이스라엘의 진정한 회개를 촉구하신다. 이런 흑암의 상황 속에서도 신실하신 하나님은 새로운 언약을 세우셔서 이스라엘을 구속하시고, 회복하실 것을 말씀하심으로 참된 소망의 빛을 던져주신다(16:60~63, 17:22~24).

지금까지 지속되어온 유다에 대한 하나님의 심판의 말씀이 최종적으로 선포된다. 과거 이스라엘과 하나님의 관계를 고찰하고, 유다 민족의 범죄를 부각하고 있다(20장). 바벨론을 통해 닥칠 하나님의 진노를 '칼'의 상징으로 묘사한다(21장). 예루살렘 거민과 사마리아와 유다의 죄악들을 다루고 있으며(22~23장), 에스겔의 아내의 죽음을 통해 예루살렘의 멸망을 묵시적으로 보게 된다(24장).

✔ 하나씩 짚어보기

1. 하나님의 영광과 성전의 관점에서 본 〈에스겔〉(겔 1, 10, 43, 44장)

에스겔은 하나님의 영광을 보았다. 하나님의 영광은 하나님의 보좌를 두르고 있었고(1:28), 성전에 임하였으며(10:4), 이후 성전을 떠났다(10:18~19). 그러나 에스겔은 하나님의 영광이 성전에 다시 돌아오는 것을 보았고(43:1~5), 마지막으로 하나님의 영광이 성전을 채우는 것을 목격했다(44:4).

2. 네 생물과 복음서, 여호와의 영광(겔 1장, 10장, 계 4:7)

(1) 1:1~28에 나오는 네 생물들은 요한계시록 4:7에도 나오는데 어거스틴(354~430년, 로마령 아프

리카 히포의 주교)은 네 생물이 네 복음서를 의미한다고 하여 기독교회의 전통이 되었다.

　　1) 마태복음 — 유대인에게: 그리스도를 메시아인 '사자'로 묘사하고 있다.

　　2) 마가복음 — 로마인에게: 그리스도를 종인 '소'로 묘사하고 있다.

　　3) 누가복음 — 헬라인에게: 그리스도를 완전한 '인간'으로 묘사하고 있다.

　　4) 요한복음 — 전세계에게: 그리스도를 전능하신 하나님인 '독수리'로 묘사하고 있다.

　(2) 에스겔이 목격한 여호와의 영광의 형상(10장)과 사도 요한이 밧모 섬에서 목격한 인자 같은 이를 비교해 본다. 이상은 세 부분으로 나뉘며, 〈요한계시록〉과 비교할 수 있다.

　　1) 네 생물(겔 10:15 참고, 계 4:6~8과 비교)

　　2) 네 바퀴(겔 10:9 이하 참고)

　　3) 보좌 위의 한 형상(계 4:2~6과 비교)

3. '남은 자' 사상(겔 5:3~4, 6:8)

'남은 자(The Remnant)'는 기근을 피하여 예루살렘과 그 땅에 남아 있는 자들(왕하 25:22, 렘 40:6)과 포로로 잡혀가서 하나님의 심판의 불로 징계받아 정화될 백성들을 의미한다. 하나님은 이러한 '남은 자'를 통하여 구원 역사를 계속 전개하신다. 이러한 사상은 이사야 1:9, 10:20 등과 예레미야 8:3, 39:9, 그리고 에스겔 9:8, 11:13 등에 스며들어 있다. '남은 자' 사상은 이스라엘 백성의 범죄와 그에 대한 혹독한 심판 가운데에도 자기 백성을 향한 하나님의 긍휼이 면면히 흐르고 있음을 보여준다. 선지자들의 소망은 '남은 자가 (포로에서 해방되어) 돌아오리라'는 것이었다.

이스라엘의 포도(겔 15, 17장)
하나님은 이스라엘을 포도나무에 비유했다. 이사야 5, 27장, 에스겔 15, 17장, 요한복음 15장 등 여러 곳에 기록되어 있다.

4. 성전에서의 우상숭배(8장)

　(1) 불 같은 형상(8:2~4) — 이 형상은 "허리 아래의 모양은 불 같고 허리 위에는 광채가 나서 단 쇠 같은" 모습이었다. 여기서 '불'은 심판을 비유하는 것이므로(히 12:29), 이 형상은 심판하시는 하나님을 상징한다고 이해되고 있다. 한편 이것은 '사람의 형상'으로도 번역될 수 있다. 히브리어로 '이쉬(사람)'와 '에쉬(불)'는 발음이 비슷하기 때문이다(1:27과 비교).

　(2) 질투를 일어나게 하는 우상(8:3) — 하나님이 질투하시는 우상을 말하는데(출 20:5), 므낫세 왕이 성전에 둔 아세라상과 바알을 가리키는 것으로 볼 수 있다(왕하 21:7).

　(3) 담무스(8:14) — 담무스는 봄 식물을 보호하는 수메르의 신이다. 이 담무스를 애곡하는 제사가 매년 6~7월(태양력)에 있었는데, 에스겔 당시 많은 여인들이 성전 북문에서 이 풍습을 따라 이방신들을 섬겼다.

5. 고대 중근동의 인신제사 연구(겔 20:18~32)

(1) 인신제사(人身祭祀)의 양상

고대 중근동에서 인신제사가 시행된 것은 주전 15세기 이전으로 여겨지며 유래는 이스라엘 민족의 가나안 정착 이전까지 거슬러올라간다(신 12:31). 이 시대의 사람들은 큰 재난이 닥쳤을 때 중지를 모아 특정한 한 사람을 죽여 신에게 제물로 드리기도 했다. 좀 더 시일이 흐른 뒤에는 부모가 자신들에게 가장 귀한 존재인 어린 자식을 드려 소원을 이루려는 관습이 급속히 확산되어갔다. 이러한 관습은 몰렉을 주신(主神)으로 섬겼던 암몬 족속과, 그모스를 주신으로 섬겼던 모압 족속에게서 더욱 두드러지게 나타난다(왕하 3:26~27).

(2) 이스라엘의 인신제사와 그 평가

사사 입다는 서원한 대로 전쟁에서 승리하고 돌아오는 자신을 가장 먼저 맞이한 외동딸을 하나님께 번제로 드렸다(삿 11:39, 다른 입장에서 해석하는 경우도 있다). 그것은 당시에 인신제사가 폭넓게 시행되었다는 가능성을 시사해주는 행동이다(Day12, Day18 해설 참고). 이 관습은 분열왕국 시대 후반기에 이르러 더욱 극심해졌다. 아하스, 므낫세 등은 인신제사를 시행한 대표적인 왕이다(대하 28:3, 33:6). 인신제사는 하나님의 형상으로 창조된 인간 — 그 생명의 주관자가 오직 하나님이신 — 을 무가치하게 죽이는 행위로서, 하나님 앞에 용납될 수 없고 성경에서도 철저히 금지하고 있는 일이다.

6. 황폐화될 예루살렘 — 에스겔의 열두 가지 상징예언(겔 4~9장, 11~24장)

(1) 예루살렘 지도를 그림(4:1~3)

(2) 390일 동안 좌편으로 누움(4:4, 5)

(3) 40일 동안 우편으로 누움(4:6)

(4) 부족한 양식을 예비함(4:9~17)

(5) 머리털과 수염을 깎음(5:1~4)

(6) 손뼉을 치고 발을 구름(6:11)

(7) 성벽을 뚫음(12:1~16)

(8) 떨면서 음식물을 먹음(12:17~20)

(9) 칼로 벰(21:9~17)

(10) 지도를 그림(21:18~23)

(11) 물이 마른 가마를 끓임(24:1~24)

(12) 아내를 장사 지낼 때 애도하지 않음(24:15~18)

다음 물음에 답하거나 괄호 안에 알맞은 말을 넣으시오.

1. 에스겔은 몇 세 때 예언을 시작했으며, 그해는 여호야긴 왕이 바벨론에 사로잡힌 지 몇 년째인가?
   (1:1∼3)

2. 에스겔이 본 네 생물의 모양은 각각 무슨 얼굴이었는가? (1:4∼14)

3. 하나님께서는 패역한 이스라엘에게 에스겔을 보내서 누가 있음을 알리고자 했는가? (2:1∼5)

4. 에스겔이 먹은 두루마리 책에는 무엇이 기록되어 있는가? (2:8∼3:3)

5. 에스겔의 예언의 대상과 그 장소를 쓰시오. (1:1, 3:15)

6. 하나님은 어떤 경우에 그 피값을 찾겠다고 하셨는가? (3:18)

7. 예루살렘 멸망 때의 고통의 모습으로, 떡을 어떤 불에 구우라고 했는가? (4:12)

8. "내가 너를 치며 (   )의 목전에서 너에게 벌을 내리되 … 너를 둘러싸고 있는 (   )에게 네가
   수치와 조롱거리가 되고 두려움과 경고가 되리라." (5:8, 15)

9. '내가 여호와인 줄 알리라'는 구절은 6장 몇 절에 나오는가? (4개 구절)

10. "이제는 네게 (   ) 내가 내 진노를 네게 나타내어 네 (   )하고 네 모든 (   )
    을 보응하리라." (7:3)

11. 성소 안에서 신앙을 잃어버린 70인 장로들은 어떤 우상들을 섬겼는가? (8장)

    (1) 5절 — 제단문 어귀 북쪽의 (   ) 우상

    (2) 14절 — 여인들이 앉아 (   )를 위하여 애곡

    (3) 16절 — 여호와의 성전을 등지고 낯을 동쪽으로 향하여 (   )에게 예배

12. '이마에 표'를 할 우는 자들은 우상숭배자들인가, 구별된 자들인가? (9:4)

13. 그룹들의 네 면은 어떤 얼굴을 하고 있는가? (10:14)

14. "주 여호와께서 이같이 말씀하셨느니라 이 성읍 중에서 너희가 (   )는 그 고기요 이 (   )은 그
    가마인데 너희는 그 가운데에서 (   ) 나오리라." (11:7)

15. 이사하되, 성벽을 뚫고 옮기는 것은 무엇을 상징하는가? (12:1∼16 읽고 답은 11절로)

16. "비록 (   ), (   ), (   ) 이 세 사람이 거기에 있을지라도 그들은 (   )로 자기의 생명
    만 건지리라." (14:14)

17. 여호와께서 예루살렘에 내릴 네 가지 중한 벌은 무엇인가? (14:21)

18. 포도나무를 불에 던질 땔감이 되게 한 것은 누구의 처지를 비유한 것인가? (15:6)

19. 벌거벗은 알몸 같은 예루살렘이 어떻게 하나님에게 속하게 되었는가? (16:6~9)

20. '이방을 의지하는 예루살렘의 영적 타락'과 관련한 세 나라는 어디인가? (16:26~29)

21. "그러나 내가 너의 어렸을 때에 너와 세운 (   )하고 너와 (   )을 세우리라." (16:60)

22. "주 여호와의 말씀이니라 … 그가 내 맹세를 업신여기고 내 (   )하였은즉 내가 그 죄를 … 내 올무에 걸리게 하여 끌고 (   )으로 가서." (17:19~20)

23. "범죄하는 그 영혼은 죽으리라"는 것은 어느 속담에 대한 하나님의 말씀인가? (18:1~4)

24. 젊은 첫 사자는 (   ) 땅으로 끌려가고, 다음 젊은 사자는 (   ) 왕에게 끌려갔다. (19:4, 9) (해석: 암사자 — 다윗 왕가 / 젊은 사자 — 여호아하스, 여호야긴 / 대하 36장)

25. 유다에게 '거룩하게 하는 여호와인 줄 알게 하려'고 주신 표징은 무엇인가? (20:12, 20)

26. "인자야 너는 얼굴을 (   )으로 향하며 (   )를 향하여 소리내어 이스라엘 땅에게 예언하라 … 내 칼을 칼집에서 빼어 (   ) 끊을지라." (21:2~3)

27. 하나님께서 에스겔을 무엇이라고 부르셨는가? (21:2, 6, 9, 12, 14, 19, 28 등)

28. "인자야 너는 그에게 이르기를 너는 (   )이요 (   )이로다 하라." (22:24)

29. 피를 흘린 성읍, 예루살렘을 무엇에 비유하고 있는가? (24:6)

30. 에스겔은 열두 가지 상징적 행위를 통하여 황폐될 예루살렘을 예언했다(4~9장, 11~24장). 다음 본문에서 무엇을 상징적으로 보여주었는지 보기에서 골라 쓰시오. (해설 참고)

〈보기〉 40일 동안 우편으로 누움/ 예루살렘 지도를 그림/ 지도를 그림/ 부족한 양식을 예비함
390일 동안 좌편으로 누움/ 떨면서 음식물을 먹음/ 머리털과 수염을 깎음/ 성벽을 뚫음
손뼉을 치고 발을 구름/ 칼로 벰/ 아내를 장사지낼 때 애도하지 않음/ 물이 마른 가마를 끓임

(1) 4:1~3 —   (2) 4:4~5 —

(3) 4:6 —   (4) 4:9~17 —

(5) 5:1~4 —   (6) 6:11 —

(7) 12:1~16 —   (8) 12:17~20 —

(9) 21:9~17 —   (10) 21:18~23 —

(11) 24:1~14 —   (12) 24:15~18 —

에스겔 25~48장

한눈에 살펴보기

1. 열방에 대한 심판(겔 25~32장)

에스겔은 유다의 이웃인 암몬, 모압, 에돔, 블레셋에 임할 하나님의 심판을 예언하고(25장), 이어서 두로에 임할 심판과, 두로에 대한 애가(哀歌)가 나온다(26~27장). 계속하여 두로와 시돈에 대한 심판과 이스라엘의 구원을 예언한다(28장) 이방 국가들 중에서 특히 애굽에 관한 심판의 예언들을 포함하고 있다. 애굽의 멸망에 대한 기록뿐 아니라, 애굽 왕 바로에 대한 메시지도 나타난다(29~31장). 바로를 위한 애가는 하나님을 대적한 세속 국가와 그 왕들이 하나님의 판단을 받을 것을 나타내고 있다. 이는 다른 측면에서 하나님의 백성들의 회복과 구원의 날이 된다(32장).

2. 이스라엘의 회복(겔 33~48장)

33장부터는 다시 이스라엘에 대하여 말씀하신다. 이스라엘이 심판에서 구원으로, 파멸에서 회복에 이를 것을 말씀하신다. 하나님께서는 친히 이스라엘 양떼를 찾으시고 먹이시겠다고 하신다(34장). 이스라엘의 대적자 에돔은 황폐하게 될 것이며(35장), 바벨론으로 사로잡혀간 유다는 다시금 회복될 것이다(36장). 이렇듯 포로에서의 귀환은 죽은 자의 부활과 같이 어려운 일이지만, 전능하신 하나님께서는 이를 실행하시며 남북이 하나님 손에서 하나 될 것도 말씀하신다(37장).

하나님의 백성의 원수인 곡과 마곡에 대한 예언에서는, 곡이 이스라엘 민족을 대적하고 하나님은 곡을 심판하신다(38장). 곡의 모든 병기들은 불살라질 것이며 그 군인의 시체들은 새와 짐승의 먹이가 될 것이다(39장). 이와 같이 대적들이 완전 멸망받을 것을 말씀하신 후에 하나님은 에스겔에게 새 성전의 환상을 보여주신다. 성전의 각 부분의 모습과 그 측량에 대한 진술이 계속된다(40~43장). 새 성전의 세부적인 모습과 그 측량이 시행된 다음 성전에서 수종드는 자들에 대한 말씀이 나온다(44장). 먼저 하나님에게 드릴 거룩한 땅에 대한 말씀이 나오며(45장), 왕과 백성이 어떻게 예배드릴 것인가에 대한 제사 규례가 나온다(46장). 이어서 하나님 성전의 문지방에서 흘러나온 물이 생명 강을 이룰 것에 대해 보이며(47장), 마지막으로 이스라엘 열두 지파에게 땅을 나누어 이스라엘은 복되고 영광스런 모습으로 회복될 것이다. 그 성읍의 이름은 '여호와 삼마(여호와께서 거기 계시다)'로 일컬어질 것이다(48장).

✅ 하나씩 짚어보기

1. 〈에스겔〉에 나오는 연대

주전 598년 여호야긴 왕과 몇 사람이 바벨론 포로로 갔으며, 〈에스겔〉은 이때를 기준으로 한다.

  5년 4월 5일 ― 에스겔이 그발 강가에서 환상을 봄(1~7장)

  6년 6월 5일 ― 우상에 대한 환상(8~19장)

  7년 5월 10일 ― 장로들의 질문(20~23장)

  9년 10월 10일 ― 끓는 가마 예표(24~25장)

10년 10월 12일 ― 애굽에 대한 진노(29:1~16, 30:1~19)

11년 모월 1일 ― 두로에 대한 진노(26~28장)

11년 1월 7일 ― 바로 왕에 대한 진노(30:20~26)

11년 3월 1일 ― 바로 왕의 교만에 대한 질책(31장)

12년 10월 5일 ― 예루살렘 함락의 소식(33장)

12년 12월 1일 ― 애굽 멸망에 대한 애가(32:1~16)

12년 모월 15일 ― 애굽에 대한 마지막 예언(32:17~32)

25년 1월 10일 ― 성전에 대한 환상(40~48장)

27년 1월 1일 ― 느부갓네살에게 정복당하는 애굽(29:17~21)

2. 이스라엘에 대한 열방의 주요 죄악상(겔 25~32장, 렘 46~51장 참고)

(1) 암몬 ― 발람에게 이스라엘을 저주하라고 요청함(신 23:4), 이스라엘 자손을 학대함(삿 10:8-9), 북이스라엘 침입 시 임산부의 배를 가름(왕하 8:12, 암 1:13), 남유다의 멸망을 기뻐함(겔 25:1~7).

(2) 모압 ― 미디안과 함께 이스라엘을 저주함(민 22:4), 출애굽한 이스라엘의 모압 땅 통과를 거절함(삿 11:17~18), 이스라엘을 유혹하여 음행과 우상숭배에 빠지게 함(왕상 11:7, 계 2:14), 남유다의 멸망을 조롱함(겔 25:8~11).

(3) 에돔 ― 출애굽한 이스라엘의 에돔 땅 통과를 거절함(민 20:18~21, 21:4), 복수심을 갖고 남국 유다를 침략함(겔 25:12~14), 피 흘리는 일을 즐거워함(겔 35:5~6), 예루살렘 함락을 조소함(겔 35:12~15).

(4) 블레셋 ― 이스라엘에 적개심을 가지고 자주 침략함(삿 10:6~7, 삼상 4:1~11), 하나님의 궤를 모욕함(삼상 5:1~2), 선민을 멸시함(겔 25:15~17).

(5) 두로 ― 이스라엘과 맺은 형제의 계약을 파기함(삼하 5:11, 암 1:9~10), 예루살렘 함락을 기뻐함(겔 26:1~6), 도덕적·종교적 타락의 온상이 됨(사 23:7).

(6) 시돈 ― 이스라엘을 유혹하여 우상을 숭배하게 함(삿 10:6, 왕상 11:5), 이스라엘을 압제함(삿 10:12), 남국 유다의 은과 금을 약탈함(욜 3:4~5), 뛰어난 지혜로 부정한 무역 거래를 함(슥 9:2~4), 남

국 유다를 멸시함(겔 28:24).

(7) 애굽 ― 이스라엘을 학대함(출 1:11, 22), 우상숭배를 전함(겔 20:7~8), 남유다로 자국을 의지하게 하여 죄를 짓게 함(겔 29:16).

3. '악어(타님)'의 의미(겔 29:3)

'악어'에 해당하는 히브리어 '타님'은 '뱀'(출 7:9, 렘 51:34)으로 번역되는 '타닌'과 동일한 단어로 취급된다. 겔 29:3의 '악어'는 애굽 나일 강에 서식하는 뱀이나 물뱀, 혹은 다른 거대한 수중 동물을 뜻하는 말이라 보는 사람들도 있다(창 1:21). 그러나 4절에 묘사된 사냥 방법으로 보아 악어로 보는 것이 더 타당할 듯하다. 한편 애굽이 장대한 강 나일을 끼고 있는 것을 고려할 때, 그 왕을 이와 같이 나일 강에 서식하는 거대한 짐승인 악어로 비유한 것은 매우 적절한 표현으로 볼 수 있다(시 74:13~14, 사 27:1). 더욱이 그 짐승이 강에 누워 있다는 것은 안정되게 강을 지배하는 모습을 보여주는 표현으로, 바로가 절대 권력을 가진 왕으로서 애굽을 주관하고 있다는 것을 상징적으로 묘사하고 있다(Day23 '하나씩 짚어보기' 참고).

4. 고대 애굽의 우상숭배 중심 도시(겔 30:13~19)

다신교 사상을 가졌던 고대 애굽인들은 수많은 종류의 신들을 만들어 내고 섬겼으며, 어느 한 도시를 특정 신의 소유지로 지정하여 신전을 짓고 그 신을 섬기는 의식을 성대히 거행하는 습관을 가지고 있었다. 본문에서 에스겔에 의하여 하나님의 심판이 선언된 도시들 가운데 몇몇 중심지를 살펴보자.

출애굽 당시 10가지 재앙은 애굽의 신들에 대한 하나님의 승리를 나타낸다(Day04 '하나씩 짚어보기' 도표 참고).

(1) 놉(멤피스) ― 불의 신 '프타(Ptah)' (2) 노(테베) ― 하늘의 신 '아몬(Amon)'

(3) 아웬 ― 태양신 '라(Ra)' (4) 비베셋 ― 고양이 여신

(5) 페이윰 ― 악어신 '소벡' (6) 텔 엘 아마르나 ― 태양신 '아톤(Aton)'

(7) 시우트 ― 늑대신 '웁 와웨트(Up-wawet)' (8) 덴데레 ― 하늘의 여신 '하트 호르(Hat-Hor)'

5. 〈에스겔〉에 나타나는 약속과 성취의 신학

새 시대의 소망은 하나님의 백성을 회복시킬 것을 약속한 여호와 하나님의 언약에 있다. 하나님의 언약은 다음과 같다. 변화된 새로운 배경 안에서 아브라함, 모세, 다윗과 맺으셨던 언약들을 장엄하게 성취시켜 과거 언약을 창조하신다.

(1) 언약 관계의 재개(36:20~36, 37:23, 26, 39:25)

(2) 이스라엘의 고국 땅 귀환(36:1~15, 24, 37:14~23, 39:27)

(3) 백성의 영적 변화(36:25~27, 37:1~14, 39:29)

(4) 다윗 자손 왕 메시아의 복귀(37:24~25)

해골 골짜기의 환상(겔 37장)
에스겔을 통하여 포로생활로 절망에 빠진 백성들에게 보여준
이상은 마른 뼈와 해골이 살아나는 희망이다. 두라 유로포스
(Dura-Europose)의 고대 회당 벽에 그려진 성경시대의 연작
벽화(連作壁畵) 중 하나이다.

(5) 대적들에 대한 승리를 포함한(35:1~15, 36:36, 37:28, 38:1~39) 축복(36:8~12, 29~30, 33~35, 36:26)

(6) 하나님의 성전 임재(37:26, 27)

6. '막대기들의 연합'의 영적 의미(겔 37:15~22)

유다인들은 바벨론에서 본국으로 돌아온 후에는 두 나라로 나뉘어 있지 않을 것이다. 이러한 유다의 통일은 '한 임금(멜레크 에하드)'을 통하여 이루어진다. 신약의 예수 그리스도로 인하여 모든 분열되었던 것들이 영적으로 통일될 것을 시사한다. 이 본문을 통해 우리는 남북 분단의 상황에서도 '하나님 손에서 하나 되는' 남북통일의 소망을 갖는다.

7. '여호와 삼마'의 의미(겔 48:35)

'여호와 삼마'란 '여호와께서 거기에 계신다'라는 뜻이다. 에스겔이 이스라엘의 회복을 예언하면서 마지막으로 언급한 이 말은 〈에스겔〉의 전체 주제라 할 수 있다. 이 말은 에스겔 당시의 선민 이스라엘 백성뿐 아니라 영적 이스라엘인 오늘날 성도들에게도 하나님의 동행과 보호를 깊이 인식하게 해준다. 다음은 '여호와 삼마' 의 사상이다(Day12 '6. 여호와의 다른 이름' 참고).

(1) 하나님이 자기 백성 가운데 영원히 거하심(마 1:23).

(2) 세상의 모든 것은 유한하지만 하나님은 영원히 계심(시 90:1).

(3) 하나님이 계심으로 하나님 백성인 이스라엘이 다시 회복됨(슥 10:6~10).

(4) 하나님의 아들 예수 그리스도의 재림이 실현됨(살전 4:16~17).

(5) 하나님께서 완전한 통치권을 행사하는 나라가 곧 도래할 것임(눅 17:21).

(6) 성도가 하나님의 영원한 백성이 됨(계 21:3).

8. '새 성전'의 신학적 의미(겔 40~48장)

40~42장에는 새 성전의 구조가 상세하게 언급되어 있고, 43장에는 여호와의 영광이 새 성전에 돌아오시는 축복된 모습이다. 이 성전은 이스라엘의 포로 귀환 후에 이스라엘 땅에 세워진 제2성전(스룹바벨 성전)과는 다르다. 40~48장 전체는 이 팔레스틴 땅에 세워진 성전에 국한시켜 보기 어렵다. 에스겔의 새 성전은 요한계시록 21~22장의 내용과 상응한다. 따라서 새 성전은 '그리스도의 보혈의 기초 위에 세워진 영적 성전'으로 보는 것이 합당하다. 본문의 '영광스러운 성전'은 예수를 주로 고백하는 그리스도의 몸인 교회, 모든 성도들이라 할 수 있다.

1. 25~32장까지는 이스라엘과 이방 중 누구에 대한 예언인가?

2. 모압과 세일은 유다 족속을 무엇이라고 평했는가? (25:8)

3. 두로가 어디에 관하여 "아하 만민의 문이 깨져서"라며 조롱했는가? (26:2)

4. 바다 어귀에 거주하면서 여러 섬 백성과 거래하고, 특히 배를 잘 만들었던 족속은 어디인가? (27:1~10)

5. 두로 왕은 교만하여 자신을 '신'이라 표현하며, 어디에 앉아 있다고 했는가? (28:1~2)

6. "내가 애굽 땅을 (   )에게 넘기리니 그가 그 무리를 잡아가며 물건을 노략하며 빼앗아 갈 것이라 이것이 그 (   )이 되리라." (29:19)

7. "내가 바벨론 왕의 팔은 (   ) 바로의 팔은 (   )이라 내가 내 칼을 바벨론 왕의 손에 넘기고 그를 들어 (   ) 하리니." (30:25)

8. 31:3에서는 앗수르 사람을 어떻게 표현했는가? (31:3)

9. '사자로 생각하였더니 실상은 큰 악어라'에서 가리키는 대상은 누구인가? (32:2)

10. "인자야 내가 너를 (   )으로 삼음이 이와 같으니라 그런즉 너는 내 입의 말을 듣고 (   )할지어다." (33:7)

11. "나는 악인이 죽는 것을 (   ) 아니하고 악인이 그의 길에서 돌이켜 떠나 사는 것을 (   ) 이스라엘 족속아 돌이키고 돌이키라." (33:11)

12. 이스라엘의 어떤 목자들에게 화가 있을 것이라고 하는가? (34:2)

13. "나 여호와는 그들의 (   )이 되고 내 종 다윗은 그들 중에 (   )이 되리라." (34:24)

14. 35장은 어느 곳의 황폐함에 대한 예언인가? (참고: 세일산은 에서의 거처)

15. 세일 산(에돔)이 무엇을 보고 즐거워했기에, 황폐하게 될 것이라는 예언을 받았는가? (35:15)

16. 여호와께서 이스라엘에게 어떠한 약속을 하셨는가? (36:15)

    (1) 여러 나라의 ~

    (2) 만민의 비방을 ~

    (3) 네 나라 백성을 ~

17. "또 (   )을 너희 속에 두고 (   )을 너희에게 주되 너희 육신에서 굳은 마음을 제거하고 (   )을 줄 것이며." (36:26)

18. 골짜기의 마른 뼈들이 살아서 무엇이 되었으며, 이 뼈들은 누구를 가리키는가? (37:1~11)

19. '다시는 두 민족, 두 나라로 나누이지 아니할 것'이라 했던 두 나라는 어디인가? (37:15~23)

20. "곡아 끝 날에 내가 너를 이끌어다가 내 (   ) 하리니 이는 내가 너로 말미암아 이방 사람의 눈 앞에서 내 (   )을 나타내어 그들이 다 나를 알게 하려 함이라." (38:16)

21. 여호와께서 사로잡힌 자를 돌아오게 하며 사랑을 베푸는 것은 무엇을 위함인가? (39:25)

22. 에스겔 40장은 '새 성전에 대한 이상', '새 하늘과 새 땅에 대한 예언' 중 무엇을 말하고 있는가?

23. 새 성전에 대한 환상을 본 것은 예루살렘 성이 함락된 후 몇 년째인가? (40:1)

24. "그가 내전을 측량하니 길이는 (   ) 척이요 너비는 (   ) 척이라 그가 내게 이르되 이는 (   )니라." (41:3~4)

25. 좌우 골방 뜰 앞 곧 북쪽 남쪽에 있는 방들을 '거룩한 방'이라 하는 이유는 무엇인가? (42:13)

26. 동쪽을 향한 문 밖에 있는 사면 담은 무엇을 구별하는 것인가? (42:15~20)

27. "여호와의 영광이 (   )을 통하여 성전으로 들어가고 (   )이 나를 들어 데리고 안뜰에 들어가시기로 내가 보니 (   )이 성전에 가득하더라." (43:4~5)

28. "칠일 동안 제단을 위하여 (   )를 드려 정결하게 하며 (   ) 것이요." (43:26)

29. 이스라엘 족속의 어떤 행위로 인해 성전이 더럽혀진다고 말하는가? (44:7)

30. 사독의 자손 레위 사람 제사장들은 어떻게 여호와 가까이 수종을 들 수 있었는가? (44:15~16)

31. "한 구역을 거룩한 땅으로 삼아 (   )로 드릴지니 … 그중에서 (   )에 속할 땅은 길이가 오백 척이요 너비가 오백 척이니 (   )하며." (45:1~2)

32. "너희는 (   ) 저울과 (   ) 에바와 (   ) 밧을 쓸지니"에서 괄호 안에 들어갈 한 가지 말은 무엇인가? (45:10)

33. "첫째 달 열나흗날에는 (   )을 칠 일 동안 명절로 지키며 (   )을 먹을 것이라." (45:21)

34. 안뜰 동쪽을 향한 문을 일하는 엿새 동안에는 닫고, 언제 여는가? (46:1)

35. 성전 문지방 밑에서 흘러나온 물이 어디에 오르며, 가득하여 어떤 물이 되었는가? (47:1~5)

36. 강 좌우 가의 과실나무의 열매와 잎사귀는 어떻게 사용되는가? (47:12)

37. 새 땅의 분배를 받는 열두 지파의 이름을 적으시오. (48:1~9, 23~29)

38. "그 사방의 합계는 (   )이라 그 날 후로는 그 성읍의 이름을 (   )라 하리라." (48:35)

DAY 35 다니엘

다니엘_ 포로에서의 승리와 미래 세계

저자 다니엘 또는 후대에 다니엘의 이름을 인용한 자. **기록 연대** ① 주전 6세기 후반 바벨론과 바사의 포로 기간 중 ② 주전 2세기 마카비 시대 즉 헬라의 안티오커스 에피파네스가 유대인을 박해할 때. **특징** 묵시문학(신약에서는 〈요한계시록〉이 묵시문학). **요절** 나라와 권세와 온 천하 나라들의 위세가 지극히 높으신 이의 거룩한 백성에게 붙인 바 되리니 그의 나라는 영원한 나라이라(단 7:27).

1. 다니엘은 예언적 환상을 받아 장래에 일어날 일들을 예언했다. 이름의 뜻은 '하나님은 나의 재판관'이다.
2. 다니엘이 바벨론에 포로로 간 여호야김 3년은 주전 605년이다. 그때 나이를 20세 가량으로 추정하면 고레스(538년에 바벨론을 무찌르고 해방령을 내린 바사 왕) 시대까지도 활동했으므로(에스라 1:1, Day20 참고) 적어도 70년 이상 예언하며 거의 100세 가까이 활동했을 것으로 계산된다.
3. 〈다니엘〉은 〈요한계시록〉과 함께 묵시문학에 속한다. 묵시문학은 비유와 상징의 언어로 저술되고 그 내용은 역사의 종말과 이 종말에 앞서 일어날 일들을 다룬다. 핍박 가운데서도 승리하는 믿음, 세상 왕국을 지배하시는 하나님의 주권을 볼 수 있다.
4. 〈다니엘〉에 다니엘이 선지자로 부름받은 기록은 없으나 신약에서는 "선지자 다니엘"(마 24:15)이라 하였다. 본서를 유대인의 성경에서는 '성문서'로 기독교에서는 '대예언서'로 분류한다.
5. 내용 분해
   1~6장 ─ 이방에서의 다니엘(역사적 부분)
   7~12장 ─ 다니엘의 환상(예언적 부분)

한눈에 살펴보기

1. 이방에서의 다니엘 ─ 역사적 부분(단 1~6장)

바벨론 포로로 간 다니엘과 세 친구는 느부갓네살 왕을 섬기기 위한 훈련을 받게 되지만, 그 가운데서도 신앙의 절개를 지킨다(1장). 다니엘은 하나님이 주신 지혜로 느부갓네살의 꿈을 회상시켜 해석한다(2장, 4장). 그의 세 친구는 신상에 절하지 않아 풀무불 속에 던져지나, 신의 아들과 같은 사람과 함께하여 상하지 않는다(3장). 벨사살의 잔치에서 다니엘은 '손가락이 나와 벽에 쓴 글'을 해석한다(5장). 바사 왕 다리오 시대에 다니엘의 적들은 그를 사자굴 속에 던지지만 다니엘은 아무 해도 입지 않고 살아난다(6장).

예언자 다니엘의 모습
미켈란젤로의 '위대한 프레스코화'의 하나로, 천정의 그림 주제와 연결된 초상화이다. 1501~1512년에 그려졌다. _바티칸 시스틴 성당.

2. 다니엘의 환상(예언적 부분, 단 7~12장)

〈다니엘〉의 후반부로서 주로 다니엘이 본 환상에 대한 기록이다. 시기적으로는 바벨론 포로 이후와 헬라시대에 관한 것들로, 역사적으로 일치한 사건들이다. 헬라시대에 관해서는 구약성경에 구체적인 기록들이 없으므로 '중간시대'를 별도로 공부해야 한다(길잡이 06 '중간시대 연구' 참고).

 하나씩 짚어보기

1. 역사적 배경

주전 605년 갈그미스 전투에서 바벨론의 승리로(대하 36:5~7, 렘 46:2) 다니엘을 비롯한 왕족과 귀족들이 포로로 잡혀갔다(단 1:1~5). 그 후 3차에 걸쳐 포로로 잡혀갔다(렘 52:28~30, Day18 및 권말의 '성서연대표' 참고). 다니엘은 바벨론 포로로서 왕을 섬기는 훈련을 받았다.

1차 597년(왕하 24:14) — 여호야긴 왕과 에스겔이 바벨론에 포로로 잡혀갔다.

2차 587년(왕하 25:6~12) — 예루살렘 성전이 파멸되고 시드기야 왕이 포로로 잡혀갔다.

3차 582년(왕하 25:22~26, 렘 40~44장) — 추가로 포로로 잡혀갔다.

2. 다니엘의 활동 시대와 역사(단 2, 7장)

다니엘은 유다가 바벨론의 1차 포로가 되었을 때부터 바사 통치 초기까지 약 70년간 활동했다(1:1~4, 21, 5:30, 6:1~2). 2장과 7장에서 느부갓네살의 꿈과 다니엘이 본 환상은 미래의 역사를 보여준 것이다. 아래의 도표는 그 예언이 말한 시대에 관한 것으로 왕국의 흥망성쇠를 보여준다. 느부갓네살의 금과 같은 강함과 권위도 결국 하나님의 주권 아래 있음을 알 수 있다.

		612, 나보폴라살 606, 느부갓네살	538, 고레스	333, 알렉산더	63년	주전/주후
국가들	앗수르 제국	바벨론 제국 주전 612~538년	메대, 바사제국 주전 538~333년	헬라제국 주전 333~63년	로마제국 주전 63~주후 476	예수님 주전·후 기원
주요 사건	721년 사마리아 멸망	587년 예루살렘 멸망 다니엘의 활동시대		165~63년까지 유다 독립시대	로마제국은 주후 476년까지 존속	주후 70년, 예루살렘 함락
느부갓네살이 꿈에 본 환상→ 다니엘이 본 환상 (네 짐승)→		순금으로 된 머리(2:32) 사자(7:4)	은으로 된 가슴,팔(2:32) 곰(7:5)	놋 배, 넓적다리(2:32) 표범(7:6)	철,흙의 종아리 발(2:33) 열 뿔 가진 짐승(7:7)	손대지 않은 돌: 태산은 하나님의 왕국. (2:33, 34, 44)

3. 다니엘의 예언과 역사(단 2, 7장)

다니엘의 환상은 7~12장에 나온다. 2장에 나오는 느부갓네살의 꿈과 마찬가지로 그 당시로는 '아직 먼 훗날'에 관한 것이다. 그 꿈은 〈다니엘〉의 두 부분 (역사-예언)을 이어주는 일종의 다리와 같다.

여러 환상은 먼저 네 강대국들이 잇따라 일어남을 대강 묘사한다. 그렇지만 넷째 강대국의 묘사는 매우 자세하여 본문에 어떤 이름도 나오지 않지만, 알려진 주전 2세기 인물들이 그 과정의 배후에 있음을 쉽게 알아차릴 수 있다. 곧 유대교 신앙이 억압당하고 예루살렘 성전이 유린당하는 사건에서 뚜렷하게 드러난다. 이 사건은 주전 168~165년 셀류시드 왕조의 안티오커스 4세(에피파네스) 통치 하에 벌어졌고 마카베오 반란의 계시가 되었다. 이런 환상 가운데 역사의 진행 경과를 보면, 핍박자가 곧 사라지고 하나님의 통치가 시작된다. 이방 통치의 혹독한 억압 가운데 고통받고 있는 하나님의 백성은 이를 통하여 견딜 용기를 얻어야 했다.

앞날에 대한 환상을 본 사람의 눈에는 시간적으로 서로 멀리 떨어져 있는 것들이 아주 가깝게 보인다. 따라서 본서 이해를 위해서는 다니엘의 상징들과 주제들을 받아들여 더 발전시킨 성경의 마지막 책 〈요한계시록〉을 통하여 보충하여 이해할 필요가 있다. 신약시대에는 〈다니엘〉의 여러 환상을 〈요한계시록〉에 비추어 풀이하여 〈다니엘〉에 나오는 넷째 강대국을 헬라의 알렉산더의 통치와 그의 후계자들이 다스리던 나라들과 연관시키는 대신 로마 제국 및 그의 상속자들과 연관시켰다.

풀무불에서의 구원(단 3장)
사드락, 메삭, 아벳느고는 금신상에 절하지 않아 풀무불에 던져지나 상하지 않고 구원받았다. 핍박받는 성도는 이 말씀을 읽을 때마다 용기를 얻는다.

4. '그렇게 하지 아니하실지라도'의 신앙(단 3:17~18)

상황이 좋을 때에는 신앙생활이 쉬우나, 어려운 상황 하에서 그것은 생명을 거는 일이 될 수도 있다. 우리 역사의 일제시대나 공산치하에서 신앙을 지키는 것은 감옥행이나 죽음을 상징했다.

다니엘의 세 친구는 이방 신상에 절하지 않았고 다시 기회를 주었을 때에도 풀무불에서 하나님께서 구해주시리라 믿었으며, "그렇게 하지 아니하실지라도" 절하지 않겠다고 단호하게 말한다(3:17~18). 여기에서 우리는 '그래서' 신앙이 아니라 '그렇게 하지 아니하실지라도'라는 고결한 신앙의 모습을 보게 된다.

5. 묵시문학에 대하여 — 〈다니엘〉, 〈요한계시록〉

〈다니엘〉은 신약성경의 〈요한계시록〉과 더불어 '묵시문학'이라 불리는 부류에 속한다. '묵시문학' 또는 '묵시문학적'이란 말은 주전 2세기(그 뿌리는 주전 6세기까지로 본다)에 발전한 신앙적인 세계 이해와 역사 이해의 한 형태를 말한다. 이는 이후 유대교의 신앙과 경건에, 또한 기독교 초기(주후 1세기)까지 큰 영향을 끼쳤다.

〈다니엘〉에서는 7~12장을 묵시문학으로 보며, 신약성경의 묵시문학 본문으로는 〈요한계시록〉과 공관복음의 묵시록(막 13장과 그 병행, 마 24장, 눅 21장)이 있다. '묵시문학'이라는 용어는 19세기 성서비평학에서 시작되었으며 '비유와 상징'의 언어로 저술한 것이 특징이다. 내용 면에서는 역사의 종말과 이 종말에 앞서 일어나는 일들을 다룬다.

〈다니엘〉과 〈요한계시록〉의 큰 주제는 하나님의 다스림이 '닥친다'는 것이다. 이 두 책의 관심은 마지막 때를 계산하고 추측하는 데 있다. 독자들을 격려하여 하나님을 거스르는 체제의 억압 하에서도 "끝까지 견디도록"(마 24:13) 하고, 하나님이 구원하시고 승리하심을 바라보게 한다. 다니엘 1~6장에서 다니엘과 그의 세 친구들에 대한 이야기도 읽는 이들을 격려하기 위한 것이다. 우리는 이 책에서, 하나님께서 핍박 가운데서도 충성하며 우상숭배의 유혹에 저항하는 그분의 백성들을 어떻게 지키시고 또한 영광스럽게 하시는지를 볼 수 있다(Day50 〈요한계시록〉 해설 참고).

6. 정확하게 성취된 다니엘의 예언(단 11장)

다니엘 11:2에 "바사에서 또 세 왕이 일어날 것"이라 하였는데, 이는 캄비세스, 가우마타, 다리오이며 그 뒤에 일어난 넷째 왕은 크셀크세스(아하수에로)이다. 5~19절은 남방 왕(애굽의 프톨레미)과 북방 왕(시리아의 셀류시드)의 전쟁을 예언한다. 그리고 20~45절은 안티오커스 에피파네스의 출현과 멸망에 대해 예언하고 있다(Day20 〈에스라〉 참고).

7. 70이레 예언(단 9:20~27)

하나님은 다니엘 당대를 기점으로 한 이후의 세계 역사와 메시아의 초림으로 전개될 종말의 상황들을 상징적이나마 70이레(Seventy weeks) 예언을 통해 계시하셨다. 이 70이레는 문자적으로 해석하여(70×7=490) 역사의 전개 상황을 억지로 꿰어 맞춰서는 안 되며 묵시문학이 지닌 상징성을 인정하여, 성경이 계시하는 바 구속사적인 안목으로써 각 기간들을 살펴야 한다. 한편 70이레는 7이레 + 62이레 + (중간 공백) + 1이레 등으로 4분류할 수 있으며(9:20~27) 이를 요한계시록 11:1~13과 연관 지어 생각해보면 아래와 같이 추정해볼 수 있다.

		메시아 탄생				
예루살렘 중건을 명함		기름부음 받은 자(메시아)가 끊어질 것	언약 체결	언약 파기	아마겟돈 전쟁	
7주	62주	중간 공백기	최후 1주			영원한 세상
BC 538 고레스 원년	BC 444 예루살렘 성벽과 성전 수축	AD 30~70 예루살렘 성전 파괴	전 3년 반(핍박 미약)	후 3년 반(핍박 치명) 백보좌 심판		
				7년 대환난		

다니엘의 70이레에 대한 도표

DAY 35

다니엘

1. 다니엘은 유다 왕 (   )이 다스린 지 (   )년이 되는 해에 바벨론 왕 (   )의 포로가 되었고 갈대아 사람의 학문과 (   )를 (   )년간 가르침을 받게 하여 왕 앞에 서게 될 것이었다. (1:1~5)

2. 다니엘과 그의 세 친구의 이름을 환관장이 무엇이라고 고쳤는가? (1:7)

3. "다니엘은 (   )을 정하여 왕의 음식과 그가 마시는 (   )로 자기를 더럽히지 아니하리라 하고." (1:8)

4. "다니엘은 또 모든 (   )을 깨달아 알더라 … 다니엘은 (   ) 왕 원년까지 있으니라." (1:17, 21)

5. 꿈에 본 신상은 무엇으로 만들어져 있었는가? (2:31~35)

    (1) 머리 — 순금   (2) 가슴과 두 팔 —   (3) 배와 넓적다리 —

    (4) 종아리 — 쇠   (5) 발 —

6. 금신상의 크기는 어느 정도였는가? (3:1~6) (1규빗 = 약 45cm = 0.45m, 성전과 왕실은 50cm 기준)

    (1) 높이 — (   )규빗 = (   )m

    (2) 너비 — (   )규빗 = (   )m (   )cm

7. 금신상에게 절할 기회를 다시 준다고 했을 때 다니엘의 세 친구의 대답이 나온 절수를 쓰시오. (3:16~18)

8. 풀무불은 평소보다 (   )배나 뜨겁게 하였으며, 세 사람을 불에 넣었으나 (   ) 사람이 있고 넷째의 모양은 (   )과 같았으며, 불 가운데서 모두 살아났다. (3:19~27)

9. 다니엘을 '벨드사살'이라 함은 무엇을 좇아 이름한 것이며, 그를 무엇이라고 불렀는가? (4:8~9)

10. 왕이 짐승의 마음을 받아 일곱 때를 지나게 될 것은, 사람들로 무엇을 알게 하려 함인가? (4:17)

11. 다음을 서로 관계 있는 것끼리 연결하시오. (5장)

    (1) 벨사살 왕이 잔치를 베풂   ① 메대 사람 다리오가 나라를 얻음

    (2) 메네 메네 데겔 우바르신   ② 예루살렘 성전에서 가져온 금 그릇으로 술 마심

    (3) 갈대아 왕 벨사살이 죽임을 당함   ③ 세어보고 세어보니 부족하여 나라가 나뉨

12. "다리오가 자기의 뜻대로 (   ) 일백이십 명을 세워 … 그들 위에 총리 (   )을 두었으니 (   )이 그중에 하나라." (6:1~2)

13. "다니엘이 이 조서에 (   )이 찍힌 것을 알고도 자기 집에 돌아가서는 윗방에 올라가 (   )으로 향한 창문을 열고 전에 하던 대로 (   )하며 그의 하나님께 (   )하였더라." (6:10)

14. 다니엘이 환상 중에 본 짐승을 아래 보기에서 골라 적으시오. (7장)

〈보기〉 사자/곰/표범/열 뿔 짐승

(1) 등에는 새의 날개 넷이 있고 머리 넷이 있으며 권세를 받았다. —

(2) 독수리의 날개가 있더니 그 날개가 뽑혔고 두 발로 서며 사람의 마음을 받았다. —

(3) 큰 쇠 이가 있어서 먹고 부서뜨리고, 열 뿔 사이에서 작은 뿔이 나더니 먼저 뿔 셋을 뿌리까지 뽑았고 작은 뿔에는 사람의 눈 같은 눈들이 있고 입이 있어 큰 말을 하였다. —

(4) 몸 한쪽을 들었고 잇사이에는 세 갈빗대가 물려 있다. —

15. 네 큰 짐승은 누구를 상징하는 것인가? (7:15~22 읽고 답은 17절에서)

16. 강대한 땅의 넷째 나라는 멸망하여, 그 권세와 위세는 어떻게 될 것이라 하는가? (7:23~28)

17. 다니엘이 (   ) 왕 제삼 년에 다시 환상을 보았는데 몸은 (   )에 있었고 환상을 본 것은 (   )에서다. (8:1~2)

18. 환상에 나타난 바 (   )와 망하게 하는 죄악에 대한 일과 (   )와 백성이 내어준 바 되며 짓밟힐 일의 기간은 (   ) 까지이다. (8:9~14)

19. 두 뿔 가진 숫양은 곧 (   ) 왕들이요. 털이 많은 숫염소는 곧 (   ) 왕이다. (8:15~22)

20. 이 환상은 무엇에 관한 것인가? (8:17, 19, 26)

21. 다니엘의 기도에 나오는 '하나님에 대한' 다음 말씀이 몇 절에 나오는가? (9장)

(1) 9: (   ) — "크시고 두려워할 주 하나님, 언약을 지키시고 그에게 인자를 베푸시는 이시여."

(2) 9: (   ) — "예루살렘을 중건하라는 영이 날 때부터 왕이 일어나기까지 일곱 이레와 예순두 이레가 지날 것이요."

22. 10장은 무엇에 관한 환상인가? (10:1)

23. 힛데겔 강가에서 본 한 사람의 모습은 어떠한가? (10:4~6읽고 답은 5절로)

24. 하나님의 사자를 도와서 바사 군주와 헬라 군주를 대항할 자는 누구인가? (10:18~21)

25. 바사에서 일어난 넷째 왕은 후에 어느 왕국을 칠 것이라 했는가? (11:2)

26. 남방 왕(애굽을 통치한 프톨레미 왕조)과 북방 왕(수리아를 통치한 셀류시드 왕조)은 화친하다가 전쟁을 하는데, 그 결과는 어떠했는가? (11:5~19)

27. 북방 왕(안티오커스 에피파네스: 적그리스도)은 스스로를 무엇이라 높이는가? (11:20~45 읽고 답은 36절로)

28. (12:3) 지혜 있는 자는 ~

29. (12:4) 다니엘아 마지막 때까지 ~

30. (12:13) 너는 가서 마지막을 ~

DAY 36 호세아, 요엘, 아모스, 오바댜

HOSEA JOEL AMOS OBADIAH

📖 호세아_ 영적 음행하는 이스라엘에 대한 경고 및 회복

저자 호세아, 본서의 내증 및 1인칭 서술 방식에 근거(3:1). 호세아의 뜻은 '구원'. 호세아 = 여호수아 = 예수. 예언 시기 북이스라엘 여로보암 2세(13대)가 통치하던 풍요의 시대. 주제 하나님의 심판과 사랑(14:4). 대상 하나님을 떠나 영적 음행(우상숭배)하는 이스라엘을 향해 예언함. 요절 너희 형제에게는 암미라 하고 너희 자매에게는 루하마라 하라(호 2:1).

---

1. 이스라엘이 남북으로 분열되고(왕상 12장) 남쪽은 르로보암이, 북쪽은 여로보암 왕(주전 922~901)이 통치했다. 호세아가 예언하던 시대는 북국 13대 왕인 여로보암2세(786~749)가 통치하던 때로 풍요한 시기였다.

2. 같은 시기 남유다는 웃시야, 요담, 아하스, 히스기야가 통치했으며 동시대 남국의 예언자는 이사야와(사 1:1) 미가이다(미 1:1).

3. 내용 분해
   1~3장 ─ 호세아의 소명과 결혼생활
   4~13장 ─ 호세아의 설교(여호와를 배반한 이스라엘)
   14장 ─ 용서와 회복

🔵 한눈에 살펴보기

1. 호세아의 소명과 결혼(호 1~3장)

호세아는 북이스라엘을 향해 예언했다. 그는 하나님의 명령대로 음란한 여자 고멜을 맞이하여 자녀를 낳는다(1장). 사랑하는 자들을 따라가는 고멜을 막는 호세아(2장), 가출한 아내를 사오는 호세아의 모습을 보며 우리는 우상숭배를 하는 이스라엘을 버리지 않고 끝까지 사랑하시는 하나님의 모습을 발견할 수 있다(3장).

2. 호세아의 설교 ─ 여호와를 배반한 이스라엘(호 4~13장)

영적 불순종으로 하나님을 떠난 이스라엘에 대한 책망과 심판을 보여준다(4~5장). 여호와께로 돌아가 여호와를 힘써 알아야 하는데도 이스라엘은 순종하지 않았다(6장). 이방족과 혼합되어 종교적·정치적 활동을 하는 에브라임은 마치 '뒤집지 않은 전병' 같으며 앗수르, 애굽과 동맹을 맺지만 얻은 것이 없다(7~8장). 우상숭배하는 이스라엘에 형벌의 날이 이르렀고(9장), 그들이 받을 징벌은 크다(10장). 하나님은 이스라엘에 신실하게 남아 있는 자들에 대하여 위로와 평안을 약속하신다. 머지않아 앗수르를 통하여 심판하실 것이기 때문이다(11장). 이스라엘의 조상 야곱을 인용하여 당시 북이스라엘과 남유다의 패역한 모습을 말씀하신다. 그들은 하나님께서 보낸 선지자의 말씀에 반대하였다(12장). 하나님을 배반하고 사람의 손으로 만든 바알과 금송아지를 의지한 그들에게 철저한 하나님의 심판이 선포되고 있다(13장).

3. 이스라엘의 용서와 회복(호 14장)

회개의 촉구와 하나님의 회복에 관해 말씀하신다. 하나님의 진노가 떠나고 마지막으로 '여호와의 도'에 대해 말씀하신다(14장).

✔ 하나씩 짚어보기

1. 〈호세아〉에서 보여주신 구속의 사랑(호 1~2장)

(1) 자녀들의 이름에서 보이는 구속의 사랑

고멜과의 사이에 낳은 세 자녀는 이스라엘의 형편과 미래를 보여준다.

　　1) 이스르엘(1:4)은 예후가 아합 왕족을 암살한 피의 현장으로 '심판'을 뜻한다(왕하 9:30~37).

　　2) 로루하마(1:6)는 '긍휼히 여김을 받지 못하는 자'라는 뜻이다.

　　3) 로암미(1:9)는 '내 백성이 아니다'라는 뜻이다.

즉 하나님의 무서운 심판과 우상숭배로 긍휼을 얻지 못하며 "나는 너희 하나님이요 너희는 내 백성이라"(출 19:6, 레 26:12, 겔 36:28)는 언약이 파기되었다. 그러나 하나님의 끝없는 사랑은 루하마(긍휼히 여김을 받는 자, 2:1), 암미(내 백성이다, 2:1)라 하여 결국 긍휼을 얻고 하나님의 백성이 되는 회복이 있다(2:23). '로루하마'와 '로암미'의 앞에 부정어 '로(아니다)'가 빠지므로 긍정적인 이름이 되었는데, 이는 하나님의 구속의 사랑을 나타낸다.

(2) 아내 사랑을 통해 보여주신 헤세드 사랑

음란한 아내 고멜은 다른 남자를 따라 나섰으나 그 길을 막으며(2:6), 가출한 아내를 다시 사온다(3:2). 이것은 우상숭배를 하는 이스라엘을 사랑하시는 하나님의 긍휼과 헤세드의 사랑을 보여주는 것이다.

계약의 석주(石柱)
젊은 남녀의 혼인계약, 또는 군주 사이에 맺어지는 계약으로 보이는 다정한 모습이 보인다. 주전 10세기경 우가리트 라스 샤므라에서 출토되었다. _루브르박물관.

2. 호세아의 특이한 삶을 활용하는 이유(호 1~2장)

(1) 경험적 이유 — 호세아는 부정한 아내와 결혼함으로써 여호와를 저버리고 끊임없이 영적 음행과 간음을 저지르는 북이스라엘 때문에 번민하시는 하나님의 마음을 다른 선지자들보다 잘 이해할 수 있었다. 하나님께서는 종종 자신과 이스라엘의 관계를 혼인 관계로 비유하셨다(사 62:5, 호 2:19, 렘 3:14 참고).

(2) 예증적 이유 — 그의 결혼은 그가 이스라엘에 전해야 할 메시지의 살아 있는 본보기이다. 즉 하나님의 심판과 회복을 보여주고 있다.

(3) 예언적 이유 — 하나님께서는 그의 자녀(이스르엘, 로루하마, 로암미)들을 장차 응징과 모든 이스라엘의 종국적 회복을 묘사하는 이름으로 부르도록 명령하셨다.

3. 간음과 음란(음행)의 차이(호 1~5장)

(1) 간음은 여자가 자기 남편과 맺은 혼인 관계에서 빗나가거나 남자가 다른 사람의 혼인 관계에 끼어드는 것을 말한다(출 20:14, 17). 두 경우 모두 해당 남편의 소유권이 침해되고, 그렇게 해서 태어난 자녀와 가족들에게 문제가 된다. 당시 법으로는 간음죄를 저지른 남녀를 모두 돌로 쳐 죽였다(레 20:10, 신 22:22~27, 잠 6:20~35, 겔 16:38~40). 예수님은 간음한 여인에게 "가서 다시는 죄를 범하지 말라"고 경고했다(요 8:1~11). 간음도 음행에 포함된다.

(2) 음행은 성적인 방종으로서 구약이나 신약성경 모두 '우상숭배'를 비유하는 것으로도 많이 쓰였다(렘 3:1~5, 호 1:2, 4:11~15, 5:4, 계 14:8 등). 신약성경에서는 헬라어 '포르네니아'를 주로 '음행'(마 5:32 등)으로 옮겼으며, 때로는 '음란'(막 7:21)으로 번역하기도 했다. 이는 특히 창녀와 관계하는 것을 나타내지만, 포괄적인 뜻으로 성(性)의 영역에서 저지른 잘못을 가리킨다.

4. 이스라엘을 '에브라임'으로 부르는 이유(호세아)

이스라엘을 '에브라임'이라 부르는 이유는 이스라엘의 열두 지파 중 제일 먼저 타락한 지파였기 때문일 것이다. 완강한 암소(4:16), 과자 만드는 자의 화덕(7:4), 뒤집지 않은 전병(7:8), 어리석은 비둘기(7:11), 속이는 활(7:16), 즐겨 쓰지 아니하는 그릇(8:8), 홀로 떨어진 들나귀(8:9), 바짝 마른 뿌리(9:16), 열매 맺는 무성한 포도나무(10:1)처럼 긍정적이기보다는 부정적인 이름으로 불리었다.

5. 애인을 따라 나섰던 고멜의 후회(호 2:7)

"내가 본 남편에게로 돌아가리니 그때의 내 형편이 지금보다 나았음이라"(2:7). 남편인 호세아에게는 진실한 애정이 있었지만 쾌락만을 추구하는 애인에게서는 얻을 것이 없었다. 즉 하나님을 떠나 우상숭배를 하던 자들이 얻을 유익은 없다는 것이다. 눈에 보이는 것만을 따라 여기저기 방황하지 말고 지금 속한 복된 자리를 소중히 여기고 하나님의 뜻에 순응해야 할 것이다.

6. 〈호세아〉의 신약 인용 구절들

약 30곳의 인용 구절 중 대표적인 곳이다.

(1) 11:1 — 마태복음 2:15   (2) 6:6 — 마태복음 9:13

(3) 10:8 — 누가복음 23:30   (4) 2:23 — 로마서 9:25

(5) 13:14 — 고린도전서 15:55

저자 브두엘의 아들 요엘('여호와는 하나님이시다', 1:1). **기록 연대** 주전 830년경(초기연대설, 유다 요아스 재위 중), 주전 400년경(후기연대설, 바사통치 시대). **주제** '여호와의 날'이 임박했음을 선포하면서 메뚜기의 재앙을 통해 이스라엘을 견책하고 있다. **요절** 누구든지 여호와의 이름을 부르는 자는 구원을 얻으리니 ··· 남은 자 중에 나 여호와의 부름을 받을 자가 있을 것임이니라(욜 2:32).

1. 〈요엘〉의 예언 사역 시대가 나타나지 않아 추측할 따름이다. 즉 바벨론 포로 이전, 포로 직전, 포로 이후 등 여러 견해들이 있다.
2. 요엘은 성령강림이 모든 사람들에게 있을 것을 예언했고(2:28~32), 베드로는 오순절 성령강림 사건(행 2:1~4)이 요엘의 예언 성취임을 선포하였다. 본문에 나타난 '여호와의 날'(1:15, 2:1, 11, 31, 3:14)에서 〈요엘〉의 종말론 사상을 엿볼 수 있다.
4. 내용 분해
　　1:1~2:17 — 메뚜기 재앙으로 인한 폐해　　　　2:18~3:21 — 하나님의 백성에 대한 구원의 약속

◯ 한눈에 살펴보기

　요엘은 메뚜기 재앙으로 인해 황폐하게 된 상황과 온 백성이 제사장들과 함께 부르짖어야 함을 선포한다(1장). 메뚜기 재앙보다 더 무서운 일이 닥칠 것을 설명하면서 회개를 촉구한다(2장). 하나님은 원수들을 심판하시고 이스라엘을 구원하신 후에 그들과 영원히 계심을 약속한다(3장).

✓ 하나씩 짚어보기

1. '메뚜기'를 해석하는 세 가지 방법(요엘)

　(1) 풍유적 해석 — 실제 곤충이 아니라 이스라엘의 적군을 상징한다(1:6, 2:4~11).
　(2) 문자적 해석 — 실재하던 곤충으로, 당시에 메뚜기를 통한 재앙이 실제로 있었다(1:2~4).
　(3) 계시적 해석 — 실제 사건과, 미래에 있을 전쟁으로 인한 피해까지 상징하는 이중적 예언이다.
　세 가지 해석 방법 중 보편적으로 '계시적 해석' 방법이 지지를 얻는다.

2. 〈요엘〉의 '여호와의 날'

　심판은 1:15에서 위협적으로 보여지고, 그 구원은 2:28~32에서 보여진다. 나라들에 대한 우주적인 심판은 3장에서 묘사되어 있다. 이사야 13:6, 에스겔 30:2~3, 스바냐 1:14~18도 살펴보라. 여호와의 날은 〈요엘〉의 주제(1:15, 2:1, 11, 31, 3:14)이며, 하나님께서 역사 속에 심판을 행하시는 때(암 5:18~20)이다. 메뚜기는 이 사건을 알리며 요엘 2:1~11에 극적으로 전개된다.

📖 아모스_ 하나님의 공의

저자 아모스(드고아의 목자, 1:1~2, 7:14), 은둔한 야인(野人)이라는 주장도 있음. **시대 배경** 이스라엘의 적인 아람이 앗수르에 패하여 이스라엘에 번영의 기회가 왔으나, 부흥은 사회적 부패를 가져왔다. 우상숭배, 정의의 타락, 사치와 방종이 만연했다. **주제** 하나님의 공의. **요절** 내가 기근을 땅에 보내리니 양식이 없어 주림이 아니며 물이 없어 갈함이 아니요 여호와의 말씀을 듣지 못한 기갈이라(암 8:11~12).

1. 본서의 저자 아모스('무거운 짐을 진 자'라는 뜻)와 이사야 선지자의 아버지 아모스(아모츠: '강한 자'라는 뜻, 사 1:1)는 서로 다른 인물이다.
2. 아모스는 예루살렘 남쪽으로 16km 떨어진 드고아 출신으로(삼하 14:2, 대하 11:6, 20:20, 렘 6:1), 양을 치며 뽕나무(돌무화과)를 배양하던 가난한 목자였다. 직업적인 선지자는 아니었으나 하나님께로부터 직접 소명을 받았다(7:14~15). 그는 유다 출신이지만 벧엘에서 예언했으며, 벧엘에서의 강력한 반발로 인해 유다로 돌아와 예언의 글을 기록했다.
3. 아모스는 호세아와 동시대의 선지자로(호 1:1) 남유다의 웃시야와 북이스라엘의 여로보암 2세의 통치 기간 중에 활동했다.
4. 내용 분해
   1~6장 — 북이스라엘에 대한 심판 예언
   7~9장 — 심판에 대한 환상과 이스라엘의 회복

◐ 한눈에 살펴보기

〈아모스〉의 예언은 이스라엘 역사에서 풍요로웠던 여로보암 2세 때에 선포된다. 이스라엘 주변 국가로부터 형제국가로 여겨진 하나님의 백성들에게까지 경고의 말씀이 주어진다(1~2장). 이스라엘에 대한 경고(3장)와 심판(4장)은 죄의 결과이다. 하나님은 정의와 공의를 원하신다(5장). 지도자들의 죄는 하나님의 심판을 부른다(6장). 〈아모스〉에는 다섯 가지의 환상이 나온다. 땅의 풀을 다 먹어버린 메뚜기 떼, 모든 것을 삼켜버리는 불, 정확하게 판단하는 다림줄(7장), 그리고 여름 과일 한 광주리(8장), 제단 곁에 서신 주님(9장)이 그것이다. 아모스는 이를 통하여 이스라엘이 당할 심판에 대해서 예언한다.

✅ 하나씩 짚어보기

아모스에 나오는 다섯 가지 환상
(1) 메뚜기 떼의 환상(7:1~3) — 메뚜기가 풀과 곡식을 먹어버리는 재앙과 같이 이방 군대가 침입하여 생명과 재산을 빼앗을 것을 암시한다.
(2) 큰불의 환상(7:4~6) — 불이 큰 바다를 삼키고 육지를 먹으려는 것처럼 적군이 침입할 것이다.
(3) 다림줄의 환상(7:7~9) — 다림줄로 벽을 재듯, 하나님께서 이스라엘을 재시겠다는 것이다.
(4) 여름 과일의 환상(8:1~3) — 잘 익은 과일을 곧 따는 것처럼, 심판의 날이 왔음을 의미한다.
(5) 제단 곁에 서신 주님(9:1~4) — 성전 기둥머리를 쳐서 몰살시키듯 타락한 종교의 멸망을 말한다.

🎬 오바댜_ 에돔의 멸망

저자 오바댜. 이름의 뜻은 '여호와의 종', '여호와를 예배하는 자'이다. 신분, 생업, 혈통은 알 수 없다. **배경 연대** 아하스 통치 때인 주전 8세기 말 또는 예루살렘이 **함락**되던 6세기 초. **주제** 에돔의 심판, 더 나아가 하나님의 공정한 심판과 이스라엘의 회복을 말한다. **요절** 구원받은 자들이 시온 산에 올라와서 에서의 산을 심판하리니 나라가 여호와께 속하리라(옵 1:21).

1. 〈오바댜〉는 이스라엘의 이웃인 '에돔의 심판'에 관한 말씀으로, 11~14절 말씀을 역사적 배경의 기준으로 삼는다(시 137편 참고).
2. 〈오바댜〉는 왕정체제의 모순이나 우상숭배 등의 죄악을 지적하기보다는 이방에 대한 승리를 예언하는 여당적인 예언자였다. 따라서 동시대 예언자들과 예언의 시각이 달랐을 것으로 본다.
3. 내용 분해
   1~14절 ─ 에돔에 대한 하나님의 심판 선언
   15~22절 ─ 심판은 여호와의 날의 서곡

⭕ 한눈에 살펴보기

〈오바댜〉의 역사적인 기점인 예루살렘 침략은 어느 사건인지를 확정하기는 어렵다.
  (1) 르호보암 치세 중 애굽 왕 시삭의 침략(주전 926년, 왕상 14:25~26)
  (2) 여호람 치세 중(주전 848~841) 블레셋과 아라비아인들의 침략(대하 21:16~17)
  (3) 아마샤 치세 중 이스라엘 왕 요아스의 침략(주전 779년, 왕하 14:8~15)
  (4) 바벨론 왕 느부갓네살의 침략(주전 587년, 왕하 24~25장), 대개 이것을 선호한다.
  한편 오바댜(성경에 12명 등장)는 여호사밧이 세운 국무장관 중에 한 사람이며, 남유다에서 율법을 가르쳤던 오바댜로 보기도 한다(대하 17:7).

✔️ 하나씩 짚어보기

〈오바댜〉의 심판 예고 대상인 '에돔'(옵, 암 1장)
  (1) 에돔은 이삭의 아들 '에서'의 후예로서 그 이름에 '붉다'는 뜻이 있다. 이는 에서가 장자권을 동생 야곱에게 붉은 죽 한 그릇과 교환한 것에 기인한다(창 25:30).
  (2) 에돔은 '에서 자손들이 사는 땅' 세일을 가리키기도 한다(창 32:3, 36:20~21, 31~43). 그들은 광야에 살았으며 독특한 건축 기술을 가졌다.
  (3) '에돔'이 집합적으로 쓰일 때는 에서의 후손 '에돔 사람'을 가리킨다(민 20:18~21, 암 1:6,11, 말 1:4).

다음 물음에 답하거나 괄호 안에 알맞은 말을 넣으시오.

1. 브에리의 아들 호세아는 유다의 예언자인가, 이스라엘의 예언자인가? (호 1:1~2)

2. 호세아와 그 아내 고멜 사이에 낳은 세 자녀에 대한 다음 물음에 답하시오. (1:2~2:1) (해설 참고)

    (1) 이스르엘 ― 성별: 아들   이름 뜻:

    (2) 로루하마 ― 성별: 이름 뜻: 바뀐 이름:

    (3) 로암미 ― 성별: 이름 뜻: 내 백성이 아니다   바뀐 이름:

3. 고멜이 사랑하는 자를 만나지 못하고 무엇이라 말하는가? (2:7)

4. 다른 신을 섬겨도 여호와가 사랑하듯, 호세아에게 누구를 사랑하라 했는가? (3:1)

5. "내 백성이 (   )이 없으므로 망하는도다 네가 (   )을 버렸으니." (4:6)

6. "이스라엘아 너는 (   )하여도 유다는 (   )를 범하지 못하게 할 것이라 … 이스라엘은 (   ) 처럼 완강하니 … 에브라임이 (   )과 연합하였으니 버려두라." (4:15~17)

7. "나는 (   )를 원하고 (   )를 원하지 아니하며 (   )보다 하나님을 아는 것을 원하노라." (6:6)

8. 이스라엘은 무엇과 같다고 비유되었는가? (7:4, 11, 8:9)

    (1) 달궈진 (   )   (2) 어리석은 (   )   (3) 홀로 떨어진 (   )

9. 당시 이스라엘은 어느 나라들을 의지했는가? (7:11) (1)   (2)

10. 이스라엘은 하나님의 율법을 어떻게 여겼는가? (8:12)

11. 이스라엘이 하나님의 말씀을 듣지 않은 결과는 무엇인가? (9:17)

12. (10:1) 열매가 많을수록 ~

13. "에브라임이여 내가 어찌 너를 (   ) 이스라엘이여 내가 어찌 너를 (   ) 내가 어찌 너를 아 드마 같이 놓겠느냐." (11:8)

14. 이스라엘은 하나님께로 돌아와서 어떻게 행해야 하는가? (12:6)

15. 범죄한 이스라엘은 무엇에 비유되고 있는가? (13:3)

16. 여호와께로 돌아온 이스라엘이 '하지 않겠다'고 하는 것 세 가지는 무엇인가? (14:3)

    (1)   (2)   (3)

17. 〈요엘〉에는 '여호와의 날(여호와의 크고 두려운 날)'이 몇 번 나오는지와, 그 절수를 쓰시오. (해설 참고)

18. 팥중이가 남긴 것 → (   )가 먹고 → (   )가 먹고 → (   )이 먹었다. (욜 1:1~4)

19. "그 날이여 (   )이 가까웠나니 곧 (   )같이 전능자에게로부터 이르리로다." (1:15)

20. "그 후에 내가 내 (   )을 만민에게 부어주리니 너희 자녀들이 (   )이며 너희 늙은이는
    (   ) 너희 젊은이는 (   )이며." (2:28)

21. 그 날(회복의 날)에 산들과 작은 산들과 시내와 여호와의 성전에서 흘러나올 것이라 하는가? (3:18)

22. 〈아모스〉는 이스라엘 왕 요아스의 아들 (   )의 시대 (   )전 이 년에 드고아의 목자 중
    (   )가 (   )에 대하여 이상으로 받은 말씀이다. (암 1:1)

23. 서너 가지 죄로 말미암아 벌을 받을 여덟 나라(성읍)는 어디인가? (1:3~2:8)

24. 여호와께서 세운 나실 사람과 선지자에게 이스라엘이 행한 일은 무엇인가? (2:11~12)

25. 여호와께서는 자기의 비밀을 누구에게 보이시고 행하시는가? (3:7)

26. 당시 부유층 여인들(바산의 암소들)은 어떤 잘못을 저질렀는가? (4:1)

27. "너희는 (   ) 그리하면 살리라 그렇지 않으면 그가 불같이 요셉의 집에 임하여 (   )
    벧엘에서 그 불들을 끌 자가 없으리라." (5:6)

28. "화 있을진저 (   )을 사모하는 자여 어찌하여 (   )을 사모하느냐 그 날은 (   )
    이요 빛이 아니라." (5:18)

29. "오직 (   )를 물같이, (   )를 마르지 않는 강같이 흐르게 할지어다." (5:24)

30. 상류층의 안일과 방탕은 어느 정도였는가? (6:3~6 읽고 답은 6절로)

31. 아모스가 본 다섯 가지 환상의 제목을 쓰시오. (해설 참고)

    (1) 7:1~3 — 메뚜기 떼의 환상   (2) 7:4~6 —

    (3) 7:7~9 —   (4) 8:1~3 —

    (5) 9:1~4 — 제단 곁에 서신 주님

32. 하나님께서는 이스라엘의 회복에 대해 무엇이라고 약속하시는가? (9:11~15 중에 15절)

33. '에돔'은 '에서'의 후손이다. 심판에 관한 다음 예언을 이어서 적으시오. (옵 1~21, 창 31장)

    (1) (1:6) 에서가 어찌 그리 ~

    (2) (1:9) 에서의 산에 있는 ~

    (3) (1:18) 에서 족속에 ~

    (4) (1:21) 에서의 산을 ~

요나, 미가, 나훔, 하박국

📖 요나_ 만민구원 사상

저자 요나. 익명의 저자가 후대에 기록했다고 보기도 함. **대상** 유대인들에게 만민구원 사상을 알려주기 위함. **주제** 하나님의 성품, 순종과 불순종. **요절** 이 큰 성읍 니느웨에는 좌우를 분변하지 못하는 자가 십이만여 명이요 가축도 많이 있나니 내가 어찌 아끼지 아니하겠느냐 하시니라(욘 4:11).

1. 〈요나〉의 저작에 대해서는 열왕기하 14:25에 근거하여 북이스라엘 여로보암 2세(주전 786∼749년에 통치) 때인 8세기 중엽, '요나'가 저작했다는 견해와, 바벨론 포로 이후(주전 587년에 포로로 갔다가 538, 458, 445년에 귀환) 즉 4세기 중엽 〈요엘〉을 잘 아는 익명의 저자가 기록했다는 견해가 있다.
2. 역사성 논쟁은 그리스도께서 요나에 대해 언급하신 것을 중심으로 하고 있다(마 12:40, 눅 11:30). 요나의 메시지를 잊지 않도록 "이 책의 주제는 고래가 아닌 이방 선교"임을 강조한다(W. G. 스크로지).
3. 유대 민족이 편협한 민족주의에 사로잡혀 그들의 본연의 사명인 보편적인 구원에 대해 관심을 두지 않았기에, 그들을 깨우쳐 이방민족을 향한 하나님의 사랑을 깨닫게 하려고 했다.

🔵 한눈에 살펴보기

여호와께서 니느웨에 말씀을 전하도록 요나를 부르시지만 요나는 도망가다가 물고기에게 잡아먹힌다(1장). 물고기 뱃속에서 삼일 삼야를 기도하던 요나는 해변에 토해 냄을 당한다(2장). 하나님께서 요나를 다시 보내므로 요나는 니느웨로 가서 '40일 후에 멸망을 받을 것'이라고 외친다. 이에 사람들이 베옷을 입고 금식하는 등 회개의 역사가 일어난다(3장). 여호와께서 니느웨를 멸망시키지 않자 우울해하는 요나에게 하나님은 자연을 통해 가르치신다(4장).

바다로 던져지는 요나(욘 1:11)
니느웨로 가라는 하나님의 명령을 떠나 다시스로 도망가던 요나는 사람들에 의해 바다에 던져지고 물고기에게 삼킨다. _터키 반호수 악다마르교회 벽면 부조.

✅ 하나씩 짚어보기

1. 〈요나〉의 세 가지의 방향 전환(욘 3장)

(1) 요나 — 도망가던 요나가 니느웨로 방향을 전환한다(3:3).

(2) 니느웨 사람들 — 악독한 니느웨 사람들이 하나님께로 방향을 전환한다(3:5~6).

(3) 하나님 — 니느웨를 멸망시키려던 하나님께서 뜻을 돌이키신다(3:10).

2. 다섯 단어로 이루어진 요나의 메시지(욘 3:4)

'요나가 선지자인가?'라는 논란이 있을 만큼 그의 사역은 특이성이 있다. 요나는 하나님의 명령을 피하여 도망을 갔으며(1:1~3), 니느웨로 가서 메시지라고는 다섯 단어(3:4, עוֹד אַרְבָּעִים יוֹם וְנִינְוֵה נֶהְפָּכֶת 오드 아르바임 욤 웨니느웨 네호파케트, 사십 일이 지나면 니느웨가 무너지리라. 사역: 이제 사십 일 그러면 니느웨는 뒤집어진다)에 불과했다. 그럼에도 그 메시지는 큰 반응을 일으켰다. 그로 인해 니느웨가 멸망하지 않자 요나는 못마땅하여 하나님께 죽겠다고 항변한다(4:1~3). 이러한 태도로 인해 선지자답지 못하다는 평이 있다.

> 🔍 **선지자 요나의 표적과 그 현대적 확증**
>
> … 포경선 '동방의 별'호는 1891년 2월 포클랜드 근해에서 스펌고래를 발견했다. 두 개의 보트가 내려졌고 창잡이 중 하나가 고래에 창을 던졌다. 두 번째 보트에 있던 사람들이 작살을 꽂으려 했으나 보트가 뒤집혀 한 사람이 바다에 빠졌다. 그런데 이등선원인 바틀리(James Barthly)가 사라지고 없었다. 이윽고 고래가 죽고 다음 날 갑판 위에서 고래의 위(胃)를 갈랐을 때 행방불명되었던 선원이 그 안에서 발견되었다. 그는 의식을 잃은 상태였으나 살아 있었다. 결국 그는 바다와 고래로부터 소생함을 받았고 얼마 후 고래잡이배에서 임무를 계속했다. _James M. Boice, 《Can you run away from God?》, 1977, SP Publishing.

3. 요나를 가르치려고 예비하신 세 가지 자연물(욘 4장)

하나님은 자연을 통하여 요나를 가르치신다. 이미 1장에서 '큰 바람', '큰 물고기'가 등장했다(1:4, 17). 그리고 4장에서는 다시 세 가지를 예비하셨다.

(1) 박넝쿨 — "하나님 여호와께서 박넝쿨을 예비하사 요나를 가리게 하셨으니 이는 그의 머리를 위하여 그늘이 지게 하며"(4:6).

(2) 벌레 — "하나님이 벌레를 예비하사 이튿날 새벽에 그 박넝쿨을 갉아먹게 하시매 시드니라"(4:7).

(3) 동풍 — "해가 뜰 때에 하나님이 뜨거운 동풍을 예비하셨고 해는 요나의 머리에 쪼이매 요나가 혼미하여 스스로 죽기를 구하여 이르되 사는 것보다 죽는 것이 내게 나으니이다 하니라"(4:8).

4. 요나는 자아가 강한 선지자(욘 4장)

히브리 원전 4:2~3에는 일인칭(나)이 2절에 다섯 번, 3절에 네 번 나온다. 요나의 자아(Ego)가 무려 아홉 번이나 표현되었다. 요나는 잠시 있다가 사라지는 박넝쿨에는 깊은 관심을 가지면서 인류 전체의 생명에 대한 하나님의 관심에는 동의하지 않는, 자아가 강한 선지자이다.

미가_ 이스라엘과 유다에 대한 심판

저자 미가('여호와와 같은 자가 누구인가'라는 뜻), 이사야와 같은 시대에 활동. 문체 사실적이고 활기에 넘치며 변화가 많다. 대조법 사용. 시적 표현이 많음. 특징 주전 700년 전에 이미 이스라엘을 다스릴 자, 즉 메시아의 탄생 지점인 베들레헴을 예고했다(5:2, 마 2:5~6). 요절 여호와께서 네게 구하시는 것은 오직 정의를 행하며 인자를 사랑하며 겸손하게 네 하나님과 함께 행하는 것이 아니냐(미 6:8).

1. 미가는 요담(주전 739~735)과 아하스(735~725) 시대뿐 아니라 히스기야(725~697) 시대에 여호와의 말씀을 받았다(1:1).
2. 미가는 아모스, 호세아, 이사야와 함께 예언 활동의 황금시대인 주전 8세기의 예언자이다.
3. 미가는 사마리아와 예루살렘에 성행하였던 이교적(異敎的) 제사 의식을 신랄하게 비판하였고 관리들의 부정(2:1, 3:2, 10)과 그릇된 상거래(6:10, 7:2) 및 거짓 선지자들을 비난했다(2:11, 3:5).
4. 미가가 예언하던 당시, 앗수르는 고대 근동 지방을 정복하려는 야망을 품고 있었다. 디글랏 빌레셀 3세(주전 744~727), 살만에셀 3세(727~722), 사르곤 2세, 산헤립으로 이어지는 통치자들은 이스라엘과 유다를 정복하려고 많은 노력을 기울였다.

◯ 한눈에 살펴보기

사마리아와 유다의 멸망에 대한 메시지(1~2장), 멸망과 구원의 메시지(3~5장), 그리고 경고의 메시지가 나온다(6~7장). 본서는 세 편의 예언적 설교로 구성되어 있다. 즉 심판의 위협(1~2장), 메시아적 선언(4~5장), 회개와 겸손에 이르는 충고와 권고(7장)가 그것이다.

✓ 하나씩 짚어보기

1. 〈미가〉의 메시아 예언(미 5:2)

〈미가〉의 가장 유명한 구절은 메시아의 탄생 지점에 관한 예언일 것이다. 동방의 박사들이 별을 보고 유다 땅으로 메시아를 찾아왔을 때, 대제사장과 서기관들이 바로 미가 5:2을 인용했다(마 2:1~6). 이 두 구절(미가 5:2의 예언과 마태복음 2:6의 성취)을 비교해보라.

2. 여호와께서 네게 구하시는 것(미 6:8)

미가는 "오직 정의를 행하며 인자를 사랑하며 겸손하게 네 하나님과 함께 행하는 것이 아니냐"(6:8)고 했다. 하나님께서는 천천의 수양보다, 만만의 강수 같은 기름보다 이를 더 좋아하신다.

문제는 언제나 우리의 자세에 있다. 교회에서 최소한의 의무만을 감당하며 최고의 권세를 누리려고 하는 교만함을 가지고 있다면 그 삶이 어떻게 되겠는가?

🔵 한눈에 살펴보기

하나님은 앗수르에 대한 보복과 진노를 품으신다. 그러나 이것이 유다에게는 구원이며 위로이다(1장). 멸망당할 니느웨와 보존받을 유다에 대해 말씀하신다(2장). 그리고 니느웨의 멸망의 원인이 무엇인지 말씀하신다(3장). 〈나훔〉의 여러 곳이 박력 있고 미려(美麗)한 문장의 시(詩)로 되어 있다.

공성퇴(攻城槌)로 공격하는 앗수르 인
앗수르는 다양한 무기와 훈련된 보병으로 전쟁에 능하여 주변국들을 괴롭혔다. 나훔은 앗수르의 수도 니느웨의 멸망을 예고했다. 앗수르 니므룻의 한 부조이다.

✅ 하나씩 짚어보기

나훔의 출신지 '엘고스'

나훔에 대해 알 수 있는 것은 그의 고향이 '엘고스'라는 것뿐이다. 그러나 엘고스마저 그 위치에 대한 설이 많으며, 앗수르의 니느웨 북쪽, 예루살렘의 남서쪽, 갈릴리 지방의 어느 곳, 가버나움의 자리 중 한 곳일 것으로 추정한다. 또한 〈나훔〉은 〈오바댜〉처럼 유다의 죄는 지적하지 않고 원수의 멸망을 기뻐하는 편협된 민족주의로 이해해왔으나 이스라엘이 겪은 고초가 하나님께서 내린 것임을 인정한다(1:12).

■ 하박국_ 바벨론 침공에 대비한 의인의 믿음

저자 하박국, '하나님께 안긴 자'라는 뜻. **배경** 연대 1:6 '갈대아' 언급에 근거, 갈대아(신바벨론)가 세계의 위협적인 세력으로 등장한(주전 612년에 앗수르를 무찌름, 605년 유다의 첫 바벨론 포로) 이후로 본다. **주제** 하나님의 섭리에 대한 신앙인의 갈등과 승리. **요절** 의인은 그의 믿음으로 말미암아 살리라(합 2:4). 나는 여호와로 말미암아 즐거워하며 나의 구원의 하나님으로 말미암아 기뻐하리로다(합 3:18).

1. 〈하박국〉의 메시지는 불의하고 비도덕적인 세력(갈대아 = 신바벨론)이 세계를 통치하는 것에 대한 의인의 고뇌로 시작한다. 이것은 〈욥기〉와 비슷하고, 선지자가 하나님의 해결하심을 체험함으로 끝난다는 점에서는 〈요나〉와 비슷하다.
2. '의인은 믿음으로 말미암아 살리라'(2:4)는 〈하박국〉의 주제는 사도 바울(롬 1:17, 갈 3:11)과 히브리 기자(히 10:38)에 의해 발전하였으며 16세기 종교개혁과 루터의 개혁 이념이 되었다.
3. 〈하박국〉의 많은 내용(약 3분의 2가량)이 하박국과 하나님의 대화로 되어 있다. 그는 "어찌하여"라며 하나님께 항의한다.

❶ 한눈에 살펴보기

하나님께서 불의를 그냥 두시는 것에 대해 불만을 품은 하박국에게 오히려 갈대아의 침략을 예언한다(1장). 그러나 갈대아는 하나님의 도구일 뿐 그들 역시 자신의 죄로 말미암아 형벌을 받을 것이다(2장). 하박국은 여호와로 말미암아 기뻐하고 즐거워하리라 하였다(3장).

✔ 하나씩 짚어보기

술에 대한 양면성(합 2장)

여호와께서 '만민을 위하여 오래 저장하였던 포도주로 연회를 베풀리라'(사 25:6)고 하셨으며, 예수님은 가나의 혼례에서 물로 포도주를 만드셨다(요 2:1~11). 다음은 술에 대한 부정적인 사건들이다.

(1) 갈대아인들 ─ "그는 술을 즐기며"(2:5), "이웃에게 술을 마시게 하되"(2:15)에서 보듯 술과 함께 살았다. 술로 실패한 자들이 많으므로 경계해야 한다.

(2) 노아 ─ 홍수 심판에서 구원받은 노아가 포도주에 취하여 벌거벗고 수치를 드러냈으며 아들 함이 저주받는 원인을 제공했다(창 9:21).

(3) 나발 ─ 아비가일의 남편이요, 갈멜의 부자로서 다윗을 박대했으며 크게 취하여 몸이 돌처럼 굳어져 죽었다(삼상 25:36 이하).

(4) 벨사살 ─ 바벨론 왕으로서 예루살렘에서 탈취해온 성전 그릇으로 술을 마시고 우상을 찬양하다가 경고받고, 이후 벌을 받아 죽었다(단 5:4 이하).

다음 물음에 답하거나 괄호 안에 알맞은 말을 넣으시오.

1. 하나님께서 요나에게 니느웨로 가서 '외치라'고 하신 이유는 무엇인가? (욘 1:2)

2. 요나는 배 위의 무리에게 자신을 무엇이라고 소개하는가? (1:9)

3. 요나가 큰 물고기 뱃속에 삼일 밤낮을 있게 된 것을, 예수님은 신약에서 무슨 사건의 예표로 말씀하셨는가? (1:17, 마 12:38~41)

4. "내가 주의 (   )에서 쫓겨났을지라도 다시 주의 (   )을 바라보겠다." (2:4)

5. "나는 (   )하는 목소리로 주께 제사를 드리며 나의 (   )을 주께 갚겠나이다." (2:9)

6. 요나가 외친 말은 무엇이며 히브리말로 몇 단어인가? (3:4) (해설 참고)

7. 하나님이 뜻을 돌이키사 니느웨 백성들에게 내리려던 재앙을 거두신 이유는 무엇인가? (3:10)

8. 요나의 편협된 생각을 고치기 위해 하나님께서 사용하신 세 가지 자연물은 무엇인가? (4장)

　　(1) 4:6 — (   )　　　　(2) 4:7 — (벌레)　　　　(3) 4:8 — (   )

9. 요나와 비슷한 요구(죽기를 원함)를 했던 선지자는 누구인가? (4:3, 8, 왕상 19:1~8)

10. 하나님께서 요나에게 질문 형식으로 말씀하신 세 가지가 4장 몇 절에 나오는가?

11. 〈미가〉는 유다의 어느 왕들이 통치하던 시대의 예언인가? (미 1:1)

12. 여호와께서 강림하셔서서 심판하시면 어떻게 될 것인가? (1:6~7)

13. 어떤 자에게 화가 있을 것이라고 하는가? (2:1)

14. 거짓된 자들이 하나님 백성의 부녀들과 그들의 어린 자녀에게 어떻게 했는가? (2:9)

15. '너희 무리(남은 자)'를 하나님께서 결국 어떻게 하시겠다는 것인가? (2:12)

16. 그들의 우두머리들은 (   )을 위하여 재판하며 그들의 제사장은 삯을 위하여 교훈하며 그들의 선지자는 (   )을 위하여 점을 치면서도 … 재앙이 우리에게 임하지 아니하리라 하는도다. (3:11)

17. 율법이 (   )에서부터 나올 것이요 여호와의 말씀이 (   )에서부터 나올 것임이라. (4:2)

18. (4:3) 무리가 그 칼을 쳐서 ~

19. (5:2) 베들레헴 에브라다야 ~

20. 당시 부자들이 거짓된 거래에 사용한 도구는 무엇인가? (6:11)

21. (7:18) 주와 같은 신이 ~

22. 나훔의 출신지는 어디이며, 예언 당시 왕들(시대)에 관한 정보는 어떠했는가? (나 1:1)

23. "여호와는 (   ) 환난 날에 (산성)이시라 그는 자기에게 (   )들을 아시느니라." (1:7)

24. "아름다운 소식을 알리고 (   )을 전하는 자의 (   )이 산 위에 있도다." (1:15)

25. "파괴하는 자가 너를 치러 올라왔나니"에서 '너'는 누구인가? (2:1, 1:1)

26. 누가 니느웨의 대적이 되어 병거들을 불살라 연기가 되게 하는가? (2:13)

27. 니느웨의 멸망 원인 중에 하나는 무엇인지 한 단어로 쓰시오. (3:1~7, 답은 4절로)

28. 노아몬(남애굽의 수도)의 힘이 되고 돕는 자가 되었던 나라들은 어디인가? (3:8~11)

29. "어느 때까지리이까", "패역을 눈으로 보게 하시나이까" 하던 당시의 영적 상태는 어떠했는가? (합 1:2~4)

    (1) 율법이 ─ 해이하고   (2) 정의가 전혀 ─

    (3) 악인이 ─   (4) 정의가 ─

30. "사납고 성급한 백성"(1:6)은 하나님이 일으킬 (   ) 사람이다.

31. "판에 명백히 새기되 달려가면서도 읽을 수 있게 하라", "정한 때가 있다", "결코 거짓되지 않다"는 설명은 무엇에 관한 것인지 한 단어로 답하시오. (2:1~3)

32. "의인은 그의 믿음으로 말미암아 살리라"(2:4)는 말씀을 인용한 신약성경은 어디인가?

    (1) 로마서 ─ 1:(   )절   (2) 갈라디아서 ─ 3:(   )절   (3) 히브리서 ─ 10:(   )절

33. 2:5~20에서 "화 있을진저"는 몇 절에 나오는가? (5개 절)

34. "주의 일을 이 수년 내에 (   )하게 하옵소서 … 진노 중에라도 (   )을 잊지 마옵소서." (3:2)

35. 무화과나무가 무성하지 못하고 포도나무에 열매가 없으며, 외양간에 소가 없을지라도 즐거워하며 기뻐할 수 있는 이유는 무엇인가? (3:17~19)

36. 다음 예언자들은 어느 곳의 멸망을 예언하고 있는지 괄호 안을 채우시오.

    (1) 오바댜는 (   )의 운명을 예언했다. (옵 1:1)

    (2) 나훔은 (   )의 운명을 예언했다. (훔 1:1)

    (3) 하박국은 (   )의 운명을 예언했다. (합 1:6)

📖 스바냐_ 하나님 도성에 임할 심판과 미래의 축복

저자 스바냐('여호와께서 숨기시다', '여호와께서 보호하시다'라는 뜻). **예언 시기** 요시야 왕 때로서 니느웨의 멸망과 바벨론의 유다 침공 사이. **예언의 성격** 심판으로 일괄되어 그를 '실망의 예언자'라고도 한다. 그러나 '남은 자'는 심판에서 구원되어 새나라의 중추가 되어 하나님의 목적을 이룬다. **요절** 너의 하나님 여호와가 너의 가운데에 계시니 그는 구원을 베푸실 전능자이시라(습 3:17).

1. 스바냐는 히스기야의 4대손(히스기야 – 아마랴 – 그다랴 – 구시 – 스바냐)으로 왕족 출신인 그가 오히려 귀족들의 악행을 혹독하게 책망(3:3~6)한 것으로 보아 상당한 지위에 있었을 것으로 보인다.
2. 스바냐는 유다의 마지막 선한 왕인 요시야 왕(주전 642~609) 시대에 사역하였다. 요시야는 621년 성전 수리 중에 율법책을 발견하고(왕하 22~23장, 대하 34~35장 참고) 종교 개혁을 시행했다.
3. 〈스바냐〉의 예언은 직선적이고 단호한 어법과 생동감이 넘치는 언어로 구사되고 있다(1:2, 14, 2:1~2, 3:8, 17).
4. 내용 분해
   1:1~3:8 ― 스바냐가 심판을 선포함.
   3:9~20 ― 스바냐가 공의를 선포함.

 한눈에 살펴보기

교회에서 별로 다루지 않는 책 중에 하나가 〈스바냐〉이다. 그러나 여기에서는 하나님의 백성인 예루살렘의 심판에 대한 경고, 즉 여호와의 날에 대해 예언한다(1장). 회개를 권고하며 이방에 내릴 심판을 상세히 경고한다(2장). 예루살렘이 심판을 받아야 하는 이유와 미래의 축복에 대해 예언한다(3장).

✔️ 하나씩 짚어보기

1. 하나님의 도성(예루살렘)에 대한 심판

(1) 예루살렘의 어문(魚門)에서부터 울부짖는 소리가 일어난다. 이 소리는 예루살렘의 가장 높은 곳에서도 들릴 만큼 성문 곳곳에서 일어날 것이다(1:10).

(2) 하나님께서는 등불을 가지고 예루살렘을 뒤져 죄인들을 벌하실 것이다

블레셋의 정교한 예술품

블레셋은 바다의 백성들로 가나안에 정착하여 족속 이름이 그 땅의 이름이 되었다. 그들은 독창적인 문화를 가졌고, 전쟁에 능하였으나 하나님의 심판의 대상이었다.

(1:12~13).

　(3) 예루살렘의 지도자들은 부르짖는 사자처럼, 굶주린 이리처럼 백성들을 괴롭히고 있다(3:1~7).

2. 멸망 예언의 대상 블레셋

　"가사는 버림을 당하며 아스글론은 폐허가 되며 아스돗은 대낮에 쫓겨나며 에그론은 뽑히리라"(2:4)에 나오는 가사, 아스글론, 아스돗, 에그론은 가드를 포함하여 '블레셋의 5대 도시국가'이다. 블레셋은 다윗 왕에게 패하기까지 그들의 다섯 성읍에서 '방백'(方伯, 수 13:3, 삿 16:5, 기타)이라고 불리는 자가 서로 공통의 문제를 의논하여 정치를 했다.

　그러나 예레미야 25:20, 스가랴 9:5을 보면 그들은 방백 대신에 왕을 가지게 되었던 것을 알 수 있다. 다윗 왕 이전에는 유대 산지의 각지에 그 전초 지점을 두고 있었으며, 이스라엘에게 철기를 사용하지 못하게 하는 등 강력한 지배력을 행사하고 있었다. 이들은 전쟁에 능한 민족으로서 여러 시대를 거쳐 이스라엘을 괴롭혀 왔다.

📖 학개_ 성전 재건 촉구

저자 학개(개인적인 생애는 알려져 있지 않음, 다만 에스라 5:1, 6:14에 언급). 예언 연대 다리오왕 2년(1:1, 주전 520년경), 동시대 예언자로는 '스가랴'가 있음(슥 1:1). 대상 포로에서 귀환해 성전 건축을 중단한 채 자기 집 짓기에 바쁜 유다인. 주제 성전 재건. 요절 너희는 산에 올라가서 나무를 가져다가 성전을 건축하라 그리하면 내가 그것으로 말미암아 기뻐하고 또 영광을 얻으리라 여호와가 말하였느니라(학 1:8).

---

1. 학개의 이름은 '나의 축제', '나의 절기'라는 뜻이 있는데, 그의 부모가 오랜 포로생활 중에서 귀환할 날을 기대하며 지은 듯하다.
2. 〈학개〉는 〈스가랴〉, 〈말라기〉와 함께 포로기 이후의 예언서이다.
3. 바벨론 포로에서 귀환한 유다인들이 사마리아인들의 방해로 성전 건축을 중단한 지 15~16년이 되었을 때, 학개는 스가랴와 함께 성전 재건을 독려했다. 이에 재건 작업이 착수되었다(슥 1:1, 스 6:13~15).
3. 학개는 자신을 여호와의 말씀을 전달하는 사자로 이해했으며, 최우선으로 성전을 지으라는 여호와의 말씀을 증거 했다.

⬤ 한눈에 살펴보기

〈학개〉의 메시지 분해

　(1) 첫 번째 (1:1~15) — 성전 건축보다는 자기 집을 짓기에 빨랐음을 책망한다.

　(2) 두 번째 (2:1~9) — 좋았던 지난날을 되돌아볼 필요가 없다. 제2성전(스룹바벨 성전)의 영광은 제1성전(솔로몬 성전)의 영광보다 크다.

　(3) 세 번째 (2:10~19) — 제사장에게 질문하며, 죄가 만연되어 있음을 말한다.

　(4) 네 번째 (2:20~23) — 스룹바벨에게 은혜가 주어진다.

✅ 하나씩 짚어보기

1. '하나님'과 '여호와'의 사용 빈도

특히 1:12과 14절에 '하나님'과 '여호와'가 함께 쓰이는 문맥을 살펴보라.

"그들의 하나님 여호와의 목소리와 선지자 학개의 말을 들었으니 이는 그들의 하나님 여호와께서 그를 보내셨음이라 백성이 다 여호와를 경외하매"(1:12).

"남은 모든 백성의 마음을 감동시키시매 그들이 와서 만군의 여호와 그들의 하나님의 전 공사를 하였으니"(1:14).

(1) 하나님(엘로힘)이라는 이름은 '창조자'를 나타낸다(〈학개〉에 3회 사용, 1:12, 12, 14).

(2) 여호와는 특별히 '구세주'를 의미한다(〈학개〉에 34회 사용). ─"만군(萬軍)의 여호와"(사무엘상 1:3에 처음 나타난다)라는 표현이 15번 나오고 "여호와"가 19번 나온다.

2. 〈학개〉와 〈스가랴〉의 예언과 관계된 시기

(1) 주전 537년 ─스룹바벨의 지도로 5만여 명의 유다인이 예루살렘으로 귀환함(스 1장).

(2) 주전 536년 2월 ─성전 재건 공사가 시작되었다가 중단됨(스 3:8~4:24).

(3) 주전 520년 6월(다리오 왕 2년) ─학개가 성전 재건의 예언을 시작함(스 5:1, 6:14, 학 1:1).

(4) 주전 520년 8월(다리오 왕 2년) ─스가랴가 예언을 시작함(스 5:1, 6:14, 슥 1:1~6).

(5) 주전 516/5년 아달월 3일(다리오 왕 6년) ─성전이 완공됨(스 5:13~15).

(6) 주전 455년 ─예루살렘에 온 에스라의 몇 가지 개혁(스).

(7) 주전 445년 ─느헤미야가 성벽 재건, 말라기의 예언도 이 시기 전후인 듯(느, 말).

📖 스가랴_ 성전 재건과 메시아의 도래

저자 스가랴('여호와께서 기억하신다'는 뜻). **예언 시기** 다리오 왕 2년부터(주전 520년, 슥 1:1). **주제** 성전 재건과 메시아의 도래(낙심한 자들에게 멋 훗날 이스라엘의 영광을 말함). **요절** 그러므로 너는 그들에게 말하기를 만군의 여호와께서 이처럼 이르시되 너희는 내게로 돌아오라 만군의 여호와의 말이니라 그리하면 내가 너희에게로 돌아가리라 만군의 여호와의 말이니라(슥 1:3).

---

1. 스가랴는 선지자이며 제사장이다(1:1). 그는 바벨론 포로기 중에 태어났을 것이며, 주전 538년 1차 귀환 때(스룹바벨 인도)에 예루살렘에 돌아왔고, 520년(다리오 왕 2년) 학개와 동시대에 예언을 시작했다(학 1:1, 슥 1:1, 스 6:13~15).
2. 학개가 '성전 재건'을 강조했다면 스가랴는 성전 재건과 함께 '도덕적인 개혁'에 더 관심을 가졌다.
3. 〈스가랴〉는 1~8장과 9~14장의 내용이 서로 다르므로, 〈이사야〉처럼 후자를 '제2스가랴'라고 구분하는 견해도 한다.
4. 내용 분해
   1~8장─ 선지자의 여덟 가지 환상과 설교
   9~14장─ 이방의 심판과 이스라엘의 미래

🌐 한눈에 살펴보기

다리오 왕 2년에 스가랴의 예언이 시작된다. 먼저 여덟 가지의 환상과 설교가 나온다(1~6장, 아래의 해설 참고). 이어서 다리오 왕 4년에 예루살렘 멸망과 살해된 통치자 그다랴를 기념하는 금식에 대해 질문한다(7장). 세상의 중심지가 될 예루살렘에 대한 구원의 말씀을 주신다(8장).

유다의 이웃 이방들이 정화될 것과 구원을 베풀 왕 메시아의 왕국을 예언한다(9장). 하나님께서 자기 백성을 고국으로 데리고 오실 것을 말씀하신다(10장). 하나님께서 자기 백성을 구원하심과 그 양떼를 지도할 참 목자상을 보여주신다(11장). 유다와 예루살렘에 대한 권고와 신탁으로 장차 임할 유다의 승리와 다가오는 하나님의 날을 상징적으로 묘사한다(12~14장).

✅ 하나씩 짚어보기

여덟 가지 환상에 대한 해석

(1) 붉은 말을 탄 자(1:7~17) — 예루살렘을 감시하는 천사들과 함께 오신 그리스도의 직접적 출현.

(2) 네 뿔과 네 대장장이(1:18~21) — 이방 세계의 네 세력과 다시 이들을 무찌른 세력을 상징.

　1) 네 뿔: 앗수르(북국 이스라엘 점령), 바벨론(남국 유다 점령), 바사(유다인 학살 음모, 〈에스더〉 참고), 로마(이스라엘을 흩음).

　2) 네 대장장이: 해석① 최초의 네 가지 인(印)친 심판(전쟁, 기아, 사나운 짐승, 온역)을 가리키는 듯함(계 6:1~8, 겔 14:21). 해석② 네 국가를 쳐부순 세력(고레스: 바벨론 정복, 알렉산더: 바사 정복, 로마 장군들: 헬라 정복, 그리스도: 부흥한 로마제국을 멸망시킴)인 듯함(단 5, 8장, 계 19장).

(3) 측량줄을 가진 자(2:1~13) — 천년왕국 때에 있을 예루살렘 측량을 말함(겔 40:1~5, 48:30~35).

(4) 대제사장 여호수아(3:1~10) — 국가의 죄와 성결, 회복의 환상.

(5) 순금 등잔대와 두 감람나무(4:1~14) — 역사적 의미로는 기름부음을 받은 스룹바벨과 여호수아를 가리키는 듯하고, 예언적 의미로는 엘리야와 모세를 가리키는 듯함(계 11:3~12참고).

(6) 날아가는 두루마리(5:1~4) — 땅에 대한 하나님의 심판과 사람이 도덕적 율법을 범함.

(7) 에바 가운데 여인(5:5~11) — 여인: 죄와 반역, 덮개: 제어하는 하나님의 권능, 목적지: 바벨론.

(8) 네 병거(6:1~8) — 하늘의 네 바람(천사들)이 두 구리산 사이에서 나와 이 병거들을 본다. 병거들은 계 6장에 나오는 최초의 네 가지 재앙을 나타내며 산은 하나님의 심판을 나타낸다.

바사 다리오 왕의 부조(슥 1:1)

학개와 스가랴가 예언하던 시대, 바사의 다리오 왕. 그의 통치 기간에 성전이 재건되었다(스 6:13~15). 사진은 페르세폴리스의 부조(浮彫)의 일부이다.

- 해롤드 윌밍턴,《Bible Study》, 요약 인용

말라기_ 죄인들에 대한 호소

저자 말라기(전통적 견해). 에스라(아람어 역 탈굼이나 라틴어 성경 역자 제롬 등이 주장). **배경 연대** 성전 재건(주전 516/5년) 이후 (스룹바벨 성전과 제사장들의 부패상의 언급으로 추정). **주제** 회의와 의문에 빠진 자들에게 하나님의 사랑과 언약을 회상시키며 여호와께로 돌아오라 외친다. **요절** 그들을 나의 특별한 소유로 삼을 것이요 또 사람이 자기를 섬기는 아들을 아낌 같이 내가 그들을 아끼리니(말 3:17~18).

1. '말라기'는 '나의 천사' 또는 '나의 사자(使者)'라는 뜻이다.
2. 〈말라기〉의 영적 교훈
　(1) 율법을 어긴 제사, 무성의한 희생 제물은 하나님께서 기뻐하지 않으신다(1:8~10).
　(2) 하나님께서는 이혼과, 이방인과의 결혼을 원하지 않으신다(2:11,16).
　(3) 항상 율법을 읽고, 생활에 적용해야 한다(온전한 십일조, 3:10, 4:4).
3. 내용 분해
　1:1~5 — 하나님의 사랑, 에돔의 멸망　　1:6~3:15 — 이스라엘에 대한 하나님의 진노　　3:6~4:6 — 의인과 악인에 대한 장래

 한눈에 살펴보기

하나님께서 이스라엘 백성들에게 사랑을 베푸셨으나 그들은 깨닫지 못하고 불의를 행한다. 이를 보고 엄히 책망하신다(1장). 제사장들의 타락을 책망하며, 백성들의 잡혼에 대해 책망하신다(2장). 메시아의 도래에 대해 예언, 십일조에 대한 책망과 교훈을 주신다(3장). 심판의 날을 예고하면서 한편으로 의로운 백성에 대한 복을 약속하시며 율법을 기억할 것을 말씀하신다(4장).

✔ 하나씩 짚어보기

1. 하나님께 대한 무례한 질문 7가지

〈말라기〉에는 하나님께 '우리가(를) ~하였나이까'라는 형식의 질문이 일곱 번이나 나온다. 이스라엘이 하나님을 향해 도전하거나 변명하는 말들이다. 1:2, 1:6, 1:7, 2:17, 3:7, 3:8, 3:13의 성구를 찾아 무엇이라 질문했는지 살펴보고 자신의 성경에 표시하라.

2. 하나님의 절대주권적인 결정(말 1:2~3)

하나님께서 야곱은 사랑하시고 에서는 미워하셔서 에서의 후손인 에돔은 멸망하였다(1:2~5). 이러한 하나님의 선택은 인위적인 조건이나 이유 때문이 아니라 하나님의 무조건적이고 절대주권적인 결정에 의한 것이다(사 43:1). 하나님의 선택에 대하여 인간은 결코 불평할 수 없으며, 우리를 선택해주신 하나님의 사랑에 감사드릴 뿐이다(롬 9:19~24).

다음 물음에 답하거나 괄호 안에 알맞은 말을 넣으시오.

1. 스바냐에게 여호와의 말씀이 임한 때에 유다 왕은 (   )이다. (습 1:1)

2. 스바냐의 족보는 '히스기야 – (   ) – 그다랴 – (   ) – 스바냐'로 이어졌다. (1:1)

3. 유다와 예루살렘 모든 주민들 위에 손을 펴서 멸절하겠다고 하신 우상 네 가지는 무엇인가? (1:2~6)

4. 그 날(여호와의 날)은 (   )의 날, (   )과 고통의 날, 황폐와 (   )의 날, (   )하고 어두운 날, 구름과 (   )의 날이다. (1:15)

5. 이스라엘을 비방하거나 조롱한 모압과 암몬은 무엇과 같을 것이라고 하는가? (2:8~9)

6. 아래의 예루살렘 지도자들의 악행을 어떻게 표현하고 있는가? (3:3~4)

    (1) 방백들 —   (2) 재판장들 —

    (3) 선지자들 — 경솔하고 간사한 사람들   (4) 제사장들 —

7. (3:17) 그가 너로 말미암아 ~

8. 하나님께서 다음 사람에게 무엇을 하시는가? (3:19)

    (1) 괴롭게 하는 자 —   (2) 저는 자 —

    (3) 쫓겨난 자 —   (4) 수욕받는 자 —

9. 학개와 스가랴는 어느 왕, 몇 년에 예언했는가? (학 1:1, 슥 1:1)

10. 학개로 말미암아 여호와의 말씀을 받은 두 사람의 신분과 이름을 적으시오. (학 1:1~4)

    (1)   (2)

11. 백성들이 무엇을 건축하면 하나님께서 기뻐하시고 영광을 얻으시는가? (1:8)

12. 스룹바벨과 여호수아, 백성들이 학개의 말을 청종한 이유는 무엇인가? (1:12)

13. 스룹바벨과 여호수아와 모든 백성의 마음을 감동시키시매 무엇을 하였는가? (1:14~15)

14. "너희 가운데에 (   ) 중에서 곧 이 성전의 이전 (   )을 본 자가 누구냐 … 이 성전의 (   ) 영광이 (   ) 영광보다 크리라." (2:3, 9)

15. 학개 1~2장에 '만군의 여호와'가 몇 번 나오는가? 1장 — (   )번, 2장 — (   )번

16. 학개 2장에서 '기억'하라는 말은 몇 절에 나오는가?

17. 다음 단락의 적당한 제목을 보기에서 골라 적으시오. (스가랴 본문 읽고 해설 참고)

〈보기〉 네 뿔과 네 대장장이들/ 붉은 말을 탄 자/ 측량줄을 가진 자/ 대제사장 여호수아
순금 등잔대와 두 감람나무/ 에바 가운데 있는 여인/ 날아가는 두루마리/ 네 병거

(1) 1:7~17 —　　　　　　　　　　　　　(2) 1:18~21 —

(3) 2:1~13 —　　　　　　　　　　　　　(4) 3:1~10 —

(5) 4:1~14 —　　　　　　　　　　　　　(6) 5:1~4 —

(7) 5:5~11 —　　　　　　　　　　　　　(8) 6:1~8 —

18. "너희는 내게로 (　　　　) 만군의 여호와의 말이니라 그리하면 내가 너희에게로 (　　　　)." (슥 1:3)

19. "이는 (　　) 으로 되지 아니하며 (　　) 으로 되지 아니하고 오직 나의 (　　) 으로 되느니라." (4:6)

20. 은금으로 만든 면류관은 누구의 머리에 씌우며 그는 무엇을 건축할 자인가? (6:11~12)

21. 바벨론 포로 70년 동안 다섯째 달과 일곱째 달의 금식은 누구를 위함인가? (7:5~7)

22. 여호와께서 압제하지 말라고 한 네 부류의 사람은 누구인가? (7:10)

23. (8:3) 내가 시온에 돌아와 ~

24. 유다와 이스라엘이 전에는 (　　　) 가 되었었으나 이제는 (　　　) 이 될 것이다. (8:13)

25. 예루살렘의 왕이 겸손하여서 무엇을 타실 것이라고 하는가? (9:9) (마 21:1~10 참고)

26. 은총과 연합의 막대기를 꺾은 것은 무엇을 의미하는가? (11:7, 10, 14)

27. 여호와께서 유다 장막을 구원하시는 이유는 무엇인가? (12:7)

28. 땅에 있는 족속들 중에 어떤 자에게 비를 내리지 아니하시는가? (14:17)

29. 여호와께서 말라기를 통해 누구에게 경고의 말씀을 하셨는가? (말 1:1)

30. 여호와께 "우리가(를)~ 나이까?"로 항변하는 7개의 장절을 쓰시오. (1~4장) (해설 참고)

31. "야곱의 형이 아니냐 그러나 내가 (　　　) 을 사랑하였고 (　　　) 는 미워하였으며." (1:2~3)

32. "레위와 세운 나의 언약은 (　　　) 과 평강의 언약이라 … 너희가 (　　　) 의 언약을 깨뜨렸느니라." (2:5, 8)

33. 이스라엘의 하나님 여호와께서 무엇을 미워한다고 하시는가? (2:16)

34. (3:10) 너희의 온전한~

35. "만군의 여호와"라는 이름이 1~4장에 각 몇 번씩 나오는가?

36. (4:2) 내 이름을 경외하는 너희에게는 ~

중간시대 연구

중간시대에 관해서는 성경에 나타나지 않으며, 일부 자료들은 외경 〈마카베오상〉, 〈마카베오하〉에서 볼 수 있다(이 책을 읽기 원하면 '외경 포함 공동번역성서'를 보면 된다).

1. 신·구약 중간시대 개요 ― 침묵의 400년

(1) 신약과 구약 사이의 400년

〈말라기〉와 〈마태복음〉 사이의 약 400년 동안을 '중간시대'라고 한다. 이 시대를 아는 것은 복음서를 이해하고, 예수님의 말씀과 그 당시 예수님과 만났던 여러 부류의 사람들을 이해하는 데 도움이 된다. 구약성경은 주전 약 400년경의 〈말라기〉로 끝을 맺는다.

(2) 주전 400년의 시작

먼저 주전 400년이 시작될 때 유다인의 정황을 살펴볼 필요가 있다. 그보다 200년 전인 주전 587년, 예루살렘은 파괴되었고 백성들은 바벨론의 포로로 잡혀갔다(왕하 25장, 대하 36장). (북이스라엘은 그보다 135년 전인 주전 721년에 앗수르에게 멸망되었다, 왕하 17장). 다니엘이 예언한 대로(단 2장, 7장) 바벨론은 메대-바사왕국에게 망했다.

고레스는 유다인들이 고국에 돌아가 성전을 건축하도록 격려했다. 그리하여 스룹바벨의 인도로 538년에 "남은 자들"이 돌아왔고(1차 귀환, 스 1장, 고레스 원년), 20여 년 후인 516/5년에 성전을 재건하였다(스 6장, 다리오 6년). 에스라도 적은 무리를 데리고 458년에 돌아와서 성전에서의 예배를 회복했으며(2차 귀환, 스 7장, 아닥사스다 7년), 그로부터 10여 년 후에 느헤미야가 와서 445년 예루살렘 성벽을 재건했다(3차 귀환, 느 2장, 아닥사스다 20년). 이처럼 유다인이 돌아와 성전과 예루살렘 재건되고, 예배가 회복되었다. 그러나 더 많은 유다인들이 포로의 땅 바사에서 살고 있었다. 여기에서 구약과 신약 사이의 유다인 역사를 발견할 수 있다.

(3) 정치적 배경

〈말라기〉와 〈복음서〉 사이의 400년의 유다 역사는 여섯 시대로 나뉜다.

1) 바 사 — 주전 538년   2) 헬 라 — 주전 332년
3) 애 굽 — 주전 323년   4) 시리아 — 주전 198년
5) 미카비   주전 165년   6) 로 마 — 주전 63년에서 그리스노까지

2. 신 · 구약 중간시대 해설

(1) 바사 통치(주전 538~332년)

팔레스틴의 바사 통치는 헬라 왕국의 알렉산더 대왕 때까지 계속되었다(주전 332). 이것은 유다인들이 말라기의 말기, 바사의 통치 아래 있었으며 바사의 통치는 중간기의 처음 60년간 계속되었음을 보여준다. 이때에 사마리아인들에 대한 차별이 시작되었다. 북이스라엘은 주전 721년에 앗수르에 의해 멸망한 뒤 메대의 성읍들에 흩어져 살게 되었다. 정복군인 앗수르 사람과 사마리아 사람들 사이에 혼혈이 생겨났다(왕하 17장). 이들은 나중에 느헤미야가 예루살렘에서 일할 때 그의 일을 방해하는 자들이 된다(느 2:10, 4:1~3). 이러한 적대감은 신약시대에서도 찾아볼 수 있다(요 4:9).

(2) 헬라 통치(주전 332~323년)

마게도냐 왕 필립이 헬라 세계를 통일하고 죽자 그의 아들 알렉산더 대왕은 334년에 마게도냐와 헬라의 군대를 이끌고 동방으로 전진한다. 그리고 3년 동안에 애굽(이집트)과 바사(페르시아)를 정복하였다. 유다는 헬라의 지배 하에 들어갔고, 그곳의 문화가 흘러들어왔다. 다니엘은 이에 대해 다니엘 7:6, 8:1~7, 21~24에서 예언한다.

(3) 애굽 통치(주전 323~198년)

중간의 여섯 개 시대 중 애굽 통치가 가장 긴 기간이다. 알렉산더 대왕이 죽자 유다인들은 첫 프톨레미소터(프톨레미는 애굽을 통치한 헬라의 왕조)의 손에 들어갔고 두 번째 프톨레미 필라델푸스는 구약성서의 헬라어 번역인 70인역(LXX) 번역에 공헌하였다. 팔레스틴은 애굽과 시리아의 전쟁터가 되어가고 있었다(셀류시드는 시리아의 왕조).

(4) 시리아 통치(주전 198~165년)

유다인에게 있어 시리아 통치 기간은 중간시대 중 가장 처참한 때였다. 안티오커스 에피파네스가 정권을 잡은 후 그는 유다인들에게 공포 정치를 시행했다(주전 167년). 그는 예루살렘을 파괴하고 성벽을 헐었으며 백성들을 학살했다. 또한 제단에 돼지를 드리거나 제단 위에 신상을

세우는 등 여러 방법으로 성전을 더럽혔다(단 8:13).

(5) 마카비 통치(주전 165년 성전 정화, 주전 142~63년)

이때가 중간시대 중에 가장 영웅적인 기간이었다. 안티오커스 에피파네스의 과격한 정치는 나이 많은 제사장 맛다디아의 혁명을 유발시켰고 그의 아들 유다 마카비가 이를 성공시켰다. 유다 마카비는 더럽혀졌던 성전을 회복하고 정통 예배가 다시 드려지게 했다(주전 164년 — 이것이 수전절, 요 10:22). 그러나 유다 마카비는 시리아와의 한 전투에서 전사하고 말았다. 그러자 그의 동생 요나단이 지도자 겸 대제사장이 되어 민정권과 성직권을 가짐으로써 대제사장 하스몬의 계보가 이루어지게 되었다(하스몬은 마카비의 증조부였다). 요나단이 죽자 그의 동생 시몬이 지도자가 되었다. 그 후 시몬이 죽고 나서는 그의 뛰어난 아들 요한 힐가누스가 29년을 통치하게 된다. 하스몬계 지도자들이 몇 번 바뀌고 난 뒤, 헤롯 가계가 로마시대의 장을 열면서 등장하게 된다.

(6) 로마 통치(주전 63년부터)

유다는 로마 왕국의 한 지방이 되었다. 마카비 계보가 끊어지자 율리우스 가이사는 주전 47년에 안디바를 유다의 지도자로 세웠다. 안디바는 그의 헤롯으로 하여금 갈릴리를 통치하게 했다. 로마는 주전 40년(연대 계산법에 따라 37년으로도 봄)에 그를 유다 왕으로 세웠고, 아내와 아들들을 포함한 그의 가족들을 제외하고는 거의 모두를 살해하였다. 이 사람이 바로 예수님께서 태어나실 때 왕이었던 '헤롯 대왕'(헤롯 1세)이다. 이상이 400년 동안의 유다의 정치적 배경이다.

(7) 400년 동안의 종교적 배경

정치적 배경이 유다를 변화시켰지만 유다인의 종교적 관습에는 큰 변화가 없었다. 서기관, 바리새인, 사두개인과 같은 종파나 회당, 산헤드린과 같은 기관도 생겨났다. 유다에 생긴 이러한 변화 때문에 〈말라기〉와 〈복음서〉 사이의 중간시대는 매우 중요하다.

후손들에게 전해 내려온 전통은 주후 2세기 말쯤 탈무드에 기록되었다. 유다인들은 오늘날까지도 그 권위를 인정하고 있다. 예수님 당시에는 그 전통들이 별로 기록되지 않았다. 예수님께서는 마태복음 15:1~9에서 이 전통을 공격하셨으며 산상보훈(마 5~7장)에서는 여섯 번이나 "너희가 들었으나 나는 너희에게 이르노니"라고 말씀하셨다. 성경을 인용하실 때는 "기록된 바(기록되었으되)"라 하여 전통과 달랐다.

- 원저자 미상 CD자료, 《목회자료백과 3집》; D. S. 러셀, 《신구약 중간시대》 요약 수정 인용.

3. 예수 그리스도의 오심

(1) 하나님의 섭리와 예수님

예수님께서 팔레스틴에 오신 것은 하나님의 경륜의 때가 찼기 때문이지만(갈 4:4, "때가 차매 하나님이 그 아들을 보내사 여자에게서 나게 하시고 율법 아래에 나게 하신 것은"), 다른 측면에서도 들여다 볼 수 있다. 예루살렘의 성분교회(성묘교회)는 예수님의 무덤 자리에 세워진 교회로, 학자들은 이곳이 세계의 중심(배꼽)이라고 한다. 팔레스틴은 아시아와 유럽과 아프리카를 연결하는 세계의 중간 지점이며 그중에서 예수님께서 탄생하신 베들레헴은 중간이 되는 지점이다. 그러므로 지리적으로도 팔레스틴에 오시도록 하나님이 섭리하셨다고 본다.

(2) 당시의 정치적 상황

종교적 상황에 대해서는 성경에서 들었으므로 여기서는 정치적 상황만을 본다. 예수님께서 오실 즈음에 세계는 정치적 통일 시기였다. 로마제국이 세계의 경계를 무너뜨렸으며, 가는 곳마다 로마 깃발이 휘날렸다. 이러한 현실은 그리스도의 복음 전파에도 크게 공헌하였다.

1) 로마의 세계 평화 — 로마가 세계를 통일하고 평화(Roman Pax, 비록 무력을 이용했지만)를 정착시켰을 때 그리스도가 오셨기에, 복음이 세계를 향해 뻗어가는 데 큰 도움이 되었다. 만약 1세기 전이었다면 쇄국주의로 문이 닫혀 있어 복음 전파에 어려움이 있었을 것이다.

2) 로마의 도로 — 로마는 식민지와 식민지 사이의 도로 건설에 힘을 기울였다. 그 결과 제국의 끝에서 끝까지 도로가 건설되었고, 복음은 이 도로를 타고 세계 동서남북으로 삽시간에 퍼져나갈 수 있었다. 그리하여 복음의 불꽃이 세계 도처에 훨훨 타오르게 되었다.

3) 언어의 통일 — 언어의 통일 덕분에 초대교회 전도자들이 어디를 가든지 자기들이 쓰는 말로 복음을 전할 수 있었다. 역시 이로 말미암아 복음의 세계화가 촉진되었다. 당시에는 헬라어를 사용했으며 신약성경도 헬라어('코이네'라는 대중 언어)로 기록되었고, 주전 3세기에는 이미 구약성경의 헬라어역인 70인역(LXX)이 일부 완성되었다.

한편 영적으로는 로마 황제(특히 도미티안, 81~96년)가 자신을 신(神)이라 자칭했으며, 헬라와 로마의 수많은 신들은 백성들의 갈증을 채워주지 못했다. 이런 흑암 속에 오신 예수님은 밝은 빛 자체였다. "흑암에 앉은 백성이 큰 빛을 보았고 사망의 땅과 그늘에 앉은 자들에게 빛이 비치었도다 하였느니라"(마 4:16).

복음서란 무엇인가?

1. 주전 주후를 나눈 것은 주후 6세기

주전(B.C., Before Christ)과 주후(A.D., Anno Domini)를 나눈 사람은 다이오니시우스 엑시구스(Dionysius Exiguus)로서 다음은 그에 대한 《브리태니커 사전》의 기록이다.

Dionysius Exiguus, (영) Denis the Little. 500년경 스키티아~560년경 로마(?). 6세기의 유명한 교회법학자, 그리스도교력의 창안자로 여겨지는 인물이다.

그가 새로 만든 부활절 계산표가 사용되면서 그의 그리스도교력이 널리 보급되었다. 6세기 교회사가 카시오도루스는 그를 수사라고 부르지만, 전승에 따르면 대수도원장이라고 한다. 교황 성 겔라시우스 1세로부터 교황청 문서국 조직을 의뢰받고 로마로 갔으나, 도착했을 때는 교황이 죽은 뒤였다(496년).

그 뒤 로마에서 학자로 활동하다가 525년 교황 성 요한네스 1세의 요청으로 연표를 작성했는데, 이것은 오늘날까지도 통용된다. 이 연표는 아키텐의 빅토리우스가 제안한 바 있는 532년 주기(週期)에 기초하여 알렉산드리아 계산법(알렉산드리아 총대주교 테오필루스가 발전시킨 95년 계산표)을 수정한 것이었다. 또한 그는 그리스도의 탄생 연대를 로마의 체계에 따라(즉 로마 건국 이후 754년) 753년 12월 25일로 잘못 잡았다(주전 4년).

신학자이자 능숙한 수학자·천문학자로 크게 이름을 떨친 다이오니시우스는 성경과 교회법에 능통했다. 사도교회법(the apostolic canons)과 니케아·콘스탄티노플·칼케돈·사르디스 공의회의 교령을 포함한 401개의 교회법 모음집과 성 시리키우스(384~399년)부터 아타나시우스 2세(496~498년)에 이르는 교황들의 교령집이 그의 작품으로 인정된다(후략).

2. 공관복음과 제4복음의 차이

(1) 공관복음서와 제4복음서

네 복음서 중 처음의 세 복음서가 공통적인 자료를 가지고 있는 반면 〈요한복음〉(제4복음서)은 다소 다르다는 인상을 받는다. 1774년 독일의 그리스바흐(J. J. Griesbach)는 처음의 세 복음서를 '공관적'(共觀的: Synoptic)이라고 표현했는데, 그 이유는 세 복음서에 공통적인 자료들이 많기 때문이며 이에 '공관복음(共觀福音)'이라는 용어가 생기게 되었다.

제4복음서(第四福音書)라 일컬어지는 요한복음의 저자에게는 예수님의 영광이 특별하게 계시되었다. 이 책은 예수의 기원이 영원 전부터 하나님의 영원성 안에 근거한다고 본다. 성령이 주는 통찰력에 의해 철저히 그리고 가장 강력하게 조명된 영의 복음이다(3:5, 6:63, 7:39, 14:16~17, 14:26, 15:26, 16:13~14, 20:22 참고).

(2) 복음서의 주제 비교
마태복음―이스라엘의 왕   마가복음―섬기는 종
누가복음―사람의 아들   요한복음―하나님의 아들

(3) '복음'이란 무엇인가
말 그대로 '좋은 소식', '복된 소식'(Good News)이라는 뜻이다. 이는 하나님의 아들 예수 그리스도에 관한 기쁜 소식이 네 기자(마태, 마가, 누가, 요한)들에 의해 기록되어 전해진 것이다. 신약에 "복음"이란 말이 직접 기록되어 있지는 않으나 이것은 언제나 기쁜 소식으로서 많은 사람에게 전해졌다. 여러 사람이 복음을 기록으로 남기려 했으나 실패하는 사람이 많았다(눅 1:1~4). 복음은 하나이지만 성령의 역사로 네 사람에 의하여 네 가지 방법으로 기록되었다. 이를 통해 우리는 네 문서로 한 그리스도를 만나는 신비함을 경험할 수 있다.

3. 예수님의 생애 ― 공관복음 중심

(1) 예수님의 출생과 유년기
1) **탄생 사건**―마 1:18~23, 눅 2:1~20
2) **출생지**(베들레헴)―마 2:1~12, 눅 2:1~2
3) **출생 연대**(주전 4~7년)―마 2:1~9, 헤롯의 영아 학살과 죽음(주전 4년)
　　　　　　　　　　　　눅 2:1~6, 구레뇨의 호적령(주전 6~7년)

(2) 예수님의 세례와 시험
1) **세례 받음**―막 1:9~11, 마 3:13~17, 눅 3:21~22
2) **광야의 시험**―막 1:12~13, 마 4:1~11, 눅 4:1~13

(3) 예수님의 선교 활동

활동 기간에 대한 견해는 1~3년으로 아래의 근거를 제시하고 있다.

1년(막 14:1) — 한 번의 유월절이 언급됨.

3년(요 2:13, 6:4, 11:55) — 세 번의 유월절이 언급됨.

1) 제1단계(갈릴리 선교)

　① 3대 선교: 하나님의 나라 선포 — 막 1:14

　② 제자 훈련 — 막 1:16~20, 3:13~19, 6:7~13

　③ 봉사 선교(치병) — 막 1:23~28, 1:32~34 등

2) 제2단계(가이사랴 빌립보 지방 전도)

　① 베드로의 메시아 고백 — 막 8:29~30

　② 수난 예고 — 막 8:30~33, 9:31~32, 10:32~34

　③ 제자도 — 막 8:34 이하, 9:33 이하, 10:35 이하

　④ 변화산 — 막 15:1~15

3) 제3단계(예루살렘 전도)

　① 수난 사건 — 막 14~15장

　② 유대 재판 — 막 14:53~65

　③ 로마 재판 — 막 15:1~15

4) 예수님의 죽음과 부활

　① 십자가에 달림 — 막 15:16~41

　② 예수의 부활: 빈 무덤 — 막 16:1~10

09

복음시대

마태복음, 마가복음, 누가복음, 요한복음

새신자 한 분이 예수님의 능력에 감탄하기에 은혜를 받았나 했더니 네 복음서를 읽고 "네 번씩이나 죽었음에도 네 번이나 부활하신 능력의 주님이십니다." 하는 것이다. 그러나 네 복음서는 같은 사건을 네 기자가 서로 다른 관점에서 기록한 예수님의 전기이다. '복음'이란 말 그대로 하나님의 아들 예수 그리스도에 관한 기쁜 소식(Good News)이다. 네 복음서 중 〈마태복음〉, 〈마가복음〉, 〈누가복음〉은, 세 복음서에 공통적인 자료들이 많기 때문으로 '공관복음'이라 부른다. 한면 '제4복음서'라 불리는 〈요한복음〉은 예수님의 기원이 영원 전에 하나님의 영원성 안에 근거한다고 본다. 영의 복음으로서 성령이 주는 통찰력으로 철저히 그리고 가장 강력히 조명하고 있다. 복음서를 매일 한 권씩 통독하므로(Day39~42) 다른 날에 비하여 통독하는 분량이 많다.

🔲 마태복음_ 왕으로 오신 예수님

저자 마태(마가복음의 661절 중에 606절이 같음). 대상 유대 독자들에게 예수님이 메시아임을 입증하기 위해 저작. 저작 연대 예루살렘 함락(70년) 이전인 65~70년경으로 추정. 특징 그리스도를 왕으로 묘사했다. 요절 보라 처녀가 잉태하여 아들을 낳을 것이요 그의 이름은 임마누엘이라 하리라(마 1:23).

1. 본서의 저자 '마태'는 '알패오의 아들 레위'라고도 하는데(막 2:14) 헤롯 안디바(안티파스)의 영지 내에 거주하고 있다가 예수님의 부름을 받고 제자가 되었다(눅 5:27). 그는 당시에 멸시받던 세리 출신으로(마 9:9), 다른 제자들은 모두 갈릴리 출신인 것과 다르다.
2. 본서에는 특히 구약의 인용이 많다(128회).
3. 예수님을 왕으로 묘사하며 '나라'라는 말이 55회, '하늘나라(천국)' 32회, '다윗의 자손'이 7회 언급된다.
4. 5대 설교 — ① 산상보훈: 5~7장, ② 열두 제자 파송: 10장, ③ 천국 비유: 13장, ④ 천국 백성: 18장, ⑤ 종말론: 24~25장.
5. 세리 출신(마 9:9)이어서 숫자에 능했다 — 특히 3과 7을 사용하여 조직적으로 기록했다.
   (1) 3을 사용한 예 — 3구분의 족보(1:1~17), 3번의 천사고지(1:20, 2:13, 19), 3가지 예물(2:11), 3가지 시험(4:1~11), 3가지 의에 대한 예(6:1~18), 3가지 이적(8:23~9:8), 3번의 '두려워 말라'(10:26, 28, 31), 3번의 '내게 합당하지 아니하고'(10:37, 37, 38), 3번의 작은 자(18:6, 10, 14), 3개의 예언적 비유(21:28~22:14), 3가지 질문과 대답(22:15~40), 3번의 겟세마네의 기도(26:39~44), 3번의 베드로의 부인(26:69~75). 이렇게 세 번을 강조한 것은 두세 사람의 증인에 의한 증언을 필요로 하는 모세의 율법(신 19:15)의 영향이라고 볼 수 있다.
   (2) 7을 사용한 예 — 7귀신(12:45, 7개의 떡과 7광주리(15:34, 37), 7번 죄를 용서(18:21~22), 7형제(22:25), 7번의 화 있을진저(23:13~36).

🔵 한눈에 살펴보기

아브라함부터 예수 그리스도에 이르기까지의 계보(족보, 게네세오스)가 나오고 이어서 임마누엘 되신 예수 그리스도의 탄생 기사가 나온다(1장). 동방으로부터 박사들의 방문과 예수님의 피신 사건(2장), 세례 요한의 활동(3장), 그리고 예수께서 시험받으신 이후에 제자들을 부르시며 공생애가 시작된다. 예수님의 오심은 흑암의 백성들에게 큰 빛이 되었다(4장).

산상보훈(산상수훈)은 '천국의 대헌장'으로 기독교의 윤리와 교리, 그리고 복음 내용을 요약한 말씀으로 천국생활의 표준이다(5~7장). 예수님의 능력으로 병에 눌린 자가 고침을 얻고, 귀신에 눌린 자가 해방을 맛본다(8장). 믿음을 보시고 중풍병자도 고치시고, 열두 해 혈루증을 앓던 사람도 고쳐주시니 그 소문은 온 땅에 퍼져나간다(9장). 열두 제자에게 능력을 주어 보내신다(10장). 메시아임을 드러내시나(11장; 사 29:18, 35:5~6, 42:7, 61:1 참고), 반면 예수님을 반대하는 무리들은 어떻게 하여 예수를 죽일까 의논한다(12장). 예수님은 비유로 천국을 소개하신다(13장). 의인 세례 요한은 죽임을 당하고 예수님의 오병이어의 기적과 물 위를 걸으신 사건은 예수님이 진실로 하나님의 아들이심을 나타낸다(14장). 장로들의 전통으로 하나님의 말씀을 폐함에 대해 예수님은, '맹인이 맹인을 인도하는 꼴'이라 하셨다. 가나안 여인의 믿음은 칭찬을 받았다(15장).

예수님은 베드로의 신앙고백 후에 비로소 죽으심과 부활에 관해 말씀하신다(16장). 변화산상의 변모, 귀신들린 아이를 고침, 성전세에 관한 이적 등은 예수 그리스도께서 메시아이심과 만왕의 왕이심을 나타낸다(17장). 천국에서의 큰 자는 섬기는 자요 용서하는 자이다(18장). 갈릴리를 중심으로 활동하시던 예수님은 이제 유대로 들어오셨고 예루살렘을 향하셔서 결국 십자가 사건까지 이어진다. 이혼에 대한 교훈, 부자 청년에게 하나님과 바른 관계를 맺을 것을 말씀하신다(19장).예루살렘 입성을 앞두신 예수님은 섬김의 도에 관해 말씀하신다(20장). 겸손의 상징인 나귀를 타시고(슥 9:9) 예루살렘에 입성하신 예수님은 성전을 청결하게 하시고 대제사장과 장로들의 도전에 비유로 가르치신다(21장). 바리새인, 사두개인들과의 변론을 통하여 그들의 잘못된 의식을 책망하신다(22장). 그리고 그들이 받을 화에 대하여 신랄하게 말씀하시며(23장), 종말에 대한 가르침을 주신다(24장).

십자가는 더욱 가까이 와 있었다. 예루살렘에서 예수님은 종말에 대한 말씀의 결론으로 천국의 비유 세 가지(열 처녀 비유, 달란트 비유, 양과 염소 비유)를 말씀하신다(25장). 이제 십자가를 앞에 두고 유월절 잔치를 통해 자신의 몸과 피로 새 언약을 세우신다. 그리고 겟세마네 기도 후에 잡히시고, 베드로는 예수님을 저주까지 하면서 부인한다(26장). 예수님은 십자가에 죽으심으로 온 인류에게 구속의 은혜를 주신다(27장). 죽은 자 가운데서 살아나시고 하늘과 땅의 모든 권세를 가지신 주님께서 우리와 항상 함께 있으리라고 약속하신다(28장).

✅ 하나씩 짚어보기

1. 메시아의 족보(계보 — 게네세오스)
(1) 시기적으로 14대씩 나누어짐(마 1:17)
사건과 시기에 따라 14대씩 나누었는데, 이렇게 맞추기 위하여 중간에 생략된 부분들이 있다. 즉 "요람은 웃시야를 낳고"(1:8)에서 실제 그 사이에는 '3대(아하시야, 요아스, 아마샤)가 생략'되었다. 그리고 "요시야는 여고냐와 그의 형제들을 낳으니라"(1:11) 사이에도 '여호야김이 생략'되었다. 이는 유대인들의 역사 기록 방식으로서, 성경에는 모든 역사와 모든 이름을 기록한 것이 아니라 구속사에 필요한 내용을 중심으로 기록했으므로 생략된 부분이 많다. (Day17 '남유다의 왕들' 도표를 참고하여 왕들의 이름과 관계 성구를 비교해 보면 더 정확히 알 수 있다. 예: 요람 = 여호람, 여고냐 = 여호야긴)

(2) 〈마태복음〉 족보에 나오는 다섯 명의 여인(마 1:1~17)
유대인의 족보에 여인의 이름이 기록되는 일은 드문 일이며 이 여인들 중 마리아를 제외하고는 모두 특별한 배경을 갖고 있다. 이들로 메시아 족보를 잇는 것은 죄인을 구원하는 하나님의 섭리이다.

1) 다말 — 창녀로 변장하여 시아버지를 유혹해서 관계를 갖고 아이를 낳았다(창 38:13~30).

2) 라합 — 여리고의 기생이었다(수 2:1).

3) 룻 — 이방 모압의 여인이었다(룻기).

4) 우리아의 아내(밧세바) — 간부(姦婦)로서 다윗과 불륜이 있었다(삼하 11:1~5).

5) 마리아 — 요셉과 약혼하고 동거하기 전에 예수를 성령으로 잉태한 순전한 여인이다. 그러나 가톨릭에서 교리화 하듯 마리아가 중보자가 될 수 없음은 복음서의 기록이나 사도들도 마리아를 강조한 적이 없음에서 더욱 드러난다.

(3) 〈마태복음〉 족보와 〈누가복음〉 족보의 유사점과 차이점(마 1장, 눅 3장)

1) 처음 14명 이름은 두 복음서가 같다(아브라함~다윗).

2) 족보에 기록된 이름들은 대부분 다르다.

3) 마태는 아브라함~예수까지, 누가는 예수~아담, 그 이상은 하나님으로 더 길게 기록하였다.

4) 마태는 다윗과 스알디엘 사이에 16명, 누가는 22명의 이름을 기록하여 생략의 차이가 있다.

5) 마태는 하향식(아버지→아들로), 누가는 상향식(아들→아버지로)으로 기록했다.

2. 산상보훈과 율법의 재해석(마 5~7장)

(1) 산상보훈(마 5~7장)은 천국시민의 생활

예수님은 먼저 영적 생활의 높은 경지에 올라가는 여덟 단계(팔복)를 열거하셨다(5:1~12). 그 다음 하나님 나라의 기본적인 진리들을 상세히 설명하셨다. '산상보훈'의 내용이 많이 들어 있는 '평지복음'이라 일컬어지는 누가복음 7:17~49을 함께 읽어보라.

(2) 율법에 대한 예수님의 재해석(마 5장)

예수님은 산상보훈 중에 5:21~48에서 율법에 대한 재해석을 한다. '옛사람에게 말한 바 … 너희가 들었으나 나는 너희에게 이르노니'라는 일정한 형식을 갖는다. 즉 유대인들은 모세를 통하여 율법을 받았으나 그들이 율법의 진정한 의미를 몰라서 잘못 해석해왔다. 그러기에 예수님은 율법을 받은 자(모세)에 대한 부여자로서 혁명적인 권위로 말씀을 하신다. 우리도 하나님의 말씀을 아전인수격으로 해석해서 남에게 짐을 지우고 자신은 합리화하는 어리석음을 범하지 말아야 한다(마 23:3~4).

가버나움에 있는 회당의 유적
유대인에게 있어서 회당은 말씀을 배우는 장소로서 구약시대에는 없던 것이다. 아마도 바벨론 포로 당시에 생겨나 포로 후기까지 이어진 것으로 보인다. 예수님도 바울도 회당에서 말씀을 전했다.

3. 귀신이 쫓겨나가는 사건(마 8~17장)

귀신이 쫓겨나간 사건은 8:28~34(군대 귀신, 막 5:9 참고), 9:32~34(말 못하는 사람), 12:22~29(바알세불 논쟁), 17:14~20(귀신들린 아이) 등에 나온다. 귀신들린 자의 특징을 8장의 사건으로 본다.

하나, 악령이 사람 속에 거주한다(28절), 둘, 굉장한 힘이 있다('사나워', 28절), 셋, 발작을 한다('소리 질러', 29절), 넷, 이중적 성품을 가진다('하나님의 아들이여'라고 외쳤다, 29절), 다섯, 영적인 것을 싫어 한다('무슨 상관이 있나이까', 29절), 여섯, 통찰력이 있다('우리를 괴롭게 하려고', 29절), 일곱, 때로는 다른 목소리를 낸다(무당들이 죽은 자의 목소리를 흉내 내는 것은 죽은 그가 나타난 것이 아니라, 귀신 이 그를 이용하는 것일 뿐이다), 여덟, 다른 데로 이주한다(돼지 떼에게로 옮겨 감, 32절).

4. 예수님의 천국 비유(마 13장)

13장에서 예수님은 7가지 비유를 통하여 천국에 대한 비밀스런 진리를 가르치셨다. 비유를 통하여 가르치는 이유는 영적으로 우매한 백성들에게 직접 선포하면 이해를 못하기 때문이다(13~15절). 비유 란 헬라어로 '파라볼레'인데, 이는 '옆에 던진다', '곁으로 던진다'는 뜻으로 한 사물과 다른 한 사물을 비 교하기 쉽도록 설명하는 것을 가리킨다. 성경 속 비유는 일상적인 경험으로부터 끌어낸 이야기를 통해 어려운 율법이나 교리를 이해하기 쉽도록 유도해서 도덕적·영적인 교훈을 주고자 하는 데 목적이 있 다.

5. 유대교의 여러 종파들(마 22장)

바리새인들이 보낸 제자들과 헤롯당원들이 예수님께 가이사에게 세를 바치는 문제에 대해 물은 적 이 있다. 이는 당시 유대인들에게 사회적·정치적이며 종교적인 문제이기도 했다(22:15~22). 바리새인 과 헤롯당은 다른 의식을 가지고 있었음에도 예수님을 시험하고 반대하는 일에는 함께하는 모순에 빠 졌다.

(1) 바리새인들은 하나님의 선민 이스라엘로부터 세금을 취하는 이방인이 하나님의 권한을 침범하 는 불손한 무리라고 생각했다. 그들은 로마의 총독이나 헤롯왕에게 세금 납부하는 것을 못마땅하게 여겨 과격 하게 반대한 열심당이었다.

(2) 이와는 반대로 헤롯가를 재흥시켜 선대 헤롯 대왕 시대로 돌이키려고 소원하고 로마에 적극적으로 납세 를 권장하는 자들이 헤롯당원들이었다. 따라서 이들은 로마제국에 호의를 보내고 헬라문화를 즐기는 세속적 귀족 계급인 사두개인에 가까웠다(Day41 '하나씩 짚어 보기' 도표 참고).

'모세의 자리'라는 글이 새겨진 돌 의자(마 23:2)
이 돌 의자는 등받이가 떨어져 나가고 없다. '모세의 자리'는 명예 로운 특별석으로, 유대인들에게 모세의 권위가 얼마나 컸는지 보 여준다. _고라신의 회당에서 발굴.

다음 물음에 답하거나 괄호 안에 알맞은 말을 넣으시오.

1. 메시아의 족보에 나오는 다섯 여인의 이름을 쓰시오. (1:1~16) (해설 참고)

    (1) 3절 —   (2) 5절 —   (3) 5절 —   (4) 6절 —   (5) 16절 —

2. 계보(족보)를 열네 대씩 무엇(사람 이름이나 사건)을 기준으로 구분했는가? (1:17)

    (1)   (2)   (3)

3. '예수(1:21)'와 '임마누엘(1:23)'의 이름은 각각 무슨 뜻인가?

4. 동방으로부터 온 박사들이 예수님께 드린 세 가지 예물은 무엇인가? (2:11)

5. 요한의 세례와 예수님의 세례는 어떤 차이가 있는가? (3:11~12)

6. 예수님이 마귀에게 받은 세 가지 시험은 무엇이었는가? (4:1~11)

    (1) 3절 —   (2) 6절 —   (3) 9절 —

7. 예수님이 하신 일을 세 가지로 요약하면 무엇인가? (4:23, 9:35)

8. (5:8) 마음이 청결한 자는 ~

9. 성도를 세상의 '무엇'으로 비유했는지 두 가지를 쓰시오. (5:13~16)

10. 예수님께서 가르쳐주신 기도가 나오는 곳은 6장 몇 절인가? (6:   ~   절)

11. 다음 구절에서 공통적으로 나온 낱말은 무엇인가? (6:33, 12:28, 19:24, 21:31, 43)

12. 황금률이라 일컫는 7:12을 쓰시오.

13. 예수님이 8~9장에서 계속 강조한 것을 한 단어로 말하면 무엇인가? (8:10, 13, 26, 9:2, 22, 28, 29)

14. 아버지(하나님)를 아는 자는 누구인가? (11:27)

15. 인자(예수님)는 무엇에도 주인이시라고 하는가? (12:8)

16. 예수님은 누가 '내 형제요 자매요 어머니'라 하셨는가? (12:48~50)

17. 예수님에게 육신의 형제들이 있었다는 증거가 되는 두 절은 어디인가? (13:53~58)

18. 물 위를 걷다가 빠진 베드로를 향해 예수님께서 뭐라고 말씀하시는가? (14:31)

19. 딸이 귀신 들려 예수님께 나온 여인이 들은 마지막 말씀은 무엇인가? (15:28)

20. 14:13~21(5병2어의 기적)과 15:32~39(7병2어)에서 먹은 자의 합은 몇인가?

21. 시몬 베드로는 예수님을 누구라고 고백했는가? (16:16)

22. 예수께서 그리스도이심을 제자들에게 나타낸 때부터 가르치신 것을, 세 단어로 쓰시오. (16:21)

23. 예수님과 더불어 말했던 구약의 두 인물은 누구인가? (17:1~3)

24. 제자들이 어린아이에게 들린 귀신을 쫓아 내지 못한 까닭은 무엇인가? (17:14~20)

25. 천국에서 큰 자는 누구라고 하는가? (18:4)

26. 영생에 대해 물으러 왔던 청년이 왜 근심하며 돌아갔는가? (19:16~22)

27. 인자(예수님)가 오신 이유를 20:28에 근거해서 쓰시오.

28. 예수님은 무엇을 타고 예루살렘에 입성하셨는가? (21:1~11)

29. 율법을 요약하면, 누구와 누구를 사랑하라는 것인가? (22:34~40)

30. 예수님은 십일조에 대해 무어라고 말씀하셨는가? (23:23)

31. 예수님이 어느 때에 오실 것이라고 하는가? (24:44)

32. 25장의 세 가지 비유에 각각의 제목을 붙여보라. (해설 참고)

    (1) 1~13절 —   (2) 14~30절 —   (3) 31~46절 —

33. 예수님의 피는 어떤 의미가 있는가? (26:27~28)

34. 베드로는 예수님을 부인한 후에 어떻게 했는가? (26:75)

35. 예수님께 '유대인(이스라엘)의 왕이냐'고 묻거나 조롱한 자들은 누구인가? (27:11, 27~31, 41~42)

    (1)   (2)   (3)

36. 부활하신 예수님이 제자들에게 부탁하신 말씀은 무엇인가? (28:19~20)

37. 다음의 구절은 구약의 어느 곳의 인용인지를 보기에서 골라 쓰시오.

    〈보기〉 창 2:24/ 시 22:1/ 사 7:14/ 사 29:13/ 사 40:3/ 사 42:1/ 사 53:4
        호 6:6/ 미 5:2/ 슥 9:9/ 슥 13:7/ 말 3:1

    (1) 1:23 —   (2) 2:6 —   (3) 3:3 —

    (4) 8:17 —   (5) 9:13 —   (6) 11:10 —

    (7) 12:18 —   (8) 15:8 —   (9) 19:5 —

    (10) 21:5 —   (11) 26:31 —   (12) 27:46 —

DAY 40 마가복음

MARK

📖 마가복음_ 섬기러 오신 예수님

저자 마가 요한. 대상 (주로) 로마인. 기록 연대 주후 60~70년경(예루살렘 멸망 전). 특징 ① 역사적인 예수보다는 현재적인 복음의 선포에 관심. ② 구약의 인용이 적다. ③ 아람어(에바다, 달리다굼, 고르반 등)가 많다. 주제 섬기러 오신 예수 그리스도. 요절 인자가 온 것은 섬김을 받으려 함이 아니라 도리어 섬기려 하고 자기 목숨을 대속물로 주려 함이니라(막 10:45).

---

1. 복음서 중에서 가장 먼저 기록된 것으로 추정되는 〈마가복음〉은 661절인데, 606절이 〈마태복음〉에 완전히 또는 부분적으로 나타나며, 〈누가복음〉에서도 약 380절이 나타난다. 물론 〈마가〉에는 없고 〈마태〉와 〈누가〉에만 공통적으로 나오는 구절도 240절이나 된다.

2. 마가를 '마가 요한'이라고도 부른다. '마가'는 로마식 이름, '요한'은 헬라식 이름(행 12:12)으로, 그의 이름은 '마가'(행 15:39, 골 4:10, 딤후 4:11, 몬 1:24, 벧전 5:13), '요한'(행 13:5, 13), '마가 요한'(행 12:12, 25, 15:37) 등으로 불린다. 처음에 불충한 전도자였던 마가는 바울의 제1차 전도여행에 따라갔다가 밤빌리아에서 돌아왔고(행 13:13), 2차 전도여행 때는 바울의 반대로 바나바와 전도여행을 하여 신실한 일꾼이 되었으며, 후에는 바울의 인정을 받았다(행 12:25, 13:13, 15:36~40, 골 4:10~11, 딤후 4:11). 주후 112년에 파피어스는 마가가 '베드로의 통역관'이었다고 지적하였다(벧전 5:13).

3. 〈마가복음〉은 복음서 중에 가장 짧으며, 상세한 묘사와 예수님의 공생애를 강조한 것이 특징이다.

   (1) 문체가 간결하고 직설적이며 감정적 묘사가 사실적이다. (2) 이적에 대한 기사에 생생함이 있다.

   (3) 수난의 기사를 많이 다루었다. (4) 예수님의 족보나 탄생의 기사는 없고 곧바로 복음 선포에 대한 기사가 나온다.

   (5) 본서의 자료는 베드로에 의거하고, 베드로의 가이사랴 설교의 구조와 같다(행 10:37~43).

🔘 한눈에 살펴보기

1. 예수님의 갈릴리에서의 사역(막 1~10장)

세례 요한은 "회개하라" 외치며 예수님의 길을 준비한다. 예수님의 등장으로 어둡던 인생들에게 새 빛이 비춰온다(1장). 죄인을 부르러 오신 예수님은 안식일에도 주인이시다(2장). 열두 제자를 택하시고(3장), 비유의 말씀으로 하나님 나라를 소개한다(4장). 각종 병든 자, 귀신들린 자, 죽은 자에게 능력을 나타내신다(5장). 열두 제자가 파송되고 세례 요한은 순교를 당한다(6장). 예수님의 새 인식은 잘못된 전통을 깨뜨린다(7장). 드디어 예수님은 자신이 그리스도(메시아)임을 선포하신다. "너희는 나를 누구라 하느냐"고 물으신다(8장). 예수님은 제자들을 가르치는 데 중점을 두신다. 변화산의 사건도 결국 자신이 받으실 고난과 죽음에 대한 가르침이었다. 그럼에도 불구하고 제자들은 예수님의 가르침을 바르게 깨닫지 못한다(9장). 공생애의 말기, 예수님은 갈릴리의 전도 사역을 끝내시고 예루살렘으로 향하신다. 노중에서의 사건은 주로 베뢰아를 중심으로 일어난다(10장).

2. 예수님의 고난과 부활(막 11∼16장)

드디어 십자가의 사건이 기다리는 예루살렘 성에 입성하시고 도전적인 말씀으로 대적들 앞에 서신다(11장). 그리고 잘못된 지도자들을 신랄하게 말씀의 칼로 치시며 가르치신다(12장). 예수님은 감람산에서 예루살렘을 내려다보시며 종말에 관하여 말씀하신다. 그리고 제자들에게 깨어 있으라고 강조하신다(13장). 각종 간계 속에서도 예수님은 유월절 만찬을 통해 몸과 피를 주심을 가르치신다. 가룟 유다의 배반과 예수님의 체포가 연속적으로 이루어지고, 예수님은 대제사장 앞에 서신다(14장). 빌라도는 충동받은 백성들의 요구대로 예수님을 십자가에 못 박도록 내어준다. 많은 수모를 받으신 예수님은 십자가에 못 박히신다(15장). 누가 진리를 거스르며 하나님의 하시는 일을 막겠는가? 그는 살아나셨고, 만민에게 복음을 전파하라고 말씀하신다(16장).

3. 〈마가복음〉 전체의 이해

마가복음 1:1~8:26에서 예수께서는 행함으로 자신이 누구인가를 보여주셨다. 그리고 8:27~30에서 "사람들이 나를 누구라고 하느냐?"고 질문하신다. 이를 통해 자신이 그리스도(메시아)이심을 말씀으로 나타내시고, 8:31~16:20에서는 말씀으로 그리스도이심을 선포하신다.

✔ 하나씩 짚어보기

1. 세례 요한과 예수님의 세례 비교(막 1:1∼11)

요한의 세례는 물세례요 회개의 세례였으나 예수님의 세례는 불세례요 성령세례였다. 세례 요한은 신약의 엘리야와 비슷하다(말 4:5, 막 9:13). 열왕기하 1:8을 찾아보면 요한과 엘리야의 유사점을 보게 된다.

	세례 요한의 세례	예수님의 세례
종류	물세례, 회개의 세례	성령세례, 불세례
행위	외적 표현	내적 표현
관계 성구	마 3:8, 막 1:4, 8	마 4:11, 요 3:5
횟수	단회적	연속적
결과	회개에 합당한 열매	거듭난다(중생)

2. 왜 죄 없으신 예수님께서 세례를 받으셨는가?(막 1:4∼8)

(1) 모든 의를 이루시기 위해(마 3:15)

(2) 인간과 동일시하시기 위해(그러나 인간의 죄에는 가담치 않으심, 사 53:12, 히 4:15)

(3) 하나님의 뜻을 성취하시기 위해 (요 5:30)

3. 예수님의 제자 선택 기준과 목적 (막 3:13〜15)

(1) 원하는 자들을 부르심 — 제자가 스승을 선택하는 것이 아니라 스승이 제자를 선택했다.

(2) 자기와 함께 있게 하심 — 기쁠 때뿐만 아니라, 힘들 때도 같이하는 것이 제자이다.

(3) 전도하게 하심 — 주님의 부름을 받은 성도도 전도는 필수적인 것임을 잊어서는 안 된다.

(4) 귀신을 내어 쫓는 권세도 있게 하심 — 주님의 제자 된 자는 이러한 권능을 받을 수 있다.

4. 비유로 말씀하신 예수님 (막 4:10〜12)

예수님이 비유로 말씀하신 것은 하나님 나라의 비밀이 택한 자녀들에게만 주어진 것이기 때문이다. 이는 주님의 자녀들에 대한 배려이며 외인들은 깨달을 수 없도록 하기 위함이다. 여기서 '비밀'(토 무스테리온)은 하나님께서 가르쳐주시지 않으면 도무지 알 수 없는 진리를 말한다. '외인'이란 하나님의 진리를 거부하는 바리새인들과 그 추종자들이다 (마 13:13, 15).

5. 네 가지 치유 사건 (막 7〜10장)

귀먹고 말 더듬는 자가 듣고 말하게 되었으며(7:31 이하), 맹인이 보게 되고(8:22 이하), 말 못하게 하는 귀신이 쫓겨나고(9:14 이하), 맹인이 잃었던 시력을 되찾는(10:46 이하) 사건이 곧 네 가지 치유 사건이다.

작은 자들에 대한 예수님의 사랑이 실천적으로 나타난 것이다. 우리 자신의 모습을 보면 그 치유의 대상이 '내가 되어야 한다'는 것을 깨닫게 된다. 영적으로 약한 시력, 약한 청력을 지녔지만 주님은 약한 자를 돌보시므로 우리에겐 희망이 있다.

6. 단 한 가지 부족한 것 (막 10장)

10장에 나오는 이 부자 청년 모습은 본받을 만하다. 예수님께 달려왔고(열심), 꿇어 앉았으며(겸손, 구도자의 자세), 영생에 관해 질문했다(생의 근본 문제에 관심을 가짐). 그는 율법 준수를 잘한 건실한 사람이었다. 그러나 그는 '한 가지 부족한 것이 있으니'라고 예수님께 지적을 받자, 근심하며 어둠 속으로 사라졌다. 우리 스스로에게 한 가지 부족한 것이 무엇인지 돌아보아야 한다. 그 문제를 해결하지 못하면 '다 좋은데 그 한 가지 때문에'라는 지적을 받게 된다. 바로 그 건실한 청년처럼!

7. 성전은 만민이 기도하는 집 (막 11:15〜18, 사 56:7)

성전 안에서 장사를 한 곳은 이방인의 뜰이었다. 이는 이방인들이 하나님께 나올 수 있는 길을 차단하는 유대인의 횡포로, 보편적 은혜를 저지하는 비복음적 행동이었다. 예수님은 이들을 쫓아내셨다. 성전은 역사적으로 솔로몬 성전(주전 950, 제1성전), 스룹바벨 성전(주전 516/5년, 제2성전), 헤롯 성전

(주전 20년부터 건축 중)이 있는데, 예수님 당시에는 헤롯 성전이 있었다.

이방인의 성전출입 금지 비문

"이방인(Non Jews)은 성전주위의 난간과 경내에 들어올 수 없다. 위반자는 그 결과로서 일어나는 죽음의 처벌에 대하여 책임을 져야 한다"는 글이 적혀 있다.
유대인들은 이방인들이 하나님께 나올 수 있는 길을 원천적으로 차단하여 '만민이 기도하는 집'(막 11:17)이 되지 못하게 했다. 1871년 예루살렘에서 발견된 완전한 것이며, 1936년에는 붉은 글씨로 쓴 것도 발견되었다. _이스탄불 고고학 박물관 소장.

8. 예루살렘 성전의 파멸 예언(막 13:1~4)

헤롯에 의해 주전 20년부터 수축되고 있었던 성전은 주후 64년에 완공되었는데 그 후 불과 6년 만인 주후 70년에 로마의 티토(Titus)에 의해 파멸되고 말았다. 즉, 예수님의 예언 후 약 40년 만에 이루어진 일이다. 로마의 군대가 성전에 불을 질렀는데 이때 성전 내부에 장식되었던 금들이 녹아 돌 사이에 끼게 되었다. 군인들이 그 금들을 취하기 위해 돌을 들추었으므로 "돌 하나도 돌 위에 남지 않고 다 무너뜨려지리라"는 말씀의 예언이 성취되었다.

9. 성소 휘장이 찢어져 둘이 됨(막 15:38)

성전의 성소에는 휘장이 둘 있었는데 하나는 성소로 들어가는 입구에 있는 것이고, 하나는 성소와 지성소 사이에 있는 휘장이다. 히브리서 6:19, 9:3, 10:20에 근거해볼 때 내부의 것으로 생각된다. 내부의 휘장에 대해서는 출애굽기 26:31~33, 36:36, 역대하 3:14에서 찾아볼 수 있다. 휘장이 찢어진 사건은 진정한 대제사장이신 예수님의 죽음으로 인해 누구든지 직접 거룩하신 하나님 앞에 나아갈 수 있는 길이 열리게 되었음을 의미한다(히 9:3~15, 10:19~20). 예수 그리스도의 이름으로 하나님께 직접 기도하여 우리 죄의 용서를 구할 수 있는 것은 큰 은혜이다.

10. '유대인의 왕'이라 적힌 죄패(막 15:26)

"이는 유대인의 왕 예수라"(마 27:37), "이는 유대인의 왕이라"(눅 23:38), "나사렛 예수 유대인의 왕"(요 19:19). 이처럼 복음서마다 약간의 차이가 있는 것은 '핵심만을 기록'했기 때문일 것이다. 빌라도가 죄패(罪牌)를 붙이게 한 것에 대해 두 가지 면에서 추측할 수 있다.

(1) 십자가의 예수님과 유대인을 조롱하기 위해 썼을 것이다.

(2) 요한복음 19:19~22에 "자칭 유대인의 왕"이라고 쓰라는 대제사장의 요구를 묵살하고 "내가 쓸 것을 썼다"며 단호하게 말한 것을 볼 때, 빌라도가 예수님의 무죄함을 알고도 죽게 내어준 데 대한 일말의 죄책감과 동정심이 작용했을 것이다.

유대의 은전들

유대 전쟁(주후 67~70년)의 최후는 맛사다에서 로마군대에 대한 항전이다. 이 은전은 후대에 맛사다에서 출토된 것들이다.

DAY 40

마가복음

다음 물음에 답하거나 괄호 안에 알맞은 말을 넣으시오.

1. 〈마가복음〉은 어느 시점부터 기록하고 있는가? (1장)

   ① 예수님의 탄생   ② 예수님의 시험받으심   ③ 예수님의 족보   ④ 세례 요한의 외침

2. 요한은 물로 세례를 베풀었지만 '뒤에 오시는 분(예수)'은 무엇으로 세례를 베푸시는가? (1:7~8)

3. 예수님의 광야 시험과 관계가 되는 내용을 괄호 안에 쓰시오. (1:12~13)

   (1) 성령이 예수를 (   )로 몰아냄   (2) (   )일을 시험받으심   (3) (   )들도 수종들더라

4. 그물을 던지다가 부름받은 두 제자는 누구인가? (1:16~20)

5. 그물을 깁다가 부름 받은 두 제자는 누구인가? (1:16~20)

6. 가버나움 회당의 귀신들린 사람은 예수님을 누구로 알고 있는가? (1:21~28)

7. 예수께서 누구의 믿음을 보시고 중풍병자를 고치셨는가? (2:1~12)

8. 예수님은 누구를 부르러 오셨는가? (2:13~17)

9. 예수님이 제자를 부르신 이유가 아닌 것은 무엇인가? (3:13~15)

   ① 함께 있게 함.   ② 전도하게 함.

   ③ 일자리를 얻게 함.   ④ 귀신 내쫓는 권능을 가지게 함.

10. 예수님의 열두 제자의 이름을 적으시오. (3:16~19)

11. 누가 예수님의 신령한 가족(형제, 자매, 어머니)이 되는가? (3:35)

12. 씨가 좋은 밭에 뿌려졌다는 것은 무엇을 말하는가? (4:20)

13. '달리다굼(5:41)'은 무슨 뜻인가?

14. 예수님의 육신의 형제는 누구인지 쓰시오. (6:1~6)

15. 헤로디아가 세례 요한을 죽이고자 하였으나, 헤롯이 죽이지 못한 이유는 무엇인가? (6:19~20)

16. 보리떡 (   ) 개와 물고기 (   )마리로 다 배불리 먹고도 (   )에 차게 남았다. (6:30~44)

17. '고르반'과 '에바다'의 뜻은 무엇인가? (7:11, 34)

18. 속에서 나와 사람을 더럽게 하는 것은 무엇인가? (7:20~23)

19. 예수께서 비로소 제자들에게 가르치신 것은 무엇인가? (8:31)

20. '엘리야가 왔다'고 했는데 이는 신약에서 누구를 가리키는가? (9:11~13, 마 11:11~15, 말 4:5~6)

21. (9:23) 예수께서 이르시되~

22. 하나님의 나라를 어떻게 받들어야 천국에 들어갈 수 있다고 하는가? (10:15)

23. 〈마가복음〉의 요절이라고 할 수 있는 10장 45절을 기록하고 암송하시오.

24. 하나님의 집(성전)은 무엇이라 칭함을 받는가? (11:17)

25. "무엇이든지 (   )하고 구하는 것은 받은 줄로 (   ) 그리하면 너희에게 그대로 (   )." (11:24)

26. 사두개인이 없다고 여기며 믿지 않은 것은 무엇인가? (12:18)

27. 계명 중에 첫째는 (   ) 사랑, 둘째는 (   ) 사랑이다. (12:28~34)

28. 과부의 적은 헌금(두 렙돈)이 칭찬을 받은 이유는 무엇인가? (12:41~44)

29. 주의 재림의 "그 날과 그 때"는 누가 아시는가? (13:32)

30. 주의 재림을 기다리며 "깨어 있으라"는 말씀은 각각 몇 절에 나오는가? (13:32~37)

　　(1) 마태복음 24장 (   )절　　(2) 마가복음 13장 (　,　,　,　)절　　(3) 누가복음 21장 (   )절

31. 한 여인이 값진 향유를 예수께 부은 것은 무엇을 미리 준비한 셈인가? (14:8)

32. "이것은 많은 (   )을 위하여 흘리는 나의 피 곧 (   )니라." (14:24)

33. 대제사장의 "네가 찬송받을 이의 아들 (   )"는 질문에 예수께서 "내가 그니라" 하고 대답했다. 이로 인해 대제사장은 예수님을 사형에 해당한다고 정죄했다. (14:61~64)

34. 빌라도는 예수를 "네가 유대인의 (   )이냐"고 물었고 예수는 "네 말이 (   )" 하셨다. (15:1~3)

35. 십자가에 달린 예수님을 대제사장들과 서기관이 무엇이라 희롱하였는가? (15:29~32)

36. 다음 사건의 시간을 쓰되, 오늘날의 시간을 함께 쓰시오. (로마의 시간에 6을 더함)

　　(1) 십자가에 못 박음(15:25) — (   )시 = 현재 오전 (   )시

　　(2) 온 땅에 어두움이 임함(15:33) — (   )시 ~ (   )시 = 현재 낮 (   )시 ~ 오후 (   )시

　　(3) 크게 소리 지르심(15:34) — (   )시 = 현재 (   )시

37. 예수님이 그렇게 숨지심을 보고 백부장은 무엇이라 했는가? (15:39)

38. 예수님은 어느 날에 부활하셨는가? (16:1~11)

39. 부활하신 예수님이 누구에게 먼저 모습을 보이셨는가? (16:9)

40. 예수님의 마지막 부탁 말씀은 무엇인가? (16:15)

42. (16:15) 너희는 온 천하에 다니며~

DAY 41 LUKE

누가복음

📖 **누가복음_ 사람의 아들 예수님**

저자 누가, 의사였으며, 바울과 동행했고 마가와도 함께 일했다(골 4:10,14, 몬 1:24). 사도행전과 동일 저자(눅 1:1~4, 행 1:1~5). **주제** 사람의 아들 예수. **기록 연대 및 장소** 주후 61~63년경(바울의 투옥 생활이 끝나기 전), 로마. **신학 사상** 이방인 전도, 사회문제에 관심을 가짐. **요절** 인자가 온 것은 잃어버린 자를 찾아 구원하려 함이니라(눅 19:10).

---

1. 〈누가복음〉은 예수님의 생애에 관해 가장 완전한 자료를 제공하고 있다. 저자는 예수님의 생애인 〈누가복음〉과 교회의 시작(기독교의 발단)에 대한 기록인 〈사도행전〉을 동일 인물 — 로마 사람 데오빌로 각하 — 에게 보내는 글로 기록했다.

2. 〈누가복음〉에는 이방인(데오빌로는 이방인)이 파악할 수 없거나 이해할 수 없는 내용이 들어 있지 않다.

3. 〈누가복음〉은 예수님을 만민의 구주로, 그의 오심을 전 세계적인 사건으로 보여주고 있다.

4. 내용 분해

   1~2장 — 인자의 출현

   3장~4:13 — 공생애 준비

   4:14~9:50 — 예수님의 사역

   9:51~19:27 — 배척받으심

   19:28~24장 — 고난과 부활

 **한눈에 살펴보기**

　　말씀의 목격자인 저자(누가)는 데오빌로 각하에게 이 글을 써서 보낸다. 천사가 나타나 사가랴에게는 '요한'을, 마리아에게는 '예수'가 태어날 것을 수태고지(受胎告知) 한다. 엘리사벳, 마리아, 사가랴의 찬양이 나온다(1장). 예수님이 베들레헴에서 탄생하신다. 정결 예식의 날에 시므온과 안나의 예언, 그리고 나사렛으로 돌아온 예수님과 열두 살 때에 예루살렘에서의 일이 소개된다(2장). 세례 요한의 전도와 예수님의 족보(3장), 그리고 성령에 이끌려 광야에서 시험받으신 후 갈릴리 전도를 하시는 예수님의 기록이 나온다(4장). 예수님은 제자들을 부르셔서(5장), 열두 제자를 택하시고(6장), 이들을 파송하신다(9장).

　　많은 이적과 기사를 통하여 병든 자를 고치시고 죽은 자를 살리시며 죄를 사해주시는, 하나님의 아들로서의 모습이 드러난다(6~7장). 6:17~49의 '평지 설교'는 마태복음 5~7장의 '산상수훈'과 내용상 밀접한 관계를 갖는다. 첫 번째 수난이 예고된다(9:22). 예수님을 반대하는 무리들도 많아진다. 예수님의 많은 활동들이 소개되고 있다. 예수님은 70인을 파송하신다. 선한 사마리아인의 비유는 〈누가복음〉

에만 나오는 이야기이다(10장). 제자들에게 기도를 가르치시고, 반대자들과 바리새인들을 책망하신다(11장). 어리석은 부자의 비유, 먹고 입는 것보다 더 중요한 것이 무엇인지와 종말에 대한 말씀을 하신다(12장).

천국의 비유와 예루살렘의 멸망에 대해 예고하신다(13장). 잔치 초청 비유를 통하여 이방인의 구원을 보여주신다. 또한 예수님의 제자가 되는 자세를 말씀하신다(14장). 하나님은 잃은 영혼 찾음을 기뻐하신다. 잃었다 찾은 기쁨에 관한 세 편의 가장 아름다운 이야기는 감동적이다(15장). 불의한 청지기 비유, 부자와 나사로의 비유를 통하여 바른 물질관을 가르치신다(16장). 끝없는 용서에 대한 가르침, 인자의 날에 대한 예고(17장). 그리고 비유를 통하여 기도에 대한 가르침, 세 번째 수난 예고를 말씀하신다(18장). 나귀 새끼를 타시고 예루살렘 성에 입성하시므로 고난을 향해 한 걸음 더 다가 가셨다. 성전을 청결하게 하신다(19장).

예루살렘에 입성하신 예수님 앞에 마지막 한 주간의 숨 막히는 사건들이 전개된다. 성전에서 논쟁을 통한 말씀으로 백성들을 가르치신다(20장). 예루살렘 성전 파멸과 재난에 대한 예언을 하신다(21장). 가룟 유다는 예수님을 배반한다. 예수님은 제자들과 유월절 최후의 만찬을 하시고 감람산에서 기도하신 후에 체포되신다(22장). 심문을 받으시고 십자가에 못 박히시며 장사 지낸 바 되신다(23장). 그러나 죽음의 권세를 깨뜨리시고 부활하신다(24장).

✅ 하나씩 짚어보기

1. 〈누가복음〉의 성격
(1) 〈누가복음〉은 '보편적인 복음'이다.
모든 장벽은 무너지고 예수 그리스도는 만민을 차별하지 않는 존재로서 소개된다.

   1) 사마리아 사람에 대하여 닫혀 있지 않다(9:51~56, 10:30~37, 17:11~19).
   2) 유대인들이 멸시하는 이방인에 대해서 호의를 가진다(4:25~27, 7:9, 13:29).
   3) 가난한 사람들에 대하여 남다른 관심을 가진다(2:24, 7:22, 16:19~31).
   4) 죄인과 버림받은 자들의 친구이다(7:36~50, 15:11~32, 18:9~14, 19:1~10, 23:43).
(2) 〈누가복음〉은 '찬양의 복음'이다.
〈누가복음〉에서 하나님을 찬양하는 구절은 신약성경의 다른 세 복음서에 나오는 횟수를 전부 합한 것보다도 더

유대인 최후의 항전터 맛사다(Masada)
주후 67~70년 유대전쟁 최후의 항전터인 맛사다에서 유대인들은 이방인(로마)의 손에 죽을 수는 없다며 최후에 자결을 선택한다. 960명이 죽었고 7명이 지하수로에 숨었다가 증언하였으며 요세푸스의 〈유다전쟁〉에 기록으로 남겼다. 1963~5년에 야딘 장군이 발굴했다.

많이 나타난다. 이 찬양은 교회가 그 전 세대를 통해서 노래한 세 가지 위대한 찬송, 즉 마리아의 송가(1:46~55), 사가랴의 송가(1:68~79), 그리고 시므온의 송가(2:29~32)에서 절정에 이르고 있다. 〈누가복음〉에는 마치 하늘의 광채가 지상의 사물에 닿는 것처럼 아름다운 광채가 깃들여져 있다.

(3) 〈누가복음〉은 '기도의 복음'이다.

누가는 예수님 생애의 중요한 시점에서 '한결같이 기도에 임하시는' 예수님의 모습을 보여준다. 세례받으실 때(3:21), 바리새인과의 충돌을 앞두고(5:16), 열두 사도를 택하시기 전(6:12), 자신의 죽음에 대하여 처음 예고하시기 전(9:18), 변화산에서(9:29), 십자가 상에서(23:34), 베드로가 받을 시험을 위하여(22:32) 기도하신다. 또한 한밤중에 찾아온 친구의 비유(11:5~13), 불의한 재판관의 비유(18:1~8)로서 기도를 가르치는 것은 〈누가복음〉뿐이다.

- 윌리엄 바클레이,《Commentary : The Gospel of Luke》, pp.18~22에서 요약 정리.

2. 예수님 시대의 여러 종파(누가복음에서는 5:33, 6:2, 6:15, 7:36~47을 찾아보라)

분파명	기원	특징	예수님과 합치점	예수님과 불일치점	관련 성경
바리새파 (Pharisee)	하시딤(Hasidim)이라 일컬어진 경건한 무리들로서 그 기원은 BC 2세기(마카베오 시대) 경으로 추정됨(그 뿌리는 에스라 시대까지 연결됨).	• 율법과 유대 전통에 철저했던 자들 • 유대의 제종교 분파 가운데 주류 • 회당 문화에 지대한 영향력 행사	• 율법 존중 • 죽음에서의 부활을 믿음. • 하나님의 뜻에 철저히 복종함.	• 예수의 무흠과 메시아성을 믿지 않음. • 예수님을 자신들의 전통을 파기한 자로 매도	마 5:20, 23:1~36 눅 6:2, 7:36~47
사두개파 (Sadducess)	하스모니아(Hosmonean)시대(BC 166~163)로 추정. 그 명칭은 솔로몬 시대의 사독에게서 유래(삼하 8:17). AD 70년 예루살렘 멸망과 함께 사라짐.	• 부유한 기득권층, 유대 제사장 계급을 독점 • 모세 오경만을 인정 • 성전 장사들에게서 금품 착취 • 바리새파와 함께 유대공회의 양대 세력	• 모세오경과 성전 등을 광의적 측면에서 해석	• 부활사상을 거부 • 성전을 상품 교환 및 장사의 장소로 사용하는 것을 용인함.	마 3:7, 23:1~36 16:11, 12 막 12:18
서기관 (Scribes)	바벨론 포로 당시 율법 연구 및 복사를 전문으로 하는 무리들의 필요로 생겨남.	• 전문적인 율법 해석자들 • 전통 고수 및 창출자들 • 바리새인들이 주축을 이룸.	• 율법 존중 • 하나님께 철저히 순종함.	• 율법을 재해석하신 예수의 권위 부정 • 전통을 부정했다는 이유로 예수의 메시아성 거부	마 7:29 막 2:6, 16
헤롯당 (Herodian)	헤롯 왕조의 출현 때에 점차 세력화된 무리들로서 특히 헤롯 안디바 시절에 그 위세를 떨침.	• 헤롯 왕의 적극 지지자들로서 정치적 세력을 형성한 편당	• 거의 전무 • 복음서 내에서는 대부분 예수 살해 의도만 묘사	• 예수를 정치적 견제 세력으로 간주 • 로마로부터 자신들의 실추된 세력을 회복하려는 큰 야망의 거침돌로서 예수를 적대시함.	마 22:16 막 3:6, 12:13
열심당 (Zealots)	헤롯 대왕 당시(BC 6년경)에 조직되어 AD 73년 맛사다(Massada) 항전 때까지 존속.	• 이스라엘 내의 로마 통치를 몰아내고자 결성된 극단적인 민족주의자들	• 이스라엘의 미래관 • 메시아의 존재는 믿었으나 예수가 하나님께로부터 보냄을 받으신 바로 그 분임을 부인함.	• '로마 압제로부터 이스라엘을 회복할 위대한 지도자'라는 정치적 메시아상을 고집함.	마 10:4 눅 6:15 행 1:14
엣세네파 (Essenes)	원래는 하시딤 곧 바리새파에 속했다가 분리된 것으로 추정 (마카베오상 2:42, 7:13). 경건을 추구하는 무리로서 마카베오 시대(BC 165~155)때 수리아 왕조에 대항해 은둔과 세속 분리를 목적으로 조직.	• 금욕적이고 분리주의적인 유대 종파 • 개인적 경건 훈련 및 각종 정결 예식 강조 • 세례 요한도 이 종파 출신으로 추정됨.	• 공의와 정직과 선행 및 공동체 생활을 추구함.	• 엄격한 규율에 따라 수행하며 정결 예식을 최상의 의(義)로 간주	눅 5:33 참고

3. 〈누가복음〉에 나타난 예언의 성취

(1) 동정녀 탄생(사 7:14 → 눅 1:26~35)

(2) 탄생의 시각(단 9:25 → 눅 2:1~7)

(3) 베들레헴 탄생(미 5:2 → 눅 2:4~7)

(4) 여자의 후손(창 3:15 → 눅 2:5~7)

(5) 성령이 임함(사 61:1 → 눅 4:18)

(6) 유다 지파의 후손(창 49:10 → 눅 3:33)

(7) 아브라함에게 약속된 자손(창 12:3, 18:18 → 눅 3:34)

(8) 야곱에게 약속된 자손(창 28:14, 민 24:17 → 눅 3:34)

(9) 유대인의 배척(시 2:2, 사 53:2 → 눅 4:29)

(10) 죄인들과 함께 못 박힘(사 53:12 → 눅 23:33~34)

(11) 원수를 위해 기도함(시 109:4, 사 53:12 → 눅 23:34)

(12) 부활(시 16:10 → 눅 24:36~38)

(13) 승천(시 68:18 → 눅 24:50~51)

4. 예루살렘의 멸망 예고(눅 13:34~35)

예수님은 예루살렘을 보시며 "예루살렘아 예루살렘아 선지자들을 죽이고 네게 파송된 자들을 돌로 치는 자여"라며 유대인의 역사적인 죄를 지적하셨다. 사형은 성 밖에서 행해졌고 두 명 이상의 증인이 필요했다(신 17:6). 돌로 쳐 죽이는 행위는 가장 저주받은 형벌이며, 회중이 참가하는 공개 처형법이다. 이러한 형을 선지자들과 복음 전도자들에게 집행한 것은 곧 진리를 대적하였던 것이며 그래서 예수님은 예루살렘의 멸망을 예고하셨다.

히브리 사회에 있어서 돌로 쳐 죽이는 형벌은 1) 우상숭배, 일월성신(日月星辰)을 섬길 때(신 17:2~17), 2) 우상을 섬기도록 유혹할 때(신 13:6~11), 3) 신성모독을 할 때(레 24:14~23, 왕상 21:10~15), 4) 몰렉에게 자식을 바칠 때(레 20:2~5), 5) 신접하거나 박수가 된 때(레 20:27), 6) 안식일을 범할 때(민 15:32~36), 7) 간음 행위를 할 때(신 22:21~24), 8) 아들이 부모에게 복종하지 않을 때(신 21:18~21), 9) 하나님께서 금하신 물건을 속여 탈취하였을 때(수 7:25), 10) 소가 사람을 죽였을 때(출 21:28~32) 등이다.

5. 열 므나 비유의 역사적 배경(눅 19:11~27)

이 비유는 실제의 역사적 사건에 근거한 이야기이다. 어떤 왕이 왕위를 받으려 떠나고 그 적대자들은 그가 왕위를 받지 못하도록 저지하기 위해서 전력을 다했다는 것이 그 배경이다.

헤롯 대왕이 주전 4년에 죽었을 때에 그는 자기 왕국을 헤롯 안티파스와 헤롯 빌립, 아켈라오에게 분할해주었다. 그 분할을 성립시키는 데는 팔레스틴의 대군주인 로마 정부에 의한 인준이 필요했다. 유대

지방을 분할받은 아켈라오는 황제 아우구스투스에게 유산의 영토에 들어가는 허가를 청원하기 위해 로마에 갔다. 이때에 유대인들은 그가 왕이 되는 것을 원치 않음을 알리기 위해서 로마로 50명의 사절단을 보냈다. 사실상 아우구스투스는 그에게 실제적인 왕의 칭호는 주지 아니하고 그의 유산은 인정해주었다. 유대에 사는 사람이라면 누구나 이 비유를 듣고 역사적 상황을 상기했을 것이다.

- 윌리엄 바클레이, 《Commentary: The Gospel of Luke》, pp.336~7.

6. 십자가 위의 일곱 말씀 — 가상칠언(架上七言)

"눅눅요마요요눅"으로 일곱 말씀의 출처를 암기하라.

(1) "아버지 저들을 사하여 주옵소서 자기들이 하는 것을 알지 못함이니이다"(눅 23:34).

(2) "내가 진실로 네게 이르노니 오늘 네가 나와 함께 낙원에 있으리라"(눅 23:43).

(3) "여자여 보소서 아들이니이다 … 보라 네 어머니라"(요 19:26~27).

(4) "나의 하나님, 나의 하나님, 어찌하여 나를 버리셨나이까"(마 27:46).

(5) "내가 목마르다"(요 19:28).

(6) "다 이루었다"(요 19:30).

(7) "아버지 내 영혼을 아버지 손에 부탁하나이다"(눅 23:46).

7. 확인되지 않았으나 통상적으로 사용하는 말들

(1) 동방박사들은 세 명이다?

성경에서 "박사들"(헬라어, 메기)이라는 복수를 사용했으므로 둘 이상이며, 셋이라 말함은 예물을 세 가지(황금, 유향, 몰약) 드렸기 때문에 그렇게 추측한 것이다(마 2:1~12). 또한 찬송가 제목에서도 "동방박사 세 사람"이라 했다(새찬송가는 "동방에서 박사들"로 수정, 116장).

(2) 오른쪽의 강도는 회개했다?

성경에는 행악자가 예수님의 우편과 좌편에 있더라 했다. 그중에 누가 "예수여 당신의 나라에 임하실 때에 나를 기억하소서"라고 했는지는 알 수 없으나 통상적으로 '오른쪽'을 긍정적으로 표현하는 관습에 의해 오른쪽의 강도가 회개했다고 말하는 경우가 있다(눅 23:32~33, 39~43).

(3) 예수님의 생애는 33년이다?

예수님은 "삼십 세쯤"(눅 3:23)에 사역을 시작하셨고, '3년간'에 대한 해석은 〈요한복음〉에 나온 유월절을 기준으로 삼는다. 유월절이 공관복음에 한 번(막 14:1), 〈요한복음〉에는 세 번(2:13, 6:4, 11:55) 나오는 것에 근거해서 3년간 활동하신 것으로 계산한다. 복음서마다 십자가 사건이 유월절 때임을 말하지만 마지막 시간이므로 합산은 안 한다.

다음 물음에 답하거나 괄호 안에 알맞은 말을 넣으시오.

1. 〈누가복음〉은 근원부터 (   ) 미루어 살핀 저자가 (   ) 각하가 알고 있는 바를 더 (   ) 하기 위해 쓰였다. (1:1~4)

2. 사가랴와 엘리사벳의 가정에서 태어난 아기의 이름은 무엇인가? (1:13, 63)

3. "보라 네가 잉태하여 아들을 낳으리니 그 이름을 예수라 하라"는 누가 누구에게 한 말인가? (1:30~31)

4. 아이가 자라서 이스라엘에게 나타나는 날까지 빈 들에 있었던 이 사람은 누구인가? (1:80)

5. 요셉은 호적하러 어디로 갔으며, 이곳을 예언한 선지자는 누구인가? (2:4, 미 5:2)

6. 천군 천사의 찬양을 무엇이라 표현할 수 있는지 다음의 괄호를 채우시오. (2:13~14)

   하나님께 (   ), 사람들 중에 (   ).

7. 예루살렘의 속량을 바라는 모든 사람에게, 아기에 대하여 말한 여선지자는 누구인가? (2:36~39)

8. "내(예수)가 내 아버지 집에 있어야 될 줄을 알지 못하셨나이까"(2:49)는 예수님이 몇 살 때 어디에서 하신 말씀인가? (2:41~51)

9. 예수님이 세례를 받으신 후 하늘로부터 어떤 소리가 났는가? (3:21~22)

10. 예수께서 가르치심을 시작하실 때에 나이는 몇이었는가? (3:23)

11. "예수께서 (   )의 충만함을 입어 요단 강에서 돌아오사 광야에서 (   ) 동안 성령에게 이끌리시며 (   )에게 시험을 받으시더라." (4:1~2)

12. 예수님은 무슨 일로 보내심을 받았는가? (4:43)

13. "무서워하지 말라 이제 후로는 네가 사람을 취하리라"는 누구에게 한 말인가? (5:10)

14. "내가 (   )을 부르러 온 것이 아니요 (   )을 불러 회개시키러 왔노라." (5:32)

15. 열두 사도의 이름을 채워 넣으시오. (6:13~16)

   베드로(시몬), (   ), 야고보, 요한, 빌립, (   ), 마태, 도마, 알패오의 아들 야고보, 셀롯이라는 시몬, 야고보의 아들 유다, (   )

16. 평지복음(6:17~49)은 마태복음 5~7장의 (   )과 같은 성격이다. (Day 39 해설 참고)

17. 요한이 제자 둘을 보내 "오실 그이(메시아)가 당신이오니이까"라고 물은 데 대한 예수님의 대답은 몇 절에 나오는가? (7:18~23)

18. 다음은 누구를 향한 악평인가? (7:33~34)

    (1) 귀신이 들렸다 ―   (2) 세리와 죄인의 친구로다 ―

19. 씨가 좋은 땅에 떨어져 백 배의 결실을 하였다는 것은 어떤 의미인가? (8:8, 15)

20. 베드로는 예수님을 누구시라고 고백했는가? (9:20)

21. 귀신들이 항복하는 것으로 기뻐하지 말고 진정 어떤 일에 기뻐하라고 하시는가? (10:20)

22. 예수님은 왜 마리아가 좋은 편을 택했다고 하셨는가? (10:38~42, 답은 39절에서)

23. 예수님은 십일조에 대해 무엇이라고 말씀하셨는가? (11:42)

24. 어리석은 부자는 자신의 영혼에게 무엇이라 말했는가? (12:19)

25. 하나님 나라를 무엇에 비교하고 있는가? (13:18~21)

    (1) 채소밭에 갖다 심은 (   )   (2) 가루에 넣어 부풀게 한 (   )

26. 바리새인들이 예수님께 어떤 정보를 제공하였는가? (13:31)

27. "길과 산울타리 가로 나가서 사람을 (   )하여 데려다가 (   )." (14:23)

28. (15:7) 죄인 한 사람이 회개하면 ~

29. "볼 수 있게 임하는 것이 아니요 … 하나님의 나라는 (   )에 있느니라." (17:20~21)

30. 불의한 재판관의 비유는 '항상 (   )하고 (   )하지 말아야 할 것'을 비유로 말씀한 것이다. (18:1~8)

31. "인자가 온 것은 (   )를 찾아 (   ) 함이니라." (19:10)

32. "내 집은 (   )이 되리라 하였거늘 너희는 (   )을 만들었도다." (19:46)

33. 부활이 없다고 주장하는 자들은 누구인가? (20:27)

34. "그 때에 사람들이 인자가 (   )을 타고 능력과 큰 영광으로 (   )을 보리라." (21:27)

35. "열둘 중에 하나인 (   )이라 부르는 유다에게 (   )이 들어가니." (22:3)

36. '유월절 예식'이 무엇을 뜻하는가? (22:1~12, 출 12:26~27)

37. "이것은 너희를 위하여 주는 (   )이라 … 이 잔은 내 피로 세우는 (   )이니." (22:19~20)

38. 무리가 예수님을 고발하는 죄목 세 가지는 무엇인가? (23:1~2)

    (1)   (2)   (3)

39. "인자가 … (   )에 못 박히고 (   )에 다시 (   ) 하리라 하셨느니라." (24:7)

40. "큰 (   )으로 예루살렘에 돌아가 늘 (   )에서 하나님을 (   )하니라." (24:52~53)

DAY 42 요한복음

요한복음_ 메시아 예수님

저자 사도 요한(세베대의 아들 야고보와 형제, 사랑의 사도). 주제 예수님을 믿음으로 얻는 영생. 기록 연대 및 장소 주후 80~90년(밧모섬으로 유배를 가기 전). 중심 내용 예수님은 하나님의 아들이시며, 그분을 믿음으로만 구원을 받을 수 있다. 요절 하나님이 세상을 이처럼 사랑하사 독생자를 주셨으니 이는 그를 믿는 자마다 멸망하지 않고 영생을 얻게 하려 하심이라(요 3:16).

1. 공관복음이 단 한 번의 유월절을 기록함으로 예수님의 사역이 1년 동안에 진행된 것처럼 표현하고 있지만, 〈요한복음〉은 세 번 이상의 유월절을 기록함으로 최소한 예수님의 사역이 3년 이상 진행되었음을 우리에게 가르쳐준다.
2. 공관복음이 예수님의 '갈릴리 사역'을 중심으로 기록하고 있는 반면, 〈요한복음〉은 예수님의 '유대 사역'을 강조하고 있다.
3. 공관복음이 예수님의 가르침을 중심으로 '하나님 나라'를 다루고 있으나, 〈요한복음〉은 예수님 자신에 관한 문제, 성부 하나님과 성자 예수님의 관계, 신자들과 예수님의 절대적인 관계를 밝힌다.
4. 공관복음이 예수님이 메시아이심을 사역의 중간에 밝히지만, 〈요한복음〉은 처음부터 메시아로 간주하고 기록되었다.
5. 내용 분해

1장 — 세례 요한, 처음 제자들	2~12장 — 예수님의 표적과 말씀들
13~17장 — 예수님의 고별 설교	18~20장 — 예수님의 수난과 부활
21장 — 제자들에게 사명을 맡기심	

한눈에 살펴보기

요한은 예수님의 수태 및 탄생에 대한 내용을 생략하고, 곧장 영원하신 하나님이 인간이 되어 세상에 오신 것을 기록하고 있다. 그리고 그 예수님을 '세상 죄를 지고 가는 하나님의 어린 양'이라고 소개하는 세례 요한의 말을 빌어 예수님이 메시아임을 밝히고 있다(1장).

그리고 갈릴리 가나의 혼인잔치에서 물로 포도주를 만드시는 사역에서의 첫 번째 이적을 소개한다(2장). 유대인의 관원인 니고데모와의 종교적인 대화를 통해 참된 믿음과 거듭남에 대하여 강조하신 예수님의 가르침과, 하나님은 사랑 때문에 예수님을 세상에 보내셨으며 오직 그를 믿음으로 누구든지 구원받는다는 것을 가르친다(3장). 사마리아 여인과의 대화에서 요한은 한 여인의 영혼에 깊은 관심을 가지신 예수님의 세심한 배려와 사랑을 강조하고 있다(4장). 예수님은 베데스다 못 가에서 38년 된 병자를 고치셨다. 그러나 그날이 안식일이었기에 유대인들은 예수님을 반대했고 자신을 하나님의 아들이라고 가르치시는 예수님을 죽이려 했다(5장). 5천 명을 먹이신 기적 후에 많은 사람들이 예수님을 따르기 시작했으나, 생명의 떡에 관한 가르침 후에 많은 이들이 떠나갔다(6장). 초막절에 예수님은 성전에서 가르치셨고 그를 잡으러 온 바리새인의 아랫사람들도 가르침에 감동을 받았다(7장). 계속되는 논쟁 속에 예수님과 당시 지도자들 사이의 갈등은 깊어갔고, 실로암의 맹인을 고치신 기적은 화젯거리가 되었다(8~9장). 유대인들은 선한 목자이신 예수님을 마침내 돌로 쳐 죽이려고까지 하였다(10장). 죽은 지 나흘이나 지난 나사로를 무덤에서 불러내심으로 예수님은 생명의 주님이심을 보여주신다(11장). 예수님은 나귀를 타고 예루살렘으로 입성하시고, 군중들은 종려나무 가지를 들고 호산나 찬송하며 환영했다. 헬라인(이방인)이 찾아옴은 복음이 온 세계에 전파됨을 암시하는 것이었다(12장).

저녁식사 시간에 예수님이 제자들의 발을 씻기셨다. 그리고는 진정한 신자의 모습은 서로 사랑하는 것이라고 새 계명을 선포하셨다(13장). 예수님이 떠나실 것을 제자들에게 말씀하시자 제자들은 근심하기 시작했고 예수님은 그들을 위로하셨다(14장). 또한 예수님은 신자와 예수님과의 관계, 신자들 간의 관계, 신자와 세상과의 관계를 포도나무의 비유로 제자들에게 가르치셨다(15장). 예수님은 제자들 곁을 떠날 준비를 하시며 자기 대신에 성령을 보내실 것을 말씀하신다(16장). 또한 이 땅에 남겨둘 제자들이 힘 있게 사역을 감당할 수 있도록 그들을 위한 중보기도를 드린다(17장).

하나님의 아들 예수님은 마침내 제자인 가룟 유다의 배신으로 체포되셨으며, 빌라도와 헤롯 사이를 오가며 심문과 고난을 당하셨다(18장). 그리고 골고다에서 이 세상의 죄를 대신 지고 십자가에 못 박혀 죽으셨다(19장). 장사된 지 사흘 만에 말씀하신 대로 다시 살아나셨으며 여인들과 제자들에게 친히 나타나셨다(20장). 예수님을 세 번씩이나 모른다며 부인했던 베드로를 찾아가 그에게 다시 "내 양을 먹이라"는 사명을 주신다(21장).

✔ 하나씩 짚어보기

1. 〈창세기〉의 태초와 〈요한복음〉의 태초(요 1장, 창 1장)

〈요한복음〉과 〈창세기〉는 '태초'라는 말로 시작하지만 서로 다른 의미를 갖는다. 〈요한복음〉에서 "태초에 말씀이 계시니라" (요 1:1)의 '태초(알케, in the beginning)'는 창조 전부터의 태초이며(요일 1:1 참고), 〈창세기〉에서 "태초에 하나님이 천지를 창조하시니라"(창 1:1)의 '태초(뻬레쉬트, in the beginning)'는 '만물의 시작', '시간의 시작'으로 어느 시점을 말한다. 따라서 시간적으로 〈요한복음〉의 태초가 〈창세기〉의 태초보다 앞선다.

하나님의 어린 양(요 1:29)
예수님을 '어린 양'으로 비유함은 출애굽 때 유월절 양(출 12장)과 연결된다. 세례 요한은 "보라 세상 죄를 지고 가는 하나님의 어린 양이로다"(요 1:29) 하였다. _베네치아의 산마르코 대성당의 시리아 풍 제단 부조, 16세기.

2. 세상 죄를 지고 가는 하나님의 어린 양(요 1장)

(1) 예수님을 '유월절 양'이라고 하는 것은 애굽에서 양을 잡

아 피를 문설주에 발라 히브리 백성이 구원을 받았듯이(출 12:22), 또한 구약의 제사에서 양의 피를 흘리게 함같이(레 17:11) 예수께서 십자가에서 죽으셔서 인류를 구원하셨음을 뜻한다.

(2) "보라 세상 죄를 지고 가는 하나님의 어린 양이로다"(1:29, 36)라는 말 속에는 "세례 요한이 광야에 이르러 죄 사함을 받게 하는 회개의 세례를 전파하니"(막 1:4) 라는 말에서 생길 수 있는 오해, 즉 메시아는 세례 요한이 아니라 예수님이라는 해명이 들어 있다.

(3) '세상의 죄'는 요한의 세례에 힘입어 제거되는 것이 아니라, 오직 예수의 희생적 죽음에 힘입어서만 제거된다. '하나님의 어린 양'이라는 예수상에는 '하나님의 종'의 모습(사 52:13~53:12)과 '유월절 양'이신 예수님의 모습(고전 5:7, 벧전 1:19, 요 19:36)이 함께 들어 있다. 어린 양의 예수상은 요한계시록 5:6~14, 7:14, 12:11, 13:8에도 나타난다.

3. 메시아 (요 1:41, 4:25)

(1) 신약성경에서 요한복음에만 두 번 기록된(1:41, 4:25) 메시야(현대 맞춤법으로 '메시아')라는 말을 설명하고 있다. 즉 1장 41절에는 "메시야는 번역하면 그리스도라"하였고, 4장 25에서는 "여자가 이르되 메시야 곧 그리스도라 하는 이가 오실 줄을 내가 아노니"라 하므로 두 곳 모두에서 '메시아'의 뜻이 '그리스도'라고 말한다. '메시아'는 히브리어, '그리스도'는 헬라어로서 그 뜻은 '기름부음을 받은 자'로 같다.

(2) 구약시대 기름부음을 받은 세 직책은 왕, 선지자, 제사장이었다. 예수님은 이 모든 요소를 가지셨다. 만왕의 왕으로 오셨고, 천국을 선포하는 선지자였으며, 만인을 구원하시는 제사장이셨다.

(3) 바벨론 포로 이후 다윗과 같은 왕이 나타나 유대를 다스릴 것을 기대하면서 메시아 사상은 발전하였다. 신약에서 "다윗의 자손"(마 1:1, 9:27, 12:23 등)이라는 말은 곧 메시아 신앙에 근거한 고백이다.

4. 유대인의 절기 수전절 (요 10:22)

"유대인의 수전절"(10:22)은 구약성경에 나오지 않는 절기이며 신약성경에도 이곳에만 나온다. 주전 164년에 유다 마카비가 헬라의 안티오커스 에피파네스로부터 더럽혀진 성전을 청결하게 하고 다시 봉헌한 것을 기념하는 '빛의 절기(하누카)'이다. (길잡이 06 중간시대 연구 참고)

5. 보혜사 성령에 대해 (요 14~16장)

(1) 보혜사 성령은 어떤 분인가?

성령은 비인격체가 아니시다. 성령은 생각하시며(롬 8:27), 그의 뜻과 목적을 갖고 계시며(고전 12:11), 모든 것을 아는 지식이 있으시고(롬 8:27, 고전 2:10 ~12), 사랑하시고(롬 15:30), 슬퍼하기까지 하시는(엡 4:30) 인격적인 분이시다.

또한 성령은 하나님 아버지와 예수님과 동등하신 하나님이시다. 성령은 영원히 계시며(히 9:14), 어디에나 계시고(시 139:7~10), 전능(욥 26:13, 눅 1:35), 전지(요 14:26, 16:12~13)하시다. 거룩하시고(눅

11:13), 자비하신(느 9:20) 진리의 영이시다(요일 5:7). '보혜사'
(요 15:26)는 '옆에서 늘 같이 있는 분', '그리스도인들을 힘 있
고 강건하게 하며 능력을 주시는 분'이라는 뜻이다.

내 양을 먹이라 (요 21장)
예수님은 자신을 배반했던 베드로에게 나타나셔서 "내
양을 먹이라" 하신다. 〈가버나움 베드로수위권교회의
청동조각〉.

  (2) 성령은 어떤 일을 하시는가?

    1) 창조에 참여하셨고(창 1:1~2), 예수님의 잉태와 탄생
을 가능하게 하셨다(눅 1:35).

    2) 사람들에게 감동을 주셔서 성경을 쓰게 하셨다(벧후
1:21, 딤후 3:16).

    3) 죄, 의, 심판에 대하여 세상을 책망하신다(요 16:8).

    4) 예수님을 증거 하시고 성도들을 진리 가운데로 이끄시
며 예수님의 영광을 나타내신다(요 15:26, 16:13~14).

    5) 성도들을 위해 중보 하시며(롬 8:26) 권능을 주어 증인
의 삶을 살게 한다(행 1:8).

    6) 사람을 거듭나게 하시고(요 3:3, 딛 3:5), 성도들을 인치시며(엡 1:13), 거룩한 성품을 갖게 하신
다(살후 2:13).

    7) 성도를 인도하시고(롬 8:14), 은사를 주고(고전 12장) 열매를 맺게 하신다(갈 5:22~23).

6. 베드로에게 사명을 맡기다(요 21장)

예수님은 자기를 부인했던 베드로를 포기하지 않으시고 찾아가셔서 그의 사랑을 확인하셨고, 다시
중요한 사명을 맡기셨다. 21:15~17에서 "내 어린 양을 먹이라, 내 양을 치라, 내 양을 먹이라"고 하셨다.

하나님 안에서는 실패자에게도 '다시'라는 기회가 주어진다. 하나님 명령을 어겼던 요나에게도 다시
사명이 주어졌고(욘 2장), 낙담하여 죽기를 원했던 엘리야도 새로운 사명을 받는다(왕상 19장).

7. 요한복음에만 나온 예수님의 이적들

복음서에는 예수님의 이적이 약 35가지 기록되어 있다. 이적은 요한복음보다는 공관복음서(共觀福
音書: 마태복음, 마가복음, 누가복음)에 훨씬 더 많이 기록되어 있다. 다음의 6가지 이적은 공관복음서
에는 없고 요한복음에만 나와 있는 것이다.

  (1) 물로 포도주를 만드심(2:1~11)

  (2) 가버나움의 왕의 신하의 아들을 고침(4:46~54)

  (3) 베데스다 못가의 병자를 치료(5:1~9)

  (4) 나면서부터 맹인 된 자를 보게 함(9:1~41)

  (5) 죽은 나사로를 살림(11:1~44)

  (6) 많은 물고기를 잡게 함(부활 이후, 21:1~11)

다음 물음에 답하거나 괄호 안에 알맞은 말을 넣으시오.

1. "태초에 (   )이 계시니라. 이 말씀이 하나님과 함께 계셨으니 (   )이시니라." (1:1)

2. "보라 (   )를 지고 가는 (   )이로다." (1:29)

3. 예수님의 첫 이적은 갈릴리 (   )의 혼례에서 (   )로 (   )를 만든 것이다. (2:1~11)

4. 사람은 어떻게 해야 하나님의 나라를 볼 수 있는가? (3:3)

5. (3:16) 하나님이 세상을 이처럼 사랑하사 ~

6. (4:24) 하나님은 영이시니 ~

7. 예수께서 (   ) 못 가의 (   )년 된 병자에게 "네가 낫고자 하느냐"고 물으셨다. (5:1~9)

8. "내 말을 듣고 또 나 보내신 이를 믿는 자는 (   )을 얻었고 (   )에 이르지 아니하나니 (   )에서 (   )으로 옮겼느니라." (5:24)

9. "선한 일을 행한 자는 (   )의 부활로, 악한 일을 행한 자는 (   )의 부활로 나오리라." (5:29)

10. "하나님께서 (   )를 믿는 것이 (   )이니라." (6:29)

11. "진실로 진실로 너희에게 이르노니 인자의 (   )을 먹지 아니하고 인자의 (   )를 마시지 아니하면 너희 속에 (   )이 없느니라." (6:53)

12. "너희도 가려느냐"는 예수님의 말씀에 베드로는 무엇이라 대답하는가? (6:67~68)

13. "나를 믿는 자는 성경에 이름과 같이 그 배에서 (   )이 흘러나오리라." (7:38)

14. 예수님께서 땅에 글을 쓰시던 중간에 하신 말씀은 무엇인가? (8:6~8)

15. 맹인이 눈을 씻고 보게 된 연못의 이름과 그 뜻은 무엇인가? (9:6~7)

16. "나는 (   )라 선한 목자는 양들을 위하여 (   )을 버리거니와." (10:11)

17. 예수님을 둘러싼 유대인들이 예수님께 무엇을 의혹하게 하려는가? (10:24)

18. "나는 (   )이요 (   )이니 나를 믿는 자는 죽어도 살겠고." (11:25)

19. 마리아와 유대인들의 우는 것을 보시고 예수님께서 어떻게 하셨는가? (11:35)

20. 나사로를 살리는 과정에서 말씀하신 예수님의 명령 세 가지는 무엇인가? (11장)

    (1) 39절 —   (2) 43절 —   (3) 44절 —

21. 예수께서 예루살렘 성에 들어가실 때 무리가 무엇이라 외쳤는가? (12:12~13)

22. 명절에 예배하러 올라온 사람 중에 예수를 뵈옵고자 했던 사람들은 어디 출신인가? (12:20~21)

23. 예수님께서 주신 새 계명은 무엇인가? (13:34)

24. (14:6) 예수께서 이르시되 내가 ~

25. 보혜사 성령은 모든 것을 (   ), 모든 것을 (   ) 하신다. (14:26)

26. "나는 (   )요 너희는 (   )라 그가 내 안에 내가 그 안에 거하면 사람이 (   )를 많이 맺나니 나를 떠나서는 너희가 아무 것도 할 수 없음이라." (15:5)

27. 제자들을 출교하고 죽이는 자가 어떤 생각을 할 것이라 하시는가? (16:2)

28. 영생은 곧 무엇을 아는 것이라고 하는가? (17:3)

29. 예수님이 체포될 때에 베드로는 칼로 무엇을 했는가? (18:10~11)

30. 빌라도는 예수님께 무엇을 물었는가? (18:33)

31. 유대인들의 법대로 했을 때, 예수님이 당연히 죽어야 한다는 이유는 무엇인가? (19:7)

32. 십자가 위의 일곱 말씀(가상칠언)을 쓰시오. (Day41 해설 참고)

    (1) 눅 23:34 —   (2) 눅 23:43 —

    (3) 요 19:26~27 —   (4) 마 27:46 —

    (5) 요 19:28 —   (6) 요 19:30 —

    (7) 눅 23:46 —

33. 예수님의 장례에서 아리마대 사람 요셉과 니고데모는 어떤 역할을 했는가? (19:38~42)

34. "여자여 어찌하여 울며 누구를 찾느냐"는 말은 누가 한 말인가? (20:11~16)

35. 예수님께서 제자들에게 숨을 내쉬며 하신 말씀은 무엇인가? (20:22)

36. 요한복음을 기록한 목적은 무엇인가? (20:31)

37. 예수님이 제자들에게 하신 네 가지 말씀은 무엇인지 기록하시오. (21:1~14)

38. 시몬 베드로가 예수님의 가르침대로 하여 잡은 물고기는 몇 마리인가? (21:11)

39. 예수님께서 베드로에게 부탁하신 아래의 말씀에서 괄호 안을 채우시오. (21:15, 16, 17)

    (1) 내 (   )을 먹이라.   (2) 내 양을 (   ).   (3) 내 양을 (   ).

40. (21:25) 예수께서 행하신 일이 이 외에도 많으니 ~

10

사도시대

사도행전~요한계시록

〈사도행전〉은 역사서로서 예수님의 승천 이후 사도들의 활동의 기록이다. 이어지는 서신들 중에 '바울서신'은 13권(갈라디아서~디도서)이며, 히브리서(저자 미상)를 포함하여 14권(7의 배수)으로 보기도 한다. 또한 '공동서신'은 7권(베드로전서~유다서)으로 회람용이었다. 그리고 성경의 마지막 책인 〈요한계시록〉은 예언서로서 묵시문학적인 성격을 지닌다.

사도시대는 다음과 같은 일정으로 통독한다. 〈사도행전〉(Day 43), 〈로마서〉(Day 44), 〈고린도전서〉(Day 45), 〈고린도후서〉·〈갈라디아서〉(Day 46), 〈에베소서〉·〈빌립보서〉·〈골로새서〉·〈빌레몬서〉(Day 47), 〈데살로니가전·후서〉·〈디모데전·후서〉·〈디도서〉·〈히브리서〉(Day 48), 〈야고보서〉·〈베드로전·후서〉·〈요한일·이·삼·서〉·〈유다서〉(Day 49), 〈요한계시록〉(Day 50).

DAY 43 사도행전

ACTS

📖 사도행전_ 교회의 탄생과 확장

저자 누가(1:1, 눅1:3, 누가복음의 저자와 동일). 수신자 데오빌로 각하(로마의 고관으로서 복음을 받은 자였을 것임). 저작 연대 주후 61~63년경(누가복음보다 늦은 때). 저작 목적 데오빌로가 그 배운 바를 확실하게 알게 하기 위함(1:1~4), 그리고 기독교 변증. 요절 오직 성령이 너희에게 임하시면 너희가 권능을 받고 예루살렘과 온 유대와 사마리아와 땅 끝까지 이르러 내 증인이 되리라 하시니라(행 1:8).

1. 〈사도행전〉은 신약성경 중 유일한 역사서이다(구약의 역사서는 〈여호수아〉부터 〈에스더〉까지 총 12권).
2. 복음서가 그리스도의 전기를 기록한 데 반해 〈사도행전〉은 사도들, 특히 베드로와 바울의 행적으로 예수님을 증거했다.
3. 〈사도행전〉은 복음서와 바울서신을 연결시켜주는 역할을 한다. 즉 바울서신에 대한 이해를 도와준다(예, 행 16:19~24 = 살전 2:2).
4. 중심 내용은 ① 구약에서 약속한(욜 3:28~29) 성령의 강림, ② 성령의 활동상, ③ 초대교회의 활동상, ④ 초대교회 집사제도의 시작, ⑤ 이방세계를 향한 복음 등으로 요약된다.
5. 내용 분해
   1~12장 ─ 베드로의 사역과 교회 탄생
   13~28장 ─ 바울의 사역과 교회 확장

◯ 한눈에 살펴보기

1. 베드로의 사역과 교회 탄생(행 1~12장)

예수님은 승천하시고 제자들은 아버지의 약속하심(성령이 오실 것)을 기다리며 기도했다. 가룟 유다 대신 사도의 수에 맛디아가 더해진다(1장). 오순절의 성령강림은 복음 전파에 활력을 주어 사도들이 전하는 말씀으로 구원받는 사람 수가 많아진다(2장). 베드로와 요한은 나사렛 예수 그리스도의 이름으로, 나면서 못 걷게 된 사람을 고치고 이로 인해 부활하신 예수님의 이름이 널리 전파된다(3장). 유대교의 지도자들은 당황하여 이들을 붙잡는다. 그러나 이튿날 공회의 경고만 받고 풀려난다(4장). 초대교회가 성장해가는 과정에서 아나니아와 삽비라가 죽음을 맞는다(5장). 구제에 대한 문제로 인해 일곱 일꾼을 택하고 사도들은 기도하는 일과 말씀 사역에 힘쓰게 되었다(6장). 스데반의 순교(7장)와 함께 교회가 박해를 받으나 이는 사마리아에도 복음을 전하는 계기가 된다(8장). 박해자 사울은 다메섹 도상에서 예수님을 만난 후 '예수는 그리스도'라고 증언하는 전도자가 된다(9장). 이달리야 부대의 백부장인 고넬료는 베드로를 초청하여 말씀을 듣고 성령강림을 체험한다(10장). 이방 땅 안디옥에 교회가 설립되고 예루살렘 교회는 바나바를 파송한다(11장). 헤롯의 박해에도 불구하고 교회는 흥왕한다(12장).

2. 바울의 사역과 교회 확장(행 13~28장)

13장부터는 주로 바울의 활동이 나온다. 안디옥 교회의 바울과 바나바가 성령의 보내심을 받고 바울의 1차 전도여행이 이루어진다(13~14장). 예루살렘 공의회는 이방 선교를 위한 적절한 결정을 하여 선교의 자유가 커졌다(15장). 바울의 2차 전도여행 중에 오늘날 유럽인 마게도냐에 처음으로 빌립보교회를 세운다(16장). 많은 박해 중에도 여러 곳에서 전도했으며 아덴(아테네)에서도 하나님의 존재와 예수님의 부활을 전한다(17장). 고린도 및 에베소 등에서 전도하고 안디옥으로 돌아온다(18:22). (1차와 2차 전도여행 사이에 〈갈라디아서〉를, 2차 전도여행 중에 〈데살로니가전 · 후서〉를 기록했다.)

에베소로 3차 전도여행을 간 바울은(18:23부터) 선교활동에 비방을 받자 두란노서원을 세워 두 해 동안 강론을 한다. 이에 아데미 여신을 섬기는 사람들이 소요를 일으킨다(19장). 밀레도에서 에베소 장로들을 불러 행한 고별설교를 통해, 복음을 위해 생명도 아끼지 않는 사도 바울을 보게 된다(20장). 그는 예루살렘에서 결박된다(21장). (3차 전도여행 중에 〈로마서〉, 〈고린도전서〉, 〈고린도후서〉를 기록했다). 바울은 두려워하지 않고 회중과 공회 앞에서 변증한다. 그를 죽이려는 음모로 인해 가이사랴에 있는 총독에게 호송된다(22~23장).

바울은 로마의 유대 주 총독부 소재인 가이사랴에서 2년간 지내며(60년경), 세 차례에 걸쳐 당국자들 앞에 불려간다. 그는 총독인 벨릭스 앞에서(24장), 후임 총독인 베스도 앞에서(25장), 아그립바 왕 앞에서 변증한다(26장). 바울의 요구로 재판을 받기 위해 로마로 호송되는 중, 광풍을 만나 멜리데 섬에 상륙한다(27장). 로마에 도착하여 옥중 — 자택 연금된 상태 — 에서 하나님의 나라를 전파한다(28장). 이때 '옥중서신' 4권, 즉 〈에베소서〉, 〈빌립보서〉, 〈골로새서〉, 〈빌레몬서〉를 기록했다. 바울은 이후 일시 출옥한 것으로 보이며 이때에 후임자와 같은 제자들에게 후대에 '목회서신'이라 불리는 〈디모데전서〉와 〈디도서〉를, 그리고 다시 투옥되었을 때에 〈디모데후서〉를 기록한 것으로 추정한다.

✅ 하나씩 짚어보기

1. 오순절에 대해(행 2장)

(1) 오순절(五旬節)은 3대 절기 중에 하나이다(레 23장, 출 23:14~19). 3대 절기는 첫째, 유월절(무교절, 레 23:4, 8, 출애굽을 기념, 갈보리 어린 양 예수님의 죽음을 상징함), 둘째, 칠칠절(맥추절, 레 23:15~21, 성령강림의 오순절을 상징함), 셋째, 초막절(수장절, 레 23:33~43, 천년왕국을 상징함)이다.

기타 절기로는 초실절(레 23:9~14), 나팔절(레 23:23~25), 속죄일(레 16장, 23:26~32), 부림절(에 9:21, 26), 수전절(요 10:22) 등이 있다(Day06 '하나씩 짚어보기' 도표 참고).

(2) 오순절에 임한 성령의 의미

신약성경의 오순절은 구약성경의 오순절(맥추절, 칠칠절)과 비교될 수 있다. 구약성경의 오순절은 이스라엘이 애굽을 떠난 후 50일째 되는 날 시내산에서 율법 받은 것을 기념하는 날이다(출 19~24장).

신약성경의 오순절은 그리스도께서 죽은 자 가운데서 부활하신 후 50일째 되는 날을 기념하는 것이다. 예수님은 유월절 주간에 십자가에 못 박히셨다(요 19:14). 그리고 부활 후 40일간을 제자들과 함께 보내셨다(행 1:3). 다시 10일 후(행 1:5, 2:1)에 신약성경의 오순절 사건이 발생하였다. 신약 시대의 오순절은 교회의 탄생을 기념하는 날이 되었다(행 2:41~47). 한편 구약 시대의 오순절은 이스라엘 민족의 탄생을 기념하는 날이었다(출 19:5).

2. 초대교회의 메시지 (행 2:31~36 외)

초대교회 메시지의 대표적인 하나는 "예수님은 죽었다가 '부활'하셨다"(2:31~32, 4:2, 33, 17:18, 31~32, 23:6, 26:8, 23)는 것이고 다른 하나는 "예수님은 '그리스도'이시다"(2:36, 5:42, 8:5, 9:22, 17:3, 18:5, 28)라는 것이다. 부활을 부인하던 사두개인들은 사도들이 예수님의 부활을 전하자 당황했다(4:1~2).

3. 헬라파 유대인과 히브리파 유대인(행 6:1~2)

(1) 헬라파 유대인 — 본래는 유대인이었으나 각처에 흩어져 살다가(디아스포라) 이방 세계에서 출생한 2세들이다(왕하 25:8~12, 26, 단 11:11~16). 이들은 헬라 문화권에서 살았기에 대개 헬라어를 사용하였다.

(2) 히브리파 유대인 — 팔레스틴에서 출생하여 히브리어를 사용하는 유대인들이다. 이들은 율법과 전통을 엄격히 고수하였다.

(3) 이 둘은 한 핏줄이었지만 성장 과정이 달랐고, 이에 따라 사상과 관습이 달리 형성되어 갈등을 빚었다. 당시 기득권을 가졌던 히브리파 유대인들은 헬라파 유대인 과부들에게 차별된 구제를 하여 불평을 사기도 했다.

4. 일곱 사람(집사)을 택한 일(행 6:3~6)

(1) 성령과 지혜가 충만하여 칭찬을 받는 일곱 사람을 택했다. 이들을 보통 '집사'라고 하는데 본문에 집사라는 말은 없으나 점차로 집사의 직제 등이 생기게 되었으므로 후대에 조직된 교회의 직제에 근거하여 '집사'라고 해석한다(행 21:8은 약 20년 후의 일이다. 딤전 3:8~13).

(2) 이들은 구제하는 일을 비롯하여 여러 사역을 했다. 스데반은 말씀을 전하다 순교했고(7장), 전도자 빌립은 사마리아 전도를 했고 그 후에도 여러 해 동안 일했다(행 8:5 이하, 21:8). 니골라를 '니골라당'(계 2:6)과 연결하려는 것은 근거가 없다. 그 외의 사람(집사)에 대해서는 알려진 바가 없다.

5. 바울의 전도여행(행 13장 이하)

바울의 전도여행은 3차에 걸친 이방 전도여행과 로마 여행(27:1~28:31)으로 크게 구분한다.

(1) 1차 전도여행 경유지(13:4~14:28)

구브로 섬의 바보(13:4~12) → 비시디아 안디옥(13:13~50) → 이고니온(13:51~14:5) → 루스드라(14:6~25) → 수리아의 안디옥(14:26~28)

(2) 2차 전도여행 경유지(15:36~18:22)

루스드라(16:1~5) → 드로아(16:6~10) → 빌립보(16:11~40) → 데살로니가(17:1~9) → 베뢰아(17:10~14) → 아덴(17:15~34) → 고린도(18:1~18) → 에베소(18:19~21) → 가이사랴(18:22) → 안디옥(본 교회로 돌아옴)

(3) 3차 전도여행 경유지(18:23~21:16)

에베소(18:24~28) → 드로아(20:6~12) → 밀레도(20:17~30) → 두로(21:3~4) → 가이사랴(21:8~11)

6. 예루살렘 공의회(행 15장)

(1) 1차와 2차 전도여행 중간에 '구원에 있어서 할례가 필요한가'의 문제로 예루살렘 공의회가 개최되었다. 이 일은 율법 대 복음, 유대주의 기독교 대 이방인 기독교의 문제에 관한 주요한 분기점이었다. 이 문제는 〈갈라디아서〉에서 재론되기도 했다. 바울과 바나바가 할례 문제로 논쟁한 것(15:1~2)으로 보아, 사도들도 처음에는 유대주의 기독교 신앙을 가졌음을 알 수 있다.

(2) 회의는 3개의 소회기(小會期)로 나누어진다. 첫째, 1차 전체 회의 (15:4~5), 둘째, 사도와 장로들만의 회의(6절), 셋째, 2차 전체 회의(7~21)에서 베드로의 보고(7~11), 바울과 바나바의 보고(12), 야고보의 보고(13~21)로 이어진다.

(3) 예루살렘 교회의 목회자인 야고보에 의해 결정이 이루어졌다. "그러므로 내 의견에는 이방인 중에서 하나님께로 돌아오는 자들을 괴롭게 하지 말고 다만 우상의 더러운 것과 음행과 목매어 죽인 것과 피를 멀리하라고 편지하는 것이 옳으니"(15:19~20)라고 하였다.

(4) 이 결정은 네 사람(바울, 바나바, 유다, 실라)에 의해 각 교회에 문서로 보내졌다(15:22~35).

7. 로마 생활과 〈사도행전〉 이후 바울의 생애(행 28장)

두 해를 로마에 있으면서 증거의 삶을 살았던 바울(28:30~31)의 그 후 생애는 정확히 알려져 있지 않다. 로마 옥중에 있으면서 그는 옥중서신(에베소서, 빌립보서, 골로새서, 빌레몬서)을 기록하여 교회에 전했다. 66년경 네로의 박해로 순교했다고 하면, 60~62년에 이르는 로마의 수감과의 사이에 3~4년간의 공백이 있게 된다. 전승 및 여러 상황을 보면, 석방 후에 전도를 위하여 서반아(스페인)로 갔다가 헬라를 방문했고 그레데 및 에베소에 이르렀다. 다시 드로아를 거쳐 마게도냐에 건너가 에벨스의 니고볼리(딛 3:12)에서 겨울을 지낸 자취도 있다(딤전 1:3, 딤후 4:13, 딛 1:5, 3:12). 64년 7월 로마의 대화재 때에 네로의 박해로 바울은 다시 로마에 잡혀와서 66년경 베드로의 순교를 전후하여 바울도 순교한 것으로 본다. 바울은 로마에 별도의 교회를 세우지는 않았다. 그의 주변에는 여러 사람들이 함께하기도 했고 배신하고 흩어지기도 했다(골 4:7~17, 딤후 4:9~21 등).

다음 물음에 답하거나 괄호 안에 알맞은 말을 넣으시오.

1. 예수께서 사도들에게 무엇으로 명하셨는가? (1:1~2)

2. 성령이 임하시면 어떻게 되는가? (1:8)

3. "너희 가운데서 하늘로 올려지신 이 예수는 (   )을 본 그대로 (   ) 하였느니라." (1:11)

4. 맛디아는 결국 무엇을 증언할 사람으로 세웠는가? (1:21~26 읽고 답은 22절에서)

5. 각 사람이 성령 충만을 받은 날은 언제인가? (2:1~4)

6. "누구든지 (   )을 부르는 자는 구원을 받으리라." (2:21)

7. 베드로가 나면서 못 걷게 된 이에게 준 것은 무엇인가? (3:6)

8. (4:12) 다른 이로써는 구원을 받을 수 없나니 ~

9. 초대교회의 대표적인 메시지 두 가지는 무엇인가?

    (1) 예수님은 죽었다가 (   )하셨다. (2:31~32, 4:2, 33, 17:18, 31~32, 23:6, 26:8, 23)

    (2) 예수님은 (   )이시다. (2:36, 5:42, 8:5, 9:22, 17:3, 18:5, 28)

10. 성전에 있든지 집에 있든지 날마다 그치지 아니한 일은 무엇인가? (5:42)

11. 초대교회는 어떤 사람을 일곱 일꾼으로 택했는가? (6:5)

12. 공회 중에 앉은 사람들이 본 스데반의 얼굴 모습은 어떠했는가? (6:15)

13. 스데반의 설교(7:2~53)를 들은 사람들의 반응은 어떠했는가? (7:54~58, 답은 54, 57~58절로 요약)

14. 예루살렘의 사도들이 사마리아에 가서 안수 기도를 한 결과는 무엇인가? (8:14~17)

15. 빌립이 에디오피아의 내시에게 무엇을 전하였는가? (8:26~40, 답은 35절로)

16. 사울(후에 바울)은 누구에게 예수님을 전하기 위해 택함받았는가? (9:15)

17. 회심한 사울은 예수님을 누구라고 전파(증언)했는가? (9:20, 22)

18. 고넬료의 집에서 할례받은 신자(유대인)들이 놀란 이유는 무엇인가? (10:44~46)

19. 안디옥에 파송된 바나바는 어떤 사람인가? (11:24)

20. 제자들이 안디옥에서 비로소 무엇이라 일컬음을 받게 되었는가? (11:25~26)

21. 헤롯의 핍박으로 베드로가 옥에 갇혔을 때 교회는 무엇을 했는가? (12:5)

22. 최초의 선교사 파송에 관해 아래의 내용을 적으시오. (13:1~5)

    (1) 교회 —   (2) 따로 세운 사람 —

    (3) 보낸 자 —   (4) 수행원 —

23. 바울의 설교를 듣고 믿은 이방인은 어떤 자들인가? (13:48)

24. 루스드라 전도 중에 바나바와 바울이 얻은 별명은 무엇인가? (14:12)

25. 사도회의 결과 중 '이방인에게 멀리하라'는 네 가지는 무엇인가? (15:28~29)

26. 2차 전도여행 당시 바나바와 바울이 다툼으로 각자의 길을 갈 때 누구와 동행했는가? (15:36~41)

27. 마게도냐(현재의 유럽)에 세워진 첫 번째 교회는 어느 곳인가? (16:11~40)

28. (16:31) 이르되 주 예수를 믿으라 ~

29. (17:11) 베뢰아에 있는 사람들은 ~

30. 바울은 아덴에서 무엇을 전했는가? (17:18)

31. 예루살렘에 갔던 바울은 후에 어디에 가보기를 원했는가? (19:21)

32. 에베소 사람들은 어떤 신을 섬겼는가? (19:27~28)

33. 초대교회의 모임은 언제 이루어졌는가? (20:7)

34. 바울의 결심은 무엇까지 각오한 것인가? (20:24, 21:13)

35. 빌립 집사의 네 딸은 무엇을 하는 사람이었는가? (21:8~9)

36. 천부장은 바울의 어떤 말로 인해 두려워했는가? (22:22~29, 답은 25절로)

37. 바울의 어떤 말로 인해 바리새인과 사두개인 사이에 분쟁이 생겼는가? (23:6~10)

38. 고난 중에 있을 때와 로마로 가는 배가 풍랑을 만났을 때 바울에게 주신 말씀의 첫 마디는 각각 무엇이었는가? (23:11, 27:24)

39. 바울은 누구에게 '도무지 죄를 범하지 아니하였다'고 변명하였는가? (25:8)

40. 바울이 예수를 증거한 결과 베스도 총독의 반응은 어떠했는가? (26:24)

41. 바울의 증거에 아그립바 왕의 반응은 어떠했는가? (26:28)

42. 배가 표류하여(27장) 상륙한 멜리데 섬에서 바울이 고쳐준 사람은 누구인가? (28:7~8)

43. 로마에서 바울이 강론한 것은 어떤 내용인가? (28:23)

서신서란 무엇인가?

1. 신약성경의 두 가지 서신

신약성경에는 '바울서신'과 '공동서신', 두 가지 서신이 있다. 아래와 같이 더 세분하는데, 책 이름을 직접 적어보면 기억과 이해에 도움이 될 것이다.

(1) 바울서신(13권: 히브리서 포함 14권) ─ 수신자가 책이름
  1) 교리서신 ─ (로   ) (고   ) (고   ) (갈   )
  2) 옥중서신 ─ (에   ) (빌   ) (골   ) (빌   )
  3) 일반서신 ─ (데   ) (데   ) (히   : 작자 미상)
  4) 목회서신 ─ (디   ) (디   ) (디   )

(2) 공동서신 (7권: 공동 수신하는 회람용) ─ 발신자(저자)가 책이름
  (야   ) (베   ) (베   ) (요   ) (요   ) (요   ) (유   )

2. 서신과 초대교회

바울서신은 13권(갈~딛)이며, 히브리서(저자 미상)를 포함하여 14권(7의 배수)으로 보기도 한다. 바울서신은 수신자가 책이름이 되었고(예: 빌립보서), 공동서신은 발신자가 책이름이 되었다(예: 베드로전서). 서신은 교회생활과 신앙 발전에 좋은 가르침이 되었다. 사도들은 신약성경에 들어 있는 서신들 외에 다른 서신들을 많이 썼지만 분실되거나 정경화(正經化) 작업 속에서 제외되기도 했다. 바울서신도 신약성경에 포함되지 않은 다른 서신이 있었다는 증거가 있다(고전 5:9, 고후 3:2~4, 골 4:16). 우리가 바울에 대하여 잘 안다고 생각하는 것은 그가 남긴 서신 덕분으로, 이 서신들을 통하여 초대교회의 본받을 점이나 문제점을 볼 수 있으며, 바울의 위대한 심령까지 만날 수 있다.

3. 신약시대 서신의 표준 양식

어떤 서신을 보던지 보내는 사람의 이름, 받는 사람의 이름, 그리고 인사가 나온다. 인사는 주로 하나님께 감사하거나 안부를 묻는 것이다. 그리고 서신의 끝 부분은 작별인사로 끝나지만, 때로는 개인적인 내용이 길게 나오기도 한다. 이러한 표준 양식을 벗어날 경우에는 특별한 이유들이 있다. 예를 들어 〈갈라디아서〉를 보면 처음부터 아주 강한 어조로 비판하는데, 이는 갈라디아 교인들이 거짓 교사에게 속아 있기에 책망의 뜻을 표현한 것이다.

4. 서신의 목적

(1) 제자들을 만들기 위한 서신

서신은 새로 입교한 교인들을 '제자의 길'로 인도한다. 이를 위해 저자들은 신입 교인들에게 예수님을 본받고(롬 15:5, 벧전 2:21), 저자를 본받거나(고전 4:16, 빌 3:17), 교회의 지도자들을 본받고(고전 4:6), 돌보아야 할 다른 기독교인들의 본이 될 것을 권면한다(딤전 4:12, 벧전 5:3). 기독교인들은 죄된 삶에서 돌이켜 그리스도에 합당한 삶의 길로 나아가야 한다(롬 12:1~2, 고전 6장, 골 3:5~17, 살전 4:1~8, 벧전 4:2~5).

(2) 질문에 대답하기 위한 서신

교회의 여러 가지 문제에 대한 답변의 글이다. 특히 고린도교회에 관한 내용에서 이런 의도가 잘 드러나며, 〈고린도전서〉에만 보아도 이런 질문들에 대한 답이 나온다(Day 45 고린도전서 해설 참고). 데살로니가전서 4장 13~18절에는 그리스도 재림 이전에 죽은 신자들의 운명에 대해서 언급한다.

(3) 추천서나 도움 호소, 해명을 위한 서신

바울서신은 순회전도자들을 추천하고(롬 16:1~2, 고전 16:10~11, 고후 3:1~2), 재정적 도움을 호소하고(고전 16:1~4, 고후 8~9장), 여행 계획을 밝히고(롬 15:22~29, 고전 16:5~9, 몬 1:22), 오해를 해명하기 위해(고전 5:9~11, 고후 1:12~2:4) 쓰였다. 한편 저자들이 교회에 있지 않을 때에 교인들의 신앙심을 북돋우기 위해, 그리고 수신자들과의 돈독한 관계를 위한 서신도 있다.

5. 바울서신의 기록 순서

우리 성경에 바울서신은 〈로마서〉, 〈고린도전서〉, 〈고린도후서〉, 〈갈라디아서〉 등의 순서로 되어 있는데, 이것은 기록 순서가 아니다. 바울서신의 기록 순서를 정확하게 알 수 있는 것은 아니며, 몇 가지 근거로 대략 추측해볼 수 있다.

일반적으로 〈갈라디아서〉가 가장 먼저 기록되었다고 본다. 〈로마서〉, 〈고린도전서〉, 〈고린도후서〉의 순서를 추정해보자. 바울은 〈고린도전서〉를 쓸 당시에 유대인 기독교인들을 위해 모은 헌금을 예루살렘으로 가져가야 하는지를 결정하지 못하고 있었다(고전 16:1~4). 그 뒤에 그는 곧 〈고린도후서〉를 썼다. 〈고린도후서〉를 쓰고 있을 때에도, 그는 여전히 모금된 연보를 가지고 다른 기독교인들과 함께 예루살렘으로 갈 준비를 하고 있었다(롬 15:22~33).

이를 통해 세 서신이 〈고린도전서〉, 〈고린도후서〉, 〈로마서〉 순으로 기록되었다는 것을 알 수 있다. 또한 바울의 서바나(스페인) 여행 계획(롬 15:23, 28)과 예루살렘으로 가려는 그의 계획이 어떻게 세워졌는지를 알 수 있으며, 그 여행의 중요성도 알게 된다(Day 43 사도행전 및 Day 46 갈라디아서 해설 참고).

6. 공동서신

공동서신은 '일반서신'(general, common)이라고도 하는데 야고보서, 베드로전서, 베드로후서, 요한일서, 요한이서, 요한삼서, 유다서를 일컫는 말이다. 4세기 경 유세비우스(Eusebius, 265~340년경)가 그의 교회사에서 '일반적'이라는 뜻의 '보편적'(Catholic)이라는 단어를 써서 일곱 권이 '공동(일반)서신'이라 불리게 되었다.

책의 배열 순서는 갈라디아서 2:9에 등장하는 "야고보와 게바(베드로)와 요한도"에 근거했다고 한다. 때로 〈히브리서〉를 바울서신에 포함시켜서 공동서신으로 취급하려는 경향도 있으나 현대에는 이를 바울서신으로 인정하지 않고 있다.

공동서신의 책이름은 발신자 이름에서 기인했으며, 수신자는 바울서신처럼 특정한 교회나 개인이 아닌 공동으로 읽는 회람용(回覽用)으로 여러 교회가 돌려가며 읽었을 것이다.

그러나 사실 〈요한일 · 이서〉는 특정한 교회(공동체)에 보내진 것이고, 〈요한삼서〉는 특정한 개인에게 보내진 것이다. 또한 〈야고보서〉는 서신 형식으로 끝맺음이 없고, 〈히브리서〉는 서신 같지 않게, 즉 인사말도 없이 시작한다.

DAY 44 ROMANS

로마서

📑 로마서_ 믿음으로 구원받음

저자 사도 바울. 수신자 로마인들. 기록 연대 주후 57~58년경(제3차 전도여행 말기로 추정, 행 20:1~6). 기록 장소 고린도(롬 16:1~2, 23). 특징 하나님의 의, 선하심, 주권, 은혜, 율법에 대하여 조직적인 논문식으로 된 교리서이다. 요절 복음에는 하나님의 의가 나타나서 믿음으로 믿음에 이르게 하나니 기록된 바 오직 의인은 믿음으로 말미암아 살리라 함과 같으니라(롬 1:17).

---

1. 저자인 바울은 로마 시민권을 가졌으나 본서를 저작할 때(주후 57년경)까지 로마에 가본 적이 없었다(1:13, 15). 훗날 그는 죄수로서 호송되어 로마에 가게 되었고(행 27장), 연금 상태에 있으면서 재판을 기다렸다(행 28장).

2. 〈로마서〉에서는 인류가 모두 죄인이며 구원받아야 할 존재임을 인식시킨다. 따라서 예수 그리스도와 그의 십자가를 믿음으로 구원받음을 가르치며 죄와 율법, 그리고 죽음으로부터의 자유를 가르친다.

3. 본서의 기록 목적은 바울이 ① 서바나(스페인) 전도 계획과 관련하여 앞으로 있게 될 로마교회의 방문을 준비하기 위함이다(1:10~15, 15:22~29). ② 사도들로부터 직접적이고 체계적인 가르침이 없었던 로마교회에 하나님의 구원의 기본 구조를 설명하기 위함이다. ③ 하나님의 구원 계획 속에서 유대인과 이방인들이 갖는 관계를 설명하기 위함이다.

4. "의인은 믿음으로 말미암아 살리라"(1:17)는 〈로마서〉의 중심사상(以信得義, 이신득의)은 하박국 2:4의 인용으로 갈라디아서 3:11, 히브리서 10:38에 의해 더욱 발전하였으며, 16세기 종교개혁과 마르틴 루터의 개혁 이념이기도 하다. 신약성경을 반지라고 하면 〈로마서〉는 '이신득의' 사상으로 인해 그 반지의 보석과 같다고 비유된다.

5. 내용 분해
   1~11장 ─ 교리편(믿음으로 구원)
   12~16장 ─ 실천편(구원받은 자의 삶)

 한눈에 살펴보기

1. 교리편 ─ 믿음으로 구원(롬 1~11장)

사도로 부르심을 받은 바울은 로마에 가서도 복음 전하기를 원한다(1:1~17). 온 인류(이방인)는 죄 가운데 있다(1:18~32). 유대인도 율법을 받았으나 지키지 못하므로 이방인과 동일한 죄인이다(2장). 율법의 행위로는 의롭다 함을 얻지 못하고 믿음으로 의롭다 함을 얻는다(3장). 아브라함도 약속하신 것을 이루실 줄 확신했고 이 믿음을 의(義)로 여겼다(4장). 한 사람 예수로 말미암아 많은 사람이 의롭다 하심을 얻어 생명에 이르렀다(5장). 그러므로 구원받은 백성은 죄에게서 해방되어 의의 종이 되어야 한다(6장). 이들은 그리스도와 연합함으로 율법에서 해방된다. 사람은 하나님의 법과 죄의 법 사이에서 갈등한다(7장). 그러나 예수 그리스도 안에 있는 자에게는 정죄함이 없고 해방의 자유를 누린다(8장).

바울은 자기 민족(유대인)의 구원에 대한 애착을 갖는다(9~11장).

이러한 배경은 "이 복음은 모든 믿는 자에게 구원을 주시는 하나님의 능력이 됨이라 먼저는 유대인에게요 그리고 헬라인에게로다"(1:16)에서 기인하였다. 인간의 죄와 칭의를(2~5장), 그리고 의롭게 된 새 삶에 대한 말씀을 한(6~8장) 후에 이제 자신의 민족의 구원을 말하고 있다(9~11장).

2. 실천편 ─ 구원받은 자의 삶(롬 12~16장)

개인의 삶과 교회 및 사회에서의 삶을 가르친다(12장). 그리고 권세에 대한 그리스도인의 자세와(13장), 의견을 달리하는 것에 대한 양심의 문제(음식 문제는 고린도전서 8장을 보라) 및 절기 문제를 가르친다(14장). 그리스도를 본받아 약한 자를 돕는 일과 로마와 서바나(스페인) 여행에 대한 계획을 언급한다(15장). 마지막으로 여러 사람들에 대한 문안으로 끝이 난다(16장). 기록 이후의 바울의 생애는 정확히 알려져 있지 않다.

✔ 하나씩 짚어보기

1. 로마교회

로마교회는 바울에 의해 세워진 교회가 아니었다. 오순절에 "로마로부터 온 나그네 곧 유대인과 유대교에 들어온 사람들"(개종자, 행 2:10)이 복음을 듣고 그리스도인이 되었을 것이고 또한 스데반의 순교 후 핍박을 피해 흩어진 그리스도인들이(행 7장 이하) 로마에도 들어가 복음이 증거되었을 것이다.

위의 두 예를 보듯이 이들이 로마로 돌아가 예수님의 '부활'과 '그리스도이심'을 증거했다고 추정할 수 있다. 로마교회는 유대인보다 오히려 이방인들의 활동이 더 우세하였다(1:1~15, 15:14~16, 11:13~16에 언급된 인물들은 주로 로마나 헬라 출신이다). 바울이 로마교회에 권위를 지닌 인물을 언급하지 않는 것으로 보아, 그 때까지 조직 기구나 교회 직제가 없거나 미미했을 것이다.

2. 믿음으로 의롭다 함을 얻음(롬 3:24, 5:1)

바울 사도에 의해 체계화 된 '믿음으로 의롭다 함을 받는다'(롬 3:24, 5:1)는 '이신득의(以信得義)'의 교리는 기독교 구원론의 중심을 이룬다. "의롭다 함을 받는다"는 말의 헬라어 '디카이오텐테스'는 '무죄를 선언하다'라는 뜻을 지닌 법률 용어이다. 전적으로 타락한 인간을 의롭다 하는 것은 하나님의 큰 은혜로서, 악한 자를 선한 사람으로 여겨주시는 것이다. 이 말은 부정한 재판관이나 할 수 있는 행위로 간주되어 유대인들이 혼란을 겪기도 했다(출 23:7, 잠 17:15). 그러나 예수님은 "나는 의인을 부르러 온 것이 아니요 죄인을 부르러 왔노라"(마 9:13) 하셨다. 하나님께서는 참회하는 마음으로 나아가는 우리를 받아주신다(사 1:18, 요일 1:9). 근본적으로 의롭게 변화된 의인(義人)이 아니라 하나님에 의하여 의롭다 인정을 받는 의인(義認)이 된 것이다(창 15:6).

3. 인간의 실존과 자유(롬 3, 7, 8장)

(1) 바울은 인간의 실존을 이렇게 말한다. "내 속사람으로는 하나님의 법을 즐거워하되"(7:22; 고후 4:16, 엡 3:16 참고). 실제적으로는 "선을 행하기 원하는 나에게 악이 함께 있는 것이로다"(7:21)라는 한 법을 깨달았다. 이처럼 "마음으로는 하나님의 법을 육신으로는 죄의 법을"(7:25) 섬기는 인간의 실존을 표현했다.

(2) 바울은 로마서에서 언급한 성경의 다섯 가지 법 가운데 인간의 실존을 드러낸다. 모세의 법(3:19), 믿음의 법(3:27), 죄의 법(7:23, 25), 마음의 법(7:23), 성령의 법(8:2~4)이 그것이다.

(3) "이 사망의 몸에서 누가 나를 건져내랴." 건짐을 받는 방법은 오직 예수 그리스도이심을 고백한다. 또한 "우리 주 예수 그리스도로 말미암아 하나님께 감사하리로다 … 그리스도 예수 안에 있는 자에게는 결코 정죄함이 없나니"(7:24~8:1)라고 고백하였다.

(4) 8장은 갈라디아서 5장과 함께 '그리스도인의 네 가지 영적 자유'에 대하여 말하고 있다. 1~4절에는 '심판'에서 해방, 5~17절은 '패배'에서 해방, 18~30절은 '실망'으로부터의 해방, 31~39절은 '두려움'에서 해방을 말한다. 이 해방은 예수 그리스도와 연합된 성도가 누리는 은혜이다. 이는 성령의 역사하심으로 이뤄지는 일이므로, 로마서 8장에서는 '성령'이란 단어가 19번이나 나와 이를 설명한다.

4. 돌감람나무와 참감람나무(롬 11:13~24)

(1) 돌감람나무(wild olive, 이방인-로마교회 비유)는 야생 감람나무이며 참감람나무(olive, 유대인 비유)는 과수원에서 재배하는, 오래 묵은 좋은 감람나무이다. 본문에서는 돌감람나무를 참감람나무에 접붙이는데, 실제로는 참감람나무를 돌감람나무에 접붙인다. 본문은 접붙임을 반대로 말했지만 이 비유는 영적 진리를 위한 것이므로 굳이 식물학적으로 다룰 필요는 없다.

(2) 바울은 로마교회를 향하여 "자랑하지 말라"(18절)고 하였다. 이는 돌감람나무였던 이방인(로마교회)이 참감람나무(이스라엘)에게 접붙임 되었다고 묘사하므로(17절) 이스라엘과 이방인의 처지를 잘 말해준다. 그 기준은 하나님의 섭리에 따르는 것이므로 누구든 자만해서는 안 된다.

(3) 그러면 이스라엘의 회복은 가능한가? 23~24절에 (이방인은) "본성을 거슬러 좋은 감람나무에 접붙임"을 비교하며 (이스라엘은) "얼마나 더 자기 감람나무에 접붙이심을 받으랴"는 긍정적인 표현을 한다. 이스라엘이 성민으로 회복될 '그 때'를 내다본 것이다(25~29절).

5. 기독교의 역사관(롬 11:36)

"만물이 주에게서 나오고 주로 말미암고 주에게로 돌아감이라"(11:36)는 이 말씀은 기독교의 중요한 역사관(歷史觀)이다. 시작도 과정도 끝도 모두 주(主)로 인한 것이다. 이 사관(史觀)을 갖는 사람은 믿음의 사람이요 언제나 신전의식(神前意識)을 갖고 산다. 우리 삶의 모든 시작과 과정과 결말이 주님의 은혜 가운데서 이루어진다면, 오늘도 하나님 앞에서 살고 있는 것이다.

6. 성경에 나오는 은사(롬 12장, 고전 12장, 엡 4장)

성경에는 은사가 많이 나온다. 이런 은사들을 합하여 '성경에 나오는 은사가 몇 가지'라고 말할 수 없는 것은 서로 겹치는 부분도 있으며, 아래 본문 외에도 다른 곳에서 부분적으로 언급되는 곳도 많기 때문이다.

(1) 고린도전서 12장 8~10절에서는 9가지 은사를 말한다. "어떤 사람에게는 성령으로 말미암아 지혜의 말씀을, 어떤 사람에게는 같은 성령을 따라 지식의 말씀을, 다른 사람에게는 같은 성령으로 믿음을, 어떤 사람에게는 한 성령으로 병 고치는 은사를, 어떤 사람에게는 능력 행함을, 어떤 사람에게는 예언함을, 어떤 사람에게는 영들 분별함을, 다른 사람에게는 각종 방언 말함을, 어떤 사람에게는 방언들 통역함을 주시나니."

(2) 로마서 12장 6~8절에는 7가지 은사를 언급한다. "우리에게 주신 은혜대로 받은 은사가 각각 다르니 혹 예언이면 믿음의 분수대로, 혹 섬기는 일이면 섬기는 일로, 혹 가르치는 자면 가르치는 일로, 혹 위로하는 자면 위로하는 일로, 구제하는 자는 성실함으로 다스리는 자는 부지런함으로, 긍휼을 베푸는 자는 즐거움으로 할 것이니라."

(3) 에베소서 4장 11절에는 직책에 대한 5가지 은사가 나온다. "그가 어떤 사람은 사도로, 어떤 사람은 선지자로, 어떤 사람은 복음 전하는 자로, 어떤 사람은 목사와 교사로 삼으셨으니."

7. 바울의 새로운 전도여행 계획(롬 15장)

바울은 1, 2, 3차의 전도여행(행 13장 이하 참고) 때 주로 로마제국의 번영에 따라 지중해의 북부 연안 지역 및 소아시아를 전도하였다. 그러나 아직 서바나(스페인)가 남아 있었으므로 이곳에 대한 간절한 소망을 가졌다. 바울은 먼저 예루살렘을 방문하여 구제 헌금을 전달하고, 로마교회를 경유해 서바나로 갈 것을 계획하였다(15:22~29).

로마에 있는 콘스탄틴의 아치

로마 황제 콘스탄틴이 주후 313년에 '밀라노 칙령'을 선포함으로, 기독교가 공인되어 박해가 끝나고 다른 종교와 동등한 지위를 얻게 되었다.

바울이 실제 서바나에 가서 복음을 전했는지는 성경에 기록되어 있지 않다. 그러나 주후 1세기 말 교부 클레멘트의 글에 "바울은 온 세계에 의를 가르쳤으며 그가 서방의 끝에 도달했을 때 통치자들 앞에서 증거를 했으며…"(고린도 교인들에게 보내는 편지)에서 '서방의 끝'이 서바나를 가리키는 것이라 하여 서바나의 복음 전도를 주장하기도 한다(행 19:21~22 참고).

다음 물음에 답하거나 괄호 안에 알맞은 말을 넣으시오.

1. 복음은 모든 믿는 자에게 무엇이 되는가? (1:16)

2. 하박국 2:4을 인용한 구절은 어디인가? 로마서 1장 (   )절

3. "유대인이라 불리는 네가 (   )하며 하나님을 자랑하며 … 율법을 자랑하는 네가 (   )을 범함으로 하나님을 욕되게 하느냐." (2:17, 23)

4. "할례는 (   )에 할지니 영에 있고 (   )에 있지 아니한 것이라." (2:29)

5. "율법의 행위로 그의 앞에 (   )을 얻을 육체가 없나니 율법으로는 (   )를 깨달음이니라." (3:20)

6. "모든 사람이 (   )를 범하였으매 (   )에 이르지 못하더니." (3:23)

7. 아브라함은 의롭다 하심을 받은 것은 행위와 믿음 중 무엇을 인함인가? (4:1~8)

8. 자기 몸이 죽은 것 같고 사라의 태가 죽은 것 같음을 알고, 아브라함의 믿음은 어떻게 되었는가? (4:19)

9. "예수는 우리가 (   ) 때문에 내줌이 되고 또한 우리를 (   ) 하시기 위하여 살아나셨느니라." (4:25)

10. (5:1) 우리가 믿음으로 의롭다 하심을 ~

11. (5:8) 우리가 아직 죄인 되었을 때에 ~

12. "그리스도를 죽은 자 가운데서 (   )과 같이 우리도 또한 (   ) 가운데서 행하게 하려 함이라." (6:4)

13. "죄의 삯은 (   )이요 하나님의 은사는 그리스도 예수 우리 주 안에 있는 (   )이니라." (6:23)

14. "이제는 우리가 얽매였던 것에 대하여 죽었으므로 (   )에서 벗어났으니 이러므로 우리가 (   ) 새로운 것으로 섬길 것이요 (   )의 묵은 것으로 아니할지니라." (7:6)

15. "내 자신이 마음으로는 (   )을 육신으로는 (   )을 섬기노라." (7:25)

16. 죄와 사망의 법에서 우리를 해방하는 법은 무엇인가? (8:2)

17. 육신의 생각과 영의 생각은 어떤 결과를 낳는가? (8:6)

18. 로마서 8:29~30에서 말하는 성도의 성화 과정을 적으시오.

   미리 아심 → 미리 (   ) → 부르심 → (   ) 하심 → 영화롭게 하심

19. 성령이 우리 연약함을 어떻게 도우시는가? (8:26)

20. 다음은 구약 어느 곳의 말씀인지 보기에서 골라 쓰시오. (9장)

〈보기〉 호 1:10/ 렘 18:6/ 창 18:10

(1) (9:9) 약속의 말씀은 이것이니 명년 이 때에 내가 이르리니 사라에게 아들이 있으리라. ㅡ

(2) (9:21) 토기장이가 진흙 한 덩이로 하나는 귀히 쓸 그릇을, 하나는 천히 쓸 그릇을 만들 권한이 없느냐. ㅡ

(3) (9:25) 내가 내 백성 아닌 자를 내 백성이라, 사랑하지 아니한 자를 사랑한 자라 부르리라. ㅡ

21. "사람이 마음으로 믿어 (   )에 이르고 입으로 시인하여 (   )에 이르느니라." (10:10)

22. "누구든지 (   )을 부르는 자는 구원을 받으리라." (10:13)

23. "믿음은 (   )에서 나며 들음은 (   )으로 말미암았느니라." (10:17)

24. 돌감람나무와 참감람나무는 각각 누구를 비유한 것인가? (11:13~24) (해설 참고)

25. (11:36) 이는 만물이 주에게서 나오고 ~

26. 로마서 12장, 고린도전서 12장, 에베소서 4장은 모두 무엇에 대한 기록인가?

① 사랑   ② 은사   ③ 봉사

27. 본문에 나온 7가지 은사는 무엇인가? (12:6~8)

(1) 예언   (2)   (3)   (4)

(5) 구제하는 자(일)   (6)   (7)

28. (12:11) 부지런하여 ~

29. 우리가 져도 좋은 빚은 어떤 것인가? (13:8)

30. 성도는 어떤 옷을 입어야 하는가? (13:12, 14)

31. 우상의 제물에 대한 바울의 입장은 무엇인가? (14장)

① 먹지 말라   ② 먹어도 된다   ③ 먹던 먹지 않던 서로 비판하지 말라

32. (14:8) 우리가 살아도 ~

33. 그리스도께서 죽었다가 다시 살아나심은 무엇을 위함인가? (14:9)

34. 먹는 것과 마시는 것이 아니라 성령 안에 있는 의와 (   )과 (   )이 하나님의 나라이다. (14:17)

35. 바울이 복음 전도를 위하여 로마를 거쳐서 가고 싶어 했던 곳은 어디인가? (15:23, 28)

36. 바울이 겐그레아 교회의 일꾼으로 추천한 자매는 누구인가? (16:1~2)

고린도전서_ 교회 문제와 치유

저자 바울과 소스데네(1:1). **주제** 여호와 하나님의 공의와 은총. **기록 장소** 에베소(16:3~8). **기록 시기** 주후 55년경. 이보다 앞서 고린도 교인에게 보낸 편지는 분실된 것으로 보인다. **특징** 〈로마서〉가 '교리서'라면, 〈고린도전서〉는 '실제 문제'를 다루었다(15장은 부활장으로 예외). **요절** 너희 몸은 너희가 하나님께로부터 받은 바 너희 가운데 계신 성령의 전인 줄을 알지 못하느냐(고전 6:19~20).

1. 바울의 제2차 전도여행 때인 주후 50년경, 바울은 실루아노, 디모데와 함께(행 18:5, 고후 1:19) 아덴으로부터 고린도에 와서 18개월을 체류하며 복음을 전하여 고린도교회를 세웠다(고전 4:12, 9:1 이하, 고후 11:7~9). 이교(異敎)의 배경 하에서 회심한 사람들이 많았다.
2. 고린도는 헬라의 대도시로서 주전 1세기 중반 경에 로마의 시저(가이사)에 의하여 식민지가 되어 총독을 파송하였다. 동서로 바다를 끼고 있으며, 아시아와 로마지방과의 교통로에 있다. 바울 시대에는 부유하고 번화한 상업도시였다. 대체로 낮은 신분의 사람들이 살았다.
3. 당시에 바울은 고린도 교인들이 안고 있는 문제에 대한 서신이나 직접 들은 일들에 대해 답변했을 것이다. 바울은 문제를 정확히 진단하고 문제 해결을 제시했으며 영적으로 혼란이 없도록 했다(보고와 질문 내용은 '하나씩 짚어보기' 참고).
4. 내용 분해

   1~4장 — 교회 내의 파당들　　　　　　5~7장 — 성 윤리와 가정생활
   8~10장 — 기독교인들과 이교도들　　　11~14장 — 교회생활과 예배
   15장 — 그리스도와 성도의 부활　　　　16장 — 연보와 개인적인 문제들

# 한눈에 살펴보기

　고린도교회는 분파, 파당의 분쟁으로 인해 어려움을 겪고 있었다. 유대인은 표적을 구하고 헬라인은 지혜를 찾으나 그리스도인은 십자가에 못 박힌 그리스도를 전한다(1장). 바울은 고린도 전도 당시(행 18장)에 사람의 지혜로 하지 아니하고 성령의 나타나심과 능력으로 했음을 회상한다(2장). 고린도교회의 분쟁은 육신에 속한 신자의 행위라며 책망한다. 바울과 바나바는 경쟁의 상대가 아닌 동역자이다(3장). 그들은 그리스도의 일꾼이며 하나님의 비밀을 맡은 자이다(4장).

　또한 고린도교회는 음행 — 근친상간(近親相姦)으로 어려움을 겪고 있었다(5장). 성도가 세상을 판단해야 하는데 오히려 성도들이 세상의 판단을 받는 고발(소송)로 인해 어려움도 겪었다(6장). 바울의 결혼과 이혼에 대한 가르침은 고린도교회의 일면을 보게 해준다(7장).

　고린도라는 사회 속에서 자연스럽게 접하는 '우상의 제물'로 인해 혼란이 있었으나, 바울은 자유를 덕스럽게 활용할 것을 말한다(8장). 바울은 사도직의 권리를 변호하는 동시에 다양한 부류의 사람들을 위하여 여러 사람에게 여러 모습으로 대한다(9장). 이스라엘 역사의 교훈을 본보기(거울) 삼아 고

린도 교인들에게 경고한다(10장).

여인들의 수건 쓰는 문제와 성찬의 문제를 통하여 교회의 질서를 잡아간다(11장). 바울 사도는 고린도교회가 안고 있는 몇 가지 문제(분쟁, 음행, 은사 활용) 중에 은사에 대해 말한다. 은사와 그것을 주신 분이 성령이심을 가르치며 성도들은 한 공동체임을 역설한다(12장). 한편 더 큰 은사를 사모하라며 사랑을 말한다(13장). 그리고 은사의 사용에 있어서 바른 규칙들을 제시하며 질서를 유지하도록 가르친다(14장). 부활의 확실성을 가르치며 흔들리지 말 것을 권면한다(15장). 바울은 앞으로의 계획과 함께 각 사람에게 문안 인사를 한다(16장).

✅ 하나씩 짚어보기

1. 〈고린도전서〉의 보고와 질문 내용

(1) 바울에게 한 보고는 다음과 같다.

    1) 교회 안의 분쟁과 분열(1, 3장)

    2) 근친상간의 사례(5장)

    3) 교인들 간의 법정 시비(6장)

    4) 기독교 자유의 남용(8장)

    5) 예배와 만찬에 만연한 혼란(11:17~34)

(2) 고린도 교인들이 바울에게 답변을 요구한 질문

    1) 결혼과 독신 생활에 관한 질문(7장)

    2) 우상들에게 음식을 바치는 것과 신전들에서 거행되는 행사에 관한 질문(8장)

    3) 여자들이 수건을 써야할지의 여부와 집회에서 여자들의 지위 문제(11:1~16, 4:34~36)

    4) 성령의 은사들에 대한 질문(12장, 13장)

    5) 죽은 자의 부활의 의미에 관한 질문(15장)

2. 고린도교회의 분쟁(분열) 문제(고전 1, 3장)

"나는 바울에게, 나는 아볼로에게, 나는 게바에게, 나는 그리스도에게 속한 자라"(1:12) 하여 이름이 거론된 당사자들과는 무관하게 고린도교회는 분쟁으로 아픔을 겪고 있었다. 그 소식을 들은 바울은 이에 대해 "육신에 속한 자"(3:3)의 행동이라고 했다. 바울은 "같은 말"을 하고 "같은 마음과 같은 뜻으로 온전히 합하라"고 강조한다(1:10). 네 개 분파에 대하여 간략하게 살펴본다.

(1) 바울파—주로 이방인들로 이루어진 분파다. 바울은 그리스도인의 자유의 복음과 율법의 종말을 주장하였다. 이 분파 사람들은 자유를 방종으로 이용하려 했으며 기독교를 방패삼아 그리스도의 자유

로 자기들을 정당화했을 것으로 보인다.

(2) 아볼로파 — 아볼로는 알렉산드리아 출신으로 학문과 성경에 능하였다(행 18:24). 알렉산드리아는 지적 활동의 중심지였다. 이 도시에서는 성경의 비유적인 해석을 학문적으로 행하여 단순한 구절에서 깊은 의미를 찾아냈다. 이 분파는 기독교를 지성화시킨 사람들의 모임으로, 종교를 철학으로 전환시키고자 했다.

(3) 게바파 — 베드로의 유대 이름으로 이 분파 사람들은 아직도 유대의 율법을 지켜야 한다는 것을 사람들에게 가르쳤을 것이다. 율법을 존중하기 때문에 은총을 경히 여긴 율법주의자들이다.

(4) 그리스도파 — 이 분파는 자기들만이 옳다는 소수의 무리였을 것이다. 자기들만이 그리스도에게 속하며 더 나아가 그리스도께서 자신들에게만 속해 있는 것같이 행동했다. 독선적인 분파다.

3. 안정된 가정을 위한 부부의 역할(고전 7장)

바울은 7장에서 '결혼과 이혼'에 대한 다양한 가르침을 주고 있다. 결혼한 사람의 몸은 상대의 것으로 서로의 요구에 응하고 의무를 다해야 하며 "분방(分房: 잠자리를 같이하지 않는 것, 별거)하지 말라" 했다(7:3~5). 매일 철야 기도한다거나 다른 핑계들로 인해 부부의 관계가 원만하지 않다면 '사탄이 틈타서' 타락하게 만들 것이다(7:5). 하나님께서 "남자가 부모를 떠나 그의 아내와 합하여 둘이 한 몸을 이룰지로다"(창 2:24) 하신 말씀처럼 부부가 '한 몸을 이루는 일'이 원만치 못하면 불행해진다. 부부는 가정 안에서 서로 만족을 얻을 수 있어야 한다. 물론 먼저 사랑이 전제되어야 하지만, 부부생활을 거절하는 불성실한 사람은 상대를 미혹받는 길로 내어준 책임이 있다.

4. 바울은 처음부터 독신자였는가?(고전 7장)

"나는 모든 사람이 나와 같기를 원하노라 ⋯ 내가 결혼하지 아니한 자들과 과부들에게 이르노니 나와 같이 그냥 지내는 것이 좋으니라"(고전 7:7~8)에 근거하여 바울이 독신자였다는 것이 일반적인 견해이다. 사실 이 가르침은 방종하기로 유명한 고린도에게 유혹이 닥치지 않도록, 또 위험한 상태를 만들지 않도록 주의시키려는 뜻이 들어 있다. 바울이 처음부터 독신이었는가에 대해 유대인의 배경 연구에서 보면, 그가 결혼한 적이 있었다는 데에 비중을 둔다.

바울은 유대교 랍비로서, 정통적인 유대교는 결혼을 의무로 규정하였고, 결혼을 하지 않는 사람은 '자손을 죽였다. 이 세상에 하나님의 형상을 감소시켰다'는 말을 들었다. 하늘로부터 파문 당하는 일곱 가지 조건 중에 하나가 '아내가 없거나 아내가 있어도 자녀가 없는 유대인'이었다. 또한 바울은 산헤드린 회원이었을 것인데(행 26:10), 산헤드린 회원은 기혼자만으로 구성되었다.

이런 이유로 바울이 사별했거나, 바울이 그리스도인이 되자 아내가 가정을 파괴했을 수도 있다. 바울의 선교여행의 자유는 그가 혼자였기에 가능했고, 그는 재혼보다 주의 일에 힘썼기에 다른 사람들에게도 주님의 일과 다가올 재림을 생각하며 독신을 권유한 것으로 보인다.

- 윌리엄 바클레이, 《Commentary : 1 Corinthians The Gospel of Luke》, pp.100~1에서 요약 정리.

5. 우상의 제물 문제(고전 8장, 롬 14장)

고린도교회의 고민거리 중에 하나는 우상의 제물에 대한 그리스도인의 태도였다. 고린도의 시장에서 파는 대부분의 고기는 우상에게 바쳤던 것들이었다. "우상은 세상에 아무 것도 아니며"(8:4)라고 생각하여 우상제물을 먹는 데 제한을 받지 않는 자유도 있고 어떤 형제들은 우상 제물을 먹는 문제로 고민하였다. 바울은 자유가 옳다고 했으나 다만 다른 형제들의 약한 양심을 염려하였다(8:9~11). 바울은 약자를 생각하여 "만일 음식이 내 형제를 실족하게 한다면 나는 영원히 고기를 먹지 아니하여 내 형제를 실족하지 않게 하리라"(8:13)고까지 하였다. 바울은 약자를 돌보는 마음을 가졌다. 거리낌 없는 나의 자유를 다른 성도는 어떻게 받아들일지도 생각해야 한다.

6. 여자는 교회에서 잠잠해야 하는가?(고전 14장)

"여자는 교회에서 잠잠하라 그들에게는 말하는 것을 허락함이 없나니 율법에 이른 것 같이 오직 복종할 것이요"(14:34)라 하였다. 이것은 당시 교회의 질서를 위한 것이지 여성의 인격을 무시함은 아니다. 창세기 3:16의 "너는 남편을 원하고 남편은 너를 다스릴 것이니라"에 근거하여 창조의 원리와 교회의 질서를 따라 당시 교회에서 은사나 윤리적인 문제로 많은 무리를 빚고 있는 여자들을 절제시키고 있다(딤전 2:12).

성경은 여자의 은사와 활동에 대하여 인정하고 있으며(욜 2:16, 29, 행 2:17, 21:9) 바울도 여자들의 활동에 대하여 긍정적이다(고전 11:5). 창조 질서나 교회 질서 유지라는 측면에서 남녀 누구라도 성경이 요구하는 참뜻을 저버릴 수는 없다.

7. 죽은 자를 위하여 세례를 받을 수 있는가?(고전 15:29)

죽은 사람을 위하여 이웃이 대신 세례를 받는다. 그러나 죄사함은 개인적인 체험인데, 이를 대신해줄 수 있다는 것인가?

(1) 부활이 거짓이라면 그리스도를 통하여 옛사람이 죽고 새 사람으로 태어난다는 의미를 지닌 '죽음에 관한 세례('죽은 자를 위하여'의 재해석)'는 무가치하고 형식적인 절차에 불과하다는 것이다.

(2) 죽은 자를 위하여 세례를 받는 자들이 당시에 있었는데 이들이 "부활을 믿지 않는다면 이러한 일을 했겠느냐?"고 하여 죽은 자를 위한 세례를 교리로 인정한 것이 아니라 '만약 부활이 없다면 세례가 아무 것도 아니지 않겠느냐' 는 의미로 말했다. 이 견해는 해석상에 무리가 없다.

고대의 청동거울

"우리가 거울로 보는 것같이 희미하나"(고전 13:12). 바울 당시 거울은 광택을 낸 금속제로, 희미하고 불완전했다. _고린도 출토.

다음 물음에 답하거나 괄호 안에 알맞은 말을 넣으시오.

1. 고린도교회 교인들은 자신들이 각각 어디에 속했다며 분쟁했는가? (1:11~12)

   (1)   (2)   (3)   (4)

2. 십자가의 도가 구원을 받는 우리에게는 무엇이 되는가? (1:18)

3. 부르심을 받은 자들에게 그리스도는 누구신가? (1:24)

4. 바울은 무엇으로 말하고, 전도하였는가? (2:4)

5. 우리가 하나님께로 온 영을 받은 이유는 무엇인가? (2:12)

6. "나는 (   ) 아볼로는 (   ) 주었으되 오직 하나님께서 (   ) 하셨나니." (3:6)

7. 성도를 무엇에 비유했으며, 그 안에 누가 계신다고 했는가? (3:16)

8. "사람이 마땅히 우리를 그리스도의 (   )이요 하나님의 (   ) 자로 여길지어다 그리고 맡은 자들에게 구할 것은 (   )이니라." (4:1~2)

9. "하나님의 나라는 (   )에 있지 아니하고 오직 (   )에 있음이라." (4:20)

10. 각 장의 주제에 알맞은 제목을 보기에서 골라 쓰시오.
    〈보기〉 그리스도인과 법정/ 우상의 제물/ 음행자 판단/ 결혼과 이혼

    (1) 5장 ―   (2) 6장 ―   (3) 7장 ―   (4) 8장 ―

11. '음행하는 자들을 사귀지 말라'는 것은 음행하는 세상 사람(밖에 있는 사람)을 사귀지 말라는 것인가, 음행하는 믿음의 형제(교회 안에 있는 사람)를 사귀지 말라는 것인가? (5:9~11)

12. 교회 안에 있는 사람의 음행은 누구에게 판단하여 내쫓으라고 했는가? (5:1~3, 12~13)

13. 하나님께서 받은 성도의 몸이 실제 무엇이라고 말하는가? (6:19)

14. 왜 분방(잠자리를 따로 하는 것)하지 말라고 했는가? (7:5)

15. "부르심을 받은 그대로"란 무슨 뜻인가? (7:20, 24)

16. "우상의 제물을 먹는 일에 대하여는 우리가 우상은 세상에 (   ) 아니며 또한 하나님은 (   )밖에 없는 줄 아노라." (8:4)

17. 바울은 왜 고기를 먹지 않겠다고 했는가? (8:13) (해설 참고)

18. 바울이 대접받을 권리를 가졌는데도, 그 권리를 쓰지 않은 이유는 무엇인가? (9장, 답은 12절로)

19. 바울이 여러 사람에게 여러 모습이 된 이유는 무엇인가? (9:22)

20. 바울은 모세와 이스라엘이 홍해를 건넌 것을 무엇을 받은 것으로 비유했는가? (10:1~2)

21. "이러한 일은 우리의 (   )가 되어 우리로 하여금 그들이 악을 즐겨 한 것 같이 즐겨 하는 자가 되지 않게 하려 함이니 … 그들에게 일어난 이런 일은 (   )가 되고 또한 말세를 만난 우리를 깨우치기 위하여 기록되었느니라"에서 빈칸에 들어갈 한 단어를 쓰시오. (10:1~11)

22. (10:13) 사람이 감당할 시험밖에는 ~

23. "모든 것이 (   ) 모든 것이 (   ) 것은 아니요 모든 것이 가하나 모든 것이 (   )을 세우는 것은 아니니." (10:23)

24. "주 안에는 (   ) 없이 여자만 있지 않고 (   ) 없이 남자만 있지 아니하니라." (11:11)

25. 주의 몸을 분별하지 못하고 (성찬을) 먹고 마신 결과는 무엇인가? (11:29)

26. 예수님을 주(主)시라 하는 자의 고백은 누구로 인한 것인가? (12:3)

27. 성령으로 주신 은사들은 어떤 것이 있는지 써보시오. (9가지, 12:8~10)

    (1) 지혜의 말씀   (2)   (3)

    (4)   (5)   (6)

    (7)   (8)   (9)

28. 사람의 방언과 천사의 말을 할지라도 '무엇'이 없으면 꽹과리 소리가 되는가? (13:1)

29. "그런즉 (   ), (   ), (   ), 이 세 가지는 항상 있을 것인데 그중의 제일은 (   )이라." (13:13)

30. "내가 너희 모든 사람보다 (   ) 더 말하므로 하나님께 감사하노라." (14:18)

31. (14:39) 그런즉 내 형제들아 ~

32. 부활하신 예수님은 누구에게 나타나셨는가? (15:3~8)

    (1)   (2)   (3)

    (4)   (5)   (6)

33. "이제 그리스도께서 (   ) 가운데서 다시 살아나사 잠자는 자들의 (   )가 되셨도다." (15:20)

34. 첫 사람 아담과 마지막 아담은 각각 어떤 영이 되었는가? (15:45)

35. (15:52) 나팔 소리가 나매 ~

36. " 매주 (   )에 너희 각 사람이 수입에 따라 모아 두어서 내가 갈 때에 (   )를 하지 않게 하라." (16:2)

37. "만일 누구든지 주를 (   )하지 아니하면 (   )를 받을지어다." (16:22)

DAY 46

고린도후서, 갈라디아서

📖 고린도후서_ 교인들 위로와 바울 자신의 변호

저자 바울과 형제 디모데(1:1). 수신자 고린도에 있는 하나님의 교회와 온 아가야에 있는 모든 성도. 기록 연대 주후 56년경. 기록 장소 마게도냐 지역(7:5, 8:1, 9:2~4). 서신 명칭의 문제 2:4에 "눈물로 너희에게 썼노니"라 하여 '눈물의 편지', '준엄한 편지'라고도 한다. 요절 찬송하리로다 그는 우리 주 예수 그리스도의 하나님이시요 자비의 아버지시요 모든 위로의 하나님이시며(고후 1:3~4).

---

1. 〈고린도전서〉와 〈고린도후서〉 사이에는 약 1년 정도의 간격이 있다.

2. 본서는 바울의 서신 중에 친밀하고 개인적인 서신일 것이다. 모든 교회를 보살피는 바울의 짐(11:28)의 무게와 그들에 대한 바울의 사랑의 깊이, 그리고 교회의 영적 성장에 대한 관심이 드러난다.

3. 본서에 나타난 바울의 자화상 – 그리스도 안에 있는 사람, 그리스도의 종, 솔직한 어조, 풍채는 형편없고 말씨가 보잘 것 없다(10:10). 하나님과 그리스도에 대한 감사(1:3, 5:14)와 경외심(5:10~11), 교회에 대한 순수한 사랑을 지닌 사람이다(2:4, 11:1). 그리스도를 위해 고난을 받았고(1:5, 4:10), 투옥되기도 했으며 '육체에 가시'를 가졌다(12:7).

4. 내용 분해

　　1~7장 ― 바울의 사역과 사도직에 대한 변호

　　8~9장 ― 예루살렘 교인들을 위한 헌금

　　10~13장 ― 바울의 사도직 권위에 대한 변호

🔵 한눈에 살펴보기

　　위로의 하나님을 의뢰하는 바울은 고린도교회를 방문할 계획을 갖는다(1장). 고린도교회를 향한 사랑과 그동안의 자신의 형편을 설명한다(2장). 그는 고린도교회가 존재하는 것만으로도 자신에 대한 추천서가 되며, 우리가 새 언약의 일꾼이라 말한다(3장). 예수 그리스도의 주되신 것을 전파하는 바울은 고난과 핍박이 뒤따라도 영원한 영광의 중한 것을 바라보았다(4장). 바울은 하늘의 영원한 집에 대한 동경을 말하고 이어서 헌신과 화목을 권유한다(5장). 또한 하나님의 일꾼으로서 부끄러움이 없기를 기대했다. 신자로서 불신자와 멍에를 함께 메지 말라고 한다(6장). 마음 문을 닫고 있던 고린도 교인들로부터 디도를 통해 가져온 기쁜 소식은 큰 위로를 주었다(7장). 예루살렘 교인들을 향한 연보를 드림에 있어서 마게도냐 교인들의 모범을 소개하며 디도와 한 형제를 고린도에 파송하는 것을 알린다(8장). 그리고 연보에 대한 바울의 가르침이 나온다(9장). 일부 거짓 교사들로 인해 비난을 받고 있었으므로 여기에 대해 사도로서의 영적 권위를 말한다(10장). 고린도 교인들은 거짓 교사들이 전한 다른 예수, 다른 영, 다른 복음을 용납하여 책망을 받는다. 바울은 복음을 위하여 고난당한 것보다 교회를 위한 염려가

더 컸다(11장). 바울은 환상과 계시를 본 영적 체험이 있었음을 말한다(12장). 바울은 세 번째로 고린도 교회를 방문할 것이며 그 일에 대해 준비토록 한다. 그의 방문은 넘어뜨리려 하는 것이 아니라 세우려 하는 것임을 말한다(13장).

✅ 하나씩 짚어보기

1. 이기게 하시는 하나님(고후 2:14~17)

바울은 "항상 우리를 그리스도 안에서 이기게 하시고"(2:14)라 한다. '이기게 하신다'를 직역하면 '개선 행렬에 참가시킨다'이다. 1인칭 복수 대명사인 '우리'를 사용했지만 바울이 자신을 염두에 두고 말하는 것으로 볼 수 있다. 하나님께서는 이전의 박해자를 다메섹에서(행 9장) 치시고 이제 로마 군대의 개선장군처럼, 즉 복음의 승리의 개선 행렬 속에 참가하게 해주신 것이다. 또한 바울은 골로새서 2:16의 의미로 어둠의 세력에 대한 하나님의 승리를 생각하며, 사도들을 그 개선 행렬의 전령으로 본다고도 할 수 있다. 복음 선포 속에서 이것이 "그리스도를 아는 냄새"이다.

2. 믿지 않는 자와 멍에를 같이하지 말라(고후 6:14~16)

바울은 "너희는 믿지 않는 자와 멍에를 함께 메지 말라"(6:14) 했는데 어떤 일에 해당될까? 리버티대학교 H. L. 윌밍턴 박사는 결혼, 동업, 부패한 조직에 같이하지 말라고 권면한다. 성경은 구별의 논리로 "의와 불법이 어찌 함께하며, 빛과 어두움이 어찌 사귀며, 그리스도와 벨리알이 어찌 조화되며, 믿는 자와 믿지 않는 자가 어찌 상관하며, 하나님의 성전과 우상이 어찌 일치가 되리요"(6:14~16) 하였다. 이런 일을 중요시 여겨 자신의 신앙을 지켜야 한다.

3. 연보(헌금)에 대한 자세(고후 8~9장)

'마게도냐 교인들의 헌금의 자세'는 모범이 된다(8:2~5). 가난에도 불구하고 넘치는 기쁨으로 풍성하게 드리고, 힘대로 할 뿐 아니라 힘에 지나도록 자원하였다. 그들은 자신들을 먼저 주께 드렸기 때문에 아낌없이 헌금할 수 있었다. 한편 '바울의 헌금에 대한 가르침'(9:6~7)은 많이 심으면 많이 거두는 원리로 헌금하는 것과, 정한 대로 하고 인색함으로 하지 않는 것, 그리고 즐겨내는 것이다.

과부의 헌금(고후 8~9장, 막 12장)
예수님은 과부의 두 렙돈의 헌금을 칭찬하셨다. 바울은 마게도냐 교인들의 헌금을 칭찬하며 헌금의 자세에 대해 가르쳤다. _6세기의 모자이크화. 라벤나의 상 아폴리나레 누오보교회.

4. 바울의 학문과 자랑 (고후 10장)

바울은 많은 학문을 한 사람(행 26:24)으로 그의 글은 학문적인 배경 위에 영적인 힘이 실려 있다. 그러나 바울이 언변에는 둔했던지 "그들의 말이 그의 편지들은 무게가 있고 힘이 있으나 그가 몸으로 대할 때는 약하고 그 말도 시원하지 않다 하니"(10:10)라고 하였다. 바울은 글과 행함이 같다고 하며(10:11) 또한 "비록 말에는 부족하나 지식에는 그렇지 아니하니"라고 주장한다(11:6). 사람들은 말에 속는 경우가 많다. 달변이 아니라 진실한 말에 귀를 기울여야 한다. 바울은 "옳다 인정함을 받는 자는 자기를 칭찬하는 자가 아니요 오직 주께서 칭찬하시는 자니라"(10:18) 하였다. 주님께서 나를 어떻게 보실까를 기억하며 주님의 칭찬을 기대해야 한다.

5. 유대 교사들의 세 가지 주장과 바울의 권위(고후 11:22)

바울은 유대 교사들을 향하여 자신을 이렇게 소개한다. "그들이 히브리인이냐 나도 그러하며 그들이 이스라엘인이냐 나도 그러하며 그들이 아브라함의 후손이냐 나도 그러하며"(11:22)라 하여 자신이 유대 교사들못지않다는 것과 나아가 더 권위 있다는 것을 내세운다.

(1) 히브리인 — 바울 시대, 히브리어 형태인 아람어의 형태로 고대 히브리어를 말하는 사람들이다. 흩어진 유대인(디아스포라)은 대체로 헬라어를 사용하였다. 그러나 바울은 두 가지를 다 했다.

(2) 이스라엘인 — 하나님의 선민의 한 사람으로서 유대인을 일컫는 말이다. 바울의 적대자들은 길리기아 다소 출신인 바울을 선민이 아닌 양 대했다.

(3) 아브라함의 후손 — 자신들은 아브라함의 직계 후손으로 하나님께서 주신 약속(창 12:1~3)의 상속인이라고 한다. 그러나 바울도 순수한 그 족속(후손)임을 말한다(빌 3:5~6).

6. 바울이 말하는 환상과 계시(고후 12장)

(1) 바울이 환상을 본 때는 "십사 년 전"(12:2)으로 이때가 주후 41~42년이다. 바울이 회심한 후 6~7년 되었을 때이며 이방인을 위한 대사명(大使命)을 받기 이전이다.

(2) 자신의 경험을 남의 이야기하듯 "그리스도 안에 있는 한 사람"이라 말한다. "셋째 하늘에 이끌려 갔다"고 했는데 이는 하나님 앞을 뜻하는 유대적인 표현이다. 고대인의 우주관에 의하면 하늘이 여러 층으로 되어 있는데 셋째 하늘은 그 중에 가장 높은 하늘이다. 바울은 자신의 체험을 듣는 사람들이 "지나치게 생각할까 두려워서" 결국 말하지 않는다(12:6)(Day23 '히브리인의 우주관' 그림 참고).

(3) 바울은 위의 환상 외에도 복음 전도에서 여러 번 환상을 본다(사도행전).

   1) 다메섹 도상에서의 환상(행 9:3 이하)
   2) 다메섹의 한 집에서 아나니아가 와서 자신에게 안수하여 다시 보게 하는 환상(행 9:12)
   3) 드로아에서의 마게도냐 사람 하나가 우리를 도우라는 환상(행 16:8~10)
   4) 예루살렘 성전에서의 환상(행 22:17 이하)

📖 갈라디아서_ 유대주의에 대처하여 믿음으로 구원 강조

저자 바울 사도(1:1). 수신자 갈라디아 여러 교회들(1:2). 기록 연대 및 장소 1차 전도여행 후인 주후 48~49년경 수리아 안디옥에서, 또는 주후 51~53년에 수리아 안디옥이나 고린도에서 기록한 것으로 보며 바울서신 중에서 제일 먼저 기록된 책이라 주장하는 학자들이 많다. 문학 형식 서간문. 요절 너희가 성령을 받은 것이 율법의 행위로냐 혹은 듣고 믿음으로냐(갈 3:2).

1. 〈고린도후서〉의 수신자인 '갈라디아 여러 교회들'(1:2)이란 바울이 1차 전도여행 중에 세운 갈라디아 남부 지역의 교회들, 즉 비시디아 안디옥, 이고니온, 루스드라, 더베의 교회들이다.
2. 초대 교회의 어려운 일 중에 하나는 유대주의자들로 인한 문제였다. 이들은 유대인으로 그리스도인이 된 자들인데 구약의 많은 의식을 지키는 것이 신약 교회에 구속력이 있다고 믿고 가르치는 자들이다. 할례, 절기, 유전 등 율법적인 것들을 지켜야 구원받는다고 이방 교회들에게 가르치는 데 대해 바울은 그것은 '다른 복음'이며 '오직 믿음으로 의롭다 함을 얻는다'고 주장한다.
3. 본서는 〈고린도전 · 후서〉에서도 나타난 것처럼 바울의 사도직에 대한 변증이 함께 나온다.
4. 내용 분해
   1~4장 — 교리적: 자유와 믿음의 입증, 자유와 믿음의 정당성
   5~6장 — 실천적: 자유와 믿음의 삶

🔵 한눈에 살펴보기

바울은 강력한 어조로 다른 복음을 전하는 자(유대주의 그리스도인 교사)는 저주를 받게 된다고 말한다(1장). 이방인의 사도로서 예루살렘에서 유대인 중심의 사도들과 친교의 악수를 했으며, 안디옥에서 외식(外飾)을 행하는 게바(베드로)를 책망한다(2장). 그리스도의 자유를 율법과 바꾸려는 자들을 책망하며 믿음으로 의롭다 하심을 얻음을 다시 강조한다(3장). 율법 아래 있는 자들은 육체를 따라 난 여종의 아들과 같고 그리스도인은 자유 있는 여자에게서 난 자녀와 같다(4장). 바울은 할례나 무할례는 효력이 없고 사랑으로써 역사하는 믿음과 성령 안에서의 삶을 강조한다(5~6장).

✅ 하나씩 짚어보기

1. 구원 사상이 잘 나타난 〈갈라디아서〉

(1) 〈갈라디아서〉는 〈로마서〉 못지않게 이방인에 대한 바울의 구원 사상이 잘 나타나 있다. 강경한 어조로 사도행전 15장에서의 결의를 무색하게 할 정도의 말들을 한다. 이방인의 사도로 부름을 받은 데 대한 확실한 사명이 자신감을 넘치게 했을 것이다.

(2) 바울의 경험을 재연한 사람은 개혁자 '마르틴 루터'이다. 신부였던 그는 '만일 수도 생활로 구원을 받은 사람이 하나라도 있다면 그는 나였을 것이다'고 하였다. 그가 로마의 스칼라 상타(Scala

Sancta) 즉 '거룩한 대계단'을 손과 무릎으로 기어 올라가며 공적을 쌓고 있을 때 하늘로부터 "의인은 믿음으로 살리라"(갈 3:11)는 소리가 들려왔다. 하나님과의 평화는 노력으로 얻어지는 것이 아니라 주께서 주시는 것이다(요 14:27). 이 말씀은 하박국 2장 4절에서 온 것으로 사도 바울(롬 1:17, 갈 3:11)과 히브리서 기자(히 10:38)에 의해 발전하였다. 마르틴 루터는 1517년 종교개혁의 시발이 된 95개 조항의 항의문을 가톨릭에 제시할 때에 이 말씀을 개혁 이념으로 삼았다.

성경을 보급하는 권서인(勸書人)
한국선교 초기에 성경이 우리말로 번역되면서 성경을 보급하는 권서인들의 활동이 활발했다. 사진에 '耶蘇敎書會, 야소교서회'라는 글이 보인다. 바울은 갈라디아 교인들에게 "우리가 너희에게 전한 복음 외에 다른 복음을 전하면 저주를 받을지어다"(갈 1:6~9)라며 유대주의적인 기독교를 경계했다. _1890년경 서울.

2. 율법에 종살이하는 것과 그리스도 안에서의 자유(갈 4:21~31)

(1) 바울은 두 개의 언약에 기초한 두 그룹을 나타내기 위하여 하갈과 사라를 예로 든다. 하갈은 사라의 여종으로서 자신이 남편 아브라함에게 자식을 낳지 못하자 남편에게 첩으로 주어 하갈을 통하여(인간적인 방법으로) 이스마엘이라는 자식을 낳지만 오히려 여종에게 무시를 당한다. 세월이 지난 후에 사라는 약속의 아들을 낳았는데, 그가 곧 이삭이다(창 16장, 21:1~3).

(2) 이스마엘은 '율법에 종노릇하는 것의 상징'이고, 이삭은 '자유를 가져오는 것의 상징'이다. 본문은 하갈이 여종이었던 것같이 율법의 이 노예적 지배 아래 유대교(예루살렘)가 살아가고 있다. 그러나 사라의 모습은 새 언약, 진정한 이스라엘에 대응한다. 약속에 의탁하여 자유 안에 있는 사람들은 새 언약 아래 살고 있다. 이로써 이방 민족들에게 문이 열렸기 때문에, 한때 임신하지 못하는 여인(창 11:30)이라고 불리던 사라가 거대한 후손을 가지게 되었다(4:27).

3. 바울서신의 기록 시기

바울서신 13권(작자 미상의 〈히브리서〉를 포함하면 14권)의 기록 시기는 학자마다 다르나 대략 다음과 같이 정리할 수 있다. (Day 43 사도행전 해설 참고)

1차 전도여행	휴가	2차 전도여행	3차 전도여행	첫 번째 투옥 옥중서신	석방 목회서신	마지막 투옥
행 13:4~14:28	행 15:1~35	행 15:36~18:22	행 18:23~21:16	행 28:16~31		사도행전 이후
	갈라디아서	데살로니가전서 데살로니가후서	고린도전서 고린도후서 로마서 히브리서(?)	에베소서 골로새서 빌레몬서 빌립보서	디모데전서 디도서	디모데후서

다음 물음에 답하거나 괄호 안에 알맞은 말을 넣으시오.

1. 하나님은 우리 주 (   )의 하나님, (   )의 아버지, 모든 (   )의 하나님이시다. (고후 1:3)

2. 성도들이 심한 고난을 당하며 살 소망까지 끊어지는 고통을 겪는 이유는 무엇인가? (1:8~9)

3. "하나님의 약속은 얼마든지 그리스도 안에서 (   )가 되니 그런즉 그로 말미암아 우리가 (   ) 하여 하나님께 (   )을 돌리게 되느니라." (1:20)

4. 우리는 하나님 앞에서 그리스도의 (   )이며, 그리스도의 (   )이다. (2:15, 3:3)

5. 주는 영이시니 주의 영이 계신 곳에는 무엇이 있는가? (3:17)

6. 바울이 '우리가 전파하는 것'이 무엇이라고 하는가? (4:5)

7. "보이는 것은 (   )이요 보이지 않는 것은 (   )이라." (4:18)

8. "우리가 다 반드시 그리스도의 (   ) 앞에 나타나게 되어 각각 선악간에 그 (   ) 행한 것을 따라 받으려 함이라." (5:10)

9. (5:17) 그런즉 누구든지 그리스도 안에 있으면 ~

10. 성도는 그리스도를 대신하여 무엇이 되었다고 말하는가? (5:20)

11. 우리가 하나님과 함께 일하는 자로서 너희를 권하노니 (   )를 헛되이 받지 말라. (6:1)

12. "마게도냐에 이르렀을 때에도 … 위로하시는 하나님이 (   )으로 우리를 (   )하셨으니 … 너희 가 근심함으로 (   )에 이른 까닭이라." (7:5~6, 9)

13. 세상 근심이 사망을 이루는 것이라면, 하나님의 뜻대로 하는 근심은 무엇인가? (7:10)

14. 환난의 많은 시련 가운데서 마게도냐 교인들의 연보가 풍성하게 된 것은 무엇 때문인가? (8:1~2)

15. 예수님께서 우리를 위하여 가난하게 되신 것은 무엇을 위함인가? (8:9)

16. 8장 15절은 무엇을 거두는 일을 예로 든 것인가? (출 16:18, 31)

17. 적게 심는 자는 적게 거두고 많이 심는 자는 많이 거둔다 하는 말은 무엇을 두고 하는 말인가? (9:6)

18. 9:6~15에서 '감사'라는 단어는 몇 절에 나오는가?

19. 바울에 대한 고린도 교인들의 평가는 어떠한가? (10:10)

20. 거짓 교사들이 전파한 것을 용납한 교인들을 책망했는데, 그것은 무엇이었는가? (11:4)

다른 (   ), 다른 (   ), 다른 (   ).

21. 아래의 모습으로 가장하는 것은 누구인가? (11:13~15)

    (1) 그리스도의 사도 —   (2) 광명의 천사 —   (3) 의의 일꾼 —

22. 바울이 날마다 마음속에 눌리는 것은 무엇이었는가? (11:28)

23. 바울이 육체에 가시, 곧 사탄의 사자가 떠나기를 기도한 결과 하나님의 응답은 무엇이었는가? (12:7~9)

24. 바울은 무엇을 자랑하리라 했는가? (11:30, 12:9)

25. 그리스도를 위하여 능욕과 박해를 받은 바울은 언제 강해진다고 하는가? (12:10)

26. 바울이 사도의 표가 된 것이 무엇이라고 말하는가? (12:12)

27. (13:5) 너희는 믿음 안에 있는가 ~

28. (13:13) 주 예수 그리스도의 ~

29. "우리가 너희에게 전한 복음 외에 다른 복음을 전하면 (   )를 받을지어다." (갈 1:8)

30. 이방인(무할례자) 선교자와 유대인(할례자) 선교자를 이름으로 구분해보라. (2:9의 '나'는 바울이다)

    (1) 이방인 선교 —   (2) 유대인 선교 —

31. "사람이 의롭게 되는 것은 … 오직 (   )를 믿음으로 말미암는 줄 알므로." (2:16)

32. 내가 (   )와 함께 (   )에 못 박혔나니 그런즉 이제는 내가 사는 것이 아니요 오직 내 안에 (   )께서 사시는 것이라." (2:20)

33. 하박국 2:4에서 인용한 갈 3:11, 롬 1:17, 히 10:38의 공통된 말씀은 무엇인가?

34. 그리스도께서 우리를 어디로부터 속량(贖良)하셨는가? (3:13)

35. 하나님께서 언제 그 아들을 보내셨는가? (4:4)

36. 갈라디아 교인들은 바울을 어떻게 영접하였는가? (4:14)

37. 여종과 자유 있는 여자는 각각 누구이며, 약속의 자녀는 누구인가? (4:21~31, 창 16, 21장)

38. 자유를 육체의 기회로 삼지 말고 어떻게 사용해야 하는가? (5:13)

39. 5:22~23에서는 성령의 열매를 어떻게 설명하고 있는가?

40. 육체를 위하여 심는 자는 썩어질 것을 거두고, 성령을 위하여 심는 자는 무엇을 거두는가? (6:8)

41. 바울은 자랑할 것 한 가지를 무엇이라 했는가? (6:14)

42. 바울은 자신의 몸에 무엇을 지니고 있다고 했는가? (6:17)

에베소서, 빌립보서, 골로새서, 빌레몬서

에베소서_ 교회의 일치

저자 바울(1:1, 3:1). **수신자** 에베소에 있는 성도들과 그리스도 예수 안에 있는 신실한 자들(1:1). **저작 연도와 장소** 주후 61~62년 로마 옥중에서(3:1, 4:1, 6:20). **핵심 사상** 그리스도 안에서의 만유의 통일(1:10, 2:13~16, 4:4~6). **요절** 하늘에 있는 것이나 땅에 있는 것이 다 그리스도 안에서 통일되게 하심이라(1:10).

1. 〈에베소서〉의 저자 바울은 그의 선교 사역의 상당 기간을 에베소에서 일했다. 2차 전도여행 중이었으며, 그곳을 브리스길라와 아굴라에게 맡겨두고 떠났다(행 18:18~21). 3차 전도여행 중에 회당에서 3개월, 두란노서원에서 2년 이상 하나님 말씀을 가르쳤다(행 19:8~10, 20:31). 아데미 여신을 숭배하는 자들로 인한 소동(행 19:23~24)을 겪은 곳이며, 에베소교회 장로들에게 행한 설교를 통해 에베소교회에 대한 바울의 애정을 볼 수 있다(행 20:17~21).

2. 본서는 교회의 경건 문학과 신학서 중에서 교리적 내용이 가장 완벽하게 구성되어 있다는 평을 받는다.

3. 에베소교회뿐 아니라 회람용(回覽用)으로 사용된 서신이라는 주장도 있다.

4. 〈에베소서〉와 〈골로새서〉는 쌍둥이 서신이라 할 만큼 전개 방법과 어휘 표현이 유사하다. 두 서신은 55개 이상의 구절이 비슷할 정도로 밀접한 관계성을 갖는다. 두기고가 이 두 편지의 전달자로 보인다(골 4:7, 엡 6:21).

유사 내용 및 표현	에베소서	골로새서
죄사함으로 말미암은 속량	1:7	1:14
서두의 문안	1:15~19	1:3~12
하나님, 그리스도의 충만	1:23, 3:19, 4:13	1:19, 2:9
하나님, 그 백성으로부터 떠남	2:12, 4:18	1:2
복음의 비밀을 맡은 사도직	3:1~13	1:23~29
그리스도 안에 뿌리가 박힘	3:17	2:7
서로 용납함	4:2	3:13
그리스도의 지체, 연합	4:16	2:19
옛 사람을 벗고 새 사람을 입으라	4:22~23	3:9~10
서로 용서하기를 그리스도께 하듯	4:32	3:13
탐심을 우상숭배로 규정	5:5	3:5
세월을 아끼라	5:16	4:5
노래와 찬양을 통한 감사 표현	5:19	3:16
남편과 아내	5:22~23	3:18~19
부모와 자녀	6:1~4	3:20~21
종과 주인	6:5~9	3:22~25

한눈에 살펴보기

그리스도를 통해 구원하시는 하나님의 예정과 선택에 대하여 하나님께 드리는 찬양이다(1장). 은혜의 선물은 새로운 삶과 유대인과 이방으로 이루어진 교회의 일치를 말씀한다(2장). 이방인을 위한 사도의 직분과 교회를 위한 사도의 중재기도가 나온다(3장). 교회를 몸으로 비유하여 한 몸으로서의 연합과 그리스도 안에서의 새로운 삶을 말씀한다(4장). 그리스도인의 빛 안에서의 삶, 그리고 남편과 아내의 문제를 말씀한다(5장). 자녀와 부모, 하나님의 전신갑주를 비유로 성도의 영적 무장을 가르친다(6장).

✅ 하나씩 짚어보기

1. 경륜(經綸)은 무엇인가?(엡 1:9, 3:2, 3:9)

경륜(dispensation, 헬라어: 오이코노미아)은 신약성경에 나오는 19번 중에 3번이 〈에베소서〉에 나온다. '때가 찬 경륜'(1:9), '하나님의 그 은혜의 경륜'(3:2), '비밀의 경륜'(3:9)이 그것이다. 경륜은 '가사를 관리하고 꾸려나가는 것'으로, "인간이 특별히 계시된 하나님의 뜻에 복종하는지에 대해 시험받는 기간"이라고 정의하기도 한다(스코필드 성경). 성경에서의 경륜은 '청지기 직분, 관리, 다른 사람의 재산에 대한 감시, 혹은 경영'을 말한다. 결국 경륜은 하나님의 뜻을 성취할 때의 두드러진 섭리이다.

2. 새 사람과 그의 과업(엡 4:20~32)

(1) 유혹의 욕심을 따라 구습을 따르는 옛 사람을 벗어버리라(4:22).

(2) 의와 진리의 거룩함으로 지으심을 받은 새 사람을 입으라(24).

(3) 참된 것을 말하라(25).

(4) 분을 품지 말고 마귀에게 틈을 주지 말라(26~27).

(5) 도둑질하지 말라(28).

(6) 성령을 근심하게 하지 말라(30).

3. 하나님의 전신갑주(엡 6:10~17)

(1) 성도는 하나님의 편에 서 있지만 아직도 마귀와 그 세력들과의 싸움에서 이겨야 한다. 이 대결에서 이기기 위해서 그리스도인은 '하나님의 전신갑주'를 입어야 한다. 이곳에서는 완전히 무장한 로마군 보병의 모습으로부터 시작해서 이 싸움에서 그리스도인들을 지켜주고 보호해줄 수 있는 방법을 열거한다. 곧 '진리, 의, 평안, 믿음, 구원(에 대한 소망)'이다. 이 전투에서 사용하는 유일한 공격용 무기는 '하나님의 말씀'이다. 이 말씀은 성령을 통하여 작용하며 효력을 낸다.

블레셋 병사의 두상
호전적인 블레셋 병사의 부조이다. 바울은 영적인 무장의 비유로 "하나님의 전신갑주를 입으라"고 하였다(엡 6:10~17).

(2) 하나님이 해주시는 무장에 대해서는 시 35:2~3, 59:17, 외경 지혜서 5:16~21을 참고하고, 그리스도인의 무장에 대해서는 롬 13:12, 고후 6:7, 10:4, 살전 5:8, 벧전 4:1을 참고하라.

📖 빌립보서_ 사랑에 대한 감사와 기뻐하라는 권면

저자 바울과 디모데(1:1). 수신자 빌립보 성도와 감독과 집사들(1:1). 핵심 단어 기뻐하라(4:4), 향기로운 제물(4:18). 저작 연대 및 장소 주후 61~62년경 로마 옥중. 주제 그리스도를 본받는 자가 누릴 기쁨. 요절 주 안에서 항상 기뻐하라 내가 다시 말하노니 기뻐하라 … 이는 받으실 만한 향기로운 제물이요 하나님을 기쁘시게 한 것이라(빌 4:4, 18).

1. 〈빌립보서〉의 목적은 바울이 ① 빌립보 교인들이 헌금을 보내준 것에 대한 감사의 뜻을 전하고(4:10, 14~20), ② 자신의 투옥이 오히려 복음 전파에 진전을 가져오는 것임을 확인함으로 빌립보 교인들의 염려를 없애며(1:12~26), ③ 왜 에바브로디도를 되돌려 보내는지 그 이유와(2:25~30), ④ 분열의 위험을 알고 한 마음으로 연합할 것을 권면하기 위함이다(1:27, 2:1~11, 4:2 이하).
2. 빌립보 도시는 주전 358/357년에 알렉산더 대왕의 아버지인 마게도냐의 왕 빌립 2세가 세웠고, 그의 이름을 따라 명명된 도시이다. 바울은 2차 전도여행 중인 주후 49/50년경에 유럽의 최초 교회인 빌립보교회를 세웠다(사도행전 16장 참고).

🌓 한눈에 살펴보기

바울은 옥중(1:7, 1:13~14, 2:17)에서도 빌립보 교인들을 생각하며 감사가 넘친다. 그의 매임은 오히려 복음의 진보가 된다(1장). 그리스도 예수의 마음을 품어 한 마음이 되기를 권면한다. 빌립보교회가 파송한 에바브로디도를 돌려보내는 일에 대해 설명한다(2장). 성도들의 생활에 대해 가르친다(3장). 빌립보 교인들의 도움에 대하여 바울은 하나님이 받으실 만한 향기로운 제물이라고 칭찬하며 하나님이 풍성히 채우실 것이라 한다(4장). '기쁨'과 관련된 구절이 많이 나와 '기쁨의 서신'으로도 불린다.

✅ 하나씩 짚어보기

1. 그리스도 예수의 마음(빌 2:5~11)

"너희 안에 이 마음을 품으라 …"(2:5)에 이어지는 6~11절은 '그리스도의 찬가'이다. 이것은 하나님의 아들이 하늘 영광을 버리고 인간의 처지로 내려와 십자가의 죽음에 이르기까지의 길을 서술한다(6~8절, 비하). 그리스도는 이 길에 대한 하나님의 응답으로 모든 사람 위에 높임을 받는다(9~11절, 승귀). 그분은 죄와 죽음의 세력을 꺾으셨으며(롬 5:12~19) 만유의 지배자가 되셨다.

2. 하나님이 받으실 만한 향기로운 제물(빌 4:17~20)

빌립보교회는 바울의 쓸 것을 여러 번 헌금해준 믿음의 행실이 있는 교회이다(4:14~22). 옥중에 있는 바울을 위하여 헌금을 모아 에바브로디도 편에 보냈고 그것을 받은 바울은 그들을 칭찬하였다. "이는 받으실 만한 향기로운 제물이요 하나님을 기쁘시게 한 것이라"(4:18).

📖 **골로새서_ 골로새교회에 침투한 이단 대처**

저자 바울 사도. **수신자** 골로새교회 성도들. **기록 연대 및 장소** 61∼62년경 로마 옥중에서(행 28:16∼31). **기록 목적** 골로새교회에 침투한 이단들을 배격하기 위하여. 도망쳤던 오네시모를 위해 골로새에 있는 주인 빌레몬에게 글을 쓰면서(몬 1:7∼12) 골로새교회에도 썼다. **요절** 그의 십자가의 피로 화평을 이루사 만물 곧 땅에 있는 것들이나 하늘에 있는 것들이 … 자기와 화목하게 되기를 기뻐하심이라(골 1:20).

1. 바울이 골로새 교회를 세우지는 않았다(2:1). 제3차 전도여행 중에 에베소에서 3년간 전도할 때에 회심한 사람들이 연고가 있는 도시에 복음을 전하고 세운 교회일 것이다. 에바브라의 사역에 의해 세워졌을 가능성이 있으며, 이단 문제로 바울과 의논하였다(1:7∼8, 4:12∼13).
2. 그리스도께서 하나님의 형상인 그리스도(1:15), 만물의 창조주(1:16), 만물보다 먼저 계신 분(1:17), 죽은 자 가운데서 먼저 부활하신 분(1:18), 하나님의 충만한 신성을 몸에 지닌 분(1:19, 2:9), 하나님과 인간을 화해시키는 유일한 중보자(1:20∼22)이심을 강조한다.

한눈에 살펴보기

그리스도인의 인격과 사역, 그리고 교회의 종으로서 바울의 일을 말한다(1장). 그리스도 안에서의 충만한 삶과 그리스도와 함께 죽고 사는 삶을 가르친다(2장). 옛 생활과 새 생활, 새 삶에서의 부부, 자녀 문제를 다룬다(3장). 상전으로서의 처신을 말하고 기도와 불신자들과 관계에 대해 가르친다(4장).

하나씩 짚어보기

1. 〈골로새서〉에서의 강조점

에바브라는 골로새교회의 설립자이거나 담임목사였을 것이다. 신실한 일꾼으로서 골로새 교인들을 가르쳤고, 하나님의 뜻 가운데서 완전하고 확신 있게 서기를 구하였다(1:7, 4:12). 〈골로새서〉에서 강조하는 그리스도의 우월성은(1:9∼23) 다른 철학과 종교를 기독교 진리와 동일시하려는 데 대한 반박이다. 골로새교회에서 이방인들은 자기들의 사상에 치우쳤고, 유대주의 거짓 교사들은 할례, 음식, 절기 등 율법을 고수하려는 일에 대하여 바울은 강력히 그리스도의 권위와 완전하신 충족성을 강조한다.

2. 골로새교회에 침투한 이단적 요소

(1) 유대교의 의식주의 — 할례(2:11, 3:11), 음식에 관한 규례, 절기(2:16∼17) 등 율법적인 의식들을 중요시하는 유대교적인 사상이 골로새교회를 위협했다.

(2) 거짓 철학 — 초기 영지주의는 자신들의 체험(2:18)과 사람의 전통(2:8)에 근거하여 영적 지식을 내세우면서 교인들이 진리에서 벗어나도록 유혹했다. 그들은 영적 비밀을 깨달은 자로 자처하면서, 그리스도의 충만하신 신성과 주권을 부인하였다.

(3) 금욕주의 — 거짓 교사들은 육체에 엄격한 규율을 가함으로써 육신의 욕망을 억눌러야 한다고 가르쳤다(2:21). 그들은 몸을 스스로 괴롭게 하였으며, 경건하고 겸손한 자인 체하였다(2:18, 23).

(4) 천사 숭배 — '천사의 숭배'에 참여한다는 말이다(2:18). 즉 천사들의 경배를 흉내 내고자 했다. 자신들은 천사와 교통할 수 있으며, 하나님과 사람 사이에 중보자가 반드시 필요한 것은 아니라고 했다.

📖 빌레몬서_ 형제를 용서함

저자 바울 사도. **수신자** 빌레몬. **기록 연대 및 장소** 61~62년경 로마 옥중. **기록 목적** 오네시모를 주인에게 돌려보내며 용서를 구하고 자신의 조력자가 되기를 부탁한다. **요절** 그가 …이제는 나와 네게 유익하므로 네게 그를 돌려 보내노니 그는 내 심복이라(몬 1:11~12).

1. 오네시모를 이그나시우스의 글에 나오는 에베소의 감독 오네시모와 동일인으로 보는 것은 타당성 있는 추측이다.
2. 바울서신들은 심오한 교리의 신학적인 서신들이 많으나 본서는 빌레몬에게 오네시모에 대한 선처를 부탁하는 정이 넘치는 사도의 모습을 보인다. 인간 바울이 그리스도의 사랑을 어떻게 실천하는지를 볼 수 있다.

◑ 한눈에 살펴보기

빌레몬의 종 오네시모가 주인의 재산을 도둑질해서 달아났다(15~16절). 빌레몬은 압비아라는 사람과 자기 집에 모이는 교회와 함께(2절) 골로새에서 살았다. 달아났던 오네시모는 바울의 전도를 듣고 회개했으며(10절), 바울과 밀접한 사이가 되었다(12~13, 16~17절). 바울은 오네시모를 자기 곁에 두기를 원했으나 주인인 빌레몬에게로 돌려보낸다. 바울은 사도의 권위로 빌레몬에게 명령할 수도 있지만(8~9, 14, 21절), 오네시모를 형제로 영접해달라고 부탁하며 자신의 선교 조력자로 쓸 수 있도록 요청한다. "오, 형제여!"(20절)라고 부르는 대목에서는 바울의 사랑을 더욱 느끼게 된다.

✔ 하나씩 짚어보기

바울의 노예에 대한 자세

독자들은 바울이 왜 이 기회를 통하여 고대사회에 형성되어 있는 노예제도를 공격하지 않았느냐고 생각할 수 있다. 노예제도는 고대 사회에 있어서 필요 불가결한 요소였고 사회 전체가 그것을 기초로 형성되어 있었다. 실제로 기독교가 노예를 선동하여 해방을 위한 폭동을 일으켰다면 그 결과는 잔인하게 진압되는 한편 오히려 혁명적이며 망국적인 종교로 낙인이 찍혔을 것이다.

1. 옥중서신에 해당하는 네 권의 책 이름은 무엇인가? (해설 참고)

2. 다음 단어가 나온 절을 찾아 쓰시오. (엡 1장)

    (1) 택하사 — (   )절   (2) 예정 — (,   ,   )절   (3) 통일 — (   )절

3. "또 만물을 그의 발 아래에 (   )하게 하시고 그를 만물 위에 교회의 (   )로 삼으셨느니라." (1:22)

4. "그의 은혜의 영광을 찬송하게, 그의 영광의 찬송이 되게, 그의 영광을 찬송하게"가 나온 세 절은 어느 곳인가? (1:1~15)

5. 무엇이 하나님의 선물이라고 하는가? (2:8)

6. 그리스도의 역할을 한 단어로 말하면 무엇인가? (2:14~15)

7. "이제부터 너희는 (   )도 아니요 (   )도 아니요 오직 성도들과 동일한 (   )이요 하나님의 (   )이라." (2:19)

8. (3:8) 모든 성도 중에 지극히 작은 자보다 ~

9. (3:12) 그 안에서 그를 믿음으로 말미암아 ~

10. 각 사람에게 어떤 직책을 주셨는가? (4:11)

    (1)   (2)   (3)   (4)   (5)

11. 에베소 교인들에게 무엇을 벗고 무엇을 입으라고 말하는가? (4:22~24)

12. 하나님의 성령에 대한 자세는 어떠해야 하는가? (4:30)

13. "(   ) 취하지 말라 이는 방탕한 것이니 오직 (   )을 받으라." (5:18)

14. "아내 사랑하기를 그리스도께서 교회를 사랑하시고 그 (   )를 위하여 (   )같이 하라." (5:25)

15. "자녀들아 (   ) 너희 부모에게 (   )하라 이것이 옳으니라." (6:1)

16. "마귀의 (   )를 능히 대적하기 위하여 하나님의 (   )를 입으라." (6:11)

17. "그리스도 예수의 종 (   )과 (   )는 그리스도 예수 안에서 (   )에 사는 모든 (   )와 또한 (   )들과 (   )들에게 편지하노니." (빌 1:1)

18. "나의 (   )이 그리스도 안에서 모든 (   ) 안과 그 밖의 모든 사람에게 나타났으니." (1:13)

19. "무슨 방도로 하든지 전파되는 것은 (   )니 이로써 나는 기뻐하고 또한 기뻐하리라." (1:18)

20. 우리는 누구의 마음을 품어야 하는가? (2:5)

21. 바울은 에바브로디도를 어떤 사람으로 평하는가? (2:25)

22. 바울은 이단자들에 대해 경계하면서 자신을 어떻게 소개하는가? (3:1~8, 답은 5~6절로)

23. 우리의 시민권은 어디에 있는가? (3:20)

24. (4:4) 주 안에서 항상 ~

25. 빌립보 교인들이 바울에게 쓸 것(선교비)을 주므로 일어나는 결과는 무엇인가? (4:14~20)

    (1) 너희에게 유익하도록 ~   (2) 받으실 만한 ~

    (3) 하나님을 ~   (4) 그 풍성한 대로 ~

26. 〈빌립보서〉에서 "기쁨(기뻐, 기쁘)"이라는 단어는 몇 개 절에 나오는가?

27. 신실한 일꾼으로 골로새 교인들을 가르치고, 위하여 애써 기도한 자는 누구인가? (골 1:7, 4:12)

28. "그가 우리를 (   )에서 건져내사 그의 사랑의 (   )로 옮기셨으니 그 아들 안에서 우리가 (   )을 얻었도다." (1:13~14)

29. "그의 (   )로 화평을 이루사 (   ) 곧 땅에 있는 것들이나 하늘에 있는 것들이 그로 말미암아 자기와 (   ) 되기를 기뻐하심이라." (1:20)

30. "그러므로 먹고 마시는 것과 (절기/절제)나 초하루나 (금식일/안식일)을 이유로 누구든지 너희를 (비판/결판)하지 못하게 하라"에서 맞는 단어를 고르시오. (2:16)

31. 죽여야 할 '땅에 있는 지체'란 어떤 것인가? (3:5)

32. '새 사람을 입은 자'를 어떻게 표현하는가? (3:9~11 읽고 답은 10절로)

33. (3:18) 아내들아 ~

34. (3:21) 아비들아 ~

35. (4:2) 기도를 계속하고 ~

36. 바울의 편지는 받은 한 교회만 읽었는가, 아니면 돌려가며 읽었는가? (4:16)

37. 바울이 오네시모를 빌레몬에게 돌려보내는 이유는 무엇인가? (몬 11~12)

38. 바울이 오네시모에 대하여 빌레몬에게 요청한 것은 무엇인가? (13~18절)

    (1) 종과 같이 대하지 아니하고 ~

    (2) 그를 영접하기를 ~

    (3) 네게 빚진 것이 있으면 ~

DAY 48 데살로니가전·후서,디모데전·후서,디도서,히브리서

📖 데살로니가전서_ 환난 중에 승리, 주님의 재림

저자 바울과 실루아노와 디모데(1:1). **수신자** 데살로니가인의 교회(마게도냐의 수도). **기록 연대 및 장소** 주후 51~52년경 고린도. **주제** 그리스도의 재림을 대망하며 성결한 생활 촉구. **요절** 평강의 하나님이 친히 너희를 온전히 거룩하게 하시고 또 너희의 온 영과 혼과 몸이 우리 주 예수 그리스도께서 강림하실 때에 흠 없게 보전되기를 원하노라(살전 5:23).

---

1. 바울의 2차 전도여행 중에 빌립보 감옥에서 석방된 바울과 실라(행 16장)는 동역자 디모데와 함께 남쪽 지방을 통과해 데살로니가에 이르러 그곳에 교회를 세웠다. 후에 자신들을 핍박하던 유대인들을 피해 아덴으로 갔다(행 17:1~15). 그로 인해 데살로니가에 있던 이방 종교에서 회심한 신자들은 아무런 외부의 도움 없이 박해에 직면하게 되었다.
2. 본서는 '환난 중에 승리하는 교회의 모습'을 가졌으나, 승리의 간증과 종말에 대한 잘못된 생각이 교인들 간에 만연해 있었다. 그래서 이들의 충성과 인내를 칭찬하고, 임박한 재림의 날을 고대하며 소망 중에 믿음의 선한 싸움을 독려한다.
3. 내용 분해

    1~3장 — 칭찬과 격려   4~5장 — 교훈과 권면

🔵 한눈에 살펴보기

환난을 이긴 데살로니가 교인들에 대해 칭찬과 격려를 한다(1장). 바울의 소망이나 기쁨이나 자랑의 면류관은 데살로니가교회 자체였다(2장). 바울은 아덴에서 디모데를 데살로니가에 보냈다가 그가 기쁜 소식을 가져옴으로 위로를 받는다(3장). 그리스도의 재림에 대한 바른 가르침과, 항상 깨어 있을 것에 대해 가르친다(4~5장).

✅ 하나씩 짚어보기

1. 믿음, 소망, 사랑(살전 1장)

믿음, 소망, 사랑이라는 세 단어는 바울이 쓴 고린도전서 13:13에서도 잘 알려져 있다. 그러나 이 세 가지 덕목이 가장 먼저 언급된 곳은 데살로니가전서 1:3(또는 5:8)이다. 그의 편지들에서 바울은 기독교인들이 이러한 덕을 갖는 것을 거듭 칭찬하며 믿음, 소망, 사랑을 실천할 수 있도록 그들을 격려한다(예를 들면, 롬 5:1~5, 갈 5:5~6, 엡 1:15~18, 4:5, 골 1:4~5, 히 10:22~24, 벧전 1:3~9, 21~22).

2. 그리스도의 재림 신앙(살전 4~5장)

예수님이 초림하신 때는 인간의 몸으로 초라하게 마구간에 오셨지만, 장차 그리스도의 재림은 만왕의 왕으로서 영광 중에 도래할 것이다(4:16). 재림의 시기는 아무도 모르지만(5:1, 마 24:36, 막 13:32), 성경은 그리스도 재림의 구체적인 시기보다는 그 재림을 예비하는 성도들의 자세에 더 초점을 모으고 있다(5:4~8, 마 24:42~51). 도래할 그리스도의 재림을 예비하는 자로서 거룩한 삶의 실천을 강조하고 있는 것이다(5:23, 요일 3:3).

📖 데살로니가후서_ 재림을 대망하는 성도의 인내

저자 바울과 실루아노와 디모데(1:1). **수신자** 데살로니가(마게도냐의 수도)인의 교회 성도. **기록 연대 및 장소** 주후 51~52년경 〈데살로니가전서〉 기록 몇 달 후 고린도. **주제** 주의 재림을 대망하는 성도의 인내. **요절** 그러므로 형제들아 굳건하게 서서 말로나 우리의 편지로 가르침을 받은 전통을 지키라(살후 2:15).

1. 격려의 메시지와 함께 그리스도의 재림과 재림을 대망하는 성도들이 생활 가운데 구현해야 할 성결한 삶을 기록한 데서 첫 번째 서신 〈데살로니가전서〉보다 진전된 형태를 보인다.
2. 첫 번째 서신을 받고 그리스도께서 갑작스럽게 임하시리라는 말씀을 오해했던 사람들에게 '다시 오실' 그리스도의 재림을 성실하게 기다리라는 건전한 삶의 태도를 가르친다. 본 서신의 47개의 절 중 18개의 절이 '그리스도의 재림'에 관한 내용을 담고 있다.
3. 내용 분해

    1장 ― 신실한 자들의 모범적인 삶에 대한 칭찬과 격려   2~3장 ― 재림에 대한 그릇된 종말관을 갖지 않도록 권면

◐ 한눈에 살펴보기

바울은 데살로니가 교인들의 믿음과 사랑과 인내를 칭찬하며 환난을 이기도록 격려한다(1장). 주의 날이 이르렀다고 마음이 흔들리거나 두려워하지 말도록 권면하며, 믿음의 사람들에게 바른 가르침의 전통을 지킬 것을 권면한다(2장). 성도들에게 기도를 부탁한다. 그리고 주의 날에 대한 오해로 현실 도피적인 태도를 보이는 사람들에게, 조용히 일하며 자기 양식을 먹을 것을 권면한다(3장).

✔ 하나씩 짚어보기

1. 재림 전의 배교(살후 2:3~4)

데살로니가교회에 "영으로나 또는 말로나 또는 우리에게서 받았다 하는 편지로나 주의 날이 이르렀다"(2:2)고 하면서 혼란스럽게 하는 자들이 있었다. 그러나 바울은 주님의 재림이 있기 전에 "먼저 배교

(背敎)하는 일과 멸망의 아들(적그리스도)이 나타난다"(2:3)고 예고한다. 즉 적그리스도가 수많은 사람을 미혹하여 그들과 함께 그리스도를 대적하리라는 것이다(2:10~11, 딤후 4:3~4). 하나님은 이러한 반역자들의 횡포를 일시적으로 허용하시지만 종말에 엄히 심판하실 것이다(2:6~8).

2. '주의 날'에 대하여

'주의 날'은 구약의 '여호와의 날'에 해당하며 심판의 날로서 하나님께서 이스라엘의 적들에게 보복하시는 날이다(욜 1:15, 2:1, 3:14, 사 2:12, 13:9, 렘 30:7, 겔 13:5, 암 5:18). 신약에서의 주의 날은 그리스도께서 다시 오시는 때로서 바울은 "그 날"(고전 3:13, 롬 13:12, 살후 1:10), "그리스도의 날"(빌 1:10, 2:16), "우리 주 예수의 날"(고전 1:8, 고후 1:14) 등으로 표현했다. '주의 날'에 신자는 영광스럽게 부활하고, 불신자들은 진노하시는 하나님 앞에서 심판을 받을 것이다.

📖 디모데전서_ 목회자의 경건

저자 사도 바울(1:1). 수신자 디모데(1:2). 〈고후, 빌, 골, 살전, 살후, 몬〉 등 6권은 바울과 공동 발신자임. 저작 연대 및 장소 주후 63~64년경 마게도냐(1:3). 주제 목회자의 경건과 책임. 요절 누구든지 네 연소함을 업신여기지 못하게 하고 오직 말과 행실과 사랑과 믿음과 정절에 있어서 믿는 자에게 본이 되어(딤전 4:12).

---

1. 바울은 디모데에게 편지를 하여 에베소교회를 잘 돌보라고 권면하였다(1:3). 당시 바울은 마게도냐에 있었던 것으로 보이며 가까운 장래에 에베소를 방문할 수 없는 것을 깨닫고(3:14~15) 서신을 보낸다.
2. 〈디모데전서〉의 목적은 ① 거짓 교사들로 인해 악전고투하는 디모데를 격려하기 위하여, ② 디모데가 바울의 권위 아래 일하는 것을 교회들에게 보여주기 위하여, ③ 교회 내의 제도를 정비하기 위하여, ④ 교회 성도들 각 사람의 훈련을 위하여 기록하였다.
3. 〈디모데전서〉, 〈디모데후서〉, 〈디도서〉는 '목회서신'으로 교회의 치리와 목회자(디모데, 디도)가 갖추어야 할 지침들을 교훈한다. 중세의 신학자 토마스 아퀴나스(1227~1274)는 "이 세 편지(딤전, 딤후, 딛)는 모두 교회에서 양을 치는 것에 관해 다루었다"고 말했다. 이것이 "목회서신"이라고 불린 것은 1726년 폴 안톤(Paul Anton)이 '목회서신 강의'라고 명명한 연속 강의를 행한 이후이다.

🔵 한눈에 살펴보기

바울이 디모데에게 교회와 직분에 대해 지시하고(1~3장), 디모데의 사역에 관해 지시한다(3~6장). 다른 교훈을 가르치는 거짓 교사들에 대해 경고하며, 충성되이 여겨 직분을 맡기심에 감사한다(1장). 공중예배에서의 규례를 말하는데, 특히 남자와 여자로 구분하여 말한다(2장). 감독과 집사의 자격에 대해 가르치고, 하나님의 집에서 행할 바를 가르친다(3장). 혼인과 음식물을 금하는 잘못된 경건과, 참된 경건이 무엇인지에 대해 말씀한다(4장). 남녀 성도들을 대하는 태도와 과부에 대한 가르침을 주고, 교회 공동체의 장로들에 대해 말씀한다(5장). 종들과 디모데와 모든 성도에게 권면한다(6장).

✔ 하나씩 짚어보기

1. 여자는 가르칠 수 없는가?(딤전 2:9~15)

바울이 당시 교회에 어떤 의미를 전하고자 했는지, 그리고 오늘의 교회가 여자들의 역할에 대하여 어떻게 이해해야 하는지에 대해 논란이 있다. 본문은 여자들이 남자들을 가르치는 것을 포함해서 설교에도 능동적으로 참여했음을 암시한다(고전 11:5, 행 18:24~26). 여자들과 널리 유행하던 거짓된 가르침에 관련한 본문 내용을 보고, 여자들이 가르치는 것을 금한 것은 일시적이고 지역적이라고 생각하는 사람들도 있다(딤후 3:6~7). 여자들이 권위 있는 태도로 가르치는 것이 당시의 문화적인 분위기에서는 수용되기 어려웠을 것이다. '속임을 당한 것은 여자인 하와였다'라는 논증(2:14)으로, 오늘날 여자들이 교회에서 가르치는 것을 금할 수는 없다.

로마의 부유한 여인들의 몸단장
로마 부유층의 두 여인이 몸종들로부터 몸에 기름을 바르며 좋은 옷을 입고 있다. 로마의 벽화이다(딤전 2:9~10).

2. 감독과 집사에 대한 성경의 가르침(딤전 3장)

'감독'과 '집사'에 대하여 바울은 교리적인 면보다 불신 사회 속에서 좋은 평판을 받는 것과 인간성에 더 초점을 맞추고 있다. 이는 박해를 당하는 교회가 모든 가능한 혐의를 차단해야 한다는 것을 가리킨다(7절). 아마도 교리와 믿음은 기본적인 것이기에 별도로 언급하지 않은 듯하다(딤전 3장, 딛 1장). 감독은 교회 외적으로는 교회의 대표이며, 내부에서는 가르치는 일과 지도하는 일에 종사했다. (〈디도서〉해설의 도표 참고)

📖 디모데후서_환난 중의 승리

저자 사도 바울. **수신자** 디모데. **저작 연대 및 장소** 주후 66~67년경, 로마(1:16~17). **주제** 목회자의 목회 상담, 고난과 인내. **특징** 목회서신(딤전, 딤후, 딛)의 어휘는 902개 중에 54개가 고유명사이다. 요절 전제와 같이 내가 벌써 부어지고 나의 떠날 시각이 가까웠도다 나는 선한 싸움을 싸우고 나의 달려갈 길을 마치고 믿음을 지켰으니(딤후 4:6~7).

---

1. 목회서신은 바울의 후계자들을 향한 것으로 〈디모데전서〉와 〈디도서〉는 로마 수감 후 출옥되었을 때이며(62~3년), 〈디모데후서〉는 다시 수감된 때인 64년 7월 로마 대화재 이후로서 바울의 최후 서신이다(기록 순서는 Day 46의 '바울서신의 기록 시기' 도표 참고).
2. 디모데의 어머니는 유대인이고 아버지는 헬라인이었다. 그는 바울의 2차 전도여행 중에 선교 직무를 위하여 바울에게 발탁되었다(행 16:1~3, 딤후 1:5). 바울은 신생 교회 방문에 디모데를 자주 파송했다(데살로니가, 고린도, 빌립보).
3. 영적 전투를 위한 지침서로서 강한 명령조로 되어 있는 문장들을 전체적으로 살펴볼 수 있다.

🗂 한눈에 살펴보기

　바울은 이 서신을 쓰면서 죽음이 임박했음을 느낀다. 박해 중에도 에베소에서 교회를 돌보는 믿음의 아들 디모데에게 마지막 서신을 보내 참된 믿음을 격려하고 계속해서 복음의 능력 위에 굳게 설 것을 권면한다(1장). 그리고 복음을 다른 사람들에게도 부탁하여 진리가 드러나도록 명령한다(2장). 바울은 헛된 종교나 거짓된 교리에 사람들이 미혹될 것을 말한다(3장). 하나님의 사람으로서의 직무를 말하고 여러 사람들을 언급하며 다양하게 평가한다(4장).

✅ 하나씩 짚어보기

1. 성경의 권위와 전파(딤후 3~4장)
　성경은 "교훈과 책망과 바르게 함과 의로 교육하기에 유익"(3:16)한 하나님의 말씀이다. 즉 신앙 안에서 가르침(교훈), 처신의 검증(바르게 함, 의로 교육하기), 이단과의 대결(책망) 등 다양하게 적용할 수 있다. 그러기에 바울은 디모데에게 "너는 말씀을 전파하라"(4:2)고 권면하였는데, 때를 얻든지 못 얻든지, 항상, 힘쓰라는 세 가지 원리가 있다.

2. '전제와 같이 부어지고'라는 의미(딤후 4장)
　"전제와 같이 내가 벌써 부어지고 나의 떠날 시각이 가까웠도다 나는 선한 싸움을 싸우고 나의 달려 갈 길을 마치고 믿음을 지켰으니"(4:6~7)
　(1) "부어지고"로 번역된 말은 제사 용어로서 제물 위에 포도주를 '전제(奠祭, drink offering)로 붓는 것'을 의미한다(민 15:1~10). 바울은 잃어버린 바 된 자를 그리스도께 인도하는 자신의 사역을 하나님께 대한 제물로 생각했으며(롬 15:16, 빌 2:17), 또한 자신이 이제 임박한 죽음으로써 그러한 희생을 완성할 것이라 생각하고 있었다.
　(2) "떠남"이란 말은 '천막을 걷는', '막사를 철거하는', '닻을 푸는' 것을 의미한다. 4장 17절에 나타난 그의 증거는 다니엘 6:16~23에서의 다니엘이 사자굴 속에서 구원받은 일과 대조될 것이다.

3. 목회서신이 말하는 것
　편지의 형식으로 바울의 가장 친밀한 동역자 두 사람에게 보내진 〈디모데전서〉와 〈디도서〉에는 교회 조직에 관한 지시, 각 계층에 대한 보고, 거짓 교사들에 대한 논박과 교회의 제도 문제를 신학적 개념과 언어나 문체에 있어서 동일하게 취급하고 있다. 반면에 〈디모데후서〉는 바울이 자기 제자에게 굳게 서서 이단과 싸우라고 한 권면을 수록하고 있다. 세 편지가 모두 그 수신자가 개인으로 되어 있지만 실제 개인적인 서신의 내용으로 된 것은 〈디모데후서〉뿐이다.

디도서_ 거짓 가르침의 배격과 교회 질서 회복

저자 사도 바울. 현대 학자들은 바울의 정신적 유산을 바울 사후 제자들의 기록으로 본다. 수신자 디도. 저작 연대 및 장소 63~64년경. 마게도냐(디모데전서와 동시대), 고린도에서 기록했다는 설도 있다. 주제 교회와 목회자를 향한 하나님의 뜻. 요절 모든 사람에게 구원을 주시는 하나님의 은혜가 나타나 우리를 양육하시되…(딛 2:11~14).

1. 〈디도서〉는 건전한 교리를 강조하는 동시에 진리를 왜곡하는 자에 대해 경고하고 있다. 또한 선한 행실을 강조하고 교회 내의 여러 집단이 행할 적절한 행동 지침을 언급하고 있다.
2. 디도는 바울에게 있어 최초의 순전한 이방인(헬라인) 동역자였다. 그는 사도회의에도 바울과 동반했고(갈 2:1~5), 바울과 고린도교회 사이의 화해를 이루어내는 성과를 거두었다(고후 2:13, 7:6, 7, 13). 예루살렘 교회를 위한 모금을 수행하는 임무를 위임받았다(고후 8:6, 16, 23, 24, 12:18). 디도는 그레데에서 목회활동을 하고 있었으며(딛 1:5), 에페루스에 있는 니고볼리로 바울을 만나러 오라는 전갈을 받는다(딛 3:12). 디모데후서 4:10에 의하면 그는 달마디아로 나아갔다.
3. 내용 분해
       1장― 장로와 감독의 자격, 이단자들   2장― 교회 안에서의 삶   3장― 세상에 사는 그리스도인

한눈에 살펴보기

바울은 거짓된 가르침이 있는 그레데에서 복음사역을 하는 디도에게 목회지침을 전한다(1장). 교회의 질서 확립, 거짓 가르침의 배격, 하나님의 은혜를 말한다(2장). 세상 안에서 그리스도인이 사도의 대리인으로서 강력한 권한 행사 등을 언급한다(3장).

하나씩 짚어보기

1. 디모데전서와 디도서의 유사성과 상이성

목회하고 있던 개인에게 보낸 편지이며 어휘, 문체, 사상, 시대적 배경이 비슷하다. 한편 바울은 이 책에서만 자신을 "하나님의 종"이라고 언급했다(1:1). 바울의 다른 서신에서는 "예수 그리스도의 종"이라 했다.

이방인 저술가의 글귀를 인용(1:12)했다. 이 책 외에 이방인 저술가의 글귀 인용은 사도행전 17:28, 고린도전서 15:33에서 볼 수 있다.

자질	감독	집사	관련 성구 딤전	관련 성구 딛
책망할 것이 없음			3:2, 10	1:6~7
한 아내의 남편 됨			3:2, 12	1:6
절제함			3:2	1:8
신중함			3:2	1:8
단정함, 정중함			3:2, 8	
나그네를 대접함			3:2	1:8
가르치기를 잘함			3:2, 5:17	1:9
술을 즐기지 않음			3:3, 8	1:7
구타하지 않음			3:3	1:7
관용함			3:3	
다투지 않음			3:3	1:7
돈을 사랑하지 않음			3:3	
자기 집을 잘 다스림			3:4, 12	
새로 입교한 자는 불가			3:6	
외인에게도 선한 증거 얻음			3:7	
더러운 이득을 탐하지 않음			3:8	1:7
깨끗한 양심			3:9	
믿음의 비밀을 가짐			3:9	
일구이언하지 않음			3:8	
믿는 자녀를 둠			3:4, 12	1:6
고집대로 행하지 않음				1:7
급히 분내지 않음				1:7
선행을 좋아함				1:8
의로우며 거룩함				1:8

감독과 집사에 대한 〈디모데전서〉와 〈디도서〉의 비교

2. 감독과 집사에 대한 언급

바울은 로마 옥중에서 옥중서신(엡, 빌, 골, 몬)을 기록하였고, 석방된 후(사도행전 이후)에 자신의 후계자와 같은 디모데(디모데전서)와 디도(디도서)에게 서신을 보낸다. 따라서 수신자는 다를지라도 내용의 많은 부분이 겹치게 된다. 디모데전서 1장과 디도서 3장을 비교한 도표를 살펴보라(Day 46 해설의 '바울서신의 기록 시기' 참고).

📖 히브리서_ 그리스도의 우월성

저자 미상. 바울, 바나바, 아볼로, 누가, 디모데, 빌립 등으로 추정하기도 한다. 수신자 히브리인들(기독교와 유대교 사이에서 방황하는 그리스도인들에게). 특징 논설 형식의 서간문. 기록 연대 및 장소 65~70년경, 로마, 애굽, 에베소, 안디옥 등이 언급된다. 중심 사상 기독론(Christology). 요절 믿음의 주요 또 온전하게 하시는 이인 예수를 바라보자 그는 그 앞에 있는 기쁨을 위하여(히 12:2).

1. 〈히브리서〉는 유창한 헬라어로 되어 있지만, 한글 번역은 정독을 해야 문장을 이해할 수 있다.
2. 본서의 특징은 유대교에 대한 기독교와 그리스도의 우월성에 대해 말하고 있다.
   (1) 그리스도는 구약이 말하는 모든 사람들과 그 당시의 제도들보다 더 위대함을 나타낸다.
   (2) 예수님이 구약의 모든 희망과 약속들을 성취하신 분임을 나타내 보이고 있다.
   (3) 유대교로 돌아가려는 독자들에게 그리스도에 대한 신앙을 고수하도록 격려하고 있다.
3. 본서는 구약성경을 많이 인용하고 있다(오른쪽의 도표). 구약성경을 인용할 때에 '하나님이 말씀하시기를'이라는 말을 사용하지 않으면서도 일반적으로 자기가 인용한 구절을 하나님께서 하신 말씀으로 돌린다(2:11~12, 3:17, 10:5 이하 등 참고). 이는 구약성경의 저자가 하나님이심을 강조하는 것이다.

	직접 인용	간접 인용
율법서	12회	39회
역사서	1회	
시가서	시편 11회	시편 2회 잠언 1회
예언서	4회	11회

4. 내용 분해
   1~7장 ― 천사, 모세, 여호수아, 아론보다 뛰어나신 그리스도
   8~12장 ― 대제사장 되신 그리스도의 뛰어나신 사역

🌑 한눈에 살펴보기

1. 천사, 모세, 여호수아, 아론보다 뛰어나신 그리스도(1~7장)

그리스도는 유대인들이 하나님 다음으로 생각하는 천사보다 뛰어나시고(1장), 성육신하신 그리스도는 죽음의 고난으로 높아지셨다(2장). 그리스도는 모세보다 뛰어나시다. 모세 시대 사람들은 불신앙 때문에 약속의 땅을 물려받지 못하였다(3장). 그리스도는 여호수아보다 뛰어나시다. 여호수아가 약속의 땅으로 들어갔으나 완전한 안식을 누린 것은 아니다. 우리는 대제사장이신 예수님을 통해 안식에 들어갈 확신이 필요하다(4장). 그리스도는 레위인 아론 계통의 대제사장의 역할뿐 아니라 이에서 더 뛰어난 멜기세덱의 반차(班次)를 따르는 대제사장이시다(5장). 이런 예수님을 사랑하는 자는 그리스도의 도의 초보를 버리고 완전한 데로 나아가 믿음의 소망을 굳게 해야 한다(6장). 예수 그리스도는 우리를

위하여 단번에 속죄 제사를 드렸다(7장).

2. 대제사장 되신 그리스도의 뛰어난 사역(8~12장)

모세를 통해 이스라엘에 주어졌던 옛 언약이 이제는 그리스도를 통해 새 언약으로 바뀌었다(8장). 그는 자기 피로 영원한 속죄를 이루사 단번에 성소에 들어가셨다(9장). 그리스도께서 우리의 죄를 속하기 위하여 영원한 제사를 드림으로, 우리는 그 피를 힘입어 성소에 들어갈 담력을 얻었다(10장). 그러므로 우리는 믿음의 삶을 산 선진들처럼 믿음으로 살아야 하며(11장), 믿음의 주요 온전하게 하시는 이인 예수를 바라보아야 한다(12장). 또한 하나님을 기쁘시게 하는 삶을 통한 제사를 드려야 한다(13장).

✅ 하나씩 짚어보기

1. 천사(히 1장)

하나님의 아들 예수 그리스도가 천사보다 뛰어나심을 말하고 있다(1:4~14). 천사는 피조된 영적 존재이며, 그의 주된 속성은 힘과 지혜이다(삼하 14:20, 시 103:20, 104:4). 천사는 헤아릴 수 없을 만큼 많다(마 26:53, 히 12:22, 계 5:11, 시 68:17). 힘은 상상할 수 없을 만큼 강하고(왕하 19:35), 그들의 위치는 하나님 보좌 가까이에 있다(계 5:11, 7:11). 그럴지라도 그리스도의 신분과 지위가 이보다 더 높음을 히브리서 1장 4절 이하에서 말하고 있다. 몇 가지를 비교해 보면 다음과 같다.

1) 천사는 소식을 전하는 자 ― 예수님은 하나님의 아들(1:4~5)
2) 천사는 경배자 ― 예수님은 경배를 받으시는 분(1:6)
3) 천사는 피조물 ― 예수님은 창조자(1:7~12)
4) 천사는 구원을 위해 섬기는 자 ― 예수님은 구원의 창조자(1:13~14)
5) 천사는 다가올 세상의 복종자 ― 예수님은 다가올 세상의 지배자(2:5~16)

2. 대제사장이신 예수 그리스도(히 3~7장)

(1) 종교개혁자 마르틴 루터는 '만인제사장론'으로 신자의 제사장적인 직무를 강조했다. 성도는 그리스도의 몸의 한 지체로서 다른 사람을 위하여 기도하고(딤전 2:1), 다른 사람들을 하나님께로 인도하며(벧전 2:11~12), 다른 사람들에게 예배의 참된 의미를 가르쳐주는 제사장의 일을 담당한다(벧전 2:9). 즉, 뛰어나신 대제사장 예수 그리스도를 섬기는 것이다.

(2) 인간 제사장(아론 계열)은 사람들 가운데 취한 자이므로 자신도 연약에 싸여 있다. 그러나 예수님은 아론 계열이 아닌 멜기세덱의 반차를 따른 영원한 제사장이시다(5장). 멜기세덱은 창세기 14:17~20과 시편 110편에서 찾아볼 수 있다. '멜기'는 왕(王)이라는 뜻이고, '세덱'은 의(義)라는 뜻이다(비교, 히 7:2). 그는 '살렘 왕'이라고 했는데, '살렘'은 예루살렘을 가리키는 말이다.

다음 물음에 답하거나 괄호 안에 알맞은 말을 넣으시오.

1. 바울은 데살로니가교회의 어떤 점에 대해 기억하고 있었는가? (살전 1:3, 고전 13:13의 세 단어와 동일)

   (1) (　　　)의 역사　　　　　　　(2) (　　　)의 수고　　　　　　　(3) (　　　)의 인내

2. 바울은 데살로니가교회에 무엇으로 복음을 전했는가? (살전 1:5)

3. 바울은 데살로니가교회에 대해 누가 누구에게 하듯 대했는가? (2:7, 11)

4. 데살로니가 교인들은 바울에게 말씀을 받을 때 '무엇으로' 받았다고 하는가? (2:13)

5. 디모데의 데살로니가 방문 보고는 바울에게 위로가 되었는가, 시험이 되었는가? (3:1~10)

6. 4:13~18은 '잠자는 자'에 대한 말인가, 아니면 '주의 재림'에 대한 말인가?

7. 그리스도 예수 안에서 성도들을 향하신 하나님의 뜻은 무엇인가? (5:16~18)

8. 주 예수께서 강림하실 때에 흠 없이 보전되어야 하는 것은 무엇인가? (5:23)

9. "환난을 받게 하는 자들에게는 (　　　)으로 갚으시고 환난을 받는 너희에게는 우리와 함께 (　　　)으로 갚으시는 것이 (　　　　　)시니." (살후 1:6~7)

10. 주의 날 이전에 먼저 어떤 일이 있을 것이라고 하는가? (2:2~3)

11. 바울은 아무에게도 누를 끼치지 아니하려고 어떻게 했는가? (3:7~8)

12. 바울이 디모데에게 편지하며 교훈을 전한 목적은 무엇인가? (딤전 1:5)

13. 자신을 능하게 하신 바울이 주께 감사하는 이유는 무엇인가? (1:12)

14. 하나님은 사람들이 어떻게 하기를 원하시는가? (2:4)

15. 각처의 남자들이 분노와 다툼 대신 무엇을 해야 하는가? (2:8)

16. 감독의 자격은 디모데전서 3장 (　　　) ~ (　　　)절에, 집사의 자격은 (　　　) ~ (　　　)절에 기록되었다.

17. 사람을 거룩하게 하는 것이 무엇이라고 하는가? (4:5)

18. 다음 사람들을 어떻게 대하라고 권면하고 있는가? (5:1~2)

   (1) 늙은이 ―　　　　　(2) 젊은이 ―　　　　　(3) 늙은 여자 ―　　　　　(4) 젊은 여자 ―

19. "잘 다스리는 (　　　)들은 배나 존경할 자로 알되 (　　　)과 (　　　　)에 수고하는 이들에게는 더욱 그리할 것이니라." (5:17)

20. 어떤 행동이 일만 악의 뿌리가 된다고 말하는가? (6:10)

21. 디모데 속에 있는 믿음은 누구와 누구를 거쳐왔는가? (딤후 1:4~5)

22. "오직 하나님의 (   )을 따라 복음과 함께 (   )을 받으라." (1:8)

23. 복음의 4세대는 '바울 → (   ) → (   ) → 다른 사람들'로 이어졌다. (2:2)

24. 성경은 어떤 지혜가 있게 하는가? (3:15)

25. "너는 (   )을 전파하라 때를 얻든지 못 얻든지 (   ) 힘쓰라." (4:2)

26. 장로의 자격에 대해 무엇이라고 설명하는가? (딛 1:5~6)

27. 한 선지자가 말하는 그레데인들의 별명 세 가지는 무엇인가? (1:12)

28. 〈디도서〉 1장은 〈디모데전서〉의 몇 장과 유사한가? (해설의 도표 참고)

29. 이단에 속한 사람을 어떻게 대하라고 하는가? (3:10)

30. 하나님은 누구를 통해 말씀하셨는가? (히 1:1~2)

    (1) 옛적 ―   (2) 모든 날 마지막에는 ―

31. 예수님이 누구보다 더 뛰어나다고 표현하는가? (1:4~14)

32. 예수님이 누구보다 더 영광을 받을 만하다고 표현하는가? (3:3)

33. 인간 대제사장은 (   )과 같이 하나님의 부르심을 받은 자이며, 그리스도께서 대제사장 되심은
    영원히 (   )의 반차를 따르는 제사장이다. (5:1~6)

34. 그리스도의 도(道)의 초보를 버리고 다시 닦지 말아야 할 것은 무엇인가? (6:1~2)

35. 아브라함이 가진 것의 십분의 일을 드릴 정도로 높은 지위에 있던 살렘 왕은 누구인가? (7:1~7)

36. '더 좋은 소망'과 '더 좋은 언약'이라는 말은 몇 절에 나오는가? (7장)

37. "볼지어다 날이 이르리니 내가 이스라엘 집과 유다 집과 더불어 (   )을 맺으리라." (8:8)

38. "율법을 따라 거의 모든 물건이 (   ) 정결하게 되나니 (   )이 없은즉 사함이 없느니라." (9:22)

39. '믿음장'이라 일컬어지는 11장에 나온 모든 사람들(부정적인 인물 포함)의 이름을 쓰시오.

40. "믿음의 주요 또 온전하게 하시는 이인 (   ) 그는 그 앞에 있는 기쁨을 위하여 (   )
    를 참으사 부끄러움을 개의치 아니하시더니." (12:2)

41. "돈을 (   ) 있는 바를 족한 줄로 알라." (13:5)

42. "양들의 (   )이신 우리 주 예수를 영원한 (   )로 죽은 자 가운데서 이끌어 내신 평강의 하
    나님이 모든 (   )에 너희를 온전하게 하사 (   )을 청하게 하시고." (13:20~21)

DAY 49 야고보서,베드로전·후서,요한일·이·삼서,유다서

📖 야고보서_ 행위로 완전해지는 믿음

저자 예수의 동생 야고보(1:1; 막 6:3, 행 12:17). **수신자** '흩어져 있는 열두 지파'(1:1). 팔레스틴의 밖에 사는 유대인으로 추측된다. **기록 연대 및 장소** 야고보의 생애 말년(62년에 순교). 수리아나 로마에서 기록되었을 것으로 본다. **주제** 행위로 완전해지는 믿음. **특징** 바울서신과는 다르게 교리적인 면보다 실천적인 면을 강조한다. **요절** 영혼 없는 몸이 죽은 것 같이 행함이 없는 믿음은 죽은 것이니라(약 2:26).

---

1. 〈야고보서〉는 '믿음으로 의롭다 함'을 얻는 가르침이 부정되어(2:14~26), 종교개혁자 마르틴 루터는 '지푸라기 서신'이라며 평가절하했다.

2. 〈야고보서〉에서는 예수님의 속죄적 죽음과 부활에 대한 가르침을 찾아볼 수 없기에 새신자가 들어야 할 최초의 말씀은 아니며, 오히려 구원의 도리를 깨달은 성도들이 '믿음의 완성을 구체적 행위로 실천함'을 가르쳐주는 말씀으로 받을 수 있다(2:22, 26).

3. 유대교적 윤리관과 기독교적 윤리관을 연결시켜 주고 있으며, 유대교의 지혜 문학과 헬레니즘의 윤리 사상을 다각도로 활용하고 있다. 문장 구조는 극히 단순하고, 헬라어를 뛰어나게 구사하고 있다.

4. 내용 분해

    1장 ─ 시험과 인내　　　　2~3장 ─ 믿음과 행위

    4장 ─ 세속주의 경계　　　5장 ─ 고난 중에 인내와 기도

🔵 한눈에 살펴보기

　믿음의 특성을 시련과 시험의 관점에서 설명한다(1장). 믿음은 사람을 외모로 차별하는 것이 아니며, 의롭다 함을 받는 것은 믿음으로만 아니라 행함이 필요함므로 행함이 없는 믿음을 죽은 것이라 말한다(2장). 가장 다스리기 어려운 혀(말)에 대한 교훈을 주고 있다(3장). 세상과 벗되고자 하는 자는 하나님과 원수가 됨을 지적하였다(4장). 악한 부자들의 가난한 자에 대한 학대를 경고하고, 인내와 기도에 대한 가르침을 주고 있다(5장).

✅ 하나씩 짚어보기

1. 공동서신

　바울서신(13권)과 〈히브리서〉(저자 미상)를 제외한 7권의 서신 〈야고보서〉, 〈베드로전서〉, 〈베드로후서〉, 〈요한일서〉, 〈요한이서〉, 〈요한삼서〉, 〈유다서〉를 '공동서신' 또는 '일반서신'이라고도 한다. 책

이름은 발신자 이름에서 기인했으며, 공동 회람용(回覽用)으로 여러 교회가 돌려가며 읽었다.

'공동서신'이라는 말은 최초 동방교회 반(反)몬타니우스파에 속하는 아폴로니우스가 몬타니우스파 데미슨을 공박하기 위하여 197년 〈요한일서〉에 대해서 처음 붙인 칭호이다. 차츰 한 권씩 추가되어 유세비우스가 현재의 일곱 권을 경전으로 인정하였다(길잡이 08 '서신서란 무엇인가' 참고).

7이라는 완전 숫자를 가지게 된 것은 다행이다. 〈요한계시록〉에도 소아시아의 7교회로 보내는 편지가 있고, 바울도 7교회(로마, 고린도, 갈라디아, 에베소, 빌립보, 골로새, 데살로니가)로 서신을 보냈는데, 그 숫자는 7×2 = 14서신으로 간주한다(히브리서 포함). 그러므로 공동서신 7책은 성경으로서의 완전성을 확립시켜주는 숫자라 하겠다.

2. 〈야고보서〉가 주는 메시지

(1) 세 번이나 가난한 사람들을 옹호하면서 부자들을 공박한다(1:9~11, 2:5~12, 5:1~6). 야고보의 이러한 청빈 사상은 예수님의 가르침과 맥이 통한다.

(2) 저자는 신자들이 교리를 이미 배운 것으로 전제하고 그 믿음에 상응하는 생활을 강조한다. 즉 행함이 없는 믿음을 인정하지 않고 있다(2:14~26).

(3) 혀의 잘못된 사용에 대해 경고한다(3:1~12). 이러한 경고성의 메시지는 구약의 예언자들과 비슷하고, 예수님께서 행하신 산상설교(마 5~7장)의 사상과도 일치한다.

3. 〈야고보서〉가 갖는 의의

정통 교리가 믿음과 행함이 무관하다고 생각하는 것이 잘못임을 독자들에게 알려주고 있다(2:14). 믿음으로 의롭게 된다(롬 3:28)는 바울과 모순되는 것 같으나 바울도 "사랑으로써 역사하는 믿음"을 강조하였으며(갈 5:6), "너희 몸을 하나님이 기뻐하시는 거룩한 산 제물로 드리라"(롬 12:1)고 권하였다.

📖 베드로전서_ 박해받는 성도를 향한 격려

저자 베드로 사도가 실루아노를 통하여 기록(1:1, 5:1,12). 저작 시기 로마 네로 황제의 그리스도인 박해(주후 64년) 이후. 또는 도미티안 황제가 소아시아에서 그리스도인 박해를 시작한 때(96년). 저작 목적 박해받는 성도들을 위로하고 격려하기 위하여. 요절 너희 마음에 그리스도를 주로 삼아 거룩하게 하고 … 선한 양심을 가지라(벧전 3:15~16).

---

1. 〈베드로전서〉는 '소망의 서신'이다(1:3, 13, 21, 3:15). 성도들은 주변의 이교도들로부터 적대와 멸시를 당하는 처지에 있었다. 그리스도인들에게 '나그네 됨'이라는 개념을 전함으로 자신의 정체성이 무엇인지와 당시 상황에 대해 설명해준다(1:1, 17, 2:11).

2. 베드로는 그의 형제 안드레와 함께 어촌 벳세다 출신이었으며, 예수님이 그를 부르실 때에 갈릴리 호수 북단의 가버나움에 살고 있었다. 베드로는 안드레를 통하여 예수님을 만났다(요 1:40~42).

3. 본서는 위대한 순교자 베드로의 유산이다. 그는 그리스도를 전했고 이미 그 당시에는 '그리스도인'(4:16)이라는 이름으로 고난을 당하고 있었다.

⓵ 한눈에 살펴보기

베드로 사도는 하나님께서 성도를 소망 가운데 있게 하심으로 모든 행실에 거룩한 자가 되라고 권면한다(1장). 성도에게 산 돌같이 신령한 집으로 세워지며 거룩한 제사장이 되라고 한다. 따라서 하나님의 종같이 순종하며 우리를 위하여 고난받으신 예수님의 본을 따라야 한다(2장). 성도가 세상에서 취할 자세로서 그리스도인 부부의 믿음과 선을 위한 고난을 말씀한다(3장). 또한 성도는 하나님의 은혜를 맡은 선한 청지기같이 봉사하라고 권한다(4장). 하나님의 양무리를 칠 때의 바른 자세를 제시한다(5장).

✅ 하나씩 짚어보기

1. 다른 서신들과 상통하는 〈베드로전서〉

(1) 〈베드로전서〉는 〈로마서〉 및 〈에베소서〉와 상통하는 점들이 있다.

1:14 = 롬 12:2 / 1:22 = 롬 12:9~10 / 2:5 = 롬 12:1 / 1:14~18, 4:2~3 = 엡 4:17 / 3:8, 2:1 = 엡 4:25 / 32, 3:1 = 엡 5:22 / 5:8~9 = 엡 6:11~13 등

(2) 〈베드로전서〉는 〈야고보서〉와 〈히브리서〉와도 비슷한 점이 많다.

1:6~7 = 약 1:2~3 / 1:23~2:2 = 약 1:18~22 / 5:5~6 = 약 4:6, 10 / 5:9 = 약 4:7 / 1:17, 2:11 = 히 11:13 / 1:2 = 히 12:24 / 3:18 = 히 9:28 / 3:9 = 히 12:17 / 4:14 = 히 13:13

2. 난해 구절 이해(벧전 3~4장)

그리스도께서 '옥에 있는 영들에게 선포하셨다'는 3:19을 가톨릭교회에서는 '연옥설(煉獄說)'의 근거로 삼으나 개신교의 해석은 다르다. 어떤 해석은 3:19~20의 대상을 노아시대의 죽은 사람이나 그리스도가 오셨을 때 음부(스올)에 있는 사람들로 보고, 또는 창세기 6:1~4의 타락한 천사들로 본다. 그러나 다음의 독일성서공회판 〈관주해설 성서〉(pp.553~6)의 해석은 더 설득력이 있다.

"옥에 있는 영들에게 선포하시니라"(3:19), "죽은 자들에게도 복음이 전파되었으니"(4:6).

위의 두 본문을 동시에 보아야 한다. 벧전 3:18의 종결은 옛 제의적(祭儀的) 문형처럼 보인다(딤전 3:16). 그리스도는 육신으로는 썩어 없어질 죽임을 당하셨다. 그러나 영으로는, 부활하시는 하나님의 권능에 따라 살아나게 되셨다. 벧전 3:19~20의 내용은 성경에 한 번 나온다. 그리스도의 재림 전에 죽은 사람들은 옥에 갇혀 있듯이 죽음 안에 갇혀 있다는 사상을 전제한다. 그러나 그리스도는 이 죽음의 세계로 내려가셨으며 노아 시대의 불순종한 사람들에게 말씀을 전하셨다(4:6은 노아 시대의 불순종한 사람만을 말하는 것이 아님을 보여준다). 그리스도는 죽음에 완전히 버려진 것처럼 보이는 자들에게도 역시 복음을 대면시키시고(전파하시고) 그들에게 생명의 길을 열어주셨다.

📖 베드로후서_ 그리스도 재림에 대한 소망

저자 사도 베드로(1:1). 예수의 영광스런 변모를 목격했다(1:16~18). 3:1에 본서를 '둘째 편지'라 하므로 〈베드로전서〉도 자신의 글임을 밝힌다. **주제** 거짓 교훈의 유혹과 위험에 빠지지 않으려면 참 지식을 가져야 한다. **요절** 주의 약속은 어떤 이들이 더디다고 생각하는 것 같이 더딘 것이 아니라 오직 주께서는 너희를 대하여 오래 참으사 아무도 멸망하지 아니하고 다 회개하기에 이르기를 원하시느니라(벧후 3:9).

1. 〈베드로후서〉는 공관복음서의 기초를 이룬 초대교회의 전승을 잘 알고 있었다 — 예수님의 말씀, 용어, 사상 등을 알고 있었던 것으로 여겨진다. 그러나 예수님의 말씀을 직접 인용하지 않은 것으로 보아 주로 구전(口傳) 전승을 사용한 것 같다.

2. 〈베드로전서〉는 로마에서 기록한 것으로 추측할 수 있는 데(벧전 5:13의 "바벨론에 있는 교회"는 '로마교회'를 가리키는 말) 반해 〈베드로후서〉는 저작 장소나 수신처를 언급하지 않고 있다. 또한 언어와 주제가 〈베드로전서〉와 차이가 있다. 내용으로 보아 〈유다서〉와 밀접한 관계가 있으며 〈베드로전서〉와의 관계성을 내세워 저작 장소를 '로마'라고도 한다. 내용으로 보아 당시 재림을 부정하는 가현주의(假現主義)가 성행한 '애굽'으로 보는 이도 있으나 모두 추측일 뿐이다.

3. 현대의 학자들은 〈베드로후서〉가 정경(Canon)에 들어온 신약의 문서들 가운데 최후의 것으로 본다. 이 서신은 어떤 저자가 베드로의 이름으로 2세기 초 이후에 썼다고 주장하나, 전통적으로는 사도 베드로의 글로 보며 〈베드로전서〉 기록 직후 네로의 박해 때인 65년경으로 본다.

4. 내용 분해
   1장 — 그리스도교의 소망에 대한 보증
   2장 — 거짓교사들의 투쟁
   3장 — 예수재림과 새 창조의 확실성

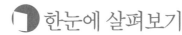 한눈에 살펴보기

은혜와 진리 안에서의 성장과 그리스도교의 소망에 대한 보증을 말한다(1장). 거짓 선생들의 특징을 자세히 말함으로 미혹에 빠지지 않게 한다(2장). 미래에 나타날 일들을 예언한다. 즉 예수님의 재림과 새 창조의 확실성을 보여준다(3장).

 하나씩 짚어보기

1. 재림의 확신을 강조한 〈베드로후서〉

〈베드로후서〉의 기록 목적은 3:1~4에 나타난다. 그리스도의 재림설을 조롱하는 자들이 나타나서 미혹하는 때에, 신자들에게 예언자들의 말씀과 사도들의 가르침을 상기시켜 그리스도의 재림에 대한 확신을 심어주기 위함이다. 그리스도의 재림은 하나의 학설이 아니라 그리스도인의 확실한 소망이므로 오늘날에도 그 재림 소망이 약해져서는 안 된다.

2. 〈베드로후서〉와 〈유다서〉의 유사성

베드로후서 2장과 유다서는 그 내용과 표현에 있어서 거의 일치한다. 베드로후서 2:1~18은 유다서 1:4~16과 병행을 이룬다. 베드로전서 3:3은 유다서 1:18을 거의 그대로 인용한 것이며 베드로전서 3:7은 유다서 1:6~7에 의거했다. 이 외에도 비슷한 부분이 많은데 학계에서는 유다서가 베드로후서 2장의 전거가 된다고 본다.

베드로후서 2장에서는 유다서의 내용이 거의 전부 수록되어 있고, 그 밖에 그리스도의 재림에 관한 이야기 등의 새로운 내용이 더 첨가되어 있다. 〈베드로전서〉의 저자가 〈유다서〉를 자기의 글에 삽입하고 그 앞뒤에 1장과 3장을 덧붙인 것으로 보지만 오히려 〈유다서〉 저자가 〈베드로전서〉의 글을 인용해 온 것으로 보기로 한다. 구약의 사건(고사, 故事)을 예로 드는 경우에 〈유다서〉보다 〈베드로후서〉의 경우가 훨씬 치밀하고 구약의 순서와 일치한다.

🖥 요한일서_ 이단에 대한 그리스도적 고백

저자 사도 요한(요한문서 5권의 저자). **수신자** 특별한 언급이 없으나 소아시아 지역의 회람 서신으로 추정. **저작 동기** 영지주의(그노시스)의 거짓된 가르침을 논박하고(2:26), 믿는 이들에게 구원의 확신을 심어주기 위해(5:13). **저작 연대** 〈요한복음〉 기록 이후인 85~95년경에 베소. **요절** 하나님의 아들을 믿는 자는 자기 안에 증거가 있고 하나님을 믿지 아니하는 자는 하나님을 거짓말하는 자로 만드나니 이는 하나님께서 그 아들에 대하여 증언하신 증거를 믿지 아니하였음이라(요일 5:10).

1. '요한문서'란 〈요한복음〉, 〈요한일서〉, 〈요한이서〉, 〈요한삼서〉, 〈요한계시록〉 등 '요한' 이름으로 되어 있는 5권을 일컫는 말이다.
2. 요한문서 5권에 대해, 한 사람 요한이 아닌 서로 다른 요한이라는 주장도 있으나 초대교회 교부들의 전통은 사도 요한의 문서로 이해해 왔다. 그것은 그리스도께서 하신 일을 목격한 것과(1:1~4), 권위 있는 말투(명령 — 2:15, 24, 4:1, 5:21, 확고한 주장 — 2:6, 3:14, 4:12, 잘못 지적 — 1:6, 8, 2:4, 22). 또한 표현방식의 유사성 때문이다(빛과 어두움, 생명과 죽음, 진리와 거짓, 사랑과 미움 등의 대조).
3. 당시 교회 회중의 한 집단이 다른 교리를 따름으로 분리돼 나갔다(2:19). 그들은 그리스도가 '육체로 오심'을 부인하고(4:2~3), 하나님의 아들이 고난을 당하고 죽으신 지상의 예수와 동일한 분이라는 사실을 부인했다(2:22, 4:3).

🌑 한눈에 살펴보기

우리는 하나님과 그의 아들 예수 그리스도와의 사귐(교제)을 통하여 기쁨이 충만하게 되며, 그에게 죄를 자백하면 모든 불의에서 건짐을 받는다(1장). 주님과 사귀는 자는 빛 가운데 거하므로 죄를 범치 않는다(2장). 하나님의 사랑 안에 거하는 자는 형제를 사랑한다(3장). 서로 사랑하는 성도들은 주께서 성령을 주심으로 예수님을 하나님의 아들이라 시인한다. 하나님의 사랑 안에 거하는 자는 하나님 안에 거하는 것이며 하나님께서도 그 안에 거하신다(4장). 예수께서 그리스도이심을 믿는 자마다 하나님께로서 난 자이며 그에게는 영생이 있다(5장).

✔ 하나씩 짚어보기

1. 예수님의 오신 목적(요일 3~4장)

예수님께서 이 땅에 오신 목적을 한두 가지만으로 다 설명할 수는 없다. 죄인을 부르러 오셨고(마 9:13, 눅 5:32), 잃어버린 자를 구원하러 오셨고(눅 19:10), 인류를 살리려고 오셨고(요일 4:9), 섬기려 하고 목숨을 대속물로 주러 오셨고(막 10:45), 완전케 하러 오셨고(마 5:17), 전도하러 오셨고(눅 4:43), 양으로 생명을 얻게 하려고 오셨다(요 10:10).

또한 "하나님의 아들이 나타난 것은 마귀의 일을 멸하려 하심이라"(요일 3:8) 하였다. 그럼에도 특정 구절만을 들어 예수님의 오심이 '마귀를 멸하려 하심'이라고만 강조한다면 문제가 된다. 이단들의 편협한 성경 해석 방법에 현혹되지 말아야 한다.

가인이 동생 아벨을 죽임(요일 3:12)

가인은 분노하여 동생을 쳐 죽인다(창 4:1~12). 이 사건은 교훈이 되어왔으며 요한은 "가인같이 하지 말라"고 권면하기도 했다(요일 3:12). 이 부조에는 가인의 일생이 묘사되었다. _기베르티 작. 이탈리아 피렌체, 두오모 성당 부속 세례당의 천국문 부조.

2. 초대교회의 이단, 영지주의

사도 요한이 경계한 이단인 영지주의(靈知主義, 그노시즘: 지식)자들은 사도들의 선포와는 다른 구원 교리를 가지고 있었다.

(1) 이들은 예수 그리스도의 죽으심(목숨 바침)을 통해서가 아니라 인간의 본래적 본질에 대한 지식을 통하여 그리스도 안에서 구원받는다고 한다.

(2) 그리스도는 단지 가현적(假現的)으로만 사람이 되셨으며 실제로는 십자가에서 죽지 않으셨다고 한다. 그리스도가 하신 일은 인간들에게 본래의 천성에 대한 '지식'을 가져다준 것이라고 생각한다.

(3) 인간은 근본적 본질에 있어서 하나님과 하나이기 때문에 영지주의자들은 지식과 영적 관조를 통해 하나님과 합일할 수 있으며 모든 지상적인 속박으로부터 자유롭게 된다고 여겼다.

3. 이단에 대한 그리스도적 고백

(1) 예수님은 '그리스도'이시다. 하나님의 아들이 실제로 사람이 되시고 죄를 위하여 속죄 제물로 죽으셨다는 것을 믿는 사람만이 참으로 하나님과 친교를 누린다(2:23, 4:2, 15, 5:1, 5). 예수님에 관한 신앙고백으로 하나님의 아들, 메시아(그리스도), 내 주님(주인) 등이 있다.

(2) 하나님과의 친교는 '형제들' 즉 그리스도 교회의 형제자매들에 대한 구체적 사랑으로 입증되어야 한다(1:6~7, 2:4, 5, 9~11 등).

저자 전통적으로 '사도 요한'으로 보지만 본문에 그가 '사도'라는 내적 증거는 없다. **수신자** "택하심을 받은 부녀"는 어느 공동체를 가리킨다고 본다. **기록 연대** 요한일서보다 후대로서 사도 요한의 말년인 90년대 중반으로 본다. **주제** 처음부터 들은(6절) 사도의 교훈을 지켜 실천하라. **요절** 누구든지 이 교훈을 가지지 않고 너희에게 나아가거든 그를 집에 들이지도 말고 인사도 하지 말라(요이 1:10).

1. 〈요한이서〉는 13절, 〈요한삼서〉는 15절로 고대의 종이(양피지와 파피루스) 중 대중적인 파피루스 한 장(보통 25×20cm) 정도의 길이이다.
2. 〈요한이서〉는 요한문서 5권(요, 요일, 요이, 요삼, 계) 중의 하나로 '요한공동체'에서 생긴 것으로 보인다. 그러나 〈요한삼서〉와 마찬가지로 〈요한이서〉를 〈요한일서〉보다 후대에 쓰인 것으로 추정하는 것은 9~10절에 "그리스도의 교훈" 등 후대의 표현들이 나오기 때문이다.
3. 주후 처음 2세기 동안 순회전도자들이 여러 곳에 복음을 전하러 다녔는데, 영지주의자들도 이런 전통을 따랐기에 성도들에게 경계를 하고 있는 것이다(요삼 5절 참고).

▶ 한눈에 살펴보기

먼저 저자의 인사말(1~2절)은 전형적인 요한의 언어인 사랑, 진리, 지식, 거함 등으로 시작한다. 이 서신이 기록된 때 거짓 교사들로 인한 문제가 있었지만 짧은 글에서 그들과의 논쟁이 기록되지는 않는다(7절). 공동체 회중들은 거짓 교훈의 전도자들을 집에 들이지도 말고 인사도 하지 말라고 경고한다(10~11절). 다른 한편으로 그들은 서로 간에 사랑의 계명을 기억하라고 권고한다(5~6절).

✔ 하나씩 짚어보기

적그리스도의 출현(요이 1:7)

(1) "적그리스도"라는 말은 신약성경에 5회 사용되었고, 모두 요한서신에 나온다(요일 2:18-2회, 22, 4:3, 요이 1:7). 그러나 같은 의미의 말들이 다른 본문에도 많다. 바울은 "불법의 사람", "멸망하는 자"(살후 2:3, 10)라고 하여 인물의 성질이 드러나도록 지칭했다. 예수님께서는 "많은 사람이 내 이름으로 와서 이르는"데 더욱 "멸망의 가증한 것"이 출현한다고 하였다(마 24:5, 15).

(2) 주의 오실 때와 세상 끝의 전조(前兆)로서 적그리스도가 출현한다고 했다(마 24:7~8, 21~22, 29). "많은 사람이 내 이름으로"라는 말처럼 그 수가 많을 것이며, "나는 그리스도라"고 하여 많은 사람을 미혹할 것이라고 지적한다(마 24:5). 적그리스도는 '예수님 직후의 시대'나, '사도 요한의 시대'를 포함하며 마지막 그의 출현은 '주님의 재림 직전'이다(살후 2:6, 8).

(3) 바울은 "불법의 사람"(살후 2:3)이라 하였고, 요한은 "한 짐승"(계 13:1), "적그리스도의 영"(요일 4:3)이라 했으며, 예수님은 "멸망의 가증한 것"(마 24:15, 막 13:14)이라 하여 여러 가지로 표현한다.

요한삼서_ 자발적인 영접

저자 전통적으로 사도 요한으로 보지만 본문에 사도라는 내증은 없다. 수신자 가이오. 형식 서간문. 기록 연대 〈요한일서〉보다 후대인 사도요한의 말년인 90년 중반으로 본다. 주제 성도 간의 교제를 통한 자발적인 영접. 요절 사랑하는 자여 악한 것을 본받지 말고 선한 것을 본받으라 선을 행하는 자는 하나님께 속하고 악을 행하는 자는 하나님을 뵈옵지 못하였느니라(요삼 1:11).

1. 〈요한이서〉와 〈요한삼서〉는 각 1절에서 저자 자신을 '장로'라고 소개한다.
2. 각 1절에서 "참으로 사랑하는", 4절에서 "진리 안에서 행한다"(진리를 행하는 자)라고 표현함으로 같은 저자임을 확증해준다.
3. 본서는 그리스도의 사랑이 실패한 경우(디오드레베)와 성공한 경우(데메드리오)를 보여주므로 당시 공동체 안에서 상황과 함께 성도의 바른 행위를 가르쳐준다.
4. 〈요한이서〉에서는 거짓 교사들을 집에 들이지도, 인사하지도 말라고 했으나 〈요한삼서〉에서는 전도자들을 배척하는 디오드레베에게 경고한다.

사도 요한의 학자적인 모습
12세기의 한 비잔틴 화가가 황금과 에나멜로 그린 것. 성 마르코(마가)교회의 황금 제단 중 일부이다.

🔘 한눈에 살펴보기

저자 장로가 "가이오"에게 보내는 개인적인 서신으로, 파송한 순회 전도자를 후하게 영접했음을 감사한다(3, 5, 6절). 그러나 이러한 일이 그 외에는 없는 것을 지적한다. 디오드레베는 장로를 비방하고 그가 보낸 전도자를 영접하지 아니하며, 또한 남들이 영접도 하지 못하도록 방해했다(9~10절). 아마 그는 거짓 교리의 대변자일 수도 있다(7절). 장로는 언젠가 방문할 때에 디오드레베에게 답변을 추궁할 수 있으리라고 확신하며 문제 해결을 희망한다(14절). 이 편지는 순회전도자들 가운데 한 사람인 데메드리오를 위한 추천장이다(12절).

✔️ 하나씩 짚어보기

짧은 편지인 〈요한이서〉와 〈요한삼서〉

〈요한이서〉와 〈요한삼서〉는 초대교회 시대의 편지 양식에 따라 쓰였는데, 신약성경에서 이 서신처럼 그 사실을 분명하게 보여주는 것은 없다. 한 선장인 이레니우스(Irenaeus)가 자신의 동생인 아폴리나리우스(Apolinarius)에게 쓴 파피루스 편지가 있는데, 〈요한이서〉, 〈요한삼서〉의 형식과 똑같다. 즉 문안으로 시작하여 용건(소식을 실은 본문)을 전하고 문안으로 맺는 것으로서, 오늘날의 편지 형식도 이러한 오랜 전통의 산물이라 할 수 있다.

📖 유다서_ 거짓 교사 배격

저자 유다(성경에 유다가 5명이 나오는데 아마도 주의 형제 유다로 추정). **기록 시기** 사도시대 말기 및 직후(17~18절)인 약 80~90년경. **기록 장소** 유대인들이 살던 지방. **주제** 믿음을 지키기 위한 투쟁. **요절** 사랑하는 자들아 너희는 너희의 지극히 거룩한 믿음 위에 자신을 세우며 성령으로 기도하며 하나님의 사랑 안에서 자신을 지키며 영생에 이르도록 우리 주 예수 그리스도의 긍휼을 기다리라(유 1:20~21).

1. 자유 방종주의자들, 영지주의자들, 거짓 교사들을 배격하는 이단 공격 문서이다. 고린도에서 파급되었던 음탕, 방종주의와 같은 것이 이 편지의 독자들에게도 접근했기 때문에, 유다도 베드로 사도가 〈베드로후서〉에서 했던 것과 같이 경계하고 있다.
2. 유다는 야고보(행 15장에 나오는 예루살렘교회의 첫 번째 목회자이자 〈야고보서〉 기자)의 형제요, 예수님의 형제로 추정하며(마 13:55, 막 6:3 참고), 나중에 믿었고 사도는 아니다.
3. 본서는 신약의 〈사사기〉라고 불리며, 베드로후서 2장과 유사하다. 베드로는 거짓 교사들의 사역이 미래에 있을 것으로 보았으나(벧후 2:1), 유다는 그런 행위가 이미 존재하는 것으로 보았다(유 4절).

🌐 한눈에 살펴보기

천사장 미가엘(유 1:9)
사단과의 투쟁에서 하나님의 세력을 대표하는 천사장 미가엘의 장엄하고 위엄 있는 모습이 묘사되었다. _14세기의 이콘(Icon). 판자에 그린 템페라화. 아테네의 비잔틴미술관 소장.

〈유다서〉는 수신 대상이 나타나 있지 않으나 배교하는 자들을 꾸짖고 있어 문장 표현이 강경하고 준엄하다. 또한 "믿음의 도를 위하여 힘써 싸우라"(3절)고 권면하며, 구약의 타락한 인물들(가인, 발람, 고라)을 인용하여 이단자들을 배격한다(5~16절). 뒷부분의 권면은 성도의 믿음과 경건을 돋보이게 한다(17~23절). 그래서인지 본서에 대해 모팻(Moffat)은 "교회를 일깨우는 불의 십자가"라 칭송했다.

✔️ 하나씩 짚어보기

〈유다서〉에 나오는 중요한 용어

(1) 믿음의 도(3절) — 믿기만 하면 단번에 구원을 얻게 되는 복음

(2) 다른 육체(7절) — 정상적 남녀관계가 아닌 동성 간, 수간(獸姦) 등

(3) 가인의 길(11절) — 동생 아벨을 살해한 가인과 같은 행위(창 4장)

(4) 발람의 길(11절) — 발람이 모압 왕 발락의 요구로 돈을 받고 이스라엘을 저주하려 한 것과 이스라엘을 음행하게 했던 악행(민 22~25장)

(5) 고라의 패역(11절) — 고라가 모세와 아론의 직책에 대적하여 반역함(민 16장)

(6) 애찬의 암초(12절) — 친교의 식사를 암초같이 그릇된 목적에 사용함

다음 물음에 답하거나 괄호 안에 알맞은 말을 넣으시오.

1. "(　　　　　　　)는 복이 있나니 이는 시련을 견디어낸 자가 주께서 자기를 사랑하는 자들에게 약속하신 (　　)을 얻을 것이기 때문이라." (약 1:12)

2. 하나님 아버지 앞에서 정결하고 더러움이 없는 경건은 어떤 것인가? (1:27)

3. "믿음이 그의 (　　　)과 함께 일하고 행함으로 믿음이 (　　　　　) 되었느니라." (2:22)

4. 행함으로 의롭다 함을 받는다는 증거로 세운 두 사람은 누구인가? (2:23~26)

5. 3장 2절의 '말'은 (　　　　　)이며, 3절의 '말'은 (　　　　　)이다.
   〈보기〉 타는 말(馬)/ 입의 말(言)

6. 오직 위로부터 난 지혜는 어떠한가? (3:17)

7. "마귀를 (　　　)하라 그리하면 너희를 피하리라 하나님을 (　　　　　)하라 그리하면 너희를 가까이 하시리라." (4:7~8)

8. "너희 생명이 무엇이냐 너희는 잠깐 보이다가 없어지는 (　　　)니라." (4:14)

9. "형제들아 주께서 (　　　)하시기까지 길이 참으라 … 형제들아 서로 (　　　)하지 말라." (5:7, 9)

10. 다음의 상황에 처한 사람들은 어떻게 하라고 말하는가? (5:13~14)

    (1) 고난당하는 자 —　　　　　　(2) 즐거워하는 자 —　　　　　　(3) 병든 자 —

11. (벧전 1:7) 너희 믿음의 확실함은 ~

12. (1:23) 너희가 거듭난 것은 ~

13. 성도의 네 가지 신분은 무엇인가? (2:9)

    (1) (　　　　) 족속　　　　　　　　　　(2) 왕 같은 (　　　　　)

    (3) (　　　　) 나라　　　　　　　　　　(4) 하나님의 소유된 (　　　)

14. (3:10~11) 누구를 위해 대답할 것을 항상 준비해야 하는가? (3:15)

15. (4:7) 만물의 마지막이 ~

16. (4:13) 오히려 너희가 그리스도의 ~

17. (5:6~7) 하나님의 손 아래에서 겸손하면 어떻게 해주시는가? (5:6)

18. 주의 약속은 우리가 세상에서 썩어질 것을 피하고 무엇에 참여하는 자가 되게 하는가? (벧후 1:4)

19. 무엇에 더욱 힘써 굳게 하면 실족하지 않는다고 하는가? (1:10)

20. 예언은 사람의 뜻이 아니라 무엇에서 나오는 것인가? (1:21)

21. "너희 중에도 (　　　　)들이 있으리라 그들은 멸망하게 할 (　　)을 가만히 끌어들여 자기들을 사신 (　　　　)하고 임박한 멸망을 스스로 취하는 자들이라." (2:1)

22. 아브라함의 조카 롯을 〈베드로후서〉에서는 무엇이라 하는가? (2:7)

23. 말세에 조롱하는 자들이 하는 말은 무엇인가? (3:3~4)

24. "우리는 그의 약속대로 의가 있는 곳인 (　　　)과 (　　　)을 바라보도다." (3:13)

25. 성도의 사귐은 누구와 더불어 누리는 것이라고 하는가? (요일 1:3)

26. (1:9) 만일 우리가 우리 죄를 자백하면 ~

27. 아버지 앞에 있는 우리의 대언자는 누구인가? (2:1)

28. 이 세상에 있는 것은 무엇인가? (2:16)

29. 예수께서 그리스도이심과, 아버지와 아들을 부인하는 자는 누구인가? (2:22)

30. 하나님의 아들이 나타나신 것은 무엇을 하려 하심인가? (3:8)

31. 요한일서 3장에 나오는 주님의 계명은 무엇인가? (3:23)

32. "보는 바 그 형제를 사랑하지 아니하는 자"는 누구도 사랑할 수 없다고 하는가? (4:20)

33. 세상을 이기는 승리는 무엇으로 가능한가? (5:4)

34. 생명이 있는 자는 누가 함께 있는 것인가? (5:12)

35. 처음부터 우리가 가진 '새 계명'은 무엇인가? (요이 1:5)

36. 미혹하는 자, 즉 적그리스도는 무엇을 부인하는가? (7절)

37. (요삼 1:2) 사랑하는 자여 ~

38. 으뜸 되기를 좋아하고 형제들을 맞아들이지도 아니하며 맞아들이고자 하는 자를 금한 사람은 누구인가? (1:9~10)

39. 뭇사람에게도 진리에게서도 증거를 받은 사람은 누구인가? (12절)

40. 유다가 "일반으로 받은 구원"에 관해 편지로 권해야 할 필요를 느낀 것은 무엇인가? (유 1:3)

41. 꿈꾸는 이 사람들(거짓 교사)의 행위는 어떠한가? (8절)

42. 이 사람들(거짓 교사)의 악행을 비유한 구약의 세 사람은 누구인가? (11절)

43. (20~21절) 사랑하는 자들아 ~

|묵|시|문|학|연|구|

1. 〈요한계시록〉 해석에 대한 견해

(1) 과거파

저자인 사도 요한 당대의 정황 속에서 그 시대 독자들에게 기본적으로 의미를 주기 위해 쓰여졌다. 문제: 〈요한계시록〉이 예언(1:3)이므로 미래도 말한다.

(2) 역사파

역사의 시발과 종점이 제시되어 있으므로 세계사(교회사) 전체를 제시해준다고 본다. 문제: 〈요한계시록〉을 때와 시간 계산의 자료로 사용하는 것은 바람직하지 않다.

(3) 온건미래파

처음 세 장을 제외하고는 거의 전부가 주의 재림 직전의 어느 기간 동안에 일어날 종말 사건을 다룬다고 본다. 문제: 역사의 여러 시점들을 통해 이루어질 수도 있는 예언을 재림 직전으로만 국한시키는 문제가 있다.

(4) 극단미래파(세대주의)

1:19에 근거하여 1장은 부활하신 예수님의 환상, 2~3장은 교회사 전체, 4장 이하는 장차 일어날 일을 다룬다고 본다. 문제: 교회는 구약 예언의 성취가 아니요 단지 임시 방편으로 세워진 것에 불과하다는 등의 견해는 성경의 가르침과 상충한다.

2. 〈요한계시록〉에 나타난 예수님

〈요한계시록〉에는 다른 책에는 나오지 않는 예수님에 대한 독특한 이름들을 나온다. "예수"나 "그리스도"(1:1)는 다른 책들에도 나오지만 "인자와 같은 이"(1:13, 14:14 — '사람'이라는 뜻), "처음이요 마지막"(알파와 오메가, 1:17, 2:8, 22:13), "다윗의 뿌리"(5:5, 22:16 — 다윗의 자손이라는 뜻)와 같은 호칭은 신약의 다른 저자들에 의해서는 사용되지 않았다. 가장 독특한 것은 "어린 양"(5:1~14)으로 예수의 죽음의 희생제의적(犧牲祭儀的) 성격을 부각시키고 있으며, 때로는 "죽임을 당하신 어린 양"(5:12, 13:8)이라고 말한다. 요한복음 1:29, 36에서는 "하나님의 어린 양"이라고 불린다.

천상의 배경은 예수님의 죽음과 부활, 하늘로 올려지심(1:5, 18, 2:8), 그리고 계속되는 그의 활동(6:1, 8:1)과 연결된다. 또한 예수님의 사역은 특정한 나라나 선택된 소수를 위한 것이 아니라(14:1~5), 보편적이고 우주적인 효과를 창출한다는 것을 강조한다. 예수님은 창조 시에 활동했던 것처럼(3:14) 지금은 "만왕의 왕이요 만주의 주"이시다(19:16). 참으로 그는 "처음과 마지막이요 시작과 마침"(21:6, 22:13)이다.

3. 요한계시록과 묵시문학

(1) 〈요한계시록〉과 다른 묵시문학들

본서는 유대교의 묵시문학과 비슷하다는 평을 받는다. 묵시문학이라는 용어는 1:1의 "계시"(헬라어, 아포칼립시스)에서 왔으며 구약 예언자가 쇠퇴할 무렵 등장하기 시작한 것으로 보인다. 구약에서 묵시문학적인 구절은, 특히 이사야 24~27장, 65~66장, 에스겔 1~3장, 9장, 26~27장, 37~48장, 스가랴 1~8장, 12~14장 등이 있으며 다니엘 7~12장도 예언서보다는 묵시문학으로 볼 수 있다.

묵시문학은 주전 2세기에서 주후 1세기까지 약 3세기 동안에 걸쳐 성행한다. 〈요한계시록〉과 같은 시기에 유대교의 묵시문학들도 많이 있다. 공관복음서 안에서도 묵시문학적 구절들이 있다. 마태복음 24장, 마가복음 13장, 누가복음 21장 등이 그것이다. 묵시문학 작품들은 사해사본 가운데서도 발견된다.

(2) 위기의 문학

묵시문학이 등장한 것은 먼저 안티오커스 에피파네스(주전 175~164년)의 통치 시기였고 (뿌리는 주전 6세기까지 거슬러 올라간다), 그것은 주후 70년 예루살렘 멸망을 전후한 로마통치 시기까지 계속되었다. 〈요한계시록〉과 다른 몇몇의 묵시문학 작품들은 로마를 이스라엘의 옛 원수인 '바벨론'이라는 이름으로 부른다. 이러한 배경 때문에 묵시문학은 계약 백성의 외부에 있는 악과 내부에 있는 불성실을 강조하면서, 음울하고 비관적인 색채를 띤다. 이와는 대조적으로 〈요한계시록〉은 비록 "큰 환난"(7:14)의 시기를 묘사하고는 있지만, 그리스도와 그의 백성이(18장) 새 예루살렘에서(21장) 마침내 승리할 것을 선포한다.

(3) 환상

계시를 의미하는 '아포칼립스'가 시사하는 바와 같이, 〈요한계시록〉을 포함하는 묵시문학 작품들은 많은 환상들로 가득 차 있다. 이 환상 속에서 선에는 비밀이었던 것이 밝히 드러나기도 하고, 여전히 비밀로 남아 있기도 하다(10:4). 예언자들은 자기의 시대에 직접 그리고 공개적으로 선포했고 후에 기록되었다.

환상으로 가득한 〈요한계시록〉은 문학적·논리적으로 일관성을 갖고 있지는 않다. 예를 들면 5장의 어린 양은 "죽임을 당한 것"(5:6)같이 보이지만 천상에서 활동하고 있다. 8:2~11:19은 '일곱 나팔'과 16:1~21의 하나님의 진노인 '일곱 대접'은 부분적으로 5:1~8:1의 '일곱 인'이 있는 두루마리의 메시지를 반복한다.

(4) 숫자

묵시문학에는 숫자가 많이 나온다. 몇 가지를 살펴보면, '4'는 도시(4:6) 또는 땅(7:1) 등의 장소를 암시한다. '7'은 충만한 완성을 상징하고(1:4), '6'은 미완성과 악을 의미한다. '12'는 하나님의 백성 이스라엘의 지파 수로서 특별한 중요성을 갖는다(7:4, 21:12). 이 중요성은 '12'를 제곱으로 곱해서 '144'가 되었을 때 더욱 증가한다(21:16~17). 마찬가지로 '1,600'은 '40'의 제곱이다(14:20). '1,000'이라는 숫자는 헤아릴 수 없는 많은 숫자를 상징한다. 숫자를 곱한 수, 즉 '666'(13:18)이라든가 '144,000'(7:4)은 더욱 고조된 의미를 갖는다.

헬라어 알파벳이 숫자를 가지는 것으로 사용되었던 것을 근거해서, 다른 묵시문학들에 대해서 그렇듯 〈요한계시록〉에 나오는 이름들도 숫자를 환산해서 해석하는 경우들도 있으나 완벽하지는 않다.

(5) 종말

묵시문학은 인간과 우주의 역사에 대한 폭넓은 관점을 가지는데, 특별히 세상의 종말에 대해서 그렇다. 세상의 종말이 임박한 것으로 생각되었고, 〈요한계시록〉에서 끊임없이 강조된다(1:3, "때가 가까움이라"). 이 책은 "주 예수여 오시옵소서"(22:20)라는 기도로 끝난다.

요한계시록

요한계시록_ 과거 현재 미래 예언

저자 사도 요한. 예언 시기 및 장소 로마 황제 도미티안 통치 말년(주후 95년경) 밧모섬. 예언의 성격 묵시문학으로 계시(1:1)이며 예언(1:3)이며 서신(1:4, 22:21)이다. 대상 소아시아(터어키)의 일곱교회. 요절 성령과 신부가 말씀하시기를 오라 하시는도다 듣는 자도 오라 할 것이요 목마른 자도 올 것이요 또 원하는 자는 값없이 생명수를 받으라 하시더라(계 22:17).

1. 〈요한계시록〉은 신약성경의 마지막 책으로 계시록(Revelation), 또는 묵시록(헬라어, 아포칼립시스/ 영어, Apocalypse)이라고 불린다. 두 단어 모두 '가리어진 것을 드러낸 것', '비밀을 열어 보임'이라는 의미로 해석할 수 있다.

2. 당시의 황제는 '도미티안'으로 그가 정권을 잡을 때는 베수비우스 화산 폭발(주후 79년)로 폼페이와 헤르큘레니움이 파괴되고 또 한 번의 화재(처음 대화재는 64년 네로 당시) 사건과 괴질(81년)로 로마는 폐허와 같았다. 이런 상황에도 정치욕이 강한 도미티안은 자신을 '신(神)'의 위치에 올려놓은 후에 불복하는 자는 처벌하였으므로 초대 교회가 혹독한 신앙의 박해를 겪었다. 또한 이교 사상의 팽배와 유대주의자들의 위협에 직면하였을 때 본서는 기록되었다.

3. 내용 분해

1:1~8 ─ 머리말

1:9~20 ─ 과거 계시(네가 본 것)

2~3장 ─ 현재 계시(있는 것들)

4~22:5 ─ 미래 계시(이후에 될 일들)

22:6~20 – 맺음말

한눈에 살펴보기

〈요한계시록〉은 서문으로 시작하여 연속적으로 일곱 교회를 향한 말씀이 이어진다. 아울러 이 교회들을 향한 주님의 모습을 보게 되며 그분의 모습 속에서 더욱 경외심을 갖게 된다(1~3장).

하나님의 보좌와 거기에 경배하는 신실한 백성을 대표하는 장로들과 전 피조물을 대표하는 생물들이 경배한다(4장). 보좌에 앉으신 하나님의 손에 인봉(印封)한 책이 들려 있고, 보좌와 네 생물과 장로들 사이에 어린 양이 인봉된 책을 취하신다(5장). 그리고 일곱 인을 떼시며 그 때마다 신비한 환상들을 본다(6~7장). 일곱째 인을 뗄 때에 일곱 나팔의 재앙으로 이어진다(8~9장). 요한은 하나님께서 주신 작은 책을 받아먹는다(10장). 복음의 두 증인의 사역과 그들의 능력과 순교에 대한 말씀이 나오고, 천사가 일곱 번째 나팔을 불며 그 재앙이 소개된다(11장). 해(태양)를 입은 여인과 큰 붉은 용, 즉 사탄과의 싸움이 소개된다(12장). 바다와 땅에서 짐승이 나온다. 이는 적그리스도로 해석되어 왔다(13장). 어린 양과 함께 시온산에서 144,000이 새 노래를 부른다(14장). 일곱째 천사의 나팔은 11장 5절에서 불었으나 그 내용은 15장에 나온다. 일곱 천사에 의한 일곱 대접 재앙(그리스도께서 재림하셔서 세상을 심판하시기 바로 직전)의 준비가 상징적으로 묘사되고 있다(15장). 일곱 대접의 재앙으로 임하는 심판을 말한다(16장). 음녀의 심판(17장)과 바벨론의 멸망(18장)은 같은 사건을 두 가지 다른 측면에서 묘사한 것으로 둘 다 '세상'을 가리킨다.

〈요한계시록〉의 마지막 부분에 이르렀다. 그 어조(語調)가 완전히 달라진다. 네 번의 할렐루야 찬미가 나오며 어린 양 그리스도와 그의 신부인 교회의 혼인잔치를 보게 된다(19장). 마귀는 붙잡혀 천 년 동안 결박을 당하고 승리한 자들은 살아서 그리스도와 더불어 천 년 동안 왕 노릇 한다(20장). 처음 하늘과 처음 땅은 사라지고 새 하늘과 새 땅이 보인다(21장). 생명 강가의 생명나무는 달마다 열매를 맺으며 구원받은 자들은 주님의 얼굴을 직접 본다. 하나님께서 그들을 비추시므로 등불이나 햇빛이 필요하지 않다. 아멘 주 예수여 오시옵소서 — 마라나타(22장).

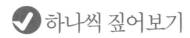

하나씩 짚어보기

1. 〈창세기〉와 〈요한계시록〉의 비교

신·구약 성경은 서로 유기적인 관계를 가지고 있으므로 단편적으로 해석할 수는 없다.

〈창세기〉와 〈요한계시록〉은 성경에서 시작과 끝이면서 오히려 서로 가장 가까운 관계에 있으므로 다음과 같이 비교해볼 수 있다(Day01 창세기 개요 참고).

창세기	요한계시록
에덴동산(1:1) – 처음 하늘과 처음 땅	하나님의 나라(21:1) – 새 하늘과 새 땅
생명나무(3:22~24) – 타락 후 금지된 나무	생명나무(22:2) – 허락된 나무
죄, 슬픔, 고통의 시작(3:16)	죄, 슬픔, 고통이 끝남(21:4)
첫 사망(2:17)	사망이 없음(21:5)
첫 아담의 통치(고전 15:22, 45)	둘째 아담의 통치(고전 15:22, 45)
바벨탑(반역)(11장)	바벨론의 멸망(18장)
사탄이 하나님의 말씀을 가감(3:3)	말씀의 가감자에 대한 심판(22:1~19)
만물의 시작(1:1)	만물의 종말(22:20)

2. '일곱 인 재앙'과 관계된 재앙들 대계(계 6~16장)

다음에 나오는 도표는 사도 요한이 받은 계시로서, 세상 종말에 발생할 사건을 상징하는 일곱 인(印) 재앙의 대계이다. 각 내용들은 예수님의 감람산 강화 중 소개된 마지막 날의 징조를 연상하게 한다(마 24:2~35). 도표에서 보듯이 '일곱 나팔 재앙' 및 '일곱 대접 재앙'은 '일곱 인 재앙'과 무관하지 않다. 즉 일곱 나팔의 재앙은 일곱 인 재앙의 마지막 단계와 연결(8장에서 일곱째 인의 재앙이 일곱 나팔 재앙으로 연결된다), 더욱 확대 세분화된 것이며 시간적으로 연속된 일련의 사건들이다. 그리고 일곱 대접 재앙과 일곱 나팔 재앙과의 상관관계도 위와 마찬가지이다. 하나님은 태초(太初)에 만물을 질서 있게 창조하셨듯 태말(太末)에도 만물을 질서 있게 심판하실 것이다. 이것이 성경의 참된 역사관이다(롬 11:36).

일곱 인 의 재앙	1		흰 말, 큰 전쟁에서의 승리와 끝없는 정복	6:1~2
	2		붉은 말, 전쟁과 반란, 살인으로 평화가 붕괴됨	6:3~4
	3		검은 말, 극심한 기근, 인플레로 인한 경제 파탄	6:5~6
	4		청황색 말, 전쟁과 기근으로 수많은 사람들이 죽음	6:7~8
	5		순교자의 영혼들이 하나님께 호소함	6:9~11
	6		지진과 천체의 대혼란으로 악한 자들이 두려워함	6:12~17
	7	일곱 나팔 의 재앙		
		1	피 섞인 우박과 불로 땅과 식물의 1/3이 불 탐	8:1~2, 7
		2	불붙는 큰 산이 바다에 던져져 바다 생물과 배의 1/3 소멸	8:8~9
		3	쓴 쑥이란 이름의 큰 별로 인하여 강과 물샘의 1/3이 쓰게 됨	8:10~11
		4	천체(해, 달, 별)의 밤낮 1/3 어두워짐	8:12~13
		5	황충이 다섯 달 동안 사람들을 괴롭게 함	9:1~12
		6	네 천사와 이만만(2억)의 마병대가 사람의 1/3을 죽임	9:13~21
		7	일곱 대접 의 재앙	
			1 짐승의 표를 받은 자와 우상숭배자들에게 독한 종기가 생김	11:15~19, 16:2
			2 바다가 피같이 되어 그 속의 모든 생물이 죽음	16:3
			3 강과 샘이 피로 인해 악한 자들이 그 피를 마심	16:4~7
			4 태양이 뜨거워져 사람들을 태움	16:8~9
			5 어둠과 질병으로 큰 고통을 당함	16:10~11
			6 귀신의 영들이 하나님을 대적하기 위해 사람들을 모음	16:12~16
			7 번개, 지진, 우박으로 큰 성 바벨론이 멸망함	16:17~21

*나눔의 터 CD, 《목회자료 제2집》에 공개된 자료를 참고하여 일부 수정했으며 원출처 미상.

3. 〈요한계시록〉에 나타난 예수님

(1) 〈요한계시록〉에는 다른 책에서는 나오지 않는 예수님에 대한 독특한 이름들이 나온다. "예수"나 "그리스도"(1:1)는 다른 책들에도 나오지만 "인자와 같은 이"(1:13, 14:14 — '사람'이라는 뜻), "처음이요 마지막"(알파와 오메가 — 1:17, 2:8, 22:13), "다윗의 뿌리"(5:5, 22:16 — '다윗의 자손'이라는 뜻)와 같은 호칭은 신약의 다른 저자들은 사용하지 않았다. 가장 독특한 것은 "어린 양"(5:7, 15:3 등)으로 예수님의 죽음의 희생제의적(犧牲祭儀的) 성격을 부각시키고 있으며 때로는 "죽임을 당한 어린 양"(5:12, 13:8) 이라고 말한다. 요한복음 1:29, 36에서는 "하나님의 어린 양"이라고 불린다.

(2) 천상의 배경은 예수님의 죽음과 부활, 하늘로 올려지심(1:5, 18, 2:8), 그리고 계속되는 그의 활동(6:1, 8:1)과 연결시킨다. 또한 예수님의 사역은 어떤 한 나라나 선택된 소수를 위한 것이 아니라

(14:1~5), 보편적이고 우주적인 효과를 창출한다는 것을 강조한다. 예수님은 창조 시에 활동했던 것처럼(3:14) 지금은 "만왕의 왕이요 만주의 주"(19:16)이시다. 참으로 그는 "처음과 마지막이요 시작과 끝"(21:6, 22:13)이시다.

4. 두 증인은 누구인가?(계 11:3~5)

(1) 두 증인은 "두 선지자"로 불리고 있으며(10절) 보다 더 비유적으로는 "이 땅의 주 앞에 서 있는 두 감람나무와 두 촛대"로 일컬어지고 있다(4절). 두 증인을 '두 감람나무와 두 촛대'로 비유한 것은 교회가 세상의 빛으로 그 사명을 다하기 위해서는 교회의 기둥 역할을 하는 예수 그리스도의 신실한 증인들이 소멸되어서는 안 된다는 사실을 강조하기 위함이다(1:20, 2:5, 슥 4:1~14).

(2) 두 증인의 신분에 대해서는 역사적으로 여러 견해가 있으므로 어느 하나를 독단적으로 취하지 않는 것이 지혜롭다.

1) '에녹과 엘리야'이다(초대 기독교시대 교부 터툴리안).

2) '다시 돌아온 모세와 엘리야'이다(이 견해는 유대교의 일반화된 인식인데, 초기 기독교가 수용하였다). 또는 '모세와 엘리야와 동일한 직능을 수행할 미래의 두 예언자'로 간주하기도 한다.

3) 두 증인을 '교회'로 본다. 교회의 왕과 제사장 기능을(브루스), 또는 순교자의 대표자를 가리킨다고 했다(모리스).

4) 두 증인은 '베드로와 바울'이다(문크). 교회 안의 '유대인 신자와 이방인 신자'들의 대표이다(리시).

– 강병도, 《QA성경연구, Vol.15》, 기독지혜사, pp. 427~8 요약 인용.

5. 십사만 사천은 누구인가?(계 7:4, 14:3)

이단자들은 자신들만 구원받는다는 잘못된 선민사상(選民思想)으로, 구원받는 144,000이 자신들뿐이라고 주장한다(특히 안식교, 여호와의 증인, 몰몬교). 성경이 말하는 의미는 무엇인가?

책을 편 사도 요한의 모습
요한은 '예언의 말씀을 읽는 자 듣는 자 지키는 자들이 복이 있다' 하였고(계 1:3). 사진은 에히델 낫하의 복음서 초록(抄錄)의 삽화이다. _쥐르메르크 국립도서관 소장.

(1) 7장 4절에서는 "인침을 받은 자(도장 받은 자)들이 십사만 사천"이라 했고, 14장 3~4절에서는 "땅에서 속량함을 받은 … 하나님과 어린 양에게 속한 자들"이라 했다. 두 곳의 말씀은 같은 것으로 단순히 유다 지파나 유대인 성도들만을 의미하는 것이 아니라 구원받은 모든 성도들을 총칭한 완성된 교회를 뜻한다.

(2) 7장에서 144,000은 아직 대환난을 겪지 않았으나 14장에서는 대환난을 경험하고 천년왕국시대에 들어서고 있다. 또한 7장에서 그들이 단순히 인침을 받은 반면 14장에서는 이제 그들에게는 이마에 어린 양과 아버지의 이름이 새겨져 있다.

6. '짐승의 수 666'은 무엇인가?(계 13:16~18)

(1) 우상숭배의 결과로 사람들은 짐승으로부터 오른 손이나 이마에 '표'를 받게 되는데 여기서 표는 짐승의 이름이나 그 이름의 수와 같은 것이다(13:17, 14:11, 15:2, 19:20, 20:4). 짐승의 표를 가진 사람은 매매할 수 있으나 표가 없는 사람은 매매를 못하게 되므로 성도들에게 사회·경제적으로 제재가 가해질 것을 언급한 말이다.

(2) 짐승의 수 666은 두 가지로 해석한다. 하나는 수에 대한 해석이고, 다른 하나는 숫자가 갖는 상징적 의미에 대한 해석이다. 또 다른 해석은, 기독교를 박해한 네로 황제를 히브리음으로 지칭한 '네론 가이살'(NRON KSR) 문자의 숫자를(50+200+6+50+100+60+200) 합치면 666이 된다는 것이다. 한편 1에서 36까지 합한 수가 666이고, 계시록에 짐승의 활동이 36번이 나온다고 한다.

(3) 그러나 현대에서 이러한 견해(666을 네로로 보거나 사탄의 36번의 활동)는 거부되고 있다. 사도 요한은 〈요한계시록〉의 어디에서도 숫자 놀음을 적용시킨 적이 없으며 오히려 숫자에 상징적인 의미를 부여했다. 예를 들면 일곱 교회, 일곱 인, 일곱 나팔, 일곱 대접, 이십사 장로, 십사만 사천, 새 예루살렘 성곽의 144규빗 등이다. 심지어 컴퓨터의 바코드를 666으로 보는 견해도 있으나 이러한 암호로 보기보다는 '부정한 악의 실체 또는 반역적인 모방을 의미하는 상징적인 숫자'로 보는 해석이 현대 보수주의에 의해 지지를 얻는다.

7. "아멘, 주 예수여 오시옵소서" (계 22:20)

(1) 사도 요한은 신비한 하나님 나라의 계시를 받고 최종적인 말씀인 "내가 진실로 속히 오리라"는 말씀의 응답으로 "아멘, 주 예수여 오시옵소서"라고 고백한다. 성도들은 핍박의 때에 주님의 재림을 기다렸고 새 하늘과 새 땅을 바라보며 순교하였다. 기독교 신앙에서 재림을 빼면 우리가 무엇을 기다리겠는가? 그렇다고 이단자들처럼 현세를 무시하는 것도 성경적인 가르침은 아니다.

(2) '마라나타'를 성경의 최종 단어로 보는 견해가 있으나 고린도전서 16:22의 "우리 주여 오시옵소서"가 '마라나타'이다. 물론 22:20의 "아멘, 주 예수여 오시옵소서(헬라어, 아멘 엘코우 큐리에 예수)"도 초대교회의 예배에 사용한 아람어 표현으로 '마라나타'에 해당한다. 마라나타의 외침은 후대의 증언에 의하여 성만찬 예식에서 유래되었을 것으로 본다.

(3) 마지막 구절은 "주 예수의 은혜가 모든 자들에게 있을지어다 아멘"(22:21)으로 축원의 인사를 하고 있다. 시작인 1:4과 끝인 22:21에 있는 은혜의 축원은 〈요한계시록〉이라는 책에 하나님의 초대형 편지 형식을 제공한다. 즉 요한이 주님의 위탁을 받아서 교회를 향한 소식을 편지 형식으로 전한 것이다.

다음 물음에 답하거나 괄호 안에 알맞은 말을 넣으시오.

1. "이 예언의 말씀을 (   )와 (   )와 그 가운데에 기록한 것을 (   )는 복이 있나니." (1:3)

2. 요한에게 무엇을 기록하라고 하셨는가? (1:19)

3. 다음은 무엇을 가리키는가? (1:20)

　　(1) 일곱 별 ―　　　　　　　　　　　　　(2) 일곱 촛대 ―

4. 다음 '일곱 교회에 보낸 편지'에서 해당 절을 참고해서 도표의 빈칸을 완성하시오. (2~3장)

교회 / 성경	주님의 모습	칭찬	책망	권면 / 당부	승리자에 약속
에베소교회 2:1~7	1절 / 오른 손에 일곱 별을 붙잡고 일곱 금 촛대 사이를 거니시는 이	2~3절 /	4절 /	5절 / 회개하여 처음 행위를 가지라. 회개하지 아니하면 촛대를 옮기리라.	7절 /
( )교회 2:8~11	8절 /	9절 / 네 환난과 궁핍을 알거니와 실상은 네가 부요한 자니라.	없음.	10절 /	10~11절 / 생명의 관을 주리라. 둘째 사망의 해를 받지 아니하리라.
버가모 교회 2:12~17	12절 /	13절 / 죽임을 당할 때에도 나를 믿는 믿음을 저버리지 아니하였도다.	14~15 / 발람의 교훈을 지키는 자와 니골라당의 교훈을 지키는 자가 있다.	16절 /	17절 /
두아디라교회 2:( )	18절 / 눈이 불꽃 같고 그 발이 빛난 주석과 같은 하나님의 아들	19절 /	20~21절 /	22~25절 / 회개하지 아니하면 큰 환난에 던지고 자녀를 죽인다. 행위대로 갚아주리라.	26~28절 /
사데교회 3:1~6	1절 /	4절 /	1~2절 / 살았다 하는 이름은 가졌으나 죽은 자로다. 네 행위의 온전한 것을 찾지 못하였노니.	3절 /	5절 /
( )교회 3:7~13	7절 /	8절 / 작은 능력을 가지고도 내 말을 지키며 내 이름을 배반하지 아니하였도다.	없음.	11절 /	12절 / 하나님 성전에 기둥이 되게 하리니 … 새 예루살렘의 이름과 새 이름을 그이 위에 기록.
라오디게아교회 3:( )	14절 / 아멘이시요 충성되고 참된 증인이시요 하나님의 창조의 근본이신 이	없음.	15~17절 / 차지도 뜨겁지도 않다. 곤고하고 눈먼 것, 벌거벗은 것을 알지 못하는도다.	18~19절 /	21절 /

*칭찬이나 책망이 없는 교회도 있고, 내용상 위와 같이 구분하기 어려운 것도 있음. 요약해서 기록 가능.

5. 누가 보좌에 앉으신 이 앞에 엎드려 경배하고 자기의 관을 드렸는가? (4:10~11)

6. "거문고와 향이 가득한 (   )을 가졌으니 이 향은 (   )이라." (5:8)

7. 일곱 인(印) 중에 다음의 인을 뗄 때에 어떠한 말(馬)이 나타났는가? (6:1~8)

　　(1) 첫째 인 ―　　　　(2) 둘째 인 ―　　　　(3) 셋째 인 ―　　　　(4) 넷째 인 ―

8. 인(印)침을 받은 자의 수는 몇인가? (7:4)

9. 큰 무리가 보좌 앞과 어린 양 앞에 서서 무엇이라 외쳤는가? (7:9~10)

10. 큰 환난에서 나오는 자들의 모습은 어떠한가? (7:14)

11. 향연이 무엇과 함께 하나님 앞으로 올라갔는가? (8:4)

12. 어떤 사람들만 해하라고 했는가? (9:4)

13. "그들이(이방인) 거룩한 성을 (   ) 동안 짓밟으리라 내가 나의 (   )에게 권세를 주리니 그들이 굵은 베옷을 입고 (   )을 예언하리라." (11:2~3)

14. 하늘의 전쟁은 누구와 누구의 싸움인가? (12:7)

15. 바다에서 나온 짐승은 어떠한 모습인가? (13:1)

16. 짐승의 표를 신체의 어느 부위에 받게 했는가? (13:16~17)

17. 어린 양과 시온산에 선 십사만 사천의 이마에 무엇이 쓰여 있었는가? (14:1)

18. 어떻게 하면 진노의 포도주를 마시게 되는가? (14:9~10)

19. 사람들이 하나님의 거문고를 가지고 모세와 어린 양의 노래를 부른 곳은 어디인가? (15:2~3)

20. 세 더러운 영은 어느 입에서 나왔으며, 왕들을 어디로 모았는가? (16:13, 16)

21. 붉은 빛 짐승을 탄 여자의 이마에 기록된 이름은 무엇인가? (17:3, 5)

22. 하나님이 바벨론에게 심판을 행하셨으므로, 누구에게 즐거워하라고 하는가? (18:20)

23. 하늘 찬양의 소리에 언제나 나오는 단어는 무엇인가? (19:1~10에 4번 나옴)

24. 어린 양의 신부가 입는 세마포 옷은 무엇을 상징하는가? (19:7~8)

25. 짐승과 거짓 선지자들은 산 채로 어디에 던져지는가? (19:20)

26. 첫째 부활에 참여하는 자들은 천 년 동안 무엇을 하는가? (20:6)

27. 불못에 던져질 자는 누구인가? (20:15)

28. 처음 하늘과 땅, 바다는 없어지고 무엇이 보이는가? (21:1)

29. 새 예루살렘 성 안에 성전은 누구인가? (21:22)

30. 생명수의 강은 어디로부터 나와서 흐르는가? (22:1)

31. 예수님은 자신을 무엇으로 소개하는가? (22:16)

32. 마지막 말씀에 대한 요한의 응답 "아멘 주 예수여 오시옵소서"를 헬라어 발음으로 쓰시오. (22:20) (해설 참고)

|교|회|사|연|구|

1. 교회사를 알면 유익한 이유

교회사는 기독교의 기원, 발달, 인간 세계와의 관계, 역사의 조직화 등을 연구하는 학문으로 이것을 연구하면 다음과 같은 유익이 있다.

(1) 기독교가 하나님의 교회임을 알게 된다.

(2) 과거의 일을 통해 내일의 거울을 보게 한다.

(3) 신앙 영웅들의 자취를 통하여 우리에게 위로와 격려를 준다.

(4) 기독교가 세계 문명 발달의 원천적 세력임을 알게 된다.

(5) 고상한 영적 힘을 얻는다.

2. 교회사의 시대 구분

(1) 고대사(1~590년) — 예수 그리스도부터 그레고리우스 1세 즉위 시

　　1) **사도시대**(1~100년) — 그리스도로부터 사도들의 활동이 끝날 때까지

　　2) **사도 후 시대**(100~313년) — 콘스탄티누스 대제가 기독교를 공인할 때까지

　　3) **니케아 회의 시대**(313~590년) — 초대 교황 그레고리우스 1세 즉위 시까지

(2) 중세사(590~1517년) — 그레고리우스 1세 즉위부터 종교 개혁 시작까지

　　1) **과도시대**(590~800년) — 선교 발달기

　　2) **로마교회 전성시대**(800~1073) — 그레고리 7세 즉위까지(동서교회 분리, 1054년)

　　3) **로마 쇠퇴 시대** (1303~1517년) — 종교개혁까지

(3) 근세사(1517년~현재) — 종교개혁부터 현재

　　1) **종교개혁 시대**(1517~1648년) — 종교개혁 시작부터 베스트팔렌 강화 조약까지

　　2) **근세 시대**(1648~1800년) — 프랑스 혁명까지

3) **최근세사** (1800~현재) — 현대교회

- 신학교재편찬위원회,《간추린 교회사》, pp.17~18에서 인용.

3. 교회사에서 중요한 연대

70년 — 로마의 티토에 의한 예루살렘 함락(67~70년: 유대전쟁)

313년 — 밀라노 칙령(로마의 기독교 공인, 콘스탄티누스 대제)

325년 — 니케아 회의(성자는 성부와 함께 동등하며, 동일 본질이며 영원한 분이시다.)

1054년 — 동서교회 분리(동방교회: 희랍 정교회, 서방교회: 로마 가톨릭)

1095~1270년 — 십자군 전쟁(기독교의 성지 탈환 전쟁: 실패)

1517년 — 종교개혁(마르틴 루터의 로마교회에 대한 97개 조항 항의문 발표)

1948년 — 신생 이스라엘 재건(유엔의 결의로 팔레스틴을 일부 밀어내고 건설)

1962년 — 가톨릭교회의 제2 바티칸공의회(자국어 성경 허가, 예배 용어의 자국어 허용)

4. 교계 언론이 뽑은 지난 천 년간의 가장 큰 사건

동서교회의 분리(희랍 정교회·로마 가톨릭, 1054)

십자군 전쟁(1095~1270)

활자의 발명(구텐베르크, 1455)

마르틴 루터의 종교 개혁(1517)

그레고리 달력 사용(1582)

성서공회 전신 탄생(1698)

칼 바르트의 로마서 주석(1918)

사해 사본 발견(1946)

세계교회협의회 출범(WCC, 1948)

- 2000년 1월 〈기독공보〉에서 인용.

5. 한국 기독교회사 최초의 기록

사건	이름	연도
최초의 한국 주재 선교사	알렌(미 북장로교 의료 선교사)	1884. 9.
최초의 교회	소래교회(황해도, 서경조 등)	1884. 12.
최초의 근대식 병원	광혜원(이후 제중원, 알렌 설립)	1885. 4.
최초의 근대식 교육기관	배재학당(아펜젤러 설립)	1885. 8.
최초의 근대적 여성교육기관	이화학당(스크랜톤 부인 설립)	1886. 5.
최초의 한국 내 개신교 세례교인	노조사(언더우드가 세례 베풂)	1886. 7.
최초의 한국 내 개신교 유아세례파	서병호(서경조의 아들)	1887. 9.
최초의 수요예배	승동교회에서 시작	1893. 10.
최초의 여전도회	평양장대현교회	1898. 2.
최초의 장로	김종섭(평양), 서경조(소래)	1900. 12.
최초의 목사	김창식, 김기범(미 감리회)	1901. 1.
최초의 새벽기도회	길선주(평양장대현교회)	1906. 10.
최초의 장로교 노회	대한 노회(예장 독노회)	1907. 9.
최초의 한국인 선교사	이기풍 목사(제주도 선교 파송)	1907. 10.
최초의 한국 성가대	평양장대현교회	1910. 10.
최초의 여자 목사	전밀라, 명화용	1955.

* 로버트 C. 월톤, 《차트 교회사》의 부록 고덕상 편저 '한국교회사' p.125에서 인용.

6. 개신교 교파 계보도

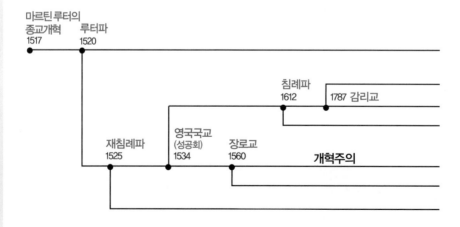

-로버트 C. 월톤, 《차트 교회사》, p. 59

부록 I

모범해답

해답은 가능한 성경 본문 그대로 옮겼으므로, 해답으로는 문장이 어색한 곳도 있습니다. 사용 중 해설이나 문제에 오류를 발견하시면 실로암성경학교로 연락하거나 홈페이지 게시판에 적어주시기 바랍니다. 검토 후 수정 반영하겠습니다.

문제지에 해답을 기록할 공간이 부족한 것은 지면 관계이므로 양해 바랍니다. 전 교인 사용 시에는 실로암성경학교에서 전용 답지노트를 별도로 구입할 수 있습니다.

길잡이 | 01 성경분류 및 상식

〈1〉 성경의 분류

성경 책 이름은 〈성경전서〉 목록 참조

〈2〉 신약성경이 말하는 성경

(1) 성경, 성경을 연구, 증언. (2) 성경, 그리스도 예수, 구원, 하나님의 감동, 교훈과 책망과 바르게 함과 의로 교육. (3) 사람, 성령의 감동, 하나님께 받아. (4) 하나님의 말씀, 혼, 영, 마음의 생각, 뜻. (5) 모세의 율법, 선지자의 글, 시편. 6. 읽는 자, 듣는 자, 지키는 자.

〈3〉 성경에 대한 상식

(1) 39권, 27권, 66권. (2) 1,189장, 31,373절. 3. 개역한글판, 개역개정판, 표준새번역, 표준새번역개정판, 공동번역, 공동번역개정판, 가톨릭새번역.

Day 01 창세기 1~11장

1. (1) (창 1:1) 뻬레쉬트 빠라하 엘로힘 에트 하솨마임 웨에트 하아레츠(태초에 하나님이 천지를 창조하시니라). (2) (창 1:21) 하나님이 큰 바다 짐승들과 물에서 번성하여 움직이는 모든 생물을 그 종류대로, 날개 있는 모든 새를 그 종류대로 창조하시니 하나님이 보시기에 좋았더라. (3) (창 1:27) 하나님이 자기 형상 곧 하나님의 형상대로 사람을 창조하시되 남자와 여자를 창조하시고. 2. '하나님이 보시기에 좋았더라'인데 여섯째 날은 '하나님이 지으신 그 모든 것을 보시니 보시기에 심히 좋았더라' 하여 '창조 전체에 대한 것'과 '심히'가 강조되었다. 3. (1)–③, (2)–①, (3)–②, (4)–④, (5)–⑥, (6)–⑤. 4. 일곱째 날, 복되게 하사 거룩하게. 5. 땅의 흙, 생기, 생령, 7절. 6. 갈빗대, 22절. 7. (창 2:23) 이는 내 뼈 중의 뼈요 살 중의 살이라 이것을 남자에게서 취하였은즉 여자라 부르리라. 8. (1) 남자가 부모를 떠나 (2) 아내와 합하여 (3) 둘이 한 몸을 이룰지로다. 9. (1) 하나님은 '먹지 말라' 하였으나 하와는 이 말에 '만지지도 말라'를 덧붙이고, '죽으리라' 하였으나 '죽을까 하노라'며 의심하는 말을 함, (2) 하나님 말씀과는 다르게 '죽지 아니하리라'고 거짓말을 했고, '먹는 날에는 눈이 밝아져 하나님과 같이 되어⋯,'라고 거짓말을 함. 10. 무화과, 가죽. 11. (1) 뱀, (2) 여자, (3) 남자. 12. 선악을 아는 일, 생명나무 열매. 13. 아벨, 가인. 14. 가인, 셋. 15. 여호와의 이름을 부름. 16. 하나님과 동행, 데려가시므로. 17. 므두셀라, 969세(년). 18. 백이십(120) 년. 19. (1) 의인, (2) 완전한, (3) 동행, (4) 셈, 함, 야벳. 20. (1) 고페르 나무, (2) 너(노아), 3) 300 규빗, 135m, 50 규빗, 22.5m, 30 규빗, 13.5m. 21. 약 1년. 22. (1) 까마귀, (2) 비둘기, (3) 비둘기, (4) 비둘기. 23. 여호와께 제단을 쌓고 제물을 번제로 드림. 24. 산 동물, 채소, 고기, 피째. 25. 무지개. 26. (1) 우리 이름을 내자, 온 지면에 흩어짐을 면하자, (2) 여호와께서 그들의 언어를 혼잡하게 하심. 27. (1) 아브람(후에 아브라함), (2) 롯.

Day 02 창세기 12~36장

1. (1) 갈대아인의 우르, (2) 하란, (3) 가나안 땅, (4) 세겜 땅 모레, (5) 벧엘 동쪽 산, (6) 애굽, (7) 벧엘(전에 장막 쳤던 곳), (8) 헤브론 마므레. 2. (1) 아브라함(아브람), (2) 롯, (3) 엘리에셀, (4) 이스마엘, (5) 이삭. 3. 고향, 보여줄 땅, 큰 민족, 복, 이름. 4. 북쪽과 남쪽 그리고 동쪽과 서쪽, 네 자손, 영원히. 5. 떡과 포도주, 십분의 일. 6. 이방, 사백 년, 사 대. 7. 하갈, 어디서, 어디로. 8. 남자는 다 할례를 받으라. 9. 모압, 암몬. 10. 이스마엘. 11. 이

삭, 웃게, 웃으리로다. 12. 모리아 땅의 한 산, 여호와 이레(여호와의 산에서 준비되리라). 13. 여호와의 전(솔로몬 성전). 14. 백이십칠(127) 세, (창 23:6) 내 주여 들으소서 당신은 우리 가운데 있는 하나님이 세우신 지도자이시니 우리 묘실 중에서 좋은 것을 택하여 당신의 죽은 자를 장사 하소서 우리 중에서 자기 묘실에 당신의 죽은 자 장사함을 금할 자가 없으리이다. 15. 내 고향 내 족속. 16. 리브가, (1) 보기에 심히 아리땁고 지금까지 남자가 가까이 하지 아니한 처녀, (2) 라반, (3) 브두엘, 17. 에서, 야곱. 18. (창 26:4) 네 자손을~ 하늘의 별과 같이 번성하게 하며 이 모든 땅을 네 자손에게 주리니 네 자손으로 말미암아 천하 만민이 복을 받으리라. 19. 에섹, 싯나, 르호봇, 세바. 20. 형이 받아야 할 장자의 축복을 아버지를 속여 대신 받고 죽이겠다는 형을 피하여 피신. 21. 가나안 사람의 딸들 중에서 아내를 맞이하지 말고, 외삼촌 라반의 딸 중에서 아내를 맞이하라. 22. (1) ~여호와께서 나의 하나님이 되실 것이요, (2) ~하나님의 집이 될 것이요, (3) ~십분의 일을 내가 반드시 하나님께 드리겠나이다. 23. (1) 르우벤, (2) 들으심, (3) 연합함, (4) 찬송함, (5) 억울함을 푸심, (6) 납달리, (7) 복됨, (8) 기쁨, (9) 값, (10) 스불론, (11) 더함, (12) 오른 손의 아들. 24. 이십(20)년, 언약. 25. 이스라엘, 브니엘. 26. ~ 엘벧엘이라 불렀으니 이는 그의 형의 낯을 피할 때에 하나님이 거기서 그에게 나타나셨음이니라. 27. 에돔, 세일산.

Day 03 창세기 37~50장

1. (1) 우리가 밭에서 곡식 단을 묶더니 내 단은 일어서고 당신들의 단은 내 단을 둘러서서 절하더이다. (2) 내가 또 꿈을 꾼즉 해와 달과 열한 별이 내게 절하더이다. 2. 시기, 간직. 3. 르우벤, 유다. 4. 이십, 이스마엘, 친위대장 보디발. 5. 도장, 끈, 지팡이. 6. 그는 나보다 옳도다. 7. 셀라가 장성함을 보았어도 자기를 그의 아내로 주지 아니하였음(셀라도 죽을까 봐 다말에게 주지 않은 잘못). 8. 베레스, 세라, 베레스. 9. 함께, 형통. 10. 가정총무, 동침, 옷, 옥. 11. 술 맡은, 기억하지 못하고, 12. 풍년, 흉년, 인장, 버금. 13. 십칠, 삼십. 14. 곡식, 시므온. 15. (1) 애굽에서 가져온 곡식을 다 먹었다. (2) 지체하지 아니하였더라면 벌써 두 번은 갔다 왔으리라. 16. (1) 예물, (2) 돈, (3) 베냐민. 17. (창 37:7) 우리가 밭에서 곡식 단을 묶더니 내 단은 일어서고 당신들의 단은 내 단을 둘러서서 절하더이다. 18. 다섯, 다섯. 19. 야곱은 네 여인을 통하여 자식을 낳았는데 그 중에 요셉과 베냐민은 제일 사랑하는 라헬을 통하여 낳은 동복형제이다. 20. 유다. 21. (창 45:7~8) 하나님의 섭리이다(하나님이 큰 구원으로 당신들의 생명을 보존하고 당신들의 후손을 세상에 두시려고 나를 당신들 앞서 보내셨나니 그런즉 나를 이리로 보낸 이는 당신들이 아니요 하나님이시라 하나님이 나로 바로에게 아버지로 삼으시며 그 온 집의 주로 삼으시며 애굽 온 땅의 통치자로 삼으셨나이다). 22. 요셉이 자기를 태우려고 보낸 수레. 23. 애굽, 인도하여, 요셉, 눈. 24. 칠십. 25. 백삼십, 험악한. 26. 거주할 곳, 라암셋, 소유. 27. 고센 땅, 십칠, 백사십칠. 28. 에브라임, 므낫세, 열두 지파. 29. 아브라함, 사라, 이삭, 리브가, 레아. 30. 십칠, 백사십칠, 막벨라 밭. 31. 창조, 입관

Day 04 출애굽기 1~24장

1. 모세의 율법. 2. (1) 3장, (2) 12장, (3) 시내산 언약. 3. 66명, 70명. 4. 육십 만(60만). 5. (1) 람세스 2세, (2) 투트메스 3세. 6. 비돔, 라암셋 7. (1) 어려운 노동으로 생활을 어렵게 했다(임신 억제). (2) 산파에게 아들이 태어

나거든 나일 강에 던지라 했다(남아 제한). 8. 레위, 바로의 딸(공주) 9. 미디안 땅. 10. 고통 소리, 언약, 돌보셨고, 기억. 11. (출 3:10) 내(하나님) 백성 이스라엘 자손을 애굽에서 인도하여 내게 하려고. 12. 나는 스스로 있는 자이니라. 13. ④. 14. 아내 십보라. 15. ②. 16. 팔십, 팔십삼. 17. 아론의 지팡이(뱀)가 애굽 요술사들의 지팡이(뱀)를 삼켰다. 18. (1) 피, (2) 개구리, (3) 이, (4) 파리, (5) 돌림병, (6) 악성 종기, (7) 우박, (8) 메뚜기, (9) 흑암, (10) 장자의 죽음. 19. ③. 20. 여호와의 유월절. 21. (1) 라암셋, (2) 숙곳, (3) 에담, (4) 비하히롯, (5) 수르광야, (6) 마라, (7) 엘림, (8) 신광야, (9) 르비딤, (10) 시내광야. 22. (1) 사백 년, (2) 사백삼십 년, (3) 사백 년, (4) 사백삼십 년. 23. 블레셋 사람의 땅의 길, 홍해의 광야 길. 24. 구름 기둥, 불 기둥. 25. ②. 26. 작고 둥글며 서리 같이 가는 것, 깟(식물의 일종)씨 같이 희고 맛은 꿀 섞은 과자 같았다. 27. 아말렉, 14절. 28. 삼 개월이 되던 날, 둘째 해 첫째 달 곧 그 달 초하루(2년 1월 1일), 둘째 해 둘째 달 스무날(2년 2월 20일). 29. 9절, 9~10절. 30. (1) 나 외에는 다른 신들을 네게 두지 말라, (2) 네 하나님 여호와의 이름을 망령되게 부르지 말라, (3) 도둑질하지 말라, (4) 네 이웃의 집을 탐내지 말라. 31. 유월절(무교병의 절기), 맥추절(칠칠절, 초실절, 오순절), 수장절(장막절, 초막절).

Day 05 출애굽기 25~40장

1. 기쁜 마음으로 내는 자가 내게 바치는 것. 2. (1) 휘장, (2) (진설병)상, (3) 증거궤, (4) 분향할 제단, (5) 등잔대, (6) 물두멍, (7) 제단. 3. 속죄소, 증거판. 4. 순금, 진설병. 5. 밑판과 줄기와 잔과 꽃받침과 꽃. 6. 붉은 물들인 숫양의 가죽, 해달의 가죽. 7. 성소와 지성소. 8. 뿔. 9. (1) 백(100), (2) 쉰(50). 10. 감람, 순수한 기름, 등불. 11. 나답, 아비후, 엘르아살, 이다말. 12. 우림, 둠밈. 13. 회막 문. 14. 반 세겔, 회막 봉사. 15. 놋, 수족, 회막, 물, 면할. 16. 증거판 둘. 17. (금)송아지 형상. 18. 애굽 땅에서 인도하여 낸 신. 19. 장신구. 20. 사람이 자기의 친구와 이야기함 같이 여호와께서는 모세와 대면하여 말씀하심. 21. 롬 9:15. 22. 여호와, 네가 들어가는 땅의 주민(이방인). 23. 맥추의 초실절, 수장절. 24. (1) 유다 지파 브살렐, (2) 단 지파 오홀리압. 25. 속죄소. 26. 회막문에서 수종드는 여인들의 거울. 27. 제사장 아론의 아들 이다말. 28. 스물아홉(29) 달란트와 칠백삼십(730) 세겔. 29. 이스라엘 아들들의 이름(열둘). 30. (1) 회막, (2) 증거막, (3) 장막, (4) 법막. 31. 둘째 해 첫째 달 초하루(제2년 1월 1일). 32. 거룩한 옷, 기름, 제사장의 직분. 33. 구름, 불, 온 족속, 눈. 34. 9번, 8번, 합 17번.

Day 06 레위기 1~27장

1. 회막, 모세, 이스라엘 자손. 2. 시내산. 3. (1) 번제, (2) 소제, (3) 화목제, (4) 속죄제, (5) 속건제. 4. 일곱 번 뿌릴, 향단 뿔, 번제단. 5. 오분의 일(20% 추가 보상), 죄, 임자. 6. 아론, 씻기고, 속옷, 띠, 겉옷, 에봇, 흉패, 우림, 둠밈, 관, 금 패. 7. (1) 불이~ 여호와 앞에서 나와 제단 위의 번제물과 기름을 사른지라, (2) 온 백성이~ 이를 보고 소리 지르며 엎드렸더라. 8. 여호와께서 명령하시지 아니하신 다른 불을 담아 여호와 앞에 분향하였다가 죽음. 9. (1) O, (2) X, (3) O, (4) X. 10. 거룩하라. 11. (1) 이레(7일), 33일, (2) 두 이레(14일), 66일. 12. 제사장. 13. (1) 음식의 정결, (2) 산모의 정결, (3) 나병의 진찰, (4) 나병 환자의 정결, (5) 유출병의 정결. 14. 예수님. 15. 둘 다 물로 몸을 씻을 것이며 저녁까지 부정하리라. 16. 속죄. 17. 피

가 죄를 속(贖)하느니라. 18. 애굽 땅, 가나안 땅. 19. 가난한 사람과 거류민. 20. 네 이웃 사랑하기를 네 몸과 같이 하라. 21. 자기 백성(이스라엘) 중 처녀. 22. (1)–②, (2)–③, (3)–④, (4)–①, (5)–⑤, (6)–⑦, (7)–⑧, (8)–⑥. 23. 악한 자를 대적하지 말라 누구든지 네 오른편 뺨을 치거든 왼편도 돌려 대며…. 24. 일곱째, 안식. 25. 안식일, 성소. 26. 처음 난 것. 27. 시내산, 이스라엘 자손, 계명.

Day 07 민수기 1~21장

1. (1) 1차: 1) 둘째 해 둘째 달 첫째 날(제 이년 이월 일일), 2) 시내광야, 3) 싸움에 나갈 만한 모든 자(참고: 여기서의 전쟁은 광야전쟁), 4) 603,550명. (2) 2차: 1) 염병 후에(참고: 광야 생활의 끝인 40년일 것이다), 2) 모압평지, 3) 전쟁에 나갈 만한 모든 자(참고: 여기서의 전쟁은 가나안 정복 전쟁), 4) 601,730명. (1) 에브라임, (2) 므낫세. 3. 증거의 성막과 그 모든 기구와 그 모든 부속품을 관리. 4. 진영의 군기, 가문의 기호, 회막. 5. 회막. 6. (1) 시내 광야에서 여호와 앞에 다른 불을 드리다가 여호와 앞에서 죽어 자식이 없었다. (2) 그의 아버지 아론 앞에서 제사장의 직분을 행하였다. 7. 게르손, 고핫, 므라리. 8. 아론과 그의 아들들. 9. 삼십 세 이상으로 오십 세까지(30~50세). 10. 팔천오백팔십 명 (8,580명). 11. (1) 나병 환자, (2) 유출증이 있는 자, (3) 주검으로 부정하게 된 자. 12. 포도주나 독주, 머리에 삭도를 대는 일, 시체를 가까이 하는 일. 13. ②. 14. 헌물. 15. 첫째 달 열 넷째 날(1월 14일), 둘째 달 열 넷째 날(2월 14일). 16. 낮에는 구름, 밤에는 불 모양. 17. 은나팔 둘. 18. 여호와여 일어나사 주의 대적들을 흩으시고 주를 미워하는 자가 주 앞에서 도망하게 하소서. 19. 1년. 20. 메추라기, 큰 재앙. 21. ②. 22. 나병에 걸렸다. 23. (1) 우리가 올라가서 그 땅을 취하자, 심히 아름다운 땅이다. 여호와는 우리와 함께하신다, (2) 우리는 그 백성을 치지 못하리라. 그들은 우리보다 강하고 정탐한 땅은 거주민을 삼키는 땅이다. 24. (1) 여호수아, 갈렙, 20세 미만 유아, (2) 40년. 25. 이 술은 너희가 보고 여호와의 모든 계명을 기억하여 준행하고 너희를 방종하게 하는 자신의 마음과 눈의 욕심을 따라 음행하지 않게 하기 위함이라. 26. 제사장의 직분. 27. 땅바닥이 갈라져 사람과 모든 재물이 산 채로 빠져 죽었다. 28. 원망하는 말을 그치고 죽지 않게 하려고. 29. 이스라엘의 십일조. 30. 정결하게, 성소. 31. 선지자, 가데스에 장사. 32. 이 회중을 하나님이 그들에게 준 땅(가나안 땅)으로 인도하여 들이지 못한다. 33. 엘르아살. 34. 장대 위에 달린 놋뱀. 35. 십자가 사건.

Day 08 민수기 22~36장

1. 요단 건너편 곧 여리고 맞은편. 2. 모압 왕 발락. 3. (민 22:12) 너는 그들과 함께 가지도 말고 그 백성을 저주하지도 말라 그들은 복을 받은 자들이니라. 4. 하나님의 사자(使者). 5. 내가 당신에게 무엇을 하였기에 나를 이같이 세 번을 때리느냐 6. (1) 바알의 산당, 23:11 – 저주하라고 데려왔거늘 오히려 축복하였다, (2) 비스가 꼭대기, 23:25 – 저주하지도 말고 축복하지도 말라, (3) 브올산 꼭대기, 24:10 – 내 원수를 저주하라는 것이어늘 세 번 그들을 축복하였다. 7. 모압, 에돔, 아말렉, 겐 족속, 앗수르, 에벨. 8. 별, 규. 9. 발람. 10. 이만 사천 명. 11. (1) 제사장 엘르아살의 아들 비느하스, (2) 시므온인의 조상의 가문 중 한 지도자인 시므리, (3) 미디안 백성의 한 조상의 가문의 수령의 딸 고스비, (4) 비느하스가 하나님의 질투심

으로 질투하여 노를 그치게 하여 이스라엘의 소멸을 막았다 (해설: 하나님은 자기백성을 사랑하므로 다른 신 섬김을 질투하는데, 비느하스의 행위는 하나님을 대신하여 심판하므로 하나님의 진노를 막았다는 뜻이다). 12. 불의의 삯, 어그러진 길. 13. 37,100명이 감소함(59,300 → 22,200), 바알브올에서의 음행으로 죽임을 당한 일. 14. 20세 이상. 15. 1,820명 감소함(603,550 → 601,730). 16. 딸 – 형제 – 아버지의 형제 – 가까운 친족(해설: 죽은 자를 기준으로 보아야 한다. 즉 '형제'는 죽은 자의 형제, '아버지의 형제'는 딸의 아버지가 아니라 죽은 자의 아버지의 형제이다). 17. 신광야 가데스에서 여호와의 거룩함을 이스라엘의 목전에 나타내지 않았기 때문이다. 18. 여호수아. 19. 처음 익은 열매를 드리는 날. 20. 서원, 서약, 이행. 21. 이스라엘을 유혹하여 범죄하게 하였고, 그 결과 염병으로 많은 사람이 죽게 되었으므로. 22. 발람. 23. (1) 르우벤, (2) 갓, (3) 므낫세 반. 24. (1) X, (2) O, (3) X. 25. 첫째 달 열다섯째 날(1월 15일), 라암셋. 26. 4절, 여호와께서 그들의 신들에게도 벌을 주셨더라. 27. 사십년 째 오월 초하루(40년 5월 1일), 123세. 28. (1) 다 몰아내고, (2) 다 깨뜨리고, (3) 다 헐고, (4) 점령하여 거기 거주하라. 29. 가나안, 기업. 30. 엘르아살, 여호수아. 31. 여섯 성읍, 사십이 성읍. 32. 부지중에 살인한 자가 그리로 피하게 하여 보호하였다. 33. 증인들, 한 증인. 34. 모압평지.

Day 09 신명기 | 1~17장

1. 모세, 아라바, 이스라엘, 마흔째 해 열한째 달 첫째 날(제40년 11월 1일). 2. 모압. 3. 천부장과 백부장과 오십부장과 십부장과 조장을 삼게 했다. 4. (1) 갈렙, 순종, (2) 여호수아, 담대하게. 5. 하나님께서 세일 산을 에서에게 기업으로 주었으므로. 6. 롯 자손에게 기업으로 주었으므로. 7. (1) 헤스본 왕 시혼, (2) 바산 왕 옥. 8. (1) 르우벤, (2) 갓, (3) 므낫세 반. 9. 요단을 건너지 못한다고 하셨다(27절). 10. (신 4:8) 오늘 내가 너희에게~ 선포하는 이 율법과 같이 그 규례와 법도가 공의로운 큰 나라가 어디 있느냐? 11. 소멸, 질투. 12. 시내산, 언약(나는 너희 하나님이요 너희는 내 백성이라). 13. 오늘 여기 살아 있는 우리. 14. (1) 하나님 여호와의 이름을 망령되이 일컫지 말라, (2) 네 부모를 공경하라, (3) 도둑질하지 말지니라, (4) 네 이웃의 집을 탐내지 말지니라. 15. (신 6:4~5) 이스라엘아 들으라 우리 하나님 여호와는 오직 유일한 여호와이시니 너는 마음을 다하고 뜻을 다하고 힘을 다하여 네 하나님 여호와를 사랑하라. 16. 37절, 27절. 17. (1) 사랑하심, (2) 맹세를 지키려 하심. 18. (1) 신 8:3, (2) 신 6:16, (3) 신 6:13. 19. 사십 년 동안에 네 의복이 해어지지 아니하였고 네 발이 부르트지 아니하였다. 20. 십계명(언약의 두 돌판). 21. 모세라, 아론, 엘르아살, 제사장. 22. (1) 네 하나님 여호와께서 너를 인도하여 내실 때에 네가 본 큰 시험과 이적과 기사와 강한 손과 편 팔을 기억하라, (2) 하나님 여호와께서 이 사십 년 동안에 네게 광야의 길을 걷게 하신 것을 기억하라. (3) 광야에서 네 하나님 여호와를 격노하게 하던 일을 잊지 말고 기억하라, (4) 기억할 것은 여호와께서 행하신 이 모든 큰 일. 23. 연초부터 연말까지 네 하나님 여호와의 눈이 항상 그 위에 있는 땅. 24. 그리심, 에발. 25. 하나님 여호와께서 자기의 이름을 두시려고 택하신 곳. 26. 선지자, 꿈 꾸는 자, 다른 신, 선지자, 꿈 꾸는 자. 27. 지느러미와 비늘 있는 모든 것. 28. 자유. 29. 유월절 제사(예식). 30. 무교절, 칠칠절, 초막절. 31. (1) 병마(兵馬), (2) 아내, (3) 은금. 32. 율법서.

Day 10 신명기 | 18~34장

1. 레위 사람 제사장과 레위의 온 지파. 2. 거짓 선지자. 3. 살인자(본래 원한이 없이 부지중에 그의 이웃을 죽인 일이 있는 자). 4. 두 증인의 입으로 나 또는 세 증인의 입으로. 5. 말과 병거와 백성. 6. ①, ②, ④. 7. 13절. 8. 없다. 9. 두 몫. 10. 자리옷(신혼방의 피 묻은 시트), 은 일백 세겔. 11. 서원, 더디하지. 12. 그릇, 낫. 13. (1) 객, (2) 고아, (3) 과부. 14. 다말, 보아스. 15. 아말렉, 사울. 16. 강한 손과 편 팔과 큰 위엄과 이적과 기사로. 17. (1) 비, (2) 단, (3) 단, (4) 비, (5) 단, (6) 비, 단. 18. 아멘. 19. 청종, 복, 순종하지, 저주. 20. 모압 땅. 21. 너를 세워 자기 백성을 삼으시고 그는 친히 네 하나님이 되시려 함이니라. 22. (1) 하나님 여호와를 떠나서~ 그 모든 민족의 신들에게 가서 섬길까 염려, (2) 저주의 말을 듣고도~ 내게는 평안이 있으리라 할까 염려. 23. 생명과 사망과 복과 저주, 생명, 사랑, 청종. 24. 모세, 제사장들과 이스라엘 모든 장로에게. 25. 언약궤 곁에, 초막절(매 칠년 끝 해 곧 면제년). 26. 비, 이슬, 가는 비, 단비. 27. (1) 보호, 눈동자, (2) 독수리. 28. 여수룬. 29. (1) 레위, (2) 베냐민, (3) 잇사갈. 30. 모압, 느보, 백이십. 31. 여호수아, 지혜의 영, 순종.

Day 11 여호수아

1. 모세, 호세아. 2. 광야와 레바논에서부터 유브라데 강까지, 헷 족속의 온 땅과 또 해 지는 쪽 대해까지. 3. 강하고 담대하라. 4. 라합, 붉은. 5. 가나안 족속, 헷 족속, 히위 족속, 브리스 족속, 기르가스 족속, 아모리 족속, 여부스 족속. 6. 제사장, 언약궤. 7. 땅의 모든 백성에게~ 여호와의 손이 강하신 것을 알게 하며 너희가 너희의 하나님 여호와를 항상 경외하게 하려 하심이라 8. (1) 할례, (2) 유월절. 9. 한, 일곱. 10. 맏아들 아비람, 막내아들 스굽. 11. 이스라엘(아간)이 범죄하여 하나님의 언약을 어기고 바친 물건을 취하고 도둑질하며 속였다. 12. 삼천 명, 삼만 명. 13. 축복과 저주하는 율법의 모든 말씀. 14. 어떻게 할지를 여호와께 묻지 아니하였다. 15. 예루살렘, 헤브론, 야르뭇, 라기스, 에글론. 16. (1) 큰 우박 덩이를 내리심, (2) 태양이 중천에 머물러서 속히 내려가지 아니하였다. 17. (수 10:42) 이스라엘의 하나님 여호와께서 이스라엘을 위하여 싸우셨으므로 여호수아가 이 모든 왕들과 그들의 땅을 단번에 빼앗으니라. 18. 하솔, 야빈 왕. 19. 서른한 왕(31왕). 20. 르우벤, 갓, 므낫세 반. 21. 제사장 엘르아살, 눈의 아들 여호수아, 이스라엘 자손 지파의 족장들. 22. 이스라엘의 하나님 여호와를 온전히 좇았음이라. 23. 밭을 구하자, 샘물. 24. 가나안 족속. 25. 가나안 족속이 철병거를 가지고 있으므로. 26. (1) 유다, (2) 에브라임, (3) 므낫세. 27. 실로. 28. 일곱 지파, 일곱, 제비. 29. (1) 베냐민, (2) 시므온, (3) 스불론, (4) 잇사갈, (5) 아셀, (6) 납달리, (7) 단, (8) 게데스, 세겜, 기랏 아르바(헤브론), 베셀, 길르앗 라못, 바산 골란. 30. 마흔여덟 성읍과 그 목초지. 31. 분깃의 증거를 위한 제단. 32. 섬길 자, 여호와. 33. 세겜, 언약. 34. 백십세, 딤낫 세라(삿 2:9에서는 딤낫 헤레스). 35. (1) 애굽, (2) 모세, (3) 세겜.

Day 12 사사기, 룻기

1. (1) 옷니엘, (2) 에훗, (3) 삼갈, (4) 드보라, (5) 기드온, (6) 돌라, (7) 야일, (8) 입다, (9) 입산, (10) 엘론, (11) 압돈, (12) 삼손. 2. 여호와를 알지 못하며 여호와께서 이스라엘을 위하여 행하신 일도 알지 못하였다. 3. 사사를 세우사 노략하는 자의 손에서 그들(이스라엘)을 구원하게 하셨다. 4. 옷니

엘. 5. 에훗. 6. 삼갈. 7. 드보라. 8. 적의 군대장관 시스라의 관자놀이에 말뚝을 박아 죽임. 9. 여호와의 사자를 대면하여 보았음에도 죽지 아니하였으므로. 10. 삼백 명, 나팔, 빈항아리, 횃불. 11. 아비멜렉, 칠십, 요담. 12. 가시나무, 맷돌 위짝. 13. 야일. 14. 입다. 15. 서원한 대로(번제로 드리겠다) 딸에게 행하였다.(이 부분에 대한 해석 중에 실제 번제로 드려 죽임이 아니라 처녀로 있으므로 자식이 없기에 죽음과 같았다는 해석도 있다). 16. (1) 사라, (2) 엘리사벳, (3) 마리아. 17. 여호와의 영이 임하였을 때(신약적으로 말하면 성령충만 할 때). 18. (1) 마르지 아니한 새 활줄 일곱으로 결박하면, (2) 쓰지 아니한 새 밧줄들로 결박하면, (3) 머리 털 일곱 가닥을 베틀의 날실에 섞어 짜면, (4) 내 머리가 밀리면 내 힘이 내게서 떠나고 약하여져서… . 19. 블레셋 사람과 함께 죽기를 원하노라. 20. 정당하지 못하다, 개인(미가)이 신상을 만들고 제사장을 고용하는 것 자체가 율법에 어긋나다. 21. 없었다. 22. 레위인의 첩이 베냐민 사람들에게 윤간을 당하고 죽자 시체를 12 덩이로 나누고 각 지파에게 보내므로 악행을 한 베냐민과 전쟁을 하였다. 23. (1) 야베스 길르앗 주민을 죽이고 처녀 사백 명을 데려옴, (2) 실로의 여자들이 춤을 추러 나왔을 때에 그들을 붙잡아 감. 24. (1) 사사들이 치리하던 때, (2) 유다 베들레헴, (3) 모압 지방, (4) 엘리멜렉, (5) 말론, 기룐, (6) 오르바, 룻. 25. 여호와께서 자기 백성을 돌보시사 그들에게 양식을 주셨다 함을 듣고. 26. 1:16∼17. 27. 마라, 쓰다(괴로움). 28. 이스라엘, 날개, 상, 보아스 → 룻에게. 29. 복 받기, 기업을 무를 자, 나오미 → 룻에게. 30. 룻의 친척으로 기업을 무를 자이기 때문. 31. 교재 해설 참조. 32. (1) 네 생명의 회복자, (2) 네 노년의 봉양자, (3) 일곱 아들보다 귀한 네 며느리가 낳은 자. 33. 헤스론, 암미나답, 보아스, 이새, [라합], {룻}.

Day 13 사무엘상

1. 한나. 2. 나실인. 3. 사무엘, 하나님께. 4. 한나, 미리암, 마리아의 찬양. 5. 여호와의 제사를 멸시함. 6. 세 아들과 두 딸(참고: 2:5의 '일곱 아들'은 관용어법). 7. 네 아들. 8. 내(하나님) 마음 내(하나님) 뜻대로 행할 것이라. 9. 말씀하옵소서 주의 종이 듣겠나이다. 10. 하나님의 궤는 빼앗겼고 엘리의 두 아들 홉니와 비느하스는 죽임을 당하였다. 11. 영광이 이스라엘에서 떠났다. 12. 이스라엘(에벤에셀) – 아스돗 – 가드 – 에그론 – 벧세메스 – 기럇여아림. 13. 여호와께서 여기까지 우리를 도우셨다. 14. 벧엘, 길갈, 미스바, 라마로 돌아옴. 15. 당신은 늙었다. 아들들은 당신의 행위를 따르지 않는다. 모든 나라와 같이 왕을 세워 우리를 다스리게 하소서. 16. 사울, 기름. 17. 이 날에는 사람을 죽이지 못하리니 여호와께서 오늘 이스라엘 중에 구원을 베푸셨음이니라. 18. 기도하기를 쉬는 죄. 19. 왕으로서 제사장만이 할 수 있는 번제 드리는 일을 주도함(제사장권 침해). 20. 블레셋 사람들이 각각 칼로 자기의 동무들을 침. 21. 모두 진멸하라 했으나 양과 소의 가장 좋은 것을 남겨둠. 22. 그의 용모와 키를 보지 말라. 23. 빛이 붉고 눈이 빼어나고 얼굴이 아름답더라. 24. 다윗이 수금을 들고 와서 손으로 탄주(연주). 25. 너는 칼과 창과 단창으로 내게 나아오거니와 나는 만군의 여호와의 이름 곧 네가 모욕하는 이스라엘 군대의 하나님의 이름으로 네게 나아가노라. 26. 사울이 죽인 자는 천천이요 다윗은 만만이로다. 27. (1) 여호와께서 사울을 떠나 다윗과 함께 계시므로, (2) 다윗이 크게 지혜롭게 행함을 보고, (3) 사울의 딸 미갈도 다윗을 사랑하므로. 28. 단창으로 다윗을 벽에 박으려 하였으므로. 29. 나와 죽음의 사이는 한 걸음 뿐이니라. 30. 요나단이 자기 생명을 사랑함 같이 다윗을 사랑하였다. 31. 안

식일 논쟁. 32. 환난 당한 모든 자와 빚진 모든 자와 마음이 원통한 자. 33. 여호와의 기름부음을 받은 내 주를 치는 것은 여호와께서 금하시는 것이므로. 34. 반드시 왕이 될 것. 35. 네 지혜를 칭찬할지며 또 네게 복이 있을지로다. 오늘 내가 피를 흘릴 것과 친히 복수하는 것을 네가 막았느니라. 36. 미갈, 아비가일, 아히노암, 마아가, 학깃, 아비달, 에글라, 밧세바(참고: 당시의 왕으로서 이 외에도 더 있을 수 있다. 대상 3:1∼9). 37. 창과 물병. 38. 시글락. 39. 신접한 자와 박수를 그 땅에서 쫓아내었더라. 40. 엔돌에 신접한 여인. 41. 하나님의 전령같이 선한 것을 내가 안다. 42. 여호와께서 주신 것이므로. 43. 요나단, 아비나답, 말기수아.

Day 14 사무엘하

1. (1) 왕으로 예선, (2) 유다 족속의 지지, (3) 온 이스라엘과 유다의 지지. 2. 사울, 요나단, 야살의 책. 3. 사울과 요나단이 생전에 사랑스럽고 아름다운 자이러니 죽을 때에도 서로 떠나지 아니하였도다. 4. 이스보셋, 2년. 5. 다윗은 점점 강하여가고 사울의 집은 점점 약하여 가니라. 6. 통가. 7. 요압. 8. (1) 7년 6개월, 유다, (2) 33년, 온 이스라엘과 유다. 9. 시온 산성, 다윗 성. 10. 웃사, 오벧에돔, 복. 11. 수레, (아께에)에 메었다. 12. 미갈, 자식. 13. (1) 내(여호와) 이름을 위하여 집(성전)을 건축한다, (2) 그의 나라 왕위를 견고하게 한다. 14. 아람, 모압, 암몬, 블레셋, 아말렉, 소바. 15. 므비보셋, 다섯 살 때 사울과 요나단의 죽음 소식을 듣고 유모가 안고 도망하다가 아이가 떨어져(떨어뜨려) 절게 되었다. 16. 다윗의 신하들을 잡아 수염 절반을 깎고 의복의 중동볼기까지 잘랐다. 17. (1) 남편 우리아를 집에서 자라(임신)고 함(집에서 자지 않아서 실패), (2) 전쟁터에서 앞세게 하고 아군은 뒤로 빠져 죽게 함. 18. (1) 6째: 살인하지 말지니라, (2) 7째: 간음하지 말지니라, (3) 10째: 네 이웃의 집(아내)를 탐내지 말지니라. 19. 다윗, 우리아, 밧세바. 20. 솔로몬, 여디디야. 21. 암논. 22. 압살롬. 23. 삼년, 이태(2년). 24. 이스라엘 사람의 마음. 25. 감람 산 길로 머리를 가리고 맨발로 울며 올라갔다. 26. 시바(므비보셋의 종), 시므이. 27. 후새. 28. 요압. 29. 내 아들 압살롬아 내 아들 내 아들 압살롬아 차라리 내가 너를 대신하여 죽었더면, 압살롬 내 아들아 내 아들아. 30. 아마사, 시바, 김함. 31. 아마사, 배, 온 군대의 지휘관. 32. 여호수아가 곧 그들과 화친하여 그들을 살리리라는 조약을 맺었었다. 33. 반석, 요새, 건지시는 자, 반석의 하나님, 피할 바위, 방패, 구원의 뿔, 높은 망대, 피난처, 구원자. 34. 베들레헴, 생명, 피. 35. 사흘 동안의 전염병.

Day 15 역대상 1∼29장

1. 아담. 2. 이삭, 에서와 이스라엘(야곱). 3. 르우벤, 시므온, 레위, 유다, 잇사갈, 스불론, 단, 요셉, 베냐민, 납달리, 갓, 아셀. 4. 다말, 베레스와 세라. 5. 다윗. 6. 헤브론, 예루살렘. 7. 야베스. 8. (1) 5장, (2) 6장, (3) 8장, (4) 4장, (5) 7장. 9. (1) 지파: 베냐민, (2) 아들: 요나단, 말기수아, 아비나답, 에스바알. 10. 제사장들과 레위 사람들과 느디님 사람들. 11. (1) 여호와의 말씀을 지키지 않고, (2) 신접한 자에게 가르치기를 청하며, (3) 여호와께 묻지 않았다. 12. 요압. 13. 나라, 왕. 14. 활을 가지며 좌우 손을 놀려 물매도 던지며 화살도 쏘는 자. 15. 밀가루 과자와 무화과 과자와 건포도와 포도주와 기름이요 소와 양도 많이 가져왔다. 16. 처음에는 궤를 수레에 실었는데, 율법에는 채에 꿰어 어깨에 메게 하였다. 17. 오벧에돔의 집과 그의 모

든 소유에 복을 내리셨다. 18. (대상 15:28) 이스라엘 무리는 크게 부르며~ 뿔나팔과 나팔을 불며 제금을 치며 비파와 수금을 힘 있게 타며 여호와의 언약궤를 메어 올렸더라. 19. 여호와의 궤 앞에서 섬기며 이스라엘 하나님 여호와를 칭송하고 감사하며 찬양하게 하였다. 20. 합당한 영광, 제물, 아름답고 거룩한 것. 21. 나팔과 제금들과 하나님을 찬송하는 악기로 소리를 크게 내게 하였다. 22. 나는 백향목 궁에 거주하거늘 여호와의 언약궤는 휘장 아래에 있도다. 23. 내가 네 뒤에 네 씨 곧 네 아들 중 하나를 세우고 그 나라를 견고하게 하리니 그는 나를 위하여 집을 건축할 것이요 나는 그의 왕위를 영원히 견고하게 하리라. 24. 다윗이 어디로 가든지 여호와께서 이기게 하셨다. 25. 사독, 아비멜렉. 26. 요압. 27. 자기 머리에 썼다 (금 한 달란트의 왕관) 28. 칠만 명. 29. 오르난의 타작마당, 번제와 화목제. 30. 너는 피를 심히 많이 흘렸고 크게 전쟁하였느니라 네가 내 앞에서 땅에 피를 많이 흘렸은즉 내 이름을 위하여 성전을 건축하지 못하리라. 31. (대상 22:16) 금과 은과 놋과 철이~ 무수하니 너는 일어나 일하라 여호와께서 너와 함께 계실지로다. 32. 게르손, 그핫, 므라리. 33. 율법(모세)에는 30세 이상으로 성전 봉사를 하게 했다(참고: 다윗은 20세 이상으로 했는데, 아마 수습 기간을 포함한 나이일 수도 있다). 34. 사독, 아히멜렉 (이 두 그룹이 후대에는 경쟁관계로 되어 다윗의 후임 왕을 세울 때에 갈라진다). 35. 수금과 비파와 제금을 잡아 신령한 노래를 하게 하였다. 36. 하나님의 전 곳간과 성물 곳간을 맡았다. 37. 조사하기를 시작하고 끝내지도 못해서 그 일로 말미암아 진노가 이스라엘에 임했다. 38. 아들 솔로몬. 39. 여호와의 손. 40. 여호와 하나님을 위한 것. 41. 주의 손에서 받은 것. 42. 선견자 사무엘의 글과 선지자 나단의 글과 선견자 갓의 글.

Day 16 왕상 1~11장, 대하 1~9장

1. (왕상 1:1) 다윗 왕이 나이가 많아 늙으니~ 이불을 덮어도 따뜻하지 아니한지라. 2. 요압(군 사령관), 아비아달(제사장). 3. 네(밧세바) 아들 솔로몬. 4. (1) 제사장 – 사독, (2) 선지자 – 나단, (3) 군부 – 브나야. 5. 일어나 나가 제단 뿔을 잡았다(2:28, 출 21:13~14 참고) 6. 요압, 시므이(참고: 그의 백발이 평안히 스올에 내려가지 못하게 하라). 7. 수넴 여자 아비삭을 내게 주어 아내를 삼게 하소서(다윗 왕의 품에 있던 여자로서 왕의 여자를 얻으면 왕위를 얻는 것으로 여기므로 솔로몬이 분노함). 8. (1) 죽임을 당함, (2) 고향으로 쫓겨남, (3) 죽임을 당함. 9. (1) 지혜롭고 총명한 마음, (2) 부귀와 영광. 10. 삼천 가지, 천다섯 편. 11. 백향목 재목, 잣나무 재목. 12. 이스라엘 자손이 애굽 땅에서 나온 지 사백팔십 년이요 솔로몬이 이스라엘 왕이 된 지 사 년 시브월(2월)에 시작하여 열한 째해 불월(8월)에 마침(칠년 동안 성전을 건축). 13. 길이가 육십 규빗이요 너비가 이십 규빗이요 높이가 삼십 규빗. 14. 야긴, 보아스. 15. 성전의 내소인 지성소 그룹들의 날개 아래에. 16. 22~53절. 17. 갈릴리 땅의 성읍 스무 곳. 18. 솔로몬 왕이 왕의 규례대로 스바 여왕에게 물건을 준 것 외에 또 그의 소원대로 구하는 것을 주었다(해설: '소원대로 구하는 것'은 솔로몬의 씨를 받아서 에디오피아의 왕족이 되었다는 성경 밖의 전승이 있다). 19. 금, 은, 상아, 원숭이, 공작. 20. 헷 왕과 아람 왕. 21. 칠백 명, 삼백 명, 마음. 22. 아스다롯, 밀곰, 그모스, 몰록. 23. (1) 하닷, (2) 르손, (3) 여로보암. 24. 내 종 다윗을 위하여. 25. 하나님의 회막. 26. 천 마리 희생으로 번제. 27. 지혜, 지식, 부, 재물, 영광. 28. 크고 화려할 것이다. 29. 레바논에서 벌목하여 떼를 엮어 바다에 띄워 욥바로 보내고 재목들을 예루살렘으로 올린다. 30. 예루살렘 모리아

산, 그 곳은 전에 여호와께서 솔로몬의 아버지 다윗에게 나타나신 곳이요 여부스 사람 오르난의 타작마당에 다윗이 정한 곳. 31. 두 그룹의 형상을 새겨 만들었다. 32. 물두멍: 번제에 속한 물건을 씻기 위한 것, 바다: 제사장들 씻기 위한 것. 33. 두 돌판(십계명 돌판). 34. 만나를 담은 금항아리, 아론의 싹난 지팡이, 언약의 돌판들. 35. 구름, 여호와의 영광. 36. '이 마음이 네게 있는 것이 좋도다' 하며 칭찬. 37. 무릎을 꿇고 하늘을 향하여 손을 펴고 기도했다. 38. (대하 6:41) 여호와 하나님이여 일어나 들어가사 주의 능력의 궤와 함께 주의 평안한 처소에 계시옵소서 여호와 하나님이여 원하옵건대 주의 제사장들에게 구원을 입게 하시고 또 주의 성도들에게 은혜를 기뻐하게 하옵소서. 39. (대하 7:14) 내 이름으로 일컫는 내 백성이 그들의 악한 길에서 떠나 스스로 낮추고 기도하여 내 얼굴을 찾으면 내가 하늘에서 듣고 그들의 죄를 사하고 그들의 땅을 고칠지라. 40. 안식일, 초하루, 정한 절기(무교절, 칠칠절, 초막절). 41. 항상 솔로몬 앞에 서서 솔로몬의 지혜를 들음이다. 42. 그의 소원대로 구하는 것 모두.

Day 17 열왕기상 12~22장

1. 르호보암. 2. 여로보암, 가볍게. 3. 금송아지, 벧엘, 단, 제사장. 4. 이루어졌다. 5. 누구든지 자원하면 제사장을 삼음. 6. 변장, 아내임, 실로. 7. 이스라엘, 범죄. 8. 시삭, 예루살렘. 9. O. 10. X. 11. O. 12. X. 13. (1) 바아사(3대), (2) 엘라(4대), (3) 시므리(5대), (4) 오므리(6대), (5) 아합(7대). 14. 26절. 15. (1)–2)–①, (2)–1)–③, (3)–3)–②. 16. 삼년, 사마리아. 17. 선지자, 일백 명, 떡과 물. 18. 450, 400, 갈멜. 19. 여호와, 바알. 20. 여호와여 넉넉하오니 지금 내 생명을 거두시옵소서. 나는 내 조상들보다 낫지 못하니이다. 21. (1) 하사엘 – 아람 왕, (2) 예후 – 이스라엘 왕, (3) 엘리사 – 선지자. 22. 한 겨릿소를 가져다가 잡고 소의 기구를 불살라 그 고기를 삶아 백성에게 주어 먹게 하고 일어나 엘리야를 따르며 수종 들었더라. 23. (1) 장로와 백성들, (2) 이스라엘왕(아합), (3) 벤하닷. 24. (1) 그보다 더 아름다운 포도원을 네게 줄 것이요. (2) 네가 좋게 여기면 그 값을 돈으로 네게 주리라. 25. 내 조상의 유산을 왕에게 주기를 여호와께서 금하실지로다. 26. 아합이 하나님 앞에서 겸비하므로 재앙을 저의 시대에는 내리지 아니한다. 27. (1) O, (2) O, (3) X (20년 → 2년).

Day 18 열왕기하 1~25장

1. 병들었을 때 에그론의 신 바알세붑에게 이 병이 낫겠나 물으므로 2. ① 북이스라엘, ② 남유다. 3. 길갈 – 벧엘 – 여리고 – 요단 4. 성령이 하시는 역사가 갑절. 5. 불수레와 불말, 회오리 바람, 하늘. 6. 여호람. 7. 내게로 거문고 탈 자를 불러 오소서. 8. (1)③, (2)①, (3)⑤, (4)②, (5)④. 9. 하나님의 사람(엘리사)의 말씀대로 요단 강에 일곱 번 몸을 잠그니 깨끗하게 되었다. 10. 그가 보니 불말과 불병거가 산에 가득하여 엘리사를 둘렀더라. 11. 이불을 물에 적시어 왕의 얼굴에 덮으매 왕이 죽은지라. 12. 다윗과 그 자손에게 항상 등불을 주겠다고 말씀하셨음(참고: 삼하 7:13, 나는 그 나라 위를 영원히 견고하게 하리라). 13. 에돔, 립나. 14. 아합의 집. 15. 엘리야. 16. 아합, 아하시야, 금송아지를 섬기는 죄. 17. 요아스, 여호야다, 왕관, 율법책. 18. 성물과 여호와의 성전 곳간과 왕궁에 있는 금. 19. 아람 왕 하사엘의 손과 그의 아들 벤하닷의 손. 20. 요아스. 21. 아마샤, 모세의 율법. 22. 요나, 여로보암. 23. 나병환자, 요담. 24. 불, 므나헴, 도와주게. 25.

앗수르 왕 디글랏 빌레셀. 26. 호세아. 27. 제9년, 사마리아. 28. 북국 이스라엘. 29. 히스기야. 30. 15년. 31. 므낫세. 32. 율법책, 요시야. 33. (1) 바알과 아세라와 하늘의 일월 성신을 위하여 만든 모든 그릇들, (2) 아세라 상, (3) 남창의 집. 34. 유월절. 35. 느부갓네살. 36. 바벨론으로 사로 잡아갔다. 37. 시드기야의 아들들을 그의 눈앞에서 죽이고 시드기야의 두 눈을 빼고 놋 사슬로 결박하여 바벨론으로 끌고 갔더라. 38. 여호와의 성전과 왕궁을 사르고 예루살렘의 모든 집을 귀인의 집까지 불살랐다. 39. 에윌므로닥.

을 들고(여호와를 찬송), (2) 제금을 들고 여호와를 찬송, (3) 여호와를 찬송, (4) 대성통곡. 9. 약하게, 방해, 고레스, 다리오, 뇌물. 10. (1)-③, (2)-④, (3)-②, (4)-①. 11. 고레스. 12. 학개, 스가랴. 13. 다리오 왕 제육년 아달월 삼일(주전 516 5년). 14. 스룹바벨 성전, 제2성전. 15. 유월절. 16. 아론, 학자 겸 제사장 17. 4개월 18. 궁중창고. 19. 여호와의 성전을 아름답게 할 뜻. 20. ②. 21. (1) O, (2) O, (3) X. 22. 머리털, 수염. 23. 6~15절. 24. 여자, 딸, 아들. 25. 에스라. 26. 유다와 베냐민 모든 사람들. 27. 요나단, 야스야. 28. 속건제.

Day 19 역대하 10~36장

1. 왕은 이제 왕의 아버지께서 우리에게 시킨 고역과 메운 무거운 멍에를 가볍게 하소서. 2. 원로들이 가르치는 것을 버리고 자기와 함께 자라난 젊은 신하들과 의논하였다. 3. 유다, 베냐민. 4. 여로보암. 5. 르호보암이 스스로 겸비하였고 유다에 선한 일도 있으므로. 6. 유다: 아론 자손으로 제사장을 삼음, 이스라엘: 이방 백성의 풍속을 좇아 제사장을 삼음. 7. 다윗성. 8. 나라가 여호와 앞에서 평안함을 누림. 9. 하나님 여호와께서 그와 함께하심을 보고 아사에게로 돌아오는 자가 많았다. 10. 왕이 아람 왕을 의지하고 왕의 하나님 여호와를 의지하지 아니하였으므로 아람 왕의 군대가 왕의 손에서 벗어났나이다. 11. 여호와의 율법책. 12. 맹세하노니 내 하나님께서~ 말씀하시는 것 곧 그것을 내가 말하리라. 13. 미가야. 14. 여호와, 견고히, 선지자, 형통. 15. 이전에 다윗과 더불어 언약을 세우고 또 다윗과 그의 자손에게 항상 등불을 주겠다고 말씀하셨음이더라. 16. 선지자 엘리야가 여호람 왕에게, 2년. 17. 그의 어머니(아달랴)가 꾀어. 18. 아달랴 유다 왕국의 씨를 진멸할 때에 왕자 요아스를 살림. 19. 요아스. 20. 악한 여인 아달랴의 아들들이 하나님의 전을 파괴하고 또 여호와의 전의 모든 성물들을 바알들을 위하여 사용하였으므로. 21. 스가랴. 22. 하나님이 왕을 멸하시기로 작정하셨다. 23. 웃시야. 24. (1) 나병, (2) 여호와의 전, (3) 별궁, (4) 조상(해설: 왕들의 묘에 장사되지 못하는 불명예). 25. 이스라엘과 유다 열왕기. 26. 레위 사람들. 27. (1) 2월에 지켰다(원래는 1월 14인데, 특별한 경우 2월 14에도 지킴), (2) 자기들을 깨끗하게 하지 아니하고 유월절 양을 먹어 기록된 규례를 어긴지라(그럼에도 다 용납함). 28. (1) 제사장들보다 성심이 있었다. (2) 제물의 피를 준비했다. (3) 유월절 양을 잡았다. (4) 여호와를 섬기는 일에 능숙했다. (5) 백성을 위하여 축복했다(해설: 역대기에서 레위인은 제사장 못지않은 역할을 하므로 '역대기적 역사서'가 기록되던 바벨론 포로 후기의 시대적 배경으로 이해할 수 있다). 29. 십일조, 복. 30. 이사야, 하늘을 향하여 부르짖어 기도하였다. 31. 히스기야의 지하수로. 32. 여호와께서 하나님이신 줄을 알았다. 33. 모세가 전한 여호와의 율법책. 34. 제사장들과 레위 사람들과 모인 온 유다와 이스라엘 무리와 예루살렘 주민. 35. 여호아하스, 여호야김(엘리야김), 여호야긴, 시드기야. 36. (1) 겸손, (2) 범죄, (3) 말씀 37. 바벨론, 노예, 바사국.

Day 20 에스라

1. ①, ②, ③. 2. ①, ③, ④. 3. 587년, 538년. 4. 부정하게 여겨 제사장의 직분을 행하지 못하게 했다. 5. (1) 42,360명, (2) 200명, (3) 61,000다릭, (4) 5,000마네. 6. 예수아, 스룹바벨. 7. 예루살렘에 있는 하나님의 성전에 이른지 이 년 둘째 달, 이십 세 이상의 레위 사람들. 8. (1) 예복을 입고 나팔

Day 21 느헤미야, 에스더

1. 아닥사스다 왕, 왕의 술 관원. 2. 앉아서 울고 수일 동안 슬퍼하며 하늘의 하나님 앞에 금식하며 기도하였다. 3. 성벽, 느헤미야. 4. 산발랏, 도비야, 게셈. 5. (1) 1절 – 양문, 함메아 망대, 하나넬 망대, (2) 3절 – 어문, (3) 6절 – 옛문, (4) 11절 – 화덕 망대, (5) 13절 – 골짜기문, (6) 14절 – 분문, (7) 15절 – 샘문, (8) 25절 – 내민 망대, (9) 26절 – 수문, (10) 28절 – 마문. 6. 암몬 사람 도비야. 7. 십이 년. 8. 느헤미야를 해하고자 함이었더라. 9. 오십이 일(52일), 엘룰월 이십오일. 10. 온 회중의 합계는 사만 이천삼백 육십(42,360) 명. 11. 모세의 율법책. 12. 울었다, 초막절. 13. 이방 사람들과 절교하고 서서 자기의 죄와 조상들의 허물을 자복했다. 14. 백성의 지도자들, 제비 뽑아 십분의 일, 자원하는 자(해설: 당시에 예루살렘이 황폐해서 살기가 어려웠을 것으로 추측된다). 15. 제사장들과 레위 사람들. 16. 제금, 비파, 수금. 17. 율법에 정한 대로 거제물과 처음 익은 것과 십일조. 18. (1) 14절, (2) 22절, (3) 29~31절. 19. 삼 년, 백팔십 일. 20. 와스디, 아리따움. 21. 전에 바벨론 왕 느부갓네살이 예루살렘에서 유다 왕 여고냐와 백성을 사로잡아 갈 때에 모르드개도 함께 사로잡혔더라. 22. 머리에 관을 씌워주었다. 23. 빅단과 데레스 두 사람이 왕을 암살하려는 음모를 알고 막음. 24. 모르드개는 하만에게 무릎을 꿇지도 아니하고 절하지도 아니하므로. 25. 열두째 달 곧 아달월 십삼일 하루 동안에 모든 유다인을 젊은이 늙은이 어린이 여인들을 막론하고 죽이고 도륙하고 진멸하고 또 그 재산을 탈취하라. 26. 죽으면 죽으리이다. 27. 아하수에로 왕과 하만. 28. 11~12절. 29. 오십 규빗 되는 나무를 세우고 내일 왕에게 모르드개를 그 나무에 매달기를 구하고 왕과 함께 즐거이 잔치에 가소서. 30. 6절(하만이 심중에 이르되 왕이 존귀하게 하기를 원하는 자는 나 외에 누구리요). 31. 이기지 못하고. 32. 왕궁 후원, 생명, 강간. 33. (시 37:14~15) 악인이 칼을 빼고 활을 당겨 가난하고 궁핍한 자를 엎드러뜨리며 행위가 정직한 자를 죽이고자 하나 그들의 칼은 오히려 그들의 양심을 찌르고 그들의 활은 부러지리로다. 34. 왕후 에스더, 모르드개. 35. 아각 사람 함므다다의 아들 하만이 왕의 각 지방에 있는 유다인을 진멸하려고 꾀하고 쓴 조서. 36. 오백 명, 열 아들, 재산. 37. 부림(절). 38. (1) 3:10, (2) 8:1, (3) 9:1, 10, 24. 39. 아하수에로 왕의 다음, 백성의 이익을 도모.

Day 22 욥기 1~24장

1. 사탄, 생일. 2. 엘리바스, 빌닷, 소발. 3. 엘리후. 4. 하나님. 5. 욥. 6. (1) 우스 땅, (2) 온전하고 정직하여 하나님을 경외하며 악에서 떠난 자, (3) 아들 일곱, 딸 셋, (4) 양이 칠천 마리, 낙타가 삼천 마리, 소가 오백 겨리, 암나귀가 오백 마리, 종도 많이 있었다. 7. 사탄. 8. (욥 1:21) 내가 모태에서

알몸으로 나왔사온즉 또한 알몸이 그리로 돌아 가올지라 주신 이도 여호와시요 거두신 이도 여호와시오니 여호와의 이름이 찬송을 받으실지니이다. 9. 발바닥에서 정수리까지 종기가 나게 함. 10. 당신이 그래도 자기의 온전함을 굳게 지키느냐 하나님을 욕하고 죽으라. 11. 데만 사람 엘리바스, 수아 사람 빌닷, 나아마 사람 소발. 12. 생일. 13. 죄 없이 망한 자, 정직한 자. 14. 의롭겠느냐, 깨끗하겠느냐. 15. 고생을 위하여. 16. 징계 받는 자, 징계. 17. 너희는 고아를 제비 뽑으며 너희 친구를 팔아넘기는구나. 18. 내 살에는 구더기와 흙덩이가 의복처럼 입혀졌고 내 피부는 굳어졌다가 터지는구나. 19. (욥 8:7) 네 시작은 미약하였으나 네 나중은 심히 창대하리라. 20. (하나님의) 천 마디에 (인간은) 한 마디도 대답하지 못하리라. 21. 흙, 젖, 살, 힘줄, 은혜. 22. 내 도는 정결하고 나는 주께서 보시기에 깨끗하다. 23. 죄악. 24. 생명, 육신의 목숨, 손. 25. 죽으면, 살리이까, 풀려나기. 26. 10절. 27. 주께서. 28. 조롱, 하나님. 29. 담보물, 손을 잡아 줄 자. 30. 빛, 불꽃. 31. 내가 알기에는~ 나의 대속자가 살아계시니 마침내 그가 땅 위에 서실 것이라. 32. 그가 가난한 자를 학대하고 버렸음이요 자기가 세우지 않은 집을 빼앗음이니라. 33. 죄악, 쌓이, 갚으실. 34. 매 한 가지로 흙 속에 눕는다. 35. (1) 까닭 없이 형제를 볼모로 잡으며, (2) 헐벗은 자의 의복을 벗기며, (3) 목마른 자에게 물을 마시게 하지 아니하며, (4) 주린 자에게 음식을 주지 아니하였고, (5) 권세 있는 자는 토지를 얻고 존귀한 자는 거기에서 산다, (6) 과부를 빈손으로 돌려보내며 고아의 팔을 꺾는다. 36. 화목하고 평안하라. 37. 단련, 순금. 38. 명령, 말씀. 39. 천대를 받을 것이며 잘려 모아진 곡식 이삭처럼 되리라.

Day 23 욥기 25~42장

1. 의롭다, 깨끗하다. 2. (욥 26:14) 우리가 그에게서 들은 것도~ 속삭이는 소리일 뿐이니 그의 큰 능력의 우렛소리를 누가 능히 헤아리랴. 3. ① 4. 불의, 거짓. 5. 칼을 위함. 6. 지혜와 명철. 7. 지혜, 명철. 8. (1) 숨으며, (2) 일어나서 서며, (3) 말을 삼가고 손으로 입을 가리며, (4) 말소리를 낮추었다. 9. 위에 계신 하나님을 속이는 것. 10. 욥: 욥이 하나님보다 자기가 의롭다 함. 친구들: 대답하지 못하면서도 욥을 정죄함. 11. 꺾어, 대답하는 자. 12. 지으셨고, 살리시느니라. 13. 기도, 은혜, 기뻐, 공의를 회복. 14. 외모, 세워주지, 지으신. 15. 주목, 감찰. 16. 헛된 것, 전능자. 17. 기억, 찬송. 18. 권능, 정의, 공의. 19. (1) 하늘과 땅의 신비, (2) 동물 세계의 신비, (3) 베헤못(하마)보다 약한 인간, (4) 리워야단(악어)보다 약한 인간. 20. (1) 전능자, 탓하는 자, - 여호와, (2) 비천, 입, - 욥. (3) 교만한 자, 악인, - 여호와. 21. (1) (40:15) 이제 소 같이~ 풀을 먹는 베헤못을 볼지어다 내가 너를 지은 것 같이 그것도 지었느니라, (2) (40:24) 그것이 눈을 뜨고 있을 때~ 누가 능히 잡을 수 있겠으며 갈고리로 그것의 코를 꿸 수 있겠느냐. 22. (O표 할 것) (1) 천하, 내 것, (2) 횃불, 연기. 23. (1) 내가 주께 대하여~ 귀로 듣기만 하였사오나 이제는 눈으로 주를 뵈옵나이다, (2) 티끌과 재 가운데에서~ 회개하나이다. 24. 욥. 25. 기도. 26. (1) 열 명, 열 명, (2) 갑절. 27. 여미마, 굿시아, 게렌합북, 백사십, 사 대. 28. 인내.

Day 24 시편 1~50편

1. 1~41편, 다윗. 2. 2, 16, 22, 24편. 3. 음성을 높임, 잠시 쉼. 4. 여호와께서 인정, 망하리로다. 5. 너는 내 아들이라. 6. (시 3:6) 천만인이 나를 에워싸

진친다 하여도~ 나는 두려워하지 아니하리이다. 7. 4편: 저녁의 시, 5편: 아침의 시. 8. 정직한 자, 하나님. 9. 사람, 인자, 돌보시. 10. 나는 흔들리지 아니하며 대대로 환란을 당하지 아니하리라. 11. (시 12:6) 여호와의 말씀은~ 순결함이여 흙 도가니에 일곱 번 단련한 은 같도다. 12. (시 13:5) 나는 오직~ 주의 사랑을 의지하였사오니 나의 마음은 주의 구원을 기뻐하리이다. 13. (시 14:1) 어리석은 자는~ 그의 마음에 이르기를 하나님이 없다 하는도다. 그들은 부패하고 그 행실이 가증하니 선을 행하는 자가 없도다. 14. 영원히 흔들리지 아니하리이다. 15. 나의 주님이시오니, 나의 복이 없다. 16. 힘, 주를 사랑. 17. 구원, 낮추시리이다. 18. 율법, 증거, 교훈, 계명, 도, 법(공동번역: 법령). 19. 여호와 우리 하나님의 이름을 자랑하리로다. 20. (시 21:13), 여호와여 주의 능력으로~ 높임을 받으소서 우리가 주의 권능을 노래하고 찬송하게 하소서. 21. 46절, 24절. 22. (1) 손이 깨끗하며, (2) 마음이 청결하며, (3) 뜻을 허탄한 데에 두지 아니하며, (4) 거짓 맹세하지 아니하는 자. 23. 외롭고, 근심. 24. (시 26:9) 내 영혼을 죄인과 함께 내 생명을 살인자와 함께 거두지 마소서. 25. (시 27:1) 여호와는 나의 빛이요 나의 구원이시니 내가 누구를 두려워하리요 여호와는 내 생명의 능력이시니 내가 누구를 무서워하리요. 26. (시 29:2) 여호와께 그의 이름에 합당한 영광을 돌리며 거룩한 옷을 입고 여호와께 예배할지어다. 27. 잠깐, 평생. 28. 부끄럽게 하지 마시고. 29. 사함, 가려진, 복. 30. 여호와를 자기 하나님으로 삼은 나라, 하나님의 기업으로 선택된 백성. 31. 마음이 상한 자, 충심으로 통회하는 자. 32. 주의 의, 주를 찬송. 33. (시 37:4) 여호와를 기뻐하라~ 그가 네 마음의 소원을 네게 이루어 주시리로다. 34. (1) 온유한 자들, (2) 주의 복을 받은 자들, (3) 의인. 35. 부르짖음, 눈물 흘릴 때. 36. 주의 뜻 행하기, 심중. 37. (시 41:13) 이스라엘의 하나님 여호와를 영원부터 영원까지 송축할지로다 아멘 아멘. 38. 42:5, 42:11, 43:5. 39. 시 44:22. 40. 새벽. 41. 죽을 때까지. 42. 존귀하나 깨닫지 못하는 사람. 43. 감사로 드리는 제사.

Day 25 시편 51~100편

1. 다윗이 밧세바와 동침한 후 선지자 나단이 그에게 왔을 때(삼하 12장). 2. 오직 자기 재물의 풍부함. 3. 그의 마음에 이르기를 하나님이 없다 하도다. 4. 나를 돕는 이, 생명을 붙들어주시는 이. 5. 나의 눈물. 6. 주의 날개 그늘 아래, 재앙들. 7. 정의, 어찌 잠잠하냐. 8. 주의 힘, 주의 인자하심, 요새, 피난처. 9. 길르앗, 므낫세, 에브라임, 유다, 모압, 에돔, 블레셋. 10. 꼭 이행해야 한다. 11. (시 62:5) 나의 영혼아~ 잠잠히 하나님만 바라라. 무릇 나의 소망이 그로부터 나오는도다. 12. (시 64:10) 의인은 여호와로 말미암아~ 즐거워하며 그에게 피하리니 마음이 정직한 자는 다 자랑하리로다. 13. 나의 마음에 죄악을 품었더라면. 14. 3번. 15. 고아의 아버지, 과부의 재판장. 16. 노래로 하나님의 이름을 찬송하며 감사함으로 하나님을 위대하시다 하는 것. 17. 하나님께서 나를 어려서부터 교훈 하셨으므로. 18. 솔로몬, 127편. 19. 악인의 형통함을 보고 오만한 자를 질투하였으므로. 20. 주의 회중, 시온 산. 21. 악인들의 뿔을 다 베고 의인의 뿔은 높이 들리로다. 22. 주를 찾았으며, 손을 들고. 23. 역사시. 24. 주의 백성, 주의 목장의 양. 25. 포도나무(참고, 이사야 5장). 26. (시 81:10) 나는 너를~ 애굽 땅에서 인도하여 낸 여호와 네 하나님이니 네 입을 크게 열라 내가 채우리라. 27. (시 83:13) 나의 하나님이여~ 그들이 굴러가는 검불 같게 하시며 바람에 날리는 지푸라기 같게 하소서. 28. ② 성전을 사모하는 기도. 29. 주는 긍휼

히 여기시며 은혜를 베푸시며 노하기를 더디 하시며 인자와 진실이 풍성하신 하나님. 30. 시온의 문들. 31. 아침에. 32. 나의 아버지시요 나의 하나님이시요 나의 구원의 바위시라. 33. 작자 미상. 34. 모세. 35. (시 90:15) 우리를 괴롭게 하신~ 날수대로와 우리가 화를 당한 연수대로 우리를 기쁘게 하소서. 36. 사랑, 이름. 37. 풀, 영원히 멸망, 종려나무, 백향목. 38. 증거들, 거룩함. 39. 근심, 위안, 즐겁게. 40. ②. 41. 하나님, 백성. 42. (시 96:9) 아름답고~ 거룩한 것으로 여호와께 예배할지어다. 온 땅이여 그 앞에서 떨지어다. 43. (시 98:4) 온 땅이여~ 여호와께 즐거이 소리칠지어다. 소리 내어 즐겁게 노래하며 찬송할지어다. 44. (시 100:4) 감사함으로~ 그의 문에 들어가며 찬송함으로 그의 궁정에 들어가서 그에게 감사하며 그의 이름을 송축할지어다.

Day 26 시편 101~150편

1. 충성된 자, 완전한 길에 행하는 자. 2. 빈궁한 자의 기도, 기도. 3. 모든 죄악, 모든 병, 파멸에서 속량, 관, 좋은 것. 4. 포도주, 기름, 양식. 5. 출애굽. 6. 역사시. 7. 사모하는 영혼에게 만족을 주시며 주린 영혼에게 좋은 것으로 채워주심. 8. 나는 기도할 뿐이라. 9. 새벽 이슬. 10. 잠언. 11. 할렐루야, 유월절. 12. 7~8절. 13. 죽은 자들. 14. 내 영혼을 사망에서, 내 눈을 눈물에서, 내 발을 넘어짐에서 건지셨다. 15. (시 117:2) 우리에게 향하신~ 여호와의 인자하심이 크시고 여호와의 진실하심이 영원함이로다 할렐루야. 16. 117편, 119편. 17. 주의 말씀은 내 발에 등이요 내 길에 빛이다. 18. 이합체시(Acrostic), 시편 9, 10, 25, 34, 37, 111, 112, 119, 145편(참고: 시편에 아홉 편이며, 잠언 31:10~31과 예레미야애가 1, 2, 3, 4장도 이합체시이다). 19. 성전에 올라가는 노래. 20. 나의 도움은 천지를 지으신 여호와에게서로다. 21. 평안을 구하라, 형통. 22. 우리 영혼이 사냥꾼의 올무에서 벗어난 새 같이 되었다. 23. 시온 산이 흔들리지 아니하고 영원히 있음 같도다. 24. (시 126:1) 여호와께서 시온의 포로를 돌려보내실 때에~ 우리는 꿈꾸는 것 같았도다. 25. 가정적인 노래. 26. 여호와께서 세우셔야(함께 하셔야). 27. 밭 가는 자들이 내 등을 갈아 그 고랑을 길게 지었도다. 28. 젖 뗀 아이가 그의 어머니 품에 있음 같게. 29. 기름, 이슬. 30. 야곱 곧 이스라엘. 31. 삼십 일 왕. 32. 26번(모든 절에 1번씩 나옴) 33. 저주시. 34. ①. 35. 거기서도 인도하시며 붙드시는 하나님. 36. 입에 파수꾼, 입술의 문. 37. 심히 비천하니이다. 38. 시 143편 2절. 39. 할렐루야, 여호와를 찬양하라. 40. 눈을 여시며, 일으키시며, 사랑하시며, 보호하시며, 붙드시고, 굽게. 41. 붙드시고, 엎드러뜨리시는도다. 42. 모든 천사, 모든 군대, 해와 달, 밝은 별들, 하늘의 하늘, 하늘 위에 있는 물들. 43. 호흡이 있는 자마다 여호와를 찬양할지어다. 할렐루야.

Day 27 잠언

1. 다윗의 아들 이스라엘 왕 솔로몬의 잠언이라. 2. 지혜롭게, 공의롭게, 정의롭게, 정직하게. 3. 여호와를 경외하는 것. 4. 지혜. 5. 여호와를 신뢰, 범사에 여호와를 인정. 6. 생명의 근원이 마음에서 나기 때문. 7. ②. 8. (1) 교만한 눈, (2) 거짓된 혀, (3) 무죄한 자의 피를 흘리는 손, (4) 악한 계교를 꾀하는 마음, (5) 빨리 악으로 달려가는 발, (6) 거짓을 말하는 망령된 증인, (7) 형제 사이를 이간하는 자. 9. 음녀에 대한 경계. 10. 훈계, 지식. 11. 책망하는 자를 사랑한다. 12. 도둑질한 물, 몰래 먹는 떡. 13. 마음이 지혜

로운 자, 입이 미련한 자. 14. 삼가지, 돼지 코. 15. 불의의 이익, 뿌리, 결실. 16. 교만, 권면을 듣는 자. 17. 지혜로운 여인, 미련한 여인. 18. 유순한 대답, 과격한 말. 19. 자기의 길, 걸음을 인도하시는 이. 20. 제비, 모든 일을 작정하기. 21. 사랑을 구하는 자, 친한 벗을 이간하는 자. 22. 혀의 힘, 혀의 열매. 23. 불쌍히 여기는 것, 선행. 24. 한담하는 자, 입술을 벌린 자. 25. 재물, 영광, 생명. 26. 죄인의 형통. 27. 술. 28. 지혜. 29. 이것도 솔로몬의 잠언이요 유다 왕 히스기야의 신하들이 편집한 것이니라. 30. 경우에 합당한 말. 31. 그 마음에 일곱 가지 가증한 것이 있으므로. 32. 하루 동안에 무슨 일이 일어날는지 알 수 없음으로. 33. 죄를 숨기는 자: 형통하지 못함, 죄를 자복하고 버리는 자: 불쌍히 여김을 받음. 34. 백성이 방자히 행한다. 35. (1) 헛된 것과 거짓말을 내게서 멀리 하옵시며, (2) 나로 가난하게도 마옵시고 부하게도 마옵시고 오직 필요한 양식으로 나를 먹이시옵소서. 36. 개미, 사반, 메뚜기, 도마뱀. 37. 여자들. 38. 법, 송사. 39. 이합체시. 40. 곤고한 자, 궁핍한 자. 41. (1) 지혜와 우둔, (2) 솔로몬, (3) 지혜, (4) 솔로몬, (5) 아굴, (6) 르무엘 왕, (7) 현숙한.

Day 28 전도서, 아가

1. 예루살렘, 전도자. 2. 5번. 3. 지혜, 번뇌, 근심. 4. 전도서에는 '새 것이 없다'고 했으나, 이사야는 하나님께서 '새 일을 행 하신다' 하였다. 5. 내 손으로 한 모든 일과 내가 수고한 모든 것이 다 헛되어 바람을 잡는 것이며 해 아래에서 무익한 것이로다. 6. 사람이 먹고 마시며 수고하는 것. 7. 1) X, 2) O, 3) O. 8. 출생하지 아니한 자. 9. 서원하였거든. 10. 은, 은, 은. 11. 2절. 12. 지혜자의 마음은 초상집, 우매한 자의 마음은 혼인집. 13. 하나님은 사람을 정직하게 지으셨으나 사람이 많은 꾀를 낸 것이니라. 14. 지혜, 광채. 15. 하나님을 경외하여 그를 경외하는 자들은 잘 될 것이요. 16. 산 개가 죽은 사자보다 낫기 때문이다. 17. 헛된 날, 아내와 함께 즐겁게. 18. 10절. 19. 14절. 20. (전 11:9) 네 청년의 날들을~ 마음에 기뻐하여 마음에 원하는 길들과 네 눈이 보는 대로 행하라 그러나 하나님이 이 모든 일로 말미암아 너를 심판하실 줄 알라. 21. (1) 어깨, 허리, 다리의 굽어지는 현상. (2) 청각(聽覺)이 쇠퇴해진 상태. (3) 백발이 된 노인의 모습. 22. 하나님을 경외하고 그의 명령들을 지키는 것. 23. (1) 신랑 신부(남녀), (2) 그리스도, 교회(성도) 24. 솔로몬, 술람미. 25. 아가(雅歌) – 아름다운 노래, 노래 중의 노래. 26. 사랑하므로. 27. 포도원을 허는 작은 여우를 잡으라. 28. 솔로몬 왕, 왕관. 29. 누이, 신부, 마음. 30. (1) 나의 누이, (2) 나의 사랑, (3) 나의 비둘기, (4) 나의 완전한 자. 31. (1) 4:1, 6:5, (2) 4:2, 6:6, (3) 4:3, 6:7. 32. 완전한 자, 복된 자. 33. 술람미 여자야, 13절. 34. (1) 암사슴의 상태 새끼, (2) 그(종려나무) 열매 송이, (3) 포도송이. 35. 동침, 잇사갈. 36. 죽음, 스올, 불길, 여호와의 불. 37. 사랑하는 자, 노루, 어린 사슴.

Day 29 이사야 1~39장

1. (1) 웃시야(783~742), (2) 요담(742~735), (3) 아하스(735~715), (4) 히스기야(715~687). 2. 주홍, 희어질. 3. 칼을 쳐서 보습, 창을 쳐서 낫, 4절. 4. 예루살렘, 유다, 영광의 눈을 범하였음. 5. 시온에 남아 있는 자, 예루살렘에 머물러 있는 자 곧 예루살렘 안에 생존한 자중 기록된 모든 사람. 6. (1) 여호와, (2) 이스라엘 족속, (3) 유다 사람. 7. 거룩하다 거룩하다 거룩하다 만군의 여호와여 그의 영광이 온 땅에 충만하도다. 8. 이사야. 9. 사

7:14. 10. (1) 남는 자가 돌아오리라. (2) 하나님이 우리와 함께 하시다. (3) 노략이 속함(빠르다), 또는 전리품을 잽싸게. 11. ②. 12. 남은 자 곧 야곱의 남은 자. 13. 다윗, 메시아(예수). 14. (사 11:6) 그 때에 이리가 어린 양과 함께 살며 표범이 어린 염소와 함께 누우며 송아지와 어린 사자와 살진 짐승이 함께 있어 어린 아이에게 끌리며. 15. (사 12:5) 여호와를찬송할 것은~ 극히 아름다운 일을 하셨음이니 이를 온 땅에 알게 할지어다. 16. (1) (13장~14장) – 바벨론, (2) (15장~16장) – 모압, (3) (17장) – 다메섹, (4) (18장) – 구스(이디오피아), (5) (19장) – 애굽, (6) (20장) – 앗수르, (7) (21장) – 세 곳 (바벨론 정복, 두마, 아라비아), (8) (22장) – 환상의 골짜기, (9) (23장) – 두로. 17. 수치를 당하고, 부끄러워, 왕이 되시고, 영광을 나타내실 것. 18. 기름진 것, 오래 저장하였던 포도주. 19. 심지가 견고한 자. 20. 앗수르 땅에서 멸망하는 자들과 애굽 땅으로 쫓겨난 자들. 21. 영화로운 면류관, 아름다운 화관, 5절. 22. 지음을 받은 물건, 자기를 지은 이. 23. 정의의 하나님, 복. 24. 새끼를 보호함, 예루살렘 보호, 구원하리라. 25. 공의로 통치, 정의로 다스릴. 26. 주를 앙망하오니, 우리의 구원. 27. (사 33:22) 대저 여호와는우리 재판장이시요~ 여호와는 우리에게 율법을 세우신 이요 여호와는 우리의 왕이시니 그가 우리를 구원하실 것임이니라. 28. (사 35:5~6) 그 때에 맹인의 눈이 밝을 것이며~ 못 듣는 사람의 귀가 열릴 것이며 그 때에 저는 자는 사슴 같이 뛸 것이며 말 못하는 자의 혀는 노래하리니 이는 광야에서 물이 솟겠고 사막에서 시내가 흐를 것임이라. 29. (1) 포도원의 노래, (2) 구원받은 자의 노래, (3) 꽃 피는 사막의 노래, (4) 회복된 아내의 노래. 30. 열왕기하. 31. 이사야. 32. 한 뭉치 무화과를 가져다가 종처에 붙이면 왕이 나으리라. 33. 적에게 보물 창고를 보여주므로(해설: 바벨론 왕 므로닥발라단이 히스기야가 병들었다가 나았다 함을 듣고 글과 예물을 보냈을 때 히스기야가 사자들로 말미암아 기뻐하여 그들에게 보물창고 곧 은금과 향료와 보배로운 기름과 모든 무기고에 있는 것을 다 보여 주었으므로).

Day 30 이사야 40~66장

1. 그 노역의 때가 끝났고 그 죄악이 사함을 받았느니라 그의 모든 죄로 말미암아 여호와의 손에서 벌을 배나 받았느니라. 2. 세례 요한이 메시아(예수님)의 오심을 외침. 3. 새 힘을 얻으리니 독수리가 날개치며 올라감 같을 것이요 달음박질하여도 곤비하지 아니하겠고 걸어가도 피곤하지 아니하리로다. 4. 내가 너와 함께 함이라 놀라지 말라 나는 네 하나님이 됨이라 내가 너를 굳세게 하리라 참으로 너를 도와 주리라 참으로 나의 의로운 오른손으로 너를 붙들리라. 5. 내 마음에 기뻐하는 자 곧 내가 택한 사람, 이방에 정의. 6. 하나님의 종(어리석은 이스라엘). 7. 새 일, 광야에 길, 사막에 강. 8. 이 백성은 내가 내(여호와)를 위하여 지었나니 나를 찬송하게 하려 함이니라. 9. 이스라엘을 시적으로 부르는 이름, 여수룬의 문자적인 뜻은 '정직한 자', '곧은 자' 10. 계 1:8. 11. 고레스, 내 목자, 기름부음. 12. 빛, 어둠, 평안, 환난. 13. 내게 안겼고, 내게 업힌 너희여, 노년, 백발이 되기까지. 14.만군의 여호와 이스라엘의 거룩한 이. 15. 유익하도록 가르치고 마땅한 길로 인도하신다. 16. 네게 응답, 너를 도왔노라. 17. 6절. 18. 구원, 공의. 19. 노래하며 시온으로 돌아오니 영원한 기쁨이 그들의 머리 위에 있고 슬픔과 탄식이 달아나리이다. 20. (사 52:7) 좋은 소식을 전하며 평화를 공포하는 자의 발이 어찌 그

리 아름다운가. 20. 우리의 허물, 우리의 죄악, 우리는 평화를 누리고, 우리는 나음. 22. 입을 열지 아니하였음. 23. 네 남편, 만군의 여호와, 온 땅의 하나님. 24. (사 55:1) 너희 모든 목마른 자들아~ 물로 나아오라 돈 없는 자도 오라 너희는 와서 사먹되 돈 없이 값없이 와서 포도주와 젖을 사라. 24. (사 55:6) 너희는 여호와를~ 만날 만한 때에 찾으라 가까이 계실 때에 그를 부르라. 26. 맹인, 벙어리 개들. 27. 영과 마음을 소생시키신다. 28. 흉악의 결박을 풀어주며 멍에의 줄을 끌러 주며 압제 당하는 자를 자유하게 하며 모든 멍에를 꺾는 것 29. 너희 죄악이 너희와 너희 하나님 사이를 갈라놓았고 너희 죄가 그 얼굴을 가리어서. 30. (사 60:1) 일어나라~ 빛을 발하라 이는 네 빛이 이르렀고 여호와의 영광이 네 위에 임하였음이니라. 31. 오직 여호와가 네게 영원한 빛이 되시며 네 하나님이 네 영광이 되기 때문이다. 32. 여호와께서 구원의 옷을 내게 입히시며 공의의 겉옷을 내게 더하심으로. 33. 헵시바(나의 기쁨이 그에게 있다), 쁄라(결혼한 여자). 34. (1) 거룩한 백성, (2) 여호와께서 구속하신 자, (3) 찾은 바 된 자, (4) 버림받지 아니한 성읍. 35. 우리의 아버지. 36. 진흙, 토기장이, 주의 손으로 지으신 것. 37. (1) 백세에 죽는 자를 젊은이라 하겠다. (2) 가옥을 건축하고 그 안에 살겠다. (3) 포도나무를 심고 열매를 먹을 것이다. (4) 그 손으로 일한 것을 길이 누릴 것이다. (5) 이리와 어린 양이 함께 먹을 것이다. (6) 사자가 소처럼 짚을 먹을 것이다. (7) 뱀은 흙을 양식으로 삼을 것이다. 등. 38. (사 66:2) 무릇 마음이 가난하고~ 심령에 통회하며 내 말을 듣고 떠는 자 그 사람은 내가 돌보려니와 39. (사 66:22) 내가 지을 새 하늘과 새 땅이 ~ 내 앞에 항상 있는 것 같이 너희 자손과 너희 이름이 항상 있으리라.

Day 31 예레미야 1~29장

1. 베냐민 땅 아나돗(예루살렘 근교이다), 여호야김 시대(실제는 요시야 십삼년)부터 시드기야 왕 십일 년 말까지(멸망하던 해). 2. 살구나무 가지, 끓는 가마. 3. 제사장들, 율법을 다루는 자들, 관리들, 선지자들. 4. 생수의 근원되는 나를 버린 것, 스스로 웅덩이를 판 것(물을 가두지 못할 터진 웅덩이들). 5. 애굽, 앗수르. 6. 이스라엘이 간음, 자매 유다, 행음함. 7. 어리석은 자, 미련한 자식, 선을 행하기에는 무지. 8. 예루살렘 거리, 진리를 구하는 자. 9. 북방, 땅 끝. 10. (1) 이웃들 사이에 정의를 행하며, (2) 이방인과 고아와 과부를 압제하지 아니하며, (3) 무죄한 자의 피를 이곳에서 흘리지 아니하며, (4) 다른 신들 따르지 아니하면. 11. 여호와의 규례를 알지 못했다. 12. 무더기로 만들어 승냥이 굴이 되게 하겠고 유다의 성읍들을 황폐하게 하여 주민이 없게 된다. 13. 만물의 조성자, 기업의 지파. 14. 23절. 15. 7번. 16. 입, 마음. 17. (1) ②, (2) ⑧, (3) ①, (4) ③, (5) ⑥, (6) ④, (7) ⑤, (8) ⑦. 18. 피부, 반점, 선을 행할 수. 19. 내 이름으로 거짓 예언, 자기 마음의 거짓. 20. 유다 왕 히스기야의 아들 므낫세가 예루살렘에 행한 것으로 말미암아(바알 숭배). 21. (1) 아내를 맞이하지 말라, (2) 초상집에 들어가지 말라, (3) 잔칫집에 가지 말라. 22. 여호와를 의지하며 여호와를 의뢰하는 그 사람. 23. 토기장이, 내 손, 6절. 24. 도벳, 죽임의 골짜기. 25. 사람이 토기장이의 그릇을 한번 깨뜨리면 다시 완전하게 할 수 없나니 이와 같이 내가 이 백성과 이 성읍을 무너뜨리리니 도벳에 매장할 자리가 없을 만큼 매장하리라. 26. (렘 20:9) 내가 다시는 여호와를 선포하지 아니하며~ 그의 이름으로 말하지 아니하리라 하면 나의 마음이 불붙는 것 같아서 골수에 사무치니 답답하여 견딜 수 없나이다. 27. 바벨론 왕 느부갓네살. 28. 자기 하나님 여호와의 언약을 버리고 다른 신들에게 절하고 그를 섬긴 까닭. 29.

(1) 예루살렘, 나귀, 여호야김, (2) 자식이, 형통하지 못할 자, 고니야(여호야긴), (3) 돌아오지 못하고, 죽으리니, 살룸(여호아하스). 30. 다윗에게 한 의로운 가지, 정의와 공의, 5절. 31. 유다 왕 시드기야 그 고관들과 예루살렘의 남은 자로서 이 땅에 남아 있는 자와 애굽 땅에 사는 자들. 32. 70년. 33. 바벨론 왕의 멍에를 목에 메고 그와 그의 백성을 섬기소서. 34. 그 해 일곱째 달에 죽었다. 35. 칼, 기근, 전염병.

Day 32 예레미야 30~52장, 예레미야애가 1~5장

1. 먼 곳, 잡혀가 있는 땅, 10절. 2. 내 백성, 너희들의 하나님, 22절. 3. (1) 15절, 마 2:18, (2) 30절, 신 24:6, (3) 33절, 출 6:7. 4. 이스라엘 집과 유다 집에 새 언약을 맺으리라. 5. 네가 어찌하여 이같이 예언하였느냐? 6. 아나돗에 있는 밭. 7. (렘 33:3) 너는 내게 부르짖으라~ 내가 네게 응답하겠고 네가 알지 못하는 크고 은밀한 일을 네게 보이리라. 8. (렘 33:15) 그날 그 때에 내가~ 다윗에게서 한 공의로운 가지가 나게 하리니 그가 이 땅에 정의와 공의를 실행할 것이라. 9. 자유를 주었던 노비를 끌어다가 복종시켜 다시 노비로 삼았다. 10. 바벨론 왕의 군대의 손. 11. 너희와 너희 자손은 영원히 포도주를 마시지 말며 너희가 집도 짓지 말며 파종도 하지 말며 포도원도 소유하지도 말고 너희는 평생 동안 장막에 살아라. 12. 바룩. 13. 면도칼로 그것을 연하여 베어 화로 불에 던져서 두루마리를 모두 태웠다. 14. 여호야김의 불사른 책의 모든 말을 예레미야가 전하는 대로 기록하고 그 외에도 그 같은 말을 많이 더 하였다. 15. 너는 우리를 위하여 우리 하나님 여호와께 기도하라. 16. 왕이 바벨론 왕의 손에 넘겨지리이다. 17. 예레미야를 끌어다가 감옥 뜰에 있는 왕의 아들 말기야의 구덩이에 던져 넣을 때에 예레미야를 줄로 달아내리웠다. 18. 구스 사람 에벳멜렉. 19. 갈대아인에게 항복하면 산다. 20.시드기야의 제 십일 년 넷째 달 아홉째 날(주전 587년). 21. 미스바, 그다랴. 22. 암몬 자손. 23. (렘 42:3) 당신의 하나님 여호와께서~ 우리가 마땅히 갈 길과 할 일을 보이시기를 원하나이다. 24. 애굽 땅. 25. 자기 영혼. 26. 헐기도, 뽑기도, 27. (1) 애굽, (2) 블레셋, (3) 모압, (4) 암몬, (5) 에돔, (6) 다메섹, (7) 게달과 하솔, (8) 엘람, (9) 바벨론. 28. 시드기야의 두 눈을 빼고 놋사슬로 그를 결박하여 바벨론으로 끌고 가서 그가 죽는 날까지 옥에 가두었더라. 29. (1) 느부갓네살 제7년(주전 597년), 3,023명, (2) 18년(587년), 832명, (3) 23년(582년), 745명. 30. 1) 22절, 2) 22절, 3) 66절, 4) 22절, 5) 22절. 31. (1) 어찌 그리 적막하게 앉았는고, (2) 과부같이 되었고, (3) 강제 노동을 하는 자가 되었다. 32. 예루살렘이 크게 범죄함으로. 33. 눈물. 34. 억울함, 원통함. 35. (애 4:6) 전에 소돔이 사람의 손을~ 대지 아니 하였는데도 순식간에 무너지더니 이제는 딸 내 백성의 죄가 소돔의 죄악보다 무겁도다. 36. 주께로 돌아가겠사오니, 옛적 같게.

Day 33 에스겔 1~24장

1. 서른째 해(해설: 에스겔의 나이, 삼십은 제사장의 일하는 때), 5년. 2. 사람, 사자, 소, 독수리. 3. 선지자. 4. 애가와 애곡과 재앙의 말. 5. 사로잡힌 백성(바벨론 포로민), 그발 강가. 6. 여호와께서 악인에게 말하기를 너는 꼭 죽으리라 할 때에 네가 깨우치지 아니하거나 말로 악인에게 일러서 그의 악한 길을 떠나 생명을 구원하게 하지 아니하면. 7. 인분 불. 8. 이방인, 이방인들. 9. 7절, 10절, 13절, 14절. 10. 끝이 이르렀나니, 행위를 심판, 가

증한 일. 11 (1) 질투의, (2) 담무스, (3) 동쪽 태양. 12. 구별된 자. 13. 그룹의 얼굴, 사람의 얼굴, 사자의 얼굴, 독수리의 얼굴. 14. 죽인 시체, 성읍, 끌려. 15. 포로로 사로잡혀 가리라(바벨론 포로). 16. 노아, 다니엘, 욥, 자기의 공의. 17. 칼과 기근과 사나운 짐승과 전염병. 18. 예루살렘 주민. 19. 내 옷으로 너를 덮어 벌거벗은 것을 가리고 네게 맹세하고 언약하여 너를 내게 속하게 하였었다. 20. 애굽, 앗수르, 갈대아(바벨론). 21. 언약을 기억, 영원한 언약. 22. 언약을 배반, 바벨론. 23. 아버지가 신 포도를 먹었으므로 그의 아들의 이가 시다. 24. 애굽, 바벨론. 25. 안식일. 26. 예루살렘, 성소, 의인과 악인. 27. 인자(人子)야. 28. 정결함을 얻지 못한 땅, 진노의 날에 비를 얻지 못한 땅. 29. 녹슨 가마. 30. (1) 예루살렘 지도를 그림, (2) 390일 동안 좌편으로 누움, (3) 40일 동안 우편으로 누움, (4) 부족한 양식을 예비함, (5) 머리털과 수염을 깎음, (6) 손뼉을 치고 발을 구름, (7) 성벽을 뚫음, (8) 떨면서 음식물을 먹음, (9) 칼로 벰, (10) 지도를 그림, (11) 물이 마른 가마를 끓임, (12) 아내를 장사지낼 때 애도하지 않음.

Day 34 에스겔 25~48장

1. 이방에 대한 예언. 2. 모든 이방과 다름이 없다. 3. 예루살렘. 4. 두로. 5. 하나님의 자리 곧 바다 가운데에 앉아 있다. 6. 바벨론의 느부갓네살 왕, 군대의 보상. 7. 들어 주고, 내려뜨릴 것, 애굽 땅을 치게. 8. 가지가 아름답고 그늘은 숲의 그늘 같으며 키가 크고 꼭대기가 구름에 닿은 레바논 백향목이었다. 9. 애굽의 바로 왕. 10. 이스라엘 족속의 파수꾼, 나를 대신하여 그들에게 경고. 11. 기뻐하지 아니하고, 기뻐하노라. 12. 자기만 먹는 이스라엘 목자들. 13. 하나님, 왕. 14. 에돔. 15. 이스라엘 족속의 기업이 황폐함. 16. (1) 여러 나라의~ 수치를 듣지 않게, (2) 만민의~ 비방을 다시 받지 않게, (3) 네 나라 백성을~ 다시 넘어뜨리지 않게. 17. 새 영, 새 마음, 부드러운 마음. 18. 극히 큰 군대, 이스라엘 온 족속. 19. 유다, 이스라엘. 20. 땅을 치게, 거룩함. 21. 여호와의 거룩한 이름을 위하여. 22. 새 성전에 대한 이상. 23. 열넷째 해 첫째 달 열째 날. 24. 스무, 스무, 지성소. 25. 여호와를 가까이 하는 제사장들이 지성물을 거기에서 먹을 것이며 지성물 곧 소제와 속죄제와 속건제의 제물을 거기 둘 것이니 이는 거룩한 곳이라. 26. 거룩한 것과 속된 것을 구별하는 담. 27. 동문, 영, 여호와의 영광. 28. 속죄제, 드릴. 29. 마음과 몸에 할례 받지 아니한 이방인을 데려오고 내 떡과 기름과 피를 드릴 때에 그들로 내 성소 안에 있게 하여. 30. 성소의 직분을 지켰으므로. 31. 여호와께 예물, 성소, 네모가 반듯. 32. 공정한, 공정한, 공정한. 33. 유월절, 누룩 없는 떡. 34. 안식일, 초하루. 35. 발목, 무릎, 허리, 헤엄칠 만한 물. 36. 열매는 먹을 만하고, 잎사귀는 약 재료. 37. 단, 아셀, 납달리, 므낫세, 에브라임, 르우벤, 유다, 베냐민, 시므온, 잇사갈, 스불론, 갓. 38. 만 팔천 척, 여호와 삼마.

Day 35 다니엘

1. 여호야김, 삼, 느부갓네살, 언어, 삼. 2. 벨드사살, 사드락, 메삭, 아벳느고. 3. 뜻, 포도주. 4. 환상과 꿈, 고레스. 5. (1) 순금, (2) 은, (3) 놋, (4) 쇠, (5) 쇠와 진흙. 6. (1) 육십 규빗=27m, (2) 여섯 규빗= 2m 70cm. 7. 16~18절. 8. 칠, 네, 신들의 아들. 9. (바벨론의) 신의 이름, 박수장. 10. 지극히 높으신 이가 사람의 나라를 다스리시며 자기의 뜻대로 그것을 누구에게든지 주시며 또 지극히 천한 자를 그 위에 세우시는 줄을 알게 하려 함이니라. 11.

(1)—②, (2)—③, (3)—①. 12. 고관, 셋, 다니엘. 13. 왕의 도장, 예루살렘, 하루 세 번씩 무릎을 꿇고 기도, 감사. 14. (1) 표범, (2) 사자, (3) 열뿔 짐승, (4) 곰. 15. 네 왕. 16. 지극히 높으신 이의 거룩한 백성에게 붙인 바 되리니 그의 나라는 영원한 나라라. 17. 벨사살, 엘람 지방 수산 성, 을래 강변. 18. 매일 드리는 제사, 성소, 이천삼백 주야. 19. 메대와 바사, 헬라. 20. 정한 때 끝에 관한 것. 21. (1) 4절, (2) 25절. 22. 큰 전쟁에 관한 것. 23. 세마포 옷을 입었고 허리에는 우바스 순금 띠를 띠었더라. 24. 미가엘. 25. 헬라왕국. 26. 화친한다(17절). 27. 모든 신보다 크다. 28. (단 12:3) 지혜 있는 자는~ 궁창의 빛과 같이 빛날 것이요 많은 사람을 옳은 데로 돌아오게 한 자는 별과 같이 영원토록 빛나리라. 29. (단 12:4) 다니엘아 마지막 때까지~ 이 말을 간수하고 이 글을 봉함하라 많은 사람이 빨리 왕래하며 지식이 더하리라. 30. (단 12:13) 나는 가서 마지막을~ 기다리라. 이는 네가 평안히 쉬다가 끝날에는 네 몫을 누릴 것임이라.

Day 36 호세아, 요엘, 아모스, 오바댜

1. 이스라엘 예언자. 2. (1) 아들, 예후가 아합 왕족을 암살한 피의 현장으로 '심판'. (2) 딸, 긍휼히 여김을 받지 못하는 자, 루하마. (3) 아들, 내 백성이 아니다, 암미. 3. 내가 본 남편에게로 돌아가리니 그 때의 내 형편이 지금보다 나았음이라. 4. 타인의 사랑을 받아 음녀가 된 그 여자(고멜). 5. 지식, 지식. 6. 음행, 죄, 완강한 암소, 우상. 7. 인애, 제사, 번제. 8. (1) 화덕, (2) 비둘기, (3) 들나귀. 9. (1) 애굽, (2) 앗수르. 10. 이상한 것으로 여겼다. 11. 하나님이 그들을 버리시리니 그들이 여러 나라 가운데에 떠도는 자가 되리라. 12. 열매가 많을수록~ 제단을 많게 하며 그 땅이 번성할수록 주상을 아름답게 하도다. 13. 놓겠느냐, 버리겠느냐 14. 인애와 정의를 지키며 항상 너의 하나님을 바랄지니라. 15. 구름, 이슬, 쭉정이, 연기. 16. (1) 앗수르의 구원을 의지하지 않겠다. (2) 말(애굽을 상징)을 타지 않겠다. (3) 손으로 만든 것을 향하여 우리의 신이라 하지 않겠다. 17. 5번, 1:15, 2:1, 11, 31, 3:14. 18. 메뚜기, 느치, 황충. 19. 여호와의 날, 멸망. 20. 영, 장래 일을 말할 것, 꿈을 꾸며, 이상을 볼 것. 21. 단 포도주, 젖, 물, 샘. 22. 여로보암, 지진, 아모스, 이스라엘. 23. 다메섹, 가사, 두로, 에돔, 암몬, 모압, 유다, 이스라엘. 24. 나실사람: 포도주를 마시게 하였다. 선지자: 예언하지 말라 하였다. 25. 자기의 비밀, 그 종 선지자들. 26. 힘없는 자를 학대하며 가난한 자를 압제하며 가장에게 이르기를 술을 가져다가 우리로 마시게 하라 하는도다. 27. 여호와를 찾으라, 멸하시리니. 28. 여호와의 날, 여호와의 날, 어둠. 29 정의, 공의. 30. 대접으로 포도주를 마시며 귀한 기름을 몸에 바르면서 요셉의 환난에 대하여는 근심하지 아니했다. 31. (1) 메뚜기 떼의 환상, (2) 큰불의 환상, (3) 다림줄의 환상, (4) 여름 과일의 환상, (5) 제단 곁에 서신 주님. 32. (암 9:15) 내가 그들을 그들의 땅에 심으리니 그들이 내가 준 땅에서 다시 뽑히지 아니하리라 네 하나님 여호와의 말씀이니라. 33. (1) (옵 1:6) 에서가 어찌 그리~ 수탈되었으며 그 감춘 보물이 어찌 그리 빼앗겼는고, (2) (옵 1:9) 에서의 산에 있는~ 사람은 다 죽임을 당하여 멸절되리라. (3) (옵 1:18) 에서 족속에~ 남은 자가 없으리니 여호와께서 말씀하셨음이라. (4) (옵 1:21) 에서의 산을~ 심판하리니 나라가 여호와께 속하리라.

Day 37 요나, 미가, 나훔, 하박국

1. 악독이 내(하나님) 앞에 상달되었다. 2. 나는 히브리 사람이요 바다와 육지를 지으신 하늘의 하나님 여호와를 경외하는 자로라. 3. 죽음과 부활 4. 목전, 성전. 5. 감사, 제사, 서원. 6. 사십 일이 지나면 니느웨가 무너지리라, 5단어. 7. 그들(니느웨 백성)이 행한 것, 곧 그 악한 길에서 돌이켜 떠난 것을 보심. 8. (1) 박 넝쿨, (2) 벌레, (3) 뜨거운 동풍. 9. 엘리야. 10. 4절, 9절, 10~11절. 11. 유다의 왕들 요담과 아하스와 히스기야 시대. 12. 사마리아를 들의 무더기 같게 하고 포도 심을 동산 같게 하며 또 그 돌들을 골짜기에 쏟아 내리고 그 기초를 드러내며 그 새긴 우상들은 다 부서지고 그 음행의 값은 다 불살라지며 그 목상들을 다 깨뜨린다. 13. 침상에서 죄를 꾀하며 악을 꾸미고 날이 밝으면 그 손에 힘이 있으므로 그것을 행하는 자. 14. 부녀들을 즐거운 집에서 쫓아내고 그들의 어린 자녀에게서 하나님의 영광을 빼앗는다. 15. 모으신다. 16. 뇌물, 삯, 돈. 17. 시온, 예루살렘. 18. (미 4:3) 무리가 그 칼을 쳐서~ 보습을 만들고 창을 쳐서 낫을 만들 것이며 이 나라와 저 나라가 다시는 칼을 들고 서로 치지 아니하며 다시는 전쟁을 연습하지 아니하고. 19. (미 5:2) 베들레헴 에브라다야~ 너는 유다 족속 중에 작을지라도 이스라엘을 다스릴 자가 네게서 내게로 나올 것이라 그의 근본은 상고에, 영원에 있느니라. 20. 부정한 저울, 거짓 저울추. 21. (미 7:18) 주와 같은 신이~ 어디 있으리이까 주께서는 죄악과 그 기업에 남은 자의 허물을 사유하시며 인애를 기뻐하심으로 진노를 오래 품지 아니하시나이다. 22. 엘고스, 없었다. 23. 선하시며, 산성, 피하는 자. 24. 화평, 발. 25. 니느웨. 26. 만군의 여호와. 27. 음행. 28. 구스, 애굽, 붓, 루빔. 29. (1) 해이하고, (2) 시행되지 못하오니, (3) 의인을 에워쌌으므로, (4) 굽게 행하여짐이니이다. 30. 갈대아(신바벨론). 31. 묵시. 32. (1) 17절, (2) 11절, (3) 38절. 33. 6절, 9절, 12절, 15절, 19절. 34. 부흥, 긍휼. 35. 여호와로 말미암아 즐거워하며 구원의 하나님으로 말미암아 기뻐한다. 36. (1) 에돔, (2) 니느웨, (3) 갈대아(바벨론).

Day 38 스바냐, 학개, 스가랴, 말라기

1. 요시야. 2. 아마랴, 구시. 3. 바알, 그마림, 뭇 별, 말감. 4. 분노, 환난, 패망, 캄캄, 흑암. 5. 소돔, 고모라. 6. (1) 부르짖는 사자, (2) 이튿날까지 남겨두는 것이 없는 저녁 이리, (3) 경솔하고 간사한 사람들, (4) 성소를 더럽히고 율법을 범하였다. 7. (습 1:17) 그가 너로 말미암아~ 기쁨을 이기지 못하시며 너를 잠잠히 사랑하시며 너로 말미암아 즐거이 부르며 기뻐하시리라 하리라. 8. (1) 다 벌한다. (2) 구원한다. 3) 모은다. (4) 칭찬과 명성을 얻게 한다. 9. 다리오 왕 제 이년. 10. (1) 유다 총독 스룹바벨, (2) 대제사장 여호수아. 11. 성전. 12. 하나님 여호와께서 그(학개)를 보내셨음이라. 13. 하나님의 전(殿) 공사. 14. 남아 있는, 영광, 나중, 이전. 15. 5번, 9번. 16. 15절, 18절(2번). 17. (1) 붉은 말을 탄 자(1:7~17), (2) 네 뿔과 네 대장장이, (3) 측량줄을 가진 자, (4) 대제사장 여호수아, (5) 순금 등잔대와 두 감람나무. (6) 날아가는 두루마리, (7) 에바 가운데 있는 여인, (8) 네 병거. 18. 돌아오라, 돌아가리라. 19. 힘, 능력, 영. 20. 여호수아(싹), 여호와의 전. 21. 백성과 제사장들. 22. 과부, 고아, 나그네, 궁핍한 자. 23. (슥 8:3) 내가 시온에 돌아와~ 예루살렘 가운데에 거하리니 예루살렘은 진리의 성읍이라 일컫겠고 만군의 여호와의 산은 성산이라 일컫게 되리라. 24. 저주, 복. 25. 나귀의 작은 것 곧 나귀 새끼. 26. 은총: 모든 백성들과 세운 언약을 폐하려 하였음, 연합: 유다와 이스라엘 형제의 의리를 끊으려 함. 27. 다윗의 집

의 영광과 예루살렘 주민의 영광이 유다보다 더하지 못하게 하려 함이니라. 28. 만군의 여호와께 경배하러 예루살렘에 올라오지 아니하는 자들. 29. 이스라엘. 30. 1:2, 1:6, 1:7, 2:17, 3:7, 3:8, 3:13. 31. 야곱, 에서. 32. 생명, 평강, 레위. 33. 이혼하는 자, 옷으로 학대를 가리는 자. 34. (말 3:10) 너희의 온전한~ 십일조를 창고에 들여 나의 집에 양식이 있게 하고 그것으로 나를 시험하여 내가 하늘 문을 열고 너희에게 복을 쌓을 곳이 없도록 붓지 아니하나 보라. 35. 1장~8번, 2장~6번, 3장~8번, 4장~2번. 36. (말 4:2) 내 이름을 경외하는 너희에게는~ 공의로운 해가 떠올라서 치료하는 광선을 비추리니 너희가 나가서 외양간에서 나온 송아지 같이 뛰리라.

Day 39 마태복음

1. (1) 다말, (2) 라합, (3) 룻, (4) 우리아의 아내(밧세바), (5) 마리아. 2. (1) 아브라함 → 다윗. (2) 다윗 → 바벨론으로 사로잡혀 갈 때. (3) 바벨론으로 사로잡혀 간 후 → 그리스도까지. 3. (1) 예수: 그가 자기 백성을 그들의 죄에서 구원할 자이심. (2) 임마누엘: 하나님이 우리와 함께 계시다. 4. 황금, 유향, 몰약. 5. 요한: 회개하게 하기 위하여 물로 세례, 예수: 성령과 불로 세례. 6. (1) 이 돌들로 떡덩이가 되게 하라. (2) 하나님의 아들이어든 성전 꼭대기에서 뛰어 내리라. (3) 내게 엎드려 경배하면 천하만국과 그 영광을 주겠다. 7. 회당에서 가르치시며(교육), 천국복음을 전파하시며(선교), 모든 병과 약한 것을 고치심(봉사). 8. (마 5:8) 마음이 청결한 자는~ 복이 있나니 그들이 하나님을 볼 것임이요. 9. 소금, 빛. 10. 9~13절. 11. 하나님의 나라. 12. 그러므로 무엇이든지 남에게 대접을 받고자 하는 대로 너희도 남을 대접하라 이것이 율법이요 선지자니라. 13. 믿음. 14. 아들과 아들의 소원대로 계시를 받는 자. 15. 안식일. 16. 하늘에 계신 내(예수) 아버지의 뜻대로 하는 자. 17. 55~56절. 18. 믿음이 작은 자여 왜 의심하였느냐. 19. 여자여 네 믿음이 크도다. 네 소원대로 되리라. 20. (어린이와 여자 외에) 9천명. 21. 주는 그리스도시요 살아 계신 하나님의 아들이시니이다. 22. 고난, 죽음, 부활. 23. 모세, 엘리야. 24. 믿음이 작은 까닭. 25. 어린 아이와 같이 자기를 낮추는 사람. 26. 재물이 많으므로. 27. 섬기려 하고 자기 목숨을 많은 사람의 대속물로 주려 함이다. 28. 나귀(또는 나귀 새끼). 29. 하나님 사랑, 이웃 사랑. 30. 이것(정의, 긍휼, 믿음)도 행하고 저것(십일조)도 버리지 말아야 할지니라. 31. 생각하지 않은 때. 32. (1) 열 처녀 비유, (2) 달란트 비유, (3) 양과 염소 비유. 33. 죄 사함을 얻게 하려고 많은 사람을 위하여 흘리는 언약의 피. 34. 밖에 나가서 심히 통곡. 35. (1) 총독(빌라도), (2) 총독의 군병들, (3) 대제사장들 서기관들, 장로들. 36. 너희는 가서 모든 민족을 제자로 삼아 아버지와 아들과 성령의 이름으로 세례를 베풀고 내가 너희에게 분부한 모든 것을 가르쳐 지키게 하라. 37. (1) 사 7:14, (2) 미 5:2, (3) 사 40:3, (4) 사 53:4, (5) 호 6:6, (6) 말 3:1, (7) 사 42:1, (8) 사 29:13, (9) 창 2:24, (10) 슥 9:9, (11) 슥 13:7, (12) 시 22:1.

Day 40 마가복음

1. ④. 2. 성령. 3. 광야, 사십, 천사. 4. 시몬(베드로), 안드레. 5. 야고보, 요한. 6. 하나님의 거룩한 자. 7. 그들(중품병자를 메고 온 사람들) 8. 죄인. 9. ③. 10. 시몬(베드로), 야고보, 요한, 안드레, 빌립, 바돌로매, 마태, 도마, (알패오의 아들) 야고보, 다대오, (가나안인) 시몬, 가룟 유다. 11. 하나님의 뜻대로 행하는 자. 12. 말씀을 듣고 받아 삼십 배나 육십 배나 백 배의 결실

을 하는 자. 13. 내가 네게 말하노니 소녀야 일어나라. 14. 야고보, 요셉, 유다, 시몬, 누이들. 15. 헤롯이 요한을 의롭고 거룩한 사람으로 알고 두려워하여 보호하며 또 그의 말을 들을 때에 크게 번민을 하면서도 달갑게 들음이러라. 16. 다섯, 두, 열두 바구니. 17. 고르반: 하나님께 드림이 되었다. 에바다: 열리라. 18. 악한 생각 곧 음란과 도둑질과 살인과 간음과 탐욕과 악독과 속임과 음탕과 질투와 비방과 교만과 우매함. 19. 인자가 많은 고난을 받고 장로들과 대제사장들과 서기관들에게 버린바 되어 죽임을 당하고 사흘 만에 살아나야 할 것. 20. 세례 요한. 21. (막 9:23) 예수께서 이르시되~ 할 수 있거든이 무슨 말이냐 믿는 자에게는 능히 하지 못할 일이 없느니라. 22. 어린아이와 같이. 23. 인자가 온 것은 섬김을 받으려 함이 아니라 도리어 섬기려 하고 자기 목숨을 많은 사람의 대속물로 주려 함이니라. 24. 만민이 기도하는 집. 25. 기도, 믿으라, 되리라. 26. 부활. 27. 하나님, 이웃. 28. 가난한 중에서 자기의 모든 소유 곧 생활비 전부를 넣었느니라. 29. 아버지(하나님). 30. (1) 42절, (2) 33, 34, 35, 37절(34절은 비유이므로 뺄 수도 있음), (3) 36절. 31. 예수님의 장례. 32. 사람, 언약의 피. 33. 그리스도냐. 34. 왕, 옳도다. 35. 아하 성전을 헐고 사흘에 짓는다는 자여 네가 너를 구원하여 십자가에서 내려오라. 그가 남은 구원하였으되 자기는 구원할 수 없도다 이스라엘의 왕 그리스도가 지금 십자가에서 내려와 우리가 보고 믿게 할지어다. 36. (1) 삼시, 오전 9시, (2) 육시~구시, 12시~오후 3시, (3) 구시, 오후 3시. 37. 이 사람은 진실로 하나님의 아들이었도다. 38. 안식 후 첫날. 39. 막달라 마리아. 40. 너희는 온 천하에 다니며 만민에게 복음을 전파하라.

Day 41 누가복음

1. 자세히, 데오빌로, 확실하게. 2. (세례) 요한. 3. 천사 가브리엘이 마리아에게. 4. (세례) 요한. 5. 베들레헴이라 하는 다윗의 동네, 미가 선지자. 6. 영광, 평화. 7. 안나. 8. 열두 살, 예루살렘 성전. 9. 너는 내 사랑하는 아들이라 내가 너를 기뻐하노라. 10. 삼십 세쯤. 11. 성령, 사십 일, 마귀. 12. 하나님의 나라 복음을 전하는 일. 13. 시몬(베드로). 14. 의인, 죄인. 15. 안드레, 바돌로메, 가룻 유다 16. 산상수훈(산상보훈). 17. 22절. 18. (1) 세례요한, (2) 인자(예수). 19. 착하고 좋은 마음으로 말씀을 듣고 지키어 인내로 결실 하는 자. 20. 하나님의 그리스도시니이다. 21. 이름이 하늘에 기록된 것. 22. 주의 발치에 앉아 주님의 말씀을 듣는 것. 23. 이것(공의, 사랑)도 행하고 저것(십일조)도 버리지 말아야. 24. 영혼아 여러 해 쓸 물건을 많이 쌓아 두었으니 평안히 쉬고 먹고 마시고 즐거워하자. 25. (1) 겨자씨 한 알, (2) 누룩. 26. 헤롯이 당신을 죽이고자 하나이다. 27. 강권, 내 집을 채우라. 28. (눅 15:7) 죄인 한 사람이 회개하면~하늘에서는 회개할 것 없는 의인 아흔아홉으로 말미암아 기뻐하는 것보다 더하리라. 29. 너희 안. 30. 기도, 낙심. 31. 잃어버린 자, 구원하려. 32. 기도하는 집, 강도의 소굴. 33. 사두개인. 34. 구름, 오는 것. 35. 가룻인, 사탄. 36. 여호와께서 애굽 사람에게 재앙을 내리실 때에 애굽에 있는 이스라엘 자손의 집을 넘으사 구원하심. 37. 내 몸, 새 언약. 38. (1) 백성을 미혹, (2) 가이사에게 세금 바치는 것을 금함, (3) 자칭 왕 그리스도. 39. 십자가, 제 삼일, 살아나야. 40. 기쁨, 성전, 찬송.

Day 42 요한복음

1. 말씀, 말씀이 곧 하나님. 2. 세상 죄, 하나님의 어린 양. 3. 가나, 물, 포도주. 4. 거듭나야 한다. 5. (요 3:16) 하나님이 세상을 이처럼 사랑하사 ~ 독생자를 주셨으니 이는 그를 믿는 자마다 멸망하지 않고 영생을 얻게 하려 하심이라. 6. (요 4:24) 하나님은 영이시니 ~ 예배하는 자가 영과 진리로 예배할지니라. 7. 베데스다, 38년. 8. 영생, 심판, 사망, 생명. 9. 생명, 심판. 10. 보내신 이, 하나님의 일. 11. 살, 피, 생명. 12. 주여 영생의 말씀이 주께 있사오니 우리가 누구에게로 가오리이까? 13. 생수의 강. 14. 너희 중에 죄 없는 자가 먼저 돌로 치라. 15. 실로암, 보냄을 받았다. 16. 선한 목자, 목숨. 17. 그리스도이면 밝히 말씀하소서 18. 부활, 생명. 19. 눈물을 흘리심. 20. (1) 돌을 옮겨 놓으라, (2) 나사로야 나오라, (3) 풀어 놓아 다니게 하라. 21. 호산나 찬송하리로다 주의 이름으로 오시는 이 곧 이스라엘의 왕이시여. 22. 헬라인. 23. 서로 사랑하라. 내가 너희를 사랑한 것같이 너희도 서로 사랑하라. 24. (요 14:6) 예수께서 이르시되 내가 곧 ~ 길이요 진리요 생명이니 나로 말미암지 않고는 아버지께로 올 자가 없느니라. 25. 가르치고, 생각나게. 26. 포도나무, 가지, 열매. 27. 이것이 하나님을 섬기는 일이라. 28. 유일하신 참 하나님과 그가 보내신 자 예수 그리스도. 29. 대제사장의 종인 말고의 귀를 베었다. 30. 네가 유대인의 왕이냐? 31. 자기를 하나님의 아들이라 했으므로. 32. (1) (눅 23:34) 아버지 저들을 사하여 주옵소서 자기들이 하는 것을 알지 못함이니이다. (2) (눅 23:43) 내가 진실로 네게 이르노니 오늘 네가 나와 함께 낙원에 있으리라. (3) (요 19:26~27) 여자여 보소서 아들이니이다. 보라 네 어머니라. (4) (마 27:46) 나의 하나님 나의 하나님 어찌하여 나를 버리셨나이까. (5) (요 19:28) 내가 목마르다. (6) (요 19:30) 다 이루었다. (7) (눅 23:46) 아버지 내 영혼을 아버지 손에 부탁하나이다. 33. 요셉: 빌라도에게 가서 예수의 시체를 가져옴. 니고데모: 몰약과 침향 섞은 것 백 리트라쯤 가져옴. 34. 부활하신 예수. 35. 성령을 받으라. 36. 예수께서 하나님의 아들 그리스도이심을 믿게 하려 함이요 또 너희로 믿고 그 이름을 힘입어 생명을 얻게 하려 함이니라. 37. (1) 얘들아 너희에게 고기가 있느냐, (2) 그물을 배 오른편에 던지라, (3) 지금 잡은 생선을 좀 가져오라, (4) 와서 조반을 먹으라. 38. 백쉰세(153) 마리. 39. (1) 어린 양, (2) 치라, (3) 먹이라. 40. (요 21:25) 예수께서 행하신 일이 이 외에도 많으니 ~ 만일 낱낱이 기록된다면 이 세상이라도 이 기록된 책을 두기에 부족할 줄 아노라.

Day 43 사도행전

1. 성령. 2. 권능을 받고 예루살렘과 온 유대와 사마리아와 땅 끝까지 이르러 예수님의 증인이 된다. 3. 하늘로 가심, 오시리라. 4. 예수께서 부활하심. 5. 오순절 날. 6. 주의 이름. 7. 나사렛 예수 그리스도의 이름으로 일어나 걸으라. 8. (행 4:12) 다른 이로써는 구원을 받을 수 없나니 ~ 천하사람 중에 구원을 받을 만한 다른 이름을 우리에게 주신 일이 없음이라. 9. (1) 부활(살아 나셨네), 2) 그리스도(메시아). 10. 예수는 그리스도라 가르치기와 전도하기. 11. 믿음과 성령이 충만한 사람. 12. 천사의 얼굴과 같더라. 13. 마음에 찔려 이를 갈았다. 큰 소리를 지르며 귀를 막고, 성 밖으로 내치고, 돌로 쳤다. 14. 성령을 받았다. 15. 예수를 가르쳐 복음을 전하였다. 16. 이방인과 임금들과 이스라엘 자손들. 17. 하나님의 아들, 그리스도. 18. 이방인들에게도 성령 부어 주심으로 놀람. 19. 착한 사람이요 성령과 믿음이 충만한 사람. 20. 그리스도인. 21. 간절히 하나님께 기도했다. 22. (1) 안

디옥, (2) 바나바, 사울(바울), (3) 성령, (4) 요한. 23. 영생을 주시기로 작정된 자. 24. 바나바: 제우스(해설: 헬라 신 중에 최고의 신이다, 로마의 쥬피터). 바울: 헤르메스(해설: 제우스의 대변자로 바울이 말을 했기에 얻은 별명이다). 25. 우상의 제물, 피, 목매어 죽인 것, 음행. 26. 바나바: 마가, 바울: 실라. 27. 빌립보 교회. 28. (행 16:31) 주 예수를 믿으라 ~ 그리하면 너와 네 집이 구원을 받으리라. 29. (행 17:11) 베뢰아에 있는 사람들은 ~ 데살로니가에 있는 사람들보다 더 너그러워서 간절한 마음으로 말씀을 받고 이것이 그러한가 하여 날마다 성경을 상고하므로. 30. 예수와 부활. 31. 로마. 32. 여신 아데미(다이에나). 33. 그 주간의 첫 날. 34. 죽을 것도 각오(생명). 35. 처녀로 예언하는 자. 36. 너희가 로마 시민 된 자를 죄도 정하지 아니하고 채찍질할 수 있느냐? 37. 부활. 38. 담대하라, 두려워하지 말라. 39. 유대인의 율법이나 성전이나 가이사. 40. 바울아 네가 미쳤도다. 네 많은 학문이 너를 미치게 한다. 41. 네가 적은 말로 나를 권하여 그리스도인이 되게 하려 하는도다. 42. 가장 높은 사람 보블리오의 부친. 43. 하나님의 나라를 증언하고 모세의 율법과 선지자의 말을 가지고 예수께 대하여 권하였다.

Day 44 로마서

1. 구원을 주시는 하나님의 능력. 2. 17절. 3. 율법, 율법을 범함. 4. 마음, 율법 조문. 5. 의롭다 하심, 죄. 6. 죄, 하나님의 영광. 7. 믿음. 8. 약하여지지 않았다. 9. 범죄한 것, 의롭. 10. (롬 5:1) 우리가 믿음으로 의롭다 하심을 ~ 받았으니 우리 주 예수 그리스도로 말미암아 하나님과 화평을 누리자. 11. (롬 5:8) 우리가 아직 죄인 되었을 때에 ~ 그리스도께서 우리를 위하여 죽으심으로 하나님께서 우리에 대한 자기의 사랑을 확증하셨느니라. 12. 살리심, 새 생명. 13. 사망, 영생. 14. 율법, 영의, 율법 조문. 15. 하나님의 법, 죄의 법. 16. 생명의 성령의 법. 17. 육신의 생각: 사망, 영의 생각: 생명과 평안. 18. 정하심, 의롭. 19. 성령이 말할 수 없는 탄식으로 우리를 위하여 친히 간구하신다. 20. (1) 창 18:10, (2) 렘 18:6, (3) 호 1:10. 21. 의, 구원. 22. 주의 이름. 23. 들음, 그리스도의 말씀. 24. 돌감람나무: 이방인(해설: 이 서신의 수신자인 로마교회를 포함하여), 참감람나무: 유대인. 25. (롬 11:36) 이는 만물이 주에게서 나오고 ~ 주로 말미암고 주에게로 돌아감이라 그에게 영광이 세세에 있을지어다 아멘. 26. ②. 27. (2) 섬기는 일, (3) 가르치는 재일), (4) 위로하는 재일), (6) 다스리는 재일), (7) 긍휼을 베푸는 재일). 28. (롬 12:11) 부지런하여 ~ 게으르지 말고 열심을 품고 주를 섬기라. 29. 사랑의 빚. 30. 빛의 갑옷, 그리스도로 옷 입고. 31. ③ (14:3 참고). 32. (롬 14:8) 우리가 살아도 ~ 주를 위하여 살고 죽어도 주를 위하여 죽나니 그러므로 사나 죽으나 우리가 주의 것이로다. 33. 죽은 자와 산 자의 주가 되려 하심. 34. 평강, 희락. 35. 서바나(스페인). 36. 뵈뵈.

Day 45 고린도전서

1. (1) 바울, (2) 아볼로, (3) 게바(베드로), (4) 그리스도. 2. 하나님의 능력. 3. 하나님의 능력이요 하나님의 지혜. 4. 성령의 나타나심과 능력. 5. 우리로 하여금 하나님께서 우리에게 은혜로 주신 것들을 알게 하려 하심. 6. 심었고, 물을, 자라나게. 7. 하나님의 성전, 하나님의 성령. 8. 일꾼, 비밀을 맡은, 충성. 9. 말, 능력. 10. (1)음행자 판단, (2) 그리스도인과 법정, (3) 결혼과 이혼, (4) 우상의 제물. 11. 믿음의 형제. 12. 너희, 즉 교회 공동체. 13.

성령의 전. 14. 절제 못함으로 말미암아 사탄이 너희를 시험하지 못하게 하려 함. 15. (두 가지 사례를 들고 있듯이 할례자와 무할례자, 종과 자유자. 그 상태에서 부름 받았을 때) 이미 있는 그대로 수용하고 주님을 섬겨라. 16. 아무 것도, 한 분. 17. 내 형제를 실족하지 않게 하기 위하여(해설: 당시에 고기는 대부분 우상의 제단에서 나왔으므로). 18. 그리스도의 복음에 아무 장애가 없게 하려 함이로다. 19. 몇 사람이라도 구원하고자 함. 20. 세례. 21. 본보기(거울). 22. (고전 10:13) 사람이 감당할 시험 밖에는~ 너희가 당한 것이 없나니 오직 하나님은 미쁘사 너희가 감당하지 못할 시험 당함을 허락하지 아니하시고 시험 당할 즈음에 또한 피할 길을 내사 너희로 능히 감당하게 하시느니라. 23. 가하나, 유익한, 덕. 24. 남자, 여자. 25. 자기의 죄를 먹고 마시는 것. 26. 성령으로, 27. (1) 지혜의 말씀, (2) 지식의 말씀, (3) 믿음, (4) 병 고치는 은사, (5) 능력 행함, (6) 예언함, (7) 영들 분별함, (8) 각종 방언 말함, (9) 방언들 통역함. 28. 사랑. 29. 믿음, 소망, 사랑, 사랑. 30. 방언으로. 31. 그런즉 내 형제들아~ 예언하기를 사모하며 방언 말하기를 금하지 말라. 32. (1) 게바, (2) 열두 제자, (3) 오백여 형제, (4) 야고보, (5) 모든 사도, (6) 내게(바울). 33. 죽은 자, 첫 열매. 34. 생령, 살려 주는 영. 35. (고전 15:52) 나팔 소리가 나매~ 죽은 자들이 썩지 아니할 것으로 다시 살아나고 우리도 변화되리라. 36. 첫날, 연보. 37. 사랑, 저주.

Day 46 고린도후서, 갈라디아서

1. 예수 그리스도, 자비, 위로. 2. 우리로 자기를 의지하지 말고 오직 죽은 자를 다시 살리시는 하나님만 의지하게 하심. 3. 예, 아멘, 영광. 4. 향기, 편지. 5. 자유. 6. 오직 그리스도 예수의 주 되신 것과 또 예수를 위하여 우리가 너희의 종된 것. 7. 잠깐, 영원함. 8. 심판대, 몸으로. 9. (고후 5:17) 그런즉 누구든지 그리스도 안에 있으면~ 새로운 피조물이라 이전 것은 지나갔으니 보라 새 것이 되었도다. 10. 사신(使臣). 11. 하나님의 은혜. 12. 디도가 옴, 위로, 회개함. 13. 후회할 것이 없는 구원에 이르게 하는 회개를 이루는 것. 14. 넘치는 기쁨과 극심한 가난. 15. 그의 가난함으로 말미암아 너희를 부요하게 하려 하심. 16. 만나. 17. 연보(헌금). 18. 11절, 12절, 15절. 19. 그의 편지들은 무게가 있고 힘이 있으나 그가 몸으로 대할 때는 약하고 그 말도 시원하지 않다. 20. 예수, 영, 복음. 21. (1) 거짓 사도, (2) 사탄, (3) 사탄의 일꾼. 22. 모든 교회를 위하여 염려하는 것. 23. 내 은혜가 네게 족하도다 이는 내 능력이 약한 데서 온전하여짐이라. 24. 약한 것. 25. 약한 그 때에 강함. 26. 모든 참음과 표적과 기사와 능력을 행한 것. 27. (고후 13:5) 너희는 믿음 안에 있는가~ 너희 자신을 시험하고 너희 자신을 확증하라 예수 그리스도께서 너희 안에 계신 줄을 너희가 스스로 알지 못하느냐 그렇지 않으면 너희는 버림받은 자니라. 28. (고후 13:13) 주 예수 그리스도의~ 은혜와 하나님의 사랑과 성령의 교통하심이 너희 무리와 함께 있을지어다.(축도의 모범). 29. 저주. 30. (1) 바울, 바나바, (2) 야고보, 게바(베드로), 요한. 31. 예수 그리스도, 32. 그리스도, 십자가, 그리스도 33. 오직 의인은 믿음으로 (말미암아) 살리라. 34. 율법의 저주에서. 35. 때가 차매(찼을 때). 36. 하나님의 천사와 같이, 그리스도 예수와 같이. 37. 여종: 하갈, 자유 있는 여자: 사라, 약속의 자녀: 사라의 아들 이삭. 38. 육체의 기회를 삼지 말고 오직 사랑으로 서로 종노릇하라. 39. 사랑, 희락, 화평, 오래 참음, 자비, 양선, 충성, 온유, 절제. 40. 성령으로부터 영생. 41. 우리 주 예수 그리스도의 십자가. 42. 예수의 흔적.

Day 47 엡, 빌, 골, 몬

1. 에베소서, 빌립보서, 골로새서, 빌레몬서. 2. (1) 4절, (2) 5절, 9절, 11절, (3) 10절. 3. 복종, 교회의 머리. 4. 6절, 12절, 14절. 5. 은혜에 의하여 믿음으로 말미암아 구원을 받은 것. 6. 화평(화목). 7. 외인, 나그네, 시민, 권속. 8. (엡 3:8) 모든 성도 중에 지극히 작은 자보다~ 더 작은 나에게 이 은혜를 주신 것은 측량할 수 없는 그리스도의 풍성함을 이방인에게 전하게 하시고, 9. (엡 3:12) 그 안에서 그를 믿음으로 말미암아~ 담대함과 확신을 가지고 하나님께 나아감을 얻느니라. 10. (1) 사도, (2) 선지자, (3) 복음 전하는 자, (4) 목사, (5) 교사. 11. 옛사람을 벗고 새사람을 입으라. 12. 하나님의 성령을 근심하게 하지 말라. 13. 술, 성령으로 충만함. 14. 교회, 자신을 주심. 15. 주 안에서, 순종. 16. 간계, 전신 갑주. 17. 바울, 디모데, 빌립보, 성도, 감독, 집사. 18. 매임, 시위대. 19. 그리스도, 20. 그리스도 예수의 마음. 21. 나의 형제요 함께 수고하고 함께 군사 된 자요 너희 사자로 내가 쓸 것을 돕는 자라. 22. 팔일 만에 할례를 받고 이스라엘 족속이요 베냐민 지파요 히브리인 중의 히브리인이요 율법으로는 바리새인이요 열심으로는 교회를 박해하고 율법의 의로는 흠이 없는 자라. 23. 하늘. 24. (빌 4:4) 주 안에서~ 항상 기뻐하라 내가 다시 말하노니 기뻐하라. 25. (1) 풍성한 열매를 구함이라, (2) 향기로운 제물이요, (3) 기쁘시게 한 것이라, (4) 너희 모든 쓸 것을 채우시리라. 26. 14개 절. (참고: 1:4, 18, 25, 24, 13, 17, 18, 28, 29, 3:1, 4:1, 4, 10, 18. – 한 절에 두 번씩 들은 것을 계산하면 횟수로는 이보다 더 많다) 27 에바브라. 28. 흑암의 권세, 아들의 나라, 속량 곧 죄 사함. 29. 십자가의 피, 만물, 화목하게. 30. 16절, (지울 것) 절제, 금식일, 결판. 31. 음란과 부정과 사욕과 악한 정욕과 탐심(우상 숭배). 32. 자기를 창조하신 이의 형상을 따라 지식에까지 새롭게 하심을 입은 자. 33. (골 3:18) 아내들아~ 남편에게 복종하라 이는 주 안에서 마땅하니라. 34. (골 3:21) 아비들아~ 너희 자녀를 노엽게 하지 말지니 낙심할까 함이라. 35. (골 4:2) 기도를 계속하고~ 기도에 감사함으로 깨어 있으라. 36. 돌려가며 읽었다. 37. 전에는 네게 무익하였으나 이제는 나와 네게 유익하므로. 38. (1) 종 이상으로 곧 사랑받는 형제로 둘 자, (2) 내게(바울에게) 하듯 하고, (3) 그것을 내 앞으로 계산하라.

Day 48 살전·후, 딤전·후, 딛, 히

1. 믿음, 소망, 사랑. 2. 능력과 성령과 큰 확신으로. 3. 유모가 자기 자녀를 기름과 같이, 아버지가 자기 자녀에게 하듯. 4. 사람의 말로 받지 아니하고 하나님의 말씀으로 받음. 5. 위로. 6. 주의 재림. 7. 항상 기뻐하라. 쉬지 말고 기도하라, 범사에 감사하라. 8. 영과 혼과 몸. 9. 환난, 안식, 하나님의 공의. 10. 배교하는 일이 있고 저 불법의 사람 곧 멸망의 아들이 나타난다. 11. 무질서하게 행하지 아니하며 누구에게서든지 음식을 값없이 먹지 않고 오직 수고하고 애써 주야로 일함. 12. 청결한 마음과 선한 양심과 거짓이 없는 믿음에서 나오는 사랑. 13. 충성되이 여겨 직분을 맡기심. 14. 모든 사람이 구원을 받으며 진리를 아는 데에 이르기를 원하신다. 15. 분노와 다툼이 없이 거룩한 손을 들어 기도하기를 원한다. 16. 2~7절, 8~13절. 17. 하나님의 말씀과 기도. 18. (1) 아버지, (2) 형제, (3) 어머니, (4) 자매. 19. 장로, 말씀, 가르침. 20. 돈을 사랑함. 21. 외조모 로이스와 어머니 유니게. 22. 능력, 고난. 23. 디모데, 충성된 사람들. 24. 그리스도 예수 안에 있는 믿음으로 말미암아 구원에 이르는 지혜. 25. 말씀, 항상. 26. 책망할 것이 없고 한 아내의 남편이며 방탕하다는 비난을 받거나 불순종하는

일이 없는 믿는 자녀를 둔 자. 27. 거짓말쟁이, 악한 짐승, 게으름뱅이. 28. 디모데전서 3장. 29. 한두 번 훈계한 후에 멀리 하라. 30. (1) 선지자, (2) 아들(예수님). 31. 천사. 32. 모세. 33. 아론, 멜기세덱. 34. 죽은 행실을 회개함과 하나님께 대한 신앙과 세례들과 안수와 죽은 자의 부활과 영원한 심판에 관한 교훈. 35. 멜기세덱. 36. 19절, 22절. 37. 새 언약. 38. 피로써, 피흘림. 39. 아벨, 가인, 에녹, 노아, 아브라함, 이삭, 야곱, 사라, 에서, 요셉, 모세, 바로, 라합, 기드온, 바락, 삼손, 입다, 다윗, 사무엘. 40. 예수를 바라보자, 십자가. 41. 사랑하지 말고. 42. 큰 목자, 언약의 피, 선한 일, 자기 뜻.

Day 49 약, 벧전 · 후, 요일 · 이 · 삼, 유

1. 시험을 참는 자, 생명의 면류관. 2. 고아와 과부를 그 환난 중에 돌보고 또 자기를 지켜 세속에 물들지 아니하는 그것이니라. 3. 행함, 온전하게. 4. 아브라함, 라합. 5. 입의 말(름), 타는 말(馬). 6. 첫째 성결하고 다음에 화평하고 관용하고 양순하며 긍휼과 선한 열매가 가득하고 편견과 거짓이 없다. 7. 대적, 가까이. 8. 안개. 9. 강림, 원망. 10. (1) 기도, (2) 찬송, (3) 장로들을 청할 것(주의 이름으로 기도). 11. (벧전 1:7) 너희 믿음의 확실함은 ~ 불로 연단하여도 없어질 금보다 더 귀하여 예수 그리스도께서 나타나실 때에 칭찬과 영광과 존귀를 얻게 할 것이니라. 12. (벧전 1:23) 너희가 거듭난 것은~ 썩어질 씨로 된 것이 아니요 썩지 아니할 씨로 된 것이니 살아 있고 항상 있는 하나님의 말씀으로 되었느니라. 13. (1) 택하신, (2) 제사장, (3) 거룩한, (4) 백성. 14. 너희 속에 있는 소망의 이유를 묻는 자. 15. (벧전 4:7) 만물의 마지막이~ 가까이 왔으니 그러므로 너희는 정신을 차리고 근신하여 기도하라. 16. (벧전 4:13) 오히려 너희가 그리스도의~ 고난에 참여하는 것으로 즐거워하라 이는 그의 영광을 나타내실 때에 너희로 즐거워하고 기뻐하게 하려 함이라. 17. 때가 되면 높이시리라. 18. 신성한 성품. 19. 부르심과 택하심. 20. 오직 성령의 감동하심을 받은 사람들이 하나님께 받아 말한 것임. 21. 거짓 선생, 이단, 주를 부인. 22. 고통당하는 의로운 롯. 23. 주께서 강림하신다는 약속이 어디 있느냐 조상들이 잔 후로부터 만물이 처음 창조될 때와 같이 그냥 있다. 24. 새 하늘, 새 땅. 25. 우리(사도 또는 성도), 아버지, 아들 예수 그리스도. 26. (요일 1:9) 만일 우리가 우리 죄를 자백하면~ 그는 미쁘시고 의로우사 우리 죄를 사하시며 우리를 모든 불의에서 깨끗하게 하실 것이요. 27. 의로우신 예수 그리스도. 28. 육신의 정욕, 안목의 정욕, 이생의 자랑. 29. 적그리스도(거짓말하는 자). 30. 마귀의 일을 멸하려 하심. 31. 그 아들 예수 그리스도의 이름을 믿고 그가 우리에게 주신 계명대로 서로 사랑할 것. 32. 보지 못하는 바 하나님. 33. 우리의 믿음. 34. 하나님의 아들. 35. 서로 사랑하자. 36. 예수 그리스도께서 육체로 오심을 부인하는 자. 37. (요삼 1:2) 사랑하는 자여~ 네 영혼이 잘됨 같이 네가 범사에 잘되고 강건하기를 내가 간구하노라. 38. 디오드레베. 39. 데메드리오. 40. 성도에게 단번에 주신 믿음의 도를 위하여 힘써 싸우라. 41. 육체를 더럽히며 권위를 업신여기며 영광을 비방한다. 42. 가인, 발람, 고라. 43. (유 1:20~21) 사랑하는 자들아~ 너희는 너희의 지극히 거룩한 믿음 위에 자신을 세우며 성령으로 기도하며 하나님의 사랑 안에서 자신을 지키며 영생에 이르도록 우리 주 예수 그리스도의 긍휼을 기다리라.

Day 50 요한계시록

1. 읽는 자, 듣는 자, 지키는 자. 2. 네가 본 것과 지금 있는 일과 장차 될 일. 3. (1) 일곱 교회의 사자, (2) 일곱 교회. 4. 해당 성구 참고. 5. 이십사 장로들. 6. 금 대접, 성도의 기도들. 7. (1) 흰 말, (2) 붉은 말, (3) 검은 말, (4) 청황색 말. 8. 십사만 사천(144,000). 9. 구원하심이 보좌에 앉으신 우리 하나님과 어린 양에게 있도다. 10. 어린 양의 피에 그 옷을 씻어 희게 하였다. 11. 성도의 기도. 12. 이마에 하나님의 인침을 받지 아니한 사람들. 13. 마흔 두 달, 두 증인, 천이백육십 일. 14. 미가엘과 그의 사자들 : 용과 그의 사자들. 15. 뿔이 열이요 머리가 일곱이라 그 뿔에는 열 왕관이 있고 그 머리들에는 신성 모독하는 이름들이 있더라. 16. 오른손에나 이마. 17. 어린 양의 이름과 그 아버지의 이름. 18. 짐승과 그의 우상에게 경배하고 이마에나 손에 표를 받으면. 19. 유리 바다 가. 20. 용 · 짐승 · 거짓 선지자, 아마겟돈. 21. 비밀, 큰 바벨론, 땅의 음녀들과 가증한 것들의 어미. 22. 하늘, 성도들, 사도들, 선지자들. 23. 할렐루야. 24. 성도들의 옳은 행실. 25. 유황불 붙는 못. 26. 하나님과 그리스도의 제사장이 되어 천 년 동안 그리스도와 더불어 왕 노릇. 27. 생명책에 기록되지 못한 자. 28. 새 하늘과 새 땅. 29. 주 하나님 곧 전능하신 이와 및 어린 양. 30. 하나님과 어린양의 보좌로부터. 31. 다윗의 뿌리요 자손이니 곧 광명한 새벽 별이라. 32. 아멘 엘코우 큐리에 예수(아멘, 주 예수여 오시옵소서).

부록 Ⅱ

성서지도

신구약의 중요한 여정과 위치를 살펴보는 데 도움이 될 만한 지도 10개를 수록했다. 이 지도는 저자가 성서지도 전문가 이원희 목사와의 계약 하에 그의 저서 《스펙트럼 성서지도》에서 발췌하여 수록하는 것이다. 더 자세한 성서지도를 보려면 '스펙트럼 성서지도'를 구입하여 참고하기를 권한다.

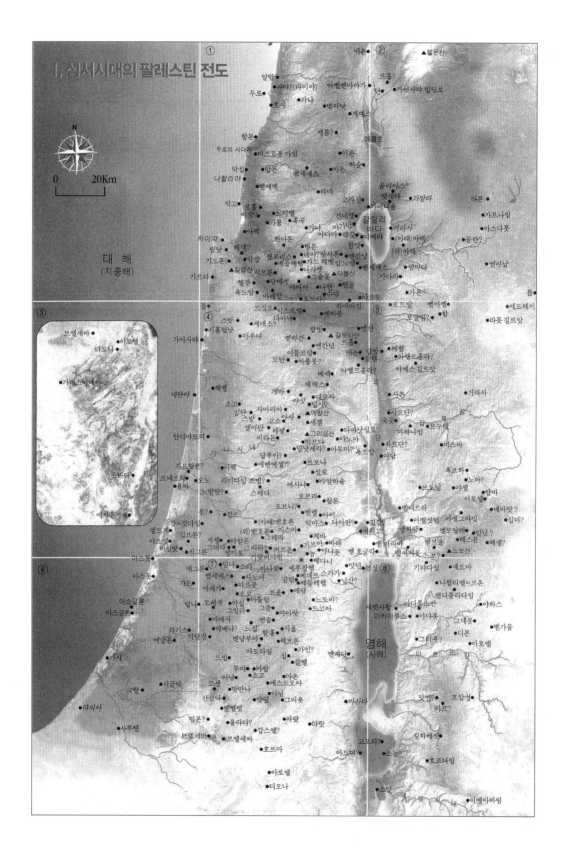

I. 성서시대의 팔레스틴 전도

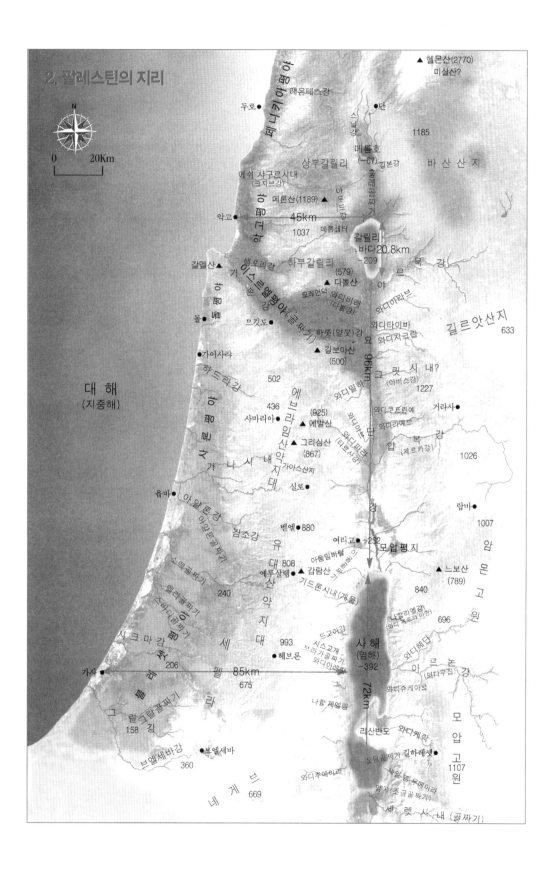

2. 팔레스틴의 지리

N

0   20Km

▲ 헬몬산(2770)
미살산?

레온테스강

두로 ●
●단

스닐강

1185

메롬호
(-67) 길본강
상부갈릴리   바산산지

훌레골짜기

예쉬 샤구르시내
(크지브강)

메론산(1189) ▲
아
무
드
강

악고 ●   45km
1037   메롬셈터
갈릴리
바다 20.8km
-209

갈멜산 ▲
셀모리강   하부갈릴리
(579)
야
르
묵
강

길르앗산지
633

다볼산 ▲
모레언덕 와디비레
(다볼강)   와디타라브

돌 ●
브레
므깃도   하롯(얄롯)강   와디타이바
와디지크랍

이
스
르
엘
평
야
손
강
(골짜기)

가이사랴 ●
502   길보아산
(500)   96km   그릿시내?
(야비스강)
와디밀하   1227

하
드
라
강
에
브
라
임
산
지

436
사마리아 ●   (925)
▲ 에발산
와디쿠프린예
와디라예브   거라사 ●

와
디
파
라
와
디
이
스
라

▲ 그리심산
(867)   단
압   얍복강
(제르카강)
1026

가
나
사
내
악
지
대
가아스산지

실로 ●

욥바 ●
아알론강
아얄론골짜기

랍바 ●
1007

길소강
유
대

벧엘 ● 880

여리고 ● -252   모압평지

아
얀
밀
바
탈

▲ 느보산
(789)
몬
고
원

예루살렘 ●
감람산
기드론시내(개울)

808   ▲
840

엘라골짜기
240

993

소
렉
골
짜
기
스
바
드
골
짜
기

유
대
산
지
세
펠
라

696
와디헤단

드고아강
시스고개
브라가골짜기
와디아래브

사 해
(염해)
-392

와디무집
아
르
논
강

시
크
마
강
소
렉
골
짜
기

헤브론 ●
993

나할 제엘랍

72km

와디주게이옥

85km
가사 ●
206   펠   675

그
랄
골
짜
기

라산반도   와디케락

셋딤골짜기 길하레셋 ●

모
압
고
원
1107

158

그
랄
강

브엘세바 ●

세일 엔 우메이라

염곡(소금골짜기)

브엘세바강
360

와디주애이라

대 해
(지중해)

네
게
브
669

셋
렛
시
내 (골짜기)

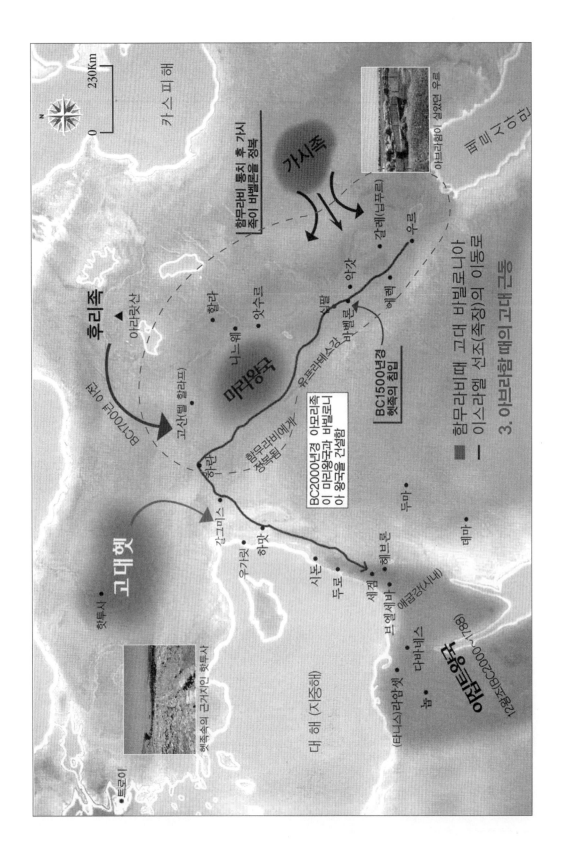

카스피 해

함무라비 통치 후 가시
족이 바빌론을 정복

가시족

아브라함이 살았던 우르

페 르 샤 만

갈대(남부르)

우르

훌리족

아라랑산

에렉

BC1700년 이동

함라

맛수르

앗수르

악갓

니느웨

마리왕국

유프라테스강

바벨론

고산(텔 할라프)

하란

BC1500년경
헷족의 침입

함무라비에게
정복됨

BC2000년경 아모리족
이 마리왕국과 바빌로니
아 왕국을 건설함

고대 헷

핫투시

갈그미스

우가릿

두마

하맛

시돈

두로

헤브론

데마

브엘세바

세겜

(타니스)라암셋

애굽강(시내)

다바네스

놈

다브네스

대 해 (지중해)

헷족속의 근거지인 핫투시

애굽왕국
(BC2000∼1788)

12왕조(BC2000∼1788)

트로이

■ 함무라비때 고대 바빌로니아

— 이스라엘 선조(족장)의 이동로

3. 아브라함 때의 고대 근동

N

0   230Km

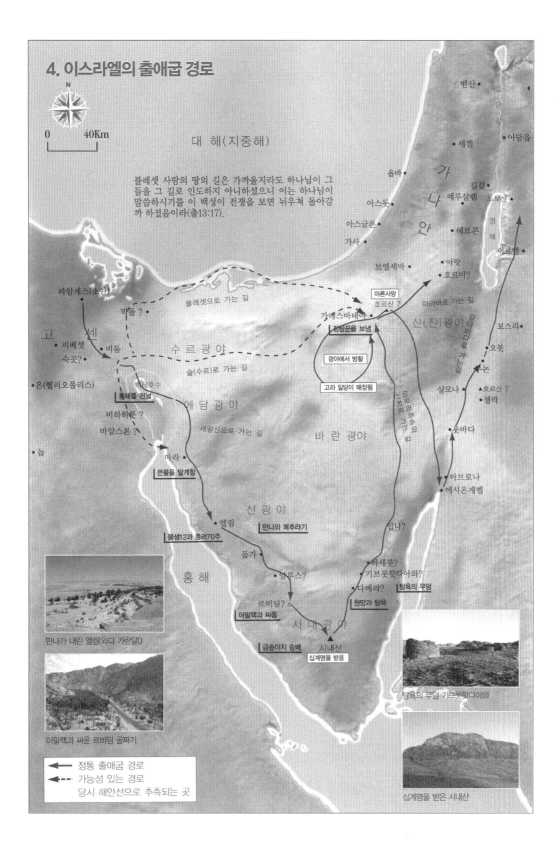

4. 이스라엘의 출애굽 경로

N

0 ─ 40Km

대 해(지중해)

블레셋 사람의 땅의 길은 가까울지라도 하나님이 그들을 그 길로 인도하지 아니하셨으니 이는 하나님이 말씀하시기를 이 백성이 전쟁을 보면 뉘우쳐 돌아갈까 하셨음이라(출13:17).

벧산
요 단 강
세겜 • 아담읍
욥바
가 나 안
길갈
아스돗
예루살렘 • 느보산
아스글론
가사 • 헤브론
염 해
브엘세바 • 아랏
아로엘
호르마?
라암세스(소안)
아론사망
믹돌?
블레셋으로 가는 길
강데스바네아
호르산?
아라바로 가는 길
고 센
수르광야
정탐꾼을 보냄
신(진)광야
보스라
비베셋
비돔
술(수르)로 가는 길
오봇
숙곳?
광야에서 방황
논
온(헬리오폴리스)
갈대호수
홍해를 건넘
에담광야
고라 일당이 매장됨
살모나 호르산?
셀라
비하히롯?
세일산으로 가는 길
바알스본
바 란 광 야
욧바다
놉
마라
쓴물을 달게함
아브로나
에시온게벨
신 광 야
물샘12과 종려70주
엘림
만나와 메추라기
하세롯?
기브롯핫다아와?
릿나?
돕가
다베라?
탐욕의 무덤
홍 해
알루스?
원망과 탐욕
르비딤?
아말렉과 싸움
시 내 광 야
금송아지 숭배
시내산
십계명을 받음

만나가 내린 엘림(와디 가란달0

아말렉과 싸운 르비딤 골짜기

탐욕의 무덤 기브롯핫다아와

십계명을 받은 시내산

← 정통 출애굽 경로
◄--- 가능성 있는 경로
　　　당시 해안선으로 추측되는 곳

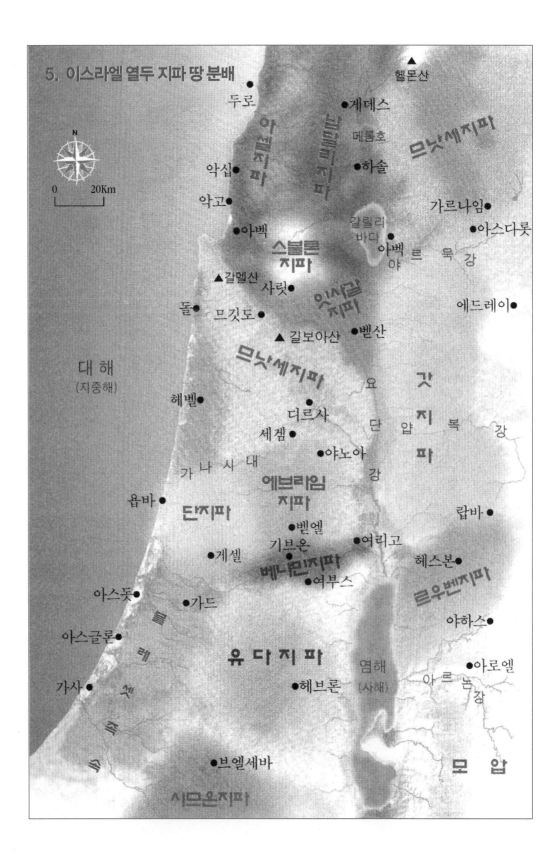

5. 이스라엘 열두 지파 땅 분배

헬몬산

두로

게데스

메롬호

하솔

N

0   20Km

악십

악고

가르나임

아스다롯

아벡

스불론
지파

갈릴리
바다

아벡

야르묵 강

갈멜산

사릿

잇사갈
지파

에드레이

돌

므깃도

길보아산

벧산

대 해
(지중해)

므낫세지파

요

갓
지파

헤벨

디르사

세겜

단   압   복   강

야노아

가 나 사 대

강

에브라임
지파

욥바

단지파

랍바

벧엘

기브온

여리고

게셀

베냐민지파

헤스본

르우벤지파

여부스

아스돗

가드

야하스

아스글론

유 다 지 파

염해
(사해)

아로엘

가사

헤브론

아르논 강

모 압

브엘세바

시므온지파

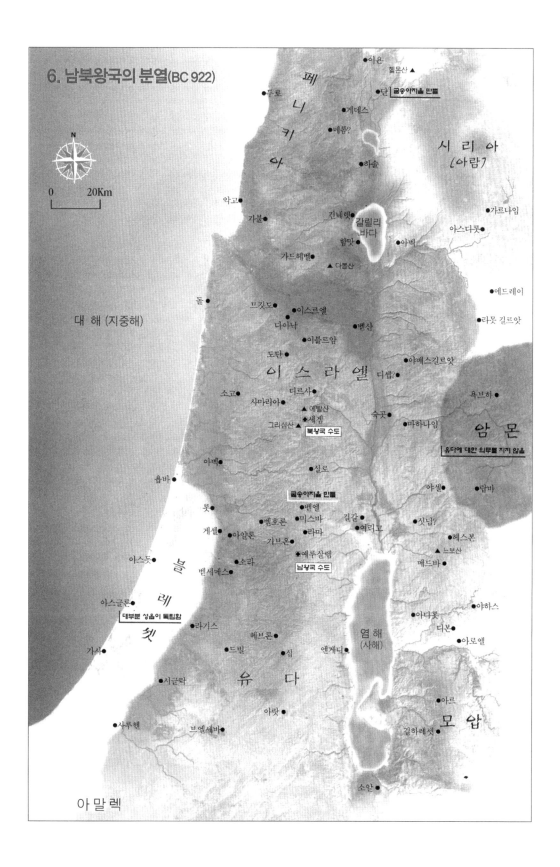

6. 남북왕국의 분열(BC 922)

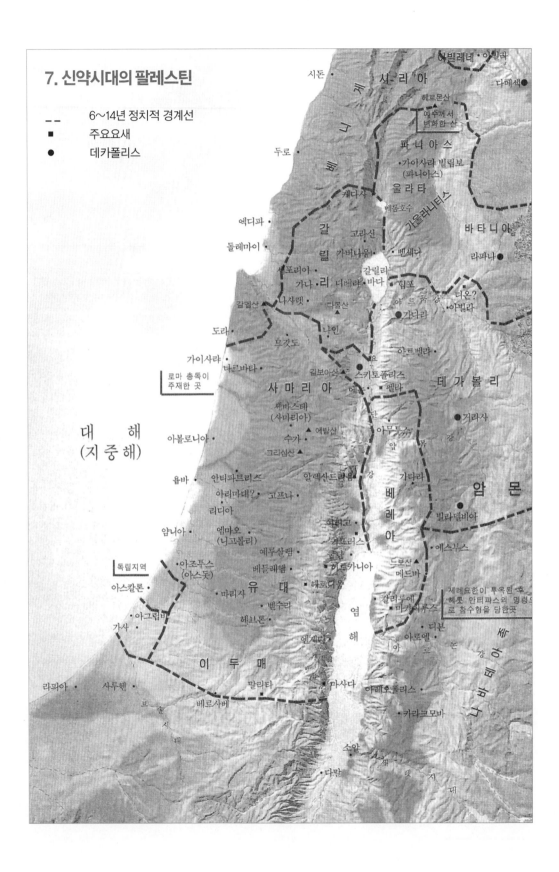

7. 신약시대의 팔레스틴

- - - 6~14년 정치적 경계선
■ 주요요새
● 데카폴리스

시돈 •
시 리 아
레 바 논
헤르몬산
아빌레네 • 아빌라
다메섹 ●
예수께서
변화한 산
파 녀 아 스
가이사랴 빌립보
(파니아스)
두로 •
울 라 타
메롬호수
가울라니티스
바 타 니 아
갈 고라신
릴 가버나움 • • 벳세다
라파나 ●
엑디파 •
돌레마이 •
세포리아 •
가나 • 리 디베랴 바다
갈릴리
디베랴 • 바다
힙포 •
디온?
야 르 묵 강
가다라 ●
아빌라
갈멜산 ▲
나사렛 •
다볼산 ▲
도라 •
무깃도 •
나인 •
아르벨라 •
길보아산 ▲
스키토폴리스 ●
데 가 볼 리
가이사랴 •
나르바타 •
로마 총독이
주재한 곳
사 마 리 아
에 • 펠라 ■
거라사 ●
세바스타
(사마리아)
대 해
(지중해)
아볼로니아 •
수가 • 에발산 ▲
그리심산 ▲
아무특우 •
단 •
욥바 •
안티파트리스 •
알렉산드리움 •
강
가다라 •
암 몬
아리마대? •
고프나 •
베 레 아
빌라델비아 ●
리디아 •
암니아 •
엠마오 •
(니고볼리)
여리고 •
여루살렘 •
베들레햄 •
기드카니아 •
기드카니아
에스부스 •
세례요한이 투옥된 후
헤롯 안티파스의 명령으로 참수형을 당한 곳
독립지역
아조투스 •
(아스돗)
아스칼론 •
마리사 •
유 대
벧수라 •
헤로디움 •
칼리루에 •
미카에루스 •
디본 •
아로엘 •
아 르 논 강
가사 •
아그립비 •
헤브론 •
염
해
이 두 매
라피아 •
사루헨 •
브
술
시
대
말라타 •
엔게디 •
마사다 •
아레오폴리스 •
나바테 지대
카라크모바 •
베로사베 •
소알 •
다말 •
새
텟
지
대

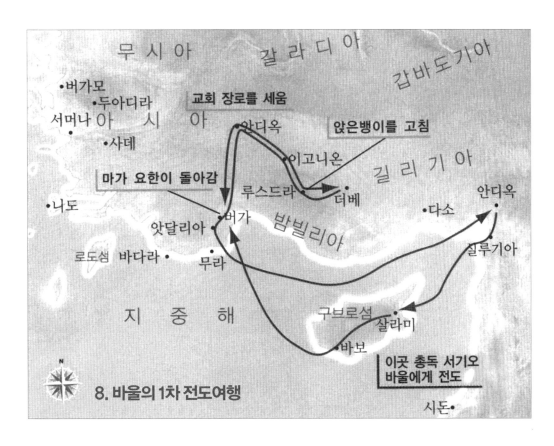

무시아   갈라디아
        갑바도기아
•버가모
 •두아디라   **교회 장로를 세움**
서머나 아 시 아
  •사데   안디옥   **앉은뱅이를 고침**
                   이고니온   길 리 기 아
마가 요한이 돌아감   루스드라   •다소   안디옥
                         더베
•나도   •실루기아
      앗달리아 •버가 밤빌리아
로도섬 바다라• •무라

지 중 해   구브로섬
                      살라미
                   •바보   **이곳 총독 서기오
                            바울에게 전도**

N

8. 바울의 1차 전도여행

시돈•

달마디아
      마게도나
아볼로니아 빌립보 **루디아를 만남** •비잔티움
   암비볼리 네압볼리 **유두고를 살림**   •안키라
베뢰아 데살로니가   시모드라게섬 **환상을 봄** 무시아 •고르디움 갈 라 디 아
                드로아   브루기아   갑바도기아
니고볼리   에   앗소   서머나 아 시 아   안디옥
        아 게   미둘레네섬   •사데   비 시 디 아   길 리 기 아
   아굴라 부부와   해   **철학자와 논쟁함 기오섬 이고니온 **마술사가 자기 다소   안디옥
   함께 장막업을 함** 고린도 •아덴   에베소 책을 불태움** 루스드라 더베 **바나바와 헤어짐**
스파르타   겐그레아 **머리를 깎음** 시모섬 **에베소 장로를 초청** •버가 밤빌리아 •실루기아
                   •밀레도 앗달리아 •무라
                  고스섬 니도
                  바다라
               로도섬
   그레데섬
뵈닉스? 라새아 •살모네   구브로섬 살라미
  뵈닉스 미항   •바보

지 중 해

      ----▶ 2차 전도여행   시돈•
      ──▶ 3차 전도여행   돌레마이(악고)•
N   가이사랴•
0   150Km   **9. 바울의 2, 3차 전도여행** **빌립집에서 머뭄** •예루살렘

10. 사도들의 서신 수신지역들

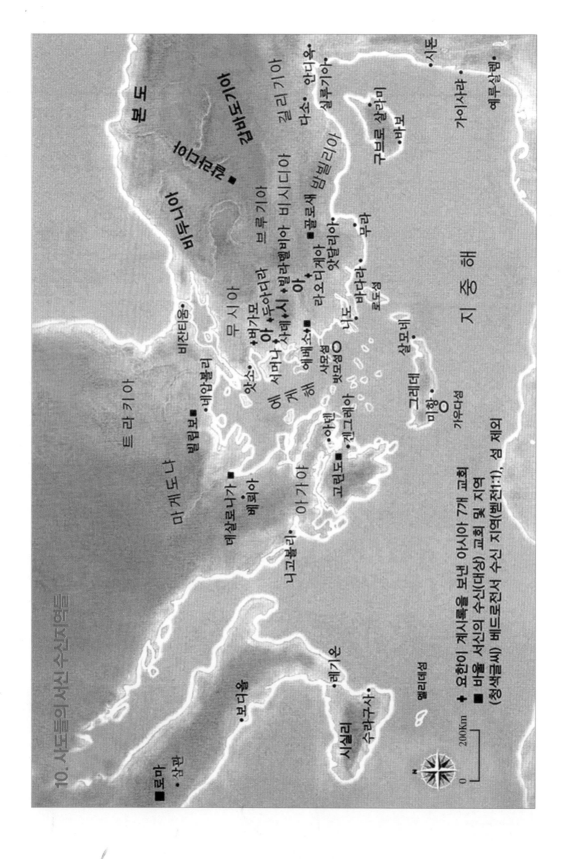

범례:
- ✝ 요한이 계시록을 보낸 아시아의 7개 교회
- ● 바울 서신의 수신(대상) 교회 및 지역
- ■ (청색글씨) 베드로전서 수신 지역(벧전1:1), 섬 제외

로마 · 삼뉴

마게도냐

드라기아

데살로니가 ■
베뢰아 ·

빌립보 ■

니고불리 ·

고린도 ■ · 아덴
겐그레아 ·

사싫리 ·
수라구사 ·
레기온 ·

보디올 ·

비두니아

갑바도기아

본 도

갈라디아 ■

앙고라 ·

무시아
앗소 · 드로아
버가모 ✝ 사데 ✝
에 서머나 ✝
에베소 ✝
밀레도 ·

브루기아

비시디아
안디옥 ·

리가오니아
이고니온 ·
루스드라 ·
더베 ·

밤빌리아
앗달리아 · 버가 ·
무라 ·

비시디아
라오디게아 ✝ · 골로새
히에라볼리 ✝

길리기아
다소 ·

구브로 살라미
바보 ·

수리아
안디옥 ·
실루기아 ·

시돈 ·

두로 ·

가이사랴 ·

예루살렘 ·

그레데
미항 · ● 가우다섬

지 중 해

그레데 ·

밧모섬

살모네

N
200Km
0

엘라데섬